俊寬／著

刑事訴訟法

基礎理論與實務運用

2023
增訂三版

五南圖書出版公司 印行

三版序

　　本書自2013年出版第一版以來，刑事訴訟法歷經多次之修法，於2018年出版二版時針對修訂部分修改內容，惟仍維持以刑事訴訟程序之基本理論為主要架構，並配合實務見解之說明，對此內容之安排受到許多讀者之反映，多認為在學習刑事訴訟法之初，對於刑事訴訟法之瞭解有相當之助益。

　　由於自2018年二版後，刑事訴訟法有多次重大修法，使刑事訴訟法之內容有重大改變，例如出境出海、暫行安置及被害人訴訟參與等專章之規定，及最新有關保安處分之執行等修法，另有部分零星條文之修正；另外，最高法院以大法庭制度取代以往判例之方式統一法律之見解，此亦為我國司法實務界帶來重大影響。

　　由於本書第二版已經銷售完畢，因此本書乃針對新修正之法律內容，及至今為止最高法院刑事大法庭有關刑事訴訟法之部分加以列入，並且因應判例制度之變更，故將書中早期之判例增列晚近之最高法院相關判決以為參考，而出版本書之第三版。因此本書最新之內容除最高法院刑事大法庭之相關裁判外，亦增加許多最新之最高法院相關判決之實務見解，以加強本書實用之性質，使得一般從事相關刑事法律事務之實務界人士亦能藉由本書之閱讀，收到一定之效益，以便本書能繼續保有其實用性，並回應許多讀者對於本書修訂之期待。

　　最後本人於2016年10月24日擔任法官滿二十五年即退休，並且自行開設法律事務所擔任主持律師，在執行律師業務過程中，承辦許多刑事案件，不同於以往法官之角色，而以為辯護律師之不同角色感受刑事訴訟程

序。而五南圖書出版股份有限公司為本書之出版提供多項之協助，使得本書之此次改版得以順利完成，本人在此一併致謝。

林俊寬

2023年4月於高雄市

二版序

　　本書自2013年出版第一版以來，受到許多讀者之支持，對於本書以刑事訴訟程序之基本理論為主要架構，並配合實務見解之說明，多認為在學習刑事訴訟法之初，對於刑事訴訟法之瞭解有相當之助益。讀者之肯定使得本人更加堅信當初寫作之方向正確，也很高興本書能對於初次學習刑事訴訟法之人有所收獲，不再像筆者當年讀刑事訴訟法時遇到許多問題，卻苦無一本淺顯易懂之基礎教科書可以釋疑。

　　由於本書自2013年出書以來，刑事訴訟法歷經多次之修法，其中多數係屬較為零星之增訂或修改，較為大幅增訂部分則係屬有關於沒收之特別程序之部分，此特別程序之規定，除有專章之規定外，亦散見於其他各處之章節內，如強制處分有關扣押之部分即是。有關沒收程序規定之修正或增訂，均係因應刑法就犯罪所得之沒收有新規定而衍生出在刑事程序上相對應之規定，以能落實刑法有關沒收之實體規定為主。故而，本書主要乃因應上開修正或增訂之內容，作出改版之回應，以便本書能繼續保有其實用性，並回應許多讀者對於本書修訂之期待。

　　本書之二版除針對初版之後刑事訴訟法之增訂修正作出回應外，並且為增加讀者對於目前實務見解之熟悉程度，及希望本書能加強實用之性質，使得一般從事相關刑事法律事務之實務界人士亦能藉由本書之閱讀，收到一定之效益，故而大量加入近年以來實務之見解，其中最高法院新增之判例、決議自不在言，此外最高法院這十多年來較為重要且具有參考價值之判決，亦儘量加減列入，以增加本書之實用性。

　　最後本人於2016年10月24日擔任法官滿二十五年即退休，並且自行開

設法律事務所擔任主持律師，同時在國立高雄大學政治法律系擔任兼任助理教授，從事法律教學之工作，人生有很大之轉變，而五南圖書出版股份有限公司為本書之出版提供多項之協助，使得本書之改版得以順利完成，本人在此一併致謝。

林俊寬

2018年12月於高雄市

自序

　　本人自1992年10月份起開始於臺灣高雄地方法院擔任法官一職，一開始從事刑事審判之工作，期間歷經民事審判之業務後，又回任刑事審判之工作。多年後深感在刑事審判之領域方面，學識經驗尚有不足之處，又適逢我國刑事訴訟制度產生重大之變革，由原先之職權主義改採所謂之改良式當事人進行主義，且對於以美國刑事訴訟法為主之當事人主義相關刑事訴訟法律制度多有引進。有鑑於此，本人乃於2002年9月間毅然決定暫時放下工作，前往美國之印地安那大學布魯明頓校區（Indiana University Bloomington）修習美國刑事訴訟法相關之法律規範及制度，先攻讀法學碩士學位（LL.M）後，再取得博士班（S.J.D）之入學許可，其後因故便先行返國繼續工作。於2004年9月間再次前往美國印地安那大學布魯明頓校區繼續攻讀博士學位，以一邊工作一邊研讀之方式來往臺美兩地之間，幸於2008年5月順利取得博士學位。此時適有機會而開始於國立中正大學財經法律學系擔任「刑事訴訟法」課程之講授，因有感於教學之需要，乃陸續撰寫刑事訴訟法之大綱，作為教學之教材使用，其後歷經多年教學相長次第加入內文，遂成本書。

　　本書之內容以大學刑事訴訟法課程之教學為本，基本上在於闡述刑事訴訟程序之基礎理論，並為兼具實用之價值，而輔之以目前實務之相關見解。其目的在於導引讀者對於刑事訴訟程序之基本理論及實務之運作有所瞭解，故書中相關問題之論述均以基礎理論及實務見解為主，至於相關學者之見解則較少論述，期使本書之讀者在學習刑事訴訟法之初得以聚焦於此，不至迷失在過多之學術見解之中。惟對於重要之相關各家學說見解，國外立法例以及個人之看法等等，仍有介紹之必要者，則見之於註釋之中

而與本文分開,以避免讀者於初習刑事訴訟法時,同時接觸過多之學說資料,而產生混淆基礎理論體系之情形,因而本書書名稱之為「刑事訴訟法──基礎理論與實務運用」。故而本書適合法律系或其他自行研習法律者,學習刑事訴訟法入門之用。惟本人才疏學淺,書中之論述或有疏漏謬誤之處,尚祈各位法學先進不吝予以指正。本書幸獲五南圖書出版公司之賞識,而惠予出版得以付梓面市,在此一併致謝。

林俊寬

2013年6月於高雄市

目錄

三版序
二版序
自　序

第一部分　總論

第一章　前　言　　　　　　　　　　　　　　　　　　3

第一節　刑事訴訟之意義 3

第二節　刑事訴訟法之意義 3

第三節　刑事訴訟法之沿革 4

第四節　刑事訴訟法之展望 10

第五節　刑事訴訟法之目的 12

第六節　刑事訴訟之基本原則 13

第七節　刑事訴訟法之法源 20

第二章　刑事訴訟法之效力　25

第一節　人之效力 25

第二節　事之效力 27

第三節　地之效力 27

第四節　時之效力 28

第三章　訴訟主體　29

第一節　概說 29

第二節　法院 30

第三節　當事人 51

第四節　訴訟關係人 56

第四章　訴訟客體　79

第五章　訴訟行為　85

第六章　強制處分　101

第一節　概說 101

第二節　強制處分之種類 102

第三節　強制處分之基本原則 103

第四節　傳喚、詢問通知 106

第五節　拘提 108

第六節　逮捕 111

第七節　拘捕之處理 114

第八節　限制出境、出海 119

第九節　被告之訊問 125

第十節　羈押 129

第十一節　暫行安置 152

第十二節　搜索及扣押 160

第十三節　通訊監察 183

第七章　證　據　187

第一節　概說 187

第二節　舉證責任 195

第三節　證據之作用 —— 證明 208

第四節　證據之判斷 210

第五節　證據能力 218

第六節　證據之調查 259

第七節　證據保全 291

第八章　刑事裁判　297

第二部分　各論

第一章　偵　查　313

第一節　概述 313
第二節　偵查之機關 313
第三節　偵查之開始 317
第四節　偵查之實施 331
第五節　偵查之移轉 335
第六節　偵查之終結 335
第七節　偵查之停止 355

第二章　公　訴　357

第一節　概述 357
第二節　公訴之提起 357
第三節　起訴之審查 359
第四節　公訴之追加 360
第五節　公訴之效力 362
第六節　公訴之撤回 365

第三章　審　判　369

第一節　準備程序 369
第二節　審判期日之程序 379

　　第三節　審理後之判決 ……………………………………… 394

　　第四節　簡式審判程序 ……………………………………… 408

第四章　自　訴　413

第五章　上訴審　431

　　第一節　通則 ………………………………………………… 431

　　第二節　第二審 ……………………………………………… 446

　　第三節　第三審 ……………………………………………… 460

第六章　抗　告　489

第七章　再審及非常上訴　499

　　第一節　概述 ………………………………………………… 499

　　第二節　再審 ………………………………………………… 499

　　第三節　非常上訴 …………………………………………… 512

第八章　簡易程序　521

第九章　協商程序　529

第十章　沒收特別程序　539

　　第一節　概述 ………………………………………………… 539

第二節 第三人參與沒收程序 540

第三節 單獨沒收程序 551

第十一章 被害人訴訟參與 553

第十二章 執 行 559

第一節 概述 559

第二節 刑罰之執行 562

第三節 保安處分之執行 568

第四節 聲明疑義及聲明異議 574

第十三章 附帶民事訴訟 579

總　論

第一章
前　言

第一節　刑事訴訟之意義

　　所謂刑事訴訟，係指國家爲具體實現其於刑事實體法律上所規範之刑罰權，因而進行之法定程序。蓋刑事實體法之法律規範中所規定犯罪之成立要件（包括構成要件該當、違法性、有責性）及其法律效果，均係抽象存在之法律規範，其仍須透過一定訴訟程序之進行，始得具體加以實現。易言之，刑事實體法律所規定者乃係屬抽象之法定刑，其必須經由一定之法定程序，始得以在個別之刑事案件中落實爲具體之宣告刑，而此所謂之法定程序即係刑事訴訟程序（Criminal Procedure; Criminal Process）。

　　故而，刑事訴訟係屬於程序性之法律規範，其又可分爲廣義之刑事訴訟及狹義之刑事訴訟二種。廣義之刑事訴訟程序係指自犯罪發生後，職司犯罪偵查之公務人員開始進行犯罪之偵查（包含司法警察人員之調查）作爲開始，至案件正式起訴而繫屬於法院，及至於法院審理程序之進行，乃至於判決確定後之執行在內之一連貫之程序而言，亦即一切與刑罰權之確定與行使有關之法定程序均屬之。而狹義之刑事訴訟程序，則係指刑事案件自起訴（包括檢察官提起公訴及自訴人提起自訴）而繫屬於法院時起，至法院經由審理之程序而後形成裁判，並經由審級程序上訴至最後裁判確定之時爲止之程序而言。

第二節　刑事訴訟法之意義

　　刑事訴訟之意義業如上述，而一般所謂之刑事訴訟法其意義則亦有狹義及廣義二種。狹義之刑事訴訟法係指經立法院三讀通過，總統公布施行名稱爲「刑事訴訟法」此一部法律而言；至於廣義之刑事訴訟法，則除名爲「刑事訴訟法」之法律外，尚包括內容屬於刑事訴訟程序進行相關規定

之任何法律規範在內，其可能以刑事訴訟程序專法之形式存在，亦即整部法律均係屬有關刑事訴訟程序之相關法律規定，例如刑事妥速審判法係關於刑事案件之審判合法且迅速進行之規定，又如證人保護法則係關於刑事案件證人保護之相關規定等等均屬之；另亦可能係以個別條文或專章之形式存在於性質上非屬於刑事訴訟程序專法之刑事訴訟相關法律規定，例如家庭暴力防治法中有關於家庭暴力現行犯之逮捕或被告或犯罪嫌疑人之逕行拘提等事項，又如性侵害犯罪防治法中關於被害人於檢察事務官、司法警察官或司法警察調查中所為陳述之證據能力之規定等等均屬之。

第三節　刑事訴訟法之沿革

我國刑事訴訟法於民國成立之初由於法制尚未完備，故先暫時沿習清朝末年之刑事審判制度，至民國23年始經立法院三讀通過並訂於民國24年1月1日開始實施現行之刑事訴訟法。現行之刑事訴訟法自開始施行後，由於歷經政治、社會之情況多所變遷，人民對於刑事司法正義之要求亦與日俱增，故其條文之內容亦隨之作出程度不等之多次修正，茲分別論述如下（下列各階段係為行文方便而加以分別論述，並非實務或學者間普遍認知之具體修法階段，併此敘明）：

一、第一階段

我國之刑事訴訟法自民國24年公布施行後直至民國56年始進行第一次之條文修正，其主要修正之處在於審判之程序，新增加證據一章，對於證據調查之程序及方式，檢察官之舉證責任等相關內容加以規定，並賦予當事人請求調查證據之權利及反對詰問之權利，此外亦擴大審判中強制辯護案件之範圍及限制延長羈押之次數，故此次修正之意義在於以審判程序中立當事人主義精神，調和過度職權主義之刑事訴訟色彩[1]。

---

[1]　見張麗卿著，刑事訴訟法百年回顧與前瞻，月旦法學雜誌，第75期，頁43。

二、第二階段

　　刑事訴訟法於民國56年修正之後，一直施行至民國71年始再度進行修正，此次修正之重點在於增訂偵查中得選任辯護人之規定，使辯護人得於司法警察或檢察官進行偵訊被告或犯罪嫌疑人時在場，以確保偵查之手段不違反法律之規定，同時亦增訂司法警察得以通知書通知犯罪嫌疑人到場加以詢問之法律規定，使警察機關通知犯罪嫌疑人到場有法律之依據。至民國79年及民國82年刑事訴訟法又分別小幅度修正，主要針對判決書應記載之內容及送達之規定加以修正，此二次係屬於技術性規定之修正，影響層面較小。此一階段之刑事訴訟法之修正，在於加強偵查程序中對於被告或犯罪嫌疑人人權之保障。

三、第三階段

　　民國84年刑事訴訟法再次修正，修正之內容包括擴大檢察官職權不起訴之範圍、簡化第二審裁判書類之製作，增加不得上訴第三審案件之類型以限制上訴第三審之案件，以及將簡易判決程序之適用範圍加以擴大，增加適用簡易程序之可能性，由此可知此次修正之重點在於疏解訟源，減少輕微刑事案件進入審判程序之機會，以使有限之司法資源能夠得到妥適之運用。此階段刑事訴訟法之修正，在於因應實務上刑事審判案件過多，造成刑事司法人員工作之負荷過重，而進一步影響刑事司法裁判之品質。

四、第四階段

　　至民國86年刑事訴訟法又再次修正，此次修正有多項之重點，包括將刑事訴訟程序中有關羈押之強制處分之權利保留予法官，檢察官之羈押權喪失，並增列預防性羈押之規定；此外對於被告之訊問方面應告知其得行使緘默權，不得以不正方法訊問被告，訊問被告時應予錄音，司法警察原則上不得於夜間詢問被告；另外，修正人犯應於二十四小時解送期間及法定障礙事由之規定，及拘捕前置原則之確立；此外對於智能障礙者於審判中有強制辯護之適用，及審判中通知被害人到場陳述意見之機會；另外賦予檢察官對於司法警察機關移送之案件有立案審查之機制等等。此次修

正主要在於落實強制處分權中之羈押權適用法官保留原則，並強化對於被告、被害人基本人權之保障，修正幅度不可謂不大。

至民國87年刑事訴訟法又再次修正，此次修正之內容主要在於被害人之保護，包括被害人納入應受送達人之列，及偵查中受訊問得有人陪同之相關規定，另尚有司法警察之詢問亦應加以錄音，及法官、檢察官因案受懲戒處分得作為再審之原因等規定。

民國89年刑事訴訟法又有較為實質之修正，此次修正之內容有二，其一在於增訂對於逕命具保等處分之被告得予以改行羈押之規定，及規定具保停止羈押得命應遵守一定之事項，另一修正之重點在於自訴規定之修改，規定公訴優先之原則，以免自訴程序干擾檢察官之偵查作為。

至民國90年刑事訴訟法又再次修正，此次修正集中於有關搜索之規定，將強制處分之搜索權亦適用法官保留原則，僅法官有權核發搜索票，檢察官核發搜索票之權利被剝奪，惟另又增加附帶搜索及緊急搜索之規定，使無令狀之搜索範圍擴大，並賦予對於法院所為搜索、扣押、限制住居及禁止接見通信等裁定，受裁定人得提起抗告以尋求法律救濟之權利。由上所述可知此一階段之刑事訴訟法修正，其目的在於將強制處分權回歸法院，使檢察官不再具有羈押、搜索之權利，以確保刑事被告之基本人權。

五、第五階段

民國88年因應人民對於司法改革之殷切期待，司法院召開全國司法改革會議，經各界討論後，達成促進當事人實質平等及對於證據法則嚴謹要求等多項共識及結論，司法院以此為方向，對於刑事訴訟法進行修正，建立所謂改良式當事人主義之刑事訴訟制度，由於變革甚大，在立法院引起許多爭論，最終在民國92年1月14日三讀通過，並自民國92年9月1日施行，總計修正之條文達一百二十多條，堪稱我國刑事訴訟法自立法以來最大之變動，其中重點在於引進當事人主義法官中立及落實法庭活動之精神，故確立無罪推定原則、證據裁判原則，並引進證據能力有關證據排除法則、傳聞法則及自白法則等原則，同時對於人證之調查採取交互詰問之程序，並將第一審改為合議制以建立堅實之第一審；另增訂簡式審判程序，使明案得以速斷；另在法庭活動部分落實準備程序之進行，以達到審判期日集中審理之目的。本次修法之特色在於建立金字塔型之刑事訴訟結

構，使第一審成為堅實之事實審，並要求檢察官落實在法庭實質舉證之功能，使法院處於更為中立而客觀之立場[2]。由於此次之刑事訴訟法修正，使我國之刑事訴訟實務有重大之結構性變革，法院不再積極介入案件之調查，而儘量扮演中立之第三人之角色，檢察官則必須在法庭更為積極扮演公訴之角色，並加強其舉證之活動。我國之刑事訴訟制度因此次之修法，自此由原先之職權主義，向當事人主義傾斜，使我國刑事訴訟程序中法院（法官）及檢察官之角色有明確之改變，其影響可謂甚為深遠。

六、第六階段

刑事訴訟法於民國92年大修改為採取所謂改良式當事人主義之後，刑事訴訟制度原則上並無重大之修正，僅僅陸續進行小範圍之條文修法或增訂。故而，此一階段原則上仍然維持改良式當事人主義之基本架構，並無重大之變革。

此一階段修法部分包括於民國96年修法增訂無辯護人之被告於審判中得預納費用請求付與卷宗內筆錄之影本之規定，增訂未經合法延長羈押及羈押期間屆滿未經起訴或裁判而視為撤銷羈押者得以繼續羈押之規定，另外亦增訂第二審上訴書狀應敘述具體理由及未補提理由之處理，並且擴大撤回上訴之範圍等等。

至民國98年則增訂漏夜應訊之規定；民國99年則增訂辯護人與偵查中受拘提或逮捕之人接見、通信之規定，又增訂辯護人與受羈押被告接見通信之限制應使用限制書，限制書應載明之事由及適用法官保留原則等等。另於民國101年則修訂有關偵查不公開之規定；民國102年增訂原住民及中低收入戶強制辯護之規定；民國103年增訂執行已終結仍得救濟之管道及修正不利益變更禁止之規定；民國104年則又擴大被告接受辯護人協助及於因智能障礙無法為完全之陳述之情形，及有關對於被告有利之再審其所謂新事實新證據意義之擴大。

此外，影響最為重大者為民國105年修法增訂沒收特別程序之規定，此一特別程序主要係因應刑法修正有關犯罪所得之沒收及追徵之規定所作之增訂，使得我國刑事訴訟程序中增加有關沒收犯罪所得時相關人進行及

2　見林俊益著，2003年1月修正刑事訴訟法簡介（下），月旦法學教室，第6期，頁160。

參與之程序。

　　另民國106年亦進行兩次修法，第一次修法包括修正第93條有關偵查階段之羈押審查程序，由檢察官提出載明被告所涉犯罪事實並所犯法條與羈押理由之聲請書及提出有關證據，向法院聲請裁准及其救濟之程序；另第101條法官於羈押審查之訊問時檢察官得到場陳述之規定。另外，修法增訂第31條之1關於偵查中羈押審查程序適用強制辯護之規定；及第33條之1有關辯護人於偵查中羈押審查程序得檢閱卷宗及證物並得抄錄或攝影之規定。第二次修法則於第376條第1項增訂得上訴第三審之案件類型，並於第253條、第284條之1文字配合修正。

　　另民國107年刑事訴訟法亦修正第57條、第61條有關送達之規定，並於民國107年11月23日生效；另刑事訴訟法第311條，有關宣判期日之規定亦有修正，並於民國107年11月30日生效。

七、第七階段

　　民國108年刑事訴訟法又有部分之修正，其中7月間之修正係針對原有制度，除非經法院裁定羈押，否則防止被告脫逃僅以司法警察隨行監控方式為之，不僅欠缺法律明確規定，而且耗費人力、物力，實際上成效不彰。因此修法增訂防逃機制，增訂多種羈押替代之處分；另明定檢察官於必要時，得於裁判法院送交卷宗前即刻執行，以杜絕逃亡之空窗期。

　　其次12月間又配合「公民與政治權利國際公約」及「經濟社會文化權利國際公約」之精神修正部分條文，目的在於落實對於刑事訴訟各階段訴訟關係人之相關權益之保障，自司法警察（官）調查、檢察官偵查及至法院審判階段，規範保障對象包括犯罪嫌疑人、被告、告訴人、證人及扣押物之所有人、持有人或保管人等訴訟關係人，使我國刑事訴訟制度之人權實踐邁入嶄新的里程碑。其修正重點包括：受拘提或逮捕程序之保障、受訊（詢）問程序之保障、審判中程序之保障等等，並兼及增加預防性羈押之對象及第三審上訴中案件之逕行限制出境、出海處分之裁定法院；及將刑事訴訟法各條文中關於「推事」、「首席檢察官」、「檢察長」等用語，配合現行制度修正為「法官」、「檢察長」、「檢察總長」，且為配合各級檢察署去法院化，及刑法已刪除常業犯規定，修正相關法條文字，並因應現行實務及戶籍法之規範，修正裁判書、傳票及通緝書之記載事項。

八、第八階段

　　我國刑事訴訟法原對於犯罪之被告有關限制其出境出海並無相關規定，實務上係將之置於限制住居之規定下執行。有見於此，立法院於民國108年5月24日三讀通過「刑事訴訟法部分條文修正案」增訂第八章之一「限制出境、出海」之專章（即第93條之2至第93條之6），並於同年6月19日公布，且於公布後六個月施行，因此，從民國108年12月19日起，限制被告出境、出海之強制處分即有明確法源依據可循。

九、第九階段

　　民國109年1月8日刑事訴訟法公布施行增訂第七編之三「被害人訴訟參與」，此前我國刑事訴訟程序傳統上偏重於保障被告之訴訟上權利，至於犯罪被害人之權利則有關於告訴權及自訴權之規定。由於被害人並非刑事訴訟程序中之當事人，其僅係間接參與公訴程序，為此增訂第七編之三「被害人訴訟參與」之規定。依照本編之立法說明，謂係「本於維護被害人及其家屬人性尊嚴之目的」並「考量司法資源之合理有效利用」，而建構犯罪被害人訴訟參與及其保護之機制。

　　除此之外，另於第二編第一章（公訴），就被害人未依本編聲請參與訴訟者之一般可得參與等相關事項，配合修正第248條之1及第289條，並增訂第248條之2、之3及第271條之2至之4，顯現保護被害人之目的。

十、第十階段

　　刑事訴訟係採取無罪推論之原則，惟如被告必須經法院判決有罪確定後，始得拘束其人身自由，則有時難免發生被告逃匿無法執行之情形，此造成司法正義難以實現，故刑事訴訟程序有關於羈押之規定，在符合一定條件之下得就被告加以羈押，用以確保將來之審判及執行。然而對於精神障礙之被告而言，其若不符合羈押之法律規定，如須判決後再施以監護之處分，有時難免緩不濟急。故刑事訴訟法乃於民國111年2月18日公布施行於第一編增訂第十章之一之暫行安置相關規定，針對有精神障礙之被告在判決確定前進行安置之強制處分。

十一、第十一階段

我國刑事訴訟法及性侵害犯罪防治法原均未規定賦予受治療之保安處分之人於法院就聲請宣告或停止強制治療程序，得親自或委任辯護人到庭陳述意見之機會，以及如受治療者爲精神障礙或其他心智缺陷無法爲完全之陳述者，應有辯護人爲其辯護。此經司法院大法官會議第799號解釋認爲，「均不符憲法正當法律程序原則之意旨」而違反憲法之規定。

爲此刑事訴訟法於民國111年11月15日經立法院三讀通過，並於民國111年11月30日總統公布施行，修訂第481條條文內容並增訂第481條之1至第481條之7條文，針對保安處分之裁判，區分性質，分別明定其應踐行之法律程序，以實現大法官解釋所揭櫫之正當法律程序意旨。

十二、第十二階段

刑事訴訟法有關檢察官不起訴或緩起訴處分之外部審查機制，原係採取聲請法院裁定交付審判之制度，民國112年6月21日修正公布施行之新法，將此制度轉型爲聲請法院裁定「准許提起自訴」之制度。另同時修法擴大第一審獨任法官審理案件之範圍，如助勢聚眾鬥毆等罪，並增列傷害等罪不得上訴第三審之規定，相關修法著重在能有效提升審判量能及合理分配司法資源。此外有關抗告之期間修法一併修正爲十日，使訴訟當事人聲請救濟時間更爲充分及便民。另外又於第260條增訂第2項規定，明定得憑爲再行起訴之「新事實或新證據」之定義。

第四節　刑事訴訟法之展望

我國刑事訴訟法自制定後歷經多次之修正已如上述，而刑事訴訟之制度亦早已由先前之職權主義改爲目前所謂改良式當事人主義，且經過歷年來之修正，刑事訴訟法可說益見完善，未來刑事訴訟法尚有如何之發展頗值吾人關切。在刑事訴訟法將來之發展中，最爲重要者乃有關國民參與刑事審判之制度，所謂國民參與刑事審判係指對於刑事案件之審判，除職業

法官外，並應加入一般之國民，其主要係基於刑事司法對於人民之權利影響頗鉅，為防止刑事司法之審判權限為特定之人士所專享，而造成獨斷或為政治所利用之情形而設，並用以抑制及制衡官僚體系之不當行為，以美國之刑事司法體系為例，其陪審制度（Jury System）即為人民參與審判最典型之範例[3]。

　　國民參與審判之制度設計各國不同，有所謂之陪審制度，陪審制度係由一定數量之人民擔任陪審員（Jurior）組成陪審團，有關於案件之事實及有罪無罪之認定由陪審團加以決定（部分國家或地區之陪審團亦負責構成罪名之認定或參與量刑），法官則負責法律適用包括量刑方面之工作，故在陪審制度下，法官與陪審團係個別分擔行使個案中部分刑事司法權之內容，陪審團制度可謂係當事人主義刑事訴訟法制度之一大特色，目前採取陪審制度之國家有美國、英國及香港地區等。除陪審判度外，另尚有所謂之參審制度（Lay Assessor System, Lay Judge System），參審制度與陪審制度最大之差異在於參審制度下之參審員係與職業法官共同決定有關案件之事實認定及法律適用，而一般參審制度又可依參審員之資格而分為專家參審制度或平民參審制度，而各國之間有關於參審員之選任、參審員之職權及案件適用之範圍等等或多或少均有所差異，端視各國之國情、社會環境及法律制度而定，目前在歐洲大陸地區如德國、法國及東亞地區如日本等均採用參審之制度。

　　我國之國民參與刑事審判制度之法律依據係「國民法官法」，其係於民國109年8月12日公布，並於民國112年1月1日開始施行，可謂為我國刑事訴訟制度跨時代之變革。由於刑事訴訟法以往並未曾實施人民參審之制度，故國民法官法實施後，其成效如何尚待進一步之觀察及評估。

3　美國刑事訴訟程序之基本目標之一即係平民參與之提供（Providing Lay Particioation），藉由一般平民參與審判之機會，減少司法因特定人之專擅，而造成錯誤之決定，影響人民之基本權利。其中陪審制度即係最重要之一環，在美國聯邦憲法第6修正案即明文規定「所有刑事之追訴中，被告享有由犯罪發生地之州及地區之公正陪審團予以迅速公開審理之權利」（In all criminal prosecution, the accused shall enjoy the right to a speed and public trial, by an impartial jury of the State and district wherein the crime shall have been committed）。

第五節　刑事訴訟法之目的

　　刑事訴訟法規範之存在價值無非在於維護社會之公平正義及公共之利益，因此一般認為刑事訴訟法之主要目的有二，其一係發現實體之真實，其二係實現程序之正義[4]。就發現實體之真實而言，刑事訴訟法係藉由一定之法定程序以確實地發掘事實真相之所在，確立事實之真相後始能正確地適用刑事法律，以彰顯國家之刑罰權，並追求社會之正義，因此刑事訴訟與民事訴訟有甚大之區別，刑事訴訟中並無類似民事訴訟中認諾之概念，亦即並無當事人處分之原則之適用。而就實現程序之正義而言，刑事訴訟法之規範同時亦在於保障人權，在追求事實真相之過程中，不得不當地剝奪人民在法律上應有之基本權利，易言之，不能一味追求實體之正義，而漠視或犧牲程序上之正義，刑事訴訟之程序不僅要使真正犯罪之人，能夠受到公平而適當之刑罰對待[5]，同時亦要確保無辜之人不會受到錯誤之定罪。

　　上開刑事訴訟法之二大目的之間並非處於互相衝突之地位，而係相輔相成，共同建構良善之刑事訴訟制度，事實真相之追求不必然須犧牲程序正義之維護，而程序正義之堅持亦不必然有害於實體真實之發現，只要注重二者間平衡之發展，在制度設計上不特意偏重其中一項目的，則必能同時兼顧二大目的，而達到不偏不倚之地步。

　　在上開刑事訴訟程序二大目的之下，刑事訴訟法可以說係為平衡國家維持法程序及保障人民權利而設計出之法律規範，換言之，刑事訴訟程序在於追求正當法律程序（Due Process）及犯罪控制（Crime Control）二種模式（Model）間之平衡。惟在不同之時期，國家可能因應不同之社會情勢，而有過度強調正當法律程序或過度重視犯罪之控制之情形，故刑事訴訟之程序可能在上開二種模式間呈現擺盪之情形，例如美國在西元2000年發生九一一恐怖攻擊事件之後，國會即立法制定所謂之愛國者法案（Patriot Act），對於涉嫌恐怖活動之犯罪嫌疑限制作為刑事被告之憲法上特

4　見林山田著，刑事程序法，2004年9月5版，頁8。

5　國內有學者承襲德國學者之學說，認為刑事訴訟尚有第三項目的，即法之和平性，其係指刑事訴訟之目的在於透過刑事訴訟程序之進行及終結，宣示犯罪案件已經經由法律程序處理完畢，而社會回歸原來之和平生活。見林鈺雄著，刑事訴訟法（上冊），2007年9月5版，頁11。

定之基本權利，而引發憲法上之爭議，同時亦使美國刑事訴訟程序向強調犯罪控制之模式移動[6]。

第六節　刑事訴訟之基本原則

一、糾問主義與控訴主義

　　刑事訴訟程序依其構造而言，可分爲糾問主義（Inquisitorial System）與控訴主義（Aaccusatorial System）二種型態。糾問主義乃指刑事訴訟之發動至結束，亦即從調查、偵查、追訴至審判均由單一之糾問機關負責，犯罪被害人之告訴或第三人之告發僅爲刑事訴訟發動之原因，惟程序之進行均由糾問機關爲之。在糾問主義之刑事訴訟程序制度下，糾問機關身兼偵查及審判之職，有時尚須注意被告之利益，故集偵查、追訴、審判及辯護於一身，此爲糾問主義之最大特色。故在糾問主義之下，刑事訴訟程序之進行僅在於糾問機關與被追訴者之間，此時糾問機關與被追訴者間形成所謂之二面關係。

　　至於控訴主義又稱之爲控訴原則或彈劾主義，其係指刑事訴訟之進行，先由審判機關以外之人加以發動，控訴之一方要求審判機關對於被控訴者加以定罪、處罰，被控訴之一方，則基於本身之利益作出必要之抗辯。在控訴主義之下，控訴之一方與被控訴之一方係處於互相對立之地位，而審判機關則係基於中立之第三者之立場，依據調查證據之結果作出有罪、無罪之判斷，以及在認定有罪之情況下對於被控訴者處以相當之刑罰，故此時審判機關、控訴者、被控訴者係形成所謂之三面關係。

　　糾問主義與控訴主義之型態可以下圖加以顯示：

6　John N. Ferdico, Henry F. Fradlella & Christopher D. Totten, Criminal Procedure for the Criminal Justice Professional, 2009, p. 4.

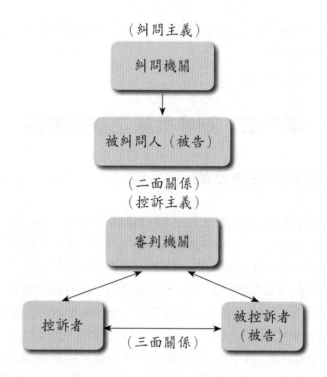

　　糾問主義制度源自於權力分立概念尚未形成之際，故行政權及司法權
之運作合而為一，惟在權力分立普遍成為法治國家政府機關設立之基本架
構後，目前各國之刑事訴訟程序多屬彈劾主義制度，而糾問主義制度已甚
少見。

二、職權主義與當事人主義

　　在彈劾主義之三面關係下，依訴訟程序運作方式之不同，又可分為職
權主義（Non-Adversary System）與當事人主義（Adversary System）二種
型態[7]。職權主義基於刑事訴訟之目的在於發現實體之真實，故為達此一
目的，刑事訴訟程序之進行均由法院加以主導，當事人僅係居於配合之地
位，尤以證據之蒐集、調查均由審判機關之法院主動依職權為之，當事人

---

[7]　學者間有謂使用「主義」一詞並不恰當，蓋所謂主義係指一種信仰或力量，屬於較為
　　政治性之用語，而刑事訴訟程序中所採用之政策性或指導性之理念，應使用原則一詞
　　較為妥當。見林山田著，別迷失在主義之叢林中──為職權原則與調查原則申冤，台
　　灣法學，第1期，頁7。

固得提出調查證據之聲請，惟法院在發現眞實之原則下並不受其拘束，故職權主義係一種調查式之刑事訴訟程序。而在當事人主義下，訴訟程序之進行均由當事人主導，當事人蒐集並提出對於自己一方有利之證據，並攻擊對方之證據，以說服審判機關作出對於己方有利之判斷，而審判機關則居於絕對中立之第三人角色作出決定，在此情況之下，審判機關對於當事人之間所不爭執之事項，通常就不再加以調查，而以之作爲認定事實之基礎，故當事人主義係一種對抗式之刑事訴訟程序。

　　而在審判前之偵查階段，職權主義與當事人主義亦有差異，如採當事人主義則偵查係爲將來之訴訟作準備，當事人包括檢察官、被告雙方均得蒐集證據，且當事人並無強制處分權，如有必要須聲請法院爲一定之強制處分；如採職權主義則被告係檢察官偵查之對象，檢察官得對於被告作出強制處分之決定，故二者之間並非處於對等之地位。

　　職權主義係源自於大陸法系之國家，當事人主義則發源於英美法系國家，惟因此二種制度之間各有優劣，且在近代國際法學交流頻繁之下，各國間均多少互相擷長補短，故事實上現今已少見純綷之職權主義或當事人主義之刑事訴訟制度，各國大都基於本身原有之制度作出一些調整，因此目前僅能稱一國之刑事訴訟制度係傾向職權主義或當事人主義。例如義大利在西元1988年10月20日公布並於西元1989年10月20日施行新刑事訴訟法，即係改採美國式之當事人主義爲主，職權主義爲輔之刑事訴訟制度。

　　我國在民國92年大幅修正刑事訴訟法，在原先所採取之職權主義刑事訴訟制度中注入部分有關當事人主義之制度設計，而轉型爲所謂之「改良式當事人主義」之刑事訴訟制度，亦即在原本之職權主義架構下，兼採部分當事人主義相關之設計，例如將法院「應」依職權調查證據之規定，改爲原則上「得」依職權調查證據，並且加入關於傳聞法則等證據法則以及對於證人行使交互詰問等等之制度，此一改變使我國刑事訴訟程序之面貌產生相當之質變。

三、國家訴追主義、被害人訴追主義、公眾訴追主義

　　在彈劾主義之刑事訴訟制度下，如依當事人之主動方即控訴者之一方之身分加以區分，又可分爲國家訴追主義、被害人訴追主義、公眾訴追主義三種不同之型態。

　　國家訴追主義係由國家負責對於犯罪者發動追訴之程序，犯罪之偵查以及嗣後起訴與否，均由國家加以決定，如對於被告之犯罪行為加以起訴，即由國家至審判機關擔任控訴之角色，提出證據說服並要求審判機關對於被告加以定罪及處罰，而目前各國通常設立檢察官由其代表國家負責犯罪之追訴，排除一般人對於犯罪進行追訴之可能，此即稱之為公訴獨占主義或起訴壟斷主義。

　　除國家訴追主義外，另有所謂之被害人訴追主義，亦即對於犯罪之追訴，係由被害人本身為之，亦即由被害人須擔任控訴犯罪之一方，向審判機關請求追訴被告之犯罪行為。此外尚有所謂之公眾訴追主義，公眾訴追主義與被害人訴追主義同樣係由私人對於犯罪進行追訴，惟公眾訴追主義不以被害人為訴追之條件，任何人或團體基於公共利益之目的均得對於犯罪加以追訴[8]。

　　我國之刑事訴訟法目前係採取國家訴追主義及被害人訴追主義併行之制度，亦即對於犯罪之追訴，可由檢察官代表國家追訴，亦得由被害人以自訴人之身分向法院提起自訴而自行追訴，由檢察官代表國家追訴之程序稱之為公訴程序，由自訴人自行向法院提起刑事訴訟之追訴程序則稱之為自訴程序[9]。

四、起訴法定主義、起訴便宜主義

　　在國家追訴主義之下，代表國家提起公訴之檢察官對於案件進行偵查後，如認為有犯罪之嫌疑者，是否有決定不加以提起公訴之裁量權，此有起訴法定主義、起訴便宜主義二種不同之制度。所謂起訴法定主義乃指檢察官經過偵查之程序後如認為被告犯罪之嫌疑已足，達到足以起訴之地步，即應對於被告加以起訴，並無裁量不予起訴之空間；至於起訴便宜主義則係指，檢察官在偵查後縱使認為被告犯罪之嫌疑足夠起訴，亦得有一定之裁量權，可以決定是否對於被告加以起訴。

8　公眾訴追主義主要見於英國之刑事訴訟程序，惟目前英國追訴犯罪之控訴一方主要由警察機關擔任。

9　目前世界各國多採國家訴追主義，例如美國聯邦及各州之刑事司法體系，有關刑事案件係分別由聯邦或各州之檢察官代表聯邦政府或各州政府進行追訴，並無由私人追訴之自訴制度存在，此即所謂公訴獨占主義或起訴壟斷主義。

　　我國目前刑事訴訟法原則上係採取起訴法定主義，惟為免規定過於僵化在實務運作上產生問題，故又輔之以起訴便宜主義之設計以資緩和，例如對於輕微之犯罪行為，檢察官認為以不起訴為適當時得為不起訴之處分，使刑事司法資源有效分配使用，並兼顧刑法謙抑之原則。

五、卷證併送原則與卷證不併送原則（起訴狀一本主義）

　　代表國家提起公訴之檢察官於提起公訴之時，是否將其所偵查得到之證據一併送交法院，一般而言有二種不同之做法，一為卷證併送原則，另一則為卷證不併送原則。所謂卷證併送原則，乃指提起公訴之檢察官在向法院提起公訴之時，亦同時將起訴所依憑之證據，連同起訴書及相關卷宗等一併送交法院，此時法院之法官在開始審理案件之前，即有機會接觸公訴案件之證據資料，得以預先瞭解案情，雖有助於審判之迅速進行及事實真相之發掘，惟對於被告一方恐形成有先入為主之心證，亦即有所謂預斷之情形，使得審判之程序類似於偵查程序之延續，而變得較不具有實質之意義，通常在採行職權主義之刑事訴訟制度之國家多採用此一原則。至於卷證不併送原則又稱之為起訴狀一本主義，乃指公訴之檢察官在提起公訴之時，僅將必要之事項如欲起訴之對象、犯罪事實併同證據清單等記載於起訴書內送交法院，證據資料之實質內容並不送交法院，故法院之法官於實際開庭審理案件之前，並無機會接觸檢察官提起公訴所憑之證據，此對於法官保持中立之立場避免產生預斷有一定之作用，亦使得開庭之審判程序進行較有實質之意義，通常而言採行當事人主義刑事訴訟制度之國家多採用此一原則。

　　我國目前刑事訴訟法雖係所謂改良式當事人進行主義，引進當事人主義之部分精神，惟仍沿續以往職權主義之制度，採取上開所述卷證併送之原則，故於檢察官將案件向法院提起公訴之時，起訴書及相關之證據資料等均一併送交法院，法官在開庭前均已對於相關證據有所接觸，由於容易預先產生法官對於被告犯罪之預斷心證，故對於審判結果之公平性難免產生負面之影響。

六、直接審理主義、言詞審理主義

　　直接審理主義其本質上有二種意義，第一種意義之直接審理主義係指法院之審理須直接對於犯罪相關事實親身有所見聞之人之供述爲之，此種供述之形式不論口頭或書面均可，此種意義直接審理主義主要涉及證據之證據能力問題；第二種意義之直接審理主義係指法院對於證據之調查必須親自爲之，不得委由其他之個人或機關代爲行使，至於證據之種類及內容則非所問，此種意義之直接審理主義則係涉及證據調查之程序問題。

　　至於言詞審理主義，則基本上亦有二種意義，第一種意義在於證人之證述內容，必須以言詞之方式呈現在審判之法庭，不得以書面之方式取代到場言語之陳述，此種意義之言詞審理主義主要亦係涉及證據之證據能力問題；第二種意義之言詞審理主義在於法院對於證據之調查時，應給予當事人有機會對於證據調查之結果，以言詞之方式加以辯論，亦即對於調查證據之結果使當事人得以言詞加以澄清或辨明，以有助於事實真相之發現。

　　直接審理主義與言詞審理主義之第一種意義相互結合後，即產生證人原則上必須於審判期日親自到場以口頭方式證述，否則即無證據能力之結果，此亦即所謂之傳聞證據法則，故傳聞證據法則係直接審理主義及言詞審理主義下之產物[10]。

七、公開審理主義

　　公開審理主義係指法院之審判應處於一般之國民皆得加以見聞之狀態，如此在國民共同監督之情況下，始得以期待存在公平、公正審判之可能，若係採取秘密審理之原則，審理之過程均不加以公開，則容易產生審判者恣意形成心證，濫行定罪處刑之情形，更可能使司法審判淪落成爲政治上迫害異議人士之工具，故公開審理之原則係用以確保審判公平、公正

---

[10] 惟有學者認爲直接審理主義、言詞審理主義並不當然與傳聞證據法則之意義相同，因傳聞證據法則尚有須賦予當事人對於證人反對詰問之權利，在傳聞證據法則之下，若未給予當事人反對詰問之權利，證人之證述仍屬無證據能力。見黃東熊著，刑事訴訟法論，1999年3月，頁19。

之重要手段之一，且為當今世界上各法治國家法院審判之基本原則[11]。

我國目前之刑事訴訟程序原則上案件在法院之審理過程均採取公開審理之原則，依法院組織法第86條前段之規定，訴訟之辯論及裁判之宣示，應公開法庭行之，此即宣示法院之審判應採公開審理之原則。惟公開審理之原則並非絕對，於法律另有例外規定之情形仍得加以限制，而採取不公開審理之原則。所謂法律規定之例外情形包括一般案件有妨害國家安全、公共秩序或善良風俗之虞，得不公開，此為法院組織法第86條但書所明文規定；另自訴案件於第一次審判期日前訊問自訴人或被告時不公開，此為刑事訴訟法第326條第2項所明文規定，少年保護事件之調查及審理不公開，少年刑事案件之審判得不公開，此分別為少年事件處理法第34條、第73條第1項所明文規定；另訴訟之辯論有危害證人生命身體或自由之虞者，法院得決定不公開，證人保護法第20條亦有規定，又訴訟資料涉及營業秘密者，法院得依聲請不公開審判，智慧財產案件審理法第31條亦定有明文，又性侵害犯罪之案件審判不得公開，此亦為性侵害犯罪防治法第27條第1項前段所明文規定。

八、集中審理主義

集中審理主義係指各個審判期日之間應密集而連續地進行，不能有所間隔，如此法院始得以最新之調查證據所得之資料，形成正確之心證，如對於審理之期日加以切割，則部分之證據調查在前，部分之證據調查在後，且其間有相當之時間間隔，此時法院對於先前之調查證據之結果，可能印象已經模糊，如此無異依先前之筆錄內容加以審理，而形成實質上書面審理之情況，故集中審理之制度，對於法院發現事實之真相作出正確之判斷有所助益，為較為理想之審理方式。集中審理原則主要在於使言詞辯論密集而有效率，如此得以節省訴訟程序進行之時間，因而法院在開始審判期日前，應先就當事人之爭點取得共識，並就爭點相關證據之調查排定順序，故集中審理之制度須配合有效之準備程序之進行始能達成。

---

[11] 例如在美國刑事司法程序中，被告有受公開審判之權利（right to a public trial），且此一權利係經美國聯邦憲法明文加以保障，依美國聯邦憲法第6修正案之規定「在所有之刑事追訴程序中，被告享有……受公開審判之權利」（In all criminal prosecutions, the accused enjoy the right to a ...... public trial）。

第七節　刑事訴訟法之法源

　　所謂刑事訴訟法之法源（Sources of Law），係指刑事訴訟程序相關規定所由來之處，有關刑事訴訟之法源可依法律之位階概念分為憲法、法律、命令三大類，以下即分別論述之。

一、憲法

　　憲法（Constitutional Law）在法律之位階上係屬於最上層之規範，故舉凡一切法律或命令之內涵均必須符合憲法之相關規定，不得有違反之情形，否則均屬無效，此即為憲法之至高性（Supremacy）之表現，且由於憲法之基本內容之一即在於基本人權（Basic Human Rights）之保障，此與刑事訴訟程序之目的相一致，故憲法係刑事訴訟之法源之一，自不待言[12]。

　　我國憲法有關刑事訴訟程序上之相關規定主要見於第8條及第9條，依憲法第8條之規定：「人民身體之自由應予保障。除現行犯之逮捕由法律另定外，非經司法或警察機關依法定程序，不得逮捕拘禁。非由法院依法定程序，不得審問處罰。非依法定程序之逮捕、拘禁、審問、處罰，得拒絕之。人民因犯罪嫌疑被逮捕拘禁時，其逮捕拘禁機關應將逮捕拘禁原因，以書面告知本人及其本人指定之親友，並至遲於二十四小時內移送該管法院審問。本人或他人亦得聲請該管法院，於二十四小時內向逮捕之機關提審。法院對於前項聲請，不得拒絕，並不得先令逮捕拘禁之機關查覆。逮捕拘禁之機關，對於法院之提審，不得拒絕或遲延。人民遭受任何機關非法逮捕拘禁時，其本人或他人得向法院聲請追究，法院不得拒絕，並應於二十四小時內向逮捕拘禁之機關追究，依法處理。」此一規定揭示正當法律程序之原則，且對於人民人身自由受拘束時之保障，有相關之規定，此一規定並成為制定刑事訴訟法時之重要原則。另第9條則規定：

---

[12] 憲法之成為刑事訴訟法之法源，在美國之刑事訴訟法上甚為明顯，美國聯邦憲法就刑事訴訟程序有詳細之規定，例如第4修正案（The Fourth Amendment）係有關於搜索及扣押之規定，第6修正案（The Sixth Amendment）係有關於刑事被告接受公正之陪審團（Impartial Jury）迅速及公開之審判及與證人對質之權利相關規定，因此美國刑事訴訟程序亦被稱之為憲法之刑事訴訟程序。

「人民除現役軍人外，不受軍事審判。」對於軍事審判權之範圍加以界定，亦成為目前刑事訴訟程序有關審判權問題之原則。此外第16條有關訴訟權之規定、第22條有關基本人權保障之規定，以及第23條有關於基本人權限制而運用之法律保留原則及比例原則等規定，均係刑事訴訟法所應遵守之基本原則。

二、法律

刑事訴訟法之法源除憲法之規定外，主要見於法律之規定，所謂法律係指經立法院三讀通過、總統公布施行之成文法（Statute），此一成文法之規定，原則上係以名稱為「刑事訴訟法」之法律為基本之規範，惟除「刑事訴訟法」之外，尚有其他法律亦有刑事訴訟程序之相關規定，此亦為刑事訴訟之法源，例如刑事妥速審判法、少年事件處理法、羈押法、通訊保障及監察法及其他散見於本質上非刑事程序特別法之法律中之條文規定。

三、命令

命令係指行政機關基於本身在法律授權之職掌權限之下，所制定之相關規則，依中央法規標準法第3條之規定，各機關發布之命令，得依其性質，稱規程、規則、細則、辦法、綱要、標準或準則等不一而言。又命令依其性質可分為二大類，一種之為法規命令，依行政程序法第150條之規定，所謂之法規命令，係指行政機關本身基於法律之授權，對多數不特定人民就一般事項所作抽象之對外發生法律效果之規定；另一則稱之為行政規則，依行政程序法第159條第1項之規定，所謂之行政規則，係指上級機關對下級機關，或長官對屬官，依其權限或職權為規範機關內部秩序及運作，所為非直接對外發生法規範效力之一般、抽象之規定。

上開所述之法規命令原則上具有與法律相同之效力，審判機關自應加以適用，如認為有牴觸憲法或法律之嫌，則僅得以聲請釋憲之方式處理，不得逕予拒絕適用，此有司法院大法官會議釋字第371號解釋意旨可供參照。惟如係行政規則，原則上審判機關亦應予以適用，惟如認為有違反憲法或法律之處，則得基於本身之確信而不予適用，易言之，司法行政機關

所發布司法行政上之命令，如涉及審判上之法律見解，僅供法官參考，法官於審判案件時，亦不受其拘束，此亦有司法院大法官會議釋字第216號解釋意旨可供參照。

依司法院大法官會議釋字第530號解釋意旨認為：「最高司法機關依司法自主性發布之上開規則，得就審理程序有關之細節性、技術性事項為規定；本於司法行政監督權而發布之命令，除司法行政事務外，提供相關法令、有權解釋之資料或司法實務上之見解，作為所屬司法機關人員執行職務之依據，亦屬法之所許。」故司法機關亦得發布就其審理或相關業務有關之命令，而非僅限於一般所稱之行政機關。而就上開所稱之法規命令包括少年事件處理法施行細則、羈押法施行細則、通訊保障及監察法施行細則等等，至於行政規則則有法院辦理刑事訴訟案件應行注意事項、法院辦理刑事訴訟簡易程序案件應行注意事項、法院處理扣押物應行注意事項等等，或法院刑事被告具保責付須知等等，此亦均屬於刑事訴訟之法源之一。

四、司法裁判先例

司法機關就案件之審理採取所謂之審級制度，就個案而言，原則上應以最高審級之法院即最高法院之裁判為最終之結果，因此最高法院就個別性之案件有最終之決定權，在此情況之下，最高法院之法律見解乃成為下級法院在實務上通常參考之標準，此即所謂之司法裁判先例（Precedent）。

我國有關最高法院所形成之裁判先例，以往原則上可分為判例及判決二類，所謂判例係最高法院具有重要法律見解內容而經一定之程序加以選編公告之判決[13]，其本身雖非法律，惟實務上認為其對於各級法院之裁判具有實質上之拘束力，並得為釋憲之標的[14]。至於最高法院之判決雖未如

---

[13] 依修法前法院組織法第57條第1項之規定，最高法院之裁判，其所持法律見解，認有編為判例之必要者，應分別經由院長、庭長、法官組成之民事庭會議、刑事庭會議或民刑事庭總會議決議後，報請司法院備查。為此最高法院訂有最高法院判例選編及變更實施要點作為作業之依據。

[14] 例如大法官會議第154號解釋其理由書中即謂：「最高法院及行政法院判例，在未變更前，有其拘束力，可為各級法院裁判之依據，如有違憲情形，自應有司法院大法官會議法第4條第1項第2款（現行司法院大法官審理案件法第5條第1項第2款）之適用，始

上開所述之判例一般，經過一定之程序加以選編公告，惟就實務之運作加以觀察，其對於下級法院之審判亦有一定之影響，蓋下級審之法律見解如與最高法院不同，則可能於上訴致遭最高法院撤銷，為其判決上訴後能獲維持，故一般下級法院對於最高法院之判決均加以參考，使最高法院之判決在實際上亦產生一定之效力。

惟上開區分判例與判決之規定目前已經廢止，此後如有法律之爭議則依民國108年1月4日修正、同年7月4日施行之「法院組織法」第51條之1之規定，一律由最高法院分別設置民事大法庭、刑事大法庭加以裁判，藉此就民事及刑事案件之爭議問題統一法律見解。為配合此變革，法院組織法第57條之1同時規定，最高法院於民國107年12月7日法院組織法修正施行前依法選編之判例，若無裁判全文可資查考者，應停止適用，未經前項規定停止適用之判例，其效力與未經選編為判例之最高法院裁判相同。故而目前之司法判決先例已再無區分判例或判決而有不同之法律效力，惟如個案有法律爭議時，則經由最高法院大法庭之裁判統一法律見解，此時最高法院大法庭之見解具有實質上法律之效力，下級法院通常應遵守其表示之法律見解，否則裁判經上訴或抗告後恐遭撤銷或廢棄而無法維持。至於以往之最高法院判例或判決其效力均相同，無再予以分別之必要，而此等裁判之內容，既係最高法院之見解，實質上對於下級法院仍有一定之影響力，故而在實務運作上仍有其參考之價值。

至於最高法院之決議則依舊最高法院處務規程第32條之規定，係最高法院民刑事各庭為統一法令上之見解，而由院長召集民事庭會議、刑事庭會議或民刑事庭總會議決議之[15]。故以往最高法院之決議有統一法令見解，避免法院尤其最高法院本身之判決所採取之法律見解有所歧異，導致下級法院及人民無所適從，對於法律之安定性及確定性有所影響，尤其於法律有所修正後，對於新修正之法律如何解釋適用，產生法律之不同之意見時，最高法院後有必要以決議統一法律上之見解[16]。因而最高法院之刑

足以維護人民之權利，合先說明。」因而，判例得認為具有實質上法律之效力。

[15] 依舊最高法院處務規程第33條之規定，民刑事庭庭長會議、民刑事庭會議或民刑事庭總會議，須有庭長、法官三分之二以上出席，以出席過半數同意行之，可否同數時取決於主席。前項會議停止辦案之庭長法官得登記後列席，院長並得指定書記官長、民刑事科科長、資料科科長及其他有關人員列席。第一項之會議議事要點另定之。

[16] 例如行為人於一段時日內反覆多次施用第一級毒品海洛因或第二級毒品安非他命之行

事庭會議決議雖不具法律之形式，惟在實質上對於審判機關之裁判有一定之影響，故亦應視為刑事訴訟法之法源之一。惟如上開所述，法院組織法設置大法庭後，最高法院民事庭會議、刑事庭會議或民刑事庭總會議決議之功能業經民事大法庭及刑事大法庭取代，故而此種會議已不再舉行。

為，在民國95年7月1日前之刑法尚未刪除第56條連續犯之規定前，實務上多視為連續犯而依連續犯之規定論處，惟刑法修正公布刪除連續犯規定並於95年7月1日施行後，對於此等行為究採一罪一罰予以分論併罰，或依接續犯、集合犯論以一罪，於刑法修正後法院之見解多有不同，為統一此一法律上不同之見解，最高法院於96年8月21日以96年度第9次刑事庭會議決議認為原則上應採取一罪一罰，此即為一例。

第二章
刑事訴訟法之效力

　　所謂刑事訴訟法之效力，係指刑事訴訟法適用之範圍而言，又可分為人之效力、事之效力、地之效力及時之效力等四項，以下即分別論述之。

第一節　人之效力

　　有關刑事訴訟法人之效力問題，原則上只要受到我國刑事司法權支配之人，均適用刑事訴訟法之規定。惟一般而言，有依國內法之例外及依國際法之例外二種情形。

一、國內法之例外

　　國內法之例外可分為二種情形：

（一）現役軍人戰時犯陸海空軍刑法或其特別法之罪之例外

　　我國刑事訴訟法第1條第2項規定：「現役軍人之犯罪，除犯軍法應受軍事裁判者外，仍應依本法規定追訴、處罰。」又軍事審判法第1條第1項規定：「現役軍人戰時犯陸海空軍刑法或其特別法之罪，依本法追訴、處罰。」由此可知，現役軍人如係在戰時犯陸海空軍刑法或其特別法之罪，則應接受軍事審判，此時即適用軍事審判法之規定追訴、處罰，而無再適用刑事訴訟法規定之餘地，此即刑事訴訟法在人之效力方面之例外[1]。

---

[1]　由此顯然可見立法機關在立法之時認為在「法治國原則」下，軍事審判之範圍應有所抑制，如係在承平時期，現役軍人之犯罪行為，均應依照刑事訴訟法加以處理，僅有在戰時犯陸海空軍刑法或其特別法之罪者為限，始得依軍事審判法之規定追訴審判之。

（二）總統

依我國憲法第52條之規定，總統有刑事豁免權，除犯內亂或外患罪外，非經罷免或解職，不受刑事上之訴究，故總統原則上在其任期之內無刑事訴訟法程序之適用，亦即無刑事訴訟法之適用餘地。

（三）民意代表

另如立法委員及地方議會之議員等民意代表在議會內所為之言論，原則上應受保障，在會外不負責任，依憲法第73條之規定，立法委員在院內所為之言論及表決，對院外不負責任。又依司法院大法官會議釋字第401號解釋認為：「憲法第三十二條及第七十三條規定國民大會代表及立法委員言論及表決之免責權，係指國民大會代表在會議時所為之言論及表決，立法委員在立法院內所為之言論及表決，不受刑事訴追，亦不負民事賠償責任，除因違反其內部所訂自律之規則而受懲戒外，並不負行政責任之意。」此外司法院大法官會議釋字第165號解釋亦謂：「地方議會議員在會議時就有關會議事項所為之言論，應受保障，對外不負責任。」因而依目前實務之見解，民意代表包括立法委員及地方議會之議員於議會中就有關會議事項所為之言論及表決，均不受刑事之追訴。故此亦應屬於刑事訴訟法適用有關人之效力之例外，屬於刑事訴訟法上豁免刑事追訴之程序規定，應與刑事實體法免除刑事責任為不同之概念，不宜互相混淆。

二、國際法之例外

依目前國際公法及國際外交之慣例，享有治外法權之人包括外國元首及家屬、外國使節及家屬不受外國或駐在國司法權之支配，故刑事訴訟法對於外國之元首及家屬，以及駐在我國之使節及家屬並無適用之餘地。另外，經我國政府同意進駐國內之外國軍隊，亦同樣享有治外法權之待遇，其犯罪亦無國內刑事訴訟法之適用。

第二節　事之效力

我國刑事訴訟法第1條第1項規定：「犯罪，非依本法或其他法律所定之訴訟程序，不得追訴、處罰。」故一般犯罪之案件原則上均應適用刑事訴訟法規定之程序處理，易言之，刑事訴訟法之規定對於一般之犯罪案件均有適用之餘地，例外於其他法律有特別規定之時，始適用其他法律規定處理。所謂其他法律有規定之情形，例如少年觸法之案件應依少年事件處理法相關規定處理，而無刑事訴訟法之適用，又如現役軍人於戰時犯陸海空軍刑法或其特別法之罪之案件，則應適用軍事審判法之規定處理，亦無刑事訴訟法之適用。此外，如立法委員及地方議會之議員等民意代表在議會場內所爲之言論，原則上應受保障，在會外不負責任，故而其等在議會場內發表言論之行爲，亦無刑事訴訟法之適用。

第三節　地之效力

刑事司法權爲一國主權存在之表徵之一，故原則上刑事訴訟法之適用以我國主權所及之領域範圍內爲限，採所謂之屬地主義。惟如屬外國租界地，則應由租借國享有刑事司法權之主權，刑事訴訟法即無適用之餘地，此爲例外之情形。

另關於航空器或船舶，通常視爲註冊國主權之延伸，則關於國外航空器或船舶進入我國主權領域內，是否有刑事訴訟法之適用即有疑義，對此實務見解認爲依據國際公法之原則，外國之航空器既降落於我國領土，則即有我國刑事訴訟法之適用。如「依國際法上領域管轄原則，國家對在其領域內之人、物或發生之事件，除國際法或條約另有規定外，原則上享有排他的管轄權；即就航空器所關之犯罪言，依我國已簽署及批准之1963年9月14日東京公約（航空器上所犯罪行及若干其他行爲公約）第3條第1項規定，航空器登記國固有管轄該航空器上所犯罪行及行爲之權；然依同條第3項規定，此一公約並不排除依本國法而行使之刑事管轄權。另其第4條甲、乙款，對犯罪行爲係實行於該締約國領域以內、或係對於該締約國之國民所爲者，非航空器登記國之締約國，仍得干涉在飛航中之航空器，以

行使其對該航空器上所犯罪行之刑事管轄權。因此，外國民用航空器降落於我國機場後，我國法院對其上發生之犯罪行為，享有刑事管轄權，殆屬無可置疑。」此有最高法院79年台非字第277號判例意旨可供參照。

第四節　時之效力

　　刑事訴訟法關於時之效力，原則上係自施行日起至廢止日止，惟遇有修正時則採程序從新之原則，如刑事訴訟法施行法第2條即規定：「修正刑事訴訟法施行前，已經開始偵查或審判之案件，除有特別規定外，其以後之訴訟程序，應依修正刑事訴訟法終結之。」

　　惟如遇法律有特別規定者，仍應依其規定，例如刑事訴訟法施行法第5條第1項即規定：「修正刑事訴訟法施行前，原得上訴於第三審之案件，已繫屬於各級法院者，仍依施行前之法定程序終結之。」此時即應依舊法之規定處理。第2項則規定：「修正刑事訴訟法施行前，已繫屬於各級法院之簡易程序案件，仍應依施行前之法定程序終結之。」則係有特別規定而不採從新原則之情形。

第三章
訴訟主體

第一節　概說

　　訴訟之主體一般而言係指構成刑事訴訟程序進行之主體而言，又可分為法院（Court）即審判之主體、當事人（Party）即追訴及被追訴之主體，而當事人依據刑事訴訟法第2條之規定，則係指檢察官（Public Prosecutor）、自訴人（Private Prosecutor）（上開二者係追訴之主體）及被告（Defendant）（係被追訴之主體）而言，上開所述之主體構成之刑事訴訟可以從下圖表示之：

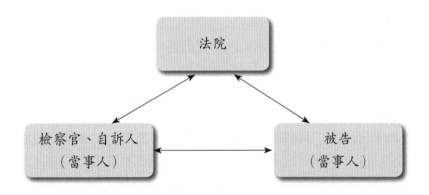

　　以下即分別就法院、檢察官、自訴人及被告之角色與地位分別論述之。

　　刑事訴訟法第2條第1項規定：「實施刑事訴訟程序之公務員，就該管案件，應於被告有利及不利之情形，一律注意。」第2項則規定：「被告得請求前項公務員，為有利於己之必要處分。」此所謂實施刑事訴訟程序之公務員，係指司法警察、司法警察官、檢察官、檢察事務官、辦理刑事案件之法官而言。而所謂被告，係指有犯罪嫌疑而被偵審者而言。所謂有利及不利之情形，則不以認定事實為限，凡有關訴訟資料及其他一切情形，均應為同等之注意。其不利於被告之情形有疑問者，倘不能為不利之

證明時，即不得爲不利之認定。故而所謂實施刑事訴訟之公務員不必然即係刑事訴訟程序之主體，此應予以辨明。

第二節　法院

一、意義

　　法院一詞在刑事訴訟法上存在有不同之意義，有時係指職司審判之司法機關本身而言，例如刑事訴訟法第5條第1項規定，案件由犯罪地或被告之住所、居所或所在地之法院管轄，即係指法院之機關本身而言；有時則係指職司審判職務之法官本身而言，例如依照刑事訴訟法第131條第4項之規定，逕行搜索執行後未陳報該管法院或經法院撤銷者，審判時法院得宣告所扣得之物，不得作爲證據，其所指之法院即係就具體個案爲審判之法官而言。

　　一般而言，刑事訴訟法所規定之「法院」一詞，多指行審判職務之法官而言，而法官行使職權又可分爲獨任制與合議制二種，獨任制由法官一人組成，任何裁判均由法官一人單獨決定即可，而合議制則由多數法官組成（通常爲三人或五人），其中以一人爲審判長（Presiding Judge），另一人爲受命法官（有時亦可能審判長兼受命法官），其餘則爲陪席法官[1]。審判長之主要職掌在於指揮訴訟之進行及維持法庭之秩序，而受命法官則主要於審判期日前進行準備程序，處理法律規定之特定事項，以爲審判期日之程序預作準備。另法院間有時須互相囑託爲一定之訴訟行爲，此時受囑託之法院行使受囑託之訴訟行爲之法官，即爲受託法官。

二、審判權

　　在一般三權分立之概念下，司法權（Judicial Power）之核心即爲審判

---

[1]　依目前我國法院組織法第3條之規定，地方法院審判案件，以法官一人獨任或三人合議行之；高等法院審判案件，以法官三人合議行之；最高法院審判案件，除法律另有規定外，以法官五人合議行之。

權[2]，其他司法行政之業務均僅係爲支持審判權之順利運作而存在，故審判權可視爲司法權本身存在之基本價値[3]。

　　審判權在刑事訴訟程序上，係指法院就特定行爲人及其犯罪行爲有行使司法審判之權限而言。我國刑事訴訟法就審判權之定義及範圍並未加以規定，因此審判權判斷之依據爲何即有問題。目前我國實務最新之見解認爲，審判權之有無應以行爲人及其行爲是否有我國刑法之適用爲判斷之基準，如行爲人及其行爲適用我國刑法之規定，我國法院即對之有審判權[4]。先前實務運作上曾發生爭議者，乃刑事案件如無我國刑法之適用時，究應屬於實體問題（行爲不罰）抑或程序問題（無審判權）？其後最高法院刑事大法庭110年度台上大字第5557號刑事裁定認爲：「中華民國人民被訴在中華民國領域外涉犯刑法第5條至第7條以外之罪，而無我國刑法之適用時，法院應依刑事訴訟法第303條第6款規定論知不受理之判決。」其理由即謂：「……刑法適用法具有實體法與程序法之雙重性質，如有欠缺，即無我國刑法之適用，不爲我國刑罰權所及，且爲訴訟障礙事由，我國司法機關無從追訴、審判。……法院受理訴訟之基本法則，係先審查程序事項，必須程序要件具備，始能爲實體之認定，倘確認個案非屬我國刑法適用範圍時，已構成訴訟障礙，欠缺訴訟要件……性質上已屬法院對被告無審判權，不能追訴、審判……。」經此裁定後實務見解已確認，刑事案件無我國刑法之適用，即係屬於我國法院無審判權之問題，困擾實務界多年之問題終告解決。

　　惟我國之審判體系係採取多元化之制度，因此產生另一層意義之審判權。蓋如審判機關僅有單一體系亦即僅有單一之法院體系，此時所有類型之案件均係法院審判之對象，亦即法院對於所有之案件均有審判權，即無法院就特定案件有無審判權之問題存在。惟我國係採行審判機關多元化之制度之下，因審判之業務不同而分別設立不同性質之法院體系，如普通法

---

[2]　亦有論者稱之爲「裁判權」。見林永謀著，刑事訴訟法釋論（上冊），2006年10月，頁72。

[3]　有學者認爲司法權與審判權名稱上不同，實際上其意義應屬相同。見黃朝義著，刑事訴訟法，2006年9月，頁47。

[4]　有論者認爲審判權應由刑事實體法有關刑罰權存在之可能性作爲判斷之基礎，刑罰權存在時始有審判權可言，故審判權有無應取決於刑法之適用效力範圍而定。見柯耀程著，刑事審判權，月旦法學教室，第5期，頁36。

院、行政法院、軍事法院等不同體系，則此時即有不同法院體系間審判對象之區分，亦即普通法院對於刑事案件有審判權，對於行政訴訟之案件則無審判權（反之行政法院對於刑事案件無審判權），此即另一種意義之審判權之問題。目前，我國之普通法院對於一般之刑事案件均有審判權，例外之情形僅有現役軍人於戰時犯陸海空軍刑法或其特別法之罪之案件始不具有審判權[5]。

三、管轄權

管轄權（Jurisdiction）係指法院在對於特定之案件有審判權之前提下，各個同一系統之個別法院之間具體分配進行審判事務之權限，亦即係劃分法院間得處理訴訟案件之界線。故管轄權應係審判權之下位概念，亦即法院對於檢察官或自訴人起訴而繫屬之案件，必先具有審判權之後，始產生是否具有管轄權之問題。而依我國目前刑事訴訟法之規定，法院之間管轄權有依法律抽象規定而取得管轄權者，稱之為法定管轄，包括事物管轄、土地管轄、牽連管轄及競合管轄等，亦有依法院之裁定而取得管轄權者，稱之為裁定管轄，包括指定管轄及移轉管轄等。又管轄權之有無以案件起訴時之狀態為決定之基準，此後如有管轄之條件變更之情形（例如被告之住所於起訴後變更），並不影響管轄權之合法存在，此稱為管轄恆定原則。以下即分別就上開所述各種管轄之規定論述之[6]：

5　依我國憲法第9條之規定，人民除現役軍人外，不受軍事審判，此明文限定一般人民不受軍事審判；另依我國刑事訴訟法第1條第2項之規定，現役軍人之犯罪，除犯軍法應受軍事裁判者外，仍應依本法規定追訴、處罰。又依軍事審判法第1條第1項之規定，現役軍人戰時犯陸海空軍刑法或其特別法之罪，依本法追訴、處罰。由此可知，現役軍人如係在戰時犯陸海空軍刑法或其特別法之罪，則應接受軍事審判。故在我國目前之法律規定之下，普通法院對於刑事案件不具有審判權之情形，僅有現役軍人於戰時犯陸海空軍刑法或其特別法之罪之情形。

6　應注意者實務見解認為：「因法院之設立、廢止及管轄區域之劃分或變更，致管轄法院有變更時，並非管轄權有無之問題，乃受理法院之變更，僅屬司法行政上事務分配之範圍，故原繫屬法院毋庸為管轄錯誤之判決。又定法院有無管轄權之時，關於土地管轄，係以起訴時為準。至已經合法繫屬之案件為節省時間進行順利起見，固以不變更管轄為宜。惟刑事訴訟法關於土地管轄之規定係為兩不同之法院經常受理案件而設，若由一法院析而為二，其屬於新法院轄區之案件，舊法院業經受理者，應由何法院終結，法律上並無明文規定。然依前揭說明，此僅屬司法行政上事務分配之範圍，故舊法院為原繫屬之法院，未嘗不可予以辦結，而新法院原為舊法院之一部，就其管

（一）事物管轄

　　刑事訴訟法第4條規定：「地方法院於刑事案件，有第一審管轄權。但左列案件，第一審管轄權屬於高等法院：一、內亂罪。二、外患罪。三、妨害國交罪。」故原則上地方法院具有刑事案件第一審之管轄權，惟例外在內亂罪、外患罪、妨害國交罪之情形，其第一審管轄權屬於高等法院，此管轄之規定稱之為事物管轄，係就不同之案件類型，在不同級之法院間所定之管轄權之規定[7]。

　　又關於刑事訴訟法第4條第1款、第2款所規定之內亂罪、外患罪，其範圍如何界定，是否包括特別法相關之規定在內，似有疑義，依目前實務上之見解，係採取肯定說，認為所謂內亂罪、外患罪，係指刑法內亂罪、外患罪章暨其特別法所定各罪而言，特別法例如妨害軍機治罪條例（已廢止）第2條第1項至第3項是，此有（76）法檢字第11723號函及司法院秘書長76年9月23日（七六）秘台廳（二）字第1780號函之內容可供參照。

（二）土地管轄

　　刑事訴訟法第5條第1項規定：「案件由犯罪地或被告之住所、居所或所在地之法院管轄。」第2項則規定：「在中華民國領域外之中華民國船艦或航空機內犯罪者，船艦本籍地、航空機出發地或犯罪後停泊地之法院，亦有管轄權。」依此規定，刑事案件係由犯罪地或被告之住所、居所或所在地之法院管轄，此稱之為土地管轄，係在同級法院之間定管轄最常見之基本基準，而我國之船艦或航空機視為我國領土之延伸，故而船艦之本籍地、航空機之出發地或犯罪後停泊地之法院，亦取得土地管轄之權限，茲分述如下。

1. 犯罪地

　　犯罪地係刑事案件定管轄權最重要依據之一，而土地管轄所謂之犯罪地，依目前實務上之見解認為包括犯罪之行為地與犯罪之結果地兩者而

　　　轄區域而言，係繼受舊法院之地位，同有管轄權，自亦得將舊案改分新法院辦理。」此有最高法院106年度台上字第3021號判決意旨可供參照。

[7]　此外殘害人群治罪條例第6條亦明文規定，犯本條例之罪者，其第一審由高等法院或分院管轄之，此係有關於刑事訴訟法事物管轄之特別規定，亦應予注意。

言，故不論係犯罪之行為地或結果發生地，均係屬於此所稱之犯罪地，此有最高法院72年台上字第5894號判例意旨可供參照，而最高法院108年度台上字第334號、101年度台上字第4408號判決亦均採取相同之見解可參。例如在殺人之刑事案件，被告殺害被害人之行為發生在A地，而被害人於逃往B地後始發生死亡之結果，則A、B兩地之地方法院對於此一殺人之刑事案件，依土地管轄之規定均具有管轄權。又如係不作為之犯罪行為，則所謂之犯罪地，實務上則認為應以應作為之地為其犯罪地，此亦有最高法院28年上字第649號判例、85年度台上字第4196號判決意旨可供參照。

又目前社會上有關網際網路之科技發展迅速，藉由電腦超越國家界限快速聯繫之網路系統，擴大行為人犯罪行為之空間，是如在網路上設置網頁，提供資訊或廣告，其中涉及犯罪之行為，此時是否藉由電腦得以聯繫該網頁之地點，該地法院即取得管轄權，或僅有網頁主機設置位置地點之法院始具有管轄權，即不免產生爭論。就此目前實務上傾向於得以聯絡瀏覽網頁之地點，該地法院均取得管轄權，例如「所謂犯罪地，參照刑法第4條之規定，解釋上自應包括行為地與結果地兩者而言。於網路揭露不實訊息而犯罪者，係利用電腦輸入一定之訊息，藉由網路傳遞該訊息，以遂行犯罪，舉凡有網路現代科技化設備之各個處所，均得收悉其傳播之訊息，範圍幾無遠弗屆，是其犯罪結果發生地，非如傳統一般犯罪，僅侷限於實際行為之特定區域。」此有最高法院109年度台上字第5703號判決意旨可供參照；又如「在國外網站之社群上發表妨害本國人名譽之文字，供不特定人瀏覽，其所涉及之加重誹謗罪，於本國人得以瀏覽該網頁內容之地點，該地方法院應具有管轄權。」此亦有法務部法檢字第10104133020號函文內容可資參照。

2. 被告之住所

至於所謂被告之住所，一般而言應依民法第20條之規定，即以久住之意思而住於一定之地點加以認定，目前實務上多以被告經向戶政機關登記之戶籍所在地認定其住所。

3. 被告之居所

又被告之居所指非以久住之意思而居住之處所而言，例如被告係因求學或工作之關係，而在外租屋居住，則該處所並非其有意長久居住於該

地，即應認爲係屬被告之居所。故如某甲因就學或工作之關係暫時居住於A地，則甲有犯罪行爲時，A地之地方法院對其即有管轄權。

4. 被告之所在地

又被告之所在地則係指被告身體實際所在之地點而言，至於認定之時間，實務上認爲應以被告於其案件起訴時，身體實際所在之地點爲準，此有最高法院48年台上字第837號判例意旨可供參照。所謂起訴時其認定係以檢察機關函送審判之起訴書正本，送達於法院收發室之日期爲準，亦即以案件繫屬於法院之日而言，此亦有最高法院81年度台上字第876號判決意旨可供參照。至於被告於起訴時其在所在地之原因，不問其係任意，抑係經合法強制而於現在所在地，均屬之，此有最高法院103年度台上字第291號刑事判決意旨可供參照，相同見解另有最高法院87年度台上字第3063號、99年度台上字第292號等判決可供參照。故而如在監獄服刑之受刑人爲被告時，只要其名籍尚未解除，縱暫時離監，該監獄仍係其所在地，得爲定土地管轄之基準，此亦有最高法院101年度台上字第3044號判決意旨可資參照。因此故如某甲因涉犯竊盜罪被起訴之時，其正因另外之殺人案件羈押於看守所之中，則該看守所所在之地點即係甲之所在地，又如甲涉犯詐欺罪被起訴時正於監獄服刑，服刑監所之所在地，亦係其所在地，得爲定土地管轄之基準。

5. 船艦本籍地、航空機出發地或犯罪後停泊地

另在國際法上本國之航空器或船艦視爲本國領土之延伸，故我國籍之船艦或航空器內之犯罪行爲，亦有依我國刑事訴訟法加以審判之權限，此時即有管轄權之問題，因而刑事訴訟法第5條第2項即特別規定，在中華民國領域外之中華民國船艦或航空機內犯罪者，船艦本籍地、航空機出發地或犯罪後停泊地之法院，亦有管轄權，以此定其土地管轄。

另依目前實務之見解，外國之民用航空器降落於我國機場後，我國法院對於其上發生之犯罪行爲，亦享有刑事之管轄權，如上開所述之最高法院79年台非字第277號判例意旨可供參照[8]。

8　本文認爲此判例所稱之「刑事管轄權」係就我國刑事訴訟程序得否適用於犯罪行爲人而言，並非具體指稱法院之間管轄之分配，故究其本質因屬於審判權之義，可見審判權與管轄權之間容易加以混淆，惟其概念不同，仍應予以區分明確爲當。

（三）牽連管轄

　　如上所述，同級法院間以土地管轄之原則定其管轄之法院，惟有時因土地管轄之規定，不同之法院就不同之案件分別均具有管轄權，惟此不同之案件間具有一定之關聯性，如能由同一法院同時審理，則得以達到訴訟經濟之目的，訴訟當事人間就訴訟所花費之時間精力亦皆可獲得節省。因而刑事訴訟法第6條乃針對此種情形分別就同級法院及不同級法院而管轄之案件有相牽連關係時定合併管轄之規定，此稱之為牽連管轄。惟牽連管轄適用於各案件均尚未判決時，如有一案已經判決，其他案件受理在後則無牽連管轄之適用，此有最高法院22年上字第1804號判例可供參照。

　　刑事訴訟法第6條第1項規定：「數同級法院管轄之案件相牽連者，得合併由其中一法院管轄。」依此規定取得管轄之原因並非基於上開土地管轄之規定，而係基於牽連管轄之規定，故檢察官得將此類相牽連之案件合併向其中一法院起訴；惟如各案件已分別起訴而繫屬於數同級之法院者，此時依刑事訴訟法第6條第2項之規定：「前項情形，如各案件已繫屬於數法院者，經各該法院之同意，得以裁定將其案件移送於一法院合併審判之；有不同意者，由共同之直接上級法院裁定之。」

　　至於如係屬不同級法院管轄之案件而有相牽連之情形者，則刑事訴訟法第6條第3項規定：「不同級法院管轄之案件相牽連者，得合併由其上級法院管轄。已繫屬於下級法院者，其上級法院得以裁定命其移送上級法院合併審判。但第七條第三款之情形，不在此限。」故而不同級法院間之案件有相牽連關係者，得合併由其上級法院管轄，而如已經繫屬於下級法院者，其上級法院得以裁定命其移送上級法院合併審判，但屬於刑事訴訟法第7條第3款規定之情形，則不在此限。

　　惟所謂相牽連案件之管轄規定並非強制之規定，上開刑事訴訟法第6條第1項係規定：「數同級法院管轄之案件相牽連者，得合併由其中一法院管轄。」既謂「得」，法院即有裁量之權，自非指相牽連案件即應合併管轄，因此，相牽連案件是否合併由同一法院管轄，本屬法院得依職權裁量之事項，縱未合併管轄，亦不生違法之問題，此有最高法院111年度台上字第3198號、111年度台上字第5458號判決意旨可供參照。

　　又上開牽連管轄之規定係適用於相牽連之案件間，故而所謂相牽連之案件自須加以明確定義，因此，刑事訴訟法第7條即規定：「有左列情形

之一者，爲相牽連之案件：一、一人犯數罪者。二、數人共犯一罪或數罪者。三、數人同時在同一處所各別犯罪者。四、犯與本罪有關係之藏匿人犯、湮滅證據、僞證、贓物各罪者。」故所謂相牽連之案件係指一人犯數罪者、數人共犯一罪或數罪者、數人同時在同一處所各別犯罪者及犯與本罪有關係之藏匿人犯、湮滅證據、僞證、贓物各罪者等四種情形。此類案件因被告具有共通性或犯罪之事實具有共通性，故如能由同一法院合併審理，在訴訟上得以節省程序之重複進行上而避免訴訟資源之浪費，故規定爲相牽連之案件，而有牽連管轄規定之適用。

　　至於在具體個案之間是否係屬相牽連之案件，應從起訴之形式上加以觀察，而並非以審理之結果爲準，亦即不得以審理結果認爲其中一部分被訴犯罪事實不能證明即認爲無相牽連關係，故而相牽連之兩案既經爲合併管轄，並予受理在案，則經審理結果，縱認原有管轄權部分之案件應爲無罪、免訴或不受理之判決，法院仍應就合併管轄之他案續行審理，不得認原適法取得管轄之他案因此喪失其管轄權，否則，相牽連案件合併管轄之有無，竟繫於各案件事後審理之結果，豈不謬誤；此有最高法院90年度台上字第5899號、102年度台上字第3464號判決意旨可供參照。

　　牽連管轄之規定原係爲審判程序經濟之考量，基於相同之原理及偵查資源合理分配之考量，此一原則在檢察官進行偵查之階段亦有類似之規定，刑事訴訟法第15條即規定：「第六條所規定之案件，得由一檢察官合併偵查或合併起訴；如該管他檢察官有不同意者，由共同之直接上級檢察署檢察長或檢察總長命令之。」

　　惟有爭議者乃牽連管轄之規定是否承認再牽連甚至再再牽連之管轄，關於此一問題實務上似乎尚未有所定論，例如甲、乙共犯殺人罪，乙又與丙共犯強盜罪，丙又與丁共犯放火罪，丁又與戊共犯傷害罪，除甲係居住在A地外，乙、丙、丁、戊之住居所、所在地均非在A地，各罪犯罪地亦均非在A地，此時A地之地方法院對於乙所犯之強盜罪及丙、丁、戊所犯各罪，是否均有管轄權，亦即上開案件能否均視爲相牽連之案件。對此臺灣高等法院暨所屬法院98年法律座談會刑事類提案第33號曾加以討論，原審查意見係採肯定說，惟研討結果係採否定說；然最高法院其後則傾向採取肯定說，認爲：「刑事訴訟法第六條規定就數同級法院管轄之相牽連案件，得合併由其中一法院管轄，重在避免多次調查事證之勞費及裁判之歧異，以符合訴訟經濟及裁判一致性之要求。同法第十五條規定相牽連案

件，得由一檢察官合併偵查或合併起訴，其理亦同。雖不免影響被告出庭之便利性，然相牽連案件之合併審判或合併偵查、起訴，須經各該法院或檢察官同意，否則須直接上級法院裁定或上級法院檢察署檢察長命令行之，同法第六條二項、第十五條亦分別定有明文，並非恣意即可合併審判或偵查、起訴。又刑事訴訟法第七條各款規定之相牽連案件，不以直接相牽連為限。縱數案件彼此間並無直接相牽連關係，然如分別與他案件有相牽連關係，而分離審判，又可能發生重複調查或判決扞格之情形，依上開規定及說明，自應認各該案件均係相牽連案件，而得合併由一法院審判，始能達成相牽連案件合併管轄之立法目的。」此有最高法院102年度台上字第298號判決意旨可供參照。

（四）競合管轄

如上所述，定案件之管轄權有不同之基準，故有可能產生同一案件有數法院均有管轄權之情況，此時如檢察官就同一案件分別向有管轄權之不同法院起訴，即產生所謂管轄競合之問題。依刑事訴訟法第8條之規定，同一案件繫屬於有管轄權之數法院者，由繫屬在先之法院審判之，但經共同之直接上級法院裁定，亦得由繫屬在後之法院審判。故在管轄競合之情形，原則上由案件先繫屬之法院加以審判，惟在例外之情形，得經由共同之直接上級法院裁定，而由繫屬在後之法院審判。

如上所述，在有管轄競合之情形時，原則上由案件先繫屬之法院加以審判，故此時應依下列情形處理：

1. 先繫屬之法院

先繫屬之法院應依正常程序審理後為一般之實體判決。

2. 後繫屬之法院

後繫屬之法院，則應依下列情形分別判決之：
(1)為判決時如繫屬在先之法院尚未就案件判決時，則應依刑事訴訟法第303條第7款之規定為諭知不受理之判決。
(2)為判決時如繫屬在先之法院已就案件為判決然尚未確定時，則仍應依刑事訴訟法第303條第7款之規定為諭知不受理之判決。

(3)為判決時如繫屬在先之法院已就案件為判決且已確定時，則應依刑事訴訟法第302條第1款之規定為免訴之判決。

(4)上開(1)、(2)、(3)之情形如繫屬在後之法院不知有先繫屬之法院而誤為實體判決時，則應於發現有先繫屬之法院時（即知有管轄競合情形時）視判決是否已確定而分別依上訴（未確定）或非常上訴（已確定）之程序予以糾正，分別改判不受理或免訴之判決。

　　惟有一特殊之情形下則有不同之處理方式，即如後繫屬之法院誤為實體判決且該實體判決較先繫屬之法院之判決先為確定之時，則依目前實務之見解認為，此時為考量訴訟經濟及尊重法院判決之既判力，則本來先繫屬而得為審判之法院僅能尊重後繫屬之法院所作確定判決之效力，而就其本身之案件諭知免訴之判決，此有司法院大法官會議釋字第47號解釋意旨可供參照，依照該號解釋文內容謂：「刑事訴訟法第八條之主要用意，係避免繫屬於有管轄權之數法院對於同一案件均予審判之弊。據來呈所稱，某甲在子縣行竊，被在子縣法院提起公訴後，復在丑縣行竊，其在丑縣行竊之公訴部分原未繫屬於子縣法院，自不發生該條之適用問題。又丑縣法院係被告所在地之法院，對於某甲在子縣法院未經審判之前次犯行，依同法第五條之規定，得併案受理，其判決確定後，子縣法院對於前一犯行公訴案件，自應依同法第二百九十四條第一款（現行刑事訴訟法第302條第1款）規定，諭知免訴之判決。」此為一特殊之情形宜特別加以注意。

（五）指定管轄

　　原則上一般案件可依上述之土地管轄或牽連管轄之規定以定其管轄法院，惟有時同一案件可能數法院之間就管轄權之認定有爭議，包括同時認為有管轄權（稱之為積極衝突），或者認為無管轄權（稱之為消極衝突），或者原認為有管轄權之法院經確定裁判為無管轄權，而無他法院管轄該案件，又或者因管轄區域境界不明，致不能辨別有管轄權之法院者，為解決上開問題，刑事訴訟法第9條第1項即規定：「有左列情形之一者，由直接上級法院以裁定指定該案件之管轄法院：一、數法院於管轄權有爭議者。二、有管轄權之法院經確定裁判為無管轄權，而無他法院管轄該案件者。三、因管轄區域境界不明，致不能辨別有管轄權之法院者。」

　　如無法依土地管轄之規定定管轄法院，如犯罪地在國外而被告在國內

又無住居所，同時又無共同之直接上級法院可定其管轄權時，則刑事訴訟法第9條第2項規定：「案件不能依前項及第五條之規定，定其管轄法院者，由最高法院以裁定指定管轄法院。」

上開所述之管轄即稱之為指定管轄，指定管轄可由法院依職權為之，亦得由當事人聲請之，由當事人聲請者，應以書狀敘述理由向該管法院為之，此觀之刑事訴訟法第11條之規定自明；故非當事人之告發人、告訴人並無聲請法院指定管轄之權利，此時僅得請求檢察官聲請指定管轄。又管轄之指定，直接上級法院得以職權或據當事人之聲請為之，並不限於起訴以後，在起訴以前，亦得為之，其於起訴後移轉者，亦不問訴訟進行之程序及繫屬之審級如何。

（六）移轉管轄

又刑事案件如因有管轄權之法院因法律或事實不能行使審判權，或者有因特別情形由有管轄權之法院審判，恐影響公安或難期公平者，此時刑事訴訟法第10條第1項規定：「有左列情形之一者，由直接上級法院，以裁定將案件移轉於其管轄區域內與原法院同級之他法院：一、有管轄權之法院因法律或事實不能行使審判權者。二、因特別情形由有管轄權之法院審判，恐影響公安或難期公平者。」另第2項則規定：「直接上級法院不能行使審判權時，前項裁定由再上級法院為之。」所謂法律上不能行使審判權者，如因法官迴避致無足夠之法官組織合議庭是；而事實上不能行使審判權者，如因地震等天災致法院毀損無法行使審判之職權是；所謂恐影響公安，係指該法院依其環境上之特殊關係，如進行審判，有足以危及公安之虞，如可能引起當地群眾之暴動等是，如僅係牽涉少數個人如被告或辯護人之安全問題，即非此所稱之影響公安。

又實務上認為移轉管轄以原本受理訴訟之法院對於訴訟案件具有管轄權為前提，如依法本無管轄權，即應為管轄錯誤之裁判，要不發生此所謂移轉管轄之問題，當事人自不得為移轉管轄之聲請，此有最高法院30年聲字第21號判例可供參照。此外，移轉管轄乃因有管轄權之法院具有上開法定原因而將有管轄權之法院受理之案件，移轉於原無管轄權之法院而言，如二以上之法院原本均有管轄權存在，即無移轉管轄之問題。

移轉管轄可由法院依職權為之，亦得由當事人聲請之，由當事人聲請

者，應以書狀敘述理由向該管法院為之，此觀之刑事訴訟法第11條之規定自明；故非當事人之告發人、告訴人並無聲請法院移轉管轄之權利，此時僅得請求檢察官聲請移轉管轄。又實務之見解認為，法院之事務管轄，係指以法律就法院審判事務分配之規定，此項事務分配不得任由訴訟當事人以己意選定，故聲請移轉管轄之當事人，縱表明欲移由何法院管轄，但受理聲請之法院仍不受其拘束，得依法為妥適之處置，此有最高法院81年度台聲字第40裁定意旨可供參照。又管轄之移轉，直接上級法院得以職權或據當事人之聲請為之，並不限於起訴以後，在起訴以前，亦得為之，其於起訴後移轉者，亦不問訴訟進行之程序及繫屬之審級如何。

（七）非管轄法院（區域）之職務行使

　　無管轄權法院如受理案件且進行某些訴訟程序，則其效力如何，對此刑事訴訟法第12條即明文規定：「訴訟程序不因法院無管轄權而失效力。」故縱使係無管轄權之法院，其受理案件之後，如進行部分之訴訟程序仍具有法律上之效力，此乃基於訴訟經濟之考量，且法院管轄僅係為方便所為之事務之分配，國家之司法審判權限仍係單一之性質等因素之結果。

　　法院行使職權原則上在本身轄區內為之，惟依刑事訴訟法第13條規定：「法院因發見真實之必要或遇有急迫情形時，得於管轄區域外行其職務。」例如在逕行拘提被告之情況，如被告所在地非在法院轄區內仍得為之。

　　又上開情形係指法院就有管轄權之案件，在管轄區域外行使職權，而如係無管轄權法院，遇有急迫之情形，則依刑事訴訟法第14條之規定，仍應於其管轄區域內為必要之處分。

　　上開有關於法院對於有管轄權之案件得在非管轄區域內行使職權，或對於無管轄權之案件得在管轄區域內行使職權之規定，依刑事訴訟法第16條之規定，於偵查中檢察官行使職權時，如有必要之時亦得準用。此乃因依法院組織法第62條之規定，檢察官於其所屬檢察署管轄區域內執行職務，但遇有緊急情形或法律另有規定者，不在此限，故偵查中檢察官雖無管轄權之概念，惟一般而言其執行職務仍有管轄區域之限制，因而就上開刑事訴訟法第13條、第14條即有準用之必要。

（八）管轄權之補正（治癒）

　　法院對於案件有無管轄權固然應以起訴時為判斷之基準，然實務上認為雖起訴時法院欠缺管轄權，惟如在法院尚未為管轄錯誤之判決前，有適法取得管轄權之情形，則原管轄權欠缺之瑕疵即因此補正（治癒），此時即不得認法院無管轄權。對此實務見解認為：「以檢察官就相牽連案件中無管轄權部分之案件起訴為例，倘於起訴後法院判決前，隨即將相牽連而有管轄權部分之案件追加起訴，則此時應認其已補正先前案件管轄權之欠缺，而得對相牽連之兩案合併審判；且相牽連之兩案既經為合併管轄，並予受理在案，則經審理結果，縱認原有管轄權部分之案件應為無罪、免訴或不受理之判決，法院仍應就合併管轄之他案續行審理，不得認原適法取得管轄之他案因此喪失其管轄權。」此有最高法院102年度台上字第3464號判決意旨可供參照。由此可知法院對於管轄權之欠缺，在法院為管轄錯誤之判決前，如經依法取得管轄權，則此程序之瑕疵即已補正（治癒），法院即不得再為管轄錯誤之判決。

四、迴避

（一）法官之迴避

　　法官就一般刑事案件固有審判之權限，惟在具體之個案上，可能因法官與案件有一定之連結關係，以至於法官在行使職權時可能產生偏頗之情形，此對於法院審理案件實現公平正義之目的有所牴觸，故有必要對於某些特定案件，排除特定法官參與行使審判及其他相關職權，此即法官迴避（Judge Evasion）之問題[9]。

　　依刑事訴訟法之規定，法官之迴避可分為自行迴避、聲請迴避及職權裁定迴避三種情形，茲分別論述之。

9　我國法院組織法第14條之1第1項規定：「地方法院與高等法院分設刑事強制處分庭，辦理偵查中強制處分及暫行安置聲請案件之審核。但司法院得視法院員額及事務繁簡，指定不設刑事強制處分庭之法院。」第2項則規定：「承辦前項案件之法官，不得辦理同一案件之審判事務。」其雖係有關於法官不得辦理同一案件之審判事務之規定，惟其法律效果等同於法官迴避之情形，自應一併加以注意。

1. 自行迴避

依刑事訴訟法第17條之規定，法官有下列各項之情形之一者，應自行迴避，不得執行職務：

(1) 法官爲被害人者

依刑事訴訟法第17條第1款之規定，法官如本身即係案件之被害人，則依一般常理而言，其心理上對於加害人之被告自懷有恨意，而難期其得以平常心來進行案件之審理，故須對於案件加以迴避，以求審理之公平。而所謂被害人應以犯罪之直接被害人爲限，例如在竊盜案件中被竊取之財物之所有人或管領人是。

(2) 法官現爲或曾爲被告或被害人之配偶、八親等內之血親、五親等內之姻親或家長、家屬者

依刑事訴訟法第17條第2款之規定，法官與被告、被害人間曾經有或現係配偶、八親等內之血親、五親等內之姻親或家長、家屬之關係，因此均屬於至親之關係，故法官處於此種情況下，亦難期其得以平常之態度審理案件，爲求案件得以公平審理，法官亦應迴避。法官與被告或被害人間有無上開所稱之配偶、血親及姻親關係或家長家屬之關係，則應依民法相關規定以決定之。

(3) 法官與被告或被害人訂有婚約者

依刑事訴訟法第17條第3款之規定，法官與被告或被害人訂有婚約者，則可認定其彼此之關係密切，故爲審判之公平性，亦有迴避之必要。須注意者，本款之規定以目前有婚約者爲限，如曾有婚約關係惟經解除，則不在此規定之範圍內。

(4) 法官現爲或曾爲被告或被害人之法定代理人者

依刑事訴訟法第17條第4款之規定，法官現爲或曾爲被告或被害人之法定代理人者，則可認定其彼此在法律上之關係密切，故爲審判之公平性，亦有迴避之必要。是否有法定代理人之關係依民法相關規定定之，惟此法定代理人解釋上應不包括父母在內，因父母已屬前述之八親等血親之關係，故無再予適用本款規定之必要。

(5) 法官曾為被告之代理人、辯護人、輔佐人或曾為自訴人、附帶民事訴訟當事人之代理人、輔佐人者

依刑事訴訟法第17條第5款之規定，法官如曾經擔任案件被告之代理人、辯護人、輔佐人，或曾經為自訴人、附帶民事訴訟當事人之代理人、輔佐人者，則可認為在案件中曾經有一定之參與，與其嗣後擔任法官須基於審判中立之地位有所衝突，故有必要加以迴避，以求審判之公正。所謂被告之代理人指刑事訴訟法第36條規定之代理人，辯護人則無論係擔任選任或指定之辯護人均應包括在內，輔佐人則係指曾依刑事訴訟法第35條第1項之規定擔任輔佐人之人，自訴人之代理人則係指依刑事訴訟法第37條第1項規定任自訴人之代理人者而言。惟應注意者，法官曾擔任上開角色者係就同一案件而言須自行迴避，非謂就被告或自訴人附帶民事訴訟當事人之其他案件均一律須予迴避。

(6) 法官曾為告訴人、告發人、證人或鑑定人者

依刑事訴訟法第17條第6款之規定，法官曾就案件為告訴人、告發人、證人或鑑定人者，應就案件已先有一定程度之主觀意見存在，難期其為公正之審判，故不宜再擔任須保持中立立場態度之審判工作，而應自行迴避。又所謂告發不限於私意之告發，即因審理案件發現有犯罪嫌疑時，而依刑事訴訟法第241條之規定，為義務告發亦屬之，此有最高法院74年度台上字第3644號判決意旨可供參照。

(7) 法官曾執行檢察官或司法警察官之職務者

依刑事訴訟法第17條第7款之規定，法官曾就同一案件執行過為檢察官或司法警察官之職務者，應就案件已曾基於追訴者之角色，與被告恐立於對立之立場，故亦不宜再擔任須保持中立態度之審判工作，而應自行迴避[10]。此規定旨在避免法官就同一案件曾因執行檢察官或司法警察官之職務，而生主觀預斷或違反控訴及無罪推定原則之疑慮，以確保人民得受公平之審判，而維繫人民對司法公正性之信賴。

有關本款之適用，實務上有爭議者乃法官如前曾裁定准予交付審判，是否應於嗣後同一案件審判中自行迴避？對此一爭議問題最高法院刑事

---

[10] 此處僅規定檢察官及司法警察官而未及於司法警察及檢察事務官，恐係立法之疏漏，應於將來修法時一併予以修正為宜。

大法庭111年度台上大字第1924號裁定主文即謂：「法官曾參與准予交付審判之裁定者，於嗣後同一案件之審判，應類推適用刑事訴訟法第17條第7款規定自行迴避，不得執行職務。」而其理由略以：「二、法官曾參與准予交付審判之裁定，在實質效果上等同已執行檢察官提起公訴之職務：……法官依上揭規定（刑事訴訟法第258條之3第4項）裁定准予交付審判，並於裁定中敘明被告涉嫌之犯罪事實、證據及所犯法條等起訴書法定應記載事項，與檢察官之提起公訴，同具有使案件繫屬法院發生訴訟關係及特定審判範圍之主動性功能。……一經裁定准予交付審判，則法律擬制視為提起公訴，而開啟審判程序對被告所涉犯罪嫌疑進行審判。其參與准予交付審判裁定之法官，形式上雖非檢察官，但所為之交付審判裁定，實質效果上已等同於執行檢察官提起公訴之法定職務，倘猶參與其後之審判，無異集起訴與審判職權於一身，形成類似『自己起訴、自己審判』之糾問現象，違反控訴原則之精神。……三、刑事訴訟法現制未規定法官曾參與准予交付審判之裁定者，應自行迴避嗣後本案之審判，係屬法律漏洞，本於同法第17條第7款規定法官曾執行檢察官職務應自行迴避之相同法理，自應類推適用上開規定自行迴避：……而法官參與准予交付審判之裁定，解釋上雖不能直接適用刑事訴訟法第17條第7款規定以自行迴避嗣後本案之審判，……本於相同法理，自應類推適用刑事訴訟法第7款之規定，自行迴避……。四、結論：刑事訴訟法第17條第7款關於法官應自行迴避之規定，旨在避免法官就同一案件曾因執行檢察官或司法警察官之職務，而生主觀預斷或違反控訴及無罪推定原則之疑慮，以確保人民得受公平之審判，而維繫人民對司法公正性之信賴。因此，法官曾執行檢察官或司法警察官之職務者，固應依上述規定自行迴避。而參與准予交付審判裁定之法官，在實質效果上既等同於執行檢察官提起公訴之法定職務，倘仍參與其後同一案件之審判，顯已違反審檢分立、控訴原則及公平法院等憲法保障訴訟權之規定，本於同一法理，及合憲性與合目的性之觀點，自應類推適用本條款規定自行迴避，不得執行職務。」

(8) 法官曾參與前審之裁判者。

依刑事訴訟法第17條第8款之規定，法官曾經參與前審之裁判者，如再參與案件之審理，則恐已有先入為主之判斷在內，故有自行迴避之必要。又此所謂前審之裁判究係指何義，有加以說明之必要。依目前實務之

見解則認為，所謂前審係以上下審級之概念加以界定，亦即指上級審對於下級審而言，例如最高法院23年抗字第440號判例即謂：「刑事訴訟法第二十五條（現行法第17條第8款）所稱推事（現稱法官）於該案件曾參與前審者，於上訴審應自行迴避，係指推事於下級審曾參與該案審判，即不得再參與上訴審審判。」又如司法院大法官會議釋字第178號解釋即謂：「刑事訴訟法第十七條第八款所稱推事曾參與前審之裁判，係指同一推事，就同一案件，曾參與下級審之裁判而言。」故若屬同一審級即非此所指之前審，如最高法院29年上字第3276號判例即謂：「所謂推事曾參與前審之裁判應自行迴避者，係指其對於當事人所聲明不服之裁判，曾經參與，按其性質，不得再就此項不服案件執行裁判職務而言，至推事曾參與第二審之裁判，經上級審發回更審後，再行參與，其前後所參與者，均為第二審之裁判，與曾參與當事人所不服之第一審裁判，而再參與其不服之第二審裁判者不同，自不在應自行迴避之列。」又如最高法院87年度台抗字第299號裁定亦謂：「刑事訴訟法第十七條第八款規定法官曾參與前審之裁判者，應自行迴避，係指法官曾參與前審即下級審之裁定或判決者而言。」此外最高法院90年度台上字第923號判決亦同此意旨可供參照[11]。

又實務見解亦認為所謂曾參與前審之裁判以參與審判期日之程序及其後判決內容之作成如評議或裁判書類之製作為限，如僅參與宣示判決或證據調查之程序者均不在此限；例如最高法院90年台上字第7832號判例即謂：「推事（即法官）曾參與前審裁判之應自行避原因，係指同一法官，就同一案件，曾參與下級審之裁定或判決者而言，如僅曾參與審判期日前之調查程序，並未參與該案之裁判，依法即毋庸自行迴避。」

又原實務見解認為關於「再審」及「非常上訴」之程序與原來之確定判決之審判程序非屬同一程序，故不發生前後審之問題，自亦無自行迴避之問題，如「推事（現稱法官）於該案件曾參與前審之裁判者，依刑事訴訟法第17條第8款規定，固應自行迴避，但再審案件其參與原確定判決之推事，並不在該款應行迴避之列。」此有最高法院28年聲字第10號判例意旨可供參照。惟民國112年8月14日公告之司法院憲法法庭112年憲判字第14號判決認為：「法官就同一案件，曾參與據以聲請再審或提起非常上訴

11　有關於此學者間有採取不同之見解者，認為此所謂之前審應指前一次之審判而言，故縱使審級相同，只要係本次審判之前之審判仍屬於條文所稱之前審，見黃東熊著，刑事訴訟法論，1999年3月，頁66。

之刑事確定裁判者，於該再審（包括聲請再審及開始再審後之本案更爲審
判程序）或非常上訴程序，應自行迴避，不得參與審判。刑事訴訟法未明
文規定上開法官迴避事由，與憲法第16條保障訴訟權之意旨有違。」依此
判決之見解，目前刑事訴訟法就法官於再審或非常上訴程序未規定自行迴
避，與憲法第16條保障訴訟權之意旨有違，因此上開實務見解（即最高法
院28年聲字第10號判例）亦應不再適用，而在刑事訴訟法修正前，刑事訴
訟再審及非常上訴程序之新收與繫屬中案件，審理法院自應依憲法法庭上
開判決意旨辦理，亦即有法官自行迴避之適用。

2. 聲請迴避

(1) 聲請之事由

　　刑事訴訟法除法官自行迴避之規定外，尚有當事人聲請迴避之規定，
依刑事訴訟法第18條之規定，有下列二種事由，當事人得聲請法官迴避：
其一爲法官有應自行迴避之情形而不自行迴避者；其二爲法官有應自行迴
避以外之情形，足認其執行職務有偏頗之虞者。法官如有前條所列之自行
迴避事由時，原即應自行迴避，惟可能法官自認並無該事由存在或法官並
未注意有該事由存在，而不自行迴避，此時當事人即可聲請法官迴避；此
外如當事人認爲法官雖無上述自行迴避之事由，惟對於其審理之案件足認
其執行職務有偏頗之虞時，亦得聲請法官迴避。
　　所謂「有偏頗之虞」依實務之見解認爲應以客觀上一般人是否有合理
懷疑爲判斷之基礎，如：「得聲請法官迴避原因之所謂『足認其執行職務
有偏頗之虞者』，係指以一般通常之人所具有之合理觀點，對於該承辦法
官能否爲公平之裁判，均足產生懷疑；且此種懷疑之發生，存有其完全客
觀之原因，而非僅出諸當事人自己主觀之判斷者，始足當之。」此有最高
法院79年台抗字第318號判例意旨可供參照；故如係訴訟程序上之指揮則
係屬法官之職權，縱有不利於當事人之情形，不得逕以此作爲法官將有不
公平裁判之依據，而以此認爲有偏頗之虞聲請法官迴避。惟實務上亦認爲
如係案件之承審法官個人與訴訟關係人具有故舊恩怨等關係，其審判恐有
不公平者，即可認爲「有偏頗之虞」而得聲請法官迴避，此有最高法院19
年抗字第285號判例可供參照。

(2) 聲請之時期

　　聲請迴避如係法官有自行迴避事由而不自行迴避之情形，則並無時期之限制，不問訴訟程度如何，當事人得隨時聲請法官迴避，此刑事訴訟法第19條第1款定有明文。惟如係因認法官執行職務有偏頗之虞之情形，則當事人如已就該案件有所聲明或陳述後，不得再聲請法官迴避，除非聲請迴避之原因發生在後或知悉在後者，則不在此限，此刑事訴訟法第19條第2款亦定有明文，此乃有鑑於當事人如認法官有偏頗之虞即不應再行就案件進行聲明或陳述，否則應認其已就此無異議，以避免訴訟無法順利進行。

(3) 聲請之程序

　　聲請法官迴避，應以書狀舉其原因向法官所屬法院為之，但於審判期日或受訊問時，得以言詞為之，刑事訴訟法第20條第1項定有明文，所謂受訊問時應包括審判期日之前依法接受法官訊問之情形，如法官進行搜索，或進行勘驗時對於當事人進行訊問時均得為之。故聲請法官迴避得以書面或言詞為之，惟不論以書面或言詞方式為之，均須釋明聲請迴避之原因及有上開但書之例外事實，如係以言詞為之其釋明並應記載於筆錄，此觀之刑事訴訟法第20條第2項之規定自明。又此所謂之釋明，實務見解認為僅需敘明其證明方法為已足，毋庸提出能即時調查，可使法院信其主張為真實之證據，此有最高法院85年度台抗字第278號判決可供參照。又依刑事訴訟法第20條第3項之規定，被聲請迴避之法官，得提出意見書，以作為法院裁定時之參考，此處規定乃係「得」而非「應」，故法官可提出意見書亦得不提出意見書。

(4) 聲請之裁定

　　法官迴避之聲請，由該法官所屬之法院以合議裁定之，其因不足法定人數不能合議者，由院長裁定之；如並不能由院長裁定者，由直接上級法院裁定之，此刑事訴訟法第21條第1項定有明文，故法院受理當事人聲請法官迴避時應組織合議庭加以裁定，以茲慎重，如無足夠之法官足以組織合議庭，則由法院之院長一人為裁定，此時依條文之意義當然無須合議，又如院長不能裁定，如院長即係被聲請迴避之法官之情形是，則應由上級法院裁定，上級法院之裁定解釋上亦應以合議庭為之。

又上開針對聲請法官迴避之案件所為之裁定，被聲請迴避之法官不得參與，此刑事訴訟法第21條第2項亦定有明文，此乃在於杜絕由法官自己審查自己是否得以審理特定案件，其不合適自明。又依刑事訴訟法第21條第3項之規定，被聲請迴避之法官，以該聲請為有理由者，毋庸裁定，即應迴避，此乃在於法官既自認不適宜審理該案件，自無必要再由法院以正式裁定命其迴避，以節省訴訟資源。

(5) 聲請之效力

又刑事訴訟法第22條規定：「法官被聲請迴避者，除因急速處分或以第十八條第二款為理由者外，應即停止訴訟程序。」故而法官一但被聲請迴避，則原則上應即停止訴訟程序，蓋法官既經聲請迴避，其未經裁定前，均有可能有不適任個案審判之情形，自不宜就案件再進行任何程序，以保障當事人之權益，故此時如法官仍進行證據之調查，則非屬於合法之證據調查。惟如案件有作急速處分之必要，如被告羈押到期而認為有延長羈押之必要時，或以法官執行職務有偏頗之虞為聲請迴避之理由者，則例外仍容許法官進行案件相關之訴訟程序。

(6) 聲請迴避裁定駁回之救濟

聲請法官迴避之裁定，原則上係屬刑事訴訟法第404條第1項所稱之關於訴訟程序之裁定，係不得抗告，惟依刑事訴訟法第23條特別規定此種裁定得抗告，故其係屬於刑事訴訟法第404條第1項第1款所規定有得抗告之明文規定者，例外得加以抗告。惟實務見解認為其仍受刑事訴訟法第405條之規定限制，亦即如第二審法院所為聲請法官迴避之裁定，屬於不得上訴於第三審法院之案件，則該駁回之裁定即不得向第三審法院提起抗告，此有最高法院92年度台抗字第175號裁定可供參照。至於聲請法官迴避之裁定如係准許迴避，則因法官對於此種裁定並無法律上之利害關係亦無不利益之情形，故不賦予其得抗告之權利。

3. 職權裁定迴避

法官如有自行迴避之事由而不自行迴避，當事人得聲請法官迴避，惟如此時當事人亦又未依上開規定聲請法官迴避，則如令該法官繼續執行職務，則結果對於審判之公正性有所影響，故刑事訴訟法第24條第1項乃規

定：「該管聲請迴避之法院或院長，如認法官有應自行迴避之原因者，應依職權為迴避之裁定。」又此項裁定應係對於有自行迴避事由之法官為之，因此第2項規定：「前項裁定，毋庸送達。」惟此規定僅限於法官有自行迴避之事由而未迴避，且當事人亦未聲請迴避之情形始有其適用，至於法官執行職務有偏頗之虞之情形則不包括在內。

（二）法官以外人員之迴避

1. 書記官、通譯之迴避

　　依刑事訴訟法第25條之規定，關於法官迴避之相關規定，於法院書記官及通譯準用之，惟不得以曾於下級法院執行書記官或通譯之職務，為迴避之原因，此乃因書記官及通譯僅係輔助法官執行職務，本身並無法就審判之事務作出決定，因而縱使其等人員曾於下級法院就同一案件執行職務，亦無加以迴避之必要；又法院書記官及通譯之迴避，由所屬法院院長裁定之，此乃法院院長作為司法行政首長權限之表現。

2. 檢察官、檢察事務官、辦理檢察事務書記官之迴避

　　依刑事訴訟法第26條之規定，法官自行迴避及聲請迴避等相關之規定，於檢察官、檢察事務官及辦理檢察事務之書記官準用之，惟不得以曾於下級法院執行檢察官、檢察事務官、書記官或通譯之職務，為迴避之原因，此乃因偵查本係一體並無與法院相同之審級概念，當事人亦無審級利益之考量，故曾於下級法院執行不得作為迴避之事由。

　　又檢察機關基於檢察一體之體制，其檢察官、檢察事務官及書記官之迴避，應聲請所屬檢察長核定之，與法院依裁定為之不同，又如檢察長之迴避，應聲請直接上級檢察署檢察長核定之，其檢察官僅有一人者亦同；檢察官、檢察事務官及辦理檢察事務之書記官職司犯罪之偵查，具有一定之時效性，在聲請迴避尚未經核定前，檢察官、檢察事務官及辦理檢察事務之書記官應仍得依職權進行偵查程序之行為；故刑事訴訟法第21條、第22條及第23條之規定均不在準用之列。

第三節　當事人

　　刑事訴訟程序中所稱之當事人，依刑事訴訟法第3條之規定，係指檢察官、自訴人及被告等人，以下分別予以論述之。

一、檢察官

（一）檢察官之定位

　　檢察官之職權範圍涵蓋甚廣，其中多數與刑事司法之工作相關，故在權力分立之概念下，檢察機關及檢察官之性質上究屬行政機關及行政官抑或司法機關及司法官，不免產生爭議。如以機關之隸屬關係而言，目前各級檢察署係隸屬於行政院之法務部，故以此觀之檢察官應係屬於行政官之體系；惟有關各級檢察署之組織及檢察官之職權又明定於法院組織法中，似又將檢察官視為與法官相同之司法官，因此依目前之法律體系觀之，檢察官究屬行政官或司法官實處於不明確之狀態。

　　而目前我國之實務上依據司法院大法官會議之解釋，係將檢察機關定義為廣義之司法機關，至於檢察官則定義為廣義之司法官，如司法院大法官會議釋字第392號解釋即謂：「司法權之一之刑事訴訟、即刑事司法之裁判，係以實現國家刑罰權為目的之司法程序，其審判乃以追訴而開始，追訴必須實施偵查，迨判決確定，尚須執行始能實現裁判之內容。是以此等程序悉與審判、處罰具有不可分離之關係，亦即偵查、訴追、審判、刑之執行均屬刑事司法之過程，其間代表國家從事偵查、訴追、執行之檢察機關，其所行使之職權，目的既亦在達成刑事司法之任務，則在此一範圍內之國家作用，當應屬廣義司法之一。」惟何謂廣義之司法，其與狹義之司法之間有何區別，上開大法官會議之解釋並未加以說明，故對於檢察官之定性亦無從就此明確之解答[12]。

---

[12] 理論上而言，目前我國檢察機關係隸屬於行政院之體系下，故從形式上觀之，基本上應可認為檢察機關係行政機關，而檢察官則係屬於行政官；惟因檢察官主要職司犯罪之偵查，對於犯罪之起訴或不起訴有一定之處分權限，故其行使之職權有相當程度類似司法權之處，故如進一步而言，或可謂檢察機關係具有一定獨立性之行政機關，而檢察官係具有一定獨立性質之行政官（或可稱之為準司法官），此觀之法院組織法第61條明文規定「檢察官對於法院，獨立行使職權」亦可得以佐證。故可認為檢察官係

又我國於民國100年6月13日通過法官法，其中第十章將檢察官部分訂定專章規定，就此而言似將檢察官定位爲準法官之地位，惟觀之該章之條文中僅規定檢察官之任用及相關人事規範如職務之監督等事項，並就有關法官之部分規定加以準用，其並未明確規定檢察官在性質上究竟是否屬於司法官之一環，因而上開爭議並未因法官法之立法而獲得解決，反而因此滋生不必要之疑問[13]。

（二）檢察官之職權

檢察官之法定職掌依法院組織法第60條之規定，包括下列各項：實施偵查、提起公訴、實行公訴、協助自訴、擔當自訴及指揮刑事裁判之執行，另有其他法令所定職務之執行。可知檢察官代表國家從事犯罪之偵查、追訴及執行，並於審判程序中擔任公訴人之角色，即使在自訴程序檢察官亦有適時介入之必要，故檢察官之職權在我國可說係貫穿整個刑事訴訟之程序，對於刑事司法體系之運作其重要性不言可諭[14]。

（三）檢察一體

所謂檢察一體（Integrating Procuratorates）係指檢察機關作爲犯罪偵查及追訴之機關，其有必要整合相關資源，以有效達到偵查及追訴犯罪之目的，同時基於行政機關上下一體指揮監督之特性，各級檢察機關應具有一體之性質之謂。檢察一體與上下級法院間並無行政監督之關係存在以彰顯司法獨立之特性，互爲相對之概念，檢察一體在法律上之具體表現主要

屬於行政官，僅其行使職權時有獨立之保障，不受上級機關之影響，此與行政院下其他獨立機關如公平交易委員會相似。

[13] 有學者認爲依檢察署之隸屬關係而言，檢察官屬於行政官應無疑義。見林山田著，刑事程序法，頁47；黃朝義著，刑事訴訟法，頁69。

[14] 我國檢察官之職權與美國檢察官相較可謂廣泛許多，美國檢察官無論係聯邦或各州均屬於政府追訴犯罪之代理人角色，其主要代表政府執行公訴之程序以追訴犯罪，以聯邦而言，其地區之檢察官稱之爲U.S. Attorney，相當於我國之各地方檢察署之檢察長；其僱用具一定法律資格之人執行實際上追訴犯罪之職務，稱之爲助理檢察官（Assistant Attorney），相當於我國之檢察官。至於各州除州之檢察長外，各郡有自己追訴犯罪之檢察人員，稱之爲地方檢察官（District Attornet，簡稱D.A.），其亦類似我國之地方檢察署檢察長，其僱用具有律師資格之人員擔任助理檢察官（Assistant Attorney），實際案件之起訴由其等負責，故相當於我國各地方檢察署之檢察官。

在於下列二項：

1. 檢察總長、檢察長之指揮監督權

依法院組織法第63條之規定，檢察總長依本法及其他法律之規定，指揮監督該署檢察官及高等檢察署以下各級檢察署及檢察分署檢察官；檢察長依本法及其他法律之規定，指揮監督該署檢察官及其所屬檢察署檢察官；檢察官應服從前二項指揮監督長官之命令。

依此規定在檢察體系中，檢察總長係基於最高層之地位，其可指揮及監督全國各檢察署之檢察官，且其指揮監督之內容並無限制，至於檢察體系之上級即法務部之部長，對於各級檢察機關亦得加以監督。實務上亦肯認此一原則，依司法院大法官會議釋字第530號之解釋，檢察官偵查刑事案件之檢察事務，依檢察一體之原則，檢察總長及檢察長有法院組織法第63條及第64條所定檢察事務指令權，是檢察官依刑事訴訟法執行職務，係受檢察總長或其所屬檢察長之指揮監督，與法官之審判獨立向屬有間。關於各級檢察署之行政監督，依法院組織法第111條第1款規定，法務部部長監督各級檢察署及檢察分署，從而法務部部長就檢察行政監督發布命令，以貫徹刑事政策及迅速有效執行檢察事務，亦非法所不許。

2. 檢察總長、檢察長之介入權及移轉權

依法院組織法第64條之規定，檢察總長、檢察長得親自處理所指揮監督之檢察官之事務，並得將該事務移轉於其所指揮監督之其他檢察官處理之，此即檢察機關之首長對於檢察官偵查中案件之介入權及移轉權。

在此一規定之下，檢察總長或檢察長對於受其指揮監督之檢察官之事務，得以介入處理，且於認為有必要時，亦得利將於其他其所指揮監督之檢察官執行職務。實務上亦對於此一原則，基本上採取肯定之見解，認為：「檢察總長、檢察長得親自處理其所指揮監督之檢察官之事務，並得將該事務移轉於其所指揮監督之其他檢察官處理之，且檢察官應服從檢察總長、檢察長之命令，法院組織法第63條第3項、第64條分別定有明文。按檢察官上下一體，與法院之因土地或事務管轄而各行其審判職權之情形不同，從而上級檢察署檢察長命令下級檢察署檢察官實施偵查，並不因檢察官所屬之檢察署配置於不同法院，必須受法院之土地或事務管轄之限制。臺灣高等法院檢察署檢察長對於其所指揮監督之下級審檢察官，既有

指揮監督之權，則對於不同土地管轄之檢察署所屬案件，命令他檢察署檢察官實施偵查，即不能謂為於法不合，而下級審檢察官奉其命令以行偵查，尤不能謂為違法。」此有最高法院87年度台上字第459號判決意旨可供參照。

又按上開法院組織法之規定，除介入權之外，檢察長亦得將其所指揮監督之檢察官處理之事務，移轉於其所指揮監督之其他檢察官處理之，此亦係檢察一體之具體表現下，法律所賦予檢察長之職權之一，無論檢察長主動移轉或依聲請而為移轉均屬之，且不以有急迫或緊急情形為限。

（四）客觀性義務

依刑事訴訟法第2條第1項之規定，實施刑事訴訟程序之公務員，就該管案件，應於被告有利及不利之情形，一律注意。此規定一般稱之為客觀性義務，所謂實施刑事訴訟程序之公務員包括司法警察、檢察事務官、檢察官及法官均屬之，依實務之見解認為此規定係屬於一種訓示之規定，此有最高法院28年滬上字第13號判例可供參照[15]。又依同條第2項之規定，被告得請求前項公務員，為有利於己之必要處分[16]。

二、自訴人

如前所述，我國刑事訴訟法除國家訴追主義外，兼採被害人訴追主義，故除代表國家之檢察官外，依刑事訴訟法319條第1項之規定，犯罪之被害人亦得提起自訴，而無行為能力或限制行為能力或死亡者，得由其法定代理人、直系血親或配偶為之；上開得提起自訴之人如經其等提起自訴，即稱之為自訴人，而成為刑事訴訟法所稱之當事人。

---

[15] 又此一規定在職權主義之刑事訴訟制度下固有其必然性，惟在目前之改良式當事人主義之刑事訴訟制度下，是否有此一規定之必要即有疑義。以檢察官之角色而言，其與被告在刑事訴訟程序中本即處於對立之地位，故基本上檢察官之職務應係對於犯罪之證據加以蒐集並舉證，不應要求其對於被告有利之事項加以注意，此與其基本之職務內容有所衝突。如係要求檢察官在執行職務時，不得恣意濫權侵害人民之權利，則應從權力分立、制衡及檢察官自律之機制來節制檢察官，而非要求檢察官對於被告有利之事項為一定之處理。

[16] 本條規定所謂有利於己之必要處分，究係何指頗有疑義，況訴訟程序中被告之權利義務均應依法律之規定為之，故此條文之規定顯已過時應予修正。

又所謂犯罪之被害人，依目前實務之見解認為係以犯罪之直接被害人為限，如非因犯罪而直接被害之人即非屬此所稱之被害人；且是否係直接被害人以犯罪所侵害之法益為判斷之基準，如「犯罪之被害人，固以因犯罪而直接被害之人為限，惟所謂直接被害人，係指其法益因他人之犯罪而直接被其侵害者而言，故凡財產法益被侵害時，其財產之所有權人固為直接被害人，即對於該財產有事實上管領之人，因他人之犯罪行為而其管領權受有侵害者，亦不失為直接被害人，且被害之是否直接，須以犯罪行為與受侵害之法益有無直接關係為斷，如就同一客體有二以上之法益同時併存時，苟其法益為直接犯罪行為所侵害，則兩法益所屬之權利主體均為直接被害人，並不因另有其他之直接被害人而發生影響，即非不得自訴。」此有最高法院42年台非字第18號判例意旨可供參照，其他如最高法院69年度台上字第1565號判決亦採取相同見解。

又除犯罪之被害人外，如被害人無行為能力或限制行為能力或死亡者，得由其法定代理人、直系血親或配偶擔任自訴人，而是否屬於所謂之法定代理人、直系血親或配偶，自應依其提起自訴時，依民法之相關規定認定之。

三、被告

被告係指在刑事訴訟程序中遭受追訴、處罰之人，實務上在司法警察調查階段，因犯罪事實尚未明確，故均以「犯罪嫌疑人」（Suspect）稱之，而不稱「被告」，待移送檢察官開始進行偵查時起至起訴、審判時則均稱之為「被告」，至於判決確定後送交檢察官執行時則不再稱被告而稱之為「受刑人」。被告係屬於刑事訴訟法所稱之當事人之一，因其係受他人追訴之人，故其地位處於追訴者相對之一方。由於被告遭受刑事追訴之過程中，其基本之權利可能受到相當程度之侵害，故有關於刑事被告基本權利保障之相關規定，係刑事訴訟法重要之一環，藉以保護人民不受國家或個人濫權之追訴。因此一國刑事訴訟法中有關於被告基本權利之保障規定，亦可視為國家在人權保障方面進步與否之風向球。有關於刑事被告之基本權利，將在以下相關章節分別論述之。

第四節　訴訟關係人

除了當事人外，在刑事訴訟程序中還有許多參與者，包括被告之辯護人、輔佐人及代理人，另亦有自訴人之代理人等等，以下分別論述之。

一、辯護人

通常犯罪之追訴係由國家設有專門之機關並配置專業之人員負責，其擁有龐大之資源可以運用，然相對而言，被追訴之被告或犯罪嫌疑人，其在法律專業及其他各項資源上均有所不足，因而形成所謂武器不對等之情形，此對於被告之刑事程序上之權利保障形成相當不利之情形，此在刑事訴訟制度採取當事人主義之情形下更加明顯。因而在刑事訴訟制度中即有所謂辯護制度之存在，藉由辯護人之法律專業，以補強被告在刑事訴訟程序中防禦能力之不足，此一般稱之為被告之辯護依賴權。由此可知，辯護人在刑事訴訟程序中所扮演之角色相當重要，亦可言辯護制度之存在及其有效之運作，係保障被告刑事訴訟上權利關鍵之一環[17]。

（一）種類

辯護人基本上依其與被告辯護關係發生之原因，可分為選任辯護人與指定辯護人二種。

1. 選任辯護人

選任辯護人係由被告或其他有選任權之人，依其意願自行選任為其辯護人之人，刑事訴訟法第27條第1項規定：「被告得隨時選任辯護人。犯罪嫌疑人受司法警察官或司法警察調查者，亦同。」因此刑事案件之被告或所謂之犯罪嫌疑人自其接受司法警察（官）之詢問開始，至檢察官偵查

---

[17] 在美國之刑事訴訟制度中，律師之辯護扮演相當重要之角色，亦為刑事被告基本之權利之一，且其已提升至憲法之層次，美國聯邦憲法即明文規定刑事被告有受律師辯護之權利（right to counsel），依美國聯邦憲法第6修正案之規定：「在所有之刑事追訴程序中，被告享有……獲得律師協助為其辯護之權利」（In all criminal prosecuytions, the efendant shall enjoy the right...... to have the assistance of counsel for his defense）。

中，及至於法院審判中，均得依其意願隨時選任辯護人爲其辯護。

　　除被告或犯罪嫌疑人得隨時選任辯護人外，另刑事訴訟法第27條第2項則規定：「被告或犯罪嫌疑人之法定代理人、配偶、直系或三親等內旁系血親或家長、家屬，得獨立爲被告或犯罪嫌疑人選任辯護人。」因此上開所述之人，亦得以其自己之名義獨立爲被告或犯罪嫌疑人選任辯護人，而無須經被告或犯罪嫌疑人之同意。

　　此外刑事訴訟法第27條第3項規定：「被告或犯罪嫌疑人因精神障礙或其他心智缺陷無法爲完全之陳述者，應通知前項之人得爲被告或犯罪嫌疑人選任辯護人。但不能通知者，不在此限。」此規定係因有心智障礙而無法爲完全之陳述之人，實有辯護人爲其辯護之必要，惟又因本身心智上之不足，可能無法順利選任辯護人，故特別設有上開規定，以加強其辯護人選任之可能，以保障其訴訟上之權益[18]。

2. 指定辯護人

　　被告所涉刑事案件有輕重之分，如所涉係屬重罪，將來可能面對嚴重之刑事處罰，又如被告有心智不足之情形，則其爲本身利益辯護之能力恐有欠缺，有影響其權利甚大，故此等情形均有必要有辯護人在刑事訴訟程序中爲被告之利益加以辯護，以保障其法律上之權利，故此時如被告或其他有選任辯護人權利之人未選任辯護人，則法律即強制國家須指定專人爲其辯護，此即稱之爲指定辯護人。目前實務上各級法院均配置有公設辯護人一職，於刑事訴訟程序中擔任被告之指定辯護人，惟實務上各法院爲補充公設辯護人人力之不足，亦可指定執業之律師擔任指定辯護人之角色，一般稱之爲義務辯護律師，雖稱爲義務辯護，惟其依規定仍可向法院請求支給一定金額之報酬[19]。

---

[18]　我國法律扶助法於民國93年1月7日施行，依其第13條及第14條之規定，無資力或低收入戶及強制辯護之案件，均得申請法律扶助，經准許後選派之辯護律師，亦屬於刑事訴訟法所稱之選任辯護人之來源。

[19]　司法院爲此訂有義務辯護律師支給報酬標準，依該標準第1點第1項：「義務辯護律師爲單一被告擔任辯護工作並完成該審級之辯護時，第一審於新臺幣（下同）一萬八千元至二萬八千元額度內，第二審於一萬三千元至二萬三千元額度內，由審判長決定給付酬金之數額。」

（二）辯護人之選任及指定

1. 辯護人之選任

選任之辯護人人數如過多時，易導致對於案件之意見分歧，此對被告而言不一定有利，且對於訴訟程序之順利進行亦有所影響，故刑事訴訟法第28條規定：「每一被告選任辯護人，不得逾三人。」又刑事訴訟法第29條另規定：「辯護人應選任律師充之。但審判中經審判長許可者，亦得選任非律師爲辯護人。」故而選任辯護人原則上應選任具有律師資格者充當之，此時通常稱之爲辯護律師（Defense Attorney），但例外之情形於審判中經審判長許可者，亦得選任非律師爲辯護人，此應注意者此非律師充當辯護人之情形以「審判中」爲限，不及於偵查中，蓋偵查中之案件有偵查不公開之問題，故不適宜由非具律師資格之人參與其偵查之程序。

又刑事訴訟法第30條第1項規定：「選任辯護人，應提出委任書狀。」第2項則規定：「前項委任書狀，於起訴前應提出於檢察官或司法警察官；起訴後應於每審級提出於法院。」因此，於偵查中選任辯護人僅須提出一次之委任書狀，其向檢察官或司法警察官提出均無不可，惟於其後之審判中，則應依審級之不同而個別提出委任書狀。

又目前之實務見解認爲在多數辯護人之情況，而每位辯護人之辯護權，均各自獨立，可居於自身之辯護權能，從不同之面向，展現不同之辯護內容，自主、充分地爲被告辯護，彼此無法取代，以彰顯多數辯護制度之目的，例如在言詞辯論之程序，每一辯護人均應爲被告辯護，不得僅以其中一人或數人代替所有辯護人個別之言詞辯論程序，此有最高法院102年度台上字第5092號判決意旨可供參照。

又選任辯護人之情形得否一人同時爲多數被告之共同選任辯護人，此在指定辯護之情形，刑事訴訟法設有規定（如下所述），惟在選任辯護人之情形，刑事訴訟法並未有明文之規定，實務上一般均允許一選任辯護人同時爲數名被告辯護，亦即在選任辯護人之情形並不禁止共同辯護，理論上可類推適用刑事訴訟法第31條第3項之規定，亦即選任辯護人時，如被告有數人者，得選任一人爲其等辯護，但各被告之利害相反者，不在此限。

而所謂利害相反之認定，實務見解多數認爲以辯護人就數被告被訴之

犯罪事實而為防禦時，能否均為適當充分之辯護為斷，此有最高法院99年度台上字第5497號、98年度台上字第5917號、95年度台上字第4070號等判決意旨可供參照。惟亦有少數之實務見解認為是否利害相反，應以是否礙於被告防禦權之行使、於其訴訟上之權利是否有所影響為判斷標準，此有最高法院99年度台上字第6491號判決意旨可供參照。

　　至於何謂利害相反應由何方主張，實務見解認為鑑於刑事被告享有受辯護人協助之權利，故不問是共同辯護人主張有利害相反之情形存在（辯護人經由與數被告之溝通中，更能明白是否有潛在之利害衝突存在或危險），抑或法院得有合理的懷疑，法院均應即採取必要措施以適當保護每一位被告之辯護權，此有最高法院101年度台上字第2300號判決意旨可供參考。

2. 辯護人之指定

　　辯護人除由被告本身或其他有選任權之人自行選任者稱之為選任辯護人外，尚有所謂之指定辯護人，如上所述，辯護人得依被告或其他有選任權之人之意願自由加以選任，惟在特定之情況下，如被告或其他有選任權之人並未選任辯護人，則偵查中應由檢察官，審判中應由法院，指定專人為被告辯護，此即為辯護人之指定，而此等案件即稱之為強制辯護之案件。惟關於被告之辯護人人選，乃以彼此之信賴關係為基礎，自仍應以由被告選任者為主，若被告未選任，始以審判長依法指定者輔之，以維護其訴訟權益，此即學說上所謂「義務辯護之補充性」[20]。依公民與政治權利

---

[20] 公民與政治權利國際公約第14條第3項第2款規定，審判被控刑事罪時，被告一律有權平等享受，給予充分時間及便利，準備答辯並與其選任之辯護人聯絡之最低限度保障；及聯合國人權事務委員會關於公民與政治權利國際公約，於西元2007年通過第32號一般性意見第2點及第32點規定，本款是公平審判及適用「武器平等」原則之重要基本保障，係保障法治之一項程序手段要旨，則法院於進行訴訟程序時，自應維護被告選任辯護人之權利，而於程序上給予充分時間及便利，尊重被告欲自行選任辯護人或由法院指定辯護人之選擇權。準此，倘審判長於審判期日前，因被告未選任辯護人，而依法為被告指定辯護人，然被告於審理期日前或審理當日陳報將自行選任辯護人者，基於維護被告之訴訟權及其辯護倚賴權，自當給予相當時日以選任辯護人，除審理時被告又同意由指定辯護人為其辯護外，不能不予其選任辯護人之機會，即以指定辯護人逕行審理辯論，而與程序正義有間。惟當事人、代理人、辯護人及其他參與訴訟程序而為訴訟行為者，應依誠信原則，行使訴訟程序上之權利，不得濫用，亦不得無故拖延，刑事妥速審判法第3條亦有明文。據此，若被告於選任辯護人之程序，有違反誠信原則，濫用權利而無故拖延訴訟程序之情形，參酌刑事訴訟法第31條第2項（即

國際公約及經濟社會文化權利國際公約（下稱兩公約）施行法第2條、第3條規定，兩公約所揭示保障人權之規定，具有國內法律之效力；適用兩公約規定，應參照其立法意旨及兩公約人權事務委員會之解釋。

　　強制辯護之案件，有關辯護人之指定，依審判及偵查程序而有不同之規定，茲分述如下：

(1) 審判中之指定

　　刑事訴訟法第31條第1項規定：「有下列情形之一，於審判中未經選任辯護人者，審判長應指定公設辯護人或律師為被告辯護：一、最輕本刑為三年以上有期徒刑案件。二、高等法院管轄第一審案件。三、被告因精神障礙或其他心智缺陷無法為完全之陳述者。四、被告具原住民身分，經依通常程序起訴或審判者。五、被告為低收入戶或中低收入戶而聲請指定者。六、其他審判案件，審判長認有必要者。」故於法院審判程序中，如符合上述各款之情形，則法院即應指定公設辯護人或義務辯護之律師為被告辯護，茲分別論述之：

①最輕本刑為三年以上有期徒刑之案件

　　最輕本刑三年以上之罪之案件通常涉及嚴重之犯罪行為，且於審判後之量刑較重，故為保障被告之訴訟上權益，上開刑事訴訟法第31條第1項第1款乃規定，此種案件應列入強制辯護之對象。又本款所謂最輕本刑三年以上有期徒刑之案件，其認定原則上係以案由為準，亦即以檢察官起訴之法條為準，在上訴時則以上訴書所指應論之法條為準，此有最高法院47年台上字第1531號判例意旨可供參照，故縱經審理後認為應認後起訴法條論以較輕之罪或應判決無罪，仍應指定辯護人辯護，否則即屬倒果為因，以審理之結果來決定應否強制辯護，其不當甚明。惟有問題者乃檢察官係以非屬最輕本刑三年以上之罪起訴，而審理之結果認為應論以最輕本刑三年以上之罪，此時應否指定辯護人即有疑義。就被告受辯護之基本權利而言，似應採肯定說，實務上亦有此主張，臺灣高等法院暨所屬法院68年度法律座談會刑事類第51號之審查意見及司法行政部刑事司69年6月20日台

辯護人無正當理由不到庭、或到庭不為辯護、或到庭後無故退席，法院得指定辯護人）之法理，法院基於主持司法權正當運作之職責，並維護被告之訴訟權，使訴訟程序得以正常進行，當得指定辯護人進行審理及辯論，自不待言（最高法院110年度台上字第5736號刑事判決參照）。

69刑（二）函字第1221號函均採此見解可供參考；然實務上不乏有採取否定說之見解，認為應否經強制辯護，係以案由為準，亦即以起訴法條為準，至於審理後變更起訴法條，係審理辯論後之結果，自不能倒果為因，以審理之結果作為決定應否強制辯護之依據，此有最高法院80年度台上字第5731號、81年度台上字第499號等判決意旨可供參照。

②高等法院管轄第一審案件

高等法院管轄第一審案件，依刑事訴訟法第4條但書之規定，係指內亂罪、外患罪、妨害國交罪等三種類型之案件而言，原則上亦以檢察官起訴之罪名為準。此種案件因涉及政治上之利害關係，且於社會之安全危害甚鉅，其審判及論罪對於被告之權益影響甚鉅，故上開刑事訴訟法第31條第1項第2款將之列入應強制辯護之對象。

③被告因精神障礙或其他心智缺陷無法為完全之陳述

被告如因精神障礙或其他心智缺陷無法為完全之陳述，此時自應有辯護人為其辯護，以保障其訴訟上之權益，故其如未選任辯護人，法院自有指定辯護人為其辯護人之必要，故上開刑事訴訟法第31條第1項第3款將之列為應強制辯護之對象。上開立法之目的乃因該等被告無法依其個人之能力，就訴訟上相關之權利為實質有效之行使，故而從偵查程序起至審判程序中均使其得受辯護之助力，以保障人權，並藉由程序之遵守確保裁判之公正。

④被告具原住民身分，經依通常程序起訴或審判者

原住民一般而言在經濟、教育及文化上均屬於較為弱勢之族群，故為保障具有原住民身分之被告其在訴訟上之利益，特於刑事訴訟法第31條第1項第4款將其列為應強制辯護之對象，惟僅限於檢察官依通常程序起訴或法院依通常程序審判時，如係簡易程序之案件則不在強制辯護之範圍。至於原住民身分如何認定，則參酌原住民身分法第11條之規定，應依被告戶籍登記資料認定之[21]。

⑤被告為低收入戶或中低收入戶而聲請指定者

低收入戶或中低收入戶係屬經濟上弱勢之族群，其通常並無足夠之資力選任律師為其辯護，故如被告為低收入戶或中低收入戶，經其認為有必

21　依原住民身分法第11條規定：「原住民身分取得、喪失、變更或回復之申請，由戶政事務所受理，審查符合規定後，於戶籍資料內為原住民身別及民族別之登記，並於登記後發生效力。前項原住民之民族別認定辦法，由行政院定之。」

要而聲請指定辯護人時，法院即應為其指定辯護人，以保障其訴訟上之權益，故刑事訴訟法第31條第1項第5款將之列入應強制辯護之對象。至於是否屬於低收入戶及中低收入戶，則應依社會救助法第4條第1項及第4條之1第1項之規定分別認定之[22]。

⑥其他審判案件，審判長認為有必要者

除上開所列五種情形之案件外，如有其他特殊之情況，而於審判中經審判長認為有必要有辯護人為被告辯護始足保障被告權益時，亦應指定辯護人為被告辯護，故刑事訴訟法第31條第1項第6款乃將之列入應強制辯護之對象，以免有所疏漏。

應特別注意者乃審判中應強制辯護之案件，法院於判決前所進行之一切訴訟行為，均屬「審判」程序之一部分，不論對在押被告所進行之訊問、準備或審理程序，均有強制辯護規定之適用，例如上訴之撤回於判決前均得為之，不能完全陳述之精神障礙或其他心智缺陷之被告，倘未獲辯護人協助下，在程序進行中許其獨自為撤回之表示，訴訟權益之保護難謂周延，因此，如有此一情形，則其所為撤回上訴之表示，應認不生撤回之效力，此有最高法院102年度台非字第403號判決意旨可供參照。

又刑事訴訟法第31條第2項規定：「前項案件選任辯護人於審判期日無正當理由而不到庭者，審判長得指定公設辯護人或律師。」故上開屬於強制辯護之案件，如經選任辯護人而辯護人於審判期日無正當理由不到庭者，審判長即得指定公設辯護人為被告辯護，以免訴訟延宕，並用以保障被告訴訟上之權利。

又在拍定辯護之情形，依刑事訴訟法第31條第3項規定：「被告有數人者，得指定一人辯護。但各被告之利害相反者，不在此限。」故法官為指定辯護時，如被告有數人者，得指定一人為其等辯護，但各被告之利害相反者，不在此限。亦即原則上被告數人之情形，並無須為每一被告個別指定一辯護人，除非被告間有利害相反之情形。至於何謂利害相反，以及

---

[22] 社會救助法第4條第1項規定：「本法所稱低收入戶，指經申請戶籍所在地直轄市、縣（市）主管機關審核認定，符合家庭總收入平均分配全家人口，每人每月在最低生活費以下，且家庭財產未超過中央、直轄市主管機關公告之當年度一定金額者。」又第4條之1第1項則規定：「本法所稱中低收入戶，指經申請戶籍所在地直轄市、縣（市）主管機關審核認定，符合下列規定者：一、家庭總收入平均分配全家人口，每人每月不超過最低生活費一點五倍，且不得超過前條第三項之所得基準。二、家庭財產未超過中央、直轄市主管機關公告之當年度一定金額。」

如何認定，應同前所述。

又刑事訴訟法第31條第4項規定：「指定辯護人後，經選任律師爲辯護人者，得將指定之辯護人撤銷。」此即選任辯護優先於指定辯護之原則，蓋被告既已自行選任辯護人，自應依其意願由其選任之辯護人優先其辯護，此時自再無由指定辯護人爲其辯護之必要，故法院得撤銷辯護人之指定。

又強制辯護之案件，於審判中指定辯護人之時點，是否自準備程序時起即須爲之，依目前實務之見解認爲，強制辯護之案件，並無辯護人不到場不得進行準備程序之規定，故雖被告於原審之準備程序未得辯護人之援助，對其防禦權並無影響，如：「故準備程序處理之事項，原則上僅限於訴訟資料之聚集及彙整，旨在使審判程序之密集、順暢進行預作準備，非唯與審判期日應踐行之直接調查證據或辯論等程序迥然有異，刑事訴訟法亦無強制辯護案件無辯護人到庭者，不得行準備程序之規定，……則原審行準備程序時雖尚未指定公設辯護人，或公設辯護人未會見上訴人，仍無礙其訴訟防禦權之行使，顯然於判決本旨無任何影響。」此有最高法院96年度台上字第7055號判決意旨可供參照，另最高法院111年度台上字第1559號判決亦採取相同見解可供參照。

(2) 偵查中之指定

至於自警詢開始之偵查程序，偵查中之案件雖尚未進入審判之階段，惟受偵查之被告或犯罪嫌疑人如有精神障礙或其他心智缺陷而無法爲完全之陳述之問題，或係具有原住民之身分者，恐較無能力爲其本身辯護，對於偵查程序之正確性亦有所影響，故刑事訴訟法第31條第5項乃規定：「被告或犯罪嫌疑人因精神障礙或其他心智缺陷無法爲完全之陳述或具原住民身分者，於偵查中未經選任辯護人，檢察官、司法警察官或司法警察應通知依法設立之法律扶助機構指派律師到場爲其辯護。但經被告或犯罪嫌疑人主動請求立即訊問或詢問，或等候律師逾四小時未到場者，得逕行訊問或詢問。」用以保障精神障礙或其他心智缺陷或具有原住民之身分之被告或犯罪嫌疑人之權益，惟依但書之規定，如經被告或犯罪嫌疑人主動請求立即訊問或詢問，或等候律師逾四小時未到場者，得逕行訊問或詢問，以免不必要之程序拖延。

此外，刑事訴訟法第31條之1第1項規定：「偵查中之羈押審查程序未

經選任辯護人者，審判長應指定公設辯護人或律師爲被告辯護。但等候指定辯護人逾四小時未到場，經被告主動請求訊問者，不在此限。」故而偵查中之羈押審查程序未經選任辯護人者，審判長應指定公設辯護人或律師爲被告辯護。故而偵查中之強制辯護，除上開情形外，尚及於法院之羈押審查程序，此乃因偵查中之羈押係案件起訴前，拘束被告人身自由最爲嚴重之強制處分，自應給予被告最大之程序保障。惟同項但書亦規定，等候指定辯護人逾四小時未到場，經被告主動請求訊問者，則不在此限。又同條第2項規定：「前項選任辯護人無正當理由而不到庭者，審判長得指定公設辯護人或律師。」同條第3項則規定：「前條第三項、第四項之規定，於第一項情形準用之。」準用之結果，如指定辯護時，被告有數人者，得指定一人爲其等辯護，但各被告之利害相反者，不在此限；又指定辯護人後，經選任律師爲辯護人者，得將指定之辯護人撤銷。

（三）辯護人之權限

辯護人於刑事訴訟程序中之權限範圍大小，攸關刑事被告權利之保障，具有相當之重要性，一般而言，辯護人之權利可分爲固有權及傳來權二種：

1. 固有權

固有權係指辯護人基於本身辯護人之地位所取得之刑事訴訟上權利，故其行使不受被告意思之拘束，包括：

(1) 閱卷、抄錄、攝影權

刑事訴訟法第33條第1項規定：「辯護人於審判中得檢閱卷宗及證物並得抄錄、重製或攝影。」此稱之爲辯護人之閱卷、抄錄、攝影權，蓋辯護人如無法接觸案件之相關卷宗及證物，瞭解對於被告有利及不利之相關證據，則其將不知如何爲被告之利益進行防禦，故閱卷、抄錄、攝影權可認爲係辯護人最基本之權利。實務上通常由辯護人向法院聲請指定日期檢閱卷宗，法院受理後即應由審判長指定日期後，由書記官通知辯護人依指定日期前來閱卷。又刑事案件經各級法院裁判後，如已合法提起上訴或抗告，而卷證在原審法院者，其在原審委任之辯護律師因研究爲被告之利益

而上訴問題，向原審法院請求閱卷，或在上級審委任之辯護律師，在卷宗未送上級審法院前，向原審法院請求閱卷時，原審法院爲便民起見，均應准許其閱卷。

又依我國傳統之實務見解亦肯認辯護人之閱卷、抄錄、攝影權爲辯護人之固有權限，認爲：「辯護人於審判中得檢閱卷宗及證物並得抄錄或攝影，雖爲刑事訴訟法第三十三條第一項所明定，且此一規定依同法第二百七十一條之一第二項，於告訴人之代理人準用之。但其聲請權人應僅限於辯護人及具有律師身分之告訴代理人而已，並不及於告訴人本人，用意在於憑藉專門職業人員的執業倫理素養與遵守，以擔保卷證的完整性。」此有最高法院105年度台抗字第1025號裁定意旨可供參照。

應注意者，此辯護人之閱卷、抄錄、攝影權僅限於審判程序中始有之，原則上不及於偵查中之案件。此乃因偵查中選任之辯護人如准其對於案件之卷宗及證物加以檢閱、抄錄或攝影，則對於偵查不公開之原則有實質之損害，且難免影響偵查之有效進行，尤以部分之偵查案件具有高度之時效性，爲求快速進行偵查程序，自應避免辯護人以閱卷之聲請拖延偵查之進度，故不應准許辯護人閱卷。

惟應注意者，限制偵查中案件辯護人對於卷宗之檢閱、抄錄、攝影權限，目前之刑事訴訟法已有例外之規定，即依刑事訴訟法第33條之1第1項之規定，辯護人於偵查中之羈押審查程序，除法律另有規定外，得檢閱卷宗及證物並得抄錄或攝影[23]。此時如檢察官另行分卷請求法院限制辯護人獲知之卷證，則法官應於羈押審查程序中以提供被告及其辯護人檢閱、提示或其他適當方式爲之，以兼顧偵查目的之維護以及被告及其辯護人防禦

---

[23] 此項規定係因應我國大法官會議釋字第737號解釋而作之修法，依民國105年4月29日之大法官會議釋字第737號解釋謂：「本於憲法第八條及第十六條人身自由及訴訟權應予保障之意旨，對人身自由之剝奪尤應遵循正當法律程序原則。偵查中之羈押審查程序，應以適當方式及時使犯罪嫌疑人及其辯護人獲知檢察官據以聲請羈押之理由；除有事實足認有湮滅、偽造、變造證據或勾串共犯或證人等危害偵查目的或危害他人生命、身體之虞，得予限制或禁止者外，並使其獲知聲請羈押之有關證據，俾利其有效行使防禦權，始符憲法正當法律程序原則之要求。其獲知之方式，不以檢閱卷證並抄錄或攝影爲必要。刑事訴訟法第三十三條第一項規定：『辯護人於審判中得檢閱卷宗及證物並得抄錄或攝影。』同法第一百零一條第三項規定：『第一項各款所依據之事實，應告知被告及其辯護人，並記載於筆錄。』整體觀察，偵查中之犯罪嫌疑人及其辯護人僅受告知羈押事由所據之事實，與上開意旨不符。有關機關應於本解釋公布之日起一年內，基於本解釋意旨，修正刑事訴訟法妥爲規定。」

權之行使。又檢察官另行分卷遮掩、封緘後，請求法官禁止被告及其辯護人獲知之卷證，基於檢察官為偵查程序之主導者，熟知案情與偵查動態，法院自應予適度之尊重，惟該經法官禁止被告及其辯護人獲知之卷證，亦不得採為羈押審查之依據。又為維護偵查中案件不公開之原則，又同條第2項亦規定，辯護人持有或獲知之前項證據資料，不得公開、揭露或為非正當目的之使用。

另應注意者，被告如無辯護人時，則應其同有行使防禦權之必要，自應適當賦予其閱錄卷證之權利，因而刑事訴訟法第33條第2項前段即規定，無辯護人之被告於審判中得預納費用請求付與卷內筆錄之影本。然而為免徒增不必要之閱卷勞費、妨害另案之偵查，或他人之隱私資料或業務秘密，上開閱卷之範圍自應予以合理之限制，故同條項但書乃又規定，但卷宗及證物之內容與被告被訴事實無關或足以妨害另案之偵查，或涉及當事人或第三人之隱私或業務秘密者，法院得限制之。又刑事訴訟法第33條第3項亦規定，被告於審判中經法院許可者，得在確保卷宗及證物安全之前提下檢閱之。但有前項但書情形，或非屬其有效行使防禦權之必要者，法院得限制之。又在上開所述之偵查中羈押審查程序，刑事訴訟法第33條之1第3項亦另規定，無辯護人之被告於偵查中之羈押審查程序，法院應以適當之方式使其獲知卷證之內容，藉以保障被告為其本身辯護之正當利益。

又刑事訴訟法第33條第5項規定：「持有第一項及第二項卷宗及證物內容之人，不得就該內容為非正當目的之使用。」故無論係辯護人或被告本人於依法檢閱卷宗及證物後，對於其內容不得為非正當目的之使用，例如將之使用在自己所撰寫並銷售之書籍中等是。又刑事訴訟法第33條之1第2項亦規定：「辯護人持有或獲知之前項證據資料，不得公開、揭露或為非正當目的之使用。」故辯護人於偵查階段之羈押審查程序中因閱卷所持有或獲知之相關證據資料，基於偵查不公開之原則自亦不得公開、揭露或為非正當目的之使用。

另有疑問者，辯護人對於卷宗內有關秘密證人之筆錄部分是否亦得加以檢閱、抄錄、攝影，對此實務見解採取肯定之立場，認為：「刑事辯護制度係為保護被告之利益，期待法院公平審判，確保國家刑罰權之適當行使而設，被告在訴訟上有依賴辯護人為其辯護及不受不法審判之權，此為人民依憲法第十六條享有訴訟權所衍生之基本權。而刑事訴訟法第三十三

條第一項，辯護人於審判中得檢閱卷宗及證物並得抄錄或攝影之規定，其目的在於保障辯護權之行使。雖證人保護法第十一條規定有保密身分必要之證人，除法律另有規定者外，其真實姓名及身分資料，公務員於製作筆錄或文書時，應以代號為之，不得記載證人之年籍、住居所、身分證統一編號或護照號碼及其他足資識別其身分之資料。該證人之簽名以按指印代之。（第一項）載有保密證人真實身分資料之筆錄或文書原本，應另行製作卷面封存之。其他文書足以顯示應保密證人之身分者，亦同。（第二項）前項封存之筆錄、文書，除法律另有規定者外，不得供閱覽或提供偵查、審判機關以外之其他機關、團體或個人。（第三項）然不能執此排除辯護人依刑事訴訟法第三十三條第一項檢閱祕密證人筆錄之權限。」此有最高法院103年度台上字第1922號判決意旨可供參照。

(2) 接見通信權

辯護人與被告間必須有充分之溝通，始得達到為被告最大利益辯護之目的，故辯護人與被告間溝通之管道不得加以不必要之限制，否則影響辯護人辯護權之行使甚鉅。一般而言，被告如人身自由未經拘束，則辯護人得與被告互相進行意見之交換，並無問題，惟如被告人身自由受到限制之情形，則辯護人欲與被告進行溝通，則有必要加以特別規定。被告人身自由受到拘束可分為羈押及受拘提或逮捕中二種情形，茲分別論述如下：

① 羈押中之被告

刑事訴訟法第34條第1項規定：「辯護人得接見羈押之被告，並互通書信。非有事證足認其有湮滅、偽造、變造證據或勾串共犯或證人者，不得限制之。」因此對於受羈押之強制處分之被告而言，辯護人隨時得加以接見並互相通信，此為辯護人之接見通信權，原則上不得加以限制，僅在例外有事證足認其有湮滅、偽造、變造證據或勾串共犯或證人之情形下始得加以限制。且此應注意者，辯護人接見羈押之被告，係屬辯護人之重要權利，如有事實足認為有湮滅、偽造、變造證據或勾串共犯或證人之虞者，亦僅得加以限制而已，而不得禁止其接見並互通書信。

上開限制對於辯護人之辯護權有重大之影響，故刑事訴訟法第34條之1第1項乃規定，應使用限制書為之，其第2項並規定在限制書上應記載被告之姓名、性別、年齡、住所或居所，及辯護人之姓名；案由；限制之具體理由及其所依據之事實；具體之限制方法；如不服限制處分之救濟方

法。其中關於被告姓名、性別、年齡、住所或居所的事項之記載，則刑事訴訟法第34條之1第3項規定準用刑事訴訟法第71條第3項之規定，亦即被告之姓名不明或因其他情形有必要時，應記載其足資辨別之特徵。被告之出生年月日、身分證明文件編號、住、居所不明者，得免記載。

又依刑事訴訟法第34條之1第4項規定：「限制書，由法官簽名後，分別送交檢察官、看守所、辯護人及被告。」故上開限制辯護人接見通信權之限制書，應由法官簽名後，分別送交檢察官、看守所、辯護人及被告，故限制辯護人之接見通信權應由法院之處分為之。如在偵查中檢察官認羈押中被告有限制之必要者，依刑事訴訟法第34條之1第5項規定：「偵查中檢察官認羈押中被告有限制之必要者，應以書面記載第二項第一款至第四款之事項，並檢附相關文件，聲請該管法院限制。但遇有急迫情形時，得先為必要之處分，並應於二十四小時內聲請該管法院補發限制書；法院應於受理後四十八小時內核復。檢察官未於二十四小時內聲請，或其聲請經駁回者，應即停止限制。」因此上開之限制書係採取法官保留原則，由法官審查後決定。又如法官駁回此聲請，則對於此項駁回之決定，依刑事訴訟法第34條之1第6項之規定不得聲明不服。

②偵查中受拘提或逮捕之被告或犯罪嫌疑人

又刑事訴訟法第34條第2項規定：「辯護人與偵查中受拘提或逮捕之被告或犯罪嫌疑人接見或互通書信，不得限制之。但接見時間不得逾一小時，且以一次為限。接見經過之時間，同為第九十三條之一第一項所定不予計入二十四小時計算之事由。」蓋因受拘提或逮捕之被告或犯罪嫌疑人，其人身自由亦受到限制，應允許辯護人對其加以接見通信以保障辯護權之行使，惟因受拘提或逮捕之被告或犯罪嫌疑人，有必要對於其即時加以訊問，為避免訊問之時程受到延滯，而影響對於犯罪之偵查進行，故規定接見之時間為一小時且以一次為限，又此項接見時間內，檢察官或司法警察（官）並無法對於被告或犯罪嫌疑人加以訊問，故規定此時間同屬二十四小時移送法院規定之法定障礙事由。

又刑事案件之偵查有高度之時效性，拘提或逮捕被告或犯罪嫌疑人時，有時有必要即時進行後續之偵查，故刑事訴訟法第34條第3項規定：「前項接見，檢察官遇有急迫情形且具正當理由時，得暫緩之，並指定即時得為接見之時間及場所。該指定不得妨害被告或犯罪嫌疑人之正當防禦及辯護人依第二百四十五條第二項前段規定之權利（即得於檢察官、檢察

事務官、司法警察官或司法警察訊問該被告或犯罪嫌疑人時在場，並得陳述意見）。」所謂有急迫之情形，且有正當理由，例如，辯護人之接見將導致共犯之追捕或證據之蒐集等偵查行為中斷，而顯然妨害後續偵查進行之情形時，則檢察官得就辯護人之接見權為必要之處置，此必要之處置方式為暫緩辯護人之接見，並指定即時得為接見之時間及場所，以兼顧案件偵查之實際上需要及辯護人之辯護權。惟應注意此處係言暫緩而非限制，故僅於有妨礙偵查之時暫時延緩接見，於妨礙之情形消滅時應即同意辯護人接見被告，以保障被告之權利。又上述檢察官所為之指定，應在合理且適當之範圍內為之，不得藉此妨害被告或犯罪嫌疑人正當防禦之權利，及剝奪辯護人於執行偵查之公務員訊問被告或犯罪嫌疑人時在場及陳述意見之權利。又應注意者，上開暫緩接見及指定之處分僅限於檢察官有此權限，司法警察（官）並無此項權限，故如因調查犯罪及蒐集證據所需，而認為有上開暫緩及指定之必要時，則應報請檢察官為之始可。

　　如辯護人、被告或犯罪嫌疑人不服檢察官上開所為指定之處分，刑事訴訟法第34條並未另外設有救濟之特別規定，則應依第416條第1項第4款之規定提起救濟，聲請所屬法院撤銷或變更之。

　　由上所述可知，辯護人對於人身自由受到拘束之被告或犯罪嫌疑人之接見通信權係辯護人辯護權之基本核心所在，原則上不得加以限制，僅在特別情況下始得加以限制。此限制對於羈押之被告所言，必須有具體之事證足認其有湮滅、偽造、變造證據或勾串共犯或證人時始得為之，且必須經由法官簽具限制書之程序為之；對於偵查中受拘提逮捕之被告或犯罪嫌疑人而言，則僅有在急迫情形且具正當理由時，得暫緩之，且須經檢察官之處分為之。

(3) 攜同速記到庭記錄權

　　又刑事訴訟法第49條規定：「辯護人經審判長許可，得於審判期日攜同速記到庭記錄。」此為辯護人攜同速記到庭記錄權，辯護人得藉此紀錄瞭解審判程序之進行，以作為辯護之依據。惟應注意者，此項權利之行使應先經審判長之許可，並非辯護人當然可行使之權利。又此規定之權利僅限於審判期日始得為之，至於偵查中基於偵查不公開之原則，辯護人並無此項權利，故偵查中辯護人於檢察官召開偵查庭時自不得攜同速記隨同到場記錄。

(4) 在場權及陳述意見權

　　基於偵查不公開原則之考量，辯護人在偵查中被告或犯罪嫌疑人接受訊問時，是否得在場，立法上有特別規範之必要。故而刑事訴訟法第245條第2項乃規定：「被告或犯罪嫌疑人之辯護人，得於檢察官、檢察事務官、司法警察官或司法警察訊問該被告或犯罪嫌疑人時在場，並得陳述意見。但有事實足認其在場有妨害國家機密或有湮滅、偽造、變造證據或勾串共犯或證人或妨害他人名譽之虞，或其行為不當足以影響偵查秩序者，得限制或禁止之。」因此原則上辯護人於偵查中得於檢察官、檢察事務官、司法警察官或司法警察訊問被告或犯罪嫌疑人時在場，並得陳述意見，此為辯護人之在場權及陳述意見權，惟如有事實足認其在場有妨害國家機密或有湮滅、偽造、變造證據或勾串共犯或證人或妨害他人名譽之虞，或其行為不當足以影響偵查秩序等例外之情形者，得限制或禁止之，以確保偵查之順利進行，並藉以兼顧偵查不公開之原則。又為確保辯護人得以行使上開偵查中之在場及陳述意見權，故同條第4項又規定：「偵查中訊問被告或犯罪嫌疑人時，應將訊問之日、時及處所通知辯護人。但情形急迫者，不在此限。」

　　至於辯護人於審判中得於準備程序及審判期日在場，法院並應通知辯護人到場，此刑事訴訟法第271條第1項及第273條第1項分別定有明文。至於審判中如進行搜索、扣押、勘驗時，辯護人原則上亦得在場，惟如被告受拘禁，或認辯護人在場於搜索或扣押有妨害者，不在此限，此刑事訴訟法第150條第1項及第219條亦分別定有明文之規定。

(5) 辯論權

　　審判期日辯護人不僅得在場，且於調查證據完畢後，就事實及法律加以辯論時，辯護人得於檢察官及被告辯論後，為被告辯論，此刑事訴訟法第289條第1項亦有規定，此為辯護人於審判中進行言詞辯論之權限，亦為辯護人辯護程序之重心所在，故於審判中審判長對於辯護人之辯論不得任意加以限制或禁止，否則即可能妨害辯護人辯論權之行使。

(6) 詰問權

　　依刑事訴訟法第166條第1項之規定，辯護人於審判中得對於證人或鑑定人直接詰問，故審判中對於證人之交互詰問，辯護人有直接詰問之權

限，且並不限於被告或辯護人聲請傳喚之證人或鑑定人。

(7) 聲請調查證據及提出證據權

於審判中辯護人得聲請調查證據，並得於調查證據時，詢問證人、鑑定人或被告，審判長除認爲有不當者外，不得禁止之，此刑事訴訟法第163條第1項定有明文。另依刑事訴訟法第275條之規定，辯護人亦得於審判期日前，提出證據及聲請法院爲調取或命提出證物之處分。蓋對於被告有利之證據，如被告及辯護人已持有該證據，自得在審判期日前加以提出以供法院調查，惟如該證據係在法院或其他公務機關持有或扣押中，或係在第三人之控制之中，則此時辯護人得聲請法院分別爲調取證據或命第三人提出證據以供法院調查。

(8) 聲明異議權

依刑事訴訟法第288條之3第1項之規定，辯護人於審判中對於審判長或受命法官有關證據調查或訴訟指揮之處分不服者，除有特別規定外，得向法院聲明異議，此即辯護人聲明異議權。

(9) 聲請具保停止羈押權

辯護人在被告受羈押之強制處分之情形下，依刑事訴訟法第110條第1項之規定得隨時具保，向法院聲請停止羈押，此亦爲辯護人基於被告之利益辯護下固有之聲請權。

2. 傳來權

辯護人之傳來權係指非基於辯護人本身之地位所固有之權限，而係在不違反被告意思下，以自己名義代理爲被告行使訴訟上之權利，包括：

(1) 聲請權

辯護人得爲被告之利益，爲訴訟上之各項聲請，如聲請法官迴避、聲請回復原狀、聲請繼續審判、聲請再審等均是。

(2) 爲被告利益上訴

依刑事訴訟法第346條之規定，被告之辯護人得爲被告之利益上訴，但不得與被告明示之意思相反，因而辯護人爲被告利益上訴，係基於代理

權之作用而來，故須以被告之名義爲之，且不得與被告明示之意思相反，又此所謂辯護人係指原審之辯護人，此與被告合法上訴後於上訴審另行選任之辯護人不同。

（四）辯護人之義務

辯護人有就被告之權利加以辯護之權限，惟其亦有相當之義務，除依律師法相關規定之義務外[24]，擔任被告辯護人之律師主要即係忠實爲被告利益加以辯護之義務，而依此延伸出辯護人在場之義務。實務見解認爲：「如於朗讀案由、人別訊問時，辯護人雖未在場，實質上並未對被告產生任何不利之影響，即無嚴格要求辯護人在場之必要，如所進行之程序與案件之內容有關，足以影響被告實質利益者，如檢察官陳述起訴（或上訴）要旨，審判長就起訴事實訊問被告、調查證據、事實及法律辯論、被告最後陳述等程序，辯護人若不在場，對被告正當防禦權之行使非無影響，辯護人自應在場。」此有最高法院93年度台上字第2237號判決意旨可供參照，此外就調查證據開始後之程序，亦認爲：「所謂未經辯護人到庭辯護，依辯護制度之所由設，除指未經辯護人到庭者外，其所謂『經辯護人到庭辯護』自應包括至遲於審判長開始調查證據程序，以迄宣示辯論終結前，辯護人均應始終在庭行使職務之情形，俾使被告倚賴辯護人爲其辯護之權利，得以充分行使其防禦權。」此有最高法院98年度台上字第7016號判決意旨可供參照。

此外應注意者乃實務上同時認爲，刑事被告有受原審之辯護人協助上訴之權利，認爲：「刑事被告有受其每一審級所選任或經指定之辯護人協助上訴之權利，此觀刑事訴訟法第三百四十六條之規定，賦予原審辯護人得爲被告利益上訴之權，以及終局判決後原審辯護人仍得檢閱卷宗及證物等權利至明。倘若被告在第一審經法院指定辯護人爲其辯護，則被告於上訴期間內提起之第二審上訴，如未據其原審辯護人代作上訴理由書狀者，本乎被告在第一審之辯護人倚賴權係至上訴發生移審效力爲止之當然延

---

[24] 如律師法第31條規定：「律師爲他人辦理法律事務，應探究案情，蒐集證據。」又如第35條第2項規定：「律師在法庭或偵查中執行職務時，應遵守法庭或偵查庭之秩序。」

伸，及刑事訴訟法第三百四十六條與公設辯護人條例第十七條[25]等規定之相同法理，被告自得請求第一審指定辯護人代作上訴理由書，第一審指定辯護人亦有代作之義務，此屬被告受辯護人協助權能之一部，非僅為辯護義務之延伸。」此有最高法院100年度台上第7086號判決意旨可供參照。惟上開最高法院之判決係針對指定辯護之情形，就選任辯護之情形是否有此適用並未明確說明，且如辯護人違反此一義務法律效果為何亦未指明，故而上開判決並未徹底解決相關辯護人義務之問題。

二、輔佐人

基於充實被告或自訴人之陳述能力以保障其等之訴訟上權益，故刑事訴訟法第35條第1項規定：「被告或自訴人之配偶、直系或三親等內旁系血親或家長、家屬或被告之法定代理人於起訴後，得向法院以書狀或於審判期日以言詞陳明為被告或自訴人之輔佐人。」故被告或自訴人如本身陳述意見之能力較為欠缺時，得於案件起訴後，於法院審判之階段，以書面或於審判期日時以言詞之方式，向法院陳明由上開所述之被告或自訴人之配偶、直系或三親等內旁系血親或家長、家屬或被告之法定代理人擔任輔佐人，輔佐被告或自訴人為訴訟上之行為。而依實務之見解，被告在訴訟上藉助輔佐人為其輔佐為憲法第16條訴訟基本權所衍生之權利，其功能重在增強被告在事實上之防禦能力，藉此以使其得與檢察官或自訴人立於平等之地位，此有最高法院88年度台上字第2693號判決意旨可供參照。

又刑事訴訟法第35條第2項規定：「輔佐人得為本法所定之訴訟行為，並得在法院陳述意見。但不得與被告或自訴人明示之意思相反。」而所謂本法所定之訴訟行為，依目前實務之見解認為，輔佐人於刑事訴訟得輔助被告為訴訟行為之權利，包括聲請調查證據權、參與調查證據權、訊問證人、鑑定人或通譯時在場權、參與準備程序權、證據證明力辯論權、聲明異議權等均屬之，此有最高法院98年度台上字第3139號判決意旨可供參照。又所謂陳述意見，包括事實及法律上之攻擊防禦等意見在內。又因輔佐人係基於輔佐被告或自訴人之地位，故其所為之訴訟行為及意見之陳

25　公設辯護人條例第17條規定：「公設辯護人辯護案件，經上訴者，因被告之請求，應代作上訴理由書或答辯書。」

述不得與被告或自訴人明示之意思相反，否則即違背輔佐人係用以輔佐被告之設置目的，故本項但書乃規定，輔佐人之陳述之意見不得與被告或自訴人明示之意思相反，否則即有違背輔佐人規定之目的。

又刑事訴訟法第35條第3項規定：「被告或犯罪嫌疑人因精神障礙或其他心智缺陷無法爲完全之陳述者，應有第一項得爲輔佐人之人或其委任之人或主管機關、相關社福機構指派之社工人員或其他專業人員爲輔佐人陪同在場。但經合法通知無正當理由不到場者，不在此限[26]。」此一規定乃屬於強制輔佐之概念，類似強制辯護之概念，故司法警察詢問階段之犯罪嫌疑人及偵查或審理中之被告，如其係屬於精神障礙或其他心智缺陷無法爲完全之陳述之人，此時須有輔佐人陪同在場，此之輔佐人包括之被告之配偶、直系或三親等內旁系血親或家長、家屬或法定代理人及其等所委任之人或主管機關、相關社福機構指派之社工人員或其他專業人員在內。蓋因精神障礙或其他心智缺陷而無法爲完全之陳述之人，其通常在陳述能力方面有所欠缺，如無輔佐人在場爲其陳述意見，恐對於其合法之訴訟上權益不足以保障，故導入強制輔佐之概念，且亦不限於起訴後，包括起訴前自警詢開始之偵查階段均得接受輔佐人之輔佐，與一般輔佐人之選任期間有所不同。

三、代理人

刑事訴訟法程序中之代理人包括被告之代理人、自訴人之代理人及告訴人之代理人，以下分別論述之。

（一）被告之代理人

被告係刑事訴訟程序追訴之對象，本應於刑事訴訟程序中親自到庭接受審判，惟對於案情輕微之案件，爲保障被告之權益乃允許被告委任代理人到場，依刑事訴訟法第36條前段之規定，最重本刑爲拘役或專科罰金之

---

26 爲此身心障礙者權益保障法第84條第2項特別規定，刑事被告或犯罪嫌疑人因精神障礙或其他心智缺陷無法爲完全之陳述時，直轄市、縣（市）主管機關得依刑事訴訟法第35條規定，聲請法院同意指派社會工作人員擔任輔佐人；同條第3則規定，依刑事訴訟法第35條第1項規定得爲輔佐人之人，未能擔任輔佐人時，社會福利機構、團體得依前項規定向直轄市、縣（市）主管機關提出指派申請。

案件，被告於審判中或偵查中得委任代理人到場。惟因案件進行之必要，同條但書乃規定法院或檢察官認為必要時，仍得命本人到場。又依同法第38條之規定，第28條有關辯護人人數限制之規定、第29條有關辯護人之資格、第30條有關選任辯護人程序、第32條有關送達文書之方法、第33條有關閱卷、抄錄、攝影之權利等相關規定，於被告之代理人均準用之。

（二）自訴人之代理人

又自訴人在自訴程序中負責犯罪行為之追訴，其本身如欠缺法律之專業知識，可能影響追訴之效能及程序進行之順暢，故須有具備法律專業知識之人為其代理人以便追訴之程序順利進行，因而刑事訴訟法第37條第1項乃規定，自訴人應委任代理人到場，但法院認為必要時，得命本人到場。又同條第2項並規定，前項代理人應選任律師充之。因而自訴人之代理人係採取強制代理之規定，且對於擔任代理人之資格有一定之限制，並非任何人均得以擔任自訴代理人。

又刑事訴訟法第28條有關辯護人人數限制之規定、第30條有關選任程序之規定、第32條有關送達文書之方法、第33條有關閱卷、抄錄、攝影權等規定，依刑事訴訟法第38條前段之規定於自訴人之代理人均有準用。

（三）告訴人之代理人

告訴人於偵查程序（含警詢）中得委任代理人代為行使告訴人於偵查中之相關權利，此稱之為告訴代理人，且告訴代理人之資格並未如自訴人之代理人一般限制須為律師，故任何人均得以擔任告訴代理人。依刑事訴訟法第236條之1第1項前段之規定，於偵查中告訴人提出告訴，得委任代理人行之；惟同項但書亦規定，檢察官或司法警察官認為必要時，得命本人到場，故如為發現真實之必要，告訴人本人亦應到場。又依同條第2項之規定，前項之委任應提出委任書狀於檢察官或司法警察官，並準用第28條有關辯護人人數限制及第32條辯護人多數時送達文書之方式等相關規定。

另告訴人於審判程序中亦得委任代理人到場[27]，其資格亦無特別之限

27　有論者認為告訴人之代理人於偵查中稱「告訴代理人」，而於審判中則應稱之為「告

制，依刑事訴訟法第271條之1第1項之規定，告訴人得於審判中委任代理人到場陳述意見，但法院認為必要時，得命本人到場，故有必要時告訴人本人亦應到場，此與偵查程序中相同。

又依刑事訴訟法第271條之1第2項之規定，前項委任應提出委任書狀於法院，並準用第28條有關辯護人人數限制、第32條辯護人多數時送達文書之方式、第33條辯護人閱卷、抄錄、攝影之權利，惟代理人如為非律師者於審判中，對於卷宗及證物不得檢閱、抄錄或攝影。

四、被害人

犯罪之被害人（Victim）於刑事訴訟法中有得提起告訴或自訴之權利，此時其除被害人之身分外亦同時具有告訴人或自訴人之地位，而適用有關於告訴人或自訴人之相關規定；而若其於偵查中或審判中以證人之身分到庭作證，則此時其除被害人之身分外亦同時具有證人之地位，而應適用關於證人之相關規定；故被害人於我國刑事訴訟程序中具有多重之角色，其可能為告訴人、自訴人或證人。

除此之外，被害人並非屬於刑事訴訟法所規定之刑事訴訟程序之當事人，其除為告訴人、自訴人或證人，或依刑事訴訟法規定聲請訴訟參與（詳後述）外，則僅係單純以被害人之身分參與刑事訴訟程序，惟刑事訴訟程序中仍對被害人於此情形有一定之權利保障。相關之規定例如刑事訴訟法第248條之1第1項即規定，被害人於偵查中受訊問時，得由其法定代理人、配偶、直系或三親等內旁系血親、家長、家屬、醫師、心理師、輔導人員、社工人員或其信賴之人，經被害人同意後，得陪同在場，並得陳述意見，於司法警察官或司法警察調查時，亦同；另於審判程序中則依第271條第2項之規定，審判期日，應傳喚被害人或其家屬並予陳述意見之機會，但經合法傳喚無正當理由不到場，或陳明不願到場，或法院認為不必要或不適宜者，不在此限。上開所述均為刑事訴訟程序中特別針對一般犯罪被害人所為之規定，爰於其後相關章節分別敘述之。此外，我國於刑事程序之特別法中，亦多有關於一般犯罪之被害人或特定犯罪之被害人相關

訴人之代理人」，蓋其於審判程序中僅得陳述意見，當事人之一方仍屬於檢察官是也。見林永謀著，刑事訴訟法釋論（上冊），2006年10月，頁175。

之保護規定，例如犯罪被害人權益保障法[28]、性侵害犯罪防治法[29]、家庭暴力防治法[30]等均屬之。

28　我國對於犯罪被害人之保障相關法制日益進步，目前制定有犯罪被害人權益保障法，其第1條即明定「為保障犯罪被害人與其家屬之權益，提供支持服務及經濟補助，以修復因犯罪造成之傷害，促進社會安全，特制定本法」又其第50條亦規定「因犯罪行為被害致死亡者之遺屬、致重傷者及性自主權遭受侵害之人，得申請犯罪被害補償金。但依強制汽車責任保險法得請求給付或補償者，不適用之。」

29　有關於性侵害犯罪之被害人，性侵害犯罪防治法有特別之保護規定，依性侵害犯罪防治法第18條第1項之規定，被害人之法定代理人、配偶、直系或三親等內旁系血親、家長、家屬、醫師、心理師、輔導人員、社會工作人員或其信賴之人，經被害人同意後，得於偵查或審判時，陪同被害人在場，並得陳述意見。前項得陪同在場之人為性侵害犯罪嫌疑人、被告，或檢察官、檢察事務官、司法警察官或司法警察認其在場，有礙偵查程序之進行時，不適用之。被害人為兒童或少年時，除顯無必要者外，直轄市、縣（市）主管機關應指派社會工作人員於偵查或審判時陪同在場，並得陳述意見。另依犯罪被害人權益保障法75條之規定，為協助重建犯罪被害人及其家屬生活，法務部應成立保護機構，且依第15條第1項第2款之規定，犯罪被害人保護機構應提供犯罪被害人相關之訴訟程序協助。

30　有關於家庭暴力犯罪之被害人，得依家庭暴力防治法第10條第1項之規定向法院聲請通常保護令或暫時保護令。

第四章
訴訟客體

一、意義

　　刑事訴訟程序乃爲確定特定被告之特定犯罪事實之具體刑罰權所進行之程序，此項程序之客體即係指刑事訴訟之案件而言[1]，而基本上刑事訴訟程序所稱之案件，係由「被告」及「犯罪事實」二部分所構成。案件之作爲訴訟程序上之客體，有所謂案件之「單一性」及案件之「同一性」之問題。所謂案件之單一性，係以刑事實體法上所規範之刑罰權是否可分或不可分爲判斷之依據，易言之，係就案件本身之範圍所作之觀察及判斷，屬於橫向面之觀察；而案件之同一性乃係以刑事實體法上所規範之刑罰權是否相同或不相同爲其判斷之依據，易言之，係就訴訟程序進行中之不同階段，加以觀察比較二個案件之間是否屬於同一，屬於縱向面之觀察，二者之間有所不同。故所謂案件之單一性與案件之同一性係屬不同之概念[2]，前者在於強調案件之不可分性，後者則在於強調案件之不重複性，以下即分別就此加以論述之。

二、案件之單一性（單一案件）

　　所謂案件之單一性，係指單一案件，乃案件之被告屬於單一且犯罪事實亦屬於單一而言，原則上單一案件乃屬於刑事訴訟程序之進行過程中不可分割之最小單元。

---

[1]　國内亦有學者稱此訴訟之客體爲訴訟之標的。見林鈺雄著，刑事訴訟法（上冊），2007年9月，頁251。

[2]　故有論者謂案件之單一性係就訴訟程序之發展爲橫斷面、靜態之觀察，而案件之同一性係就訴訟發展爲縱斷面動態之判斷；單一性係靜態之案件幅度（空間）之問題，而同一性係動態之歧異（時間）之問題。見林永謀著，刑事訴訟法釋論（上冊），2006年10月，頁293。

（一）被告單一

　　所謂被告單一係指被起訴之個別被告人數為一人而言，如被告之人數有二人或二人以上即非此所謂之單一案件，其係以被告之人數加以區分，故應較無問題。例如甲基於普通竊盜之故意，徒手竊取乙停放路旁之機車，檢察官以普通竊盜起訴甲，此即為單一被告之情形；又如甲、乙基於共同殺人之故意，共同持刀殺害丙，檢察官同時起訴甲、乙共同殺人罪，則此一案件中被告有二人，在此情況之下即非屬所謂之單一案件。

（二）犯罪事實單一

　　犯罪事實單一其判斷之基準與刑事實體法上罪數之概念有關，包括下列各項均屬單一之犯罪事實：

1. 單純一罪（即事實上一罪）

　　單純一罪乃指事實上單純之一行為而構成犯罪者而言，例如甲基於殺人之故意，持水果刀一把刺入乙之肺部一下致乙死亡，此即為單純一罪。

2. 實質上一罪（與裁判上一罪合稱法律上一罪）

　　實質上一罪包括接續犯、繼續犯、吸收犯、集合犯、結合犯、加重結果犯等等均屬之，例如甲徒手毆打乙多下，乙逃離現場，甲緊追在後繼續加以毆打多下，致乙受有身體之傷害，此即屬於接續犯之情形；又如強盜而殺害被害人之強盜殺人行為，此即屬於結合犯之情形，上開情形均屬於實質上一罪。

3. 裁判上一罪（與實質上一罪合稱法律上一罪）

　　裁判上一罪原包括想像競合犯、牽連犯及連續犯等在內，惟民國95年7月1日施行之新刑法已廢除牽連犯及連續犯之規定，故目前所稱之裁判上一罪僅有想像競合犯一種，例如甲基於詐欺取財之故意，以一詐欺之行為同時詐取乙、丙二人之財物得手；又如甲騎乘機車於道路上闖紅燈遭交通警員乙攔下，甲即基於傷害及妨害公務之故意，出手毆打乙成傷等均是。

　　除上開單純一罪、實質上一罪及裁判上一罪等情形之外，其餘之犯罪

事實，均應屬於數罪合併處罰之情形，其案件本身在刑事訴訟程序中均可分別加以處理，並非一定須在相同程序中進行，故即非屬此所稱之犯罪事實單一之概念。

實務見解有關案件單一性之論述係認為：「單一性案件由於刑罰權單一，就其全部事實自不得割裂，而應合一審判，此類案件之追訴審判，應適用起訴不可分、審判不可分及上訴不可分之原則，此觀刑事訴訟法第二百六十七條、第三百四十八條第二項之規定自明。」此有最高法院95年度台上字第995號判決意旨可供參照。另認為：「實質上或裁判上一罪之案件，檢察官就犯罪事實一部起訴者，若與其餘未經起訴之事實具有案件單一性關係，因國家對被告刑罰權僅有一個，依刑事訴訟法第267條規定，其效力及於全部，受訴法院基於審判不可分原則，對於未經起訴而為起訴效力所及之其餘事實，應合一審判，以一判決終結之。」此亦有最高法院111年度台上字第4689號判決意旨可供參照。

另實務見解同時亦認為，如案件之一部分犯罪事實經法院認為無罪，則與其他部分之犯罪事實即無單一性之關係存在，認為：「所謂審判不可分，係指未經起訴之犯罪事實，與已經起訴之犯罪事實同屬於單一刑罰權之範圍，應為單一之訴訟客體，在裁判上不能分割而言。故就單一性案件犯罪事實之一部起訴者，其效力及於全部，法院應就全部事實合一審判。此即刑事訴訟法第二百六十七條規定之意旨。惟起訴之事實如經法院認定為不能證明被告犯罪，即與未經起訴之犯罪事實無單一性不可分關係可言；而該未經起訴之犯罪事實，法院對之既無訴訟關係存在，自不得加以裁判。」此有最高法院88年度台上字第832號判決意旨可供參照。

惟應注意者，檢察官於案件進行偵查之程序中，並無此所謂單一案件之概念，單一案件之概念係檢察官就偵查之案件，作成終結之處理，包括不起訴、起訴或緩起訴時起，亦即自狹義之刑事訴訟程序開啟時起，始有其意義。而有關單一案件之效力自提起告訴、起訴、自訴、審判、上訴及至於裁判確定之既判力等刑事訴訟程序各個階段各自產生不同之作用，包括所謂起訴不可分、自訴不可分、審判不可分、上訴不可分等等概念，此部分留待於各相關章節中再加以論述，在此先不予討論。

三、案件之同一性（同一案件）

所謂案件同一性，係指同一案件，乃案件之被告同一（即被告相同）且犯罪事實同一（即犯罪事實相同）而言；易言之，案件之間如有屬於同一案件（即相同案件）之情形，則即存在相同之案件內涵之意。

（一）被告同一

被告同一係指受刑事程序追訴之對象係屬於同一人而言，故若受追訴之對象並非同一人，即無所謂案件之同一性可言，此係依受追訴之對象區分，在判斷上應較無困難。

（二）犯罪事實同一

案件同一，除被告須同一之外，尚須犯罪事實同一，此包括單純一罪、實質上一罪（如接續犯、繼續犯、集合犯、結合犯、吸收犯、加重結果犯等屬之）及裁判上一罪（如想像競合犯）等審判之事實範圍同一之情形，蓋國家對同一案件僅有一個刑罰權，在訴訟法上僅形成一個審判之客體，就其全部（含一部及他部）事實，應合一審判，不得割裂為數個訴訟客體，如「對於曾經判決確定之案件，重行提起自訴，雖所訴之罪名不同，而事實之內容則完全一致，仍不失其案件之同一性，依刑事訴訟法第法第二百九十四條第一款之規定，自應諭知免訴之判決。」此有最高法院46年度台上字第1506號判例意旨可供參照。

而所謂犯罪事實同一係指作為刑罰權對象之客觀犯罪事實同一而言，早期之實務見解一般認為，「基本社會事實同一」作為有關犯罪事實是否具有同一性之判斷標準，如最高法院87年度台非字第407號判決意旨可供參照。而近年之實務見解更進一步具體認為所謂犯罪事實同一係指「應視檢察官請求確定其具有侵害性之基本社會事實是否同一而定，並以犯罪構成要件有無罪質上之共通性為具體判斷之標準。」此有最高法院92年度台上字第1586號判決意旨可供參照；或認為「良以犯罪乃侵害法益之行為，犯罪事實自屬侵害性之社會事實，亦即刑法加以定型化之構成要件事實，故此所謂同一性，應以侵害性行為之內容是否雷同，犯罪構成要件是否具

有共通性（即共同概念）為準，若二罪名之構成要件具有相當程度之合而無罪質之差異時，即可謂具有同一性。」此有最高法院101年度台上字第5182號等判決意旨可供參照。

　　判斷案件之同一性之目的，主要在於就犯罪事實之一部有管轄權者，對其全部亦均有管轄權，此外此類同一案件之追訴、審判，應適用起訴不可分、審判不可分及上訴不可分諸原則，亦即包括是否重複起訴而違反一事不再理之原則，以及得否逕行變更檢察官起訴之法條而為有罪之判決，此部分亦留待於各相關之章節中再加以論述，於此先不予討論[3]。

3　國內有學者認為區分案件之單一性及同一性並無必要，因案件之單一性即係案件之同一性，兩者範圍相同，亦即案件同一性之範圍等於起訴之範圍、等於審判之範圍、等於一事不再理及既判力之範圍。見林鈺雄著，刑事訴訟法（上冊），2004年9月4版，頁255。

第五章
訴訟行為

一、意義

　　所謂訴訟行為乃刑事訴訟之主體或其他訴訟關係人所實施，合於一定程式，並發生一定刑事訴訟上法律效果之行為。刑事訴訟程序即係由個別之訴訟行為所組合而構成，就整體而言，係一刑事訴訟之程序，而就個別而言，即係刑事訴訟之訴訟行為。

二、種類

（一）依行為主體而分

　　訴訟行為之種類依行為之主體而為區分，可分為法院之訴訟行為、當事人之訴訟行為及法院及當事人以外之第三人之訴訟行為。

1. 法院之訴訟行為

　　法院之訴訟行為主要為審理、裁判（包括處分），另外有調查證據、搜索、扣押等行為，而法院之訴訟行為由負責審理案件之合議庭或獨任法官為之，惟除法官外，尚有其他輔助人員之訴訟行為，如書記官之製作筆錄及送達文書等行為均屬之。

2. 當事人之訴訟行為

　　當事人之訴訟行為，係訴訟之當事人為達一定之訴訟目的所為之行為，包括下列各項：

(1) 聲請

　　所謂聲請乃指當事人請求法院審判長、受命法官、受託法官為一定處分之意思表示之訴訟行為，例如被告聲請移轉管轄等是。

(2) 立證

所謂立證係指當事人之舉證之訴訟行為，包括檢察官或被告就案件相關證據之提出等行為。

(3) 陳述

所謂陳述係指當事人關於事實之言詞或書面說明之訴訟行為，例如被告之供述是也。

(4) 主張

所謂主張係指當事人對於事實上或法律上表示己方之意見之訴訟行為。

3. 第三人之訴訟行為

第三人之訴訟行為係指法院（含輔助機關）、訴訟當事人及其訴訟關係人所為之訴訟上行為而言，例如告發人之告發、證人之作證等行為均屬之。

（二）依是否具有法效意思而分

訴訟行為之種類依是否具備有法律效果之意思（亦即法效意思）而為區分，可分為法律行為與事實行為二類。

1. 法律行為

所謂訴訟上之法律行為係指訴訟行為之本身足以產生一定之法律上效果者而言，例如告訴人之告訴、檢察官之起訴或當事人之上訴等等均屬之。

2. 事實行為

所謂訴訟上之事實行為係指行為本身並不當然發生一定之法律上之效果者而言，例如對於被告之訊問、拘提之執行或對於物證之勘驗等等均屬之。

三、方式

　　訴訟行為之方式可分為書面及言詞二種，有些訴訟行為依法律之規定須以書面為之，有些訴訟行為則以書面或言詞為之均可。

（一）書面

　　刑事訴訟上所稱之文書，其有多種不同之名稱，包括書（如起訴書）、狀（如上訴狀）、票（傳票）及筆錄（如審判筆錄）等等。又依文書本身之屬性，可分為原本、正本、繕本、節本等，原本係指製作者原始製作之文書，而正本則係代替原本而具有同一內容及效力之文書，繕本及節本則係依原本內容為全部或一部之記載所作成之文書。

　　文書一般依其是否屬於公務員所製作者，在格式上有所不同，以下分別論之。

1. 公務員製作文書之格式

(1) 基本格式

　　依刑事訴訟法第39條之規定，文書，由公務員製作者，應記載製作之年、月、日及其所屬機關，由製作人簽名。此乃為公務員製作文書格式之基本規定，凡由公務員依刑事訴訟法規定所製作之文書均應遵守其規定。惟依目前實務之見解則認為，蓋章與簽名有同一效力，故以蓋章代簽名亦無不可；如「查該項簽名之規定，亦不過為證明其文書真正方法之限制。按我國習俗，一般咸認蓋章可代簽名，民法且明定二者生同等之效力。矧文書制作人之簽名，係在文書上書寫代表本人之文字符號，而其文字符號，衹須可據以推知為本人已足，並無一定形式之限制。蓋章則係將代表本人之文字圖形刻於物體捺印在文書之上。二者皆係文書制作人依其自由意思，在文書上顯現代表本人之文字符號，表示其制作文書用意之證明。顯現文字符號之方式，容有直接間接之不同，其用意則一，法律上應生同等之效力。」此有最高法院85年度台上字第2770號判決意旨可供參照。

　　又依刑事訴訟法第40條之規定，公務員製作之文書，不得竄改或挖補；如有增加、刪除或附記者，應蓋章其上，並記明字數，其刪除處應留

存字跡,俾得辨認。上開規定其目的乃在於公務員所製作之文書,通常具有一定之法律上效果,故特此規定以求慎重及文書內容之正確性。

(2) 訊問筆錄

又關於訊問筆錄之製作,刑事訴訟法第41條第1項規定:「訊問被告、自訴人、證人、鑑定人及通譯,應當場制作筆錄,記載下列事項:一、對於受訊問人之訊問及其陳述。二、證人、鑑定人或通譯如未具結者,其事由。三、訊問之年、月、日及處所。」因此訊問筆錄之記載事項有一定之規定;又同條第2項則規定:「前項筆錄應向受訊問人朗讀或令其閱覽,詢以記載有無錯誤。受訊問人為被告者,在場之辯護人得協助其閱覽,並得對筆錄記載有無錯誤表示意見。」此乃賦予受訊問人瞭解筆錄內容,並有機會表示記載之正確與否;同條第3項則規定:「受訊問人及在場之辯護人請求將記載增、刪、變更者,應將其陳述附記於筆錄。但附記辯護人之陳述,應使被告明瞭後為之。」受訊問人及在場之辯護人如發現訊問筆錄之記載有錯誤時,自得請求將訊問筆錄記載之內容加以增、刪、變更使其與事實相符,無論法院是否同意,均有必要將其陳述附記於筆錄;另同條第4項規定:「筆錄應命受訊問人緊接其記載之末行簽名、蓋章或按指印。但受訊問人拒絕時,應附記其事由。」訊問筆錄要求受訊問人簽名之目的,在於保證筆錄記載之正確性,避免製作人於受訊問人簽名、蓋章或按指印後,任意增添字句於空白之處所,而影響筆錄之正確性。而所謂「緊接其記載之末行」簽名、蓋章或按指印者,實務上認為,倘受訊問人僅有一人,固指於該受訊問人筆錄最後一頁之末行簽名、蓋章或按指印,不得令其空白或以另紙為之,惟如受訊問之人為數人時,則檢察官或法官於全部之受訊問人訊問完畢後,始命其等簽名、蓋章或按指印之情形,如數人筆錄中前後記載之文字間未留有空白,或雖有空白而空白前後可辨明其文字之連結,無任意增添字句於空白處之可能者,仍應不影響該訊問筆錄之效力,此有最高法院101年度台上字第4435號判決意旨可供參照。

又依刑事訴訟法第43條之規定,訊問筆錄應由在場之書記官製作之,其行訊問之公務員應在筆錄內簽名,如無書記官在場,得由行訊問之公務員親自或指定其他在場執行公務之人員製作筆錄。故原則上訊問筆錄由書記官製作,並由訊問之檢察官或法官簽名,以確認筆錄之正確性。

(3) 搜索、扣押、勘驗筆錄之製作

又刑事訴訟法第42條第1項規定：「搜索、扣押及勘驗，應制作筆錄，記載實施之年、月、日及時間、處所並其他必要之事項。」第2項規定：「扣押應於筆錄內詳記扣押物之名目，或制作目錄附後。」另第3項又規定：「勘驗得制作圖畫或照片附於筆錄。」同條第4項亦規定：「筆錄應令依本法命其在場之人簽名、蓋章或按指印。」此乃有關搜索、扣押及勘驗製作筆錄之規定，蓋搜索、扣押及勘驗係屬於強制處分之執行，其過程有必要加以記錄，以為將來偵查或審判之依據。

又依刑事訴訟法第43條之規定，搜索、扣押及勘驗之筆錄亦應由在場之書記官製作之。其行搜索、扣押、勘驗之公務員應在筆錄內簽名；如無書記官在場，得由執行搜索、扣押、勘驗之公務員親自或指定其他在場執行公務之人員製作筆錄。

(4) 司法警察人員製作之筆錄

依刑事訴訟法第43條之1之規定，上開第41條、第42條之規定，於檢察事務官、司法警察官、司法警察行詢問、搜索、扣押時，準用之。又前項犯罪嫌疑人詢問筆錄之製作，應由行詢問以外之人為之。但因情況急迫或事實上之原因不能為之，而有全程錄音或錄影者，不在此限。蓋警詢之筆錄如僅由一人自行製作，則容易產生隨意操控詢問過程之情形，而如無詢問以外之人在場製作筆錄，則有關筆錄內容之正確性，亦不免產生爭議，故為維護司法警察人員調查程序之公正性，並保障犯罪嫌疑人之合法權益，而有上開原則上不得由同一人詢問及製作筆錄之規定。

(5) 審判筆錄之製作

依刑事訴訟法第44條第1項之規定：「審判期日應由書記官製作審判筆錄，記載下列事項及其他一切訴訟程序：一、審判之法院及年、月、日。二、法官、檢察官、書記官之官職、姓名及自訴人、被告或其代理人並辯護人、輔佐人、通譯之姓名。三、被告不出庭者，其事由。四、禁止公開者，其理由。五、檢察官或自訴人關於起訴要旨之陳述。六、辯論之要旨。七、第四十一條第一項第一款及第二款所定之事項。但經審判長徵詢訴訟關係人之意見後，認為適當者，得僅記載其要旨。八、當庭曾向被告宣讀或告以要旨之文書。九、當庭曾示被告之證物。十、當庭實施之扣

押及勘驗。十一、審判長命令記載及依訴訟關係人聲請許可記載之事項。十二、最後曾與被告陳述之機會。十三、裁判之宣示。」其中有關第41條第1項第1款及第2款所定之事項（即對於受訊問人之訊問及其陳述；證人、鑑定人或通譯如未具結者其事由），經審判長徵詢訴訟關係人之意見後，認為適當者，得僅記載其要旨，在認為適當之情況下（例如：為增進審判效率、節省法庭時），毋庸經其同意，即得斟酌個案之具體狀況，決定應記載之要旨，由書記官載明於審判筆錄，但須注意不可有斷章取義、扭曲訊問及陳述本旨之情事。

又刑事訴訟法第41條第2項亦規定：「前項筆錄應向受訊問人朗讀或令其閱覽，詢以記載有無錯誤。受訊問人為被告者，在場之辯護人得協助其閱覽，並得對筆錄記載有無錯誤表示意見。」依此規定，受訊問人係「得」請求朗讀或交其閱覽，與上開訊問筆錄規定「應」向受訊問人朗讀或令其閱覽不同，故實務上乃認為，審判筆錄除經受訊問人請求外，未向受訊問人朗讀或交令閱覽，尚難指其為違法，此有最高法院28年上字第2054號判例、93年度台上字第2651號判決意旨可供參照。

又審判期日係刑事案件法院審判之階段最為重要之程序，故刑事訴訟法第44條之1第1項規定：「審判期日應全程錄音；必要時，並得全程錄影。」又同條第2項又規定：「當事人、代理人、辯護人或輔佐人如認為審判筆錄之記載有錯誤或遺漏者，得於次一期日前，其案件已辯論終結者，得於辯論終結後七日內，聲請法院定期播放審判期日錄音或錄影內容核對更正之。其經法院許可者，亦得於法院指定之期間內，依據審判期日之錄音或錄影內容，自行就有關被告、自訴人、證人、鑑定人或通譯之訊問及其陳述之事項轉譯為文書提出於法院。」故審判筆錄應於每次開庭後整理之，當事人、代理人、辯護人或輔佐人認為審判筆錄之記載有錯誤或遺漏，亦得於次一期日前或辯論終結後七日內，聲請法院定期播放審判期日錄音或錄影內容加以核對，如核對之結果，審判筆錄之記載確有錯誤或遺漏者，書記官應即更正或補充；如筆錄記載正確者，書記官應於筆錄內附記核對之情形。又同條第3項則規定：「前項後段規定之文書，經書記官核對後，認為其記載適當者，得作為審判筆錄之附錄，並準用第四十八條之規定。」故當事人、代理人、辯護人或輔佐人經法院許可後，依據法院所交付之審判期日錄音或錄影拷貝資料，自行就有關被告、自訴人、證人、鑑定人或通譯之訊（詢、詰）問及其陳述之事項轉譯為文書提出於法

院時，書記官應予核對，如認爲該文書記載適當者，則得作爲審判筆錄之附錄，其內容並與審判筆錄同一效力。

又依刑事訴訟法第45條之規定，審判筆錄，應於每次開庭後三日內整理之。同法第46條則規定，審判筆錄應由審判長簽名；審判長有事故時，由資深陪席法官簽名；獨任法官有事故時，僅由書記官簽名；書記官有事故時，僅由審判長或法官簽名；並分別附記其事由。依目前實務之見解認爲，如審判筆錄未經依上開規定簽名或附記事由，則審判筆錄不能據爲裁判之基礎，且法院組織是否合法無從審查，踐行之訴訟程序即有瑕疵，此有最高法院88年度台上字第7174號判決意旨可供參照。

又刑事訴訟法第47條規定：「審判期日之訴訟程序，專以審判筆錄爲證。」因此審判期日之進行程序，如遇有爭執或不明之時，則依上開規定，應依審判筆錄之記載爲證明之唯一方式，不得以其他方式加以證明，由此可知審判筆錄之重要性。例如審判筆錄如未記載上訴人陳述上訴要旨，上訴人亦未自行陳述，則可認爲其所踐行之程序顯不合法，此有最高法院68年台上字第2330號判例意旨可供參照。惟現行科技進步，法庭內之活動均有錄音甚至錄影，如對於審判期日之進行程序有爭執或不明時，得依錄音錄影之內容證明之，其正確性應高於筆錄之記載，故本條之規定是否有修正之必要即有討論之空間。

又刑事訴訟法第48條規定：「審判筆錄內引用附卷之文書或表示將該文書作爲附錄者，其文書所記載之事項，與記載筆錄者，有同一之效力。」蓋文書之內容如過於龐雜難以在審判筆錄一一記載，則得以附件方式使之成爲筆錄之一部分，而有與記載筆錄同一之效力，以收節省訴訟程序之效果。

又裁判係法院就法律之爭議所作之決定，其應以裁判書之形式爲之，故刑事訴訟法第50條乃規定：「裁判應由法官制作裁判書。但不得抗告之裁定當庭宣示者，得僅命記載於筆錄。」因而原則上裁判均應經承辦該案件之法官以製作裁判書之方式爲之，使當事人及訴訟關係人均得以瞭解其內容，惟如係不得抗告之裁定且經法官當庭加以宣示者，得僅命書記官記明於筆錄之內，而免製作裁判書，以簡化程序節省司法資源。

又刑事訴訟法第51條第1項規定：「裁判書除依特別規定外，應記載受裁判人之姓名、性別、出生年月日、身分證明文件編號、住、居所；如係判決書，並應記載檢察官或自訴人並代理人、辯護人之姓名。」其第2

項則規定：「裁判書之原本，應由為裁判之法官簽名；審判長有事故不能簽名者，由資深法官附記其事由；法官有事故者，由審判長附記其事由。」此為有關裁判書程式之規定，法院自應加以遵守。

　　刑事訴訟法第52條第1項規定：「裁判書或記載裁判之筆錄之正本，應由書記官依原本制作之，蓋用法院之印，並附記證明與原本無異字樣。」第2項則規定：「前項規定，於檢察官起訴書及不起訴處分書之正本準用之。」故裁判書、記載裁判之筆錄、起訴書、不起訴處分書均製作與原本內容相同之正本，正本之作用主要在於送達予當事人或其他應受送達之人，裁判之筆錄之正本，應由書記官依原本製作，蓋用法院（或檢察署）之印，並附記證明與原本無異字樣。又依目前實務之見解認為，如正本之製作與原本有不同時，應視是否影響於全案情節與判決本旨而有不同之處理方式，如係影響於全案情節與判決本旨，則應重行製作正本後加以送達，如僅顯然係文字誤寫而不影響於全案情節與判決本旨，則得以裁定更正之，此有最高法院72年台抗字第518號判例意旨可供參照。

2. 非公務員製作文書之格式一般程式

　　文書如非公務員所製作者，依刑事訴訟法第53條之規定仍有一定之程式，依其規定，文書由非公務員製作者，應記載年、月、日並簽名。其非自作者，應由本人簽名，不能簽名者，應使他人代書姓名，由本人蓋章或按指印；但代書之人，應附記其事由並簽名。故如係自訴人所提之自訴狀、上訴人所提之上訴狀及抗告人所提之抗告狀等書狀，均非屬公務員所製作之文書，故均應依上開規定之格式加以製作，否則即屬訴訟之程式上有所欠缺。

（二）言詞

　　訴訟行為之方式除有特別規定應以書面為之者外，亦得以言詞方式為之，例如告訴權人向檢察官提出刑事之告訴，依刑事訴訟法第242條第1項前段之規定，得以言詞方式為之，此乃考量訴訟之便利性所作之規定。

四、送達

（一）意義

　　所謂送達（Service）係指法官或檢察官將應交付當事人或其他訴訟關係人之文書，依一定之程序，由應為送達之人予以交付，而發生一定法律上效果之訴訟行為是也。送達係具有通知性質之法定訴訟行為，其發生一定之訴訟法律效果，例如上訴期間自送達後之翌日開始起算，又如被告如經合法送達傳票無正當理由不到庭者得命拘提等等均屬之，故實務上送達係屬重要之訴訟行為。

（二）應受送達人與送達處所之陳明

　　刑事訴訟法第55條第1項規定：「被告、自訴人、告訴人、附帶民事訴訟當事人、代理人、辯護人、輔佐人或被害人為接受文書之送達，應將其住所、居所或事務所向法院或檢察官陳明。被害人死亡者，由其配偶、子女或父母陳明之。如在法院所在地無住所、居所或事務所者，應陳明以在該地有住所、居所或事務所之人為送達代收人。」第2項則規定：「前項之陳明，其效力及於同地之各級法院。」其第3項則規定：「送達向送達代收人為之者，視為送達於本人。」因此當事人或其他訴訟關係人應將其住所、居所或事務所向法院或檢察官陳明，以便將來訴訟文書之送達，至被害人死亡之情形，則由其配偶、子女或父母陳明；又如在法院所在地無住所、居所或事務所者，應陳明以在該地有住所、居所或事務所之人為送達代收人，使法院得在轄區內為送達。前項所作之陳明，其效力及於同地之各級法院，亦即無須於各級法院重複陳明，而送達向送達代收人為之者，視為送達於本人，藉此明確送達之合法性。

（三）送達人

　　依刑事訴訟法第61條第1項之規定，送達文書由司法警察或郵務機構行之；又同條第3項則規定，拘提前之傳喚，如由郵務機構行送達者，以郵務人員為送達人，且應以掛號郵寄，其實施辦法由司法院會同行政院定之。故而在刑事訴訟程序中，原則上係司法警察或郵務機構，其他人則無

送達之權限，不得以之爲送達之人。

（四）送達之方式

1. 囑託送達

上開刑事訴訟法第55條之規定，對於在監獄或看守所之人，不適用之，此爲同法第56條第1項所明文規定；又依同條第2項之規定，送達於在監獄或看守所之人，應囑託該監所長官爲之，故對於在監所執行或羈押之受刑人或被告之送達，應囑託監所之長官爲送達人加以送達，此乃因監所之受刑人或被告人身自由受拘束，且爲兼顧監所長官對於受刑人或被告之管理目的，故對其送達乃有此特別之規定。

2. 郵寄送達

應受送達人雖未爲第55條之陳明，而其住所、居所或事務所爲書記官所知者，亦得向該處送達之；此爲刑事訴訟法第57條所明文規定，因應受送達之人雖未陳明住居所，惟法院既已知悉其住居所自亦應爲送達，使訴訟程序之進行得以順利進行。

3. 對檢察官之送達

依刑事訴訟法第58條之規定，對於檢察官之送達，應向承辦檢察官爲之；承辦檢察官不在辦公處所時，向檢察長或檢察總長爲之。蓋基於檢察一體之特性，檢察官之送達並無須一定要向承辦之檢察官爲之，如檢察官未在辦公處所，向檢察長爲之亦可。又所謂承辦之檢察官不以起訴之檢察官爲限，於審判期日到庭執行職務實行公訴之檢察官亦屬之，此有最高法院73年台上字第4164號判例意旨可供參照。

又如爲送達之人員並未將送達文書如判決書之正本交由承辦檢察官收受，亦未向檢察長爲送達，僅將之放置於承辦檢察官辦公室，則是否發生送達效力不免產生問題，依目前實務之見解認爲此種情形尚不發生合法送達之效力，此有最高法院90年度台抗字第58號裁定意旨可供參照。

4. 公示送達

　　公示送達（Public Notice Served）乃在一定情況之下為避免訴訟之延宕而進行之特別之送達方式。依刑事訴訟法第59條之規定：「被告、自訴人、告訴人或附帶民事訴訟當事人，有左列情形之一者，得為公示送達：一、住、居所、事務所及所在地不明者。二、掛號郵寄而不能達到者。三、因住居於法權所不及之地，不能以其他方法送達者。」此所謂住、居所、事務所及所在地不明者，指應受送達之人並未陳明處所，且法院亦無從知悉其處所而言。而所謂掛號郵寄而不能達到者，指不能以掛號郵寄之方式送達，例如因戰亂致該地區無法郵寄送達。又住居於法權所不及之地，不能以其他方法送達者，指非屬我國法律施行之處所，且因無邦交或其他原因，無法為送達文書之行為之情形。有上述各項之情形者，均得為公示送達。惟應注意者，依上開條文之規定，以公示送達之方式為送達，限於對於被告、自訴人、告訴人或附帶民事訴訟當事人之文書送達始得為之，不包括對於其他訴訟關係人之送達在內。

　　公示送達之方式，依刑事訴訟法第60條第1項規定：「公示送達應由書記官分別經法院或檢察總長、檢察長或檢察官之許可，除將應送達之文書或其節本張貼於法院或檢察署牌示處外，並應以其繕本登載報紙，或以其他適當方法通知或公告之。」又依同條第2項規定：「前項送達，自最後登載報紙或通知公告之日起，經三十日發生效力。」依此規定，依公示送達為送達之方式時，不論受送達之人是否知悉送達之事實，均發生送達之效力。

5. 其他方式送達 —— 準用民事訴訟法之規定

　　刑事訴訟程序中有關於送達文書之方式，依刑事訴訟法第62條之規定，除刑事訴訟法有上開特別之規定外，準用民事訴訟法之規定。目前實務上常見之送達方式包括民事訴訟法第137條之補充送達及第138條之寄存送達。所謂補充送達係指送達於住居所、事務所或營業所不獲會晤應受送達人者，得將文書付與有辨別事理能力之同居人或受僱人之謂；至此所稱之「同居人」云者，雖不必有親屬關係，亦毋庸嚴格解釋為須以永久共同生活為目的而同居一家；然必係與應受送達人居住在一處，且繼續地為共同生活者，方為相當，此有最高法院82年台上字第2723號判例意旨可資參

照；此外最高法院103年度台抗字第526號裁定亦採取相同見解。又所謂之寄存送達，係指送達不能依一般送達或補充送達之方式為之者，得將文書寄存送達地之自治或警察機關，並作送達通知書兩份，一份黏貼於應受送達人住居所、事務所、營業所或其就業處所門首，另一份置於該送達處所信箱或其他適當位置，以為送達之謂，而應注意者，寄存送達係自寄存之日起，經十日始發生送達之效力。

五、期日及期間

（一）期日

　　期日係指審判長、受命法官、受託法官或檢察官與當事人及其他訴訟關係人於一定場所會合，而進行相關之訴訟程序之時日，例如審判期日、勘驗期日是也。

　　對於進行訴訟行為之期日，法院或檢察官有傳喚或通知之義務，刑事訴訟法第63條即規定，審判長、受命法官、受託法官或檢察官指定期日行訴訟程序者，應傳喚或通知訴訟關係人使其到場；但訴訟關係人在場或本法有特別規定者，不在此限。

　　又刑事訴訟法第64條第1項規定：「期日，除有特別規定外，非有重大理由，不得變更或延展之。」蓋期日為當事人及訴訟關係人集合進行訴訟程序之時日，當事人及訴訟關係人對於訴訟程序之進行者應有相當之準備，故不宜任意變更期日，以保障當事人及訴訟關係人之權益。又此所謂重大理由實務上均從嚴認定，係指有確實無法排除及克服之理由而無法到場之情形之謂，例如實務上有認為上訴人等共同代理人評閱國家考試試卷期間前後長達十餘日，自可於指定之辯論期日以外之辦公時間，隨時前往考選部評閱試卷，故此顯無非延展辯論期日不可之情形，此有最高法院83年度台上字第3587號判決意旨可供參照。

　　另刑事訴訟法第64條第2項規定：「期日經變更或延展者，應通知訴訟關係人。」故如原訂之期日有所變更或延展時，均應通知訴訟關係人，使其等知悉期日之變更或延展之事實，而得以依變更或延展後之期日進行訴訟行為，不至於發生遲誤之情形。

（二）期間

1. 期間之計算

期間係指應為訴訟行為之人為其訴訟行為之時間，例如上訴期間、抗告期間等均屬之。期間原則上由法律加以規定，例如上訴期間為二十日；且有始期及終期，例如上訴期間自判決送達後之翌日起算。又期間之計算方式，依刑事訴訟法第65條之規定，係依民法之相關規定為之[1]。

2. 期間之扣除

期間有所謂在途期間應予扣除之問題，刑事訴訟法第66條第1項規定：「應於法定期間內為訴訟行為之人，其住、居所或事務所不在法院所在地者，計算該期間時，應扣除其在途之期間。」又同條第2項規定：「前項應扣除之在途期間，由司法行政最高機關定之。」依目前實務之見解認為，在途期間以於法定期間內為訴訟行為之人，其住所、居所或事務所是否在法院所在地為準，故訴訟相關文書如係由在法院所在地之送達代收人收受後，而應於法定期間內為訴訟行為之本人，其住居所或事務所不在法院所在地者，計算該期間時，仍應扣除在途之期間，此有最高法院29年抗字第75號判例意旨可供參照。另外羈押於看守所或在監獄執行中之被告，如不經監所長官提出上訴或抗告之書狀，且該監所不在法院所在地者，得扣除在途期間，惟如其係向監所長官提出上訴或抗告之書狀，則應依刑事訴訟法第351條第1項之規定或第419條準用第315條第1項之規定，視為上訴或抗告期間內之上訴或抗告，此時即不生扣除在途期間之問題，此亦有最高法院86年度台抗字第80號裁定、91年度台上字第3080號判決、100年度台上字第51號裁定意旨及最高法院77年度第4次刑事庭會議決議（一）內容可供參照。

---

[1] 民法關於期間之計算規定於第120條至第123條，其中第120條規定：「以時定期間者，即時起算。以日、星期、月或年定期間者，其始日不算入。」第121條規定：「以日、星期、月或年定期間者，以期間末日之終止，為期間之終止。期間不以星期、月或年之始日起算者，以最後之星期、月或年與起算日相當日之前一日，為期間之末日。但以月或年定期間，於最後之月，無相當日者，以其月之末日，為期間之末日。」第122條規定：「於一定期日或期間內，應為意思表示或給付者，其期日或其期間之末日，為星期日、紀念日或其他休息日時，以其休息日之次日代之。」第123條規定：「稱月或年者，依曆計算。月或年非連續計算者，每月為三十日，每年為三百六十五日。」

3. 期間之回復原狀

　　另期間尚有所謂回復原狀之問題，所謂回復原狀係指因遲誤法定之期間後產生失權之效果時，如遲誤期間係非因本人之過失所造成，則可回復至期間尚未屆滿之狀態而加以救濟。故刑事訴訟法第67條第1項乃規定：「非因過失，遲誤上訴、抗告或聲請再審之期間，或聲請撤銷或變更審判長、受命法官、受託法官裁定或檢察官命令之期間者，於其原因消滅後十日內，得聲請回復原狀。」此所謂「非因過失」，係指法定期間之遲誤肇因於不可歸責於當事人之事由，如天災、事變致道路、郵務中斷，或當事人因重病不省人事而不能以自己之意思或其他方法為訴訟行為等情形。亦即係發生一般人均未能或不可避免致無法遵守前述法定期間之事由；若其不能遵守係由於自誤，即與「非因過失」之要件不合。又所遲誤者須為上訴、抗告或聲請再審之期間，或聲請撤銷或變更審判長等之裁定或檢察官命令之期間，如遲誤者僅為期日如審判期日，則非屬以聲請回復原狀方式加以救濟之情形。

　　又在回復原狀之情形，依刑事訴訟法第67條第2項之規定：「許用代理人之案件，代理人之過失，視為本人之過失。」故許用代理人之案件，如代理人有過失致遲誤期間，此時代理人之過失自應視為被告本人之過失，因而本人即不得認為其無過失而聲請回復原狀。所謂許用代理人之案件，例如依刑事訴訟法第36條之規定，最重本刑為拘役或專科罰金之案件，被告於審判中或偵查中得委任代理人到場是也。

　　又聲請回復原狀之程序，依刑事訴訟法第68條第1項之規定：「因遲誤上訴或抗告或聲請再審期間而聲請回復原狀者，應以書狀向原審法院為之。其遲誤聲請撤銷或變更審判長、受命法官、受託法官裁定或檢察官命令之期間者，向管轄該聲請之法院為之。」又同條第2項則規定：「非因過失遲誤期間之原因及其消滅時期，應於書狀內釋明之。」又同條第3項則規定：「聲請回復原狀，應同時補行期間內應為之訴訟行為。」例如遲誤再審之期間，則於聲請回復原狀之同時應為聲請再審之訴訟行為。

　　關於回復原狀之聲請，刑事訴訟法第69條第1項規定：「回復原狀之聲請，由受聲請之法院與補行之訴訟行為合併裁判之；如原審法院認其聲請應行許可者，應繕具意見書，將該上訴或抗告案件送由上級法院合併裁判。」故原審法院應就再審是否有理由而為不同之裁定，並於理由敘明准

予回復原狀，如係上訴或抗告之聲請，則應繕具意見書將該上訴或抗告案件送由上級法院合併裁判，如係聲請撤銷或變更法院之裁定或檢察官之命令時，法院應就是否有理由加以審查，並作出准駁之裁定，如為准許並於理由中敘明准許回復原狀。

又依刑事訴訟法第69條第2項之規定：「受聲請之法院於裁判回復原狀之聲請前，得停止原裁判之執行。」此乃因回復原狀之聲請有可能變更原來裁判之確定狀態，故應允許暫時停止原裁判之執行，以保障聲請人之權利。

又如係遲誤再議之期間者，刑事訴訟法第70條規定：「遲誤聲請再議之期間者，得準用前三條之規定，由原檢察官准予回復原狀。」依此規定，如遲誤聲請再議之期間，亦得準用聲請回復原狀之規定。此時，檢察官如認其聲請不合法定程式、逾期或無理由時，則應將其回復原狀之聲請及再議之聲請一併以命令駁回之；如認為其聲請有理由時，則應就再議是否有理由而分別處理之。

第六章
強制處分

第一節　概說

　　刑事訴訟法所謂之強制處分（Compulsory Measure）係指在刑事訴訟程序進行過程中，實施犯罪之追訴或審判之公務員，爲排除事實上可能之妨害或反抗，而以強制力對於人或物所實施之處分行爲而言。易言之，強制處分乃指在刑事訴訟程序進行中以國家之公權力限制人民之基本權利，從而達成對於犯罪進行偵查、審判乃至於執行之強制手段。常見之強制處分手段有拘提、逮捕、搜索、扣押、羈押等。而依據強制處分所限制人民之基本權利強度之不同，其所對應之司法審查強度，亦有所不同。而通常限制人民基本權利之行爲應由法院（法官）加以審查，此乃憲法關於法官保留原則之體現，惟有時基於犯罪偵查或者證據保全之時效性考量，部分之強制處分得例外直接由司法警察機關或檢察官進行，或先由司法警察機關或檢察官進行，事後再由法院審查者。一般而言，涉及人身自由之重大限制如羈押，則通常不得由偵查機關（包括主體機關及輔助機關）決定，而必須經由法院加以審查並准許。

　　由於強制處分之行爲，其使用之強制力通常產生對於人民之基本權利加以限制之法律效果，故在刑事訴訟程序中必須有嚴格而明確之法律規定加以規範。而與刑事訴訟之強制處分相對應者則爲所謂「任意處分」（或稱非強制處分），其係是指不使用強制之手段，亦不對受處分人之基本之權利造成強制性侵害，而由受處分人自願配合所實施之處分行爲。因其本質上未損害人民的基本權利，故原則上其行爲無須有法律之特別規範即得爲之。

　　另外，在刑事訴訟程序中，法院有時必須作出緊急之必要處分，例如刑事訴訟法第14條所規定之無管轄權法院之必要處分、第22條有關被聲請迴避法官之急速處分，此類處分雖亦屬於急迫之狀況下所爲，惟並非此所謂之強制處分行爲，應予辨明。

　　強制處分之性質，較爲早期之見解有認爲應係屬於訴訟行爲之一種，故除法律有特別規定之外，並不受法院之事後單獨審查，而係與本案之裁判一併接受審查，亦即排除對於強制處分單獨救濟之法律程序。惟目前較新之見解則多認爲強制處分非但係訴訟行爲之一種，同時亦係對於人民基本權利之干預，故其同時具有程序法上與實體法上之性質，例如羈押之強制處分剝奪人民之人身自由，自難謂其僅係一種訴訟行爲而對於人民之基本權利無影響，故應給予單獨救濟之機會，而非與本案之終局裁判一併審查加以救濟[1]。

第二節　強制處分之種類

　　一般而言，強制處分之行爲，依其不同之區分標準，可有下列幾種分類方式：

一、對人與對物之強制處分

　　強制處分依其實施強制之對象加以區分，可分爲對於人之強制處分及對於物之強制處分二種。所謂對於人之強制處分係指強制處分之對象係特定之人而言，通常係被告或犯罪嫌疑人；例如傳喚、拘提、逮捕、羈押、搜索（對於人之身體之搜索）等等均屬之。而所謂對於物之強制處分則係指對於人以外之客體爲對象，所爲之強制處分，通常係對於物而爲，例如命令提出、搜索（對於物之搜索）、扣押等等均屬之。

二、直接與間接之強制處分

　　強制處分依是否直接對於人之基本權利產生干預而加以區分，可分爲直接強制處分及間接強制處分二種。所謂直接強制處分係指強制處分之效

---

[1] 對此國內學者有引用德國學者之見解，認爲強制處分一詞有所不當，應使用「刑事訴訟上之基本權干預」加以取代。見林鈺雄著，刑事訴訟法（上冊），2007年9月，頁286。

果直接干預人之基本權利，例如拘提、羈押等等，對於人之人身自由產生一定之拘束效果。又所謂間接強制處分則係指強制處分之命令並不直接影響人之基本權利，必須待受命令之人不履行命令時，始產生干預基本權利之效果，例如被告或證人經合法傳喚無正當理由未到場時，始得加以拘提是。

三、要式與不要式之強制處分

強制處分依其進行是否有一定之程式而加以區分，可分爲要式之強制處分及不要式之強制處分。要式之強制處分係指強制處分之進行須遵守一定之法律程式，例如拘提原則上須經持合法核發之拘票、羈押須有法院核發之押票等等均屬之。又所謂不要式之強制處分，則係指強制處分之進行不須具備有一定之程式即可爲之，例如現行犯之逮捕，人人均得爲之且無須取得法院之命令，又如經被搜索人同意之搜索，即無須持合法核發之搜索票即得爲之等等均屬之。

第三節　強制處分之基本原則

一、法律保留原則

所謂強制處分之法律保留（Statutory Reservation）原則，亦有稱之爲法定原則或法定主義，係指強制處分之實施，在形式上必須有立法機關所訂定之法律授權作爲依據，並應遵守法律規定之要件及程序，不得以行政命令作爲強制處分執行之依據，亦不得以司法機關之解釋，包括判例、判決或最高法院之決議等創設強制處分之內容，否則即係侵害人民之基本權利。強制處分採取法律保留原則之精神主要是在於，強制處分之手段及結果足以實質地侵害人民之重要基本權利（例如人身自由等），因而須以法律規定之要件及程序加以規範，以防止政府機關權限之濫用。而此所謂之法律，係指依中央法規標準法第4條所規定，經立法院三讀通過，總統公布施行之法而言，亦即一般所稱狹義之法律而言，不包括命令等廣義之法

律在內，而其名稱於同法第2條之規定，得定名爲法、律、條例或通則。

依我國憲法第8條第1項之規定：「人民身體之自由應予保障。除現行犯之逮捕由法律另定外，非經司法或警察機關依法定程序，不得逮捕拘禁。非由法院依法定程序，不得審問處罰。非依法定程序之逮捕、拘禁、審問、處罰，得拒絕之。」該條文中關於限制人民人身自由之逮捕拘禁等強制處分，非依「法定程序」不得爲之之規定，即明文直接強調強制處分之法律保留原則，成爲憲法上有關強制處分法律保留原則之根源。對此我國司法院大法官會議釋字第443號解釋理由書中即謂：「涉及人民其他自由權利之限制者，亦應由法律加以規定，如以法律授權主管機關發布命令爲補充規定時，其授權應符合具體明確之原則。」而基於上述憲法之規定，刑事訴訟法第1條第1項亦開宗明義規定：「犯罪，非依本法或其他法律所定之訴訟程序，不得追訴、處罰。」此即刑事訴訟法有關強制處分法律保留原則之具體表現[2]。

二、法官保留原則

所謂法官保留（Access to the Court）原則，係指限制人民基本權利之強制處分行爲，須由立法者制定之法律規定，且保留由法官審查准許始得行使之原則。其目的在藉由中立之司法機關，制衡偵查犯罪之行政機關之權力，以保障人民之基本權利。法官保留原則依是否須事前經法官同意爲區分標準，又可分爲絕對法官保留原則及相對法官保留原則。絕對法官保留原則，係指強制處分之執行須經法官事前同意始得爲之；而相對法官保留原則，則係指強制處分之執行原則應先經法官同意才可爲之，惟在必要或緊急之狀況下，可由行政機關先行爲之，事後再報請法官同意。

---

[2]　最高法院93年度台上字第664號判例即指出：「刑事訴訟，係以確定國家具體之刑罰權爲目的，爲保全證據並確保刑罰之執行，於訴訟程序之進行，固有許實施強制處分之必要，惟強制處分之搜索、扣押，足以侵害個人之隱私權及財產權，若爲達訴追之目的而漫無限制，許其不擇手段爲之，於人權之保障，自有未周。故基於維持正當法律程序、司法純潔性及抑止違法偵查之原則，實施刑事訴訟程序之公務員不得任意違背法定程序實施搜索、扣押。」即就強制處分之進行程序須依照法定之程序爲之具體闡釋。

三、令狀原則

由於法官審查後作出准許強制處分之決定，必須以正式書面發出，再交由執行機關執行，執行機關須取得此一書面，始得據以執行強制處分，因此有稱之為「令狀原則」（Warrant Rule）或稱為令狀主義者。惟「令狀原則」與「法官保留原則」之概念仍有不同，令狀原則之重要意涵之一，除第三者之審查決定外，並要求書面（即令狀）之記載必須合於明確性原則，並藉由書面的明確記載，防止執行機關於執行過程中發生權力濫用之情形，同時有助於受處分人依書面記載內容判斷有無逾越範圍之權力濫用，並據以尋求事後的救濟。

四、比例原則

所謂比例原則（Principle of Proportionality）係指實施強制處分時，所行使之強制力，其限制人民基本權利之手段，應與所欲達成之目的之間求取相當之平衡，不得逾越必要之程度而言。比例原則係現代民主法治國家重要之法律原則之一，其作用主要在於限制國家之公權力之行使，以保障人民之基本權利[3]。事實上此一原則不僅適用於刑事法、行政法等領域，且亦適用於憲法之層次，例如我國憲法第23條即規定，有關於人民憲法上之基本權利，除為防止妨礙他人自由、避免緊急危難、維持社會秩序，或增進公共利益所必要者外，不得以法律限制之，此一規定即含有比例原則之意義在內。而刑事訴訟法對於強制處分適用比例原則亦有相關之明文規定，例如刑事訴訟法第90條即規定，被告抗拒拘提、逮捕或脫逃者，得用強制力拘提或逮捕之，但不得逾必要之程度。

---

[3] 例如加拿大學者Beatty即認為比例原則係目前法治社會中二項主要之法律原則之一。見 David Beatty, The Ultimate Rule of Law, 2004, p. 162。

第四節　傳喚、詢問通知

一、法院或檢察官之傳喚

　　所謂傳喚（Summon）乃指偵查中之檢察官或審判中之法官，對於被告指定於一定之時日至一定之場所應訊之強制處分行為。傳喚之方式可分為下列三種：

（一）書面傳喚

　　書面傳喚即係以傳票向被告為送達，以告知其應訊之時、地，刑事訴訟法第71條第1項規定：「傳喚被告，應用傳票。」而依同條第2項之規定：「傳票，應記載下列事項：一、被告之姓名、性別、出生年月日、身分證明文件編號及住、居所。二、案由。三、應到之日、時、處所。四、無正當理由不到場者，得命拘提。」又依同條第3項之規定：「被告之姓名不明或因其他情形有必要時，應記載其足資辨別之特徵。被告之出生年月日、身分證明文件編號、住、居所不明者，得免記載。」另依同條第4項之規定：「傳票，於偵查中由檢察官簽名，審判中由審判長或受命法官簽名。」依此規定，傳票之核發，在偵查中係由檢察官為之，在審判中則由法官為之。

（二）面告傳喚

　　傳喚除上開規定之書面傳喚外，另有以口頭傳喚之方式為之。依刑事訴訟法第72條前段之規定：「對於到場之被告，經面告以下次應到之日、時、處所及如不到場得命拘提，並記明筆錄者，與已送達傳票有同一之效力；」故筆錄如僅記明下次應到之日、時、處所，及不另行傳喚，而並無如不到場得命拘提之記載，則不得視為合法之傳喚，此有最高法院63年台上字第2071號判例意旨可供參照。

（三）書面陳明

　　另依刑事訴訟法第72條後段之規定：「被告經以書狀陳明屆期到場

者，亦同。」依此規定，如被告經以書狀陳明屆期到場者，亦發生與送達傳票同一之傳喚效力，因此時被告已明示其屆期到場之意思，自無須另行傳喚，以節省訴訟之資源。

另依刑事訴訟法第73條之規定：「傳喚在監獄或看守所之被告，應通知該監所長官。」傳喚在監獄或看守所之被告，應通知該監所長官。蓋對於監所之人之傳喚，因其人身自由受到拘束，故應通知監所長官使其知悉有傳喚之事實，並得以配合提解被告到庭之作業。

又刑事訴訟法第74條規定：「被告因傳喚到場者，除確有不得已之事故外，應按時訊問之。」此為傳喚對於檢察官或法官於法律上所產生之效果。

又檢察事務官係輔助檢察官從事犯罪偵查之實施，其地位等同於司法警察官，故而檢察事務官並無傳喚之權限，其欲要求被告或犯罪嫌疑人到場詢問，應依照下述之司法警察人員之規定，以發出詢問通知書之方式為之。

二、司法警察（官）之詢問通知

除檢察官及法官外，司法警察人員亦有偵查犯罪之職權，故應賦予要求犯罪嫌疑人到場進行調查之權限，因而刑事訴訟法第71條之1第1項前段乃規定：「司法警察官或司法警察，因調查犯罪嫌疑人犯罪情形及蒐集證據之必要，得使用通知書，通知犯罪嫌疑人到場詢問。」依此規定，司法警察人員因調查犯罪之必要，亦得對於犯罪之嫌疑人發出通知，通知其到場接受詢問。

又刑事訴訟法第71條之1第2項規定：「前項通知書，由司法警察機關主管長官簽名，其應記載事項，準用前條第二項第一款至第三款之規定。」亦即上開通知書應記載犯罪嫌疑人之姓名、性別、出生年月日、身分證明文件編號及住、居所、案由及應到之日、時、處所等事項。

第五節　拘提

一、種類

拘提係以強制力強制特定之人到場之直接強制處分行為，可分為下列三種情形：

（一）一般拘提

刑事訴訟法第75條規定：「被告經合法傳喚，無正當理由不到場者，得拘提之。」此稱之為一般拘提，易言之，通常拘提必須被告經合法之傳喚程序，且被告並無正當理由而不到庭，始得核發拘票拘提之。故如傳喚不合法，例如傳票送達時指定之日期已經過，或有正當理由，例如被告身罹重病無法出庭等，均不符合所謂合法傳喚無正當理由不到場之要件，此時即不得核發拘票加以拘提。

又依刑事訴訟法第71條之1第1項後段亦規定：「經合法通知，無正當理由不到場者，得報請檢察官核發拘票。」故而犯罪嫌疑人如經司法警察人員合法通知，無正當理由不到場者，則亦得報請檢察官核發拘票後加以拘提，此乃在於強化司法警察人員所核發之詢問通知書對於犯罪嫌疑人之強制力，以利其進行犯罪之調查。

（二）逕行拘提

刑事訴訟法第76條規定：「被告犯罪嫌疑重大，而有下列情形之一者，必要時，得不經傳喚逕行拘提：一、無一定之住、居所者。二、逃亡或有事實足認為有逃亡之虞者。三、有事實足認為有湮滅、偽造、變造證據或勾串共犯或證人之虞者。四、所犯為死刑、無期徒刑或最輕本刑為五年以上有期徒刑之罪者。」此不經傳喚即得逕行加以拘提之方式，一般稱之為「逕行拘提」。逕行拘提乃因被告犯罪之嫌疑既屬重大，且有上開四項之情形時，如先行以傳票傳喚，則被告知悉後可能進行逃亡或其他湮滅證據或勾串證人之行為，使後續之偵查及審判難以順利進行，對於追訴犯罪有不利之影響，故刑事訴訟法乃特別規定有此等情形時得不須先行傳喚

之程序，而直接拘提被告到場加以訊問，惟應注意者，逕行拘提仍應持合法核發之拘票始得為之，僅係無須先行傳喚而已。

（三）緊急拘提

　　刑事訴訟法第88條之1第1項規定：「檢察官、司法警察官或司法警察偵查犯罪，有下列情形之一而情況急迫者，得逕行拘提之：一、因現行犯之供述，且有事實足認為共犯嫌疑重大者。二、在執行或在押中之脫逃者。三、有事實足認為犯罪嫌疑重大，經被盤查而逃逸者。但所犯顯係最重本刑為一年以下有期徒刑、拘役或專科罰金之罪者，不在此限。四、所犯為死刑、無期徒刑或最輕本刑為五年以上有期徒刑之罪，嫌疑重大，有事實足認為有逃亡之虞者。」此即所謂之緊急拘提（雖條文謂逕行拘提，惟為與上開刑事訴訟法第76條之逕行拘提有所區別，故此稱之為「緊急拘提」）。蓋上開之情形因具有相當之急迫性，如再依循核發拘票之程序，恐致對於犯罪之追訴有所影響，故而規定得以逕行拘提，上開之拘提依刑事訴訟法第88條之1第2項規定：「前項拘提，由檢察官親自執行時，得不用拘票；由司法警察官或司法警察執行時，以其急迫情況不及報告檢察官者為限，於執行後，應即報請檢察官簽發拘票。如檢察官不簽發拘票時，應即將被拘提人釋放。如係由檢察官親自執行時，得不用拘票；由司法警察官或司法警察執行時，以其急迫情況不及報告檢察官者為限，於執行後，應即報請檢察官簽發拘票，如檢察官不簽發拘票時，應即將被拘提人釋放。」又依同條第3項之規定，檢察官、司法警察官或司法警察，依同條第1項之規定程序拘提之犯罪嫌疑人，應即告知本人及其家屬，得選任辯護人到場，用以保障犯罪嫌疑人刑事訴訟程序上之權益[4]。

　　各種拘提之比較：

　　一般拘提——傳喚（或通知）先行，使用拘票。

---

[4]　於刑事訴訟法之特別法中尚有其他關於拘提之規定，應加以注意，例如家庭暴力防治法第29條第2項即規定，檢察官、司法警察官或司法警察偵查犯罪認被告或犯罪嫌疑人犯家庭暴力罪或違反保護令罪嫌疑重大，且有繼續侵害家庭成員生命、身體或自由之危險，而情況急迫者，得逕行拘提之。同條第3項則規定，前項拘提，由檢察官親自執行時，得不用拘票；由司法警察官或司法警察執行時，以其急迫情形不及報請檢察官者為限，於執行後，應即報請檢察官簽發拘票。如檢察官不簽發拘票時，應即將被拘提人釋放。此項關於拘提之特別規定，其類似於刑事訴訟法第88條之1之緊急拘提。

逕行拘提──不經傳喚，使用拘票。

緊急拘提──（適用於檢察官、司法警察官或司法警察）不經傳喚，檢察官親自執行時，得不用拘票；由司法警察官或司法警察執行時，以其急迫情況不及報告檢察官者為限，於執行後，應即報請檢察官簽發拘票。如檢察官不簽發拘票時，應即將被拘提人釋放。

二、程式

刑事訴訟法第77條第1項規定：「拘提被告，應用拘票。」此即採取所謂令狀主義，故對於未出示拘票之拘提，屬於非法之拘提，受拘提之人得抗拒之。又同條第2項規定：「拘票，應記載左列事項：一、被告之姓名、性別、年齡、籍貫及住、居所，但年齡、籍貫、住、居所不明者，得免記載。二、案由。三、拘提之理由。四、應解送之處所。」又同條第3項則規定：「第七十一條第三項及第四項之規定，於拘票準用之。」因此準用規定之結果，拘票如被告之姓名不明或因其他情形有必要時，應記載其足資辨別之特徵，被告之年齡、籍貫、住所或居所不明者，得免記載；又拘票於偵查中由檢察官簽名，審判中由審判長或受命法官簽名。

三、執行機關及程序

刑事訴訟法第78條第1項規定：「拘提，由司法警察或司法警察官執行，並得限制其執行之期間。」第2項則規定：「拘票得作數通，分交數人各別執行。」故檢察官或法官核發拘票後，原則上係交予司法警察人員執行，拘票上得載明執行拘提之期間，執行之人員於此執行之期間內得進行多次之拘提，且拘票可以作成多份，分別交予不同之司法警察人員執行。

又刑事訴訟法第79條規定：「拘票應備二聯，執行拘提時，應以一聯交被告或其家屬。」故執行拘提時應以一聯交被告或其家屬收受，此為執行之拘提之法定程序，如執行拘提未交付拘票予被告或其家屬，則屬於拘提之程序違法，受拘提之人得抗拒拘提之執行。

另刑事訴訟法第80條規定：「執行拘提後，應於拘票記載執行之處所及年、月、日、時；如不能執行者，記載其事由，由執行人簽名，提出於

命拘提之公務員。」因此執行拘提之司法警察人員，於進行拘提後，應於拘票上記載執行之時、地，如未能順利執行則應記載事由，並於拘提執行後，簽名將拘票提交予命拘提之檢察官或法官收受，以瞭解並掌握拘提之執行過程及結果。

又刑事訴訟法第81條規定：「司法警察或司法警察官於必要時，得於管轄區域外執行拘提，或請求該地之司法警察官執行。」因此司法警察或司法警察官執行拘提原則上在其管轄之區域內為之，然而有必要時亦得於管轄區域外為之，或請求管轄區域外之司法警察官在其管轄區域內為之，何謂有必要則視個案之情形判斷。

又刑事訴訟法第82條規定：「審判長或檢察官得開具拘票應記載之事項，囑託被告所在地之檢察官拘提被告；如被告不在該地者，受託檢察官得轉囑託其所在地之檢察官。」此即所謂之囑託拘提，囑託拘提時不論命拘提者為法院或檢察官，受囑託者皆為被告所在地之檢察官，法院並非受囑託拘提之對象。

另外對於現役軍人之拘提，刑事訴訟法第83條設有特別之規定，依該條之規定：「被告為現役軍人者，其拘提應以拘票知照該管長官協助執行。」因此對於軍人之拘提，應以拘票知照該管長官協助執行，此一方面係表示對於軍事長官之指揮命令權之尊重，另一方面則因軍人身分特殊，其所在地通常非一般人得以隨意進出，故須其長官配合拘提始得以順利進行。

第六節　逮捕

逮捕（Arrest）乃對於現行犯、通緝之被告或經傳喚、自行到庭而認為有羈押必要之被告，以強制力拘束其等之身體自由，並解送至一定處所者而言。逮捕不須有一定之程式，故係屬於無須令狀之不要式行為，與一般之拘提須有拘票不同。逮捕之情形一般而言可分為二種情形，即通緝犯之逮捕及現行犯之逮捕，以下分別論述之。

一、通緝

（一）通緝之要件

　　刑事訴訟法第84條規定：「被告逃亡或藏匿者，得通緝之。」因此通緝係對於逃亡或藏匿之被告始得為之，而所謂之逃亡或藏匿，與有逃亡或藏匿之虞者尚有不同，故必被告已經有逃亡或藏匿之事實始足當之。而關於逃亡或藏匿之認定，依目前實務上之做法，在通緝被告之前通常均先經拘提之程序，如拘提未獲，始認被告已經有逃亡或藏匿之事實而加以通緝[5]。

　　實務上常見之情形有被告之戶籍經強制遷移至戶政事務所，且查無其他住居所或聯絡地址，此時可否逕認為被告居無定所，所在不明業已逃匿，而加以通緝，恐生爭議，目前實務上之做法通常多不再經拘提之程序即逕予以通緝。

（二）通緝之程式

　　刑事訴訟法第85條第1項規定：「通緝被告，應用通緝書。」第2項則規定：「通緝書，應記載下列事項：一、被告之姓名、性別、出生年月日、身分證明文件編號、住、居所，及其他足資辨別之特徵。但出生年月日、住、居所不明者，得免記載。二、被訴之事實。三、通緝之理由。四、犯罪之日、時、處所。但日、時、處所不明者，得免記載。五、應解送之處所。」又第3項則規定：「通緝書，於偵查中由檢察總長或檢察長簽名，審判中由法院院長簽名。」依此規定發布通緝係要式之行為，應以通緝書為之，並應由檢察機關或審判機關之首長名義為之，此與傳票或拘票由檢察官或法官核發即可有所不同，由此亦可知通緝之發布其效力在層次上與拘提有所差異。

（三）通緝之方法及效力

　　又刑事訴訟法第86條規定：「通緝，應以通緝書通知附近或各處檢察

5　通緝並不以犯罪嫌疑重大為要件，故對於犯罪嫌疑顯然不足或輕微之被告，是否應逕行通緝恐有疑義，將來刑事訴訟法修正時，似可考慮加入犯罪嫌疑重大之要件。

官、司法警察機關；遇有必要時，並得登載報紙或以其他方法公告之。」
此規定之目的在於公告周知，使一般人及偵查犯罪之檢察機關及司法警察
機關均知有通緝之事實，所得對於被告採取必要之拘捕措施。

又刑事訴訟法第87條第1項規定：「通緝經通知或公告後，檢察官、
司法警察官得拘提被告或逕行逮捕之。」又第2項規定：「利害關係人，
得逕行逮捕通緝之被告，送交檢察官、司法警察官，或請求檢察官、司法
警察官逮捕之。」此即為發布通緝後對於被告發生之法律效力。應注意
者，此處得拘捕通緝被告之人限於檢察官及司法警察官，故司法警察不得
單獨對於通緝中之被告加以拘捕，應先報請司法警察官後，在司法警察官
之指揮下始得進行逮捕。又此處之拘提與上開所述三種拘提之型態（即一
般拘提、逕行拘提及緊急拘提）有別，應係屬於特別之拘提規定，此拘提
是否須用拘票始得為之，條文中並未加以規定，惟通緝中之被告既可加以
逮捕無須取得逮捕之令狀，則其拘提亦應無須拘票，否則一般即以逮捕為
之即可，無須以拘提之方式進行，則此時拘提之規定即形成具文。

（四）通緝之撤銷

又刑事訴訟法第87條第3項規定：「通緝於其原因消滅或已顯無必要
時，應即撤銷。」此為關於撤銷通緝之規定。所謂原因消滅即已無通緝之
原因存在，例如被告已自行到案；又顯無必要則係指依案件之進行情形已
無須被告到案配合，例如檢察官撤回起訴等情形。又同條第4項則規定：
「撤銷通緝之通知或公告，準用前條之規定。」故撤銷通緝，應將撤銷通
緝之事實通知附近或各處檢察官、司法警察機關，有必要時，並得登載報
紙或以其他方法公告之，藉以保障被通緝之被告之權益。

二、現行犯

刑事訴訟法第88條第1項規定：「現行犯，不問何人得逕行逮捕
之。」蓋現行犯其在犯罪之中或犯罪始完成之際，此時其犯罪嫌疑明確，
且若須依一定之程序報請犯罪追訴之機關後，始得加以逮捕，則可能錯失

蒐證或逮捕之良機，故爲順利達成追訴犯罪之目的，特別設立上開之規定[6]。

又何謂現行犯，自然須加以明文規定以資明確，故刑事訴訟法第88條第2項即規定：「犯罪在實施中或實施後即時發覺者，爲現行犯。」又同條第3項則規定：「有左列情形之一者，以現行犯論：一、被追呼爲犯罪人者。二、因持有兇器、贓物或其他物件、或於身體、衣服等處露有犯罪痕跡，顯可疑爲犯罪人者。」此項稱之爲「準現行犯」，其法律上之地位與現行犯相同，所謂持有，應包括任何處於實力支配下之狀態均屬之；而所謂身體、衣服露有犯罪之痕跡者，例如身體或衣服沾有血跡等情形均屬之。

第七節　拘捕之處理

一、拘捕之注意

刑事訴訟法第89條第1項規定：「執行拘提或逮捕，應當場告知被告或犯罪嫌疑人拘提或逮捕之原因及第九十五條第一項所列事項，並注意其身體及名譽。」此乃因被拘提或逮捕之被告，其犯罪行爲通常均尚未經判決有罪確定，故在無罪推定之原則下，自應注意執行拘提或逮捕之行爲，不應出現妨害被告之身體或名譽之情事，以保障被告之基本人權。又同條第2項則規定：「前項情形，應以書面將拘提或逮捕之原因通知被告或犯罪嫌疑人及其指定之親友。」此乃拘提或逮捕之程序中須踐行之事項。

又刑事訴訟法第89條之1第1項規定：「執行拘提、逮捕或解送，得使用戒具。但不得逾必要之程度。」執行拘提、逮捕之對象多係有逃亡可能之被告或犯罪嫌疑人，故在拘提、逮捕及解送之過程中爲免其脫逃，自有使用戒具之必要，故法律明文規定得以使用戒具以爲依據，然而，同條第2項又規定：「前項情形，應注意被告或犯罪嫌疑人之身體及名譽，避免

---

[6] 另於刑事訴訟之特別法中尚有其他有關於現行犯逮捕之規定，應加以注意，例如家庭暴力防治法第29條第1項即規定，警察人員發現家庭暴力罪之現行犯時，應逕行逮捕之，並依刑事訴訟法第92條規定處理。

公然暴露其戒具；認已無繼續使用之必要時，應即解除。」蓋使用戒具難免對於被告或犯罪嫌疑人之名譽及身體造成傷害，故而特別規定應注意比例原則之適用，不得逾必要之程度。又同條第3項則規定：「前二項使用戒具之範圍、方式、程序及其他應遵行事項之實施辦法，由行政院會同司法院定之。」此乃授權行政機關以命令之方式就使用戒具之遵行事項加以規定，以作為遵循之依據。

二、拘捕之強制

　　刑事訴訟法第90條規定：「被告抗拒拘提、逮捕或脫逃者，得用強制力拘提或逮捕之。但不得逾必要之程度。」蓋為實施拘提或逮捕之時，難免遇有被告抗拒或脫逃之情形，為順利達成拘提或逮捕之目的，有時不可避免須使用強制力，惟在比例原則之下，使用強制力不得逾越必要之程度，否則可能造成被告不必要之身體上之傷害，而致妨害其基本人權。

三、拘捕被告之解送

　　刑事訴訟法第91條規定：「拘提或因通緝逮捕之被告，應即解送指定之處所；如二十四小時內不能達到指定之處所者，應分別其命拘提或通緝者為法院或檢察官，先行解送較近之法院或檢察機關，訊問其人有無錯誤。」故而拘提或逮捕被告之後，應依拘提或逮捕之命令，解送指定之處所，進行必要之訊問程序，以確定拘提或逮捕之對象無誤，並對於被告之人身自由問題，例如是否加以羈押等儘速作出決定，避免不必要之拖延，而影響被告之基本權利。惟考量如拘提或逮捕被告之處所離指定之處所路途遙遠，而有無法於二十四小時解送之實際困難，則得先行解送較近之法院或檢察機關，以先為必要之訊問，確認拘提或逮捕之被告其身分有無錯誤，用以保障基本人權。

　　又刑事訴訟法第92條第1項規定：「無偵查犯罪權限之人逮捕現行犯者，應即送交檢察官、司法警察官或司法警察。」此乃因無偵查犯罪權限之人逮捕現行犯係一時之權宜措施，故逮捕後應儘速送交有偵查犯罪職權之檢察官、司法警察官或司法警察進行相關之程序，不宜由無偵查犯罪權限之人限制被告之人身自由。又同條第2項規定：「司法警察官、司法

警察逮捕或接受現行犯者，應即解送檢察官。但所犯最重本刑為一年以下有期徒刑、拘役或專科罰金之罪、告訴或請求乃論之罪，其告訴或請求已經撤回或已逾告訴期間者，得經檢察官之許可，不予解送。」因檢察官係偵查犯罪之主體，故如係司法警察官或司法警察接受逮捕之現行犯，則在進行必要之調查後，應儘速將現行犯解送檢察官，由檢察官決定是否有必要對於被告施以強制處分之程序或聲請法院羈押等。又同條第3項規定：「對於第一項逮捕現行犯之人，應詢其姓名、住所或居所及逮捕之事由。」以資保留作為將來訴訟程序中必要之資料。

四、拘捕後之處置

（一）即時訊問

　　刑事訴訟法第93條第1項規定：「被告或犯罪嫌疑人因拘提或逮捕到場者，應即時訊問。」此規定在於對於被告或犯罪嫌疑人即時加以訊問，以確定人別無誤，避免拘提對象錯誤，並儘速進行相關程序，以保障被告或犯罪嫌疑人之權利。而所謂「即時訊問」係指不得有不必要之遲延，例如辯護人閱卷、被告及其辯護人請求法官給予適當時間為答辯之準備、法官閱卷後始進行訊問、為避免疲勞訊問而令已長時間受訊問之被告先適當休息後再予訊問等情形，均非屬不必要之遲延，不違反即時訊問之規定。又實務見解認為此規定應即時訊問，係基於人權保障程序應實質正當之要求，故偵查機關依法拘提、逮捕被告或犯罪嫌疑人後之暫時留置，以防止其逃亡、湮滅罪證、勾串共犯或證人及確認其犯罪嫌疑是否重大等保全事項而為處置為其主要目的，因而檢察官對於依法拘提、逮捕到場之被告或犯罪嫌疑人為即時訊問之內容，亦以釐清有無必要聲請法院羈押或應逕命具保、責付或限制住居等相關事項為限，此有最高法院101年度台上字第2165號判決意旨可供參照。

（二）聲請羈押或釋放

　　又刑事訴訟法第93條第2項前段規定：「偵查中經檢察官訊問後，認有羈押之必要者，應自拘提或逮捕之時起二十四小時內，以聲請書敘明犯

罪事實並所犯法條及證據與羈押之理由,備具繕本並檢附卷宗及證物,聲請該管法院羈押之。」依此規定,檢察官對於經拘提或逮捕之被告如認為須加以羈押,而欲聲請法院裁定羈押時,則應於拘提、逮捕時起二十四小時之內為之,否則其聲請即為不合法,此係保障被告人身自由基本權利之重要規定,蓋如法院裁定羈押前,檢察官或司法警察人員對於被告限制人身自由之時間未加規定,則造成檢警限制被告人身自由時間過長,可能衍生不法取供之情形,並對於被告之基本權利有所影響,故特別規定檢警合計得限制被告人身自由之時間不得超過二十四小時。且檢察官聲請羈押應以聲請書敘明犯罪事實並所犯法條及證據與羈押之理由,備具繕本並檢附卷宗及證物為之,以便法院得以審查是否符合羈押之要件,而得以作出正確之判斷。惟同項但書亦規定:「但有事實足認有湮滅、偽造、變造證據或勾串共犯或證人等危害偵查目的或危害他人生命、身體之虞之卷證,應另行分卷敘明理由,請求法院以適當之方式限制或禁止被告及其辯護人獲知。」此乃因案件尚在偵查中,部分卷證之內容如公開,可能有湮滅、偽造、變造證據或勾串共犯或證人等危害偵查目的或危害他人生命、身體之虞,此時自得就相關部分之卷證加以另行分卷處理,並請求法院以適當之方式限制或禁止被告及其辯護人獲知其內容。

又刑事訴訟法第93條第3項規定:「前項情形,未經聲請者,檢察官應即將被告釋放。但如認有第一百零一條第一項或第一百零一條之一第一項各款所定情形之一而無聲請羈押之必要者,得逕命具保、責付或限制住居;如不能具保、責付或限制住居,而有必要情形者,仍得聲請法院羈押之。」依此規定,如被告所涉之犯罪情形符合刑事訴訟法第101條第1項或第101條之1第1項之羈押之事由,惟認為尚無羈押之必要時,得對於被告作出其他程度較輕之強制處分以代替羈押,所謂程度較輕之強制處分包括具保、責付或限制住居等等;惟如被告無法具保、責付或限制住居時,而認為有羈押之必要,仍得聲請法院羈押。

又上開刑事訴訟法第93條第1項至第3項之規定,於檢察官接受法院依少年事件處理法或軍事審判機關依軍事審判法移送之被告時,準用之,此為同條第4項所明定,蓋法院依少年事件處理法或軍事審判機關依軍事審判法移送之被告,可能亦有符合羈押之事由,且有羈押之必要,故特設此一規定以資依循。

又依刑事訴訟法第93條第5項之規定:「法院於受理前三項羈押之聲

請，付予被告及其辯護人聲請書之繕本後，應即時訊問。但至深夜仍未訊問完畢，被告、辯護人及得為被告輔佐人之人得請求法院於翌日日間訊問，法院非有正當理由，不得拒絕。深夜始受理聲請者，應於翌日日間訊問。」故而法院於受理上開羈押之聲請後，應在付予被告及其辯護人聲請書之繕本後，即時加以訊問，但如案件較為複雜，而至深夜仍未訊問完畢，被告、辯護人及得為被告輔佐人之人得請求法院於翌日日間訊問，法院非有正當理由，不得拒絕。此乃即時訊問之規定，所謂即時訊問依目前實務上之見解認為，係指應於合理時間內儘速訊問，諸如詳閱卷證後始予訊問，又如外語通譯不能於深夜到庭，可於翌日上班後通譯到庭時詢問，仍不失為即時訊問，惟無論如何，法院宜於受理後二十四小時內儘速裁定，此有臺灣高等法院87年度第3次刑事庭庭長會議決議可供參考。惟如已即時進行訊問，惟至深夜仍未訊問完畢，此時為保障被告之權利，被告、辯護人及得為被告輔佐人之人得請求法院於翌日日間訊問，法院非有正當理由，不得拒絕。且如係屬深夜始受理聲請者，則法院應於翌日日間訊問，此時縱使被告同意訊問，法院亦不得加以訊問。

又為明確界定何謂深夜以杜絕爭議，故刑事訴訟法於民國98年修正時特別增訂第93條第6項，規定：「前項但書所稱深夜，指午後十一時至翌日午前八時。」而於該項之條文中明文規定，所謂深夜係指午後11時至翌日午前8時[7]，此與所謂夜間之定義有所不同。

（三）訊問不予計時

刑事訴訟法第93條之1第1項規定：「第九十一條及前條第二項所定之二十四小時，有下列情形之一者，其經過之時間不予計入。但不得有不必要之遲延：一、因交通障礙或其他不可抗力事由所生不得已之遲滯。二、在途解送時間。三、依第一百條之三第一項規定不得為詢問者。四、因被告或犯罪嫌疑人身體健康突發之事由，事實上不能訊問者。五、被告或犯

---

[7] 為此司法院於民國98年11月27日公布法院辦理檢察官聲請羈押被告深夜不訊問注意要點，並於民國106年4月28日配合修法修正其第2點明定：「法院受理聲請羈押案件，逾晚上十一時尚未訊問完畢，經被告、辯護人或得為被告輔佐人之人請求法院翌日日間訊問者，法院非有正當理由，不得拒絕，並應斟酌實際情形，諭知翌日日間八時後繼續訊問。晚上十一時後始受理聲請羈押之案件，宜告知被告、辯護人或得為被告輔佐人之人，法院將於翌日日間八時後訊問。」

罪嫌疑人因表示選任辯護人之意思，而等候辯護人到場致未予訊問者。但等候時間不得逾四小時。其等候第三十一條第五項律師到場致未予訊問或因精神障礙或其他心智缺陷無法為完全之陳述，因等候第三十五條第三項經通知陪同在場之人到場致未予訊問者，亦同。六、被告或犯罪嫌疑人須由通譯傳譯，因等候其通譯到場致未予訊問者。但等候時間不得逾六小時。七、經檢察官命具保或責付之被告，在候保或候責付中者。但候保或候責付時間不得逾四小時。八、犯罪嫌疑人經法院提審之期間。」此稱之為法定障礙時間，蓋上開時間如予以計入二十四小時內，則對於實務上檢察機關及司法警察機關執行訊問之職務時間恐有不足，有導致經常違反之情形，或致使檢察機關及司法警察機關對於被告之訊問無法詳盡，故而特別規定此一不計入二十四小時之時間之規定。

又刑事訴訟法第93條之1第2項規定：「前項各款情形之經過時間內不得訊問。」因而在上開法定障礙期間內，檢察官或司法警察人員均不得對於被告加以訊問，否則即屬變相增加二十四小時之時間限制，故如檢察官或司法警察人員在此時間內訊問被告，則其即屬於違背法定程序之訊問。

另刑事訴訟法第93條之1第3項則規定：「因第一項之法定障礙事由致二十四小時內無法移送該管法院者，檢察官聲請羈押時，並應釋明其事由。」因而如檢察官於訊問被告後認為有羈押被告之必要而聲請法院裁定羈押被告時，如有因上述之法定障礙事由，致無法在二十四小時內移送該管法院之情形，則檢察官於聲請羈押之時，應釋明其事由，此規定之目的，在於使法院有資料得以審酌超過二十四小時始解送之程序是否合法。

第八節　限制出境、出海

刑事訴訟法於民國108年5月24日修正增訂第八章之一「限制出境、出海」專章（即第93條之2至第93條之6）之規定，並於民國108年6月19日經總統公布，刑事訴訟法施行法亦於同日公布增訂第7條之11，其第1項明定限制出境新制自修正公布後六個月即民國108年12月19日施行，此後限制被告出境、出海之強制處分即有明確之法律依據可循，而非如以往僅係羈押之代替處分限制住居概念下之一環，以下即就刑事訴訟法有關限制出

境、出海之規定加以論述。

一、限制出境、出海之要件

　　刑事訴訟法第93條之2第1項規定：「被告犯罪嫌疑重大，而有下列各款情形之一者，必要時檢察官或法官得逕行限制出境、出海。但所犯係最重本刑爲拘役或專科罰金之案件，不得逕行限制之：一、無一定之住、居所者。二、有相當理由足認有逃亡之虞者。三、有相當理由足認有湮滅、僞造、變造證據或勾串共犯或證人之虞者。」依此規定，對於被告爲限制出境、出海之強制處分須符合下列要件：（一）被告犯罪嫌疑重大；（二）被告須有法定限制出境、出海之事由之一（即被告無一定之住、居所，或有相當理由足認被告有逃亡之虞，或有相當理由足認被告有湮滅、僞造、變造證據或勾串共犯或證人之虞）；（三）須有對被告限制出境、出海之必要；（四）所犯非屬「最重本刑爲拘役或專科罰金之案件」。前三項屬於積極要件，後一項則屬於積極要件。

　　限制出境、出海係屬於強制處分之一種，其目的在於保全刑事偵查、審判、執行之順利進行，非爲確定被告於其刑事案件是否有罪及科處刑罰之問題。故有關限制出境、出海之要件是否具備包括有無限制之必要性，均無須採嚴格證明法則，將所有犯罪事實證明至「無合理懷疑之確信程度」，僅須依自由證明法則，對上開所述之要件事實證明「很有可能如此」之程度即可。

　　又關於限制出境、出海之審查標準，實務見解認爲，應綜合考量所採干預措施內容等具體手段、強度及其所生影響等，基於「個案審查基礎」加以審查；如「刑事訴訟上之限制出境，其目的在避免被告出境滯留他國，以保全偵查、審判程序之進行及刑罰之執行。依其限制被告應住居於我國領土範圍內之對被告人身自由限制內容觀之，係執行限制住居具體方法之一，與具保、責付及其他方式之限制住居，同屬羈押替代方式之強制處分。其雖因干預之目的與羈押同爲保全刑事訴訟程序之進行與實現，致其准否亦應與羈押同其法定理由，然其對人身自由干預之手段、強度顯較羈押輕微，從而准駁之審查標準，自應相應放寬。又就被告有無限制出境之必要，除被告犯罪嫌疑重大外，並應基於訴訟進行程度、犯罪性質、犯罪實際情狀及其他一切情事，審愼斟酌有無上開保全目的，加以裁量，

俾能兼顧國家刑事審判程序、刑罰權之執行及人權保障。」此有最高法院
106年度台抗字第744號裁定意旨可供參照。

　　又實務見解對於所謂有限制出境、出海之必要，則認為係應依照刑事
訴訟程序進行之程度，以及人權保障及公共利益之均衡維護及其他一切相
關情形而為認定，若限制出境、出海其目的與手段間之衡量並無明顯違反
比例原則之情形，即無所謂違法或不當可言，此有最高法院109年度台抗
字第541號裁定意旨可供參照。

二、限制出境、出海之程式

　　案件於偵查階段檢察官初次限制被告出境、出海得依職權逕行為之，
如其後延長限制之期間，則須聲請法院由法官裁定之，審判階段中則由法
官依其職權為之。審判中檢察官是否得聲請法院限制被告出境、出海，刑
事訴訟法未明文規定，如依照目前實務有關羈押之見解，則應認為檢察官
於審判中無聲請羈押之權限，如有聲請應視為促請法院注意之性質。

　　刑事訴訟法第93條之2第2項規定：「限制出境、出海，應以書面記載
下列事項：一、被告之姓名、性別、出生年月日、住所或居所、身分證
明文件編號或其他足資辨別之特徵。二、案由及觸犯之法條。三、限制出
境、出海之理由及期間。四、執行機關。五、不服限制出境、出海處分之
救濟方法。」故對於被告限制出境、出海須以書面為之，即須使用限制
書，不得僅以口頭加以諭知，而其書面之內容並須記載如上所述之事項。

三、限制書之通知

　　又刑事訴訟法第93條之2第3項規定：「除被告住、居所不明而不能通
知者外，前項書面至遲應於為限制出境、出海後六個月內通知。但於通
知前已訊問被告者，應當庭告知，並付與前項之書面。」亦即為出境、出
海之限制處分後，應於六個月之內通知被告，使其得知受限制處分之事
實。惟如於通知前已訊問被告者，應當庭告知，並付與限制出境、出海之
書面，蓋被告既已到場接受訊問，則自應即時告知其限制出境、出海之處
分。又同條第4項則規定：「前項前段情形，被告於收受書面通知前獲知
經限制出境、出海者，亦得請求交付第二項之書面。」

四、限制出境、出海之期間

刑事訴訟法第93條之3第1項規定：「偵查中檢察官限制被告出境、出海，不得逾八月。但有繼續限制之必要者，應附具體理由，至遲於期間屆滿之二十日前，以書面記載前條第二項第一款至第四款所定之事項，聲請該管法院裁定之，並同時以聲請書繕本通知被告及其辯護人。」因此偵查中之案件，檢察官依職權得限制被告出境、出海，惟原則上以八個月為限，如其後延長限制之期間，則須聲請法院之法官裁定之。故而刑事訴訟法雖在案件偵查之階段，賦予檢察官依職權為限制被告出境、出海之強制處分之權限，惟如有延長處分期限之必要時，則採法官保留原則，必須由法官以裁定為之，以落實對被告權益之保障。

又刑事訴訟法第93條之3第2項規定：「偵查中檢察官聲請延長限制出境、出海，第一次不得逾四月，第二次不得逾二月，以延長二次為限。審判中限制出境、出海每次不得逾八月，犯最重本刑為有期徒刑十年以下之罪者，累計不得逾五年；其餘之罪，累計不得逾十年。」此乃關於延長出境、出海之次數之限制，案件於偵查階段，對於被告為限制出境、出海之強制處分，檢察官依職權得為八個月之限制，加計聲請法院裁定延長得限制二次，第一次不得逾四個月，第二次不得逾二個月，故最長可達一年二個月；至於案件於審判階段中限制出境、出海，每次不得逾八個月，並無次數之限制，然而有最長期間之限制，如係犯最重本刑為有期徒刑十年以下之罪者，累計不得逾五年，其餘之罪，累計不得逾十年。

上開限制出境、出海之期間計算，依照刑事訴訟法第93條之2第3項之規定，偵查或審判中限制出境、出海之期間，因被告逃匿而通緝之期間，不予計入。

又刑事訴訟法第93條之2第4項規定：「法院延長限制出境、出海裁定前，應給予被告及其辯護人陳述意見之機會。」此乃由於限制出境、出海對於人身自由之拘束雖非如羈押般強烈，惟仍對於被告遷移自由之基本權利造成一定之影響，自應給予被告及其辯護人於裁定有陳述意見之機會，以保障其訴訟上之權利。

又刑事訴訟法第93條之2第5項則規定：「起訴或判決後案件繫屬法院或上訴審時，原限制出境、出海所餘期間未滿一月者，延長為一月。」

此乃爲解決案件起訴移送法院審判或案件經上訴移送上級審，如原限制出境、出海所餘期間未滿一個月者，爲使法院能有充足之時間審酌案件情節，故特別訂定之規定。又刑事訴訟法第93條之2第6項則規定：「前項起訴後繫屬法院之法定延長期間及偵查中所餘限制出境、出海之期間，算入審判中之期間。」藉以明確計算期間之標準。

五、限制出境、出海之撤銷或變更

有關限制出境、出海之撤銷或變更，有視爲撤銷、聲請撤銷或變更及職權撤銷或變更等三種情形，以下分別論述之。

（一）視爲撤銷

限制出境、出海之撤銷中，關於「視爲撤銷」之規定，刑事訴訟法第93條之4即規定：「被告受不起訴處分、緩起訴處分，或經諭知無罪、免訴、免刑、緩刑、罰金或易以訓誡或第三百零三條第三款、第四款不受理之判決者，視爲撤銷限制出境、出海。但上訴期間內或上訴中，如有必要，得繼續限制出境、出海。」因此偵查中之案件如被告經檢察官爲不起訴處分、緩起訴處分，或審判中之案件被告經法院諭知無罪、免訴、免刑、緩刑、罰金或易以訓誡或第303條第3款、第4款不受理之判決者，則限制出境、出海之處分視爲撤銷。惟如案件尚在上訴期間內（即尚未確定）或經當事人（通常係檢察官）提起上訴，則因原判決有撤銷改判之可能，故特別規定，如有必要，得繼續限制被告出境、出海。

（二）聲請撤銷或變更

刑事訴訟法第93條之5第1項規定：「被告及其辯護人得向檢察官或法院聲請撤銷或變更限制出境、出海。檢察官於偵查中亦得爲撤銷之聲請，並得於聲請時先行通知入出境、出海之主管機關，解除限制出境、出海。」此乃關於聲請撤銷或變更出境、出海限制之規定，原則上被告及其辯護人隨時得向檢察官或法院聲請，而偵查中之案件，檢察官於偵查中亦得爲撤銷之聲請，由於偵查中檢察官已爲撤銷之聲請，即表示無須再予被告限制出境、出海之必要，故規定並得於聲請時先行通知入出境、出海之

主管機關，解除被告之限制出境、出海處分。惟此有問題者為檢察官為初次之限制出境、出海得依職權為之，延長限制出境、出海之期間始須法院聲請，則此處所謂檢察官於偵查中亦得為撤銷之聲請，應係指法官延長限制出境、出海之情形。又依照同條第2項之規定：「偵查中之撤銷限制出境、出海，除依檢察官聲請者外，應徵詢檢察官之意見。」蓋偵查中之案件檢察官對於案件較為瞭解，是否適合撤銷限制出境、出海，法官自應徵詢檢察官之意見後再加以判斷始為適當。

（三）職權撤銷或變更

限制出境、出海之撤銷或變更，除依聲請之情形外，亦有依職權為之情形，依刑事訴訟法第93條之5第3項之規定：「偵查中檢察官所為限制出境、出海，得由檢察官依職權撤銷或變更之。但起訴後案件繫屬法院時，偵查中所餘限制出境、出海之期間，得由法院依職權或聲請為之。」第4項則規定：「偵查及審判中法院所為之限制出境、出海，得由法院依職權撤銷或變更之。」故限制出境、出海之處分或裁定確定後，如檢察官或法官認為已無繼續限制之必要或須變更其限制者，亦得不待聲請而依其職權逕行撤銷或變更之。

六、準用之規定

刑事訴訟法第93條之6規定：「依本章以外規定得命具保、責付或限制住居者，亦得命限制出境、出海，並準用第九十三條之二第二項及第九十三條之三至第九十三條之五之規定。」此所謂「依本章以外規定得命具保、責付或限制住居者」即係指法官或檢察官訊問被告後，在有羈押原因、無羈押必要的情況下，改為其他替代羈押之處分之情形，此情況既係法官或檢察官在訊問後當庭告知並同時給予以書面，即無準用刑事訴訟法第93條之2第3項、第4項「先限制，再於六個月內通知」之可能，故而未規定準用之。因此條準用之規定，故而有學者認為限制出境、出海性質上可分為「獨立之強制處分」（刑事訴訟法第93條之2）及「羈押之替代處分」（刑事訴訟法第93條之6）二種類型。

第九節　被告之訊問

一、人別訊問

　　對於被告為訊問時應先確定被告之真正身分，故依刑事訴訟法第94條之規定：「訊問被告，應先詢其姓名、年齡、籍貫、職業、住、居所，以查驗其人有無錯誤，如係錯誤，應即釋放。」此即一般所謂之「人別訊問」，係訊問被告時首先必須進行之程序，用以避免訊問之對象錯誤，而侵害人民之基本權利。

二、權利事項告知

　　刑事訴訟法第95條第1項規定：「訊問被告應先告知下列事項：一、犯罪嫌疑及所犯所有罪名。罪名經告知後，認為應變更者，應再告知。二、得保持緘默，無須違背自己之意思而為陳述。三、得選任辯護人。如為低收入戶、中低收入戶、原住民或其他依法令得請求法律扶助者，得請求之。四、得請求調查有利之證據。」依此規定，訊問被告除先進行人別訊問以確認被告之身分外，即應依上開規定之順序告知罪名及權利事項，其目的在於使被告瞭解其在刑事訴訟程序中應有之基本權利，包括得自由陳述及保持緘默等權利，並得尋求辯護人之協助，以使其不致於因人身自由暫時受到限制，進而在心理上受到影響，而作出對於自己不利之供述內容。

　　又刑事訴訟法第95條第2項規定：「無辯護人之被告表示已選任辯護人時，應即停止訊問。但被告同意續行訊問者，不在此限。」因此被告如原未選任辯護人，其後已有辯護人之選任，則除非經被告同意繼續訊問，否則自應暫時停止進行訊問，以待選任之辯護人到場，以保障被告之辯護依賴權。

三、訊問之方法

（一）連續陳述

刑事訴訟法第96條規定：「訊問被告，應與以辯明犯罪嫌疑之機會；如有辯明，應命就其始末連續陳述；其陳述有利之事實者，應命其指出證明之方法。」此為關於訊問被告之方式，因被告有為自己辯護之權利，故在對於被告為訊問之時，自應給予被告為自己所涉之犯罪嫌疑加以辯明之機會，且須給予被告就案情之始末作連續之陳述，避免片段之陳述造成斷章取義之情形，且被告對於有利於己之陳述，自得指出證明之方法，提供偵查犯罪之公務人員作為調查證據時之依據。蓋訊問被告，固重在於辨別犯罪事實之有無，惟與犯罪構成要件、加重要件、量刑標準或減免原因有關之事實，均應於訊問時，一併加以注意，倘被告提出有利之事實，更應就其證明方法及調查之途徑，逐層加以追求，不可漠然置之，以確實保障被告之權利。

（二）隔別訊問與對質

刑事訴訟法第97條第1項規定：「被告有數人時，應分別訊問之；其未經訊問者，不得在場。但因發見真實之必要，得命其對質。被告亦得請求對質。」第2項則規定：「對於被告之請求對質，除顯無必要者外，不得拒絕。」依此規定，被告有數人之時，其訊問應加以隔離而分別為之，未經訊問之人不得在場，以避免被告間互相瞭解對方之陳述內容，進而加以附和或勾串犯罪相關之事實。惟因被告間有時亦可能互相推諉藉以卸責，此時為發現事實之真相，得例外命被告之間互相對質，被告亦得請求與其他被告加以對質，以免其他被告作出不利於己且與事實不相符之供述內容。

（三）訊問之態度

刑事訴訟法第98條規定：「訊問被告應出以懇切之態度，不得用強暴、脅迫、利誘、詐欺、疲勞訊問或其他不正之方法。」此項規定之目的，乃在於保障被告之陳述係出於自由意志為之，而非出於訊問之人使用

不正方法之下所爲。蓋被告之陳述爲認定犯罪事實之重要依據之一，故應確定其陳述之內容，係出於其自由意志所爲。至於所謂強暴、脅迫、利誘、詐欺、疲勞訊問僅係例示之規定，此外任何不正當之方法所爲之訊問均在禁止之列。

（四）通譯之使用

刑事訴訟法第99條第1項規定：「被告爲聽覺或語言障礙或語言不通者，應由通譯傳譯之；必要時，並得以文字訊問或命以文字陳述。」第2項則規定：「前項規定，於其他受訊問或詢問人準用之。但法律另有規定者，從其規定。」此規定之目的乃在於保障被告陳述意見之權利，如被告係屬於聾啞人士或語言不通之人，須以適當之人充任通譯，作爲被告陳述意見之溝通管道，避免被告因無法表達意見而遭致不利之結果，此外亦得以文字作爲訊問及陳述之方法。又此由通譯傳譯之規定，於被告以外之其他受訊問或詢問人亦有準用。

四、被告陳述之記錄

（一）筆錄之記載

刑事訴訟法第100條規定：「被告對於犯罪之自白及其他不利之陳述，並其所陳述有利之事實與指出證明之方法，應於筆錄內記載明確。」此規定之目的在於忠實記錄被告陳述之內容，不論對於被告有利或不利，均應加以記載，以便日後正確瞭解被告之陳述內容，並以之作爲對於被告有利證據調查之依據。

（二）錄音、錄影之使用

刑事訴訟法第100條之1第1項規定：「訊問被告，應全程連續錄音；必要時，並應全程連續錄影。但有急迫情況且經記明筆錄者，不在此限。」此乃因對於被告之陳述固以筆錄加以記載，惟筆錄之記載係人爲之製作，難免有因故意或過失而導致記載與事實上陳述之內容不符之情形發生，而現代科技發達，錄音、錄影之設備相當普遍，以錄音及錄影之方式

得以完整保存被告陳述時之狀態及內容，故乃特別規定，對於被告進行訊問時應全程連續錄音，而如有必要，例如重大刑事案件之訊問，亦應全程連續錄影，以避免將來對於訊問之內容產生疑義，但如遇急迫之狀況無法及時錄音或錄影，則應於筆錄中加以載明以杜爭議。

五、司法警察人員之準用

上開有關被告之訊問之相關規定，於司法警察（官）詢問犯罪嫌疑人之時，準用之，此爲刑事訴訟法第100條之2所明文規定。故司法警察（官）對於犯罪嫌疑人之詢問時，亦應注意人別詢問及權利事項之告知等等相關規定。

惟實際運作上有問題者爲如有緊急之狀況，司法警察詢問犯罪嫌疑人得否僅以錄音爲之而不製作筆錄。對此實務上採取肯定之見解，認爲如有急迫之情事非不得以錄音取代筆錄之製作，惟仍須踐行詢問之法定程序，實務見解即謂：「司法警察（官）依法拘提或逮捕被告或犯罪嫌疑人之後，爲獲致其犯罪相關案情，而開始就犯罪情節與其交談時，即屬刑事訴訟法所規定之詢問。而詢問之開始即應當場製作詢問筆錄，並踐行同法第九十四條至第一百條之三之法定程序，始足保障被告或犯罪嫌疑人之權利。但如爲追捕正犯、共犯、營救被害人等急迫情事，或宥於現場有不能製作筆錄之情形時，基於公共利益之維護及保護被害人之生命安全，且衡酌刑事訴訟法第四十三條之一第二項筆錄之特殊製作形態及同法第一百條之一第二項筆錄與錄音不符時以錄音爲準之意旨，經被告或犯罪嫌疑人之同意，得以錄音代替筆錄之製作，以獲得其供述內容而得繼續犯罪之追查或被害人之營救，但仍應遵守詢問被告或犯罪嫌疑人應行遵守之程序。於此情形，程序之遵守與否，即應依錄音內容之有無而判斷，錄音所未記錄者，即屬未踐行，嗣後不得再依該執行詢問錄音職務之司法警察（官）之證詞而補充之。」此有最高法院99年度台上字第6562號判決意旨可供參照。

六、夜間詢問之禁止及允許

刑事訴訟法第100條之3第1項前段規定：「司法警察官或司法警察詢

問犯罪嫌疑人，不得於夜間行之。」而其但書則規定：「但有左列情形之一者，不在此限：一、經受詢問人明示同意者。二、於夜間經拘提或逮捕到場而查驗其人有無錯誤者。三、經檢察官或法官許可者。四、有急迫之情形者。」此為司法警察官或司法警察夜間詢問之禁止規定，此乃因夜間為一般人進行休息之時間，為避免發生因疲勞詢問而導致犯罪嫌疑人陳述時違反自由意志，乃特別加以規定；惟為配合實際情況之需要及尊重犯罪嫌疑人本身之意願起見，故於但書設有例外之規定，如受詢問人明示同意者、或於夜間拘提或逮捕到場而查驗其人有無錯誤者、或經檢察官或法官同意者、或有急迫之情形者，則不在此限，亦即得在夜間詢問。

又刑事訴訟法第100條之3第2項規定：「如犯罪嫌疑人請求立即詢問者，應即時為之。」依此規定，如犯罪嫌疑人請求立即詢問者，應即時為之，不得以夜間為理由加以拖延。另同條第3項規定：「稱夜間者，為日出前，日沒後。」在實務上一般均以中央氣象局發布之日出日沒表所示之時間為準。

第十節　羈押

一、意義

羈押（Detention）係在刑事判決確定前為達刑事訴訟追訴犯罪之目的，所為之一種拘束被告人身自由之強制處分行為。由於人身自由屬於較高位階之基本權利，且羈押之執行與刑事訴訟之「無罪推定原則」相違背，故羈押之條件通常較其他強制處分行為更為嚴格，然具體有關羈押之種類及要件，仍視各國社會文化之差異而有所不同。

二、種類及要件

目前依我國刑事訴訟法之規定，對於被告之羈押有二種類型，一稱之為一般性羈押，一稱之為預防性羈押，以下即就其要件分別論述之。

（一）一般性羈押

　　刑事訴訟法第101條第1項規定：「被告經法官訊問後，認為犯罪嫌疑重大，而有下列情形之一，非予羈押，顯難進行追訴、審判或執行者，得羈押之：一、逃亡或有事實足認為有逃亡之虞者，二、有事實足認為有湮滅、偽造、變造證據或勾串共犯或證人之虞者，三、所犯為死刑、無期徒刑或最輕本刑為五年以上有期徒刑之罪，有相當理由認為有逃亡、湮滅、偽造、變造或勾串共犯或證人之虞者。」又第101條之2規定：「被告經法官訊問後，雖有第一百零一條第一項或第一百零一條之一第一項各款所定情形之一而無羈押之必要者，得逕命具保、責付或限制住居；其有第一百十四條各款所定情形之一者，非有不能具保、責付或限制住居之情形，不得羈押。」依此規定之內容可知，一般性羈押應經法官訊問後認為符合下列四項要件始得為之：第一須犯罪嫌疑重大；第二須有法定之羈押事由；第三須有羈押之必要（即非予羈押，顯難進行追訴、審判或執行）；第四須無「具有刑事訴訟法第114條各款之情形而得具保、責付或限制住居」之情形，其中第一至第三要件係屬於羈押之積極要件，第四要件則屬於羈押之消極要件，以下分別論述之：

1. 犯罪嫌疑重大

　　所謂犯罪嫌疑重大係指有足夠之證據認為被告涉及犯罪之可能性甚高，而此自亦須有足夠之客觀事實加以認定，不得以臆測之方式為任意推斷。

2. 有法定羈押之事由

　　所謂有羈押之法定事由即係指刑事訴訟法第101條第1項規定之逃亡或有事實足認為有逃亡之虞者，或有事實足認為有湮滅、偽造、變造證據或勾串共犯或證人之虞者，或所犯為死刑、無期徒刑或最輕本刑為五年以上有期徒刑之罪，有相當理由認為有逃亡、湮滅、偽造、變造或勾串共犯或證人之虞者等三種事由其中之一而言，只須符合一種事由，即符合有法定羈押事由之要件，不須三種事由均具備。

　　其中逃亡或有事實足認為有逃亡之虞者，依實務之見解認為係指被告須有逃亡之客觀事實存在，或有某特定之客觀事實情形足以認其被告有

逃亡之可能性，始得依該款之規定作為羈押之事由予以羈押，且於羈押之裁定中斟酌訴訟進行程度及其他一切情事以為裁量、判斷，並須於羈押裁定理由內有所說明，不能僅以被告於訴訟上否認犯罪，即認為其有逃亡之虞，此有最高法院90年度台抗字第101號、98年度台抗字第197號等裁定意旨可供參照。

又所謂有事實足認為有湮滅、偽造、變造證據或勾串共犯或證人之虞者，依照上開裁定之說明，自亦須有足夠之客觀事實足以認為有此情形，不得以臆測之方式加以論斷。

至於有關以所犯為死刑、無期徒刑或最輕本刑為五年以上有期徒刑之罪作為法定羈押之事由之規定在實務上曾有爭議，有認為被告應受無罪推定之原則保障，在未受判決有罪確定之前，難以認其犯有重大犯罪加以羈押，否則恐有違憲之嫌，故而不得以之作為羈押之法定事由。此一爭議其後經司法院大法官會議之解釋認為，該條款之規定符合憲法第23條之比例原則，且與憲法第8條保障人民身體自由及第16條保障人民訴訟權並無牴觸，故並不構成違憲之情形。依司法院大法官會議釋字第665號解釋認為：「刑事訴訟法第一百零一條第一項第三款規定，於被告犯該款規定之罪，犯罪嫌疑重大，且有相當理由認為有逃亡、湮滅、偽造、變造證據或勾串共犯或證人之虞，非予羈押，顯難進行追訴、審判或執行者，得羈押之。於此範圍內，該條款規定符合憲法第二十三條之比例原則，與憲法第八條保障人民身體自由及第十六條保障人民訴訟權之意旨，尚無牴觸。」又依其解釋之理由復認為：「被告縱符合同法第一百零一條第一項第三款之羈押事由，法官仍須就犯罪嫌疑是否重大、有無羈押必要、有無不得羈押之情形予以審酌，非謂一符合該款規定之羈押事由，即得予以羈押。」

針對上開大法官會議之解釋，實務見解乃進一步認為，重罪為羈押之法定事由時，應伴隨有相當理由認為有逃亡或滅證之可能性存在，始得作為羈押之要件，惟此所謂之相當理由認為有逃亡或滅證之可能，並非指刑事訴訟法第101條第1項同條項第1款、第2款所規定之情形，其條件應當較寬鬆，應係依一般人合理之判斷之下，已可認為該重罪嫌疑重大之人具有逃亡或滅證之相當或然率存在，即已該當於「相當理由」之認定標準，不以達到充分可信或確定程度為必要；如：「刑事訴訟法第一百零一條第一項首段文字即表明羈押之目的，唯在於保全之必要，且受比例原則限制。是倘單以犯重罪作為羈押之要件，除可能背離羈押應係不得已之最後

手段性質外，其對被告武器平等與充分防禦權行使上之限制，亦有違背比例原則之虞，更因何異刑罰之預先執行，違背無罪推定原則所禁止對未經判決有罪確定之被告執行刑罰，及禁止僅憑犯罪嫌疑就施予被告類似刑罰措施之精神。考諸上揭（條項）第三款規定之法理，實係因被告所犯為死刑、無期徒刑或最輕本刑為五年以上有期徒刑之罪，可以預期將受重刑宣判，其為規避刑罰之執行而妨礙追訴、審判程序進行之可能性增加，國家刑罰權有難以實現之危險，是為防免其實際發生，在此維持重大之社會秩序及增進重大之公共利益之限度內，乃具有正當性。從而，基於憲法保障人民身體自由之意旨，被告犯上開重罪條款且嫌疑重大者，仍應有相當理由認為其有逃亡、湮滅、偽造、變造證據或勾串共犯或證人等之虞，法院斟酌命該被告具保、責付或限制住居等侵害較小之手段，均不足以確保追訴、審判或執行程序之順利進行，此際予以羈押，方堪稱係屬維持刑事司法權有效行使之最後必要手段。是被告縱然符合上揭第三款之羈押事由，法官仍須就犯罪嫌疑是否重大、有無羈押必要、有無不得羈押之情形予以審酌，非謂一符合該款規定之羈押事由，即得予以羈押。業經司法院釋字第六六五號解釋釋明在案。上揭所稱相當理由，與同條項第一款、第二款法文內之有事實足認有……之虞（學理上解釋為『充分理由』）尚屬有間，其條件當較寬鬆。良以重罪常伴有逃亡、滅證之高度可能，係趨吉避凶、脫免刑責、不甘受罰之基本人性，倘一般正常之人，依其合理判斷，可認為該犯重罪嫌疑重大之人具有逃亡或滅證之相當或然率存在，即已該當相當理由之認定標準，不以達到充分可信或確定程度為必要。以量化為喻，若依客觀、正常之社會通念，認為其人已有超過百分之五十之逃亡、滅證可能性者，當可認具有相當理由認為其有逃亡、滅證之虞。此與前二款至少須有百分之八十以上，始足認有該情之虞者，自有程度之差別。」此有最高法院98年度台抗字第668號裁定意旨可供參照。

3. 有羈押之必要

　　所謂有羈押之必要，乃指刑事訴訟法第101條第1項前段之條文所稱之「非予羈押，顯難進行追訴、審判或執行者」而言，亦即必須將被告予以羈押之處分，始得確保將來追訴、審判或執行等程序之進行。

　　蓋羈押乃最為嚴重之強制處分手段，影響人民之人身自由甚為鉅大，如非必須羈押否則無法確保將來追訴、審判或執行等程序之進行，亦即有

其他措施例如限制被告住居、限制出境出海，或以相當之金額作爲保證，即可確保訴訟程序之順利進行，則實無必要對於被告施以羈押之強制處分，此即屬無加以羈押之必要，對於無羈押之必要之被告亦應不得加以羈押爲是。

4. 無「具有刑事訴訟法第114條各款之情形而得具保、責付或限制住居」之情形

依刑事訴訟法第101條之2後段之規定，被告經訊問後，如有第114條各款所定情形之一者，非有不能具保、責付或限制住居之情形，不得羈押。依此規定被告如有「所犯最重本刑爲三年以下有期徒刑、拘役或專科罰金之罪者（但累犯、有犯罪之習慣、假釋中更犯罪或依第一百零一條之一第一項羈押者，不在此限）」、「懷胎五月以上或生產後二月未滿」、「現罹疾病，非保外治療顯難痊癒」等三種情形之一者，則法院僅在被告無法「具保、責付或限制住居」之情形下，始得以羈押被告。易言之，如被告有上開刑事訴訟法第114條各款之情形，而其亦可具保、責付或限制住居，則法院不得裁定對於被告加以羈押。

（二）預防性羈押

預防性羈押（Preventive Detention）係針對性質上具高再犯率之犯罪，以羈押之方式防止其反覆實施同一犯罪，因此其要件有別於上開一般性羈押之要件。刑事訴訟法第101條之1第1項規定：「被告經法官訊問後，認爲犯下列各款之罪，其嫌疑重大，有事實足認爲有反覆實行同一犯罪之虞，而有羈押之必要者，得羈押之：一、刑法第一百七十三條第一項、第三項、第一百七十四條第一項、第二項、第四項、第一百七十五條第一項、第二項之放火罪、第一百七十六條之準放火罪、第一百八十五條之一之劫持交通工具罪。二、刑法第二百二十一條之強制性交罪、第二百二十二條之加重強制性交罪、第二百二十四條之強制猥褻罪、第二百二十四條之一之加重強制猥褻罪、第二百二十五條之乘機性交猥褻罪、第二百二十六條之一之強制性交猥褻之結合罪、第二百二十七條之與幼年男女性交或猥褻罪、第二百七十一條第一項、第二項之殺人罪、第二百七十二條之殺直系血親尊親屬罪、第二百七十七條第一項之傷害罪、

第二百七十八條第一項之重傷罪、性騷擾防治法第二十五條第一項之罪。但其須告訴乃論，而未經告訴或其告訴已經撤回或已逾告訴期間者，不在此限。三、刑法第二百九十六條之一之買賣人口罪、第二百九十九條之移送被略誘人出國罪、第三百零二條之妨害自由罪。四、刑法第三百零四條之強制罪、第三百零五條之恐嚇危害安全罪。五、刑法第三百二十條、第三百二十一條之竊盜罪。六、刑法第三百二十五條、第三百二十六條之搶奪罪、第三百二十八條第一項、第二項、第四項之強盜罪、第三百三十條之加重強盜罪、第三百三十二條之強盜結合罪、第三百三十三條之海盜罪、第三百三十四條之海盜結合罪。七、刑法第三百三十九條、第三百三十九條之三之詐欺罪、第三百三十九條之四之加重詐欺罪。八、刑法第三百四十六條之恐嚇取財罪、第三百四十七條第一項、第三項之擄人勒贖罪、第三百四十八條之擄人勒贖結合罪、第三百四十八條之一之準擄人勒贖罪。九、槍砲彈藥刀械管制條例第七條、第八條之罪。十、毒品危害防制條例第四條第一項至第四項之罪。十一、人口販運防制法第三十四條之罪。」又第101條之2規定：「被告經法官訊問後，雖有第一百零一條第一項或第一百零一條之一第一項各款所定情形之一而無羈押之必要者，得逕命具保、責付或限制住居；其有第一百十四條各款所定情形之一者，非有不能具保、責付或限制住居之情形，不得羈押。」依上開規定之內容可知，上述各款規定之犯罪，如被告經法官訊問後，認為嫌疑重大，有事實足認為有反覆實施同一犯罪之虞，而有羈押之必要者，得加以羈押。

依上所述可知，預防性羈押之要件包括必須經法官訊問後，認為被告所涉犯之罪為上開所述各項之罪，且其嫌疑重大，並有事實足認為有反覆實施一犯罪之虞，而有羈押之必要，並且無「具有同法第114條各款情形而得具保、責付或限制住居」等。預防性之羈押主要針對再犯比率較高之犯罪行為而設，藉羈押被告之人身自由，而防範被告再次實施一犯罪行為，以維護社會之治安，業如上述，故其所涉犯之罪及將來可能反覆實施之罪須屬於同一罪名，如係不同之罪名，縱使同屬上開所述之罪名之內，亦不符合預防性羈押之要件。

又如何認定有事實足認為有反覆實施同一犯罪之虞，目前實務運作上通常以被告往日之素行為其判斷之標準，例如被告前已有多次竊盜之犯行，而再次犯竊盜罪即屬之，此有最高法院97年度台抗字第219號裁定意旨可資參照。又實務見解認為，預防性羈押係因考慮該條所列各款犯罪，

一般而言，對於他人生命、身體、財產有重大之侵害，對社會治安破壞甚鉅，而其犯罪性質，從實證之經驗而言，犯罪行為人大多有一而再、再而三反覆為之的傾向，故為避免此種犯罪型態之犯罪行為人，在同一社會環境條件下，再次興起犯罪之意念而再為同一之犯罪，因此透過拘束其身體自由之方式，避免其再犯，是法院依該條規定決定是否應予羈押時，並不須有積極證據，足認其確實準備或預備再為同一之犯罪，亦不以被告有同一犯罪之前科紀錄為必要，而僅須由其犯罪之歷程觀察，其於某種條件下已經多次犯下該條所列之罪行，而該某種條件，現在正存在於被告本身或其前犯罪之外在條件並未有明顯之改善，而可使人相信在此等環境下，被告有可能再為同一犯罪之危險，即可認定有反覆實施該條犯罪之虞，此亦有最高法院108年度台抗字第149號裁定意旨可供參照。

三、羈押之替代處分

又刑事訴訟法第101條之2前段規定：「被告經法官訊問後，雖有第一百零一條第一項或第一百零一條之一第一項各款所定情形之一而無羈押之必要者，得逕命具保、責付或限制住居；」被告經法官訊問後，雖有第101條第1項或第101條之1第1項各款所定羈押之事由之一，惟認為無羈押之必要者，則得逕命具保、責付或限制住居。因此法院審查是否羈押被告時，如認為雖然符合羈押之其他要件，僅欠缺羈押之必要性此一要件時，則得對於被告為命具保、責付或限制住居等處分，此一般稱之為羈押之替代處分。

四、羈押之前提

（一）偵查中之羈押

1. 拘捕前置原則

被告或犯罪嫌疑人未經拘提或逮捕者，不得解送檢察官，此為刑事訴訟法第229條第3項所明文規定，此項規定係針對司法警察官所作之限制，蓋對於自行到案或經通知到案之被告或犯罪嫌疑人，一般如無特殊之情

形，應以函送之方式函送檢察官繼續偵查，不得逕予解送檢察官，以保障被告或犯罪嫌疑人人身自由之基本權利，此即一般所謂之「拘捕前置原則」。

又被告經傳喚、自首或自行到場者，檢察官於訊問後認有第101條第1項各款或第101條之1第1項各款所定情形之一，而認有羈押之必要者，得予逮捕，並將逮捕所依據之事實告知被告後，聲請法院羈押之，此為刑事訴訟法第228條第4項所明文規定，以符合上開之拘捕前置原則。

2. 二十四小時之移送限制

依刑事訴訟法第93條第2項之規定，偵查中經檢察官訊問後，認有羈押之必要者，應自拘提或逮捕之時起二十四小時內，敘明羈押之理由，聲請該管法院羈押之。故偵查中檢察官聲請法院羈押被告，有其時間上之限制，以二十四小時並扣除法定障礙事由之時間為限。至於條文係稱「該管」法院而非「所屬」法院，故此應係指被告所涉嫌之犯罪行為將來如被起訴後有管轄權之法院而言，而非行偵查之檢察官所屬檢察署相對應之法院而言。

（二）審判中之羈押

至於審判中法官對於被告訊問後，如認為符合上開所述羈押之要件，即得裁定羈押，並無如上開偵查中之被告或犯罪嫌疑人之羈押，須有所謂「拘捕前置原則」及二十四小時移送限制之前提之問題。

五、羈押之發動及審查

（一）羈押之發動

對於被告之羈押其發動之機關可分為偵查中及審判中而言，偵查中之羈押應由檢察官向法官聲請，因羈押之目的包括確保刑事偵查及審判機關得以依法為犯罪事實之調查與認定，在案件偵查之階段，程序之主導者為檢察官，故於偵查中如認被告有羈押之必要時，自應由檢察官向該管法院聲請羈押，如檢察官未聲請羈押，法院基於中立之立場及不告不理之原則，自無就被告羈押與否進行審查之權限。惟於案件起訴繫屬法院之後，

程序之主導者則由檢察官移轉至法院，此時決定被告羈押與否，完全屬於法院之職權範圍，若所憑之證據及基礎事實均有不同，法院自得不待檢察官之聲請，亦不受檢察官於審理或前於偵查時就被告有無羈押事由主張之拘束，應自行決定羈押之相關處分；易言之，於案件進入審判之階段，檢察官對於被告是否羈押即無任何聲請之權限，即縱使聲請，亦屬促請法官注意之性質，法官毋庸就此聲請作出裁定。

　　而關於偵查中檢察官羈押被告之聲請，應於拘提或逮捕之時起二十四小時內爲之，已如上述，此時依刑事訴訟法第93條第2項前段之規定，檢察官應以聲請書敘明犯罪事實並所犯法條及證據與羈押之理由，備具繕本並檢附卷宗及證物，聲請該管法院羈押之。另因刑事訴訟法修法後辯護人於偵查中之羈押審查程序，原則上得檢閱卷宗及證物並得抄錄或攝影（見上述刑事訴訟法增訂第33條之1第1項之規定），故同項增訂但書之規定，依其規定，如有事實足認有湮滅、僞造、變造證據或勾串共犯或證人等危害偵查目的或危害他人生命、身體之虞之卷證，應另行分卷敘明理由，請求法院以適當之方式限制或禁止被告及其辯護人獲知。此時法院對於偵查中之羈押審查程序須注意偵查不公開之原則，業經檢察官遮掩或封緘後請求法院應禁止被告及其辯護人獲知之卷證，不得任意加以揭露。

（二）羈押之審查

　　刑事訴訟法第101條第2項規定：「法官爲前項之訊問時，檢察官得到場陳述聲請羈押之理由及提出必要之證據。但第九十三條第二項但書之情形，檢察官應到場敘明理由，並指明限制或禁止之範圍。」故於偵查中之法院羈押審查程序，檢察官原則上「得」到場，惟如有第93條第2項但書之情形（即有事實足認有湮滅、僞造、變造證據或勾串共犯或證人等危害偵查目的或危害他人生命、身體之虞之卷證，應另行分卷敘明理由，請求法院以適當之方式限制或禁止被告及其辯護人獲知），則檢察官「應」到場敘明理由，並指明限制或禁止之範圍。又於檢察官應到場之情形，法官應指定到場之時間及處所，通知檢察官到場敘明理由，並指明限制或禁止獲知卷證資訊之範圍。此項通知，依目前實務之做法，得命書記官以電話、傳眞或其他迅捷方式行之，作成紀錄，檢察官未遵限到場者，得逕行裁定之。

　　又刑事訴訟法第101條第3項規定：「第一項各款所依據之事實、各項理由之具體內容及有關證據，應告知被告及其辯護人，並記載於筆錄。但依第九十三條第二項但書規定，經法院禁止被告及其辯護人獲知之卷證，不得作為羈押審查之依據。」蓋檢察官聲請羈押，其認定之犯罪事實及理由為何，有何證據加以佐證等，自有必要告知被告及其辯護人，否則被告及其辯護人事實上無法加以辯護；惟如卷證之內容係經法院依上開所述刑事訴訟法第93條第2項但書規定，禁止被告及其辯護人獲知者，則因被告及其辯護人無從表示意見，如法院得審查此部分之資料決定是否羈押被告，顯然對於被告有武器不對等之不公平，故而禁止法院將之作為羈押審查之依據，用以保障被告之權利。

　　此外，刑事訴訟法第101條第4項則規定：「被告、辯護人得於第一項訊問前，請求法官給予適當時間為答辯之準備。」蓋聲請羈押之案件通常被告甫遭拘提或逮捕，其案件之相關內容，被告本身或其辯護人尚未十分明瞭，尤其被告與辯護人間亦無充分之時間討論相關案情，故而特別規定，被告、辯護人得於上開訊問前，請求法官給予適當時間為答辯之準備，用以保障被告之權利。

　　而法官就被告是否於偵查中或審判中應加以羈押，其審查之標準為何，與一般案件被告有罪無罪之認定標準是否有所不同。對此，原則上目前實務之見解均認為：「按事實審法院就個案具體情節，審查被告犯罪嫌疑是否重大、有無法定羈押事由、有無藉羈押以保全偵審或執行之必要，因而對被告實施剝奪其人身自由之強制處分，目的在確保訴訟程序得以順利進行，使國家刑罰權得以實現，以維持重大之社會秩序及增進重大之公共利益。又就被告是否犯罪嫌疑重大、有無法定羈押事由及必要，屬事實審判斷之範疇，事實審法院自得本於自由證明原則，依職權審認裁量之。苟對於具有法定羈押事由之判斷，並未悖於經驗法則、論理法則，且已在裁定內敘明使一般人皆能理解確有存在該事實之理由，另就羈押必要之衡量，客觀上亦無違反比例原則之情形，即難認為違法或不當。」此有最高法院98年度台抗字第689號裁定意旨可供參照。故而羈押之審查標準採取自由證明原則，此與認定被告犯罪事實之存在相較標準較低；易言之，羈押審查之目的僅在判斷檢察官提出之羈押聲請是否符合法定之要件，並非認定被告是否成立犯罪，故其證據法則之採用無須嚴格證明，僅以自由證明為已足。

六、羈押之程式

　　刑事訴訟法第102條第1項規定：「羈押被告，應用押票。」此乃羈押被告之法定程式，亦即令狀主義之具體實現。又依同條第2項之規定：「押票，應按被告指印，並記載左列事項：一、被告之姓名、性別、年齡、出生地及住所或居所。二、案由及觸犯之法條。三、羈押之理由及其所依據之事實。四、應羈押之處所。五、羈押期間及其起算日。六、如不服羈押處分之救濟方法。」此爲押票所應記載之法定事項，如有欠缺即非合法之押票，不得據此羈押被告。又同條第3項則規定：「第七十一條第三項之規定，於押票準用之。」故被告之姓名不明或因其他情形有必要時，應記載其足資辨別之特徵，被告之出生年月日、身分證明文件編號、住、居所不明者，得免記載。另同條第4項則規定：「押票，由法官簽名。」用以彰顯法官保留原則。惟實務運作上常見以法官之印鑑章取代簽名之做法，蓋法官之印鑑章得事先印作一份交予看守所，如此則看守所於接受押票時得加以比對以資確認，在實際作業上較爲便利。

　　又有關羈押之被告上訴至最高法院，最高法院基於法律審之地位，應如何處理？實務上目前依照最高法院96年度第18次刑事庭庭長會議決議認爲：有關被告在押上訴第三審法院之案件，而卷宗及證物已送交本院者，其人犯之羈押、撤銷羈押、停止羈押、延長羈押、命具保、責付或限制住居等強制處分，均由第二審法院裁定之。

七、羈押之執行

　　刑事訴訟法第103條第1項規定：「執行羈押，偵查中依檢察官之指揮；審判中依審判長或受命法官之指揮，由司法警察將被告解送指定之看守所，該所長官查驗人別無誤後，應於押票附記解到之年、月、日、時並簽名。」此乃關於羈押執行之規定，偵查中及審判中分別依檢察官或審判長或受命法官之指揮拍定之看守所爲之；又依同條第2項之規定：「執行羈押時，押票應分別送交檢察官、看守所、辯護人、被告及其指定之親友。」此乃押票送達之規定。另依同條第3項之規定：「第八十一條、第八十九條及第九十條之規定，於執行羈押準用之。」依此項之規定，羈押

得由轄區外之司法警察協助執行；又執行羈押時，應注意被告之身體及名譽；被告如有抗拒羈押之情形者，得用強制力，但不得逾必要之程度。

又刑事訴訟法第103條之1第1項規定：「偵查中檢察官、被告或其辯護人認有維護看守所及在押被告安全或其他正當事由者，得聲請法院變更在押被告之羈押處所。」第2項則規定：「法院依前項聲請變更被告之羈押處所時，應即通知檢察官、看守所、辯護人、被告及其指定之親友。」此乃因羈押之處所有時可能涉及被告之人身安全之疑慮或看守所之管理問題，故為維護被告之安全及便於看守所之管理，或有其他之正當事由之情形之下，應允許檢察官、被告或辯護人聲請法院裁定變更羈押之處所。法院依前項聲請變更被告之羈押處所時，應即通知檢察官、看守所、辯護人、被告及其指定之親友，使上開人員得知變更羈押處所之情形。

又依刑事訴訟法第105條第1項之規定，管束羈押之被告，應以維持羈押之目的及押所之秩序所必要者為限。此乃因羈押中之被告尚未經判決有罪確定，故其僅係暫時人身自由受到拘束，與監獄之受刑人有別，故對於羈押中之被告，其管束自應以維持羈押目的及押所之秩序所必要者為限，不得增加額外之限制。

又依刑事訴訟法第105條第2項之規定，被告得自備飲食及日用必需物品，並與外人接見、通信、受授書籍及其他物件，但押所得監視或檢閱之。惟如羈押之事由係有勾串證人或共犯之虞，則通常附加禁止接見通信之限制，此時即不得辦理接見通信。又依同條第3項之規定，法院認被告為前項之接見、通信及受授物件有足致其脫逃或湮滅、偽造、變造證據或勾串共犯或證人之虞者，得依檢察官之聲請或依職權命禁止或扣押之，但檢察官或押所遇有急迫情形時，得先為必要之處分，並應即時陳報法院核准。

另依刑事訴訟法第105條第4項之規定，依前項所為之禁止或扣押，其對象、範圍及期間等，偵查中由檢察官，審判中由審判長或受命法官指定並指揮看守所為之，但不得限制被告正當防禦之權利。此乃因羈押中之被告尚在刑事訴訟程序進行中，故須注意對於其進行接見、通信及受授物件之行為，如有利於其訴訟上防禦權之行使，應不得加以限制。

又依刑事訴訟法第105條第5項之規定，被告非有事實足認為有暴行或逃亡、自殺之虞者，不得束縛其身體，束縛身體之處分，以有急迫情形者為限，由押所長官行之，並應即時陳報法院核准。

又羈押被告之處所，檢察官應勤加視察，按旬將視察情形陳報主管長官，並通知法院，此為刑事訴訟法第106條所明文規定。故羈押被告之看守所應接受檢察官之監督，檢察官至其轄區之看守所加以視察，並將視察之結果陳報予主管機關及法院知悉。

八、羈押之期間

羈押係對於未經判決有罪確定之被告，為確保刑事訴訟程序之順利進行所作之保全措施，其係對被告之人身自由加以拘束，對於被告之基本權利而言影響甚鉅，故其期間自須加以限制，不得無限期予以羈押。

刑事訴訟法第108條第1項前段規定：「羈押被告，偵查中不得逾二月，審判中不得逾三月。」依此規定，羈押被告之期間，偵查中以二個月為限，審判中則以三個月為限。惟上開羈押之期間對於案情較為複雜之案件而言恐無法達到實際之需求，故同項但書乃規定：「但有繼續羈押之必要者，得於期間未滿前，經法院依第一百零一條或第一百零一條之一之規定訊問被告後，以裁定延長之。在偵查中延長羈押期間，應由檢察官附具體理由，至遲於期間屆滿之五日前聲請法院裁定。」又同條第2項規定：「前項裁定，除當庭宣示者外，於期間未滿前以正本送達被告者，發生延長羈押之效力。羈押期滿，延長羈押之裁定未經合法送達者，視為撤銷羈押。」故前項之裁定，除當庭宣示者外，於期間未滿前以正本送達被告者，發生延長羈押之效力，因而除當庭宣示延長羈押者外，延長羈押之裁定正本，應於上開羈押期間未屆滿前送達於羈押中之被告，始發生延長羈押之效力（否則發生撤銷羈押之效力，詳後述）。

又刑事訴訟法第108條第3項規定：「審判中之羈押期間，自卷宗及證物送交法院之日起算。起訴或裁判後送交前之羈押期間算入偵查中或原審法院之羈押期間。」上開羈押期間之計算，如係審判中則自卷宗及證物送交法院之日起算，惟起訴或裁判後送交前之羈押期間算入偵查中或原審法院之羈押期間。除審判外，依同條第4項規定：「羈押期間自簽發押票之日起算。但羈押前之逮捕、拘提期間，以一日折算裁判確定前之羈押日數一日。」

又刑事訴訟法第108條第5項規定：「延長羈押期間，偵查中不得逾二月，以延長一次為限。審判中每次不得逾二月，如所犯最重本刑為十年

以下有期徒刑以下之刑者，第一審、第二審以三次為限，第三審以一次為限。」故如係最重本刑超過有期徒刑十年以上之罪者，則刑事訴訟法並無延長羈押次數限制之規定[8]。又依同條第6項之規定，案件經發回者，其延長羈押期間之次數，應更新計算，故案件如上訴後經發回原審法院時，則延長羈押之次數應重新計算，亦即發回更審前之延長羈押之次數不予計入。

九、羈押之撤銷

撤銷羈押係指具備法定之原因下，使羈押之裁定向將來失其效力，此時被告即恢復其人身自由。撤銷羈押可分為法定撤銷羈押及擬制撤銷羈押（或視為撤銷羈押）等二種事由，其情形共包括以下六項，茲分別論述之：

（一）羈押原因消滅

羈押係一種不得已之保全措施，故於其原因消滅時，自然應予撤銷羈押，以保障被告人身自由之基本權利，故刑事訴訟法第107條第1項即規定：「羈押於其原因消滅時，應即撤銷羈押，將被告釋放。」所謂羈押之原因消滅，乃指原來據以羈押之事由已不存在而言，例如原本法官係以有事實足認有湮滅證據之虞而對被告加以羈押，如經過檢察官之偵查，已將可能湮滅之證據加以扣押，則此時即屬原羈押之事由（即有事實足認有湮滅證據之虞）已不復存在，自不應再繼續執行羈押而應予撤銷羈押。

又刑事訴訟法第107條第2項規定：「被告、辯護人及得為被告輔佐人之人得聲請法院撤銷羈押。檢察官於偵查中亦得為撤銷羈押之聲請。」又同條第3項則規定：「法院對於前項之聲請得聽取被告、辯護人或得為被告輔佐人之人陳述意見。」

又案件在偵查中檢察官對於偵查之情形及進度較為瞭解，故如依偵查

---

[8] 惟依刑事妥速審判法就上開審判中之羈押期間設有特別之規定，依該法第5條第2項之規定，審判中之延長羈押，如所犯最重本刑為死刑、無期徒刑或逾有期徒刑十年者，第一審、第二審以六次為限，第三審以一次為限；又同條第3項規定，審判中之羈押期間，累計不得逾五年。上開規定於民國109年6月19日開始生效，此為刑事訴訟法關於羈押期間之特別規定，自應加以注意之。

進行之情形，認為已無羈押被告之事由時，其聲請撤銷羈押者，法院自無不予准許之理，故刑事訴訟法第107條第4項乃規定：「偵查中經檢察官聲請撤銷羈押者，法院應撤銷羈押，檢察官得於聲請時先行釋放被告。」又同條第5項則規定：「偵查中之撤銷羈押，除依檢察官聲請者外，應徵詢檢察官之意見。」此乃因偵查中之案件，法院對於案件之進行程度並不瞭解，故在判斷是否撤銷羈押時，應先徵詢檢察官之意見，俾以作出正確之決定。目前實務上法院為審酌偵查中應否撤銷羈押，依法應徵詢檢察官之意見時，得限定檢察官陳報其意見之期限，此項徵詢，得命書記官以電話、傳真或其他迅捷之方式行之，並作成紀錄，逾期未為陳報者，得逕行裁定。

（二）羈押期滿延長羈押裁定未經合法送達

依刑事訴訟法第108條第2項規定：「前項裁定，除當庭宣示者外，於期間未滿前以正本送達被告者，發生延長羈押之效力。羈押期滿，延長羈押之裁定未經合法送達者，視為撤銷羈押。」故羈押之裁定未經合法送達者，則應視為撤銷羈押，此時應將被告釋放。

（三）羈押期滿未經起訴或裁判

另刑事訴訟法第108條第7項規定：「羈押期間已滿未經起訴或裁判者，視為撤銷羈押，檢察官或法院應將被告釋放；由檢察官釋放被告者，並應即時通知法院。」因此羈押期間已經屆滿而被告仍未經檢察官加以起訴或未經法院加以裁判者，則應視為撤銷羈押，此時檢察官或法院應將被告釋放；如係偵查中由檢察官釋放被告之情形，並應即時通知法院。

（四）羈押期間逾原審判決之刑期

又刑事訴訟法第109條規定：「案件經上訴者，被告羈押期間如已逾原審判決之刑期者，應即撤銷羈押，將被告釋放。但檢察官為被告之不利益而上訴者，得命具保、責付或限制住居。」因此案件經上訴者，被告羈押期間如已逾原審判決之刑期者，應即撤銷羈押。此乃因羈押之期間將來可折抵本案之刑期，而原審所判處之被告刑期雖經上訴尚未確定，惟既未

達到被告受羈押之日數，此時即不宜再行繼續羈押被告，以免被告受到羈押之日數超過將來確定判決所處之刑期，而影響其基本之權利。但此時畢竟案件尚未確定，而檢察官為被告之不利益而上訴者，上訴後之判決可能加重被告之刑期，故未確保審判及執行之順利進行，此時法院得為命被告具保、責付或限制住居之強制處分。

（五）受不起訴或緩起訴處分

刑事訴訟法第259條第1項規定：「羈押之被告受不起訴或緩起訴之處分者，視為撤銷羈押，檢察官應將被告釋放，並應即時通知法院。」故案件尚在偵查中而經法院裁定應予羈押之被告，如其案件業經偵查終結，並經檢察官為不起訴或緩起訴之處分時，此時即無再予以羈押之必要，自應撤銷羈押，並通知法院使其知悉即可，此亦為案件不起訴處分或緩起訴對於羈押產生之法律上之效力。

（六）經論知無罪等判決

又刑事訴訟法第316條前段規定：「羈押之被告，經論知無罪、免訴、免刑、緩刑、罰金或易以訓誡或第三百零三條第三款、第四款不受理之判決者，視為撤銷羈押。」此為審判中羈押之被告，如經法院判決論知無罪、免訴、免刑、緩刑、罰金或易以訓誡或第303條第3款、第4款之不受理之判決者，則亦應視為撤銷羈押，蓋被告既已論知上開判決之內容，即無限制人身自由之刑罰待執行，自無繼續羈押被告之必要，故應視為撤銷羈押，使被告回復人身自由，以保障被告之基本權利。惟依同條但書規定：「但上訴期間內或上訴中，得命具保、責付或限制住居，並準用第一百十六條之二之規定；如不能具保、責付或限制住居，而有必要情形者，並得繼續羈押之。」蓋因上訴期間內或法院為判決後經提起上訴者，則案件尚未判決確定，被告將來尚有改判之可能，故撤銷被告羈押之同時，得命具保、責付或限制住居，以確保將來之審判及執行得以順利進行，如不能具保、責付或限制住居，而認為尚有必要之情形者，則得繼續羈押被告。

有疑問者乃在上開聲請撤銷羈押之程序中對於原羈押事由有無之爭議

或對於羈押前強制處分適當與否之爭議，是否可作為於聲請撤銷羈押之事由，對此我國實務見解係採取否定之見解，認為：「按刑事訴訟法上之撤銷羈押，乃在使已經依法發生羈押效力之羈押，往後消滅其羈押之效力，由於羈押之發生須有法律規定之原因，是故撤銷羈押之事由，亦須有法律明文規定之事由。現行法所規定撤銷羈押事由有兩種，一種為法定撤銷羈押事由，一種為擬制撤銷羈押事由，前者即第一百零七條所定，原執行羈押之原因消滅時，應即撤銷羈押，後者如第一百零八條所定，羈押期間已滿未經起訴或裁判者，視為撤銷羈押是例。無論法定撤銷羈押或擬制撤銷羈押，均僅係自撤銷羈押事由發生時起，往後消滅羈押之效力，此與對於羈押事由有無之爭議或對於羈押前強制處分當否之爭議，迥然不同。」此有最高法院97年度台抗字第668號裁定意旨可供參照。

十、羈押之停止

如前所述，羈押之要件之一為有羈押之必要性存在，故如認為被告已無繼續羈押之必要，自得以其他對於被告基本權利侵害較小之方式加以處分以取代羈押之執行，此即為停止羈押。因而所謂之停止羈押係指羈押之原因仍然存在，惟認為已無羈押之必要，而以具保等替代處分代替羈押而中止羈押之執行而言，故停止羈押時，羈押處分之效力仍然存續，僅係無繼續執行羈押之必要而暫時停止執行，如具有法定原因發生時，仍得再執行羈押。

停止羈押與撤銷羈押不同，撤銷羈押如上開所述，係指羈押中之被告，因具有法定之原因，而發生其羈押裁定之效力向將來失效之效果，使被告回復人身自由之方法；故而停止羈押之情形，其羈押之原因仍然存在，惟因無繼續執行羈押之必要性而暫時停止執行而已，至於撤銷羈押，則係因羈押原因消滅而撤銷或因具有法定原因而視為撤銷。

對於羈押中之被告停止羈押，依目前實務之見解基本上認為「執行羈押後有無繼續之必要，仍許由法院斟酌訴訟進行程序及其他一切情事而為認定」，此有最高法院46年度台抗字第6號判例、98年度台抗字第220號裁定、98年度台抗字第64號裁定意旨可供參照。故而除確有刑事訴訟法第114條所列情形之一，事實審法院自有認定是否准許具保停止羈押之裁量權。

依刑事訴訟法之相關規定，停止羈押之執行之代替處分有三種，即具保、責付及限制住居，同時並可對於被告附加負擔之事項，以下分別論述之。

（一）具保停止羈押

依刑事訴訟法第110條第1項之規定，被告及得為其輔佐人之人或辯護人，得隨時具保，向法院聲請停止羈押；故被告、得為輔佐人之人、辯護人，得隨時向法院聲請停止對於被告羈押之執行，以具保之方式取代。又依同條第2項之規定，檢察官於偵查中得聲請法院命被告具保停止羈押；故於偵查之程序中，檢察官亦得隨時聲請法院以具保之方式取代羈押被告。

又依刑事訴訟法第110條第3項準用第107條第3項之規定，法院對於具保停止羈押之聲請在審查是否得予准許之前，得聽取被告、辯護人或得為被告輔佐人之人陳述意見。又依同條第4項之規定，如係在偵查中之案件，法院作出准許具保停止羈押之決定時，除有第114條及本條第2項之情形者外，應徵詢檢察官之意見；換言之，除非有限制駁回聲請停止羈押，或係由檢察官主動聲請具保停止羈押之情形外，偵查中之案件法院應先徵詢檢察官之意見後始得作出具保停止羈押之決定。目前實務上法院為審酌偵查中應否停止羈押，依法應徵詢檢察官之意見時，得限定檢察官陳報其意見之期限，此項徵詢，得命書記官以電話、傳真或其他迅捷之方式行之，並作成紀錄。逾期未為陳報者，即得逕行裁定。

又依刑事訴訟法第111條第1項至第4項之規定，許可停止羈押之聲請者，應命提出保證書，並指定相當之保證金額；保證書以該管區域內殷實之人所具者為限，並應記載保證金額及依法繳納之事由；指定之保證金額，如聲請人願繳納或許由第三人繳納者，免提出保證書；又繳納保證金，得許以有價證券代之。

又依刑事訴訟法第111條第5項之規定，許可停止羈押之聲請者，於具保之同時，得限制被告之住居，其目的在於輔助具保、責付之效力，以保全審判之進行及刑罰之執行。是以對具保、責付並限制住居之被告，有無繼續限制其住居之必要，當以此為考量，此有最高法院91年度台抗字第467號裁定意旨可供參照。

另依刑事訴訟法第112條之規定，被告係犯專科罰金之罪者，指定之保證金額，不得逾罰金之最多額，此乃比例原則之具體表現，自不待言。又依第113條之規定，許可停止羈押之聲請者，應於接受保證書或保證金後，停止羈押，將被告釋放。且對於駁回聲請停止羈押刑事訴訟法設有一定之限制之限制，依第114條之規定，羈押之被告，有下列情形之一者，如經具保聲請停止羈押，不得駁回：1.所犯最重本刑為三年以下有期徒刑、拘役或專科罰金之罪者，但累犯、有犯罪之習慣、假釋中更犯罪或依第101條之1第1項羈押者，不在此限；2.懷胎五月以上或生產後二月未滿者；3.現罹疾病，非保外治療顯難痊癒者。上開情形或因被告所犯之罪行輕微，或因考量被告身體健康之因素，因而限制不得駁回停止羈押之聲請，以確保被告之基本人權。

（二）責付

另一種取代羈押之處分為責付，依刑事訴訟法第115條之規定，羈押之被告，得不命具保而責付於得為其輔佐人之人或該管區域內其他適當之人，停止羈押；受責付者，應出具證書，載明如經傳喚應令被告隨時到場。被告於責付後，潛逃無蹤，固得令受責付人追交被告，但除受責付人確有藏匿或使之隱避情事，應受刑事制裁外，不得將其羈押，此有司法院院字第815號解釋可供參照。

又依刑事訴訟法第116條之1之規定，法院為責付而停止羈押之決定時準用第110條第2項至第4項之規定，亦即檢察官於偵查中得聲請法院命責付後停止羈押，決定前得聽取被告、辯護人或得為被告輔佐人之人陳述意見，偵查中之案件，除有第114條限制駁回聲請停止羈押及檢察官所聲請之情形外，應徵詢檢察官之意見。

（三）限制住居

除上開之命具保及責付外，亦得以限制住居之處分取代羈押之執行，依刑事訴訟法第116條之規定，羈押之被告，得不命具保而限制其住居，停止羈押。又實務上原認為限制住居之處分包括限制出境及限制出海在內，例如最高法院96年度台抗字第229號裁定即謂：「又限制出境之性質，為限制住居處分之一，法院對被告命限制出境處分所應遵循之法定程

序及應調查審酌之事項，與命限制住居之情形並無二致。」惟刑事訴訟法
業經修正增訂專章規定有關限制被告出境出海等事宜，故而現限制出境出
海已成爲獨立之強制處分行爲，而非附屬於限制住居之概念下。

又依刑事訴訟法第116條之1之規定，法院爲限制住居而停止羈押之決
定時準用第110條第2項至第4項之規定，亦即檢察官於偵查中得聲請法院
限制住居停止羈押，決定前得聽取被告、辯護人或得爲被告輔佐人之人陳
述意見，偵查中之案件，除有第114條限制駁回聲請停止羈押及檢察官所
聲請之情形外，應徵詢檢察官之意見。

（四）許可停止羈押之附加負擔事項

羈押之被告雖得因不具有羈押之必要性而停止羈押，惟此時其犯罪嫌
疑重大及有刑事訴訟法第101條第1項及第101條之1第1項之羈押事由依然
存在，故除上開所述之替代處分代替羈押之執行外，爲確保日後審判及執
行之順利進行，以及防止被告對於案件相關之被害人、證人有危害之行
爲，故有必要依具體個案之情形，命被告遵守一定之事項，易言之，給予
被告附加其他負擔之條件。依刑事訴訟法第116條之2之規定，法院許可停
止羈押時，得命被告應遵守下列事項：1.定期向法院、檢察官或指定之機
關報到；2.不得對被害人、證人、鑑定人、辦理本案偵查、審判之公務員
或其配偶、直系血親、三親等內之旁系血親、二親等內之姻親、家長、家
屬之身體或財產實施危害、恐嚇、騷擾、接觸、跟蹤之行爲；3.因第114
條第3款之情形停止羈押者，除維持日常生活及職業所必需者外，未經法
院或檢察官許可，不得從事與治療目的顯然無關之活動；4.接受適當之科
技設備監控；5.未經法院或檢察官許可，不得離開住、居所或一定區域；
6.交付護照、旅行文件；法院亦得通知主管機關不予核發護照、旅行文
件；7.未經法院或檢察官許可，不得就特定財產爲一定之處分；8.其他經
法院認爲適當之事項。

又此項關於命被告遵守事項之規定，依刑事訴訟法第117條之1第1項
之規定，對於經拘提或逮捕之被告，經檢察官訊問後，認有第101條第1項
或第101條之1第1項各款所定情形之一而無聲請羈押之必要，逕命具保、
責付或限制住居者，或被告經傳喚、自首或自行到場者，檢察官於訊問後
認有第101條第1項各款或第101條之1第1項各款所定情形之一，惟因無聲

請羈押之必要，而命具保、責付或限制住居者，或被告經法官訊問後，雖有第101條第1項或第101條之1第1項各款所定情形之一而無羈押之必要，逕命具保、責付或限制住居者，均加以準用之。故於上開情形之下，命被告具保、責付或限制住居時，亦得依本條之規定對於被告附加應遵守事項之條件。

（五）再行羈押

如前所述，停止羈押係以其他替代之處分代替羈押之執行，原羈押之效力仍存在，故停止羈押之後如有一定之情況發生，而有繼續執行羈押之必要時，則自得再對於被告加以羈押，此即所謂停止羈押後之再行羈押。

依刑事訴訟法第117條第1項之規定，停止羈押後有下列情形之一者，得命再執行羈押：1.經合法傳喚無正當之理由不到場者；2.受住居之限制而違背者；3.本案新發生第101條第1項、第101條之1第1項各款所定情形之一者；4.違背法院依前條所定應遵守之事項者；5.所犯為死刑、無期徒刑或最輕本刑為五年以上有期徒刑之罪，被告因第114條第3款之情形停止羈押後，其停止羈押之原因已消滅，而仍有羈押之必要者。而依同條第2項之規定，偵查中有前項情形之一者，由檢察官聲請法院行之。

又因再行羈押係繼續就原停止之羈押恢復執行之效力，故其羈押期間之計算，自應與停止羈押前之羈押併計，故刑事訴訟法第117條第3項乃規定，再執行羈押之期間，應與停止羈押前已經過之期間合併計算。

又再行羈押應依法院之命令為之，而依刑事訴訟法第117條第4項之規定，法院命再執行羈押時，準用第103條第1項有關執行羈押程序之規定；易言之，偵查中依檢察官之指揮，審判中依審判長或受命法官之指揮，由司法警察將被告解送指定之看守所，該所長官查驗人別無誤後，應於押票附記解到之年、月、日、時並簽名。

（六）保證金之沒入

依刑事訴訟法第118條第1項之規定，具保之被告逃匿者，應命具保人繳納指定之保證金額，並沒入之；不繳納者，強制執行；保證金已繳納者，沒入之。又依同條第2項之規定，第1項之規定於檢察官依第93條第3項但書及第228條第4項命被告具保者，準用之。

（七）免除具保責任與退保

又依刑事訴訟法第119條第1項之規定，撤銷羈押、再執行羈押、受不起訴處分、有罪判決確定而入監執行或因裁判而致羈押之效力消滅者，免除具保之責任。其中有關因裁判而致羈押之效力消滅者，包括經諭知無罪、免訴、免刑、緩刑、罰金、易以訓誡或不受理之判決，即第316條所列之擬制撤銷羈押之原因，凡經發生此等免除具保責任之事由者，具保人即不再負保證之責。有罪判決確定而入監執行者，並非第316條所列舉之情形，基於具保目的在保全審判之進行及刑罰之執行，被告於本案有罪判決確定而依法入監執行時，因已無保全刑罰執行之問題，具保原因已消滅，自應免除具保責任。

另依刑事訴訟法第119條第2項之規定，被告及具保證書或繳納保證金之第三人，得聲請退保，法院或檢察官得准其退保，但另有規定者，依其規定。按基於具保為羈押之替代處分，以財產權之具保處分替代人身自由之羈押處分應屬被告之權利，於受准許具保停止羈押之裁定後，被告本得自由選擇是否接受，於具保停止羈押後，倘因個人因素或其他考量，被告無力負擔具保金或面臨具保金之返還義務，被告亦應得選擇退保而接受羈押之處分，故除第三人外被告亦得聲請退保。

又依刑事訴訟法第119條第3項之規定，免除具保之責任或經退保者，應將保證書註銷或將未沒入之保證金發還。另依同條第4項之規定，上開三項之規定，於受責付之人亦均準用之。

又以現金繳納保證金具保者，其現金而滋生之利息如何歸屬，應有明確之規定，故而刑事訴訟法第119條之1乃規定，以現金繳納保證金具保者，保證金應給付利息，並於依前條第3項規定發還時，實收利息併發還之。其應受發還人所在不明，或因其他事故不能發還者，法院或檢察官應公告之；自公告之日起滿十年，無人聲請發還者，歸屬國庫。同條第2項則規定，依第118條規定沒入保證金時，實收利息併沒入之。又依同條第3項之規定，刑事保證金存管、計息及發還作業辦法，由司法院會同行政院定之。

十一、羈押等處分之裁定或命令機關

　　有關羈押及其他代替手段如具保、責付及限制住居等相關之決定，在偵查中及審判中由檢察官或法院為之，依不同之情形而有不同之規定，除另有特別之規定外，均依刑事訴訟法第121條之規定為之。依該條第1項之規定，關於第107條第1項之撤銷羈押、第109條之命具保、責付或限制住居、第110條第1項、第115條及第116條之停止羈押、第116條之2第2項之變更、延長或撤銷、第118條第1項之沒入保證金、第119條第2項之退保，均應以法院之裁定行之。

　　又依刑事訴訟法第121條第2項之規定，案件在第三審上訴中，而卷宗及證物已送交該法院者，前項處分、羈押、其他關於羈押事項及第93條之2至第93條之5關於限制出境、出海之處分，由第二審法院裁定之。同條第3項則規定，第二審法院於為前項裁定前，得向第三審法院調取卷宗及證物。

　　另依刑事訴訟法第121條第4項之規定，檢察官依第117條之1第1項變更、延長或撤銷被告應遵守事項、第118條第2項之沒入保證金、第119條第2項之退保及第93條第3項但書、第228條第4項命具保、責付或限制住居，於偵查中以檢察官之命令行之。蓋上開情形因與羈押之決定比較，對於當事人之權利影響較為輕微，故案件如係在偵查中，則由檢察官依其職權以命令為之即可，無須由法院加以裁定。

十二、其他處分（無羈押必要時之替代處分）及改行羈押

　　如上所述羈押係以有羈押之必要性為其要件，故如認為被告雖有羈押之事由存在惟並無羈押之必要性時，則得以其他方式取代羈押之處分，此其他之方式包括具保、責付、限制居住等方式，故如偵查中經拘提或逮捕到案之被告，檢察官認有第101條第1項或第101條之1第1項各款所定情形之一而無聲請羈押之必要者，得逕命具保、責付或限制住居，惟如被告有不能具保、責付或限制住居，而有必要情形者，仍得聲請法院羈押之，此刑事訴訟法第93條第3項定有明文。又如被告係經傳喚、自首或自行到場者，檢察官於訊問後認有第101條第1項各款或第101條之1第1項各款所定情形之一而無聲請羈押之必要者，亦得命具保、責付或限制住居，此刑事

訴訟法第228條第4項亦定有明文。此外如係在審判中被告經法官訊問後，雖有第101條第1項或第101條之1第1項各款所定情形之一而無羈押之必要者，亦得逕命具保、責付或限制住居，而不為羈押之強制處分，此刑事訴訟法第101條之2定有明文。

　　如上所述，如原本被告經檢察官或法院訊問後，認為無羈押之必要，而逕予具保、責付或限制住居時，則如被告有上開再行羈押之事由發生得否對於被告加以羈押，此原本有爭議。惟刑事訴訟法在民國98年2月修正時增訂第117條之1第1項之規定，明定此時準用再行羈押第117條第1項之規定，依此規定有些開在偵查中或審判中經檢察官或法官訊問後，認無羈押之必要，逕命具保、責付或限制住居者，或被告經傳喚、自首或自行到場者，檢察官於訊問後認有第101條第1項各款或第101條之1第1項各款所定情形之一，惟因無聲請羈押之必要，而命具保、責付或限制住居者，如有上開得再行羈押所規定之事由發生，則法院得命將具保、責付或限制住居之命令改為羈押，此即所謂之改行羈押。

　　改行羈押因實際上係新之羈押，故亦應符合刑事訴訟法第101條或第101條之1有關羈押條件等相關之規定，另有關於羈押之拘捕前置原則、二十四小時移送時限等程序規定，亦均有適用而應加以遵守。因而刑事訴訟法第117條之1乃規定，法院依上開規定羈押被告時，適用第101條、第101條之1之規定，檢察官聲請法院羈押被告時，適用第93條第2項之規定。

　　又刑事訴訟法第117條之1第3項復明文規定，因第1項之規定執行羈押者，免除具保之責任。因而在改行羈押之情況下，原本由檢察官或法院逕命具保之命令即不再具有效力，具保人亦因而得以解除其具保之責任。

第十一節　暫行安置

　　刑事訴訟法於民國111年2月18日公布施行於第一編增訂第十章之一之暫行安置相關規定，針對有精神障礙之被告在判決確定前進行安置之強制處分，以下即針對暫行安置之新規定加以論述。

一、意義

　　暫行安置處分，旨在經由嚴謹之司法程序，暫行拘束有精神障礙之被告人身自由，使其在判決確定前即得入醫療機構接受治療，而暫時性將被告與社會隔離，避免其精神障礙之情形惡化，而再次危害他人之人身安全或危害社會，使個人及公眾免於恐懼，具有保障被告醫療及訴訟之權益，並兼顧防衛社會安全之雙重目的，故而暫行安置係屬於程序法上對人強制處分之一種制度設計，且其同時亦具有實體法上保安處分之性質。

二、暫行安置之發動

　　刑事訴訟法第121條之1第1項規定：「被告經法官訊問後，認為犯罪嫌疑重大，且有事實足認為刑法第十九條第一項、第二項之原因可能存在，而有危害公共安全之虞，並有緊急必要者，得於偵查中依檢察官聲請，或於審判中依檢察官聲請或依職權，先裁定諭知六月以下期間，令入司法精神醫院、醫院、精神醫療機構或其他適當處所，施以暫行安置。」對於被告進行暫行安置，其發動者在偵查階段係由檢察官聲請，於審判階段則可依檢察官之聲請或依法官職權為之。故而，案件如經起訴而繫屬於法院後，檢察官如認為被告在判決前有暫行安置的必要時，亦可向法院聲請對於被告進行暫行安置，此與上開所述羈押之情形不同，目前實務見解認為，審判中之案件檢察官並沒有聲請羈押被告之權限。

三、暫行安置之要件

　　又依上開刑事訴訟法第121條之1第1項之規定可知，對於被告進行暫行安置其要件包括：

（一）經法官訊問

　　暫行安置之被告須先經由法官訊問，瞭解其狀況後，始得由法官為是否加以暫行安置之裁定，亦即決定是否暫行安置之權限在於法官，其他刑事訴訟程序上之國家機關僅有聲請之權限，而無決定之權限，因此對於被

告暫行安置之強制處分適用憲法「法官保留原則」之規範。而法官對於被告之訊問則應適用上開第一編第九章各條之規定自不待言。

（二）犯罪嫌疑重大

犯罪嫌疑重大係指被告有重大之嫌疑足以認為涉及犯特定之犯罪行為，是否有重大之嫌疑，須依照證據個案加以判斷，其依據自由證據判斷即可，無須適用嚴格之證據法則，而證明之強度亦不必如法院判決有罪一般須達到無合理懷疑之程度。

（三）法定事由（即有事實足認為刑法第19條第1項、第2項之原因可能存在，而有危害公共安全之虞）

刑法第19條第1項、第2項之原因即係指有「行為時因精神障礙或其他心智缺陷，致不能辨識其行為違法或欠缺依其辨識而行為之能力者」（刑法第19條第1項）或「行為時因前項之原因，致其辨識行為違法或依其辨識而行為之能力，顯著減低者」（刑法第19條第2項）之原因之一，且必須有危害公共安全之虞。故而必須有足夠之事實足以認為被告有上開原因之一，不得以臆測之方式任意認定，且被告亦須因此而有危害公共安全之可能性存在，亦即有因精神障礙而再犯罪之疑慮存在，蓋暫行安置之目的，本即針對被告未來之危險性而採取之預防措施，並兼顧其醫療需求，以達預防犯罪之目的，因不符合預防性羈押之要件，故而特別設計之制度，以期兼顧被告權益與維護社會安全。

（四）有緊急必要

被告經法官訊問後，縱使認為具有上述（二）、（三）之情形，仍非當然施以暫行安置，尚必須符合「緊急必要」之要件。所謂「緊急」，應係指如不立即對於被告加以暫行安置，可能造成他人或社會之危害而有急迫之情形而言；而所謂「必要」即與比例原則有關，須針對案情之輕重、被告行為之嚴重性、被告之危險性以及對於被告人未來行為的期待性，予以綜合審酌，如認為予以暫行安置與個案之情形不成比例，即不得施以暫行安置。由於被告之精神狀況如何並非法官之專業足以判斷，因此將來本

項要件如何認定恐有藉重醫學判斷之處，具體之認定流程仍有待實務界加以處理。

四、準用之規定

依照刑事訴訟法第121條之1第2項之規定，刑事訴訟法第31條之1、第33條之1、第93條第2項前段、第5項、第6項、第93條之1及第228條第4項之規定，於偵查中檢察官聲請暫行安置之情形準用之。

五、暫行安置之延長

刑事訴訟法第121條之1第3項規定：「暫行安置期間屆滿前，被告經法官訊問後，認有延長之必要者，得於偵查中依檢察官聲請，或於審判中依檢察官聲請或依職權，以裁定延長之，每次延長不得逾六月，並準用第一百零八條第二項之規定。但暫行安置期間，累計不得逾五年。」因此被告暫行安置期間屆滿前，如認有延長之必要者，得於偵查中依檢察官聲請，或審判中依檢察官聲請或依職權，以裁定延長之，每次延長不得逾六個月；此時並準用刑事訴訟法第108條第2項之規定，亦即延長暫行安置之裁定，除當庭宣示者外，於期間未滿前以正本送達被告，發生延長之效力，暫行安置期滿，延長之裁定未經合法送達者，視為撤銷暫行安置。又延長暫行安置期間，累計不得逾五年，亦即延長暫行安置之限制最長為五年。

六、暫行安置之程序

（一）檢察官聲請之程式

暫行安置或延長暫行安置如係由檢察官提出聲請者，則依刑事訴訟法第121條之1第4項之規定，除法律另有規定外，應以聲請書敘明理由及證據並備具繕本為之，且聲請延長暫行安置應至遲於期間屆滿之五日前為之。故檢察官聲請對被告為暫行安置，須有足以證明被告有精神障礙之證據，通常包括被告之病歷資料或鑑定報告，或是其他可以證明被告行為異

常事實之客觀證據，以供法院審酌。此所謂「法律另有規定」，例如檢察官提出聲請，依上所述，須受二十四小時時限之限制，故而常難立即取得被告精神鑑定之相關報告，此時可依刑事訴訟法有關「逕行鑑定留置」之規定為之，被告之人身自由仍受拘束，延續原先拘提或逮捕之狀態，而於取得鑑定報告後再提出聲請。

（二）裁定之救濟

依刑事訴訟法第121條之1第5項之規定，對於第1項及第3項前段暫行安置、延長暫行安置或駁回聲請之裁定有不服者，得提起抗告。故法官於訊問被告後所作之准許暫行安置、延長暫行安置之裁定或駁回聲請之裁定，被告或檢察官等當事人可聲明不服而提出抗告，以資救濟。

（三）訊問

刑事訴訟法第121條之2第1項規定：「法官為前條第一項或第三項前段訊問時，檢察官得到場陳述意見。但檢察官聲請暫行安置或延長暫行安置者，應到場陳述聲請理由及提出必要之證據。」依此規定，法官於偵查中或審判中對於被告為是否暫行安置之訊問時，原則上檢察官「得」到場陳述意見，惟如係由檢察官聲請之暫行安置或延長暫行安置，則檢察官「應」到場陳述聲請理由及提出必要之證據。

又刑事訴訟法第121條之2第2項規定：「暫行安置或延長暫行安置所依據之事實、各項理由之具體內容及有關證據，應告知被告及其辯護人，並記載於筆錄。」因此法官訊問被告決定是否暫行安置或延長暫行安置時，應將所依據之事實、各項理由之具體內容及有關證據，告知被告及其辯護人，並記載於筆錄，以便被告及其辯護人瞭解有關對於其暫行安置或延長暫行安置依據之事實、理由及有關證據，被告及其辯護人始得據以抗辯，並應記載筆錄以確定程序之進行無誤。

又刑事訴訟法第121條之2第3項規定：「檢察官、被告及辯護人得於前條第一項或第三項前段訊問前，請求法官給予適當時間為陳述意見或答辯之準備。」依此規定，檢察官、被告及辯護人於法官為暫行安置或延長暫行安置之訊問前，如尚須時間準備陳述意見或答辯，得請求法官給予適當時間為準備，以保障雙方之訴訟上權利。

（四）執行機關

又刑事訴訟法第121條之2第4項規定：「暫行安置、延長暫行安置，由該管檢察官執行。」故而，暫行安置或延長暫行安置，無論係由檢察官依照聲請或由法官依職權為之，其執行之機關均為檢察官。至於條文係稱「該管」，應係指被告所涉嫌之犯罪行為有權進行偵查作為之檢察署檢察官而言。

七、暫行安置之撤銷

又刑事訴訟法第121條之3第1項規定：「暫行安置之原因或必要性消滅或不存在者，應即撤銷暫行安置裁定。」蓋如被告經法官裁定暫行安置後，其情況有所變更而已無裁定時具有當時暫行安置之原因或必要性如已消滅或不存在者，自無繼續加以暫行安置之理由，此時自應即撤銷暫行安置裁定。

又刑事訴訟法第121條之3第2項規定：「檢察官、被告、辯護人及得為被告輔佐人之人得聲請法院撤銷暫行安置裁定；法院對於該聲請，得聽取被告、辯護人及得為被告輔佐人之人陳述意見。」故上開撤銷暫行安置之聲請得由檢察官、被告、辯護人及得為被告輔佐人之人向法院聲請，法院於決定前得聽取被告、辯護人及得為被告輔佐人之人陳述意見，以為適當之決定。

又刑事訴訟法第121條之3第3項規定：「偵查中經檢察官聲請撤銷暫行安置裁定者，法院應撤銷之，檢察官得於聲請時先行釋放被告。」蓋偵查中檢察官對於被告之情形較之法院更為瞭解，如檢察官認為被告已無暫行安置之必要，法院自無須再行對於被告進行暫時安置，而應撤銷暫行安置之裁定，而檢察官亦得於聲請時先行釋放被告，不待法院裁定。

又刑事訴訟法第121條之3第4項規定：「撤銷暫行安置裁定，除依檢察官聲請者外，應徵詢檢察官之意見。」聲請撤銷暫行安置裁定，除係依檢察官聲請者外，自應徵詢檢察官之意見，以便檢察官依案件之進行，就其立場表示意見後，再由法院綜合審酌始為妥適。

又刑事訴訟法第121條之3第5項規定：「對於前四項撤銷暫行安置裁定或駁回聲請之裁定有不服者，得提起抗告。」因而無論檢察官或被告及

其辯護人聲請法院撤銷暫行安置之裁定，如法院爲撤銷或駁回之裁定，不服之一方均得提起抗告以求救濟。

八、暫行安置裁定之管轄

又刑事訴訟法第121條之4第1項規定：「案件在第三審上訴中，而卷宗及證物已送交該法院者，關於暫行安置事項，由第二審法院裁定之。」第2項則規定：「第二審法院於爲前項裁定前，得向第三審法院調取卷宗及證物。」此乃因最高法院係屬於法律審，故而如案件已在第三審上訴中，縱卷宗及證物又已送交該法院，有關被告暫行安置之事項，自仍宜由第二審之法院加以裁定；又第二審法院於爲前項裁定前，得向第三審法院調取卷宗及證物，以資有足夠之卷證內容足以參照而值適當之裁定。

九、暫行安置之視爲撤銷及免執行

又刑事訴訟法第121條之5第1項規定：「暫行安置後，法院判決未宣告監護者，視爲撤銷暫行安置裁定。」蓋對於符合刑法第19條第1項或第2項規定之有精神障礙之被告，刑法有關於宣告監護之保安處分規定，法院得判決令入相當處所或以適當方式，施以監護，惟因在審判中被告尚未經宣告監護之處分，如放任其在外恐生危害於公共安全，故而始有暫行安置制度之設計（類似判決有罪確定前先對於被告爲羈押之強制處分），故如法院之判決未宣告監護者，則應認爲無理由對於被告暫行安置，自應視爲撤銷暫行安置裁定。

又刑事訴訟法第121條之5第2項規定：「判決宣告監護開始執行時，暫行安置或延長暫行安置之裁定尚未執行完畢者，免予繼續執行。」此乃因法院判決對於被告爲監護之宣告監護，並開始執行時，自無必要再執行暫時安置，故而規定免予繼續執行。

十、暫行安置之執行

又刑事訴訟法第121條之6第1項規定，暫行安置，本法未規定者，適

用或準用保安處分執行法或其他法律之規定。暫行安置原係法院對於精神障礙之被告判決宣告監護前之暫行措施，其性質與保安處分相同，故而其執行如本法未規定者，自宜適用或準用保安處分執行法或其他法律之規定。

又刑事訴訟法第121條之6第2項規定：「於執行暫行安置期間，有事實足認被告與外人接見、通信、受授書籍及其他物件，有湮滅、偽造、變造證據或勾串共犯或證人之虞，且情形急迫者，檢察官或執行處所之戒護人員得為限制、扣押或其他必要之處分，並應即時陳報該管法院；法院認為不應准許者，應於受理之日起三日內撤銷之。」因執行暫行安置被告之刑事案件尚在進行中，故而如在執行暫行安置期間，有事實足認被告與外人接見、通信、受授書籍及其他物件，有湮滅、偽造、變造證據或勾串共犯或證人之虞，且情形急迫者，為避免被告進行湮滅、偽造、變造證據或勾串共犯或證人之行為，危害將來刑事案件之審理公正性，則檢察官或執行處所之戒護人員得為限制、扣押或其他必要之處分，並應即時陳報該管法院。故而對於暫行安置之被告為上開限制、扣押或其他必要之處分等，應限於「情況急迫」，且其執行者為檢察官或執行處所之戒護人員，並應於執行後「即時」陳報法院，所謂即時應指不得有非必要之延遲而言。至於條文係稱「該管」法院而非「所屬」法院，故應係指被告所涉嫌之犯罪行為將來如被起訴後有管轄權之法院而言，而非行偵查之檢察官所屬檢察署相對應之法院。又如法院認為不應准許者，應於受理之日起三日內撤銷之，亦即檢察官或執行處所之戒護人員為上開限制、扣押或其他必要之處分等行為，仍屬侵犯被告權利之行為，故而採取法官事後審查之制度，由執行之人員於事後向法院陳報，法院如審酌情形認為不應准許，則應於受理之日起三日內撤銷之。

又刑事訴訟法第121條之6第3項則規定：「前項檢察官或執行處所之戒護人員之處分，經陳報而未撤銷者，其效力之期間為七日，自處分之日起算。」依此規定，檢察官或執行處所之戒護人員為上開限制、扣押或其他必要之處分有期間之限制。

又刑事訴訟法第121條之6第4項規定：「對於第二項之處分有不服者，得於處分之日起十日內聲請撤銷或變更之。法院不得以已執行終結而無實益為由駁回。」因而檢察官或執行處所之戒護人員為限制、扣押或其他必要之處分，被告如不服時，亦得於處分之日起十日內聲請法院撤銷或

變更之。而此時縱使處分已執行完畢，法院仍應加以審查，不得以已執行終結而無實益為由而為駁回之裁定。

　　又刑事訴訟法第121條之6第5項則規定：「第四百零九條至第四百十四條規定，於前項情形準用之。」刑事訴訟法第409條至第414條主要針對抗告無停止執行等為規定，依此規定自應於被告聲請法院撤銷或變更上開處分時加以準用。

　　又依刑事訴訟法第121條之6第6項之規定：「對於第二項及第四項之裁定，不得抗告。」故無論法院撤銷本條第2項檢察官或執行處所之戒護人員所為限制、扣押或其他必要之處分，抑或被告對於上開限制、扣押或其他必要之處分不服聲請法院撤銷或變更，則法院所作之裁定，均不得提起抗告，以避免訴訟程序之延宕。

第十二節　搜索及扣押

一、搜索

（一）意義

　　搜索（Search）係指以發現物或人為目的，而對於身體、物件、電磁紀錄及住宅或其他一定之處所施以搜查之強制處分手段。

（二）對象及要件

1. 被告或犯罪嫌疑人

　　刑事訴訟法第122條第1項規定：「對於被告或犯罪嫌疑人之身體、物件、電磁紀錄及住宅或其他處所，必要時得搜索之。」此乃對於被告或犯罪嫌疑人搜索之規定，搜索之範圍包括其身體、物件、電磁紀錄及其住所或其他相關之場所。所謂身體包括身體之外部及其附著之衣物在內，惟應依受搜索人現有狀態之下為之，如對於身體之外部全裸式之檢查或對於身體內部為檢查，則基於人權保障之觀點，應屬於勘驗之範疇，而非搜索，

此時應依勘驗之相關規定為之，不得認係搜索。而所謂物件則指被告或犯罪嫌疑人所持有或保管中之物品；另所謂電磁紀錄則依刑法第10條第6項之定義，係指以電子、磁性、光學或其他相類之方式所製成，而供電腦處理之紀錄而言；至於住宅包括相附連之庭園、車庫等在內，非僅限於住宅本體；其他處所則指住宅以外其他之場所，不以有建築物之形式為限。

對於被告或犯罪嫌疑人之搜索以必要時為限，所謂「必要時」係指非經由搜索之程序無法發現可供扣押之物，而達到扣押之目的而言，應依比例原則，參酌犯罪行為危害之重大性、可扣押物品作為證物之重要性，不經由搜索得達到相同目的之可能性等因素加以考量，如非屬必要，則不得予以搜索。

近年實務見解對於所謂搜索之必要性之認定有愈加嚴格之趨勢，如「所謂必要，乃指除此之外，別無他途可以取代，是應衡量可能之所得和確定所失之比例。從而，受理聲請之公平法院，必須居於中立、客觀、超然立場，在打擊犯罪及損害人民權益之間，對於聲請機關提出之資料，確實審核，善盡把關職責，不能一概准許，淪為檢、警之橡皮圖章。具體而言，倘祇有單項之情資、線報或跡象，既未經檢、警初步查對補強，應認聲請搜索之理由不相當；若另有其他較為便捷、有效之蒐證方法，當認無搜索之必要。」此有最高法院102年度台上字第3127號判決意旨可供參照。

2. 對於第三人之身體、物件、電磁紀錄及住宅或其他處所

又刑事訴訟法第122條第2項規定：「對於第三人之身體、物件、電磁紀錄及住宅或其他處所，以有相當理由可信為被告或犯罪嫌疑人或應扣押之物或電磁紀錄存在時為限，得搜索之。」此係對於第三人搜索之規定，故除被告及犯罪嫌疑人外，其他之第三人亦得為搜索之對象。所謂之身體、物件、電磁紀錄及住宅或其他處所，應以上開對於被告或犯罪嫌疑人之搜索作相同之解釋。

對於被告或犯罪嫌疑人以外之第三人為搜索，其條件應較為嚴格，以落實基本人權之保障，故應以「有相當之理由」（Probable Cause）為搜索之條件。所謂有相當之理由，係指有一定之事實根據，而合理地相信

被告或犯罪嫌疑人或應扣押之物或電磁紀錄存在而言[9]。故而是否有「相當之理由」，非以搜索者主觀標準判斷，尚須有客觀之事實為依據，其與「必要時」之於搜索權之發動，差別在「相當理由」之標準要比「必要時」為高，而此要件應由搜索票之聲請人於聲請書上釋明之，如「所稱相當理由，即必須有相當之情資、線報或跡象，作為基礎，據此可以合理相信犯罪之人、事、物存在，或然率要有百分之五十以上，既非憑空想像，亦非杯弓蛇影，自須有一定程度之把握。」此有最高法院102年度台上字第3127號判決意旨可供參照。

（三）種類

搜索以有無搜索票為區分之基準，可分為「有令狀搜索」（有票搜索）與「無令狀搜索」（無票搜索），其中「有令狀搜索」係「原則」，「無令狀搜索」則為例外。於原則之情形，搜索應用搜索票，搜索票由法官簽發，亦即以法官為決定機關，目的在保護人民免受非法之搜索、扣押。惟因搜索本質上乃帶有急迫性、突襲性之處分，有時稍縱即逝，若均必待聲請搜索票之後始得行之，則時過境遷，勢難達其搜索之目的，故刑事訴訟法乃承認不用搜索票而搜索之例外情形，稱為無令狀搜索或無票搜索，依刑事訴訟法之規定，可分為刑事訴訟法第130條規定之附帶搜索、刑事訴訟法第131條第1項、第2項規定之二種不同之逕行搜索（或稱為緊急搜索）及刑事訴訟法第131條之1之同意搜索等三種。

1. 一般搜索

一般之搜索係要式行為，必須有搜索票（Search Warrants）始得為之，此即所謂之令狀主義。故依刑事訴訟法第128條第1項規定：「搜索，應用搜索票。」又同條第2項規定：「搜索票，應記載下列事項：一、案由。二、應搜索之被告、犯罪嫌疑人或應扣押之物。但被告或犯罪嫌疑人不明時，得不予記載。三、應加搜索之處所、身體、物件或電磁紀錄。四、有效期間，逾期不得執行搜索及搜索後應將搜索票交還之意旨。」蓋

---

[9]　美國刑事訴訟法對於搜索係由執法之警方直接向法院聲請搜索票，此時警方必須提出書面之宣誓書（Affidavit），向法院證明欲扣押之物有相當之理由（Probable Cause）可信為係在特定之場所或特定之個人身上。

搜索係侵犯其個人隱私之行為，故搜索時有關於搜索之對象、應扣押之物及搜索之範圍應明確加以載明，執行搜索之公務員則應確實依照搜索票記載之被告姓名及處所加以執行，如係對非搜索票記載之人及處所執行搜索，則等同於無搜索票之搜索，自屬於違法之搜索，此有最高法院94年度台上字第2670號判決意旨可供參照。且搜索之期間亦應加以限定，不能逾期搜索，且於搜索後搜索票應交還，避免被加以濫用，並使法官明瞭搜索之結果。又依同條第3項之規定，搜索票由法官簽名，法官並得於搜索票上，對執行人員為適當之指示，故搜索之准許與否應由法官決定之，且為確保人權不受公權力過度侵害，法官亦得視個案具體狀況，於搜索票上對執行人員為適當之指示，例如指示應會同相關人員或採隱密方式等。又同條第4項則規定，核發搜索票之程序，不公開之。故對於偵查中聲請核發搜索票之程序，包括受理、訊問、補正、審核、分案、執行後陳報、事後審查、撤銷、抗告、抗告法院裁定等程序，各相關人員於本案起訴前均應依法保守秘密，不得公開，卷宗亦不得交辯護人閱覽。

　　依目前實務之見解認為，搜索票之記載，尤其應扣押之物之記載，應符合理明確性之要求，而應具體特定加以明示，如「刑事訴訟法第一百二十八條第二項明文列舉搜索票法定必要之應記載事項，此據以規範搜索票之應記載事項者，即學理上所謂概括搜索票禁止原則。其第二款應扣押之物，必須事先加以合理的具體特定與明示，方符明確界定搜索之對象與範圍之要求，以避免搜索扣押被濫用，而違反一般性（或稱釣魚式）搜索之禁止原則……搜索票上之應扣押之物應為如何記載，始符合理明確性之要求……自不以在該犯罪類型案件中有事實足認其存有者為限，尚及於一般經驗法則或邏輯推理上可得以推衍其存有之物。」此有最高法院100年度台上字第5065號判決意旨可供參照。

　　有關案件於偵查中之搜索，刑事訴訟法第128條之1第1項規定：「偵查中檢察官認有搜索之必要者，除第一百三十一條第二項所定情形外，應以書面記載前條第二項各款之事項，並敘述理由，聲請該管法院核發搜索票。」故而偵查中檢察官認有搜索之必要者，除第131條第2項所定情形外，應以書面記載第122條第2項各款之事項，並敘述理由，聲請該管法院核發搜索票，此為檢察官於偵查中認為有必要進行搜索時，得聲請法院核發搜索票之規定，而所謂「該管」法院，應指偵查中之案件如於將來起訴後有管轄權之法院而言，此有最高法院97年度台聲字第23號裁定可供參

照。至同條第2項規定：「司法警察官因調查犯罪嫌疑人犯罪情形及蒐集證據，認有搜索之必要時，得依前項規定，報請檢察官許可後，向該管法院聲請核發搜索票。」故而司法警察官因調查犯罪嫌疑人犯罪情形及蒐集證據，認有搜索之必要時，得先報請檢察官許可後，再向該管法院聲請核發搜索票，此乃因檢察官係偵查之主體機關，故司法警察官應在檢察官之監督下向法院聲請搜索票後為搜索之行為。目前實務上，檢察官、司法警察官聲請核發搜索票之案件，均由聲請人或其指定之人，持聲請書直接請求法院值日之法官受理（不先分案，俟次一上班日再送分案室），而法官於受理後應妥速審核、即時裁定，對於重大刑事案件或社會矚目案件之聲請搜索票，必要時得組合議庭辦理，又法官於作出裁定之前，如認有必要時，亦得通知聲請人或其指定到場之人補正必要之理由或資料，或為必要之訊問或即時之調查後，逕行審核裁定之。法院審核搜索票之聲請，不論准駁，均得以簡便方式直接在聲請書上批示其要旨，如准予核發，書記官應於聲請書上將實際掣給搜索票之時間予以明確記載，並確實核對聲請人或其指定之人之職員證件後由其簽收搜索票。如為駁回之裁定，書記官應將聲請書原本存查，影本交付聲請人。又同條第3項規定：「前二項之聲請經法院駁回者，不得聲明不服。」故而檢察官或司法警察官核發搜索票之聲請，經法院加以駁回者，不得聲明不服。

上開之規定僅適用於起訴前之偵查或調查中，如案件經起訴後，因起訴之被告業經特定，且起訴後檢察官係當事人之一，與被告處於對等之地位，故審判中檢察官如認為有進行搜索之必要時，應依一般聲請調查證據之方式為之，而其他當事人亦得聲請，法院應視有無調查之必要而決定是否進行搜索，另法院亦可在有應依職權調查證據之情況下主動發動搜索。

2. 附帶搜索

如上所述，搜索原則上為要式之行為，須有搜索票始得為之，惟亦有例外之情況係屬於不要式行為，亦即不須用搜索票即得為之，此乃屬於搜索令狀主義之例外，其中之一即為附帶搜索。依刑事訴訟法第130條之規定：「檢察官、檢察事務官、司法警察官或司法警察逮捕被告、犯罪嫌疑人或執行拘提、羈押時，雖無搜索票，得逕行搜索其身體、隨身攜帶之物件、所使用之交通工具及其立即可觸及之處所。」此即所謂之附帶搜索。

附帶搜索係因考量被告或犯罪嫌疑人在被逮捕時，或進行拘提或羈押

時，有可能即時將證據加以湮滅，或身上藏有武器足以抵抗逮捕或拘提、羈押，故為保全證據及防止對於執行逮捕、拘提或羈押之人員人身安全，故法律特別允許在無搜索票之情況下得進行搜索，故而刑事訴訟法第130條所規定之附帶搜索，係為因應搜索本質上帶有急迫性、突襲性之處分，難免發生時間上不及聲請搜索票之急迫情形，於實施拘捕行為之際，基於保護執行人員人身安全，及防止被拘捕人逃亡與湮滅罪證，在必要與不可或缺之限度下所設令狀搜索之例外規定；此一搜索之目的在於「發現應扣押物」（找物），因此對於受搜索人所得「立即控制」之範圍及場所，包括所使用具機動性之汽、機車等交通工具均得實施搜索，並於搜索過程中就所發現之物予以扣押之處分，此有最高法院110年台上字第4103號判決意旨可供參照。惟應注意，附帶搜索之範圍限於身體、隨身攜帶之物件、所使用之交通工具及其立即可觸及之處所，不得任意加以擴張其範圍[10]。

3. 逕行搜索（緊急搜索）

除上開所述之附帶搜索外，尚有逕行搜索（或稱為緊急搜索）亦係屬於不要式搜索之一種，其亦係屬於得於無搜索票之情形下進行搜索程序之情形，依刑事訴訟法第131條之規定，此種無搜索票下進行搜索之程序又可分為二種情形。

第一種逕行搜索之情形係依刑事訴訟法第131條第1項之規定，有下列情形之一者，檢察官、檢察事務官、司法警察官或司法警察，雖無搜索票，得逕行搜索住宅或其他處所：(1)因逮捕被告、犯罪嫌疑人或執行拘提、羈押，有事實足認被告或犯罪嫌疑人確實在內者；(2)因追躡現行犯或逮捕脫逃人，有事實足認現行犯或脫逃人確實在內者；(3)有明顯事實足信為有人在內犯罪而情形急迫者。故有上開所述之三種情形之一時，檢察官、檢察事務官、司法警察官或司法警察得無搜索票直接進行搜索。

本項逕行搜索係為因應搜索本質上帶有急迫性、突襲性之處分，難免發生時間上不及聲請搜索票之急迫情形，於實施拘捕行為之際，基於防止被逮捕人逃亡，在必要與不可或缺之限度下所設令狀搜索之例外規定；其前提應以有合法拘捕或羈押行為之存在為必要，旨在「發現應受拘捕之

10　所謂立即可觸及之處所係參考美國最高法院在Harris v. United States（390 U.S. 234 1968）一案中所建立之一目瞭然原則（Plain View Doctrine），依該原則警察對於其有權進入之場所以單純目視之方式所及範圍內之物有權加以扣押作為證據。

人」（找人），而非蒐集保全證據或發現應扣押物，自不得從事逸出拘捕目的之搜索、扣押行為，並應於拘捕目的達成後立即終止，除另行實施附帶搜索並扣押因此所得及「目視所及」之應扣押物外，不得再為任何搜索、扣押。易言之，此種情形下之逕行搜索，其搜索之範圍僅限於「住宅」或「其他處所」，所稱「其他處所」自應與住宅相類之處所為限，而其搜索之對象在於「人」而非「物」，如依照此一規定逕行在民宅搜索物品，則其搜索即屬於違法之逕行搜索。

第二種逕行搜索之情形則係依刑事訴訟法第131條第2項之規定，檢察官於偵查中確有相當理由認為情況急迫，非迅速搜索，二十四小時內證據有偽造、變造、湮滅或隱匿之虞者，得逕行搜索，或指揮檢察事務官、司法警察官或司法警察執行搜索，並層報檢察長。此項規定之目的在於對於刑事證據加以保全，其發動者為檢察官，且限於案件在偵查程序中，並以有相當理由認為情況急迫，無法等候進行聲請法院核發搜索票之程序，否則犯罪之相關證據在二十四小時內有偽造、變造、湮滅或隱匿之虞。應注意者，此項係屬保全證據之逕行搜索，其目的係為保全證據而設，且並無如同條第1項規定有「搜索住宅或其他處所」之文字，故而得搜索之客體，自然係包括被告、犯罪嫌疑人或第三人之身體、物件、電磁紀錄、住宅或其他處所在內均得為之，而不若上開第一種逕行搜索之情形，搜索客體僅限於住宅或其他處所，此有最高法院95年度台上字第3979號判決意旨可供參照。又檢察官限於人力物力之不足，亦得指揮檢察事務官、司法警察官或司法警察執行搜索進行本項之逕行搜索，並非得親自為搜索之行為始可。又逕行搜索係不要式之搜索，屬於例外之情形，故基於檢察一體之體制，檢察官在發動逕行搜索時應層報檢察長知悉。

又依刑事訴訟法第131條第3項之規定，上開之逕行搜索，如係由檢察官所為者，應於實施後三日內陳報該管法院，如係由檢察事務官、司法警察官或司法警察所為者，應於執行後三日內報告該管檢察署檢察官及法院，而法院於接獲陳報或報告後，經審核認為不符合逕行搜索之要件而不應准許者，應於五日內撤銷之。此項規定乃對於逕行搜索之事後審查之機制，蓋逕行搜索係因時間較為急迫，如先經向法院聲請核發搜索票之程序，恐失偵查之先機，故例外地允許在無搜索票之情形下進行搜索，惟因搜索程序之進行本質上侵犯個人基本權利甚鉅，故仍須在事後由進行逕行搜索之檢察官或檢察事務官、司法警察官、司法警察等向法院陳報或報

告，由法院在事後加以審核，如認為符合逕行搜索之要件，則法院即逕予備查即可，惟如認為不符合逕行搜索之要件，或檢察官等未依法於期限內陳報或報告，則應對於先前進行之逕行搜索程序予以撤銷，以免檢察官等藉由逕行搜索之名義，迴避法院對於搜索程序核准與否之權限。目前實務上之做法，法院於受理檢察官、司法警察官、司法警察逕行搜索之陳報案件後，於審查時得為必要之訊問或調查，惟應注意是否具有相當性、必要性及急迫性，並不得公開行之。審查結果，認為尚未見有違反法律規定者，可逕於陳報書上批示「備查」後逕予報結（歸檔）；如認為有不符合法律規定或係無特定標的物之搜索，應於受理後五日內以裁定撤銷之，此項裁定僅撤銷其搜索程序。

　　至於實務上法院審查緊急搜索之判斷基準為何，難免有所爭議，對此有認為：「刑事訴訟法第一百三十一條第二項關於緊急搜索之規定，屬搜索採令狀主義之例外，雖得不用搜索票而逕行搜索，僅事後陳報即可，然須以二十四小時內，證據有偽造、變造、湮滅或隱匿之虞為前提。是法院對於緊急搜索所得之證據，除應審查其事後有無依法陳報法院及已否經法院撤銷等形式要件，並應綜合一切客觀情狀，就是否合於緊急搜索之前提為實質判斷，……尤其被告苟執搜索非出於緊急而屬違法為辯時，更應詳述審查、判斷所憑之證據及結果，否則即有判決理由不備之違法。」此有最高法院96年台上字第4431號判決意旨可供參照。

　　此外，依刑事訴訟法第131條第4項之規定，上開之逕行搜索於執行之後未陳報該管法院或經法院撤銷者，審判時法院得宣告所扣得之物，不得作為證據，此係有關於證據能力之部分，留待以下有關證據能力之章節再加以探討。

4. 同意搜索

　　另除上開所述之附帶搜索及逕行搜索以外，尚有所謂之同意搜索亦屬於不要式搜索之一種。刑事訴訟法第131條之1之規定：「搜索，經受搜索人出於自願性同意者，得不使用搜索票。但執行人員應出示證件，並將其同意之意旨記載於筆錄。」此乃因搜索侵犯個人之隱私權，故原則上須經法院之許可始得為之，惟如經受搜索人之同意，則當然可不經法院之允許而加以搜索。惟此許可之同意須為自願性之同意，易言之，此同意須受搜索之人出於本身自由之意志而決定同意接受搜索之程序，如係因受他人

之強暴、脅迫、詐欺或利誘等不正方式之影響所爲同意之表示，則非屬此之自願性同意，而不符合同意搜索之要件。故是否屬於此所稱之自願性同意，須綜合一切情狀而爲判斷，例如搜索訊問的方式是否有威脅性、同意者意識強弱、教育程度、智商等，均應綜合考慮。又同意搜索必須遵循「先同意後搜索」之制度精神，因而不能事後同意或事後加以追認，否則容易引發同意搜索被濫用之情形發生，況且如承認同意搜索之同意可以在搜索之事後爲之，則事後追認之期限爲何，由於法未明文，必然會引起法律上之爭議。

又同意搜索是否以有「相當理由」爲要件，實務上採取否定之見解，認爲刑事訴訟法第131條之1規定之受搜索人自願性同意搜索，係以執行人員於執行搜索前應出示證件，查明受搜索人有無同意之權限，並應將其同意之意旨記載於筆錄，由受搜索人簽名或出具書面表明同意之旨爲程序規範，並以一般意識健全具有是非辨別能力之人，因搜索人員之出示證件表明身分與來意，均得以理解或意識到搜索之意思及效果，而有參與該訴訟程序及表達意見之機會，可以自我決定選擇同意或拒絕，非出於強暴、脅迫、利誘、詐欺或其他公權力之不當施壓所爲之同意爲其實質要件。自願性同意之搜索，不以有「相當理由」爲必要；被搜索人之同意是否出於自願，應依案件之具體情況爲綜合判斷，此有最高法院100年度台上字第1731號判決意旨可供參照。

另外，同意搜索時執行之人員應出示證件，以確定其爲有偵查犯罪職權之公務員，同時並應將受搜索人同意之意旨記載於筆錄，以資明確而免事後有所爭執。惟目前我國之實務見解大多承認只要先取得同意，事後於筆錄或搜索同意書再補正簽名，亦爲合法舉措，此有最高法院96年度台上字第1811號、100年度台上字第2329號、100年度台上字第6646號判決之內容可供參照。同意後之簽名僅係補足形式上之要件，在搜索完畢後爲之亦無不可。惟實務上亦偶見不同之見解，如「（自願性同意搜索）執行人員應於執行搜索場所，當場出示證件，先查明受搜索人有無同意權限，同時將其同意之意旨記載於筆錄（書面）後，始得據以執行搜索，此之筆錄（書面）祇能在搜索之前或當時完成，不能於事後補正。」此有最高法院100年度台上字第7112號判決意旨可供參照。

（四）搜索之進行

1. 限制

　　搜索程序之進行有法律之限制，其中依刑事訴訟法第123條之規定，搜索婦女之身體，應命婦女行之，但不能由婦女行之者，不在此限。此在於保障婦女之身體不受不必要之侵犯，惟如事實上並無可資執行搜索之婦女，則不在此限，仍得由男性對於婦女進行搜索。又刑事訴訟法第127條另規定，軍事上應秘密之處所，非得該管長官之允許，不得搜索；此規定為對於搜索處所之限制，皆在於保障軍事上相關之機密，故應得該管長官之允許始得為之；惟同條第2項亦規定，該管長官除有妨害國家重大利益者外，不得拒絕搜索之程序，以免他人以軍事之機密任意拒絕搜索，而妨害犯罪之偵查。

2. 應注意事項

　　依刑事訴訟法第124條之規定，搜索應保守秘密，並應注意受搜索人之名譽。並搜索原則上係案件尚在偵查中，基於偵查不公開之相同理由，有關搜索程序之進行，亦應保守秘密，避免搜索相關資料外洩，而影響日後偵查之進行，同時並應注意受搜索人名譽之保護，以免受搜索人因搜索程序之進行，而名譽受到損害。

　　又依刑事訴訟法第125條之規定，經搜索而未發見應扣押之物者，應付與證明書於受搜索人，此證明書之用意，在於證明受搜索之人經搜索後並未發現犯罪相關之證據，由執行搜索之人員交付予受搜索之人收受。

　　又依刑事訴訟法第132條之規定，抗拒搜索者，得用強制力搜索之，但不得逾必要之程度。執行搜索之時如遇有抗拒，當然應允許以強制力排除抗拒，以免影響搜索程序之進行，惟排除抗拒之行為，應以適足以排除抗拒順利進行搜索為已足，不得逾越必要之程度，造成他人身體或自由的基本權利受到侵害，此項規定乃為比例原則之具體表現。

　　又依刑事訴訟法第132條之1之規定，檢察官或司法警察官於聲請核發之搜索票執行後，應將執行結果陳報核發搜索票之法院，如未能執行者，應敘明其事由。此一規定在於使核發搜索票之法院，得以瞭解搜索程序進行之情形，而得以採取必要之措施。

（五）搜索與警察之臨檢

　　目前實務上較有問題者乃警察人員實施臨檢之程序，與刑事訴訟法之搜索有何不同及如何區分，蓋原則上所謂之搜索，係屬刑事訴訟程序，其法律之依據係刑事訴訟法有關之規定，而警察人員實施臨檢（其內容包含攔阻、盤查等行為），係屬警察行政之程序，其依據之法律則係警察職權行使法及警察勤務條例，故基本定性及執行之法律依據均不相同。惟警察人員之身分除為行政人員外，亦係實施刑事訴訟程序之公務員，而衡諸犯罪之發覺，通常隨證據之浮現而逐步演變，可能原先不知有犯罪，卻因行政檢查，偶然發現刑事犯罪，是欲將此二種不同程序截然劃分，有時甚為困難，故而搜索與臨檢之間有時甚難明確區別。實務上常見警察人員依警察職權行使法或警察勤務條例等法律規定執行臨檢等勤務時，發覺受檢人員行為怪異或可疑，有相當理由認為可能涉及犯罪，而進一步依據刑事訴訟法之相關規定為拘捕或附帶搜索。

　　刑事訴訟法有關搜索之規定業如上所述，至於警察職權行使法有關臨檢之規定見於第6條、第7條及第8條，其第6條規定：「警察於公共場所或合法進入之場所，得對於下列各款之人查證其身分：一、合理懷疑其有犯罪之嫌疑或有犯罪之虞者。……」第7條規定：「警察依前條規定，為查證人民身分，得採取下列之必要措施：一、攔停人、車、船及其他交通工具……」第8條則規定：「警察對於已發生危害或依客觀合理判斷易生危害之交通工具，得予以攔停並採行下列措施：一、要求駕駛人或乘客出示相關證件或查證其身分。二、檢查引擎、車身號碼或其他足資識別之特徵。……」又警察勤務條例第11條則規定：「警察勤務方式如下：一、勤區查察：……三、臨檢：於公共場所或指定處所、路段，由服勤人員擔任臨場檢查或路檢，執行取締、盤查及有關法令賦予之勤務。」

　　有關搜索及警察人員實施臨檢及盤查，由於原來之警察勤務條例並無明確之規範，我國司法院大法官會議於民國90年12月14日釋字第535號解釋闡明：「警察勤務條例規定警察機關執行勤務之編組及分工，並對執行勤務得採取之方式加以列舉，已非單純之組織法，實兼有行為法之性質。依該條例第十一條第三款，臨檢自屬警察執行勤務方式之一種。臨檢實施之手段：檢查、路檢、取締或盤查等不問其名稱為何，均屬對人或物之查驗、干預，影響人民行動自由、財產權及隱私權等甚鉅，應恪遵法治國家

警察執勤之原則。實施臨檢之要件、程序及對違法臨檢行為之救濟，均應有法律之明確規範，方符憲法保障人民自由權利之意旨。上開條例有關臨檢之規定，並無授權警察人員得不顧時間、地點及對象任意臨檢、取締或隨機檢查、盤查之立法本意。除法律另有規定外，警察人員執行場所之臨檢勤務，應限於已發生危害或依客觀、合理判斷易生危害之處所、交通工具或公共場所為之，其中處所為私人居住之空間者，並應受住宅相同之保障；對人實施之臨檢則須以有相當理由足認其行為已構成或即將發生危害者為限，且均應遵守比例原則，不得逾越必要程度。臨檢進行前應對在場者告以實施之事由，並出示證件表明其為執行人員之身分。臨檢應於現場實施，非經受臨檢人同意或無從確定其身分或現場為之對該受臨檢人將有不利影響或妨礙交通、安寧者，不得要求其同行至警察局、所進行盤查。其因發現違法事實，應依法定程序處理者外，身分一經查明，即應任其離去，不得稽延。前述條例第十一條第三款之規定，於符合上開解釋意旨範圍內，予以適用，始無悖於維護人權之憲法意旨。現行警察執行職務法規有欠完備，有關機關應於本解釋公布之日起二年內依解釋意旨，且參酌社會實際狀況，賦予警察人員執行勤務時應付突發事故之權限，俾對人民自由與警察自身安全之維護兼籌並顧，通盤檢討訂定，併此指明。警察勤務條例規定警察機關執行勤務之編組及分工，並對執行勤務得採取之方式加以列舉，已非單純之組織法，實兼有行為法之性質。依該條例第十一條第三款，臨檢自屬警察執行勤務方式之一種。臨檢實施之手段：檢查、路檢、取締或盤查等不問其名稱為何，均屬對人或物之查驗、干預，影響人民行動自由、財產權及隱私權等甚鉅，應恪遵法治國家警察執勤之原則。實施臨檢之要件、程序及對違法臨檢行為之救濟，均應有法律之明確規範，方符憲法保障人民自由權利之意旨。上開條例有關臨檢之規定，並無授權警察人員得不顧時間、地點及對象任意臨檢、取締或隨機檢查、盤查之立法本意。除法律另有規定外，警察人員執行場所之臨檢勤務，應限於已發生危害或依客觀、合理判斷易生危害之處所、交通工具或公共場所為之，其中處所為私人居住之空間者，並應受住宅相同之保障；對人實施之臨檢則須以有相當理由足認其行為已構成或即將發生危害者為限，且均應遵守比例原則，不得逾越必要程度。臨檢進行前應對在場者告以實施之事由，並出示證件表明其為執行人員之身分。臨檢應於現場實施，非經受臨檢人同意或無從確定其身分或現場為之對該受臨檢人將有不利影響或妨礙

交通、安寧者，不得要求其同行至警察局、所進行盤查。其因發現違法事實，應依法定程序處理者外，身分一經查明，即應任其離去，不得稽延。前述條例第十一條第三款之規定，於符合上開解釋意旨範圍內，予以適用，始無悖於維護人權之憲法意旨。現行警察執行職務法規有欠完備，有關機關應於本解釋公布之日起二年內依解釋意旨，且參酌社會實際狀況，賦予警察人員執行勤務時應付突發事故之權限，俾對人民自由與警察自身安全之維護兼籌並顧，通盤檢討訂定，併此指明。」此一解釋明白揭示警察進行臨檢所應符合之條件及限制，上開警察職權行使法及警察勤務條例即係依此解釋之意旨而作之修正結果。

　　惟上開解釋並未針對刑事訴訟程序之搜索及警察行政程序之臨檢及盤查作出明確之區分，目前實務上則認為：「臨檢乃警察對人或場所涉及現在或過去某些不當或違法行為產生合理懷疑時，為維持公共秩序及防止危害發生，在公共場所或指定之場所攔阻、盤查人民之一種執行勤務方式。而臨檢與刑事訴訟法之搜索，均係對人或物之查驗、干預，而影響人民之基本權，惟臨檢係屬非強制性之行政處分，其目的在於犯罪預防、維護社會安全，並非對犯罪行為為搜查，無須令狀即得為之；搜索則為強制性之司法處分，其目的在於犯罪之偵查，藉以發現被告、犯罪證據及可得沒收之物，原則上須有令狀始能為之。是臨檢之實施手段、範圍自不適用且應小於刑事訴訟法關於搜索之相關規定，則僅能對人民之身體或場所、交通工具、公共場所為目視搜尋，亦即只限於觀察人、物或場所之外表（即以一目瞭然為限），若要進一步檢查，如開啟密封物或後車廂，即應得受檢者之同意，不得擅自為之。」此有最高法院101年度台上字第763號判決意旨可供參照。故而目前實務之見解係認為警察人員實施臨檢，其性質係屬非強制性之行政處分，與刑事訴訟程序之搜索為強制性之司法處分不同，而警察人員實施臨檢其法律依據則為警察勤務條例等相關警察行政法之規定，與刑事訴訟法之程序規定不可混為一談。

二、扣押

（一）意義

　　所謂扣押（Seizure）係指對於物體依一定之程序取得事實上占有之強

制處分。扣押僅係取得物之事實上之占有，對於物之所有權或其他物權權利並不生影響，故物雖經扣押，其所有權人之所有權依然存在，對於扣押之物始得進行買賣，僅其現實上無法交付而爲移轉，可能產生履行買賣契約之問題。

（二）客體

刑事訴訟法第133條第1項規定，得作爲扣押之客體者，爲可爲證據或得沒收之物。所謂可爲證據之物，即指於將來特定之刑事案件進行訴訟時，得作爲證據加以使用之物而言，例如於殺人案件中用於殺害被害人之水果刀等；而所謂得沒收之物，則指依刑法或其他相關法律之規定，應宣告沒收或得宣告沒收之物而言，例如依刑法第38條第1項第2款規定供犯罪所用之物得沒收，則於竊盜案件中用於竊取他人財物之工具等是也。又爲配合刑法沒收新制，同條第2項則規定：「爲保全追徵，必要時得酌量扣押犯罪嫌疑人、被告或第三人之財產。」故而於認爲「必要時」，檢察官或法官亦得斟酌個案之情形，扣押犯罪嫌疑人、被告或第三人之財產，以作爲將來執行追徵財產之擔保。至於何謂必要時，則應依個案之情節加以判斷，無法一概而論。

（三）種類

1. 一般扣押

扣押一般而言多係經由搜索之程序而進行，而搜索之目的亦多在於扣押，又搜索票應記載應扣押之物，業如上述，故執行搜索時如發現搜索票所記載應扣押之物時，自得加以扣押，此即稱之爲一般扣押。而一般之扣押除經由搜索之方式爲之外，依刑事訴訟法第133條第3項之規定，亦得對於應扣押物之所有人、持有人或保管人，命其提出或交付，此時應於扣押物之所有人、持有人或保管人提出或交付扣押物後加以扣押。

2. 附帶扣押

又如進行搜索時發現有爲本案應扣押之物，惟搜索票並未記載，此時依刑事訴訟法第137條第1項之規定，檢察官、檢察事務官、司法警察官或

司法警察執行搜索或扣押時，發現本案應扣押之物為搜索票或扣押裁定所未記載者，亦得扣押之，此稱之為附帶扣押。附帶扣押之規定係一時之權宜措施，故同條第2項規定，第131條第3項有關於事後陳報或報告法院進行審查之規定於附帶扣押時亦準用之。

3. 另案扣押

又實施搜索或扣押之程序時，亦可能發現有可供作另案之證據或屬於另案得沒收之物時，此時得否逕予扣押，恐有疑問，因此刑事訴訟法第152條規定：「實施搜索或扣押時，發見另案應扣押之物亦得扣押之，分別送交該管法院或檢察官。」此一般稱之為「另案扣押」[11]。另案扣押之規定係源自於上開所述「一目瞭然」之法則，亦即執法人員在合法執行本案搜索、扣押時，若在目視範圍以內發現另案應扣押之物，得無令狀予以扣押之。所謂另案，不以已經發覺之案件為限，以便機動性地保全該證據，俾利於真實之發現及公共利益之維護；但為避免執法人員假藉搜索票進行所謂釣魚式之搜索，此之扣押所容許者，應僅限於執法人員以目視方式發現之其他證據，而非授權執法人員進行另一搜索行為。

本條就另案扣押所取得之物，雖僅規定「分別送交該管法院或檢察官」，而無類如同法第137條「附帶扣押」第2項準用第131條第3項之規定，應報由法院進行事後審查扣押之合法性，惟實務見解認為，有鑑於其仍屬事先未經令狀審查之扣押，對扣押物而言，性質上與無票搜索無殊，故案件遇有司法警察機關實施「另案扣押」時，法院自仍應依職權審查其前階段之本案搜索是否合法，苟前階段之搜索違法，則後階段之「另案扣押」應屬第二次違法，所取得之證據應予排除；至若前階段之搜索合法，則應就個案之具體情節，審視其有無相當理由信其係得為證據或得沒收之物，是否為司法警察意外、偶然之發現，以及依扣押物之性質與有無扣押之必要性，據以判斷「另案扣押」是否符合法律之正當性，並有刑事訴訟法第158條之4規定之適用；此有最高法院103年度台上字第448號判決意旨可供參照。

---

[11] 另案扣押亦屬搜索票未記載物品之扣押，其侵害基本權利之程度不下於附帶扣押，惟其並未如附帶扣押有陳報或報告法院之事後審查機制相關規定，此似為立法上疏漏之處，於將來刑事訴訟法修正之時應予列入考量。

4. 非附隨於搜索之扣押

　　扣押之進行原則上多附隨在搜索之程序中，惟亦有非附隨在搜索程序中之扣押進行，亦即獨立進行之扣押程序。刑事訴訟法第133條之1第1項規定：「非附隨於搜索之扣押，除以得爲證據之物而扣押或經受扣押標的權利人同意者外，應經法官裁定。」因而非附隨於搜索程序而進行之扣押，原則上係採取令狀主義，應由法官裁定准許後始得爲之。例外情形如以得爲證據之物而扣押或經受扣押標的權利人同意者，則得以直接進行無須法官之同意。惟同條第2項規定：「前項之同意，執行人員應出示證件，並先告知受扣押標的權利人得拒絕扣押，無須違背自己之意思而爲同意，並將其同意之意旨記載於筆錄。」故而執行人員應出示證件，並踐行得拒絕之告知義務後，再將其同意之意旨記載於筆錄，其同意始無瑕疵。

　　刑事訴訟法第133條之1第3項則規定：「第一項裁定，應記載下列事項：一、案由。二、應受扣押裁定之人及扣押標的。但應受扣押裁定之人不明時，得不予記載。三、得執行之有效期間及逾期不得執行之意旨；法官並得於裁定中，對執行人員爲適當之指示。」又第4項規定：「核發第一項裁定之程序，不公開之。」

　　又如案件係屬偵查中而檢察官認爲有獨立行使扣押程序而有聲請前條扣押裁定之必要時，則刑事訴訟法第133條之2第1項規定：「偵查中檢察官認有聲請前條扣押裁定之必要時，應以書面記載前條第三項第一款、第二款之事項，並敘述理由，聲請該管法院裁定。」第2項規定：「司法警察官認有爲扣押之必要時，得依前項規定報請檢察官許可後，向該管法院聲請核發扣押裁定。」實務上法院於受理聲請核發扣押裁定之案件後，應妥速審核、即時裁定，關涉重大或社會矚目案件者，必要時得合議行之，裁定前，並得命聲請人補正理由、資料，或爲必要之訊問、調查。審核扣押之聲請，應視聲請之目的係爲保全沒收或追徵，就其所敘述之理由及所爲之釋明，是否屬於「得沒收之物」，或是否符合「必要」、「酌量」等要件，而爲准否之裁定；其證據法則毋庸嚴格證明，以自由證明爲已足，如經綜合判斷，具有一定可信度之傳聞、傳述，亦得據爲聲請之理由。法院審核結果，不論准駁，均應以裁定爲之，其後書記官應確實核對聲請人或其指定之人身分證件後，由其簽收。如屬駁回之裁定，書記官應將聲請書原本存查，影本交付聲請人或其指定之人；聲請人於法院裁定前撤回聲

請者，亦同。

　　又刑事訴訟法第133條之2第3項規定：「檢察官、檢察事務官、司法警察官或司法警察於偵查中有相當理由認為情況急迫，有立即扣押之必要時，得逕行扣押；檢察官亦得指揮檢察事務官、司法警察官或司法警察執行。」又第4項則規定：「前項之扣押，由檢察官為之者，應於實施後三日內陳報該管法院；由檢察事務官、司法警察官或司法警察為之者，應於執行後三日內報告該管檢察署檢察官及法院。法院認為不應准許者，應於五日內撤銷之。」此規定之內容與上開所述刑事訴訟法第131條第2項規定之逕行搜索相同，故有關立法之理由及相關審查標準，可參照上開逕行搜索之說明，於此不再贅述。又同條第5條規定：「第一項及第二項之聲請經駁回者，不得聲明不服。」

（四）扣押之方式

　　至於實施扣押之方式，除搜索時得以強制力實施之外，刑事訴訟法第133條第3項規定：「對於應扣押物之所有人、持有人或保管人，得命其提出或交付。」此時依刑事訴訟法第138條之規定，應扣押物之所有人、持有人或保管人無正當理由拒絕提出或交付或抗拒扣押者，得用強制力扣押之，以達到執行扣押之目的。又依刑事訴訟法第133條第第4項規定：「扣押不動產、船舶、航空器，得以通知主管機關為扣押登記之方法為之。」第5項則規定：「扣押債權得以發扣押命令禁止向債務人收取或為其他處分，並禁止向被告或第三人清償之方法為之。」故法院扣押不動產、船舶、航空器，得以通知主管機關為查封登記之方式為之，例如：已登記之不動產，得囑託地政機關辦理查封登記；船舶得囑託航政機關為查封登記，囑託海關禁止辦理結關及囑託航政機關之港務局禁止船舶出海；航空器得囑託交通部民用航空局辦理查封登記，並禁止該航空器飛航。

（五）扣押之效果

　　刑事訴訟法第133條第6項規定：「依本法所為之扣押，具有禁止處分之效力，不妨礙民事假扣押、假處分及終局執行之查封、扣押。」故而依刑事訴訟法之規定而為之扣押，對於標的物進行之民事假扣押、假處分及

終局執行之查封、扣押不生影響。

（六）扣押之限制

1. 一般公物、公文書

　　刑事訴訟法第126條規定：「政府機關或公務員所持有或保管之文書及其他物件應扣押者，應請求交付。但於必要時得搜索之。」基於尊重政府機關或公務員之職掌，如認為其等所持有或保管之文書及其他物件應扣押，則應以訂得交付之方式為之；惟有必要時仍得進行搜索，有無必要自應依據個案之情節加以判斷。

2. 應守密之公物、公文書

　　刑事訴訟法第134條第1項規定：「政府機關、公務員或曾為公務員之人所持有或保管之文書及其他物件，如為其職務上應守秘密者，非經該管監督機關或公務員允許，不得扣押。」對於此類應加以守密之公物或公文書，不得任意加以扣押，應先得該管監督機關或公務員之允許後始得加以扣押。又同條第2項復規定：「前項允許，除有妨害國家之利益者外，不得拒絕。」此乃為防止公務人員任意拒絕對於公物或公文書之扣押，而影響犯罪之偵查或將來審判之進行。

3. 郵電

　　刑事訴訟法第135條第1項規定：「郵政或電信機關，或執行郵電事務之人員所持有或保管之郵件、電報，有左列情形之一者，得扣押之：一、有相當理由可信其與本案有關係者。二、為被告所發或寄交被告者。但與辯護人往來之郵件、電報，以可認為犯罪證據或有湮滅、偽造、變造證據或勾串共犯或證人之虞，或被告已逃亡者為限。」

　　故對於郵政電信機關或人員所持有之郵件、電報，僅在符合上開所述之情形下始得加以扣押，此規定乃在於保障郵政或電信機關及人員執行郵電之業務行為，避免遭受不當之干涉。又同條第2項規定：「為前項扣押者，應即通知郵件、電報之發送人或收受人。但於訴訟程序有妨害者，不在此限。」例如通知郵件、電報之發送人或收受人時，可能使其知悉犯罪

偵查之進行情形，而爲逃亡或湮滅證據之行爲，此時即可不加以通知，以免影響犯罪偵查之進行。

（七）扣押之執行機關

刑事訴訟法第136條第1項規定：「扣押，除由法官或檢察官親自實施外，得命檢察事務官、司法警察官或司法警察執行。」因而扣押之執行係由法官或檢察官爲之，惟檢察官執行時得不親自爲之而命檢察事務官、司法警察官或司法警察執行。故法官爲保全證據、沒收、追徵，亦得親自實施扣押，惟依現行加強當事人進行主義色彩之刑事訴訟架構下，法院依職權調查證據僅居於補充性、輔佐性之地位，法院實施扣押仍以受聲請爲原則，且不論在法庭內、外爲之，除僅爲保全證據之扣押或經受扣押標的權利人同意者外，均應爲扣押之裁定，依法記載刑事訴訟法第133條之1第3項各款事項，出示於在場之人，或函知辦理登記之機關。

又刑事訴訟法第136條第2項規定：「命檢察事務官、司法警察官或司法警察執行扣押者，應於交與之搜索票或扣押裁定內，記載其事由。」故如係由法官、檢察官執行扣押時，僅告以扣押物之所有人、持有人或保管人扣押之事由即可，惟如係由檢察事務官、司法警察官或司法警察執行扣押時，則應以搜索之形式爲之，故應持搜索票爲之，並於搜索票內記載扣押之事由以資明確。

（八）扣押後之處置

刑事訴訟法第139條第1項規定：「扣押，應制作收據，詳記扣押物之名目，付與所有人、持有人或保管人。」此乃因扣押物將來有發還之問題，故以此作爲扣押之證明，以利將來作業發還之依據。又同條第2項亦規定，扣押物，應加封緘或其他標識，由扣押之機關或公務員蓋印；此在於證明扣押物係保持其原來扣押時之狀態，避免扣押物於扣押後遭到毀損或變更其內容。

另刑事訴訟法第140條第1項規定：「扣押物，因防其喪失或毀損，應爲適當之處置。」第2項規定：「不便搬運或保管之扣押物，得命人看守，或命所有人或其他適當之人保管。」第3項則規定：「易生危險之扣

押物，得毀棄之。」故而扣押物品，應視物品之性質妥爲保管處置，以防其喪失或毀損；不便搬運或保管之扣押物，得命人看守，或命所有人或其他適當之人保管；易生危險之扣押物，得毀棄之。

此外，爲避免扣押物因其物品之性質，在扣押後有喪失或毀損之可能或有保管不便之情形，刑事訴訟法第141條第1項乃規定：「得沒收或追徵之扣押物，有喪失毀損、減低價值之虞或不便保管、保管需費過鉅者，得變價之，保管其價金。」至於處理之機關，依同條第2項之規定：「前項變價，偵查中由檢察官爲之，審理中法院得囑託地方法院民事執行處代爲執行。」

又刑事訴訟法第142條之1第1項規定：「得沒收或追徵之扣押物，法院或檢察官依所有人或權利人之聲請，認爲適當者，得以裁定或命令定相當之擔保金，於繳納後，撤銷扣押。」第2項則規定：「第一百十九條之一之規定，於擔保金之存管、計息、發還準用之。」此乃爲兼顧扣押物之所有人有使用扣押物之急迫需求時，於繳納擔保金後撤銷扣押，使扣押物之所有人得以取回扣押物。

（九）扣押物之發還

如上所述，扣押僅係以公權力強制占有特定之物，其所有權之狀態並未變更，故刑事訴訟法第142條第1項乃規定：「扣押物若無留存之必要者，不待案件終結，應以法院之裁定或檢察官命令發還之；其係贓物而無第三人主張權利者，應發還被害人。」故扣押物如非屬得沒收之物，且無必要以扣押之手段作爲證據方法時，並無須等待案件終結，即可發還原所有人、持有人或保管人，如係贓物而無其他人主張對其有權利時，則發還予被害人。又同條第2項復規定：「扣押物因所有人、持有人或保管人之請求，得命其負保管之責，暫行發還。」故扣押之物如原所有人、持有人或保管人有加以利用之必要時，得請求扣押之法院或檢察署，暫時發還予其保管，應注意者乃此時扣押物仍屬扣押之狀態，僅暫時由原所有人、持有人或保管人代替扣押機關加以保管而已。

（十）留存物之準用

除上開所述之扣押物之外，如係被告、犯罪嫌疑人或第三人遺留在犯罪現場之物，或所有人、持有人或保管人任意提出或交付之物，經留存者，則稱之為留存物，有關於留存物之處置，依刑事訴訟法第143條之規定，準用上述第139條至第142條之1等五條有關於扣押物之處置及發還之條文相關規定。

三、搜索及扣押之共同規定

（一）必要處分

搜索及扣押之進行如遇有阻礙時，應允許執行搜索及扣押之人員進行必要之措施排除阻礙，以便順利完成搜索及扣押之程序，故刑事訴訟法第144條第1項即規定：「因搜索及扣押得開啟鎖扃、封緘或為其他必要之處分。」又為避免執行搜索及扣押時，第三人將欲搜索或扣押之標的物加以隱匿，或有關係人在執行搜索及扣押之現場妨害程序之進行，同條第2項乃規定：「執行扣押或搜索時，得封鎖現場，禁止在場人員離去，或禁止前條所定之被告、犯罪嫌疑人或第三人以外之人進入該處所。」此外依同條第3項之規定：「對於違反前項禁止命令者，得命其離開或交由適當之人看守至執行終了。」以確保搜索扣押之程序之進行。

（二）搜索票之提示

刑事訴訟法第145條乃規定：「法官、檢察官、檢察事務官、司法警察官或司法警察執行搜索及扣押，除依法得不用搜索票或扣押裁定之情形外，應以搜索票或扣押裁定示第一百四十八條在場之人。」此乃有關於搜索票提示之規定，其目的在使執行搜索或扣押之時，對於在場之人實現合法行使職權之告知義務。

（三）搜索或扣押之共同限制

搜索及扣押之執行有共同之限制，此項限制乃執行時間上之限制，縱

使合法持有搜索票進行搜索時亦應受到此項限制之規範，依刑事訴訟法第146條第1項之規定：「有人住居或看守之住宅或其他處所，不得於夜間入內搜索或扣押。但經住居人、看守人或可為其代表之人承諾或有急迫之情形者，不在此限。」此一規定之目的主要在於保障個人之隱私權及財產權，惟此夜間不得進行搜索扣押限制，如經同意或有緊急之情況，則應例外加以允許，故乃規定經住居人、看守人或可為其代表之人「承諾」或有「急迫」之情形者，不在此限。而依目前實務之見解認為，刑事訴訟法對夜間搜索之實施，既有意予以限制在特定情形下始可實施，基於憲法對人身自由及居住自由、安寧等有關人權之保障，為避免偵查機關實施強制處分之搜索、扣押時，侵害個人之隱私權及財產權，就刑事訴訟法關於搜索、扣押之規定，自不容許任意為擴張解釋，以確保實施刑事訴訟程序之公務員不致違背法定程序實施搜索、扣押，否則對人權之保障自有不周，故而該條第1項規定之「承諾」、「急迫情形」，均應為嚴格之解釋。而該項之「承諾」，亦應以當事人之自願且明示之同意為限，而不包括當事人未為反對表示之情形，亦不得因當事人未為反對之表示即擬制謂當事人係默示同意，否則在受搜索、扣押之當事人因不諳相關法律規定不知可否為拒絕之表示，而執行之公務員復未主動、明確告知所得主張之權利時，偵查機關即可藉此進行並擴大夜間搜索，變相侵害當事人之隱私權及財產權，該規定之保護無異形同具文；此有最高法院96年度台上字第5508號判決及108年度台上字第2254號判決意旨內容可供參照。故而依上開規定內容，有人住居或看守之住宅或其他處所，原則上不得於夜間入內搜索或扣押，但經承諾或有急迫之情形者，不在此限，此例外之情形，係屬執行人員之執行範圍，法官於簽發搜索票時，無須記載「准予夜間搜索」之意旨，如有此文字之記載，亦屬於贅載，並無任何法律上之效力。

　　又如係在夜間執行搜索或扣押者，應屬於例外之情形，故刑事訴訟法第146條第2項乃規定：「於夜間搜索或扣押者，應記明其事由於筆錄。」又第3項亦規定：「日間已開始搜索或扣押者，得繼續至夜間。」又依同條第4項之規定：「第一百條之三第三項之規定，於夜間搜索或扣押準用之。」即刑事訴訟法第100條之3第3項有關夜間如何界定之規定，於夜間之搜索或扣押時準用之。

　　除上開但書所述之例外規定之外，對於特定之處所，亦例外允許得於夜間加以搜索及扣押，依刑事訴訟法第147條之規定：「左列處所，夜間

亦得入內搜索或扣押：一、假釋人住居或使用者。二、旅店、飲食店或其他於夜間公眾可以出入之處所，仍在公開時間內者。三、常用為賭博、妨害性自主或妨害風化之行為者。」上開處所因就其性質而言，對於隱私權及財產權受保障之程度較低，故刑事訴訟法特別規定允許得於夜間進行搜索及扣押之程序。

（四）搜索、扣押之在場人

1. 應在場之人

　　刑事訴訟法第148條規定：「在有人住居或看守之住宅或其他處所內行搜索或扣押者，應命住居人、看守人或可為其代表之人在場；如無此等人在場時，得命鄰居之人或就近自治團體之職員在場。」此規定之目的在於使住居人、看守人或可為其代表之人在場以瞭解搜索扣押之進行情形，以免執行搜索或扣押之人員私下進行搜索或扣押之程序，而於日後發生不必要之爭執。

　　又刑事訴訟法第149條規定：「在政府機關、軍營、軍艦或軍事上秘密處所內行搜索或扣押者，應通知該管長官或可為其代表之人在場。」此規定之目的在於確保搜索或扣押之進行，政府機關之業務運作，軍營、軍艦之軍事活動及軍事上秘密處所內之機密事項，不至於因搜索或扣押程序之進行而受到影響，並使該管長官得以明瞭搜索或扣押之進行情形。

2. 得在場之人

　　搜索及扣押之程序進行時，除有應在場之人外，另有所謂得在場之人，亦即有權利得於搜索或扣押時要求在場之人。刑事訴訟法第150條第1項規定：「當事人及審判中之辯護人得於搜索或扣押時在場。但被告受拘禁，或認其在場於搜索或扣押有妨害者，不在此限。」所謂當事人依刑事訴訟法第3條之規定，係指檢察官、自訴人及被告而言，至於辯護人則限於審判中之辯護人，並不包括偵查中之辯護人在內。另同條第2項規定：「搜索或扣押時，如認有必要，得命被告在場。」又同條第3項則規定：「行搜索或扣押之日、時及處所，應通知前二項得在場之人。但有急迫情形時，不在此限。」故進行搜索或扣押之程序時，對於上開所述得在場之

人，應加以通知使其等得以決定是否於搜索或扣押時到場，惟如係有急迫之情形而不及通知，則可不予通知。

（五）暫停搜索或扣押

搜索或扣押程序之進行，有時有必要暫時停止，此時依刑事訴訟法第151條之規定：「搜索或扣押暫時中止者，於必要時應將該處所閉鎖，並命人看守。」

（六）囑託搜索或扣押

又法官或檢察官認爲案件有進行搜索或扣押之必要時，得進行搜索（如係檢察官原則上應經聲請法院核發搜索票）或扣押，惟如受搜索或扣押之處所，非在本身所屬機關管轄之區域內，恐有執行上之困難，故而刑事訴訟法第153條第1項乃規定：「搜索或扣押，得由審判長或檢察官囑託應行搜索、扣押地之法官或檢察官行之。」第2項則規定：「受託法官或檢察官發現應在他地行搜索、扣押者，該法官或檢察官得轉囑託該地之法官或檢察官。」

第十三節　通訊監察

隨著現代通訊科技之進步，人類使用通訊設備互相聯繫之機會大爲提高，而犯罪行爲藉由通訊設備之協助進行亦多有所見，故利用對於通訊設備之監視及查察而偵查犯罪及蒐集犯罪證據即成爲必要之手段。而由於對於通訊活動之監視及察查，涉及對於人民隱私權等基本權利之干預，故對於通訊之監察亦應視爲一種新型態之強制處分，目前我國就通訊監察之部分在刑事訴訟法中並未加以規定，而係另以通訊保障及監察法加以規範。惟現行之通訊保障及監察法將犯罪偵查之通訊監察及國家安全之通訊監察一併加以規定，以下僅就有關於犯罪偵查部分之通訊監察加以論述，而不及於國家安全部分之通訊監察。

一、意義

通訊監察乃指對於通訊之活動加以監視及查察之意,而所謂之通訊依通訊保障及監察法第3條之規定,係指利用電信設備發送、儲存、傳輸或接收符號、文字、影像、聲音或其他信息之有線及無線電信、郵件及書信、言論及談話,且以有事實足認受監察人對其通訊內容有隱私或秘密之合理期待者為限;而所謂通訊之監察依第13條第1項之規定,以截收、監聽、錄音、錄影、攝影、開拆、檢查、影印或其他類似之必要方法為之,但不得於私人住宅裝置竊聽器、錄影設備或其他監察器材。故依通訊保障及監察法之規定,目前通訊之涵蓋範圍甚廣,而監察之手段亦甚為多樣。

二、要件

(一)一般性監察

一般性通訊監察之實施應符合一定之要件始得為之,依通訊保障及監察法第5條第1項之規定,有事實足認被告或犯罪嫌疑人有下列各款罪嫌之一(係指:1.最輕本刑為三年以上有期徒刑之罪;2.刑法第100條第2項之預備內亂罪、第101條第2項之預備暴動內亂罪或第106條第3項、第109條第1項、第3項、第4項、第121條第1項、第122條第3項、第131條第1項、第142條、第143條第1項、第144條、第145條、第201條之1、第256條第1項、第3項、第257條第1項、第4項、第298條第2項、第300條、第339條、第339條之3或第346條之罪;3.貪污治罪條例第11條第1項、第4項之罪;4.懲治走私條例第2條第1項、第2項或第3條之罪;5.藥事法第82條第1項、第4項或第83條第1項、第4項之罪;6.證券交易法第173條第1項之罪;7.期貨交易法第112條或第113條第1項、第2項之罪;8.槍砲彈藥刀械管制條例第12條第1項、第2項、第4項、第5項或第13條第2項、第4項、第5項之罪;9.公職人員選舉罷免法第102條第1項第1款之罪;10.農會法第47條之1或第47條之2之罪;11.漁會法第50條之1或第50條之2之罪;12.兒童及少年性剝削防制條例第32條第1項、第3項、第4項、第5項之罪;13.洗錢防制法第11條第1項至第3項之罪;14.組織犯罪防制條例第3條第1項後段、第2項後段、第6條或第11條第3項之罪;15.陸海空軍刑法第14條第2項、第

17條第3項、第18條第3項、第19條第3項、第20條第5項、第22條第4項、第23條第3項、第24條第2項、第4項、第58條第5項、第63條第1項之罪；16.營業秘密法第13條之2第1項、第2項之罪；17.森林法第52條第1項、第2項之罪；18.廢棄物清理法第46條之罪），並危害國家安全或社會秩序情節重大，而有相當理由可信其通訊內容與本案有關，且不能或難以其他方法蒐集或調查證據者，得發通訊監察書。故一般性監察之要件包括有適用罪名之限制，及符合相當理由之原則，並有補充性原則之適用，亦即限於不能或難以用其他方法蒐集或調查證據之情況。

（二）急迫性監察

另除一般性之通訊監察外，尚有所謂之急迫性監察，依通訊保障及監察法第6條第1項之規定，有事實足認被告或犯罪嫌疑人有犯刑法妨害投票罪章、公職人員選舉罷免法、總統副總統選舉罷免法、槍砲彈藥刀械管制條例第7條、第8條、毒品危害防制條例第4條、擄人勒贖罪或以投置炸彈、爆裂物或投放毒物方法犯恐嚇取財罪、組織犯罪條例第3條、洗錢防制法第11條第1項、第2項、第3項、刑法第222條、第226條、第271條、第325條、第326條、第328條、第330條、第332條及第339條，為防止他人生命、身體、財產之急迫危險，司法警察機關得報請該管檢察官以口頭通知執行機關先予執行通訊監察，但檢察官應告知執行機關第11條所定之事項，並於二十四小時內陳報該管法院補發通訊監察書。又依同條第2項之規定，法院應設置專責窗口受理前項聲請，並應於四十八小時內補發通訊監察書，未於四十八小時內補發者，應即停止監察。

三、通訊監察之機關

（一）決定機關

通訊監察應使用通訊監察書，而依通訊保障及監察法第5條第2項之規定，通訊監察書偵查中由檢察官依司法警察機關聲請或依職權以書面記載第11條之事項，並敘明理由、檢附相關文件，聲請該管法院核發；檢察官受理申請案件，應於四小時內核復，如案情複雜，得經檢察長同意延長四

小時，法院於接獲檢察官核轉受理申請案件，應於二十四小時內核復，審判中由法官依職權核發。又依同條第3項之規定，前項之聲請經法院駁回者，不得聲明不服。由此可知，目前有關通訊監察係採取法官保留原則，應由法院核准後始得進行。

（二）執行機關

通訊監察經法院核准後即得為執行，而執行之機關依通訊保障及監察法第14條第1項之規定，通訊監察之執行機關及處所，得依聲請機關之聲請定之，法官依職權核發通訊監察書時，由核發人指定之；又依同條第2項之規定，電信事業及郵政事業有協助執行通訊監察之義務，其協助內容為執行機關得使用該事業之通訊監察相關設施與其人員之協助。

四、通訊監察之期間

通訊監察書經核發後，執行機關即得據以執行通訊監察，惟通訊監察之進行仍有一定之期間限制，依通訊監察法第12條第1項之規定，一般性監察或急迫性監察（即第5條及第6條之監察）之通訊監察期間，每次不得逾三十日，如其有繼續監察之必要者，應附具體理由，至遲於期間屆滿之二日前，提出聲請。又依同條第2項之規定，一般性監察或急迫性監察之通訊監察期間屆滿前，偵查中檢察官、審判中法官認已無監察之必要者，應即停止監察，故通訊監察之執行雖未滿三十日，如經檢察官或法官認為已無繼續進行監察之必要，亦應停止監察之進行。

第七章
證　據

第一節　概說

一、意義

　　證據（Evidence）係指在刑事訴訟程序過程中，作為證明之手段，而用以認定事實（主要係犯罪事實，惟亦包括與科刑有關之事實）之資料而言。一般而言，證據一詞有二種含義，一為證據方法，一為證據資料；所謂證據方法一般認為係指用以認定事實，而通常以可供調查之客體為存在形式之有形或無形之物體而言；而所謂證據資料則係指蒐集所得之證據方法，經過調查證據之程序後，所呈現與待證之事實直接或間接相關之資訊內容而言；故證據資料存在於證據方法中，其須經過各種不同之證據調查方式加以呈現。

二、分類

（一）人證、書證與物證

　　證據如依其存在之形式加以區分，則可分為人證、書證（Written Evidence）及物證（Real Evidence）三種，以下分別論述之：

1. 人證

　　人證係指以人的親身經歷而作為證明之資料，此必須經過人的口頭陳述始得作為證據，故又稱為「口頭證據」，人證包括被告之供述（Defendant's Statement）、證人（Witness）之證述及鑑定人（Appraiser）之鑑定意見等。其中被告及鑑定人以外之任何第三人均得為證人，包括共同被告、告訴人或被害人等等。

　　有關被告之供述係指被告在審判外或審判中，有關於犯罪事實相關事項所作之陳述，所謂審判外包括其在司法警察（官）詢問階段以犯罪嫌疑人身分所作之陳述，偵查中檢察事務官之詢問及檢察官之訊問等等均屬之。被告之供述內容，對於法院認定犯罪事實之存在與否有相當之重要性，尤其被告自白犯罪之供述，經常作為認定被告有罪之重要證據之一。

　　又實務上認為被告在審判外之自白，原不以有其陳述之筆錄或書面為唯一之證明方法，被告犯罪後對人透露犯罪行為之語，亦不失為審判外之自白，從而被告以外之人在檢察事務官、司法警察官或司法警察調查中，轉述其聽聞自被告向其自白犯罪經過所為之陳述，或於偵、審中為此轉述者，本質上即與被告在審判外之自白無殊，至於有無證據能力則屬另一問題，此有最高法院102年度台上字第5052號判決意旨可供參照。

　　另具有共犯關係之共同被告，其欲作為人證之一種，亦須以證人身分作證陳述，實務見解認為：「具有共犯關係之共同被告雖經法院以同一訴訟程序合併審判，但其間各別被告及犯罪事實仍獨立存在，其地位兼具被告與證人雙重身分，就犯罪事實之不利供述，亦有雙重意義。其對己不利供述之部分，固屬被告之自白，但當其供述之內容，涉及其他共犯犯罪時，即屬共犯證人之證述。而於後者，基於被告之對質詰問權，係屬憲法第16條所保障之基本訴訟權，除非被告於審判中明白放棄對共犯證人之反對詰問權，或被告出於任意性自白，與該共犯證人不利之陳述互核一致，顯不具詰問之必要性，或類如刑事訴訟法第159條之3所列各款之情形外，如欲以共犯證人之陳述為證據，其即具證人身分，應依人證之調查程序為之，使被告有行使對質詰問之機會，以落實憲法上被告對質詰問權之保障。」此有最高法院110年度台上字第83號判決意旨可供參照。

2. 書證

　　書證係指以文書及其他儲存設備所呈現之內容而作為證明待證事項之資料而言，包括一般文書之筆錄及新型態具有與文書相同效果之錄音帶、錄影帶或錄音錄影光碟等等。又此所指之文書證據係以文書內容所顯示出之事實作為證據資料，與文書本身以其「物之性質」作為證據資料者尚有不同，直接以文書證據本身存在之形式加以解讀，以推論待證之事實，如文書毀損情形、文書上之血跡等，則屬於以下所稱「物證」之範圍。

3. 物證

　　物證則係指以物體本身（含人的身體及文書之表面）之存在狀態作爲證明待證事項之資料而言，例如在殺人之案件中用以殺害被害人之水果刀，或在竊盜案件中竊取他人財物時所使用之鐵製板手等等。又如上所述，以文書之表面而非內容作爲證據之方法時亦屬物證之一種，例如沾有血跡之聲明書或契約書，則除聲明書或契約書所記載之內容外，其餘部分仍屬物證之範圍。

（二）供述證據、非供述證據

　　證據如依其證據方法內涵之性質而加以區分，則可分爲供述證據（Testimonial Evidence）與非供述證據（Non-Testimonial Evidence）二種。其中以人之言詞或書面陳述爲內容之證據稱之爲供述證據，其他以物體本身之存在爲內容之證據爲非供述證據，又稱爲物理性證據（Physical Evidence）或可觸性證據（Tangible Evidence）；故一般稱之爲供述證據者，原則上係包括上開所述之人證及書證在內之證據，而非供述證據則一般係指物證而言。

（三）直接證據與間接證據

　　證據依證據資料與待證事實間之關係加以區分，可分爲直接證據（Direct Evidence）與間接證據（Indirect Evidence）二種。所謂直接證據係指足以直接證明待證事實存在與否之證據而言，例如證人證述親眼目擊甲持刀刺死乙之證詞內容，此即係足以直接證明甲有殺害乙之犯罪事實之證據。而所謂之間接證據一般又可稱之爲情況證據（Circurstance Evidence），係指用以證明某種間接事實之存在，並以此間接之事實得以推論待證事實存在與否之證據而言，例如甲在乙遭殺害之現場遺留之血跡等，此足以證明甲曾出現在乙遭殺害現場之事實，並依此一事實，進一步推論出甲殺害乙之事實。

　　依我國目前實務之見解，除直接證據外亦承認間接證據之使用，例如最高法院44年台上字第702號判例即謂：「認定犯罪事實所憑之證據，並不以直接證據爲限，即綜合各種間接證據，本於推理作用，爲認定犯罪事

實之基礎，如無違背一般經驗法則，尚非法所不許。」又如75年台上字第1822號判例亦謂：「間接事實之本身，雖非證據，然因其具有判斷直接事實存在之作用，故亦有證據之機能，但其如何由間接事實推論直接事實之存在，則仍應爲必要之說明，始足以斷定其所爲推論是否合理，而可認爲適法。」

（四）積極證據（實質證據）、消極證據（補強證據、彈劾證據）

又證據如依是否得作爲待證事實之積極證明手段，可區分爲積極證據（Substantive Evidence）、消極證據二種。所謂積極證據又有稱之爲實質證據或實體證據，係指可作爲待證事項積極證明之證據而言；至於所謂消極證據則係指本身不得作爲單獨證據證明待證之事實，而係用來增強或減弱積極證據之證明力之證據而言，其中用以增強積極證據之證明力者稱之爲補強證據，用以減弱積極證據之證明力者則稱之爲彈劾證據。

依目前實務之見解雖承認積極證據及消極證據，惟認爲對於不利於被告之事實，應依積極證據加以認定，例如最高法院30年上字第816號判例即謂：「認定不利於被告之事實，須依積極證據，苟積極證據不足爲不利於被告事實之認定時，即應爲有利於被告之認定，更不必有何有利之證據。」

（五）原始證據、派生證據

證據以其是否由其他證據衍生而出可分爲原始證據（Original Evidence; Primary Evidence）與派生證據（Derivative Evidence）二種，所謂原始證據即證據以其原始之態樣呈現之證據，故其又稱之爲第一手證據（First-hand Evidence），例如目擊殺人過程之目擊證人即原始證人其證述之內容，又如在殺人案件中扣得沾有血跡之凶刀等，均屬於原始證據；至於派生證據則指自原始證據衍生而取得之證據，故又稱之爲第二手證據（Secondary Evidence），例如證人並未親自目睹殺人過程，而係聽聞目擊證人所轉述，則其證言即屬傳聞證言，又如依據通訊監察之錄音結果所製作之監察譯文、被告前案紀錄表及刑案資料查註紀錄表等，均屬於派生

證據之一種。

　　實務上承認派生證據亦得爲證據方法，惟認爲派生證據由於並非證據本身之內容，故於當事人對其眞實性發生爭執或有所懷疑時，應先確認其與取自之原始證據內容相符，始得作爲證據。如認爲「被告前案紀錄表、刑案資料查註紀錄表係由司法、偵查機關相關人員依憑原始資料所輸入之前案紀錄，並非被告前案徒刑執行完畢之原始證據，而屬派生證據。鑑於直接審理原則爲嚴格證明法則之核心，法庭活動藉之可追求實體眞實與程序正義，然若直接審理原則與證據保全或訴訟經濟相衝突時，基於派生證據之必要性、眞實性以及被告之程序保障，倘當事人對於該派生證據之同一性或眞實性發生爭執或有所懷疑時，即須提出原始證據或爲其他適當之調查（例如勘驗、鑑定），以確保內容之同一、眞實；惟當事人如已承認該派生證據屬實，或對之並無爭執，而法院復已對該派生證據依法踐行調查證據程序，即得採爲判斷之依據。」此有最高法院111年度台上字第5608號判決意旨可供參照，另最高法院111年度台上字第3143號判決、111年度台上字第4442號等判決亦採取相同之見解可供參照。又如：「實務上依據監聽錄音結果翻譯而成之通訊監察譯文，以顯示該監聽錄音內容，爲學理上所稱之派生證據，屬於文書證據之一種，固有方便證據檢驗之功能，但究非證據本身之內容。此於被告或訴訟關係人對其譯文之眞實性發生爭執或有所懷疑時，法院自應依刑事訴訟法第一百六十五條之一第二項規定，勘驗該監聽之錄音帶踐行調查證據之程序，以確認該錄音聲音是否爲本人，及其內容與通訊監察譯文之記載是否相符。」此亦有最高法院97年度台上字第6417號判決意旨可供參照。

（六）科學證據、非科學證據

　　證據依其是否具有科學理論上之依據加以區分，可分爲科學證據（Scientific Evidence）與非科學證據（Non-scientific Evidence）二種。所謂科學證據係指依科學方式取得或經科學方式加以驗證之證據而言，而在法律採取證據之過程中所須之科學技術即稱之爲法科學或刑事司法科學（Forensic Science），近年來由於法科學之發達，應用於採證之科學方法亦愈來愈廣，法科學可分爲二大體系，一爲與醫學相關之法科學，例如法醫學（Forensic Medicine）、法毒物學等，另一爲非屬於醫學範圍之法科

學，如法物理學、指紋學等等[1]。至於科學證據以外之證據，則屬非科學證據，例如被告之供述、證人之陳述等等，其等均無法以科學之方式加以驗證，故均屬非科學證據。近年來由於對於刑事被告人權之保障愈來愈獲得加強，故在認定事實上亦愈來愈重視科學證據，蓋科學證據一般而言不易參雜個人主觀之偏見或有誤導之情形，故在認定事實上較非科學證據為可靠，例如在性侵害之案件，以留存在被害人體內之精液之DNA（去氧核醣核酸）作為認定犯罪行為人之證據，其證明力甚強，對於認定犯罪事實之幫助甚鉅。

（七）本證與反證

本證係指對於待證事實負有舉證義務之一方（通常為檢察官）提出用以證明待證事實存在與否之證據而言，例如在竊取機車之案件中，檢察官用以證明被告竊取機車之犯罪事實之證據。而反證則係指提出用以否定或反駁本證所證明事實之證據而言，例如被告於檢察官提出其竊取機車之證據後，提出其案發當時不在場之證明，用以爭執檢察官所提出證據係不可採信。

（八）數位證據與非數位證據

所謂數位證據係指利用電腦相關設備製作而以數位方式存在之證據而言，例如行車紀錄器錄製之影像儲存於其原始SD卡內之內容之證據等；至於非數位證據則指以數位方式存在之證據而言，例如一般紙本方式顯示內容之證據等等。目前社會隨著電腦資訊及網際網路科技之快速發展，利用電腦、網路犯罪已屬常態，而對此型態之犯罪，相關數位證據之蒐集、處理及如何因應，已屬重要課題。一般而言，數位證據具無限複製性、複製具無差異性、增刪修改具無痕跡性、製作人具不易確定性、內容非屬人類感官可直接理解（即須透過電腦設備呈現內容），此與一般之非數位證據之特性不同。

---

[1]　見蔡墩銘著，刑事證據法論，五南圖書，1999年5月初版，頁4。

三、證據重要原則

（一）證據裁判原則

　　所謂證據裁判原則又稱證據裁判主義，係指裁判必須以證據作為其基礎，不得以裁判者自身之想法或推測加以裁判，此並已成為現代刑事訴訟法及刑事證據法則之通則。因而刑事訴訟法第154條第2項即明文規定，犯罪事實應依證據認定之，無證據不得認定犯罪事實。而實務之見解對此亦多有闡釋，如「認定犯罪事實須依證據，是否可信更須參酌各方面之情形，尤不能以推測理想之詞，以為科刑判決之基礎。」此有最高法院20年上字第958號判例意旨可供參照；又如「事實之認定，應憑證據，如未能發現相當證據，或證據不足以證明，自不能以推測或擬制之方法，以為裁判基礎。」此有最高法院40年台上字第86號判例意旨可供參照；又如「犯罪事實之認定，應憑真實之證據，倘證據是否真實尚欠明顯，自難以擬制推測之方法，為其判斷之基礎。」此有最高法院53年台上字第656號判例意旨可供參照；又如「犯罪事實應依證據認定之，所謂證據，須適於為被告犯罪事實之證明者，始得採為斷罪資料。」此亦有最高法院53年台上字第2750號判例意旨可供參照；又如「證據裁判原則所要求作為犯罪判斷依據之證據，必須係屬有證據能力且經合法調查者，始足當之，缺一不可。當事人對於案內證據之證據能力有所爭執，事實審法院對此證據瑕疵自應先行調查釐清，扼要說明其得為證據之理由，否則縱經踐行法律規定之實體調查證據程序，仍不得作為判斷之依據。」此亦有最高法院102年度台上字第5273號判決意旨可供參照。

（二）無罪推定原則

　　「無罪推定」（Presumption of Innocence）原則可謂現代刑事訴訟法上最為重要之原則之一，其意義在於任何人未經依法定程序證明有罪之前，均應被推定為無罪。此一原則在於發現真實係刑事訴訟程序之目的，而發現真實在於保障無辜者及對於真正犯罪之行為人加以處罰，惟如果二者無法同時達到時，保障無辜顯然應較為優先，即所謂「寧縱勿枉」，蓋犯罪行為之發生已是一個不幸之悲劇，如將無辜者定罪，則原來之悲劇無

法弭平外，又另外增加其他之悲劇，此當非刑事訴訟程序所欲見到之結果[2]。

我國刑事訴訟法於民國92年修正公布施行時，即參酌有關於刑事被告之國際人權標準，並於其中之第154條第1項增訂「被告未經審判證明有罪確定前，推定其爲無罪。」而實務之見解亦肯認此一原則，認爲「刑事訴訟法第一百十六條已於民國九十一年二月八日修正公布，其第一項規定：檢察官就被告犯罪事實，應負舉證責任，並指出證明之方法。因此，檢察官對於起訴之犯罪事實，應負提出證據及說服之實質舉證責任。倘其所提出之證據，不足爲被告有罪之積極證明，或其指出證明之方法，無從說服法院以形成被告有罪之心證，基於無罪推定之原則，自應爲被告無罪判決之諭知。」此有最高法院92年台上字第128號判例意旨可供參照；另認爲「刑事訴訟法第一百五十四條證據裁判主義之規定，乃揭櫫國際公認之刑事訴訟無罪推定原則，爲保障被告人權之重要指標，依此原則，在檢察官所舉證據及法院依法調查所得之證據，其爲訴訟上之證明，尚未達於通常一般人均不致有所懷疑，而得確信其爲真實之程度，足以證明被告有罪之前，自應推定其無罪。」此亦有最高法院99年度台上字第7474號判決意旨可供參照。

另無罪推定之原則與所謂罪疑唯輕之概念不同，對此實務見解認爲「被告未經審判證明有罪確定前，推定其爲無罪，刑事訴訟法第一百五十四條第一項定有明文，此即所謂之無罪推定原則。其主要內涵，無非要求負責國家刑罰權追訴之檢察官，擔負證明被告犯罪之責任，倘其所提出之證據，不足爲被告有罪之積極證明，或其指出證明之方法，無法說服法院形成被告有罪之心證，縱使被告之辯解疑點重重，法院仍應予被告無罪之諭知。亦即被告在法律上固有自證無罪之權利，但無自證無罪之義務；而法官或檢察官對於移送或起訴之案件則須秉公處理，審慎斷獄，不可先入爲主，視被告如寇仇，刻意忽略對被告有利之證據。又無罪推定原則與罪疑唯輕原則固屬息息相關，惟無罪推定原則適用於法院判決有罪確定前之所有程序（包括偵查、起訴及審判各階段），故即便是檢察官，

2　美國聯邦最高法院在Winship一案中即表示「將一個無辜者定罪遠比讓犯罪者消遙法外要來得糟，此爲我國司法制度之基本價值判斷」（a fundamental value determination of our systemthat it is far worse to convict an innocent person than let a guilty man go free）。見In re Winship 397US 358（1970）。

其於辦案時亦應嚴守無罪推定原則，對公平正義之維護或被告之利益有重大關係之事項，皆應詳加蒐證及調查，以避免侵害人權。至罪疑唯輕原則則是在法院依法調查證據並於證據評價結束之後，方有適用，其存在之內涵並非在指導法官如何評價證據之證明力，而係在指導法官於未能形成心證之確信時，應如何判決之裁判法則，二者仍有不同。」此有最高法院102年度台上字第1549號判決意旨可供參照。

（三）自由心證原則

所謂自由心證原則又稱之為自由心證主義，係指證據之證明力如何，法律不加以任何限制，全委由裁判者依其本身知識學能自由加以判斷。自由心證原則又可分為無限制之自由心證原則，指自由心證之原則完全不加以任何之限制，另有限制之自由心證原則，指自由心證原則仍須受到例外之限制。

我國之自由心證原則係採有限制之自由心證，依我國刑事訴訟法第155條第1項即明文規定：「證據之證明力，由法院本於確信自由判斷。但不得違背經驗法則及論理法則。」此明白表示刑事訴訟法採取自由心證主義，惟自由心證之運作，仍受經驗法則與論理法則之限制，此有最高法院53年台上字第2067號及71年台上字第4022號判例意旨可供參照[3]。

第二節　舉證責任

舉證責任（Burden of Proof）係指在刑事訴訟程序中，對於有關事實之認定須負擔提出證據並說服裁判者之義務，否則將受不利益之裁判而言。故舉證責任在性質上而言，係屬於一種危險之負擔而非法律上之義務，故如有舉證責任者未盡其舉證之責任，則其將承受敗訴之結果，法律並未強制其須作出一定之舉證行為。

---

[3] 與自由心證原則相對者則為所謂法定證據原則，法定證據原則係指證據之證明力即證據之價值由法律加以規定，而非放任裁判者依其心證判斷，例如規定主要構成犯罪之事實須有二名以上之證人之證述始足以證明，其主要目的在於調和及抑制糾問體制之刑事訴訟程序下裁判官之專斷。

　　我國在民國91年新修正之刑事訴訟法施行以前，係採取所謂職權主義之刑事訴訟制度，其中第161條雖規定，檢察官就犯罪事實有舉證責任，惟其第163條第1項復規定，法院因發現眞實之必要，應依職權調查證據，加以最高法院曾著有25年上字第3706號判例，認爲，審理事實之法院，對於被告之犯罪證據，應從各方面詳予調查，以期發現眞實，苟非調查之途徑已窮，而被告之犯罪嫌疑仍屬不能證明，要難遽爲無罪之判斷。其後又有最高法院61年台上字第2477號及64年台上字第2962號之判例亦均認爲，事實審法院應予調查之證據，不以當事人聲請者爲限，凡與待證事實有關之證據，均應依職權調查，方足發現眞實。上開實務上之見解，使得早期我國之刑事審判中，有關舉證責任之意義變成相當模糊，檢察官如未能善盡舉證之責任，法院仍有義務主動依職權就各項證據進行調查，此使得實務上對於舉證責任之問題更加不予重視。

　　惟在民國91年我國刑事訴訟法修法改採所謂改良式當事人進行主義之後，原則上舉證之責任在於當事人（主要係檢察官或自訴人），此時舉證責任之問題即突顯而出，成爲重要之課題之一。修法後關於刑事訴訟之構造在層次上產生重大之變化。其修法理由略謂：爲貫徹無罪推定原則、維護被告訴訟權益、實現公平法院之理想，法院應居於客觀、中立、超然之立場，在當事人互爲攻擊、防禦之訴訟架構下，依據實質正當法律程序之原則進行審判，僅於當事人主導之證據調查後，仍無法發見眞實時，始斟酌個案情形，無待當事人之聲請，主動依職權介入調查；在強化當事人進行色彩的刑事訴訟架構中，法院依職權調查證據變成僅具補充性質。

　　故而修法之後原則上應由提起公訴或自訴之一方（即檢察官或自訴人）負舉證之責任，而就一般而言，所謂舉證之責任可分爲二個層次加以探討，第一爲提出證據之責任（Burden of Producing Evidence），或稱之爲立證負擔；第二則爲證據說服之責任（Burden of Persuasion），此一舉證責任之層次劃分，雖刑事訴訟法之條文並未明文規定，惟目前實務界已對此見解加以肯認，例如最高法院92年台上128號判例即明確指出：「刑事訴訟法第一百六十一條已於民國九十一年二月八日修正公布，其第一項規定，檢察官就被告犯罪事實，應負舉證責任，並指出證明之方法。因此，檢察官對於起訴之犯罪事實，應負提出證據及說服之實質舉證責任。倘其所提出之證據，不足爲被告有罪之積極證明，或其指出證明之方法，無從說服法院以形成被告有罪之心證，基於無罪推定之原則，自應爲被告

無罪判決之諭知。」[4]以下即分別就舉證責任此二個層次加以論述。

一、提出證據之責任

提出證據之責任亦稱之爲形式之舉證責任，乃係指當事人之一方在刑事訴訟程序中有責任提出相關之證據，證明有關之待證事實存在或不存在。故就提出證據之責任而言，法院應先假設所提出之證據皆爲眞實可信，並在此情況下判定是否足以證明待證事實之存在，如認在所有提出之證據皆爲眞實可信之情況下，待證事項仍無從加以證明，則應認爲當事人之一方並未盡到提出證據之舉證責任。舉證責任一般而言係由提起公訴之檢察官（或提起自訴之自訴人）一方所負擔，例外情況始應由被訴之被告一方負擔，此即稱之爲舉證責任之轉換，以下即分別論述不同當事人之舉證責任。

（一）檢察官（或自訴人）之舉證責任

我國刑事訴訟法第161條第1項規定，檢察官就被告犯罪事實，應負舉證責任，並指出證明之方法，此即有關於檢察官對於在刑事訴訟程序中負有提出證據責任之規定。依此規定，一般在刑事訴訟程序中，檢察官就被告之犯罪事實負有提出證據之義務，此處所稱之犯罪事實應包括犯罪之構成要件之事實、違法性及有責性存在之事實、處罰條件成立之事實等[5]；另有關於刑之加重事由之存在，例如累犯加重事由之存在，因就被告所言，係有關於其被量處刑度之增加，與有罪之關係密切，對於被告而言係屬不利之事項，故一般認爲亦應由檢察官負提出證據之責任；又關於訴訟上追訴條件之存在，例如告訴乃論之罪業經合法告訴之事實，係被告判決有罪之前提要件，故有關此一事實之存在亦應由檢察官負舉證責任[6]。

另由於我國刑事訴訟程序並非採取所謂之公訴獨占主義，犯罪之被害

4　依我國刑事妥速審判法第6條之規定，檢察官對於起訴之犯罪事實，應負提出證據及說服之實質舉證責任。倘其所提出之證據，不足爲被告有罪之積極證明，或其指出證明之方法，無法說服法院以形成被告有罪之心證者，應貫徹無罪推定原則。此雖規定於刑事訴訟之特別法中，然亦爲刑事訴訟法有關證據之規定。

5　見陳樸生著，刑事證據法，三民書局，1995年4月，頁159。

6　見林永謀著，刑事訴訟法釋論（中冊），2007年2月初版，頁39、40。

人亦得提起自訴，故在自訴程序中，上開所述檢察官之舉證責任即應由自
訴人負擔。

（二）舉證責任之轉換（即由被告負舉證責任）

如上所述，原則上在刑事訴訟程序中檢察官（或自訴人）應負提出證
據之責任，當事人之另一方即被告並無須負擔舉證之責任，惟在例外之情
形下，則認為應由被告負提出證據之責任，此時即屬於舉證責任轉換之情
形。有關提出證據之舉證責任轉換至被告之情形，一般認為有下列幾種情
形：

1. 關於由檢察官舉證之事實，提出反證加以反駁

如上所述，檢察官對於犯罪之構成要件之事實、違法性及有責性存在
之事實、處罰條件成立之事實、關於刑之加重事由之存在及追訴條件存
在等均有舉證之責任，如檢察官已就此部分加以舉證，而被告欲加以反駁
時，自應由被告提出所謂之反證，用以彈劾檢察官舉證證明之事實、事由
或條件並不存在。

2. 關於阻卻違法性事由及有責性事由之存在

檢察官原則上應對於被告之犯罪具有違法性及有責性加以舉證，惟若
被告主張有法律上阻卻違法性事由及有責性事由之存在，則應由被告加以
舉證證明。

3. 主張刑罰減免事由之存在

刑罰減免之事由係有關於被告刑度依法得以減免之情形，被告如主張
有此等事由之存在，自應由被告對此加以舉證證明之。例如被告主張其不
知法律係有正當理由而無法避免，應依刑法第16條前段之規定免除其刑事
責任者，或不知法律雖非有正當理由而無法避免，但得依刑法第16條後段
之規定，按其情節減輕其刑者，則此均屬於刑罰之減免，對於該等事實之
存在，被告自應負舉證之責任。

4. 主張刑事實體法上免責規定事實之存在

　　刑事實體法中有少數犯罪處罰之規定，另設有例外得以免責之規定，有關此一例外免責之事實存在，足以使被告免於刑事上之處罰，自應由被告對此負舉證之責任。例如，刑法第310條之誹謗罪其第3項規定：「對於所誹謗之事，能證明其為眞實者，不罰。但涉於私德而與公共利益無關者，不在此限。」故如檢察官已就被告誹謗之犯罪事實舉證加以證明，而被告主張其有此「誹謗之行為屬眞實」且非「涉私德而與公益無關」之事實存在得以免受處罰時，自應由被告對此加以舉證；又如勞動基準法第81條第1項前段規定：「法人之代表人、法人或自然人之代理人、受僱人或其他從業人員，因執行業務違反本法規定，除依本章規定處罰行為人外，對該法人或自然人並應處以各該條所定之罰金或罰鍰。」惟第1項之但書又規定：「但法人之代表人或自然人對於違反之發生，已盡力為防止行為者，不在此限。」故如被告主張對於執行業務違反之發生，已盡力防止，而有應免除刑罰之情形，自應就該事實之存在加以舉證證明[7]。

（三）舉證責任之免除

　　有關證據之舉證責任主要在於提出證據以證明特定事實之存在，故在特別情況下，如事實已足以認定，實無再要求當事人予以舉證之必要，以免浪費司法資源，並加速訴訟程序之進行，此即所謂舉證責任之免除，其屬於舉證責任規定之例外。

　　我國刑事訴訟法對於舉證責任之免除定有二條相關規定，刑事訴訟法第157條明文規定：「公眾週知之事實，無庸舉證。」另第158條則規定：「事實於法院已顯著，或為其職務上所已知者，無庸舉證。」因此依上開條文之規定，舉證責任之免除有二種情形：一為眾所周知之事實，一為法院顯然知悉或職務上已知之事實，以下分別論述之。

1. 公眾周知之事實

　　所謂公眾周知之事實，係指具有通常知識經驗之一般人所通曉且無可置疑而顯著之事實而言。解釋上包含：重大歷史事件之事實，例如何時、

---

[7]　見林永謀著，刑事訴訟法釋論（中冊），2007年2月初版，頁41。

何地曾發生重大天災或人禍、歷次國內重大選舉事件參選人為何人等；曆法或地圖上可輕易確認之事實，例如民國與西元紀元間之換算、某年之中秋節為何時、臺灣境內兩地間高速公路之距離等；一般人生活上多有經歷或聽聞之事實，例如農曆除夕時南下交通票券較難購得、新竹地區冬季多風，宜蘭地區冬季多雨等；某時點、某地域之人均知悉之事，例如某地方慣常以某種食物當早餐、某地方嫁娶時有特別習俗等，均屬之；此有最高法院110年台上字第2670號判決意旨可供參照。

又有關眾所周知之事，實務上亦認為，係指有通常知識經驗之一般人所通曉且無可置疑而顯著之事實而言，如僅特定職業或特定團體知曉之事實，不得認為係屬眾所周知之事實，故縱使屬於某一職業或某一團體之人所共知之常識，但如非為一般人均明瞭之事實，即難稱之為此所謂眾所周知之事實。實務見解認為：「刑事訴訟法第一百五十七條所稱無庸舉證之公眾週知之事實，係指具有通常知識經驗之一般人所通曉且無可置疑而顯著之事實而，如該事實非一般人所知悉或並非顯著或尚有爭執，即與公眾週知事實之性質，尚不相當，自仍應舉證證明，始可認定，否則即有違認定事實應憑證據之法則。」此有最高法院86年台上字第6213號判例意旨可供參照；又「刑事訴訟法第一百五十七條規定公眾週知之事實無庸舉證，必該顯著之事實為社會一般人所同知，不容有所爭執者而言，若係某一團體或某一職業所週知者，仍非本條之所指。」此亦有最高法院87年台上字第2813號判決意旨可供參照。

2. 事實於法院已顯著，或為其職務上所已知者

另有關於法院顯然知悉或職務上已知之事實，實務上則認為，係指該事實屬法官職務上所為之行為，或係其職務上所觀察之事實，而在法官記憶中而言，如事實仍有待具備專業技術能力者鑑定始足以判斷，自不包括在所有之法院職務上知悉之事實內。例如海洛因每日之施用數量因個人之體質而異，尚有待專門學問之人診察或鑑定後始能判斷，不能以以往案件所觀察之事實，即認為係職務上知悉之事實而逕予認定；如「事實於法院已顯著或為其職務上所已知者，無庸舉證，刑事訴訟法第一百五十八條固定有明文。然所謂事實為法院職務上所已知者，指該事實即屬構成法院之法官於職務上所為之行為，或係其職務上所觀察之事實，現尚在該法官記憶中，無待閱卷者而言。苟該事實仍有待專門學問之人診察或鑑定，始足

以判斷者，自不包括在內。」此有最高法院94年台上字第4035號判決意旨可供參照。

惟有關於無須舉證之事實，仍應予以當事人陳述意見之機會，以有助於事實之明瞭，並保障當事人程序上之權利，因而刑事訴訟法第158條之1特別規定：「前二條無庸舉證之事實，法院應予當事人就其事實有陳述意見之機會。」故法院認為毋庸舉證之事實，如未予當事人陳述之機會，則屬有法律上之瑕疵，如「認定事實，所以應憑證據，在於避免誤認事實，並使當事人知悉其認定事實之憑據；基於無罪推定原則，待證事實之認定，自應歸由控訴之一方負舉證責任，惟依刑事訴訟法第一百五十七條及第一百五十八條規定，公眾週知之事實，及事實於法院已顯著或為其職務上所已知者，則毋庸舉證，產生免除舉證義務之法效，法院得予主動適用。但何種事實為無庸舉證之事實，如任由法院逕行認定，判決結果極易引起當事人爭議，故同法第一百五十八條之一規定，法院應予當事人就該等事實有陳述意見之機會，以昭公信。上開毋庸舉證之事實，苟審判長在審判期日未予當事人就此而為陳述意見，因當事人對於審判長此種消極性之有關調查證據之處分，無由依刑事訴訟法第二百八十八條之三之規定，得以適時向法院聲明異議，則其處分之瑕疵自難謂已因當事人之不責問而被治癒，倘併採為判斷之論據，究仍難謂其判決無法律上之瑕疵。」此有最高法院99年度台上字第6418號判決意旨可供參照。

（四）未盡提出證據責任之效果

有關上開舉證責任之規定，如有應負提出證據責任之一方未盡其提出證據之責任時，自然產生一定之法律上效果。一般而言，其法律上之效果乃應負提出證據責任之一方應受不利益之裁判。

而因一般提出證據之責任在於檢察官，故我國刑事訴訟法就檢察官未盡提出證據之責任之情形特別設有規定，刑事訴訟法第161條第2項規定：「法院於第一次審判期日前，認為檢察官指出之證明方法顯不足認定被告有成立犯罪之可能時，應以裁定定期通知檢察官補正；逾期未補正者，得以裁定駁回起訴。」此一條文即在於規定檢察官就起訴之案件負有提出證據之責任，如檢察官提出之證據方法縱使認為真實可信，仍無從證明被告犯罪，則應命檢察官補正，亦即提出其他證據以盡其提出證據之責任，如

檢察官未能補正，法院得以裁定駁回檢察官之起訴。

又在自訴之程序，自訴人除有與檢察官相同之提出證據之舉證責任外，刑事訴訟法第326條第1項另規定：「法院或受命法官，得於第一次審判期日前，訊問自訴人、被告及調查證據，於發見案件係民事或利用自訴程序恫嚇被告者，得曉諭自訴人撤回自訴。」此亦係自訴人未盡證據提出之舉證責任時之法律效果。

二、證據說服之責任

證據說服責任又可稱之為實質之舉證責任，係指除提出證據之外，尚須進一步以該證據說服審判者相信某一犯罪事實之存在或不存在之義。惟於此應注意者，證據說服之責任於上開所述有關舉證責任轉換之情形並無適用之餘地，易言之，舉證責任轉換之情況，被告僅負提出證據之責任，亦即形式之舉證責任，至於提出之證據是否得以證明特定事實之存在，則由法院調查後依職權加以認定。

另外，關於證據說服之責任究應達到何種程度始可謂已足，就此我國刑事訴訟法第299條第1項前段僅規定：「被告犯罪已經證明者，應諭知科刑之判決。」惟並未進一步明文規定應證明之程度，就此國內實務見解普遍認為，有罪之證明應達到於通常一般人均無所懷疑，而確信其為真實之程度始足，如「刑事訴訟法第二百九十九條第一項所謂被告犯罪已經證明，顯與同法第二百五十一條第一項所謂證據足認被告有犯罪嫌疑有所不同，必須法院於審判上採納證據認定被告之犯罪事實，其證據確係存在而無瑕疵，適合而能就犯罪事實為具體之證明，其證明力已達於通常一般人均無所懷疑，而確信為真實之程度，始足當之；倘若證據不存在或尚有瑕疵，或與犯罪事實之認定不相當，或其證明力尚未達到足以使人確信為真實之程度，而有合理之懷疑存在時，縱令難謂證據不足以認被告有犯罪嫌疑，尚不能遽謂被告犯罪已經證明。」此有最高法院86年度台上字第1641號判決意旨可供參照[8]。

---

[8] 在英美證據法中，有關說服審判者相信某一事實之存在，依其證明之程度高低可分為證據優勢（preponderance of evidence）、證據明確（clear and convincing evidence）及無合理懷疑（beyond a reasonable doubt）三種，所謂證據優勢係比較待證事實存在之證據與待證事實不存在之證據，以決定何者之可能性較高，其證明之程度較低；而無

三、職權調查證據

　　在純粹當事人主義之刑事訴訟程序中，法院係基於完全中立之立場進行審判，故並不負有主動調查證據之義務，惟我國刑事訴訟法於民國91年修法時，有關刑事訴訟之制度由原先採取之職權主義改採所謂改良式當事人主義，此一新制度尚非單純之當事人主義，故而雖原則上舉證責任係由刑事訴訟之當事人一方負擔（原則上由追訴之一方即檢察官或自訴人為之），惟仍保留部分原有職權主義之色彩，此即法院基於真實發現之刑事訴訟目的[9]，有時亦有主動對於證據進行調查之義務，即所謂法院依職權調查證據之情形。

　　有關法院依職權調查證據之設計，旨在藉此調和純綷當事人主義之制度下，法院過度重視程序之正義，而完全保持中立之立場，並將發現真實之義務全然委之於當事人之情形，以避免法院對於事實之發現漠不關心，而導致實體正義無法彰顯之結果。申言之，新法已明確定位檢察官為一造當事人，須負舉證責任，而法院僅在檢察官舉證範圍內，進行補充性之調查。當證據調查結束，犯罪事實真偽仍不明時，法院原則上應逕為被告無罪之判決，惟為求審判之公允及法律正義之實現，凡與公平正義之維護或被告之利益有重大關係事項，法院仍應依職權調查之，故而刑事訴訟法第

合理懷疑則係證據足以使一般人對於待證事實之存在不致產生合理之懷疑，其證明之程度較高；至於證據明確則證明之程度係介於上開二者之間，如以此而言，則我國實務見解所採之有罪之認定標準，與英美證據法上無合理懷疑存在之程度應屬相當。而所謂無合理懷疑之標準，依美國聯邦司法中心（Federal Judicial Center）所下之定義為「無合理懷疑之證明必須使人對於被告有罪有肯定之確信，在世界上僅有少數之事情可以被絕對確定，而在刑事案件中，法律並未要求能夠解決而有可能疑問之證明，如果經由對於證據之考量，對於被告有罪有肯定之確信，即應認定被告有罪，另一方面，如果認為被告無罪尚有確實之可能性存在，則必須將利益歸於被告而認定被告無罪。」（Proof beyond a reasonable doubt is proof that leaves you firmly convinced of the defendant's guilt. There are few things in this world that we know absolute certainty, and in criminal cases the law does not require proof that overcome every possible doubt. If, baesd on your consideration of the evidence, you are firmly convinced that the defendant is guilty of the crime charged, you must find him guilty. If, on the other hand, you think thereis a real possibility that he is not guilty, you must give him the benefit of thedoubt and find him not guilty.）

9　發現真實以保障實體正義及保障人權以實現程序正義，同係刑事訴訟程序之主要目所在。見林山田著，刑事程序法，2004年9月5版，頁42；黃朝義著，刑事訴訟法，2006年9月初版，頁5。

163條第2項即明文規定：「法院爲發現眞實，得依職權調查證據。但於公平正義之維護或對被告之利益有重大關係事項，法院應依職權調查之。」依此規定，我國刑事訴訟程序法院亦有依職權調查證據之情形，此又可分爲二種情形而言，一爲「得」依職權調查證據，一爲「應」依職權調查證據，茲分別加以論述如下。

（一）得依職權調查證據

所謂得依職權調查證據指法院對於證據之調查，並無法定之義務，得視具體案件之情況，由審判者決定是否進行證據之調查，如對於發現事實有所幫助，即可依職權調查證據，實務上亦認爲：「刑事訴訟法第一百六十三條第一、二項規定，法院調查證據以依當事人聲請爲原則，例外於當事人主導之證據調查完畢後，認事實仍未臻明白，爲發現眞實，固亦得就當事人未聲請部分，依職權爲補充、輔佐性之調查，然此調查職權發動與否，法院仍得自由裁量。」此有最高法院98年度台上字第4577號判決意旨可供參照[10]。又如「刑事訴訟法由職權進行主義改爲改良式當事人進行主義，有關證據調查之主導，依刑事訴訟法第163條規定，係以當事人聲請調查爲主，法院職權調查爲輔之模式。而同條第2項但書『公平正義之維護』，專指利益被告之事項，法院始應依職權調查證據，此爲本院統一之見解。惟鑑於發現實體眞實爲刑事訴訟法主要目的之一，且法院就被告有利及不利之情形有一律注意之客觀性義務，是於案內存在形式上不利於被告之證據，檢察官未聲請調查，然如不調查顯有影響判決結果之虞，且有調查之可能者，法院有促使檢察官立證之義務，亦即應曉諭檢察官爲調查證據之聲請（刑事訴訟法第273條第1項第5款參照）。倘法院已盡曉諭聲請調查證據之義務，檢察官仍不爲聲請或陳述不爲調查之意見，法院未爲調查，即無違反刑事訴訟法第379條第10款之規定；如未盡曉諭之義務，致事實未臻明白仍待澄清，即逕以證據不足諭知無罪，其訴訟程序之進行自非適法，且影響於判決本旨之判斷。」此有最高法院111年度

---

[10] 惟對此有學者採不同之見解，認爲刑事訴訟法第163條第2項所規定之得依職權調查證據，其所謂之「得」，僅在於表明在當事人主導之證據調查程序中，法院仍然具有主動調查證據之權限而已，並非賦予法院調查證據之自由裁量權。見楊雲驊著，新法下檢察官的舉證責任及法院之調查義務，月旦法學雜誌，第89期，2002年10月，頁244。

台上字第5593號判決意旨可供參照。故而目前實務見解認為原則上法院並無依職權調查證據之義務，僅在如下所述之例外之情形始應依職權調查證據（詳如下述），但如於案件之卷內存在形式上不利於被告之證據，而檢察官未聲請調查，且如不調查顯有影響判決結果之虞，且有調查之可能者，此時法院仍有促使檢察官立證之義務，應盡曉諭檢察官聲請調查之義務，否則程序即非適法。

　　惟應注意者，實務上同時認為，縱使法院依職權調查證據時，亦無蒐集證據之義務，調查之範圍亦以審判案卷內所存在之證據為限；其認為：「當事人固得聲請法院調查證據，而法院為發見真實，亦得依職權調查證據，僅於維護公平正義或對被告之利益有重大關係之事項，始應依職權調查之，修正刑事訴訟法第一百六十三條第一、二項定有明文。故法院於當事人主導之證據調查完畢後，認為事實未臻明白，而卷內復有其他足認為有助於發現真實又足以影響判決結果之證據存在，且有調查之可能者，固得依職權調查證據，但並無蒐集證據之義務；蒐集證據乃職司追訴犯罪之檢察官之職責，事實審法院調查證據之範圍仍以案內存在之證據為限。」此有最高法院91年度台上字第4091號判決意旨可供參照，與此相同之見解另有最高法院91年度台上字第5846號判決亦可參照。

（二）應依職權調查證據

　　所謂應依職權調查證據，係指法院對於證據之調查有主動進行之義務，須依職權為之，其情形包括「於公平正義之維護」或「對被告之利益」有重大關係之事項，此時法院均應依職權主動介入調查證據。其中所謂於公平正義之維護有重大關係之事項，應在客觀上具有調查之必要性，如未予調查顯然有違公平正義之情形始足當之。惟有疑問者乃此所稱於公平正義之維護之事項，究竟是否包括對於被告有利及不利之事項，或者限於對於被告有利益之事項，抑或限於對於被告不利益之事項。對此目前之實務見解採目的性限縮解釋，認為僅限於對於被告有利益之事項；例如最高法院101年度第2次刑事庭會議決議（一）即認為：「盱衡實務運作及上開公約施行法（公民與政治權利國際公約及經濟社會文化權利國際公約施行法）第八條明示各級政府機關應於二年內依公約內容檢討、改進相關法令，再參酌刑事訴訟法第一百六十三條之立法理由已載明：如何衡量公平

正義之維護及其具體範圍則委諸司法實務運作和判例累積形成，暨刑事妥速審判法爲刑事訴訟法之特別法，證明被告有罪既屬檢察官應負之責任，基於公平法院原則，法院自無接續檢察官應盡之責任而依職權調查證據之義務。則刑事訴訟法第一百六十三條第二項但書所指法院應依職權調查之公平正義之維護事項，依目的性限縮之解釋，應以利益被告之事項爲限，否則即與檢察官應負實質舉證責任之規定及無罪推定原則相牴觸，無異回復糾問制度，而悖離整體法律秩序理念。」

依據上開決議之見解，最高法院復在同一決議（二）中修正原100年度第4次刑事庭會議決議七之內容爲：「本法第一百六十三條第二項前段所稱法院得依職權調查證據，係指法院於當事人主導之證據調查完畢後，認爲事實未臻明白仍有待澄清，尤其在被告未獲實質辯護時（如無辯護人或辯護人未盡職責），得斟酌具體個案之情形，無待聲請，主動依職權調查之謂。但書所指公平正義之維護，專指利益被告而攸關公平正義者而言。至案內存在形式上不利於被告之證據，檢察官未聲請調查，然如不調查顯有影響判決結果之虞，且有調查之可能者，法院得依刑事訴訟法第二百七十三條第一項第五款之規定，曉諭檢察官爲證據調查之聲請，並藉由告訴人、被害人等之委任律師閱卷權、在場權、陳述意見權等各保障規定，強化檢察官之控訴功能，法院並須確實依據卷內查得之各項直接、間接證據資料，本於經驗法則、論理法則而爲正確判斷。」藉由此一解釋以平衡採取上開目的性限縮解釋所可能帶來之衝擊。

又上開所謂對於被告之利益有重大關係之事項，自以對於被告有利益之實體上或程序上重大權利事項爲限，包括實體上應爲無罪或免除其刑判決之情形，或程序上訴追條件之不具備等情形均屬之，此一立法之目的，旨在於平衡檢察官與被告間武器不對等之狀況[11]。

此外，如上所述，法院基於公平正義之維護或對被告之利益有重大關係事項，固應依職權調查證據，然實務見解認爲：「此須法院於當事人主導之證據調查完畢後，認事實猶未臻明確，始負調查之義務，若所欲證明

---

[11] 上開所稱之「於公平正義之維護」或「對被告之利益」有重大關係事項，有學者認爲應包括三種情形：1.足以影響被告犯罪成立與否之事項；2.審判範圍有變更之事項，如有裁判上一罪之關係之他罪未經起訴，或有變更罪名之情形；3.法定加重刑罰之事由。見陳運財著，刑事訴訟之舉證責任與推定，收錄於刑事法則之新發展──黃東熊教授七秩祝壽論文錄，2003年6月，頁472-473。

之事項已臻明瞭，法院未依上開規定調查，亦難謂有調查職責未盡之違法可言。」此有最高法院111年度台上字第506號判決意旨可供參照，又最高法院111年度台上字第3976號判決亦採取相同之見解。

（三）「得」與「應」之區別

　　有關上開所述得依職權調查證據及應依職權調查證據，其中「得」調查，係指是否調查，法院有斟酌裁量權；而「應」調查，則為法院之義務，無斟酌裁量餘地。惟實際運作難有一明確之標準加以界定，自應依具體個案之情形加以決定；而目前國內之實務見解則大致上認為，原則上法院對於調查證據與否，得自由加以裁量，即使被告於檢察官或自訴人提出對其不利之證據後，未提出聲請調查對其有利之證據包括反證，法院亦無逕依職權為調查證據之必要，實務見解即認為：「刑事訴訟法第一百六十三條第一、二項規定，法院調查證據以依當事人聲請為原則，例外於當事人主導之證據調查完畢後，認事實仍未臻明白，為發現真實，固亦得就當事人未聲請部分，依職權為補充、輔佐性之調查，然此調查職權發動與否，法院仍得自由裁量；僅於維護公平正義或對被告之利益有重大關係之事項，法院始負有調查之義務而應依職權調查之。又法院依職權調查之範圍，以藉由當事人聲請調查證據之過程或依案內已存在之訴訟資料，發現有足以影響判決結果之證據存在，且有調查之可能者為限，並無依職權窮盡一切可能方法蒐集證據以發現真實之必要。是刑事被告因受無罪推定原則之保護，犯罪事實應由檢察官負舉證與說服之實質舉證責任，被告對犯罪事實之不存在固不負任何證明責任，然於訴訟進行過程中，倘因檢察官之實質舉證，致被告將受不利益之判斷時，為免於己不利，即有提出證據或聲請法院調查證據以動搖該不利狀態之必要，俾法院得視個案具體狀況之需，裁量或基於義務依職權行補充、輔佐性之證據調查，確認該特定事實存在與否。」此有最高法院98年度台上字第4577號判決意旨可供參照。惟例外在法院於當事人主導之證據調查後，認為事實尚有未明，而卷內亦有足認為有助於發見真實又足以影響判決結果之證據存在，且有調查之可能時，法院始得依職權調查證據，尤以於公平正義之維護或對被告之利益有重大關係事項時更係如此，如：「法院為發見真實，得依職權調查證據，但於公平正義之維護或對被告之利益有重大關係事項，法院應

依職權調查之,此觀刑事訴訟法第一百六十三條第二項之規定自明,故法院於當事人主導之證據調查完畢後,認爲事實未臻明白,而卷內復有其他足認爲有助於發見眞實又足以影響判決結果之證據存在,且有調查之可能者,即得依職權調查證據,其於公平正義之維護或對被告之利益有重大關係事項,法院尤應依職權調查證據,以爲認定事實之依據。所謂公平正義之維護之重大事項,應參酌法律精神、立法目的,依據社會之情形及實際需要,予以具體化之價值補充,以求實質之妥當。如案件攸關國家、社會或個人重大法益之保護,或牽涉整體法律目的之實現及國民法律感情之維繫者,均屬之。」此有最高法院95年度台上字第3712號判決意旨可供參照。

至於區分「應」及「得」依職權調查證據之效果,實務上之見解依最高法院101年度第2次刑事庭會議決議(三)之修正內容認爲:「法院於依職權調查證據前,經依本法第一百六十三條第三項之規定,踐行令當事人陳述意見之結果,倘遇檢察官或被告對有利之證據,陳述放棄調查,而法院竟不予調查,逕行判決者,如其係法院應依職權調查之證據,而有補充介入調查之義務時,此項義務,並不因檢察官、被告或其他訴訟關係人陳述不予調查之意見,而得豁免不予調查之違誤。惟於法院得依職權調查證據之情形,法院既得參酌個案,而有決定是否補充介入調查之裁量空間,自不得徒以法院參照檢察官、被告或其他訴訟關係人之查證意見後,不予調查,遽指即有應調查而不予調查之違法。」

第三節　證據之作用——證明

證據在刑事訴訟程序上之作用,主要係在於證明事實之存在與否,而事實之證明又可分爲嚴格事實之嚴格證明與自由事實之自由證明二種。

一、嚴格事實之嚴格證明

所謂嚴格事實原則上係指有關於可供確定刑罰權存在與否及刑罰權範圍之事實,包括犯罪主觀及客觀構成要件之事實、阻卻違法之事由、阻

卻責任之事由、刑罰之加重、減輕及免除之事由等等，此等事實均稱之為嚴格事實。上開所謂主觀及客觀構成要件之事實，包括犯罪之直接事實及間接事實在內，例如甲遭人以某毒藥毒害身亡，而乙曾於案發前購買該毒藥，此即間接事實，仍須有嚴格之證明。嚴格事實須經嚴格證明始得加以認定，而所謂嚴格證明，則係指經有證據能力且經合法調查之證據加以證明而言。

　　對此實務見解即謂：「毒品危害防制條例第十七條第一項對於供出毒品來源，因而查獲其他正犯或共犯者，減輕或免除其刑之規定，涉及刑罰權範圍擴張、減縮事由，應視同構成刑罰權成立之基礎事實，屬於嚴格證明事項，所採之證據應具備證據能力，並應於審判期日依法定程序進行調查，始能作為刑罰量處之依據。」此有最高法院102年度台上字第3234號判決意旨可供參照。

二、自由事實之自由證明

　　所謂自由事實係指嚴格事實以外之其他與案件相關之事實，主要係關於量刑參考之事實，如犯罪之原因、動機、目的、手段等以及訴訟程序上之相關事實均是，另外如有關沒收事項之認定，亦屬自由事實之範圍。自由事實之認定，以經自由證明即可，而所謂自由證明，不以有證據能力且經合法調查之證據為限。

　　實務見解一般多認為有關科刑事項屬於自由事實，以自由證明即可，如「關於刑法第57、58條單純科刑資料之調查，僅以自由證明為已足。」此有最高法院111年度台上字第4611號判決意旨可供參照，另外如「科刑事項之認定，以自由證明為已足，無庸適用嚴格證明法則。」此亦有最高法院111年度台上字第3495號判決意旨可供參照。惟近來亦有部分實務見解認為：「科刑事項如屬與犯罪事實有密切關聯之『犯罪情節事實』者（例如犯罪動機、目的、所生危害、違反義務程度），應經嚴格證明，其於論罪證據調查階段，依各證據方法之法定調查程序進行調查；其為『犯罪行為人屬性』之單純科刑事實者，則以自由證明為已足。」此有最高法院111年度台上字第3400號判決、111年度台上字第5140號判決意旨可供參照。

　　又目前之實務見解亦認為：「不法利得範圍之認定，非屬犯罪事實

有無之認定，於證據法則上並不適用嚴格證明法則，無須證明至毫無合理懷疑之確信程度，而應適用自由證明程序，僅需釋明其合理之依據為已足。」此有最高法院104年度台上字第3483號判決意旨可供參照。又如「於事實審法院對犯罪所得沒收及追徵之範圍與價額，認定顯有困難時，不受嚴格證明法則之拘束，得綜合卷證資料，依自由證明法則釋明其合理估算推計之依據即已足。」此亦有最高法院111年度台上字第3836號判決意旨可供參照。

惟自由事實固僅須自由證明即可，然依實務之見解認為其認定之事實仍須與卷內之資料相符始足當之，如「犯人與被害人平日之關係，雖為單純科刑應行審酌之情狀，非屬犯罪構成要件之事實，以經自由證明為已足，然所謂自由證明，係指使用之證據，其證據能力或證據調查程序不受嚴格限制而已，其關於此項科刑審酌之裁量事項之認定，仍應與卷存證據相符，始屬適法。」此有最高法院71年台上5658號判例意旨可供參照。

第四節　證據之判斷

證據之判斷係指對於證據加以評價之後，據以作為認定事實之基礎，而判斷證據有一定之限制，就嚴格事實之嚴格證明而言，可分為外部限制及內部限制二個層面。所謂外部限制係指證據具有一定之資格可作為法院依自由心證原則加以判斷之資格而言，故係屬於形式上之限制；而所謂內部限制則係指證據在通過外部限制之門檻而有資格成為法院判斷事實之基礎後，法院依據自由心證之原則判斷證據之證明力時所須受到之限制，故係屬於實質上之限制。

一般而言，外部限制包括具備證據能力及經合法調查之程序，此依刑事訴訟法第155條第2項規定「無證據能力、未經合法調查之證據，不得作為判斷之依據」之內容觀之即明；而內部限制則包括經驗法則及論理法則等，此觀之刑事訴訟法第155條第1項規定「證據之證明力，由法院本於確信自由判斷。但不得違背經驗法則及論理法則」之內容即明。

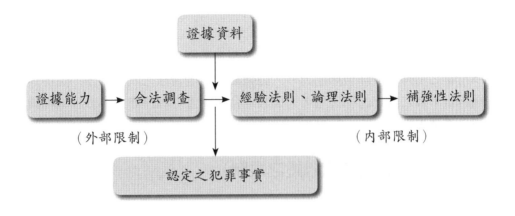

一、外部限制

（一）具證據能力

　　所謂證據能力（Evidence Capacity）係指證據具有在刑事訴訟之審判程序中供法院作為嚴格證明使用之法律上資格之謂，此乃證據信用性之問題，屬證據之形式上資格要件，故又有稱之為證據之許容性（Admissibility）。而實務上大法官會議釋字第582號解釋之理由書中亦闡述證據能力之意義，認為：「所謂證據能力，係指證據得提出於法庭調查，以供作認定犯罪事實之用，所應具備之資格；此項資格必須證據與待證事實具有自然關聯性，符合法定程式，且未受法律之禁止或排除，始能具備。」而證據必先具備有證據能力之後，始得作為法院認定事實之判斷基礎，如不具備證據能力之證據則僅得作為認定自由事實之自由證明之用，故刑事訴訟法第155條第2項即明文規定，無證據能力之證據，不得作為判斷之依據；此即明白表示證據能力係屬於證據判斷之先決條件，亦即上述所稱之證據判斷時之外部界限。而實務見解亦明確指出：「所謂證據能力，係指符合法律所規定之證據適格，而得成為證明犯罪事實存在與否之證據資格。無證據能力之證據資料，應予以排除，不得作為判斷之依據。而證據之證明力則係指具有證據能力之證據資料，於證明某種待證事實時，所具有之實質證據價值。兩者並不相同，不應混淆。」此有最高法院104年度台上字第3672號判決意旨可供參照。

（二）經合法調查

又刑事訴訟法第155條第2項亦明文規定未經合法調查之證據，不得作為判斷之依據。故除證據能力外，證據必須經過合法之調查程序，始得作為嚴格事實之嚴格證明之用，因而經過合法調查之程序亦係屬於證據判斷時之外部界限。

二、內部限制（自由心證之限制）

有證據能力及經合法調查之證據，其即得由法院依據自由心證之原則，自由判斷其證明力如何。所謂證明力係指證據得用以證明事實存在與否之強度，亦即證據資料對於法官形成心證之作用，因而屬於證據之價值問題。

（一）論理法則與經驗法則

惟所謂之自由認定事實並非毫無限制，依刑事訴訟法第155條第1項之規定，證據之證明力，由法院本於確信自由判斷，但不得違背經驗法則及論理法則，此即為上開所述之證據判斷之內部限制。實務上亦肯認此一原則，認為「證據之證明力如何，雖屬於事實審法院自由判斷職權，而其所為判斷，仍應受經驗法則與論理法則之支配。」此有最高法院53年台上字第2067號判例意旨可供參照。

又實務見解亦對於所謂之「經驗法則」有所解釋，如「證據之證明力由法院自由判斷之，為刑事訴訟法第二百六十九條（現行第155條第1項）所明定，此項自由判斷職權之行使，苟係基於普通日常生活之經驗，而非違背客觀上應認為確實之定則者，即屬合於經驗法則，不容當事人任意指摘。」此有最高法院30年上字第597號判例意旨可供參照；又如「法院依自由心證為證據判斷時，不得違背經驗法則，所謂經驗法則，係指吾人基於日常生活經驗所得之定則，並非個人主觀上之推測。」此亦有最高法院31年上字第1312號判例意旨可供參照。

有關經驗法則及論理法則之一般判斷標準，最高法院曾於77年度第11次刑事庭會議決議臚列如下：「（一）對於事實證據之判斷，其自由裁量

必須保持其合理性，如其證據與事理顯然矛盾，原審予以採用，即於經驗法則有所違背。（二）如何依經驗法則，從無數之事實證據中，擇其最接近眞實事實之證據，此爲證據之評價問題，但對於內容不明之證據，不得爲證據之選擇對象。又對內容有疑義之證據，仍應調其他必要之證據，不得作爲判決之唯一證據。（三）證據本身存有瑕疵，在此瑕疵未能究明以前，選擇爲有罪判之基礎，難謂於經驗法則無違。（四）本證不足證明犯罪事實時，設若以反證或抗辯不成立，持爲斷罪之論據，顯於經驗法則有違。（五）供述證據，前後雖稍有參差成互相矛盾，事實審法院非不可本於經驗法則，斟酌其他情形，作合理之比較，定其取捨。又供述證據之一部，認爲眞實者，予以採取，亦非法則所不許。（六）證據與事實間必須具有關聯性，即是否適合犯罪事實之認定，不生關聯性之證據，欠缺適合性，資爲認定事實之基礎，有違背論理法則。（七）認定犯罪事實之證據，其判斷必須合理，否則即欠缺妥當性。如果徒以證人與被告非親即友，即謂其證言出於勾串，顯不合論理法則。」可供參照。

（二）補強性法則

　　對於某些證據之證明力認爲須有其他證據加以補強，始能就被告之犯罪事實加以認定，此即所謂之證據之補強，用以補強之證據則稱爲補強證據。有關證據之補強在於避免以單一之證據作爲被告有罪之認定基礎，而造成事實認定之錯誤，以保障被告之人權。而目前較新之實務見解認爲「補強證據」即係補強自白之證據，以補強證據之存在限制合法自白在證據上之價值俾發現實質之眞實，故而原則上補強證據應符合下述三項要件：第一，補強證據應具有證據能力，證據既具有作爲嚴格證明資料之能力或資格，所謂「補強證據」自應具「證據能力」或稱「證據資格」，此相對於「彈劾證據」，主要用來彈劾證人的信用能力，目的在動搖證言的憑信性，減低證人在審判時證言之證明力，因非用於認定犯罪事實之基礎，可不受傳聞法則之拘束，自有不同；第二，補強證據與自白間應不具同一性或重複性，否則僅屬與自白相同之證明力薄弱之「累積證據」，不具補強證據之適格；第三，補強證據之補強範圍限定爲與犯罪構成要件事實有關聯性，且對於待證事實認定具有實質價值，易言之，補強性法則之補強證據，固不以證明犯罪構成要件之全部事實爲必要，惟須以與待補強

之證據（如被害人之指述）具有「相當之關聯性」為前提，並與待補強之證據之間相互印證，綜合判斷，已達於使一般人均不致有所懷疑，得確信其為真實之程度而言，非僅在增強待補強之證據內容之憑信性；此有最高法院106年度台上字第39號、108年台上字第4053號判決意旨可供參照。

上開所謂「同一性之累積證據」，並不具有補強證據之適格，不得作為補強證據使用，此種情形包括被害人歷次之陳述（如於警詢、偵查中檢察官之訊問及審理中歷次之證述）及證人證述之內容係來自被害人本身之轉述之情形。如：「所謂補強證據，係指被害人之陳述本身以外，足以證明犯罪事實確具有相當程度真實性之證據，固不以證明犯罪構成要件之全部事實為必要，但以與被害人指述具有相當之關聯性為前提，並與被害人之陳述相互印證，綜合判斷，已達於使一般之人均不致有所懷疑，而得確信其為真實之程度而言。至於屬與被害人之陳述具同一性之累積證據，並不具補強證據之適格。」此有最高法院108年台上字第2037號判決意旨可供參照。

較有問題者，乃證人如係轉述其聽聞被害人陳述被害經過，其證言是否得以作為補強證據？就此目前實務見解認為：「陳述之證言，如係其陳述內容本身並非用來證明其轉述犯罪事實之是否真實，而是作為情況證據（間接證據）以之推論由其他證人陳述相關事實之情狀，此為證人陳述其當時所親自參與聽聞目睹之實際現象，其待證事實與證人之知覺間有關聯性，自屬適格之補強證據。」此有最高法院111年度台上字第3028號判決意旨可供參照。例如在妨害性自主之刑事案件中，被害人於事後向第三人轉述其被害經過之情形，在此情形下，此第三人如作為證人陳述其聽聞被害人轉述被害經過之論述內容，是否得作為補強證據？實務見解即認為：「證人陳述之證言，常有就其經歷、見聞、體驗事實與他人轉述參雜不分，一併供述之情形，故以證人之證詞作為性侵害被害人陳述之補強證據，應先釐清其證言組合之內容類型，以判斷是否具備補強證據之適格。其中如屬於轉述待證被害人陳述被害之經過者，因非依憑自己之經歷、見聞或體驗，而屬於與被害人陳述被評價為同一性之累積證據，應不具補強證據之適格；但依其陳述內容，苟係以之供為證明被害人之心理狀態，或用以證明被害人之認知，或以之證明對聽聞被害人所造成之影響者，由於該證人之陳述本身並非用來證明其所轉述之內容是否真實，而是作為情況證據（間接證據）以之推論被害人陳述當時之心理或認知，或是供為證明

對該被害人所產生之影響，實已等同證人陳述其所目睹被害人當時之情況，則屬適格之補強證據。」此有最高法院111年度台上字第4347號判決意旨可供參照，相同見解尚有最高法院108年度台上字第2164號判決可供參照。

因此，依目前實務之見解係認為，證人之證述內容，如係聽聞被害人陳述之被害經過，則在原則上係屬於累積證據，不得作為補強證據；然此僅限於有關被害人被害經過之陳述部分，如係關於被害人陳述時之心理及認知狀態或對於被害人身心產生之影響，則屬於證人本身之親身體認及見聞，且與證人之知覺間有相當之關聯性，仍得作為補強證據使用。

補強性法則之證據可分為法定補強性法則之證據及非法定補強性法則之證據二種情形，以下分別論述之。

1. 法定補強性法則之證據

法定補強性法則係指法律明文規定，須有其他補強證據始得以作為犯罪證明之證據之情形。目前刑事訴訟法第156條第2項明文規定，被告或共犯之自白，不得作為有罪判決之唯一證據，仍應調查其他必要之證據，以察其是否與事實相符，其立法意旨，乃欲以補強證據擔保自白之真實性，亦即以補強證據之存在，藉之限制自白在證據上之價值，防止偏重自白而發生誤判之危險，此即為法定之補強性法則之情形。

惟應注意者，上開刑事訴訟法第156條第2項之規定係就被告之自白或共犯之自白（其實此處用語不當，蓋共犯之陳述就被告本身而言係屬證人之證述，非屬於自白之性質）之證據，須有補強證據加以補強，始得作為認定犯罪事實之依據。然而共犯之間之自白得否互為補強證據即有疑問，對此目前實務上採取否定之見解，認為：「兩名以上共犯之自白，除非係對向犯之雙方所為之自白，因已合致犯罪構成要件之事實而各自成立犯罪外，倘為任意共犯、聚合犯，或對向犯之一方共同正犯之自白，縱所自白內容一致，仍屬自白之範疇，究非自白以外之其他必要證據。故此所謂其他必要證據，係指該等共犯之自白以外，實際存在之有關被告與犯罪者間相關聯之一切證據；必其中一共犯之自白先有補強證據，而後始得以該自白為其他共犯自白之補強證據，殊不能逕以共犯兩者之自白相互間作為證明其中一共犯所自白犯罪事實之補強證據。」此有最高法院102年度台上字第4744號判決意旨可供參照。

2. 非法定補強性法則之證據

　　而非法定補強性法則係指法律無明文規定，惟依照目前國內實務之見解，認為須有其他補強證據加以補強，始得以作為犯罪證明之證據之情形而言。依目前實務之見解認為有補強性法則適用之情形，包括下列幾項情形：

(1) 被害人為證人之證述

　　對於被害人指述之證據（依現行法之規定須以證人身分作證並具結，始為合法之證據方法），目前之實務見解亦認為「被害人所述被害情形如無瑕疵可指，而就其他方面調查又與事實相符，則其供述未始不足據為判決之基礎。」此有最高法院32年上字第657號判例意旨可供參照，此判例雖未明白表示被害人之指述不得作為唯一證據，惟已隱含被害人指述之證據有補強法則之適用之含意；又如「被害人與一般證人不同，其與被告處於絕對相反之立場，其陳述之目的，在使被告受刑事訴追處罰，內容未必完全真實，證明力自較一般證人之陳述薄弱。故被害人縱立於證人地位而為指證及陳述，且其指證、陳述無瑕疵可指，仍不得作為有罪判決之唯一依據，應調查其他證據以察其是否與事實相符，亦即仍須有補強證據以擔保其指證、陳述之真實性，始得採為斷罪之依據。」此亦有最高法院101年度台上字第2068號判決意旨可供參照。又如在妨害性自主之案件中，「性侵害犯罪若係在無第三人在場之隱密處所發生者，被害人之指證常為審判上最重要之直接證據。惟法院對於被害人之指證是否確屬可信，仍應詳加調查審酌，必其指證並無重大瑕疵，且須有其他補強證據以擔保其指證、陳述確有相當之真實性，而為通常一般人均不致有所懷疑者，始得據以論罪科刑。」此亦有最高法院108年台上字第2037號判決意旨可供參照，相同見解尚有最高法院100年度台上字第590號、101年度台上字第1786號等判決可供參照。

(2) 告訴人為證人之證述

　　告訴人原則上係被害人或其相關之人，其指訴之內容之證據，性質上亦與被害人證述相同（依現行刑事訴訟法告訴人之指述亦應命其以證人身分具結作證始得作為證據方法），故亦應有補強證據加以補強，如「告訴人之告訴，係以使被告受刑事訴追為目的，是其陳述是否與事實相符，仍

應調查其他證據以資審認。」此有最高法院52年台上字第1300號判例意旨可供參照。

(3) 直接利害關係人之證述

除上述被害人及告訴人等具有直接利害關係之指訴性質之證據方法外，其餘一般之證人部分，如就案件作證時其證言之內容與其本身亦存在有法律上之利害關係時，目前之實務見解上亦多認為須有補強證據以補強其證述內容之可信性。此種情形包括有關販賣毒品之犯罪事實，除買受人之證述外，應有其他之證據加以補強，例如在違反毒品危害防制條例之案件中，即認為「毒品交易之買賣雙方，買方或為獲邀減刑寬典，不免有作利己損人之不實供述之虞。此種虛偽危險性較大之被告以外之人所為之陳述，為避免其嫁禍他人，藉以發見實體之真實，除以具結、交互詰問、對質等方法，以擔保其真實性外，自仍應認有補強證據以增強其陳述之憑信性，始足為認定被告犯罪事實之依據。」此有最高法院100年度台上字第382號判決意旨可供參照，相同之見解尚有最高法院101年度台上字第1681號、101年度台上字第1757號、101年度台上字第1987號及101年度台上字第2453號等判決。另外如在違反公職人員選舉罷免法案件中，投票受賂者指證他人投票交付賄賂，亦應有其他證據加以補強，認為「因自首或自白收受賄賂，得邀免除其刑或減輕其刑之寬典，甚或得由檢察官為職權不起訴或緩起訴處分，因而不免作出損人利己之陳述，此有關對向正犯指證他人投票行求賄賂之證言，本質上亦存在較大之虛偽危險性，為擔保其陳述內容之真實性，基於相同法理，仍應認有補強證據之必要性，藉以限制其證據價值。」此有最高法院101年度台上字第1175號判決意旨可供參照。

(4) 測謊鑑驗報告

另實務上亦認為有關測謊之鑑驗報告亦應有其他之證據加以補強，以證明其與事實相符，不得僅以測謊之結果，採為認定被告犯罪事實之唯一或絕對之依據，此亦有最高法院101年度台上字第4236號判決意旨可供參照。

上開所述之條文規定及實務見解，均係對於單一證據在評價其證據所具有判斷事實之價值上所加之限制，就實際之效果而言，即係對於證據之證明力之一種限制。故嚴格而言，所謂證據之內部限制，亦即關於自由心

證之限制，除上開條文所明示之經驗法則及論理法則之外，在目前實務之運作上而言，尚有所謂「補強性法則」之此一實質上之限制不可不知。

第五節　證據能力

證據能力之意義業如上述，因而證據能力之有無，係關係證據得否在訴訟程序中被提出加以主張，並據以為法院判斷事實存在與否之基準之問題，且因通常與證據之取得過程有密切之關聯，在刑事訴訟程序上具有相當之重要性。

原本傳統之職權主義制度之下，刑事訴訟法對於證據之種類原則上並不作任何之限制，故依先前之實務見解認為，原則上證據均得加以論理而有證據能力[12]，故如被害人等於警詢中所作之筆錄亦均認為有證據能力[13]。惟在刑事訴訟法民國92年修正改採改良式當事人進行主義之制度，並引進傳聞法則等有關證據能力之相關規定後，證據並非當然具有證據能力，在一定之情況下，應排除證據之證據能力。

依我國刑事訴訟法之規定，無證據能力之證據可分為絕對無證據能力及相對無證據能力二大類，以下即分別論述之：

---

[12] 例如最高法院75年台上字第933號判例即謂：「刑事訴訟本於職權主義之效能，凡得為證據之資料，均具有論理之證據能力，是以法律上對於證據之種類，並未設有若何之限制。」（本則判例於92年3月25日經最高法院92年度第5次刑事庭會議決議自92年9月1日起不再援用。）

[13] 例如最高法院71年台上字第6140號判例謂：「證據已在審判期日顯出於審判庭，經法院就其是否可信為直接之調查者，即得採為判決之基礎。現行我國刑事訴訟制度，就證據之蒐集與調查，並不僅限於法院始得為之，檢察官之偵查不論矣，即司法警察官或司法警察依刑事訴訟法第二百二十九條至第二百三十一條之規定，亦有協助檢察官偵查犯罪之職權，若司法警察單位所為證據調查之資料，法院得依直接審理之方式加以調查者，仍具有證據能力。」（本則判例於92年5月20日經最高法院92年度第9次刑事庭會議決議自92年9月1日起不再援用。）又如最高法院72年台上字第1203號判例即謂：「刑事訴訟法係採自由心證主義，對於證據之種類並未設有限制，被告人在警局之陳述，亦得採為認定犯罪事實之證據資料，並非刑事訴訟法第一百五十九條所謂不得作為證據之情形。至其證明力如何，則由法院自由判斷。」（本則判例於92年3月25日經最高法院92年度第5次刑事庭會議決議自92年9月1日起不再援用。）

一、絕對無證據能力

（一）違背任意性法則之證據

1. 被告非出於任意性之自白

　　刑事訴訟法第98條明文規定，訊問被告應出以懇切之態度，不得用強暴、脅迫、利誘、詐欺、疲勞訊問或其他不正之方法。又此一規定於司法警察官或司法警察詢問犯罪嫌疑人時，準用之，此刑事訴訟法第100條之2亦定有明文。上開規定均係在於保障被告在實施刑事訴訟程序之公務員進行調查、偵查及審判之程序中，能在其意志自由之情況下作出供述，亦即保障被告之供述具有任意性，此在被告自白或作不利陳述之情形下尤其重要。

　　故以強暴、脅迫、利誘、詐欺、疲勞訊（詢）問、違法羈押或其他不正之方法，自被告所取得之自白或其他不利供述，通常虛偽不實之可能性極高，基於對於刑事被告人權保障之考量，其證據能力自應予以排除；易言之，此種情況下所取得之自白不得作為證據，此由刑事訴訟法第156條第1項之反面解釋即可得知。

　　強暴、脅迫之意義較為明確，惟所謂之利誘其意義為何，與檢察官或法官在訊問被告時所為之勸諭認罪如何區分，在實務上恐產生疑義，對此目前之實務見解多認為只要訊問者為發現真實而在法律賦予之裁量權限內，勸諭被告如實供述，未影響被告陳述之意思決定自由，則非屬利誘之不合法作為。如「利誘係此取供禁止規範之例示，乃訊問者誘之以利，讓受訊問者認為是一種條件交換之允諾，因足以影響其陳述之意思決定自由，應認其供述不具任意性，故為證據使用之禁止。但法院為利真實之發現、訴訟程序之進行或其他考量，基於法律賦與審酌量刑之裁量權限，在裁量權限內勸諭被告如實供述，則屬合法之作為。」此有最高法院99年度台上字第3747號判決意旨可供參照；又如「被告之自白必須出於其自由意志之發動，用以確保自白之真實性，故被告之自由意志，如與上揭不正方法具有因果關係而受影響時，即應認其自白不具任意性，而不得採為證據。而上開所謂之利誘，乃詢問者誘之以利，讓受詢問者認為是一種條件交換之允諾，足以影響其陳述之意思決定自由，應認其供述不具任意性，

故為證據使用之禁止。但並非任何有利之允諾，均屬禁止之利誘，如法律賦予刑事追訴機關對於特定處分有裁量空間，在裁量權限內之技術性使用，以促成被告或犯罪嫌疑人供述，則屬合法之偵訊作為。」此有最高法院99年度台上字第7055號判決意旨可供參照；又如「刑事訴訟法第156條第1項將利誘列為自白取證規範禁止之不正方法之一，此所謂之利誘，係指詢（訊）問者誘之以利，使受詢（訊）問者認為是一種條件交換之允諾而為自白，然並非任何有利之允諾，均屬禁止之利誘。刑事訴追機關於詢（訊）問前，曉諭自白減免其刑之規定，乃法定寬典之告知，或基於法律賦予對特定處分之裁量空間，在裁量權限內為技術性使用，以鼓勵被告或犯罪嫌疑人勇於自白自新，均屬合法之偵訊作為，而為法所不禁。但刑事追訴機關如對被告或犯罪嫌疑人許諾法律所未規定或非屬其裁量權限內之利益，使信以為真，或故意扭曲事實，影響被詢問者之意思決定及意思活動自由，誘使被詢問者為自白，則屬取證規範上所禁止之利誘，不問自白內容是否與事實相符，根本已失其證據能力，不得採為判決基礎。」此亦有最高法院106年度台上字第2370號判決意旨可供參照。

另外實務上常見檢察官告知被告「跟檢察官配合，就可以早點回去」、「不承認，就會被關」等語，是否構成使用不正方法影響被告自白之任意性，或是檢察官僅係屬就被告法律上之利害關係加以分析不免產生疑問，對此實務上認為，決定自白是否出於任意性，應就客觀之訊問方法及被告主觀之自由意思，綜合全部事實而為具體之判斷，上開情形檢察官之訊問內容已相當限制被告之主觀自由意思，故而已構成使用不正方法影響被告自白之任意性；此有最高法院96年度台上字第3102號判決意旨可供參照。

至於強暴、脅迫、利誘、詐欺、疲勞訊（詢）問、違法羈押之外其他不正之方法，其範圍及方式並無一定之限制，只要可能壓抑受訊（詢）問之被告或犯罪嫌疑人之自由意志均屬之。例如司法警察故意於逾用餐之時間詢問被告或犯罪嫌疑人而不提供餐飲，又如司法警察在詢問僅著單薄衣物之被告或犯罪嫌疑人時，故意將冷氣開至最強等等情形是也。其中較有問題者為所謂之誘導訊（詢）問，誘導訊（詢）問乃訊（詢）問者以其所希望之回答，包含在訊（詢）問證人之內容中，而對證人為訊（詢）問之義，刑事訴訟法第98條、第156條第1項，並未將誘導訊（詢）問列為例示之不正方法之一，故而誘導訊（詢）問是否為其他不正之方法即有疑問。

對此實務之見解認為，應視誘導訊（詢）問之動機、內容而定，如誘導訊（詢）問之內容，有使證人故為或誤為異其記憶之陳述疑慮，為確保訴訟程序之正當性及供述證據之任意性、憑信性，雖不應容許；但倘誘導訊（詢）問之內容，意在喚起證人之記憶或適度提示，俾得為正確及完足之陳述，仍屬適法；此有最高法院106年度台上字第1980號判決意旨可供參照。

　　又有問題者乃上述所謂強暴、脅迫、利誘或其他等不正方式是否限於實施刑事訴訟程序之公務員所為似有疑問，就此我國實務之見解認為，被告因實施刑事訴訟程序之公務員以外之第三人向其施用不正之方法，致未能自由陳述時，亦有上開任意性法則之適用。如「依刑事訴訟法第270條第1項規定，被告之自白雖與事實相符，仍須非出於強暴、脅迫、利誘、詐欺或其他之不正方法，始得為證據，此項限制，原以被告之自白必須本於自由意思之發動為具備證據能力之一種要件，故有訊問權人對於被告縱未施用強暴、脅迫等之不正方法，而被告因第三人向其施用此項不正方法，致不能為自由陳述時，即其自白，仍不得採為證據。」此有最高法院28年上字第2530號判例意旨可供參照。

　　另就所謂強暴、脅迫等不正之方式是否限於「訊（詢）問人員與施用不正方法者非同一」及「不正方法係於事前或訊（詢）問當時所為」亦不免有所疑問，就此國內實務之見解認為，不正方式並不限於負責訊（詢）問之人員所為，且亦不論係事前或訊（詢）問當時所為，被告如因先前非任意性自白所受恐懼、壓迫狀態，持續延續至後來之自白，則其後之自白雖在形式上屬於任意性之自白，惟其實質上亦應認為屬非任意性之自白，仍不具有證據能力。如「被告之自白，須非出於強暴、脅迫、利誘、詐欺或其他不正之方法，且與事實相符者，始得採為證據。如果被告之自白，係出於不正之方法，並非自由陳述，即其取得自白之程序已非適法，則不問自白內容是否確與事實相符，因其並不具證據能力，即不得採為判決基礎。又此項自白係出於不正方法者無證據能力之侵害性法則，並不限於負責訊（詢）問之人員對被告為之，即第三人對被告施用不正之方法，亦屬之，且不論係事前或訊（詢）問當時所為，只要其施用之不正方法，致被告之身體、精神產生壓迫、恐懼狀態延伸至訊（詢）問當時，倘被告因此不能為自由陳述者，其自白仍非出於任意性，不得採為證據。」此有最高法院93年度台上字第6578號判例意旨可供參照。

依據上開所述，如被告之第一次自白係出於負責訊（詢）問之人員以不正之方式所取得，惟嗣後再由不同之人員為訊（詢）問，此時並未使用不正方法，而取得被告第二次之自白，則其第二次自白是否應加以排除[14]，對此實務見解延續上開判例之見解更進一步說明，認為應視第一次自白所使用之不正方式是否具有延續之效力，而影響第二次自白而斷，如「須視第二次自白能否隔絕第一次自白之影響不受其污染而定，亦即以第一次自白之不正方法為因，第二次自白為果，倘兩者具有因果關係，則第二次自白應予排除，否則，即具有證據能力。此延續效力是否發生，依具體個案客觀情狀加以認定，倘若其偵訊之主體與環境、情狀已有明顯變更而為被告所明知，除非有明確之證據，足以證明被告先前所受精神上之壓迫狀態延續至其後應訊之時，應認已遮斷第一次自白不正方法之延續效力，即其第二次之自白因與前一階段之不正方法因果關係中斷而具有證據能力。」此有最高法院101年度台上字第5570號判決意旨可供參照，相同見解尚有最高法院106年度台上字第293號判決可供參照。

另如被告自白之取得非出於任意性，但本於其自白所蒐集而得之證據有無證據能力[15]，恐有疑義，就此實務上採一般之通說，認為本於被告自白所蒐集之證據，如非出於不正方法，仍具有證據能力，並不受自白非任意性之影響，此有最高法院101年度台上字第5570號判決意旨可供參照。

此外較為特別之情形，乃被告於犯罪後對第三人透露犯罪行為之語，此在實務上目前認為亦係被告之自白之一種已如前述，惟此種自白之內容除應符合上開所述任意性法則外，實務上認為此之供述必以經被告之言詞或書面予以肯認者，始得為證據，若被告未有肯認該陳述，則須有可信之特別情況，或已經給予被告充分詰問之適當機會，以確保該陳述之真實性，方具證據之適格，此有最高法院102年度台上字第5052號判決可供參照。

2. 被告以外之人所為非出於任意性之證述

我國刑事訴訟法僅對於被告之自白須出於任意性有所規定，至於被告以外之人所為之證述，並無相關之規定，是否為立法時有意保留尚有待推

14　此即學理上所稱非任意性自白之延續效力之問題。

15　此則為學理上所指非任意性自白之放射效力之問題。

敲，故被告以外之人所為之供述如有違背任意性法則之情況，究竟其有無證據能力即有疑問。

惟依目前實務之見解一般係認為，被告以外之人所為之證述亦同有任意性法則之適用。「證人所為陳述，仍具有供述證據之性質，本諸禁止強制取得供述之原則，被告以外之人因受恫嚇、侮辱、利誘、詐欺或其他不正方法所為不利於被告之陳述，亦應認不具證據能力。」此有最高法院98年度台上字第616號判決意旨可供參照，此外尚有最高法院95年度台上字第2776號、95年度台上字第3881號判決均持同一見解亦可資參照[16]。

（二）法定障礙事由時間及夜間訊問所取得之自白或其他不利陳述

依刑事訴訟法第158條之2第1項前段之規定，違背第93條之1第2項、第100條之3第1項之規定，所取得被告或犯罪嫌疑人之自白及其他不利之陳述，不得作為證據。其中刑事訴訟法第93條之1第2項乃係規定在二十四小時解送期間內之法定障礙事由時間不得訊問，而刑事訴訟法第100條之3第1項則係規定除有該項但書所列之情形外，原則上在夜間不得訊問，上開規定之作用均在於保障刑事被告之人權，避免有疲勞訊問之情形產生，故在調查及偵查期間應嚴格遵守，並明文規定如有違反上開規定所取得之自白及其他不利之陳述內容，不得作為證據，亦即無證據能力。

惟上開規定有例外之情形，依刑事訴訟法第158條之2第1項但書之規定，經證明其違背非出於惡意，且該自白或陳述係出於自由意志者，不在此限。此即一般所謂「善意例外原則」[17]，例如司法警察詢問犯罪嫌疑人

---

[16] 依上開所述可知，實務上最高法院認為對於證人不正訊問所取得之供述證據，因欠缺任意性，應不具證據能力，惟在論理上究係直接適用刑事訴訟法156條第1項之規定排除證據能力，或依該條同一法理類推適用而排除證據能力，最高法院並未明確加以表示，為使法律之適用明確化，有必要在將來刑事訴訟法修正時，參照刑事訴訟法第156條第1項之規定，明文排除對於證人不正取供所取得證據之證據能力。

[17] 「善意例外原則」（good faith exception）係源自英美證據法而來，此一原則係由美國聯邦最高法院於1984年之Leone（U.S. v. Leon, 468 U.S. 897 (1984)）一案中所創設，在該案中聯邦最高法院判決認為，警察在合理信賴地位個別而中立之治安法官所核發之搜索票而進行搜索所取得之證據，縱使事後該搜索票被認為無效，但在檢察官就此作為證據加以提出時，不應適用證據排除法則加以排除（...exclusionary rule should not be applied so as to bar the use in the prosecution's case in chief of evidence obtained by officers acting in reasonable reliance on a search warrant issued by a detached and neutral magistrate

時，並不知當時已經屬於夜間，則其主觀上即非故意違反不得夜間詢問之規定，屬於善意之情形，即可例外承認其證據能力。而適用善意例外之原則時，應由公訴之檢察官負舉證之責任，證明其違背非出於惡意且該陳述係出於自由意志者。

（三）檢察事務官、司法警察（官）詢問受拘提、逮捕之被告或犯罪嫌疑人，違反本法第95條第2款、第3款之告知義務，所取得之自白或其他不利之陳述

依刑事訴訟法第158條之2第2項之規定，檢察事務官、司法警察官或司法警察詢問受拘提、逮捕之被告或犯罪嫌疑人時，違反第95條第1項第2款、第3款或第2項之規定者，準用前項規定。亦即檢察事務官、司法警察官或司法警察詢問受拘提、逮捕之被告或犯罪嫌疑人時，如未告知其享有「得保持緘默，無須違背自己之意思而為陳述」及「得選任辯護人」之權利者，則因而所取得之自白及其他不利之陳述，亦均無證據能力。

本項規定之立法理由，在於保障非任意性到場之犯罪嫌疑人或被告，在受詢問之時得以保持緘默之基本刑事訴訟上之權利，並使之瞭解得以選任辯護人為其辯護，以充分行使其訴訟上防禦之權利，不至於因其係被強制到案，在人身自由受到限制之情況下一時慌張而作出不利於己之陳述[18]。

---

but ultimately found to be invalid），法院之理由在於警察係依據治安法官所核發之搜索票實施搜索而取得證據，縱使搜索之程序係違法，但違法者並非警察而係治安法官，不能將治安法官之錯誤轉嫁於警察身上，且證據排除法則在於嚇阻執法者違法取得證據，然而在本案中，警察在實施搜索時，並不知該搜索票會被認為無效，故其在主觀上合理地相信進行搜索之程序係合法的，若將警方取得之證據加以排除，亦無法產生嚇阻將來治安法官違法核發搜索票之情形，故認為此種情形下，警方所取得之證據例外地不適用證據排除法則，而得在審判中作為證據加以提出。除Leon一案，美國聯邦最高法院在其後之Krull（Illinois v. Krull, 480 U.S. 340 (1987)）一案中亦採取相同之見解，認為警方依據當時有效施行之法律進行搜索之程序，所取得之證據，不應嗣後該法律被宣告違憲，而排除該證據之適用。

[18] 此一告知義務之規定係參酌英美證據法上之「米蘭達原則」（Miranda Warning）而來，「米蘭達原則」係美國聯邦最高法院於1966年在Miranda（Miranda v. Arizona, 384 U.S. 436 (1966)）一案中所建立之刑事訴訟原則，在該案中聯邦最高法院確立警察在拘捕犯罪嫌疑人時，應踐行告知其應有之權利之程序，包括保持緘默及選任辯護人等權利，其用意在於避免犯罪嫌疑人在被拘提或逮捕之情況下，因一時恐慌或不瞭解法律，而作出對於自己不利之陳述，根據「米蘭達原則」，美國警方在拘捕犯罪嫌疑人

　　又應注意者，此項規定亦同有上開所述「善意例外原則」之適用，亦即如經證明其違背告知義務並非出於惡意者，則因而取得之自白及其他不利之陳述仍然具有證據能力，而符合例外情形之舉證責任亦與上開所述相同屬於提起公訴之檢察官。

　　另外，本項排除證據能力之規定，僅及於「檢察事務官、司法警察官或司法警察」詢問「受拘提、逮捕之被告或犯罪嫌疑人」時，違反對於被告或犯罪嫌疑人「告知其有得保持緘默及選任辯護人權利」之義務時，所取得之被告自白或其他不利之陳述等供述證據之情形。故如非受拘提或逮捕而係自行到案說明之被告或犯罪嫌疑人，如檢察事務官、司法警察官或司法警察違反上開告知義務加以詢問時，則解釋上應無上開證據能力排除規定之適用，此乃因自行到案之被告或犯罪嫌疑人，其係依其意願到案說明，且身體自由並非受到拘束，故其對於其供述之內容，應有時間詳加考量，不至於有違反其意願作出對己不利之陳述之情形，因而縱使檢察事務官、司法警察官或司法警察在詢問前未踐行上開告知義務，亦無逕予排除其陳述內容作為證據之必要。又如係在偵查中由檢察官或在審判中由法官訊問被告之情形，亦無本項證據能力排除規定之適用；另違反告知義務之事項，如係罪名之告知及得聲請調查有利證據之告知，亦不屬於本項有關證據能力排除規定適用範圍之內，此應一併加以注意。

（四）證人、鑑定人依法應具結而未具結

　　關於證人、鑑定人之證言或鑑定意見，應有一定之方式擔保其內容之真實性，就此我國係採取所謂具結之制度[19]，具結制度係用科以刑事之偽證罪之方式，以確保證人及鑑定人證言或鑑定意見之真實性及憑信性，故我國刑法第168條即規定，於執行審判職務之公署審判時或於檢察官偵查

　　時，通常警察會告知犯罪嫌疑人下列事項：1.你有權保持緘默（You have the right to remain silent.）；2.你所說的任何話，都可能成為呈堂證供不利於你的證據（Anything you say can and will be used against you.）；3.在被問話前你有權利諮詢律師，在被問話時有權要求自己的律師在場（You have the right to talk with a lawyer before being questioned and to have the lawyer present during the questioning.）；4.如果你無法聘請律師，法院將指派一位辯護律師給你（If you cannot afford a lawyer, one will be provided for you before questioning begins.）。

19　英、美、日各國就擔保證人或鑑定人之陳述之可信性，係採取所謂宣誓之制度，形式上與我國之具結制度有所不同，惟目的則同一。

時，證人、鑑定人、通譯於案情有重要關係之事項，供前或供後具結，而為虛偽陳述者，處七年以下有期徒刑；藉由此一規定，使證人及鑑定人於為證言及鑑定意見時能據實陳述，不至於有虛偽之情況。為此刑事訴訟法第158條之3乃規定：「證人、鑑定人依法應具結而未具結者，其證言或鑑定意見，不得作為證據。」[20]故而證人之證述或鑑定人之鑑定意見，如未經踐行具結之程序，則其證言或鑑定意見，並無證據能力。

惟應注意者，此所指依法「應」命具結者，係指依法證人或是鑑定人有具結之義務者始足當之，如依法非屬「應」命具結之對象，其並無具結之義務則不在此限。而所謂依法有具結之義務，指證人及鑑定人接受檢察官及法官訊問時，且無不得命具結之事由之謂。蓋如係司法警察及檢察事務官詢問證人、鑑定人時，則因刑事訴訟法並無應具結之相關規定，故非屬依法「應」具結之情形；又刑事訴訟法第186條第1項規定，證人應命具結，但未滿十六歲或因精神障礙而不解具結意義及效果者，不得令其具結，故如證人係屬未滿十六歲或因精神障礙不解具結意義及效果之人，則亦非屬依法「應」具結之情形。

又此所謂之未具結則指證人或鑑定人具結時未踐行法定之具結程序，包括於證人具結前應告以具結之義務及偽證之處罰，結文內應記載當（或係）據實陳述，決無匿、飾、增、減等語，結文應命證人朗讀，證人不能朗讀者，應命書記官朗讀，於必要時並說明其意義，結文應命證人簽名、蓋章或按指印等。故而法官或檢察官若於命證人或鑑定人具結時有未履行此等程序之情形，均屬未合法具結。例如檢察官當庭並未告以證人具結義務及偽證之處罰，亦未命被告或書記官朗讀結文，雖證人結文經證人簽名，其仍認證人無法完全明白具結之意義及法律效果，為貫徹刑事訴訟法上開保障證人權益規定意旨，其具結不生合法效力，此時仍應屬應具結而未具結；此有最高法院102年度台上字第114號判決意旨可供參照。

---

[20] 至於證人及鑑定人應具結而未具結所作之證言及鑑定意見，其法律效果如何，刑事訴訟法原無明文規定，惟實務見解認為此種證言及鑑定意見不得採為證據，如「原審未命履行鑑定人具結程序，其在程序上既欠缺法定條件，即難認為合法之證據資料。」此有最高法院69年度台上2710號判例意旨可供參照，惟此一問題至民國92年刑事訴訟法進行修正之時，已參酌相關判例之意旨，於刑事訴訟法第158條之3之明文規定，證人、鑑定人依法應具結而未具結者，其證言或鑑定意見，不得作為證據。故依現行刑事訴訟法之規定，如證人依法應具結而未踐行具結之程序，其證言均無證據能力已無任何疑義。

　　一般而言，於檢察官偵查中或法官審判中擔任證人或鑑定人陳述證言或鑑定意見時均應命其具結，惟法律另有規定在特別情況下，不得命具結。此種不得命具結之情形有二種，其一為刑事訴訟法第186條第1項第1款所規定以未滿十六歲者為證人之情形，及同法第186條第1項第2款規定以因精神障礙不解具結意義及效果者為證人之情形。

　　惟上開修法之後，仍然產生被告以外之人於偵查中經檢察官非以證人身分傳喚，其未經具結所為之陳述，證據能力如何之問題。實務上最高法院有不同之見解，蓋如檢察官或法官非以證人身分傳喚而以告發人、告訴人、被害人或共犯、共同被告身分傳喚到場為訊問時，其身分既非證人，即與「依法應具結」之要件不合，縱未命其具結，是否純屬檢察官或法官調查證據職權之適法行使，自有疑義。最高法院為解決此項多年之爭議，於民國102年度第13次刑事庭會議作出決議採取見解認為：「參酌刑事訴訟法第一百五十九條、第一百五十九條之一之立法理由，無論共同被告、共犯、被害人、證人等，均屬被告以外之人，並無區分。本此前提，凡與待證事實有重要關係之事項，如欲以被告以外之人本於親身實際體驗之事實所為之陳述，作為被告論罪之依據時，本質上均屬於證人。而被告之對質詰問權，係憲法所保障之基本人權及基本訴訟權，被告以外之人於審判中，已依法定程序，到場具結陳述，並接受被告之詰問者，因其信用性已獲得保障，即得作為認定被告犯罪事實之判斷依據。然被告以外之人於檢察事務官、司法警察官、司法警察調查中（以下簡稱警詢等）或檢察官偵查中所為之陳述，或因被告未在場，或雖在場而未能行使反對詰問，無從擔保其陳述之信用性，即不能與審判中之陳述同視。惟若貫徹僅審判中之陳述始得作為證據，有事實上之困難，且實務上為求發現真實及本於訴訟資料越豐富越有助於事實認定之需要，該審判外之陳述，往往攸關證明犯罪存否之重要關鍵，如一概否定其證據能力，亦非所宜。而檢驗該陳述之真實性，除反對詰問外，如有足以取代審判中經反對詰問之信用性保障者，亦容許其得為證據，即可彌補前揭不足，於是乃有傳聞法則例外之規定。偵查中，檢察官通常能遵守法律程序規範，無不正取供之虞，且接受偵訊之該被告以外之人，已依法具結，以擔保其係據實陳述，如有偽證，應負刑事責任，有足以擔保筆錄製作過程可信之外在環境與條件，乃於刑事訴訟法第一百五十九條之一第二項規定『被告以外之人於偵查中向檢察官所為之陳述，除顯有不可信之情況者外，得為證據。』另在警詢等

所為之陳述，則以『具有較可信之特別情況』（第一百五十九條之二之相對可信性）或『經證明具有可信之特別情況』（第一百五十九條之三之絕對可信性），且為證明犯罪事實存否所『必要』者，得為證據。係以具有『特信性』與『必要性』，已足以取代審判中經反對詰問之信用性保障，而例外賦予證據能力。至於被告以外之人於偵查中未經具結所為之陳述，因欠缺『具結』，難認檢察官已恪遵法律程序規範，而與刑事訴訟法第一百五十九條之一第二項之規定有間。細繹之，被告以外之人於偵查中，經檢察官非以證人身分傳喚，於取證時，除在法律上有不得令其具結之情形者外，亦應依人證之程序命其具結，方得作為證據，此於本院九十三年台上字第六五七八號判例已就『被害人』部分，為原則性闡釋；惟是類被害人、共同被告、共同正犯等被告以外之人，在偵查中未經具結之陳述，依通常情形，其信用性仍遠高於在警詢等所為之陳述，衡諸其等於警詢等所為之陳述，均無須具結，卻於具有『特信性』、『必要性』時，即得為證據，則若謂該偵查中未經具結之陳述，一概無證據能力，無異反而不如警詢等之陳述，顯然失衡。因此，被告以外之人於偵查中未經具結所為之陳述，如與警詢等陳述同具有『特信性』、『必要性』時，依『舉輕以明重』原則，本於刑事訴訟法第一百五十九條之二、第一百五十九條之三之同一法理，例外認為有證據能力，以彌補法律規定之不足，俾應實務需要，方符立法本旨。本院九十三年台上字第六五七八號判例，應予補充。」此一決議之後，相關問題之爭議即告解決。其後最高法院107年度台上字第2775號判決、108年度台上字第1367號判決均採取相同見解可供參照。

又依實務之見解，證人、鑑定人陳述或判斷意見之真正所設之具結制度目的不同，人證求其真實可信，鑑定則重在公正誠實，從而鑑定人之結文不得以證人結文取代之，如有違反，其在鑑定人具結程序上欠缺法定條件，自不生具結之效力，應認為亦屬依法應具結而未具結之情形，故其鑑定無證據能力，此有最高法院97年度台上字第4697號判決意旨可供參照。

茲有疑問者乃在同一偵查程序或審判程序中，對於證人有多次之訊問，則是否須逐次具結，各次陳述始產生具結之法律效果，恐有疑義，對此實務之見解似未見統一；有認為證人先前已經具結而訊問，其後如再傳喚者，偵查或審判中應分別命其具結，此有最高法院96年度台上字第6320號判決、91年度台上字第1640號判決意旨可供參照，且「苟其（證人）陳

述之日期，先後曾有數次，僅後一日期之陳述，已經具結，而其後之具結，並非對以前之證言表示其爲據實陳述者，自不能謂其具結之效力，當追溯既往，令負具結前另一日期之僞證責任。」此有最高法院28年上字第2228號判例意旨可供參照。惟亦有認爲證人在同一偵查程序或審判程序，經依法具結後，即有據實陳述之義務，嗣後如在同一程序之不同期日再行證述時，其先前具結之效力，自及於其後所爲之證言，此有最高法院101年度台上字第953號判決、100年度台上字第679號判決意旨可供參照[21]。

（五）被告以外之人於審判外之言詞或書面陳述（傳聞證據）

　　所謂「傳聞證據」（Hearsay Evidence）其原始之意義係指證人所述係聽聞他人之轉述而非親眼所見或親耳所聞之證據，例如在性侵害之案件中，社工人員或輔導人員因單憑相處機會由被害人之轉述而得之訊息，即非出於本人就所輔導個案之直接觀察或以個人實際經驗爲基礎之證述內容，即屬傳聞陳述，此意義之傳聞證據爲我國實務界所肯認，如最高法院101年度台上字第5126號判決即可供參照。

　　惟其後之發展，所謂之傳聞證據已不限於其傳統原始之意義，依刑事訴訟法第159條第1項之規定，凡被告以外之人於審判外所爲之陳述，不論係以言詞或以書面之方式爲之，均屬於刑事訴訟法所謂之傳聞證據，依上開刑事訴訟法第159條第1項之規定，傳聞證據除法律有特別規定者外，不得作爲證據，因而傳聞證據原則上並無證據能力，不得作爲判斷犯罪事實之依據。

　　目前之實務見解對於傳聞證據之意義，認爲係指並非供述者本身親眼目睹之證據，在公判程序無法經由具結、反對詰問與供述態度之觀察等程序加以確認、驗證，且大部分經由口頭之方式由證人重複聽聞而來，在性質上易於造成不正確傳達之危險，原則上應予以排除適用。又傳聞法則須符合審判外陳述、被告以外之人陳述、舉證之一方引述該陳述之目的係用以證明該陳述所直接主張內容之眞實性等三要件，此有最高法院93年度台

---

[21] 上開實務見解有以證人同一程序僅一次具結爲已足，有以證人於同一期日以一次具結爲已足，惟並未就同一期日如有多次訊問，是否每次訊問均須具結表示意見，故證人具結之義務究以程序（偵查、第一審審判程序）、訊問之期日或單次訊問爲準，似有待實務界早日統一見解，以利法律程序之運作。

上字第117號、第3360號等判決意旨可供參照。

　　傳聞法則在當事人進行主義及職權進行主義之刑事訴訟制度下均無證據能力，在當事人進行主義之原則下，不採傳聞證據之理由主要在於確保當事人尤其被告之反對詰問權，而在職權進行主義之原則下，傳聞證據則因有悖於直接審理及言詞審理等原則，影響程序正義之實現，故亦不採之。易言之，採當事人進行主義之刑事訴訟制度，重在當事人與證據之直接關係，故排斥傳聞證據以保障被告之反對詰問權，至於採職權進行主義之刑事訴訟制度者，則重在法院與證據之間之直接關係，不採傳聞證據之理由乃因該證據並非在法院直接進行調查之故。

　　惟依上開所述之規定可知，在法律有特別規定之情形下，傳聞證據雖然係無證據能力，仍可例外認為具有證據能力，而此所謂法律有特別規定之例外情形包括下列各項：

1. 向法官所為之陳述

　　刑事訴訟法第159條之1第1項規定：「被告以外之人於審判外向法官所為之陳述，得為證據。」此項規定係以被告以外之人（含共同被告、共犯、被害人、證人等）因其陳述係在法官面前為之，故不問係其他刑事案件之準備程序、審判期日或民事事件或其他訴訟程序之陳述，均係在任意陳述之信用性已受確定保障之情況下所為，因此該等審判外向法官所為之陳述，雖屬於傳聞證據，惟應有證據能力而得作為證據。

　　惟應注意者，此項法律有特別規定可例外認為具有證據能力之情形，實務見解認為並不包括最原始意義之傳聞證據在內，如「證人於審判外向檢察官或他案法官所為陳述，以其本人親身體驗之事實為內容者，因係審判外之陳述，而屬傳聞證據，僅因符合刑事訴訟法第159條之1傳聞法則例外規定之情形而具有證據能力；惟若該審判外陳述，復非依據其本人親身經歷之事實，而係以原始證人（即他人）所體驗之事實為內容，縱形式上符合刑事訴訟法第159條之1所指於審判外向法官、檢察官所為之陳述，然究其本質，已屬傳聞之再傳聞，本於同一法理，仍不得認已符合傳聞例外規定而具有證據能力。」此有最高法院106年度台上字第17號判決意旨可供參照。

2. 除顯不可信外，向檢察官所為之陳述

　　刑事訴訟法第159條之1第2項規定：「被告以外之人於偵查中向檢察官所為之陳述，除顯有不可信之情況者外，得為證據。」蓋檢察官依法負有追訴犯罪之職權，然而在法院審判程序時，檢察官係屬與被告相對立之當事人一方，故被告以外之人在偵查中向檢察官所為之陳述，無論言詞或書面，性質上均屬傳聞證據；惟因現階段刑事訴訟法規定檢察官代表國家偵查犯罪、實施公訴，必須對於被告之犯罪事實負舉證之責，依法其有訊問被告、證人及鑑定人之權，證人、鑑定人且須具結，而通常實務之運作時，偵查中檢察官向被告以外之人所取得之陳述，原則上均能遵守法律相關之規定，不至於有違法取供之情況，其可信性極高，為兼顧理論與實務，故乃有上開例外賦予證據能力之規定。

　　又有疑問者，本項傳聞證據之例外是否限於檢察官於偵查中訊問證人之程序時，已給予被告或其辯護人對該證人行使反對詰問權者，始有其適用。對此實務上傾向採取否定之見解，如「被告以外之人於偵查中向檢察官所為之陳述，除顯有不可信之情況者外，得為證據，刑事訴訟法第一百五十九條之一第二項定有明文。是以被告以外之人在檢察官偵查中所為之陳述，原則上屬於法律規定為有證據能力之傳聞證據，於例外顯有不可信之情況，始否定其得為證據。又刑事訴訟法規定之交互詰問，乃證人須於法院審判中經踐行合法之調查程序，始得作為判斷之依據，屬人證調查證據程序之一環，與證據能力係指符合法律規定之證據適格，亦即得成為證明犯罪事實存否之證據適格，其性質及在證據法則之層次並非相同，應分別以觀。基此，被告以外之人於偵查中向檢察官所為之陳述得為證據之規定，並無限縮檢察官在偵查中訊問證人之程序，須已給予被告或其辯護人對該證人行使反對詰問權者，始有其適用。此項未經被告詰問之陳述，應認屬於未經合法調查之證據，並非無證據能力，而禁止證據之使用，且該詰問權之欠缺，非不得於審判中由被告行使以補正，而完足為經合法調查之證據。」此有最高法院103年度台上字第13號判決意旨可供參照。

　　而上開條文所謂顯有不可信之情況，係屬於例外否定證據能力之情形，故依目前實務之見解均認為，檢察官並無義務就此例外之情況加以舉證，而係由主張有此項例外情況存在之被告於釋明後，法院始應為調查

後加以認定，此有最高法院100年度台上字第2949號判決意旨可供參照。

另實務亦有認為，檢察官進行勘驗程序所為之勘驗筆錄雖屬傳聞證據性質，惟依本條項規定之意旨，除顯有不可信之情況者外，得承認其證據能力，此有最高法院96年度台上字第5224號判決可供參照。又同上所述，此項法律有特別規定可例外認為具有證據能力之情形，實務見解認為並不包括最原始意義之傳聞證據在內。

又有問題者乃檢察官依據國際刑事司法互助之管道前往國外，會同當地國家之檢察官對於被告之共犯實施訊問，並且提供訊問之問題，由該外國檢察官將訊問內容記錄後，由我國之書記官作成勘驗筆錄，此訊問可否承認具有證據能力。對於此一問題，實務上認為如於訊問前踐行告知義務，確保被告之訴訟防禦權，復通知其辯護人到場，保障其律師倚賴權，訊問中，且予以全程錄音（甚或錄影），訊問後，尚由被訊問人及其辯護人會同訊問之人員、翻譯人員在筆錄上簽名確認，我國檢察官更命其所屬書記官就該訊問過程作成勘驗筆錄，載明上揭訊問筆錄之內容核與實際進行情形相符，縱然該訊問筆錄係由外國之書記人員製作而成，惟如踐行之程序公正、嚴謹，顯無信用性疑慮，實質上即與我國實施刑事訴訟程序之公務員借用他人之口、手作為道具，而完成自己份內工作之情形無異，參照刑事訴訟法第159條之1第2項規定法理，該偵訊筆錄當應肯認為適格之證據，此有最高法院98年度台上字第1941號判決意旨可供參照。

3. 警訊之陳述與審判中之陳述不符

又刑事訴訟法第159條之2規定：「被告以外之人於檢察事務官、司法警察官或司法警察調查中所為之陳述，與審判中不符時，其先前之陳述具有較可信之特別情況，且為證明犯罪事實存否所必要者，得為證據。」此一規定亦屬於傳聞證據例外得認為有證據能力之情形，蓋被告以外之人於檢察事務官、司法警察（官）調查中之陳述，原本性質上屬於傳聞證據，原則上應不具有證據能力，如予以採用則違背刑事訴訟直接審理及言詞審理之原則，惟依刑事訴訟法之相關規定，司法警察（官）具有調查犯罪嫌疑人犯罪情形及蒐集證據等職權，而檢察事務官亦有調查犯罪及蒐集證據與詢問告訴人、告發人、證人或鑑定人等之職權，故如對於其等調查所得證據資料一律加以排除，恐違背發現實體真實之刑事訴訟目的，是以在一定之條件下應例外賦予證據能力始為妥當。而此所謂一定之條件依上開條

文之規定，實務上認為須具備三要件：「與審判中不符」、「可信性」及「必要性」，茲分別論述如下。

　　所謂「與審判中不符」係指被告以外之人於檢察事務官、司法警察官或司法警察調查中所為之陳述之主要待證事實部分，自身前後之陳述有所矛盾不符，導致應為相左之認定，此並包括先前之陳述詳盡，於後簡略，甚至改稱忘記、不知道或有正當理由而拒絕陳述（如經許可之拒絕證言）等實質內容已有不符者在內，此有最高法院100年度台上字第1296號判決可供參照。

　　又所謂「可信性」則係指「具有較可信之特別情況」，屬於相對之可信性，此係傳聞證據具有證據資格（證據能力）之法定要件，亦即法律規定陳述證據可否作為證據使用問題，與該陳述內容所指之事項是否屬實，即該陳述證據是否足以證明待證事實，係指證據之「憑信性」或「證明力」，須由法院調查卷內證據後，加以取捨、認定，乃法院採信、不採信該證據之問題，二者就證據之「價值高低」而言，雖然性質上頗相類似，但證據之證明力係是否為真實問題，而證據資格乃可能信為真實之判斷，尚未至認定事實與否之範疇，其法律上之目的及功能，迥然不同。換言之，檢察事務官及司法警察（官）之調查筆錄是否具證據資格，並非該筆錄內容所指事項真實與否問題，而是該筆錄實質內容真實性以外，在形式上該筆錄是否具有真實可能性之客觀基礎，可能信為真實，而足可作為證據。法院自應就陳述時之外部附隨環境、狀況或條件等相關事項，例如陳述人之態度、與詢問者之互動關係、筆錄本身記載整體情況（完整或零散、詳細或簡略、對陳述人或被告有利及不利事項之記載）、詢問者之態度與方式是否告知陳述人之權利、有無違法取供等情狀，予以觀察，綜合判斷陳述人陳述時之外在、客觀條件均獲確保，形式上類同審判中具結及被告詰問下，真誠如實陳述，客觀上已具有可能信為真實之基礎，始得謂「具有較可信之特別情況」，此亦有最高法院102年度台上字第1297號判決意旨可供參照。

　　又是否得以「警詢距案發時間較近，或證人當時所受外力干擾較少」，即謂警詢之陳述具有較可信之特別情況，對此實務上最新之見解認為，是否具有較可信之特別情況，法院應依於審判外為陳述時之外部附隨環境或條件，除詢問有無出於不正方法、陳述是否出於非任意性外，兼須就有無違反法定障礙事由期間不得詢問及禁止夜間詢問之規定、詢問時有

否踐行告知義務、警詢筆錄所載與錄音或錄影內容是否相符等各項，為整體之考量，以判斷其先前之陳述，是否出於「真意」之信用性獲得確切保障，並於判決理由內敘明其採用先前不一致之陳述，如何具有較可信之特別情況，不得僅以警詢距案發時間較近，或證人當時所受外力干擾較少，即謂其警詢之陳述具有較可信之特別情況，而有證據能力，否則無異直接容許證人在警詢中之陳述均得作為證據之不當結果，此有最高法院110年度台上字第6142號判決意旨可供參照。

　　另所謂之「必要性」即「為證明犯罪事實存否所必要」，係指先前陳述之重要待證事實，與審判中之陳述有所不符，而該審判外之陳述，係證明待證之犯罪事實存在或不存在所不可或缺，亦即就具體案情及相關卷證判斷，為發現實質真實目的，捨該項審判外之陳述，已無從再就同一供述者取得相同之供述內容，縱以其他證據代替，亦無從達到同一目的之情形者，始足當之，此有最高法院111年度台上字第4345號判決意旨可供參照，另最高法院97年度台上字第2659號判決亦同此見解可供參照。上述標準不僅考量到該特定證人之同一證言的取得可能性，更兼顧其他證據對於該審判外陳述的替代可能性，亦即倘若以物證即得以得到相同之證明，便無必要許可該審判外之陳述作為證據。

4. 無法到庭之警訊之陳述

　　刑事訴訟法第159條之3規定：「被告以外之人於審判中有下列情形之一，其於檢察事務官、司法警察官或司法警察調查中所為之陳述，經證明具有可信之特別情況，且為證明犯罪事實之存否所必要者，得為證據：一、死亡者。二、身心障礙致記憶喪失或無法陳述者。三、滯留國外或所在不明而無法傳喚或傳喚不到者。四、到庭後無正當理由拒絕陳述者。」因被告以外之人於檢察事務官、司法警察（官）調查中之陳述（含言詞陳述及書面陳述），原本性質上屬於傳聞證據，且並未經過具結以擔保陳述之可信性，故所為之供述原則上並不具有證據能力。惟如於法院之審判程序中，有事實上無從為直接審理之原因，則為達到刑事訴訟發現實體真實之目的，即不得不例外於一定之情況下承認司法警察官、司法警察及檢察事務官取得之被告以外之人之供述可作為證據以資補救。

　　而此所謂一定之情況，依上開條文之規定觀之，實務上認為必須具備「具有可信之特別情況」（即絕對之可信性）及「證明犯罪事實存否所

必要」之要件始足當之，如「上開規定（刑事訴訟法第159條之3）所指具有可信之特別情況，係屬傳聞證據例外取得證據能力之特別要件，與一般供述證據必須具備任意性之證據能力要件有別，二者不可混爲一談。故被告以外之人於檢察事務官、司法警察官或司法警察調查中所爲之陳述，縱係出於任意性，然仍必須具備具有可信之特別情況及證明犯罪事實存否所必要之要件，始能採爲證據。」此有最高法院95年度台上字第918號判決意旨可供參照；另如「（刑事訴訟法第159條之3所指）絕對的特別可信情況，係指陳述時之外部客觀情況值得信用保證者而言，解釋上可參考外國立法例上構成傳聞例外之規定，如出於當場印象之立即陳述（自然之發言）、相信自己即將死亡（即臨終前）所爲之陳述及違反己身利益之陳述等例爲之審酌判斷，與同法第一百五十九條之二規定之相對的特別可信情況，須比較審判中與審判外調查時陳述之外部狀況，判斷何者較爲可信之情形不同，更與供述證據以具備任意性之要件始得爲證據之情形無涉。」此亦有最高法院98年度台上字第7015號判決意旨可供參照。

　　惟另有應注意者，本條規定所謂不能進行直接審理之情況，實務見解目前採取較爲嚴格之方式加以認定，以符合例外從嚴之原則。例如本條第3款所稱「滯留國外或所在不明『而』無法傳喚或傳喚不到者」，所謂「傳喚不到」，應指「滯留國外或所在不明而傳喚不到」而言，亦即以「滯留國外或所在不明」爲前提，倘無滯留國外或所在不明之情形，僅係單純傳喚不到即經合法傳喚而未到場者，尚無該條款之適用，以保障被告之訴訟權及確保法律程序之正當，此有最高法院97年度台上字第1374號判決意旨可供參照。故目前實務上對於傳喚未到之證人，通常命司法警察加以拘提，如拘提未獲即以此方式確定其是否所在不明。

　　惟晚近實務見解亦有認爲上開第3款所稱之「滯留國外或所在不明而無法傳喚或傳喚不到」，必須是透過一切法定程序或通常可能之手段，仍不能使居留國外之原始陳述人到庭者，始能認爲係「滯留國外」；而所謂「所在不明」，則係指非因國家機關之疏失，於透過一定之法律程序或使用通常可能之方式爲調查，仍不能判明其所在之情形，似乎採取更嚴格之解釋，此有最高法院98年度台上字第7015號判決意旨可供參照。

5. 特信性文書

　　另刑事訴訟法第159條之4規定：「除前三條之情形外，下列文書亦得

為證據：一、除顯有不可信之情況外，公務員職務上製作之紀錄文書、證明文書。二、除顯有不可信之情況外，從事業務之人於業務上或通常業務過程所須製作之紀錄文書、證明文書。三、除前二款之情形外，其他於可信之特別情況下所製作之文書。」上開所列之文書一般稱之為「特信性文書」，此等文書原係在審判之外所作成，屬於審判外之書面陳述，本應無證據能力，惟因考量此等文書作成之原因較為特殊，故例外賦予證據能力。因而所謂之特信性文書可分為「公務員職務上製作之紀錄文書、證明文書」、「從事業務之人於業務上或通常業務過程所須製作之紀錄文書、證明文書」及「其他文書」三種類型。

　　就第一種類型即公務員職務上製作之紀錄文書、證明文書而言，因該等文書係公務員在其職權範圍內所為，與其個人之責任、信譽有關，且如有錯誤、虛偽之情形，公務員亦可能因此負擔刑事及行政責任，因而其真實性較一般文書為高，此乃基於對於公務機關之信賴而來，且該等文書經常處於可受公開檢查之狀態，亦即具有所謂之「公示性」，是以除顯有不可信之情況外，承認其有證據能力。

　　惟有問題者乃此所謂公務員職務上製作之紀錄文書、證明文書是否須同時具有「例行性」，亦即是否須為例行業務過程所製作而非針對個案所製作，於早期實務見解尚未統一，有認為須具備例行性之要件者[22]，然亦有認為不須具例行性之要件者[23]，惟近期實務之見解似乎已較為一致，認

---

[22] 如最高法院96年度台上字第5906號判決即謂：「雖製作之司法警察具有公務員身分，惟該等文書似均係針對個案所特定製作，不具備例行性之要件，性質上非屬刑事訴訟法第一百五十九條之四第一款所定之公務員職務上製作之紀錄文書，而無該條之適用。」另最高法院96年度台上字第5224號判決亦認為：「司法警察（官）因即時勘察犯罪現場所製作之勘察或現場報告，為司法警察（官）單方面就現場所見所聞記載之書面報告，屬於被告以外之人在審判外之書面陳述，為傳聞證據，該項報告屬於個案性質，不具備例行性之要件，自不適用同法第一百五十九條之四第一款傳聞例外之規定。」

[23] 例如最高法院98年度台上字第5814號判決即認為：「公務員職務上製作之紀錄文書、證明文書，除顯有不可信之情況外，亦得為證據，刑事訴訟法第一百五十九條之四第一款定有明文。此所謂紀錄文書，係指就一定事實加以記載之文書（例如戶籍謄本、不動產登記簿、前科資料紀錄表、收發文件紀錄簿及出入登記簿等是）；而所謂證明文書，則指就一定事實之存否而為證明之文書（例如印鑑證明、繳稅證明書、公務員任職證明、選舉人名簿等均屬之）。上述紀錄文書或證明文書，並不限於針對特定事件所製作。祇要公務員基於職務上就一定事實之記載，或就一定事實之證明而製作之文書，若其內容不涉及主觀之判斷或意見之記載，即屬於上述條款所稱文書之範疇。」

爲公務員職務上製作之紀錄文書、證明文書須同時具有「例行性」始得認爲有證據能力，如「上開規定（刑事訴訟法第159條之4第1款）固賦予公文書具有證據適格之能力，作爲傳聞證據之除外規定；然其要件除須排除顯有不可信之情況外，尚須該項文書具有『紀錄』或『證明』特性之條件限制，亦即須該公文書係得作爲被告或犯罪嫌疑人所涉犯罪事實嚴格證明之紀錄或證明者，始克當之，倘不具此條件，即無證據適格可言。是採取上述具特信性公文書作爲證據，應注意該文書之製作，是否係於例行性之公務過程中，基於觀察或發現而當場或即時記載之特徵。」此有最高法院111年度台上字第2301號判決意旨可供參照，而相同之見解另有最高法院110年度台上字第4571號判決、107年度台上字第4614號判決等可供參照。

　　另外，就第二種類型即從事業務之人在業務上或通常業務過程所製作之紀錄文書、證明文書而言，因其係於通常業務過程不間斷、有規律而準確之記載，亦即具有所謂之「例行性」，且通常有其他人員校對其正確性，又大部分紀錄係完成於業務終了之前後，此時尚無預見日後可能成爲證據使用，其故意僞造之可能性甚小，更何況如製作者於製作文書時對於事實或數據之瞭解較日後作證時清楚，可認具有一定程度之可信性，故除該等紀錄文書或證明文書有顯然不可信之情況，否則自亦有承認其證據能力。

　　實務上較爲常見者爲醫師出具之診斷證明書之證據能力問題，早期之實務見解就醫師出具之診斷證明書，是否具有例行性而可以採爲證據尚有所爭議，有認爲不當然具有例行性者[24]，然亦有認爲具有例行性者[25]。惟

---

[24] 例如最高法院95年度台上字第5026號判決即謂：「醫師係從事醫療業務之人，病患如純爲查明病因並以接受治療爲目的，而到醫療院所就醫診治，醫師於例行性之診療過程中，對該病患所爲醫療行爲，於業務上出具之診斷書，屬於醫療業務上或通常醫療業務過程所製作之證明文書，自該當於上開條款所指之證明文書。如爲特定之目的（如訴訟之用）而就醫，醫師爲其診療，應病患之要求並出具診斷證明書，因其所記載之內容，具有個案性質，應屬被告以外之人於審判外之陳述，且不符上開條款所稱之特信性文書要件，自不得爲證據。」相同見解尚有最高法院99年度台上字第2128號判決。

[25] 例如最高法院97年度台上字第666號判決即認爲：「醫師執行醫療業務時，不論患者是因病尋求診療，或因特殊目的而就醫，醫師於診療過程中，應依醫師法之規定，製作病歷，此一病歷之製作，均屬醫師於醫療業務過程中所須製作之紀錄文書，而且每一醫療行爲均屬可分，因其接續之看診行爲而構成醫療業務行爲，其中縱有因訴訟目的，例如被毆傷而尋求醫師之治療，對醫師而言，仍屬其醫療業務行爲之一部分，仍應依法製作病歷，則該病歷仍屬業務上所製作之紀錄文書，與通常之醫療行爲所製作

晚近之見解似乎傾向後者之說法，認為「醫師法第12條第1項規定：醫師執行業務時，應製作病歷，並簽名或蓋章及加註執行年、月、日。因此，醫師執行醫療業務時，不論患者是因病尋求診療，或因特殊目的之驗傷而就醫，醫師於診療過程中，應依醫師法之規定，製作病歷，此一病歷之製作，均屬醫師於醫療業務過程中所須製作之紀錄文書，而且每一醫療行為均屬可分，因其接續之看診行為而構成醫療業務行為，其中縱有因訴訟目的，例如被毆傷而尋求醫師之治療，對醫師而言，仍屬其醫療業務行為之一部分，仍應依法製作病歷，則該病歷仍屬業務上所製作之紀錄文書，與通常之醫療行為所製作之病歷無殊，自屬刑事訴訟法第159條之4第2款所稱從事業務之人於業務上所須製作之紀錄文書，而診斷證明書係依病歷所轉錄之證明文書，自仍屬本條款之證明文書。」此有最高法院110年度台上字第5863號意旨可供參照，相同見解尚有最高法院103年度台上字第1267號判決可供參照。

　　至於第三種類型即其他非屬公務員職務上製作之或從事業務之人於業務上或通常業務過程所須製作之紀錄文書、證明文書，則因本質上不具有上開所述之「公示性」及「例行性」，故特別規定須於可信之特別情況下所製作。而所謂「其他於可信之特別情況下所製作之文書」，係指與上開第1款之公文書及第2款之業務文書具有同類特徵，且就該文書製作之原因、過程、內容、功能等加以判斷，在客觀上認為具有特別可信性，適於作為證明被告或犯罪嫌疑人所涉犯罪事實存否及其內容之文書而言。而文書是否屬具備上開於可信之特別情形下所製作，須依個案之情形酌定。實務上認為此款之文書應與上開公務員職務上製作之文書或從事業務之人業務上製作之業務文件具有同等程度可信性之文書始足當之，例如官方公報、統計表、體育紀錄、學術論文、家譜等均屬之。相關之實務見解即認為「該款（即第159條之4第3款）所指之文書，或須具有如業務文書係於通常業務過程不間斷、有規律所做成之特性；或屬做成之人，係基於職務所為，因與其責任、信譽攸關，常處於可受公開檢查之狀態，而有較高之正確性。」此有最高法院100年度台上字第1307號判決意旨可供參照。

　　目前實務運作上較有問題者乃係國外之外國司法警察之詢問筆錄及外

之病歷無殊，自屬刑事訴訟法第一百五十九條之四第二款所稱從事業務之人於業務上所須製作之紀錄文書，而診斷證明書係依病歷所轉錄之證明文書，自仍屬本條項之證明文書。」相同見解尚有最高法院96年度台上字第1957號判決。

國之司法判決書等文書，在證據能力上究竟應如何加以評價。對於我國刑事審判程序而言，上開文書性質上均屬於被告以外之人於審判外之陳述，亦即屬傳聞證據之文書，是否得以適用上開刑事訴訟法第154條之4第3款之規定認爲係屬特信性文書，便有疑問。

　　針對外國司法警察之詢問筆錄是否符合特信性文書之要件，而得以認爲有證據能力，實務上最高法院及各下級法院均有不同之見解，故而最高法院乃於107年度第1次刑事庭會議針對被告以外之人在外國警察機關警員詢問時所爲陳述，除經立法院審議之司法互助協定（協議）另有規定者外，能否依刑事訴訟法傳聞例外相關規定，判斷有無證據能力一事作出決議，其採取肯定說之見解認爲：「一、被告以外之人於我國司法警察官或司法警察調查時所爲之陳述經載明於筆錄，係司法警察機關針對具體個案之調查作爲，不具例行性之要件，亦難期待有高度之信用性，非屬刑事訴訟法第159條之4所定之特信性文書。司法警察官、司法警察調查被告以外之人之警詢筆錄，其證據能力之有無，應依刑事訴訟法第159條之2、第159條之3所定傳聞法則例外之要件爲判斷。二、刑事訴訟法第159條之2、第159條之3警詢筆錄，因法律明文規定原則上爲無證據能力，必於符合條文所定之要件，始例外承認得爲證據，故被告以外之人除有同法第159條之3所列供述不能之情形，必須於審判中到庭具結陳述，並接受被告之詰問，而於符合（一）審判中之陳述與審判外警詢陳述不符，及（二）審判外之陳述具有『相對可信性』與『必要性』等要件時，該審判外警詢陳述始例外承認其得爲證據。於此，被告之詰問權已受保障，而且，此之警詢筆錄亦非祇要審判中一經被告詰問，即有證據能力。至第159條之3，係爲補救採納傳聞法則，實務上所可能發生蒐證困難之問題，於本條所列各款被告以外之人於審判中不能供述之情形，例外承認該等審判外警詢陳述爲有證據能力。此等例外，既以犧牲被告之反對詰問權，除應審究該審判外之陳述是否具有『絕對可信性』及『必要性』二要件外，關於不能供述之原因，自應以非可歸責於國家機關之事由所造成者，始有其適用，以確保被告之反對詰問權。三、在體例上，我國傳聞法則之例外，除特信性文書（刑事訴訟法第159條之4）及傳聞之同意（刑事訴訟法第159條之5）外，係視被告以外之人在何人面前所爲之陳述，而就其例外之要件設不同之規定（刑事訴訟法第159條之1至第159條之3）。此與日本刑訴法第321條第1項分別就法官（第1款）、檢察官（第2款）與其他之人（第3款）規定不

同程度的傳聞例外之要件不同。因是，依我國法之規定，被告以外之人於審判外向（一）法官、（二）檢察官、（三）檢察事務官、司法警察官或司法警察等三種類型以外之人（即所謂第四類型之人）所為之陳述，即無直接適用第159條之1至第159條之3規定之可能。惟被告以外之人在域外所為之警詢陳述，性質上與我國警詢筆錄雷同，同屬傳聞證據，在法秩序上宜為同一之規範，為相同之處理。若法律就其中之一未設規範，自應援引類似規定，加以適用，始能適合社會通念。在被告詰問權應受保障之前提下，被告以外之人在域外所為之警詢陳述，應類推適用刑事訴訟法第159條之2、第159條之3等規定，據以定其證據能力之有無。四、本院102年度第13次刑事庭會議已決議基於法之續造、舉輕明重法理，被告以外之人於檢察官偵查中非以證人身分、未經具結之陳述，得類推適用刑事訴訟法第159條之2或第159條之3規定，定其有無證據能力，已有類推適用傳聞例外之先例。」此一決議認為外國之警詢陳述之筆錄不屬於刑事訴訟法第159條之4所定之特信性文書，惟可類推適用刑事訴訟法第159條之2、第159條之3規定決定其證據能力之有無。

上開決議係針對外國警詢之陳述而言，如係外國之司法判決書，最高法院是否亦採取相同見解不得而知，惟似乎採取肯定之見解，認為「日本地方法院對於共同正犯的判決書以及其援引之證據資料，與該國公務員職務上製作之文書及業務文件具有同等程度的可信性，因而依據刑事訴訟法第一百五十九條之四第三款之規定，應准其有證據能力；我國雖與日本雖無邦交關係，無法適用司法互助引渡各該羈押在日本之共同正犯返國到庭訊問，惟共同正犯及相關人證在該國司法機關之供述紀錄，其性質與外國法院基於國際互助協定所為之調查訊問筆錄同，並基於證據共通原則，應認屬刑事訴訟法第一百五十九條第一項法律另有規定之情形，而有同法第一百五十九條之四第三款之適用，自應准其有證據能力。」此有最高法院98年度台上字第2854號判決意旨可供參照。

6. 經當事人同意

傳聞證據雖不符合上開所述刑事訴訟法第159條之1至第159條之4之規定，惟經當事人於審判程序同意作為證據，法院審酌該言詞陳述或書面陳述作成時之情況，認為適當者，亦得為證據，此為刑事訴訟法第159條之5第1項所明文規定。此一規定即所謂之同意法則，其原理在於傳聞證據未

經當事人反對詰問故乃排除其證據能力，惟若當事人已放棄對原為陳述之人之反對詰問權，而於審判程序中同意傳聞證據可作為判斷事實之依據，則基於證據資料愈豐富，愈有助於真實發見之理念，此時法院自不妨承認該傳聞證據之證據能力，此一規定亦同時在於確認當事人對傳聞證據有處分權，而貫徹刑事訴訟法採取改良式當事人進行主義之精神。

惟立法者為避免傳聞證據之同意法則規定受到當事人濫用，使不可信甚至是違法的證據因此一規定進入審判之中，是於適用此一規定之時，法院尚須介入審酌該言詞陳述或書面陳述作成時之情況是否具有「適當性」，如具有適當性質則可以適用同意法則之規定。而此所謂之「適當性」，實務見解認為應依各該審判外之供述製作時之過程、內容、功能等情況，是否具備合法可信之適當性保障，依個案之情形加以綜合判斷而言，並非一經明示或默示同意，即可無條件予以容許作為證據；此有最高法院97年度台上字第4096號、98年度台上字第1720號等判決可資參照。又依最高法院104年度第3次刑事庭會議決議認為：「刑事訴訟法第一百五十九條之五立法意旨，在於確認當事人對於傳聞證據有處分權，得放棄反對詰問權，同意或擬制同意傳聞證據可作為證據，屬於證據傳聞性之解除行為，如法院認為適當，不論該傳聞證據是否具備刑事訴訟法第一百五十九條之一至第一百五十九條之四所定情形，均容許作為證據，不以未具備刑事訴訟法第一百五十九條之一至第一百五十九條之四所定情形為前提。此揆諸若當事人於審判程序表明同意該等傳聞證據可作為證據，基於證據資料愈豐富，愈有助於真實發見之理念，此時，法院自可承認該傳聞證據之證據能力立法意旨，係採擴大適用之立場。蓋不論是否第一百五十九條之一至第一百五十九條之四所定情形，抑當事人之同意，均係傳聞之例外，俱得為證據，僅因我國尚非採澈底之當事人進行主義，故而附加『適當性』之限制而已，可知其適用並不以不符前四條之規定為要件。惟如符合第一百五十九條之一第一項規定之要件而已得為證據者，不宜贅依第一百五十九條之五之規定認定有證據能力。」可供參照。

又目前實務見解認為，本條項所謂明示之同意，當係指當事人意思表示無瑕疵可指之明示同意而言，故事實審法院對於不諳法律或欠缺訴訟經驗之被告，應依被告之知識、智能等程度，審視其客觀上是否知悉本法第159條第1項之意義及效果，善盡法院之訴訟照料義務，予以適度闡明，落實憲法上賦予被告得以充分行使其防禦的權利，倘被告不諳法律亦非嫻

於訴訟而不知如何行使其訴訟防禦權,法院又未善盡照料之義務,縱被告表明同意有證據能力,其意思表示亦難謂無瑕疵,自不能依同意法則之規定賦予得作為證據之效果。又此明示同意之效力,既因當事人積極行使處分權而形成,因此,必係針對個別、具體之特定證據行之,不得為概括性之同意,否則其處分之意思表示亦有瑕疵,同不生明示同意之效力。易言之,即認為上開刑事訴訟法第159條之5第1項之明示同意,當事人亦須知有本法第159條之1不得為證據之規定,且同意必係針對個別、具體之特定證據行之,其同意始有同意法則之法律效果,此有最高法院107年度台上字第2707號判決可供參照。

另外上開之同意法則有所謂之擬制之同意,依刑事訴訟法第159條之5第2項之規定,當事人、代理人或辯護人於法院調查證據時,知有第159條第1項不得為證據之情形,而未於言詞辯論終結前聲明異議者,視為有前項之同意,此即為擬制同意之情形。此項之規定與第1項不同之處在於,擬制同意係包括當事人、代理人及辯護人在內均有擬制同意之情形始足當之,與第1項之規定僅當事人同意即可有所不同。然因此一規定之目的在於求程序進行之順暢及有助於真實之發現,而以默示同意之方式擬制當事人等人有放棄反對詰問權之意思,而例外使傳聞證據取得證據能力之效果,故實務見解認為其在適用上應較為謹慎,並須同時具備「知不得為證據」、「未聲明異議」及「法院認為適當」等要件始足當之,此有最高法院98年度台上字第47號判決意旨可供參照,因此如當事人係因不知有不得為證據之情形,而未聲明異議,則不得擬制其已同意傳聞證據有證據能力。

7. 檢察官或法官依法囑託之鑑定

依刑事訴訟法第198條及第208條之規定,法院或檢察官得選任自然人或囑託醫院、學校或其他相當之機關、團體就特定事項為鑑定,又依刑事訴訟法第206條之規定,鑑定之經過及其結果,應命鑑定人以言詞或書面報告。因而法院或檢察官依法囑託鑑定,鑑定人或鑑定機關所為之鑑定報告,雖係審判外作成之言詞或書面陳述,而屬於傳聞證據,惟應屬於刑事訴訟法第159條第1項所稱之得作為證據之「法律有規定」之情形,而例外具有證據能力。

鑑定報告經常係基於以科學之方法或技術所取得或加以驗證之證據,

因此多係屬於所謂之科學證據，就此等科學證據而言，實務上認爲其應符合一定之標準，如未具備一定之標準即不具有證據之資格而不得作爲證據使用。目前實務上就科學證據所應具備之標準最常見係所謂之「普遍接受標準」之原則。所謂「普遍接受標準」之原則（the general acceptance test）[26]，係指憑以判斷事實之科學證據方法，如其基礎理論已達到該專業領域「普遍接受標準」，而非屬於特殊而與一般人不同之見解，則所取得之證據即應認具備事實之關聯性而有證據能力，反之則否，此有最高法院97年度台上字第6293號判決意旨可供參照[27]。例如法醫師之鑑定結論與法醫學相關之教科書上所載之一般原則有所出入，則可認爲其鑑定不符合普遍接受標準之原則，因而不具有證據能力。

　　目前我國實務上就此一原則所適用之案例，包括有認爲測謊之鑑定報告係基於心理學及生理學之理論爲基礎，以科學儀器詳實記錄受測者應答時之各項反應，復由專業人員進行問題設計及結果判讀，以判斷受測者就某事實之回答有無說謊之反應，依當今心理學及生理學專業領域之體認，其基礎理論已達「普遍接受標準」，故所得測謊結果自應認爲具備證據能力，此有最高法院97年度台上字第6293號判決意旨可供參照。另外又如非制式槍枝殺傷力之鑑定方法採取性能檢驗法，認爲係參酌國內、外相關鑑定方法與技術，秉持專業、科學、正確及安全等原則，採行專業領域內共同認可與符合普遍接受原則之鑑定方法，而應有證據能力，此亦有最高法院99年度台上字第3101號、100年度台上字第3418號、第5513號判決意旨可供參照。

　　實務上有疑問者爲乃外國之檢警機關所委任由國外研究機構作成之鑑定報告，於我國之刑事審判中應如何評價其證據能力。最高法院在此問題原本採取之立場係傾向認爲外國檢警機關所委任由國外研究機構所作鑑定報告，非屬於依刑事訴訟法第198條及第208條之規定，由我國法院或檢察官選任自然人或醫院、學校或其他相當之機關、團體就特定事項所爲之

---

[26] 普遍接受標準之原則乃美國聯邦最高法院於Frye v. United Stated（1923）一案中所採用之原則，爲美國聯邦最高法院證據法則中首次針對科學證據之證據能力所建立之標準。

[27] 亦有實務見解將此一普遍接受標準視爲證據之憑信性問題，認爲鑑定人對於專業領域上判斷之意見之形成，係基於某種專業領域上之科學理論，經某種過程之試驗、操作或推論，若非其所依據之基礎理論欠缺該專業領域上普遍接受性，則不足以彈劾鑑定結果之憑信性，此有最高法院97年度台上字第5153號判決可供參照。

鑑定，自無認為係屬傳聞證據之例外，而有證據能力。惟近年最高法院有判決認為如符合特信性文書之要件，亦非絕對無證據能力，如「日內瓦大學研究院鑑定報告所為證據能力有無之論斷，於理由欄說明該研究院，非我國司法機關委託之鑑定機構，故難依我國刑事訴訟法關於鑑定之規定，認定其證據能力；但依刑事訴訟法第一百五十九條之四第三款之規定，應認該報告具有證據能力，復詳述依我國刑事訴訟法第一百五十九條之四第三款之規定，該日內瓦大學研究院鑑定報告具有證據能力之理由，所為論斷於法尚無不合，並無理由矛盾之情形。」此有最高法院97年度台上字第3058號判決意旨可供參照，依此內容即承認如符合刑事訴訟法第159條之4第3款之規定，外國檢警機關所委任國外研究機構所作之鑑定報告，亦可認為特信性文書，而屬於傳聞法則之例外而有證據能力。

8. 檢察官因調查證據及犯罪依刑事訴訟法第212條之規定實施勘驗所製作之勘驗筆錄

檢察官因調查證據及犯罪依刑事訴訟法第212條之規定實施勘驗所製作之勘驗筆錄，係屬傳聞證據，除有法律特別規定外原則上並無證據能力，而依早期實務之見解多將其解釋為公務員職務上製作之紀錄文書，適用刑事訴訟法第159條之4第1款規定，認為其為傳聞法則之例外，而有證據能力。惟嗣後最高法院變更見解認為檢察官之勘驗筆錄係檢察官針對具體個案所製作，不具備例行性之要件，且非經常處於可受公開檢查狀態之文書，否認有刑事訴訟法第159條之4第1款規定之適用，而改為認為檢察官之勘驗乃是基於刑事訴訟法第212條之授權，依據同法第214條規定，檢察官於實施勘驗時，得通知當事人、代理人或辯護人到場。就勘驗之結果，則依據同法第42條、第43條之規定製作勘驗筆錄，是以檢察官之勘驗筆錄應係屬刑事訴訟法第159條第1項所稱「除法律有規定者外」之例外情形，得認為有證據能力。此有最高法院96年度台上字第7335號及97年度台上字第2019號判決之內容可供參照。

應注意者，有部分之實務見解採取不同之理論，認為勘驗本身非屬於傳聞證據，故而並無適用刑事訴訟法第159條第1項所稱「除法律有規定者外」之例外情形，而係法律之規定直接本身證據能力，如「勘驗，係指實施勘驗人透過一般人之感官知覺，以視覺、聽覺、嗅覺、味覺或觸覺親自體驗勘驗標的，就其體察結果所得之認知，成為證據資料，藉以作為

待證事實判斷基礎之證據方法。關於此種證據方法，刑事訴訟法僅於第二百十二條規定，賦予法官或檢察官有此實施勘驗權限，及第四十二條規定，勘驗應製作筆錄，記載實施之年、月、日及時間、處所並其他必要之事項，並得製作圖畫或照片附於筆錄，但筆錄應令依刑事訴訟法命其在場之人簽名、蓋章或按指印。倘係法官或檢察官實施之勘驗，且依法製成勘驗筆錄者，該勘驗筆錄本身即取得證據能力，不因勘驗筆錄非本次審判庭所製作而有異致。」此有最高法院97年度台上字第5061號判決意旨可供參照。

9. 特別程序之情形（簡式審判程序或簡易判決處刑之案件及關於羈押、搜索、鑑定留置、許可、證據保全及其他依法所為強制處分之審查）

依刑事訴訟法第159條第2項之規定，有關同條第1項傳聞法則之規定，於第161條第2項之情形及法院以簡式審判程序或簡易判決處刑者，不適用之，其關於羈押、搜索、鑑定留置、許可、證據保全及其他依法所為強制處分之審查，亦同。故傳聞法則於法院適用簡式審判程序或以簡易判決處刑之情形，以及各項關於強制處分之審查行為，如羈押、搜索、鑑定留置、許可、證據保全或其他依法所為強制處分等，均無適用之餘地。

至於審判外協商程序刑事訴訟法雖未特別規定，惟目前實務上認為依其性質亦應認為與簡式審判程序相同，例外地無傳聞證據法則之適用。如「按現行刑事訴訟制度有關傳聞法則之立法，旨在確保訴訟當事人之反對詰問權，而被告反對詰問權之行使，乃為落實其訴訟上之防禦，則被告於審判中就待證之犯罪事實本於自由意志而為不利於己之自白，且該自白經調查復與事實相符者，因被告對犯罪事實既不再爭執，顯無為訴訟上防禦之意，則反對詰問權之行使已失其意義，要無以傳聞法則規範之必要。刑事訴訟法第二百七十三條之二規定行簡式審判程序案件，因被告對被訴事實為有罪陳述，無傳聞法則與交互詰問規定之適用，即本於同一旨趣。故此時之通常審判程序，被告以外之人所為審判外之陳述，縱未予被告反對詰問機會，於被告訴訟上之防禦並無不利之影響，自亦毋庸適用傳聞法則排除其證據能力，乃法理所當然」此有最高法院97年度台上字第3775號判決意旨可供參照。

10. 依其他刑事訴訟特別法之規定

如上所述，刑事訴訟法第159條第1項規定傳聞證據除法律有規定者外不得作為證據，而此所謂法律除刑事訴訟法外，亦包括其他刑事訴訟之特別法相關規定，例如性侵害犯罪之被害人於檢察事務官及司法警察之調查時之陳述，依性侵害犯罪防治法第26條之規定，被害人於審判中有下列情形之一，其於檢察事務官、司法警察官或司法警察調查中所為之陳述，經證明具有可信之特別情況，且為證明犯罪事實之存否所必要者，得為證據：(1)因性侵害致身心創傷無法陳述者；(2)到庭後因身心壓力於訊問或詰問時無法為完全之陳述或拒絕陳述者；(3)依第19條規定接受詢（訊）問之陳述。此一有關傳聞證據之例外規定，乃因考量性侵害犯罪之被害人常因身心受創嚴重或因心理上抗拒回憶被害情形之壓力，導致無法一再對於受害之情節重複陳述，故如要求此種被害人必須於審判中到庭證述，並且接受被告或辯護人之詰問，恐非得宜；故特別規定其先前於檢察事務官、司法警察官或司法警察調查中所為之陳述，在具有可信性及必要性之情況下，例外得具有證據能力。

（六）個人意見或推測且非以實際經驗為基礎

刑事訴訟法第160條規定：「證人之個人意見或推測之詞，除以實際經驗為基礎者外，不得作為證據。」依此規定證人之證述內容如純屬於個人主觀之意見或個人推測之詞，除非此意見或推測係基於個人所具有之實際經驗作為基礎，否則可信性甚低，應無證據能力，此一般稱之為「意見法則」。實務上亦認為證人之證述內容，應予區分屬於體驗之供述與意見之供述，前者係就親身體驗之客觀事實所為之供述，原則上具有證據能力；後者則供述其個人判斷某事項之意見，因一般證人對該事項未必具備專門知識經驗，與鑑定人或鑑定證人係本其專業而提供判斷意見之情形有別，其意見之判斷，自不免生個人主觀偏見與錯誤臆測之危險，故原則上不具有證據能力，此有最高法院95年度台上字第4737號、97年度台上字第6288號判決可供參照。

（七）與待證事實不具關聯性

　　證據係用以證明事實，故證據應與待證之事實之間有一定之關聯性，否則即不具備作爲證據之資格，亦即欠缺證據能力，此即所謂證據之關聯性法則[28]。刑事訴訟法並未就關聯性法則加以明文規定，惟實務上係持肯定之態度，認爲與待認定之事實不相關之證據並無證據能力，如「採爲判決資料之證據，必須與認定事實相適合，故與犯罪事實不生關係之證據，即不足爲自由判斷之資料。」此有最高法院30年上字第2604號判例意旨可供參照；又如「有罪判決書所憑之證據，以足以證明其所認定之犯罪事實爲必要，若所憑之證據與待證事實不相符合，即屬證據上理由矛盾之違法。」此亦有最高法院62年台上字第4700號判例意旨可供參照。

（八）筆錄與錄音或錄影不符部分（筆錄欠缺眞實性）

　　筆錄係人爲製作之文書內容，可能發生筆誤或其他情形而產生與錄音或錄影內容不相符之情況，此時筆錄之內容是否有證據能力即有問題，以下分別論述之。

1. 被告於偵查及審判中之筆錄與錄音或錄影不符

　　如前所述，依刑事訴訟法第100條之1第1項之規定，訊問被告時原則上應全程連續錄音，必要時，並應全程連續錄影。故訊問被告時原則上均應有錄音加以存證，此錄音係忠實記錄訊問被告之對話過程，較之筆錄而言，應更足以還原訊問當時之對話內容。故同條第2項乃規定，筆錄內所載之被告陳述與錄音或錄影之內容不符者，除因有急迫情況經記明筆錄而未錄音者外，其不符之部分，不得作爲證據，換言之此部分之筆錄即無證據能力。

---

[28] 有關關聯性法則究應置於外部界限中認爲屬於有無證據能力之問題，或置於内部界限中認爲屬於自由心證限制之問題，學者間有不同之見解，而以外國立法例觀察，則依美國聯邦證據法第402條及日本刑訴法第295條皆分別明定，無關聯性之證據，不容許作爲證據，或限制其訊問與陳述，均係採認爲無證據能力之見解，而屬外部界限之問題。

2. 犯罪嫌疑人警詢筆錄與錄音或錄影不符

又依刑事訴訟法第100條之2之規定，司法警察官或司法警察詢問犯罪嫌疑人時，準用上開第100條之1第2項之規定，因而於司法警察官或司法警察詢問犯罪嫌疑人時所製作之筆錄，如與錄音或錄影之內容不符，其不符之部分亦應不得作為證據，亦即無證據能力。

3. 證人之筆錄與錄音或錄影不符

如上所述，被告於偵查及審判中或犯罪嫌疑人於警詢中所製作之訊（詢）問筆錄如與錄音或錄影內容不相符合時，無證據能力；惟如係證人於警詢或偵查及審判中證述時所製作之筆錄，因刑事訴訟法僅於第44條之1第1項規定，審判期日應全程錄音，必要時，並得全程錄影。故證人於審判中為陳述，應予錄音或錄影，然於檢察官訊問證人，及於司法警察官、司法警察詢問證人時，則無必須錄音或錄影之明文，此應屬立法上之疏漏，是以檢察官於訊問證人，或司法警察官、司法警察於詢問證人時，如仍予以錄音或錄影，自非法所懸禁，此時如遇有製作之筆錄與錄音、錄影之內容不相符者，其證據能力如何恐有爭議，對此目前之實務見解認為應類推適用刑事訴訟法第100條之1第2項之規定，對該不符部分之筆錄，排除其證據能力，此有最高法院96年度台上字第4922號判決可供參照。

（九）無證言能力人之陳述

刑事訴訟法並未規定何人無證言能力，惟實務上認為某些人欠缺證言之能力，所謂無證言能力，係指不能依憑記憶，對於其親身知覺體驗之事實加以供述之能力而言，不論係長期或僅供述當時短暫無證言能力之人，均屬之；例如因精神障礙或心智缺陷致不能或欠缺辨識能力之人、無法完整陳述經歷事實之幼童，此等人所為之證言，因欠缺可信性之程度相當高，故法律雖無明文規定，但在法理上當然應認為無證據能力。

目前依實務之見解，認為以三、四歲之幼童而言，其記憶易發生錯誤，並有幻想之可能，故其而作證述之內容，易與個人主觀之想像混合，其正確性即有疑問，是年僅三、四歲之幼童之證言應不具證據能力。如「參酌專家學者之研究論著，孩童之記憶較成人為差，發生錯誤記憶情形亦較多，且富於幻想，尤其三、四歲之兒童更易受引導式問題之影響，而

將現實與想像相混淆，易以自己虛構之內容填補記憶中殘缺部分，將主觀臆想情節，充當自己親身經歷之事加以回憶，此現象並非意味孩童說謊，乃心理發展不成熟之表徵。約至七歲後，才會漸脫離自我中心期，而產生較完整、清楚之意識。是年僅三、四歲之稚童，依其心智發展，倘缺乏辨識能力，無法依憑完整記憶對其親身經歷體驗之事實加以陳述，應屬無證言能力之人，所為供述證據，殊難認有證據能力，自不得作為證據。」此有最高法院97年度台上字第3027號判決意旨可供參照。

（十）陷害教唆方式所取得之證據

　　所謂「陷害教唆」係指行為人原無犯罪之意思，純因具有司法警察權之人於辦案過程中，加以設計誘陷以唆使其萌生犯意，待其形式上符合著手於犯罪行為之實行時，再加以逮捕者而言。此種司法警察辦案之行為模式，係針對原不具犯罪之故意之行為人所為，基於國家不得教唆人民犯罪後再加以處罰之法理，此種行為所取得之證據應嚴格限制使用，亦即應排除其證據能力，此雖未有法律明文規定，惟乃法理所自明。

　　我國目前實務見解亦認為此種屬於創造犯意型之誘捕偵查手段所得之證據不具有證據能力。如「關於創造犯意型之誘捕偵查（即實務上所稱陷害教唆）所得證據資料，係司法警察以引誘或教唆犯罪之不正當手段，使原無犯罪故意之人因而萌生犯意而實行犯罪行為，進而蒐集其犯罪之證據而予以逮捕偵辦。縱其目的在於查緝犯罪，但其手段顯然違反憲法對於基本人權之保障，且已逾越偵查犯罪之必要程度，對於公共利益之維護並無意義，其因此等違反法定程序所取得之證據資料，應不具證據能力。」此有最高法院97年度台上字第5667號判決意旨可供參照，此外尚有最高法院92年度台上字第4558號、93年度台上字第1704號、96年度台上字第2333號等判決均同此意旨可供參照。

（十一）通訊保障及監察法第18條之1之規定之證據

　　通訊保障及監察法第18條規定有三種情形下執行通訊監察，取得其他案件之內容不得作為證據，亦即無證據能力，茲分別論述如下：

　　第一種情形為通訊保障及監察法第18條之1第1項前段規定：「依第五條、第六條或第七條規定執行通訊監察，取得其他案件之內容者，不得作

為證據。」

　　蓋通訊保障及監察法之立法目的即在「保障人民秘密通訊自由及隱私權不受非法侵害」，故執行通訊監察之人員依法執行通訊監察之過程中，如有取得其他案件（即非通訊監察所欲偵查之案件，實務上一般稱之為另案）之內容，則其已非原本發予通訊監察書審酌之範圍，如其取得之內容准許作為偵查或審判時之證據，則無異變相逃避通訊保障及監察法之審查機制，因此通訊保障及監察法第18條之1第1項前段始特別規定，此情形之下取得之內容不得作為證據使用。

　　然而如執法人員於依法進行通訊監察之過程中發現其他犯罪之事實，如置之不理亦違反法律追求正義之國民感情，故通訊保障及監察法第18條之1第1項但書乃另規定「但於發現後七日內補行陳報法院，並經法院審查認可該案件與實施通訊監察之案件具有關連性或為第五條第一項所列各款之罪者，不在此限。」以茲作為補救之道。故而此項規定嚴格而言，係屬於相對無證據能力之情形，惟為行文方便故而列於此介紹，特此說明。

　　第二種情形為通訊保障及監察法第18條之1第2項規定：「依第五條、第六條或第七條規定執行通訊監察所取得之內容或所衍生之證據與監察目的無關者，不得作為司法偵查、審判、其他程序之證據或其他用途，並依第十七條第二項規定予以銷燬。」

　　通訊保障及監察法之立法目的既係在於保障人民秘密通訊自由及隱私權，故而執行通訊監察所取得之相關內容之使用，自當限縮於執行通訊監察所欲達成之目的之範圍內，如有與此目的無關之內容，則自不得作為司法偵查、審判、其他程序之證據使用，此一規定與上開第1項規定之立法目的，均在限縮執行通訊監察所取得之內容之使用，藉以避免因執行通訊監察而侵害人民之權利，惟此項規定並無如同上開第1項設有例外之規定，故而此項屬於絕對無證據能力之情形，此係與上開第1項不同之處，應予注意。

　　又此應注意者為，本項規定所謂衍生之證據，係指違反通訊監察之規定所取得之證據資料本身所衍生出之另一新證據資料而言，故不限於違反規定之通訊監察所取得之證據資料本身，連同該證據資料因而衍生出之另外之新證據資料亦同無證據能力[29]。

---

[29] 此關於衍生之證據之規定乃採用美國法中關於「毒樹果理論」（Fruit of the Poisonous

　　第三種情形為通訊保障及監察法第18條之1第3項規定：「違反第五條、第六條或第七條規定進行監聽行為所取得之內容或所衍生之證據，於司法偵查、審判或其他程序中，均不得採為證據或其他用途，並依第十七條第二項規定予以銷燬。」

　　蓋違反通訊保障及監察法第5條、第6條或第7條規定而執行通訊監察之行為，已嚴重侵害人民秘密通訊自由及隱私權，因而不論其情節是否重大，其因此所取得之內容或所衍生之證據，於司法偵查、審判或其他程序中，均不得採為證據使用，以貫徹通訊保障及監察法之立法目的。

　　實務上曾有爭議者為我國之通訊保障及監察法第5條第4項規定：「執行機關應於執行監聽期間內，每十五日至少作成一次以上之報告書，說明監聽行為之進行情形，以及有無繼續執行監聽之需要。檢察官或核發通訊監察書之法官並得隨時命執行機關提出報告。法官依據經驗法則、論理法則自由心證判斷後，發現有不應繼續執行監聽之情狀時，應撤銷原核發之通訊監察書。」因上開規定對於作成及提出報告之日期規定不完善，導致每十五日至少作成一次以上之報告書，或依核發通訊監察書之法官之命提出報告之情形，若執行機關於十五日內或法官指定之期日前製作期中報告書，惟陳報至該管法院時已逾十五日或法官指定之期日，是否違反該規定？及違反上開第5條第4項之期中報告義務，其進行監聽所取得之內容，有無證據能力？對此最高法院刑事大法庭110年度台上大字第2943號裁定認為：「執行機關於執行通訊監察期間所作之期中報告書，陳報至該管法院時，如已逾十五日之法定期限，或法官指定之期日，均屬違反通訊保障及監察法第5條第4項期中報告義務之規定……執行機關於違反期中報告義務後至通訊監察期間屆滿前取得者，依該法第18條之1第3項規定無證據能力，但執行機關於通訊監察期間已製作期中報告書，僅逾期陳報至該管法院者，則依刑事訴訟法第158條之4規定，審酌人權保障及公共利益之均衡

Tree Doctrine）之概念而來，在刑事訴訟法有關證據能力之規定中並無相同之規定，故頗值注意。所謂毒樹果理論係美國聯邦最高法院於1920年Silverborne一案中所建立之原則，指違反憲法規定取得之證據除本身必須被排除外，因而衍生出之證據亦不得使用，如同有毒之樹木其長出之果實亦有毒一樣之道理。見Yale Kamisar, Wayne R. Lafave, Jerold H. Israel & Nancy King, Modern Criminal Procedure, 1999, p. 785。惟因毒樹果理論有時過於嚴苛，故美國聯邦最高法院亦發展出一些例外不適用毒樹果理論之情形，例如獨立來源原則（Independent Source Doctrine）。見John N. Ferdico, Henry F. Fradella & Christopher D. Totten, Criminal Procedure, 2009, pp. 128-134。

維護認定之。」故而除有「執行機關於通訊監察期間已製作期中報告書僅逾期陳報至該管法院」之例外情形外，原則上通訊監察之執行機關於違反期中報告義務後至通訊監察期間屆滿前取得之證據一律無證據能力。

二、相對無證據能力（即非當然無證據能力）

（一）違背法定程序取得之證據

實施犯罪偵查之公務員於偵查犯罪之程序時，應遵守一定之法律程序，以避免侵害人民之基本權利，此為法治國家普遍承認之原則，故對於實施刑事訴訟程序之公務員，在違背法定程序之情況下所取得之證據，法律即設有加以排除之規定，此即為一般所稱之證據排除法則（Exclusionary Rule）。惟此所謂之排除究係不論何種情況一律加以排除，或視個案之情況決定是否排除，分別有不同之立法，前者稱之為絕對證據排除原則，後者則稱之為相對證據排除原則。我國刑事訴訟法第158條之4即規定，除法律另有規定外，實施刑事訴訟程序之公務員因違背法定程序取得之證據，其有無證據能力之認定，應審酌人權保障及公共利益之均衡維護，故原則上係採取相對證據排除之原則。

惟何謂「法定程序」有先予確定之必要，所謂「違背法定程序」通常係指違反刑事訴訟法之規定程序，其情形不一而足，較常見者如司法警察未取得合法之搜索票即逕行進入私人之住宅內進行搜索，又如檢察官於偵查中及法官於審判中，對於被告加以訊問，如有違反告知義務時，所取得之自白或其他不利之陳述等是，故如有檢察官或法官在訊問被告前，未踐行刑事訴訟法第95條之告知義務之情形時，亦屬於違背法定程序之情形，而有刑事訴訟法第158條之4之適用，此有最高法院92年度台非字第177號、97年度台上字第5899號判決可資參照。

除刑事訴訟法之規定外，「法定程序」亦包括其他法律所規定之程序在內，例如警察機關得於公共場所或指定處所、路段，由服勤人員擔任臨場檢查或路檢，執行取締、盤查及有關法令賦予之勤務，此警察勤務條例第11條第3款定有明文，而其中所稱之「臨檢」依司法院大法官會議釋字第535號解釋，除法律另有規定外，應限於已發生危害或依客觀、合理判斷易生危害之處所、交通工具或公共場所為之，且應遵守比例原則，不得

逾越必要程度。依此，所謂法定程序並不限於刑事訴訟相關法律規定之程序，其他法律規定之程序亦屬於此所稱之法定程序，違反法律規定之程序所取得之證據，均屬於公務員違背法定程序所取得之證據，而有刑事訴訟法第158條之4之適用。

　　此外，較有問題者乃上開所稱之「法定程序」，除「法律」之規定外，是否亦包括「行政命令」在內，對此目前實務上係採取肯定之見解，認為行政命令之規範亦屬此所稱之法定程序；例如現行刑事訴訟法中並未有關於指認程序之規定，目前司法警察（官）調查犯罪所為之指認，係依內政部警政署所發布之「警察機關實施指認犯罪嫌疑人程序要領」為之，而檢察官偵查中之案件所為之指認，則係依法務部發布之「檢察機關辦理刑事訴訟案件應行注意事項」第99點之規定為之，上開行政規則並非法律而僅屬命令之位階，惟實務見解即認為：「上揭指認規則，係參酌先進法治國家實務運作之規範，旨在導正長期以來調（偵）查實務有關犯罪嫌疑人之指認程序草率，應認屬於保障犯罪嫌疑人之正當程序，具有補充法律規定不足之效果；且為內政部警政署及法務部依其行政監督權之行使所發布之命令，作為所屬機關人員於執行指認犯罪嫌疑人職務之依據，自有其拘束下級機關及屬官之效力，應認屬於具有法拘束力之法定正當程序。如有違反，即屬實施刑事訴訟程序之公務員違背法定程序。」此有最高法院96年度台上字第404號判決意旨可供參照。

　　如上所述，依我國刑事訴訟法第158條之4之規定，對於實施刑事訴訟程序之公務員因違背法定程序取得之證據，其有無證據能力之認定，係採相對排除之原則，除非法律另有特別規定應加以排除外，並非絕對無證據能力，而應視個案具體之情況決定其證據能力之有無。依上開條文之規定，法院應審酌「人權保障」及「公共利益」之均衡維護，在具體個案中決定是否賦予違背法定程序所取得之證據有證據能力，惟所謂「人權保障」及「公共利益」均係屬抽象之概念，在實際適用上難免發生困難。而依目前實務上之見解則認為在程序正義實體真實間應求其平衡，而就基本人權保障及公共利益維護，依「比例原則」及「法益權衡原則」，就個案之情況予以客觀之判斷，並列舉具體之判斷標準；如「刑事訴訟，係以確定國家具體之刑罰權為目的，為保全證據並確保刑罰之執行，於訴訟程序之進行，固有許實施強制處分之必要，惟強制處分之搜索、扣押，足以侵害個人之隱私權及財產權，若為達訴追之目的而漫無限制，許其不擇手段

為之，於人權之保障，自有未周。故基於維持正當法律程序、司法純潔性及抑止違法偵查之原則，實施刑事訴訟程序之公務員不得任意違背法定程序實施搜索、扣押；至於違法搜索、扣押所取得之證據，若不分情節，一概以程序違法為由，否定其證據能力，從究明事實真相之角度而言，難謂適當，且若僅因程序上之瑕疵，致使許多與事實相符之證據，無例外地被排除而不用，例如案情重大，然違背法定程序之情節輕微，若遽捨棄該證據不用，被告可能逍遙法外，此與國民感情相悖，難為社會所接受，自有害於審判之公平正義。因此，對於違法搜索、扣押所取得之證據，除法律另有規定外，為兼顧程序正義及發現實體真實，應由法院於個案審理中，就個人基本人權之保障及公共利益之均衡維護，依比例原則及法益權衡原則，予以客觀之判斷，亦即宜就（一）違背法定程序之程度。（二）違背法定程序時之主觀意圖（即實施搜索、扣押之公務員是否明知違法並故意為之）。（三）違背法定程序時之狀況（即程序之違反是否有緊急或不得已之情形）。（四）侵害犯罪嫌疑人或被告權益之種類及輕重。（五）犯罪所生之危險或實害。（六）禁止使用證據對於預防將來違法取得證據之效果。（七）偵審人員如依法定程序，有無發現該證據之必然性。（八）證據取得之違法對被告訴訟上防禦不利益之程度等情狀予以審酌，以決定應否賦予證據能力。此一判例之見解得使法院在審理具體案件中，如遇有實施刑事訴訟程序之公務員因違背法定程序所取得之證據時，個別判斷是否要排除其證據能力。」此有最高法院93年台上字第664號判例意旨可供參照。

有關違背法定程序之情形，實務上常見檢察官未踐行被告有得保持緘默等權利之告知義務，而先以證人身分加以訊問，於取得陳述之內容後，再將其證人身分轉為被告身分，該陳述是否有違背法定程序之規定，有無證據能力不無疑問，對此目前實務見解認為：「倘檢察官於偵查中，蓄意規避踐行刑事訴訟法第九十五條所定之告知義務，對於犯罪嫌疑人以證人之身分予以傳喚，命具結陳述後，採其證言為不利之證據，列為被告，提起公訴，無異剝奪被告緘默權及防禦權之行使，尤難謂非以詐欺之方法而取得自白。此項違法取得之供述資料，自不具證據能力，應予以排除。如非蓄意規避上開告知義務，或訊問時始發現證人涉有犯罪嫌疑，卻未適時為刑事訴訟法第九十五條之告知，即逕列為被告，提起公訴，其因此所取得之自白，有無證據能力，仍應權衡個案違背法定程序之情節、侵害被告

權益之種類及輕重、對於被告訴訟上防禦不利益之程度、犯罪所生之危害或實害等情形，兼顧人權保障及公共利益之均衡維護，審酌判斷之。」此有最高法院92年度台上字第4003號判決意旨可供參照。

又對物之搜索扣押，其目的在於保全犯罪之證據及得沒收之物，防止遭受湮滅、偽造或變造，俾利發現真實，以有效、正確訴追刑事犯罪，並確保將來之執行。身為法治國家之執法人員，執行搜索扣押以取得證據，其執法手段自應合法正當，除為採集或保存證據之必要外，應當保留證據之原始狀態予以扣案，不得任意破壞或污染證據，方符合保全犯罪證據之目的。基此如證據於蒐證過程中遭破壞或污染，以致影響證據原始狀態同一性之認定，則其應受如何之法律評價、是否導致搜索扣押所得之證據不具證據能力之效果，則應由法院適用刑事訴訟法第158條之4之規定，依個案之具體情狀，審酌人權保障及公共利益之均衡維護，予以客觀權衡判斷之，此有最高法院110年度台上字第5719號刑事判決意旨參照。

另實務上常見之問題則係私人取證有無刑事訴訟法第158條之4「證據排除法則」規定之適用之問題，由於刑事訴訟法對此並未有明確之規定，故而此有加以討論之必要。首先，所謂私人取證之「私人」如何加以界定，有必要先加以確認，依據刑事訴訟法第158條之4之規定，其係規範「實施刑事訴訟程序之公務員」因違背法定程序取得證據之證據能力，而所謂「實施刑事訴訟程序之公務員」，依「法院辦理刑事訴訟案件應行注意事項」第2點之規定，係指司法警察、司法警察官、檢察官、檢察事務官、辦理刑事案件之法官而言，此雖係針對刑事訴訟法第2條所作之規定，惟因刑事訴訟法第158條之4與第2條規定之用語均稱「實施刑事訴訟程序之公務員」，法律上自應作一致之解釋，故應認為上開人員在行使其職權而進行刑事訴訟程序之過程中之取證，均屬於刑事訴訟法第158條之4規範之範圍內。至於上開其他人員以外之人如係受上開人員之指使或教唆，而進行取證之行為，當然亦應認為係上開人員手足之延伸，而同屬於上開人員之取證行為[30]，否則實施刑事程序之公務員即得利用一般民眾為其等進行違法之搜索扣押行為，藉以逃避刑事訴訟法第158條之4之規範，其不當甚明。易言之，司法警察、司法警察官、檢察官、檢察事務官、辦理刑事案件之法官在行使其職權而進行刑事訴訟程序之過程中，本身或利

30　見王兆鵬著，刑事訴訟講義，2006年9月，頁35。

用他人進行之取證行為，均應屬於「非私人」之取證行為，而有刑事訴訟法第158條之4規定之適用。依上所述，則除上開「非私人」依職權所為之取證行為以外之任何取證行為，均應屬於所謂「私人」取證行為之範圍，就理論上而言，應包括二種類型，第一種類型係指「非司法警察、司法警察官、檢察官、檢察事務官、辦理刑事案件之法官」公務人員之取證行為，此等人員縱使具有公務員身分，例如戶政事務所之戶政人員等，在刑事訴訟法第158條之4之意義上，仍然認為與一般之私人相同，並不因而成為所謂實施刑事訴訟程序之公務員；第二種類型則係指雖然具有「司法警察、司法警察官、檢察官、檢察事務官、辦理刑事案件之法官」之身分，惟並非因其身分行使其法定之職權所作之取證行為，此應仍屬私人之取證行為，例如某檢察官懷疑其配偶有外遇，而在其配偶專用之電話加裝竊聽器加以錄音之行為，雖取證之行為人係具有檢察官之身分，惟其在取證之時並非在行使其檢察官之法定職權，故應認為仍屬於所謂「私人」取證之範圍。

有關私人所取得之證據，是否有刑事訴訟法第158條之4「證據排除法則」規定之適用，早期實務上並無確切之定論，有認為不適用「證據排除原則」[31]，有認為應類推適用「證據排除原則」[32]，亦有認為應直接排除

---

[31] 此說認為刑事訴訟法上「證據排除原則」，係指將具有證據價值，或真實之證據因取得程序之違法，而予以排除之法則。偵查機關「違法」偵查蒐證適用「證據排除法則」之主要目的，在於抑制違法偵查、嚇阻警察機關之不法，其理論基礎，來自於憲法上正當法律程序之實踐，鑑於一切民事、刑事、行政、懲戒之手段，尚無法有效遏止違法偵查、嚇阻警察機關之不法，唯有不得已透過證據之排除，使人民免於遭受國家機關非法偵查之侵害、干預，防止政府濫權，藉以保障人民之基本權，具有其憲法上之意義。此與私人不法取證係基於私人之地位，侵害私權利有別，蓋私人非法取證之動機，或來自對於國家發動偵查權之不可期待，或因犯罪行為本質上具有隱密性、不公開性，產生蒐證上之困窘，難以取得直接之證據，冀求證明刑事被告之犯行之故，而私人不法取證並無普遍性，且對方私人得請求民事損害賠償或訴諸刑事追訴或其他法律救濟機制，無須藉助證據排除法則之極端救濟方式將證據加以排除，即能達到嚇阻私人不法行為之效果，如將私人不法取得之證據一律予以排除，不僅使犯行足以構成法律上非難之被告逍遙法外，而私人尚需面臨民、刑之訟累，在結果上反而顯得失衡，且縱證據排除法則，亦難抑制私人不法取證之效果。是以此一見解認為偵查機關「違法」偵查蒐證與私人「不法」取證，乃兩種完全不同之取證態樣，兩者所取得之證據排除與否，理論基礎及思維方向應非可等量齊觀，私人不法取證，難以「證據排除法則」作為其排除之依據及基準，故應認為私人所取得之證據，原則上無「證據排除法則」之適用。實務上採取此一見解者有最高法院97年度台上字第734號、98年度台上字第578號、99年度台上字第5416號、101年度台上字第5182號等判決。

[32] 此說認為刑事訴訟法第158條之4有關「證據排除法則」之規定，其排除違法取得證據

其證據能力[33]，學者間亦意見紛歧[34]。惟近來實務見解已較爲統一，多認爲只要非出於不法目的，或以強暴、脅迫等不法手段取證，具有任意性，即具有證據能力，如「私人錄音、錄影之行爲，雖應受刑法第315條之1與通訊保障及監察法第29條第3款之規範，但其錄音、錄影所取得之證據，則無證據排除法則之適用。蓋我國刑事訴訟程序法（包括通訊保障及監察法）中關於取證程序或其他有關偵查之法定程序，均係以國家機關在進行犯罪偵查爲拘束對象，對於私人自行取證之法定程序並未明文。私人就其因被追訴犯罪而爲蒐集有利證據之情事，除得依刑事訴訟法第219條之1至第219條之8有關證據保全規定，聲請由國家機關以強制處分措施取證以資保全外，其自行從事類似任意偵查之錄音、錄影等取證之行爲，既不涉及國家是否違法問題，則所取得之錄音、錄影等證物，如其內容具備任

之主要目的，在於抑制違法蒐證，防止偵查機關濫用公權力，以確保人民憲法上之基本權，縱其目的在查明案情，亦不能恣意爲之，置法定程序於不顧，任意踐踏程序正義，破壞法治國原則，使法律威信蕩然無存，是法院認定有無證據能力，自應依具體個案情形，爲適切之取捨。而私人違法取證係基於私人地位，侵害他人權利而取得證據，固非屬刑事訴訟法第158條之4規定之範疇，然基於相同之法理，私人亦不能任意違法取得證據，仍宜審酌其取得證據之目的、違法之程度及所造成之危害，依比例原則決定其證據能力之有無。實務上採取此一見解者，有最高法院100年度台上字第5920號判決。

[33] 此說認爲私人取得證據如有涉及違反法律規定之處，即應予以排除，蓋刑事訴訟法上之「證據排除法則」，係指將具有證據價值，或眞實之證據因取得程序之違法，而予以排除之法則。而有關私人之錄音、錄影之行爲所取得之證據，應受刑法第315條之1與通訊保障及監察法之規範，私人違反此規範所取得之證據，應予排除，故如私人以錄音、錄影之行爲所取得之證據，因私人之行爲已觸犯刑法第315條之1與通訊保障及監察法之相關罪名，則應予以排除。採取此一見解者有最高法院92年度台上字第2677號、94年度台上字第716號、100年度台上字第6543號等判決。

[34] 有關私人不法取證是否有刑事訴訟法第158條之4「證據排除法則」規定之適用，我國學者間之見解亦不儘相同，有認爲「如排除法人非法取證等於讓不法之被告消遙法外，且亦無過阻將來執法人員違法取證之作用，私人不法取證如侵犯他人之隱私權，另有民事及刑事責任加以處罰係憲法保障之基本權利，故就私人不法取證而言，刑事實體上之不法不等於所得據於程序法上排除，因此刑事訴訟法第158條之4之證據排除法則之規定於私人不法取證之行爲並無適用之餘地。」見楊雲驊著，私人不法取證之證據能力——評最高法院98年度台上字第578號判決，台灣法學，第135期，2009年9月，頁278。亦有認爲應以法規範一致性說作爲理論之基礎，而認爲「刑事犯罪處罰係法律禁止從事特定行爲，如從事此特定之不法行爲，其所取得之證據，即屬立法者有意排除其於審判中加以使用，則自然不應在刑事審判中作爲證據，否則實體不法而程序合法未免有悖法律之精神。」見王兆鵬，刑事訴訟講義，2006年9月，頁36；王兆鵬著，搜索扣押與刑事被告之憲法上權利，2000年9月，頁120。

意性者，自可爲證據。」此有最高法院108年度台上字第2101號判決意旨可供參照；又如「私人取證行爲，與警方無關，復非施以強暴、脅迫等不正方法所取得，並具有任意性，應具有證據能力。」此亦有最高法院111年度台上字第1220號判決意旨可供參照；另外如「私人之錄音取證行爲，不同於國家機關執行通訊監察，應依通訊保障及監察法之規定，聲請核發或補發通訊監察書等法定程序及方式行之，並不涉及國家是否違法的問題。但私人爲對話之一方，爲保全證據所爲之錄音，如係基於保障自身合法權益，而非出於不法目的，或以強暴、脅迫等不法手段取證，然後將該證據交給國家機關作爲追訴犯罪使用，國家機關只是被動接受該證據，而非私人手足之延伸，國家機關據此所進行之後續作爲，自具正當性及必要性。」此亦有最高法院111年度台上字第572號刑事判決意旨可供參照；又如「刑事訴訟法上『證據排除原則』，係指將具有證據價值或眞實之證據，因取得程序違法，予以排除之法則。乃用以遏止違法偵查、嚇阻警察機關之不法，使人民免於遭受國家機關非法偵查之侵害、干預，防止政府濫權，藉以保障人民之基本權。而私人不法取證係基於私人之地位，侵害私權利，兩者有別，爲發現眞實，私人取證原則上無證據排除原則之適用。惟如私人故意對被告以不正方法如使用暴力、刑求等方式，而取得被告之自白（性質上屬被告審判外之自白），因違背任意性，且有虛僞高度可能性，依法自無證據能力。」此亦有最高法院110年度台上字第4581號判決意旨可供參照。依此實務最新之見解，似乎認爲私人取證縱使有違反實體法律之相關規範（如違反刑法第315條之妨害書信秘密罪規定，又如違反刑法第315條之1之妨害秘密罪規定等是），只要非出於不法之目的，或以強暴、脅迫等不法手段取證，內容具有任意性，均得以作爲證據使用。

（二）搜索扣押物事後未依法陳報法院或經法院撤銷時，所扣得之物

　　如上所述，刑事訴訟法第131條第1項及第2項有關於緊急搜索之規定，而依同條第3項之規定，緊急搜索後，由檢察官爲之者，應於實施後三日內陳報該管法院，由檢察事務官、司法警察官或司法警察爲之者，應於執行後三日內報告該管檢察署檢察官及法院，而法院於接受陳報或報告

後，應審查有無符合緊急搜索之要件，如認為不應准許者，則應於五日內撤銷之。而依同條第4項之規定，檢察官、檢察事務官、司法警察官或司法警察如未於緊急搜索執行後陳報或報告法院或經法院撤銷者，審判時法院得宣告所扣得之物，不得作為證據。故依上開規定對於法院認為不符合緊急搜索要件之緊急搜索，或未經陳報或報告法院之緊急搜索，其執行所扣得之物，在審判程序中如經提出作為證據，則法院得視具體個案之情形，宣告其不得作為證據，此亦屬於相對無證據能力之規定。至於法院判斷有無證據能力之標準，得就個案之情況，參考上開最高法院93年台上字第664號判例所揭示之原則，固不待言。

（三）依準抗告撤銷搜索、扣押程序時，所扣得之物

又如上所述，刑事訴訟法第416條第1項規定，對於審判長、受命法官、受託法官或檢察官所為搜索、扣押之處分有不服者，受處分人得聲請所屬法院撤銷或變更之；而依同條第2項之規定，前項之搜索、扣押經所屬法院予以撤銷者，則於審判時法院得宣告所扣得之物，不得作為證據。故受處分人對於搜索、扣押之處分不服，而提起準抗告經所屬法院撤銷搜索、扣押程序時，則該搜索、扣押所扣得之物，法院得於審判程序時，視具體個案之情形，宣告所扣得之物不得作為證據，此同屬於相對無證據能力之規定。至於判斷有無證據能力之標準，得依個案情況參考上開最高法院93年台上字第664號判例之見解決定之，亦即依上開判例所揭示之各項標準，加以審酌後決定是否應排除其證據能力。

第六節　證據之調查

如上所述，證據有所謂之證據方法及證據資料，而藉由證據方法之存在，顯現出與待證事實（主要係犯罪事實，惟亦包括科刑相關事實）相關之證據資訊之過程及使用之手段即係屬於證據之調查。

一、調查證據之聲請

（一）聲請權人

　　刑事訴訟法第163條之1第1項規定：「當事人、代理人、辯護人或輔佐人聲請調查證據，應以書狀分別具體記載下列事項……」故證據調查之聲請其有聲請權之人為當事人、代理人、辯護人或輔佐人，其他人則無此聲請權，而此所稱之代理人係指被告或自訴人之代理人而言，並不包括告訴人之代理人在內。例如告訴人並非刑事訴法程序之當事人，並無聲請調查證據之權利，此乃因審判期日係以檢察官代表國家為追訴被告之當事人，有到庭實行公訴、聲請並參與調查證據之權，告訴人或其委任之代理人雖得到場陳述意見，惟此僅為公訴輔助之性質，告訴人或其代理人於陳述意見時，如認有為如何調查證據之必要者，自應經由檢察官依規定以書狀提出於法院，此有最高法院96年度台上字第3477號、98年度台上字第5662號判決意旨可供參照。

（二）聲請之程式

　　刑事訴訟法第163條之1第1項規定：「當事人……聲請調查證據，應以書狀分別具體記載下列事項：一、聲請調查之證據及其與待證事實之關係。二、聲請傳喚之證人、鑑定人、通譯之姓名、性別、住居所及預期詰問所需之時間。三、聲請調查之證據文書或其他文書之目錄。若僅聲請調查證據文書或其他文書之一部分者，應將該部分明確標示。」此為聲請調查證據之書狀之格式，故聲請調查證據原則上應以書面為之，提出調查證據聲請之書狀，記載上開所述之事項，始符合法定之程式。

　　又刑事訴訟法第163條之1第2項規定：「調查證據聲請書狀，應按他造人數提出繕本。法院於接受繕本後，應速送達。」此規定之目的乃在於避免不必要之訴訟拖延，並使審理之進行得以集中化而更有效率。又同條第3項則規定：「不能提出第一項之書狀而有正當理由或其情況急迫者，得以言詞為之。」故聲請調查證據權人如有「正當理由」或「情況急迫」之情形，而無法提出調查證據之書狀時，得以言詞聲請調查證據，所謂「正當理由」或「情況急迫」應依照聲請權人之個案情形加以判斷。又

同條第4項則規定：「前項情形，聲請人應就第一項各款所列事項分別陳明，由書記官製作筆錄；如他造不在場者，應將筆錄送達。」蓋以言詞為調查證據之聲請，仍應記載筆錄以資明確，如他造不在場，仍應使他造知悉，故而特別規定此時應將筆錄送達。

二、調查證據聲請之駁回

當事人或其他有聲請調查證據權人聲請調查證據時，法院應審酌有無調查之必要而加以決定是否調查，非一經聲請法院即有義務加以調查，否則可能造成訴訟之延宕，故刑事訴訟法第163條之2第1項乃規定：「當事人、代理人、辯護人或輔佐人聲請調查之證據，法院認為不必要者，得以裁定駁回之。」又第2項則規定：「下列情形，應認為不必要：一、不能調查者。二、與待證事實無重要關係者。三、待證事實已臻明瞭無再調查之必要者。四、同一證據再行聲請者。」故法院認為調查證據之聲請有上述之情形之一者，即得對於調查證據之聲請加以駁回。又依此規定實務上認為駁回應以法院之裁定為之，不得由審判長單獨決定，如「合議庭審判長之職權係存在於訴訟程序之進行或法庭活動之指揮事項，且以法律明文規定者為限，此外則屬法院之職權，依法院組織法第一百零一條規定，必須經由合議庭內部評議，始得形成法院之外部意思決定，並以判決或裁定行之，不得僅由審判長單獨決定。從而刑事訴訟法第一百六十三條之二第一項規定：當事人、代理人、辯護人或輔佐人聲請調查之證據，法院認為不必要者，得以裁定駁回之。即以證據是否應予調查，關乎待證事實是否於案情具有重要性，甚或影響相關證據之價值判斷，已非純屬審判長調查證據之執行方法或細節及法庭活動之指揮事項，故應由法院以裁定行之，並非審判長所得單獨決定處分。」此有最高法院94年台上字第1998號判例意旨可供參照。故如受命法官於準備程序，或審判長於審判中，對於當事人等聲請調查之證據，逕自認為不必要而予以駁回者，即屬有關調查證據之處分違法，應依聲明異議之方式請求救濟，由所屬合議庭裁定之，此亦有最高法院102年度台抗字第1077號裁定可供參照。

三、人證之調查

（一）被告之訊問

如上所述，被告之供述內容係重要之人證方法之一，惟關於被告之訊問，其相關規定已於前文中加以敘述，在此即不予重複論述。

（二）證人之詰問及訊問

1. 證人之資格

原則上除審判者本身及刑事訴訟程序所謂之當事人以外，任何人（限於自然人）均得為證人，故就理論上而言，犯罪之被害人本身在公訴程序中得以證人身分到庭為陳述，惟如其以被害人身分提起自訴，則在自訴之程序中，其即係自訴人而屬於當事人之一，即不得再擔任證人而為陳述。

2. 證人之傳喚

刑事訴訟法第175條第1項規定：「傳喚證人，應用傳票。」第2項規定：「傳票，應記載下列事項：一、證人之姓名、性別及住所、居所。二、待證之事由。三、應到之日、時、處所。四、無正當理由不到場者，得處罰鍰及命拘提。五、證人得請求日費及旅費。」又第3項則規定：「傳票，於偵查中由檢察官簽名，審判中由審判長或受命法官簽名。」第4項則又規定：「傳票至遲應於到場期日二十四小時前送達。但有急迫情形者，不在此限。」

又依刑事訴訟法第176條之規定，有關第72條對於被告之口頭傳喚及第73條對於在監所被告之傳喚等相關規定，於對於證人之傳喚亦準用之。

又證人雖得經傳喚到場，聲請調查證據之人亦有促使證人到場之責任，以協助訴訟程序之順利進行，故刑事訴訟法第176條之2乃規定，法院因當事人、代理人、辯護人或輔佐人聲請調查證據，而有傳喚證人之必要者，為聲請之人應促使證人到場。

又證人有時因特殊之狀況不能到場，例如證人因重病無法離開醫院等情形，為因應實際之需要，以免訴訟程序延宕，加以目前科技進步，故刑事訴訟法第177條第1項乃規定：「證人不能到場或有其他必要情形，得

於聽取當事人及辯護人之意見後，就其所在或於其所在地法院訊問之。」
又第2項規定：「前項情形，證人所在與法院間有聲音及影像相互傳送之
科技設備而得直接訊問，經法院認為適當者，得以該設備訊問之。」第3
項則規定：「當事人、辯護人及代理人得於前二項訊問證人時在場並得詰
問之；其訊問之日時及處所，應預行通知之。」第4項則又規定：「第二
項之情形，於偵查中準用之。」此即實務上所稱之「遠距訊問」，此種利
用目前影像傳輸科技設備，使得證人得以無須親自到場之規定，一方面避
免訴訟之拖延，一方面亦使證人無須舟車勞頓至遠地受訊，惟仍得使當事
人、辯護人及代理人在場並詰問之；且其訊問之日時及處所，應預行通知
之。又此利用影像傳輸科技設備行遠距訊問之做法，於偵查中亦得準用而
為之。

3. 證人之義務

(1) 到場義務

刑事訴訟法第178條第1項規定：「證人經合法傳喚，無正當理由而不
到場者，得科以新臺幣三萬元以下之罰鍰，並得拘提之；再傳不到者，
亦同。」此即有關證人到場義務之規定，蓋證人之證述內容對於法院認定
事實至關重大，故而賦予人民作證之法定義務，以協助法院得以正確認
定事實，故而證人有到場之義務。又同條第2項規定：「前項科罰鍰之處
分，由法院裁定之。檢察官為傳喚者，應聲請該管法院裁定之。」又同條
第3項則規定：「對於前項裁定，得提起抗告。」又第4項規定：「拘提證
人，準用第七十七條至第八十三條及第八十九條至第九十一條之規定。」
故而對於證人拘提時，準用刑事訴訟法第77條使用拘票及應記載事項、第
78條執行之機關、第79條執行之程序、第80條執行後之處置、第81條警察
轄區外之拘提、第82條囑託拘提、第83條對現役軍人之拘提、第89條拘捕
時之注意事項、第90條拘捕之使用強制力、第91條拘捕後之解送等相關規
定。

(2) 在庭義務

證人於審判期日到場後，經依法作證陳述後，因審判程序尚在進行，
證人如有陳述未完全之處，可能有必要再請其加以陳述，故刑事訴訟法第

168條乃規定：「證人、鑑定人雖經陳述完畢，非得審判長之許可，不得退庭。」此規定即為證人之在庭義務。故證人除有到場之義務外，尚有在庭之義務，其在審判期日進行之程序結束前，非經審判長之許可，不得逕行離開。

(3) 作證義務

證人係在他人之案件中，陳述自己所見所聞具體事實之第三人，為達到發現真實之刑事訴訟目的，任何人均有在他人為被告之案件中作證之義務，因而刑事訴訟法第176條之1乃規定：「除法律另有規定者外，不問何人，於他人之案件，有為證人之義務。」此即證人之作證義務。而所謂法律另有規定之例外情形，屬法律特別規定得享有拒絕證言之特權，其包括下列各項情形：

①公務關係

依刑事訴訟法第179條之規定，以公務員或曾為公務員之人為證人，而就其職務上應守秘密之事項訊問者，應得該管監督機關或公務員之允許；前項允許，除有妨害國家之利益者外，不得拒絕。應注意此項特權之行使限於「職務上」且屬於「應守秘密」之事項始得為之，如與職務無關，或非屬於秘密之事項，則無此拒絕證言之特權。

②身分關係

依刑事訴訟法於第180條第1項之規定：「證人有下列情形之一者，得拒絕證言：一、現為或曾為被告或自訴人之配偶、直系血親、三親等內之旁系血親、二親等內之姻親或家長、家屬者；二、與被告或自訴人訂有婚約者；三、現為或曾為被告或自訴人之法定代理人或現由或曾由被告或自訴人為其法定代理人者。」

又因身分關係得拒絕作證之範圍，僅限於有上開身分關係之被告或自訴人之部分，故刑事訴訟法第180條第2項規定，對於共同被告或自訴人中一人或數人有前項關係，而就僅關於他共同被告或他共同自訴人之事項為證人者，不得拒絕證言。

惟為達到審判程序交互詰問以發見真實並保障被告反對詰問之權利，刑事訴訟法第181條之1特別規定，被告以外之人於反詰問時，就主詰問所陳述有關被告本人之事項，不得拒絕證言，用以限制拒絕證言之範圍。

③利害關係

在刑事訴訟程序中任何人均有不自證己罪之權利，此項權利在以被告身分應訊時固得以行使緘默權之方式爲之，惟在以證人身分應訊時，如未能保障得拒絕陳述有關自己涉及犯罪之事實，則被告緘默權之規定即形同具文，故刑事訴訟法第181條乃規定，證人恐因陳述致自己或與其有第180條第1項之關係之人受刑事追訴或處罰者，得拒絕證言，此即所謂因利害關係得拒絕證言之規定。實務上亦肯認此一規定爲不自證己罪原則之實踐，而認爲證人此項拒絕證言權與被告之緘默權，同屬其不自證己罪之特權，此有最高法院96年度台上字第1043號判決可供參照。

又目前實務見解認爲，因利害關係而拒絕證言之情形，以證言之內容可能直接導致或增加其自己或有前述關係之人，因而受刑事追訴或處罰之危險者爲限，如詰問或訊問之事項與其應回答之內容，不會直接導致或增加其自己或有前述關係之人受刑事追訴或處罰之危險者，應不得拒絕證言，例如證人之犯罪行爲已經判決確定，且依該判決確認之事實，與其有前述關係之人並未涉及犯罪，該證人之陳述，是否仍有使其自己或有前述關係之人受刑事訴追或處罰之危險，此有最高法院98年度台上字第1285號判決可供參照。

另因有上開利害關係而得拒絕證言者，得否以概括之方式爲之，對此實務上目前採取否定之見解，認爲不得以概括方式爲之，而須就訊問或詰問之問題逐一加以主張，如「證人有到場接受訊問，陳述自己所見所聞具體事實之義務。證人陳述是否因揭露犯行而自陷於罪，得以行使其拒絕證言權，亦須到場接受訊問後，針對所訊問之個別具體問題，逐一分別爲主張，不得以陳述可能致其自己或有前述關係之人受刑事訴追或處罰爲理由，而概括拒絕回答一切問題，以致妨害眞實之發現。」此有最高法院98年度台上字第1285號判決意旨可供參照，另有最高法院100年度台上字第4862號判決亦採相同見解可供參照。

另爲確保證人上開因利害關係而得拒絕證言之權利，刑事訴訟法第186條第2項，乃特別規定法院或檢察官有告知證人之義務，此項規定雖爲保護證人而設，惟如法院或檢察官未踐行此項告知義務，而告以具結之義務及僞證之處罰並命朗讀結文後具結，無異剝奪證人此項拒絕證言權，實務上認爲此係所踐行之訴訟程序有瑕疵，應認屬因違背法定程序所取得之證據，此有最高法院95年度台上字第5027號判決可供參照。

④業務關係

又醫師、律師、會計師等執行專門職業之人，對於其執行職務而知悉他人之秘密者，一般均有保密之義務，例如依醫師法第23條之規定，原則上醫師對於因業務知悉或持有他人病情或健康資訊，不得無故洩露，此類保密義務之規定，係執行專門職業之人取得他人信賴而得以順利執行職務之基礎，自不得任意加以侵犯。故刑事訴訟法第182條乃規定，證人為醫師、藥師、助產士、宗教師、律師、辯護人、公證人、會計師或其業務上佐理人或曾任此等職務之人，就其因業務所知悉有關他人秘密之事項受訊問者，除經本人允許者外，得拒絕證言，此即因業務關係得拒絕證言之規定。

又有上開得拒絕證言之情形者，依刑事訴訟法第183條第1項之規定，證人拒絕證言者，應將拒絕之原因釋明之，但於第181條之情形，得命具結以代釋明；又同條第2項則規定，拒絕證言之許可或駁回，偵查中由檢察官命令之，審判中由審判長或受命法官裁定之。因而所謂拒絕證言之規定，僅係免除證人之作證義務，並未免除證人之其他義務如到場義務等之權利，故縱有上開得以拒絕證言之例外情形，證人仍應依傳票指定之期日到場，僅於到場後，得釋明有拒絕證言之情形，再由檢察官、審判長或受命法官加以准駁，此有最高法院90年度台上字第201號判決意旨可供參照。

惟有應注意者，上開所述刑事訴訟法規定公務、特定業務、身分或利害關係之人，得拒絕證言（見刑事訴訟法第179條、第180條、第181條、第182條之規定）之特別權利並非絕對，下列二種情形，上開有特定關係之證人仍須作證而屬例外之情形：第一，上開有特定關係人如業已同意作證，則在經過主詰問時陳述有利或不利於被告本人之事項，輪到另一造當事人行反詰問時，刑事訴訟法第181條之1特別規定證人此時不得拒絕證言，以免造成無效之反詰問，此乃因反詰問之作用乃在彈劾證人之信用性，並削減或推翻其於主詰問所為證言之證明力，及引出主詰問時未揭露或被隱瞞之另一部分事實，而達發現真實之目的，如證人在主詰問陳述完畢後，於反詰問時得拒絕陳述，使其信用性及陳述之真實性均未受檢驗，則無法以反詰問達到上開發現真實之效用，故而上開有特定關係人本得拒絕作證，如其業已同意作證，即不得於主詰問後他方當事人行反詰問時又拒絕證言，故而依照目前實務之見解認為，此種情形使另一造當事人不能

為有效之反詰問，則主詰問之證詞即應予排除，而不能採為判斷事實之證據資料，以免不當剝奪另一造當事人之反對詰問權，並有礙於發現真實，此有最高法院107年度台上字第8號判決意旨可供參照；第二，上開有特定關係之證人如於偵查中經檢察官告知得拒絕證言之權利後，如仍同意證述並為不利於被告之陳述，且被告及其辯護人在偵查中未曾有詰問該證人之機會，則如檢察官於審判中援引該不利於被告之陳述，作為證明被告犯罪事實之證據時，倘被告於審判中否認犯罪，復未捨棄詰問權，則為保障其權利自應踐行詰問程序，此時該證人於偵查中所為不利被告之陳述，乃係證明被告犯罪之積極證據，相當於交互詰問程序中之主詰問，性質上與刑事訴訟法第181條之1規定「主詰問所陳述有關被告本人之事項」無異，此時若准許該證人於審判中行使拒絕證言權，將使被告無彈劾該證人供述憑信性之機會，侵害被告受憲法保障之詰問權，且使法院所接收者，均為對被告不利之部分，而對被告可能有利部分，則因證人拒絕證言而無法知悉，非但程序上對被告極不公平，且自發現真實之角度，證人的信用性及陳述之真實性均無法獲得測試擔保，故而實務見解認為此種情形之下，應類推適用刑事訴訟法第181條之1規定之法理，證人不得行使拒絕證言權，此有最高法院108年台上字第3204號判決意旨可供參照。

(4) 具結義務

刑事訴訟法關於證人之訊問，其真實性及憑信性之擔保，係採取具結之制度，以提高證人之責任心及警戒心，使其為誠實之陳述，依刑事訴訟法第186條第1項之規定，證人應命具結，但未滿十六歲或因精神障礙而不解具結意義及效果者，不得令其具結。故一般證人於作證時均應依法加以具結，惟如證人未滿十六歲，或因精神障礙，不解具結意義及效果，則具結已失其意義，為免其等因不實之陳述受偽證罪之處罰，故不得命其具結。

又證人有不得命具結之情形，而誤令其具結，則不生具結之效力，自不生偽證罪之問題，此有最高法院74年度台上字第1095號判決可資參照。又不得命具結之證人仍有為證人之能力，故其等所為之證言，並非絕對的無證據能力，法院經調查其他證據，認其證言為可信而予以採納，自無採證之違法可言，此有最高法院73年度台上字第6104號判決可供參照。易言之，未經具結之證言，僅其證言欠缺擔保，故可信程度較低，證據力較為

薄弱，並非當然無證據能力。

4. 證人之詰問

有關對於證人之詰問，依偵查中及審判中之程序而有不同之規定，於偵查中依刑事訴訟法第248條第1項之規定：「訊問證人、鑑定人時，如被告在場者，被告得親自詰問；詰問有不當者，檢察官得禁止之。」故在偵查中證人接受檢察官之訊問時，以被告在場為限，得親自詰問證人，易言之如被告未在場則即無詰問之問題，因而在偵查之階段中，有關被告詰問證人之權利並非絕對。又依同條第2項之規定：「預料證人、鑑定人於審判時不能訊問者，應命被告在場。但恐證人、鑑定人於被告前不能自由陳述者，不在此限。」如證人有無法在審判時加以訊問之情形，則對於被告之權利有重大之影響，故而特別規定於偵查中如有預見證人於審判時不能訊問之情形（例如證人患有重病可能於近日內死亡，或證人即將移民他國不再返回國內等情形），此時除證人、鑑定人於被告前不能自由陳述，否則自應給予被告在場詰問證人之機會，以保障被告訴訟上之權利。

至於審判中證人之詰問，則依刑事訴訟法第166條第1項之規定：「當事人、代理人、辯護人及輔佐人聲請傳喚之證人、鑑定人，於審判長為人別訊問後，由當事人、代理人或辯護人直接詰問之。被告如無辯護人，而不欲行詰問時，審判長仍應予詢問證人、鑑定人之適當機會。」由於我國已採改良當事人主義，法官基於審判之地位，應盡可能保持中立之立場，故而關於證人之詰問，於審判長為人別訊問後，即由當事人、代理人或辯護人直接為之。

關於證人之詰問，其順序、方式、禁止及其異議之程序論述如下：

(1) 詰問之順序

又上開於審判中由當事人直接詰問證人之程序，原則上係由當事人進行所謂之交互詰問（Cross-Examination），其進行之方式依刑事訴訟法第166條第2項之規定：「前項證人或鑑定人之詰問，依下列次序：一、先由聲請傳喚之當事人、代理人或辯護人為主詰問。二、次由他造之當事人、代理人或辯護人為反詰問。三、再由聲請傳喚之當事人、代理人或辯護人為覆主詰問。四、再次由他造當事人、代理人或辯護人為覆反詰問。」故而交互詰問之順序，係先由聲請傳喚之當事人、代理人或辯護人為主詰

問，次由他造之當事人、代理人或辯護人為反詰問，再由聲請傳喚之當事人、代理人或辯護人為覆主詰問，再次由他造當事人、代理人或辯護人為覆反詰問，如此依序進行。

另刑事訴訟法第166條第3項規定：「前項詰問完畢後，當事人、代理人或辯護人，經審判長之許可，得更行詰問。」故更行詰問係指原已進行過交互詰問之證人而言，故如未經詰問之證人仍應經上開詰問之程序進行交互詰問。

又刑事訴訟法第166條第4項規定：「證人、鑑定人經當事人、代理人或辯護人詰問完畢後，審判長得為訊問。」依此規定，在當事人、代理人或辯護人對於證人詰問完畢後，如審判長認為有必要時，亦得對於證人加以訊問，以補充詰問之不足，此稱之為「補充訊問」。審判長之補充訊問係基於補充性、輔助性之地位，故應於當事人進行交互詰問完畢後始得為之，此一規定之意旨在於確實落實刑事訴訟程序採取改良式當事人進行主義之精神，並用以彰顯法院依職權調查證據僅係基於輔助之性質。

又刑事訴訟法第166條第5項規定：「同一被告、自訴人有二以上代理人、辯護人時，該被告、自訴人之代理人、辯護人對同一證人、鑑定人之詰問，應推由其中一人代表為之。但經審判長許可者，不在此限。」此規定在於避免多人進行詰問產生訴訟程序之延宕，並避免不必要之重複詰問產生，但經審判長許可者，則不在此限。

又同一證人可能兩造均聲請加以傳喚調查，此時刑事訴訟法第166條第6項規定：「兩造同時聲請傳喚之證人、鑑定人，其主詰問次序由兩造合意決定，如不能決定時，由審判長定之。」此時即有必要決定何人進行主詰問，故而此規定其主詰問次序由兩造合意決定，如不能決定時，由審判長定之。此乃基於尊重當事人進行之精神所設之規定，兩造若同時聲請傳喚某一證人時，關於主詰問之次序，宜由兩造以合意決定之，法院不宜介入，如兩造無法達成合意時，始由審判長決定。

關於上開所述當事人間進行交互詰問，其具體之程序規定分別論述如下：

①主詰問

主詰問（Direct Examination）之範圍依刑事訴訟法第166條之1第1項之規定：「主詰問應就待證事項及其相關事項行之。」此規定係基於證據法中之關聯性法則（Relavent Rule）而來，與待證事項無關之證據不得作

為探證之基礎，故主詰問事項不得漫無限制而必須應限於待證事項及其相關事項，惟所謂之待證事項並不以有重要關係之事項為限，只要係與待證事項有所關聯均無不可。又同條第2項則規定：「為辯明證人、鑑定人陳述之證明力，得就必要之事項為主詰問。」故在主詰問之階段，為辯明證人記憶及陳述之正確性亦即證人之憑信性等，亦得就相關之必要事項進行詰問。

　　又刑事訴訟法第166條之1第3項前段規定：「行主詰問時，不得為誘導詰問。」所謂誘導詰問乃指進行詰問者對於被詰問之證人暗示其所希望得到之供述內容，所進行之詰問方式。一般而言，聲請傳喚證人之一方，其所聲請傳喚之證人多屬於對於該造當事人有利之證人，因此若行主詰問者為誘導詰問，證人有可能推測主詰問者之意思，而作出迎合其意思並與真實不符之供述內容，故而原則上在行主詰問時不得為誘導之詰問。惟同項但書規定：「但下列情形，不在此限：一、未為實體事項之詰問前，有關證人、鑑定人之身分、學歷、經歷、與其交游所關之必要準備事項。二、當事人顯無爭執之事項。三、關於證人、鑑定人記憶不清之事項，為喚起其記憶所必要者。四、證人、鑑定人對詰問者顯示敵意或反感者。五、證人、鑑定人故為規避之事項。六、證人、鑑定人為與先前不符之陳述時，其先前之陳述。七、其他認有誘導詰問必要之特別情事者。」故而在進行主詰問時，如因發見真實之必要或尚無導出虛偽供述之危險時，則無必要禁止誘導詰問，對此相關實務見解認為「人之記憶能力及言語表達能力有限，本難期證人能於事後鉅細無遺完全供述呈現其所經歷之事實，則遇證人表明其記憶不清時，為喚起其記憶進而為事實之陳述，輔以相關書、物證之提示，而為記憶誘導，並非法所不許，此即刑事訴訟法第166條之1第3項但書第3款所定，法院得於行主詰問時就證人記憶不清之事項，為喚起其記憶所必要而為誘導詰問之法理。」此有最高法院109年度台上字第3026號判決意旨可供參照。

②反詰問

　　主詰問之後即進行反詰問（Cross Examination）之程序，反詰問之程序中所進行之詰問不得毫無限制，否則即失去反詰問之目的，因而反詰問之作用在於檢驗主詰問所呈現之事實，以達發見真實之目的，同時彈劾證人於主詰問中供述之內容之可信性，故依刑事訴訟法第166條之2第1項乃規定，反詰問應就主詰問所顯現之事項及其相關事項或為辯明證人、鑑定

人之陳述證明力所必要之事項行之。又因行反詰問時，證人通常並非屬於對於行反詰問一造有利之證人，較不易發生證人附和詰問者而爲非眞實供述之情形，且透過誘導詰問，亦能推敲證人於主詰問時陳述之眞實性，然而行反詰問時，證人亦有迎合行詰問者意思之可能，因此反詰問時爲誘導之詰問亦不應漫無限制而應有適當之規範，故同條第2項乃規定，行反詰問於必要時，得爲誘導詰問。至於何種情形屬於必要時，則應由主持詰問程序之審判長依實際個案之情況加以裁量。

又行反詰問之程序時，其範圍故應依上開規定爲限，惟有鑑於同一證人亦可能知悉行反詰問者所主張之事實，爲發見眞實之必要，經審判長許可後，應使行反詰問者得就支持自己主張之新事項爲詰問，以免就同一證人另行進行不同之詰問程序，而延宕審判程序之進行，此時就該新事項之詰問而言，性質上應認爲係一種程序之更新，其屬於主詰問而非反詰問。故刑事訴訟法第166條之3第1項乃規定，行反詰問時，就支持自己主張之新事項，經審判長許可，得爲詰問。又在此種新開程序之情況下，自應賦予對造之當事人、代理人及辯護人對該新事項反詰問之權利，故同條第2項規定，依前項所爲之詰問，就該新事項視爲主詰問。

③覆主詰問

反詰問後如有必要即進行覆主詰問（Redirect Examination），然爲維持審判程序進行之順利，覆主詰問之範圍自應加以限制，不得任意擴張，原則上應限於因反詰問所發見之事項，故刑事訴訟法第166條之4第1項乃規定，覆主詰問應就反詰問所顯現之事項及其相關事項行之，以資明確。另外行覆主詰問，應依主詰問之方式爲之（例如原則上不得誘導詰問），故同條第2項規定，行覆主詰問，依主詰問之方式爲之。另爲有利於眞實之呈現，亦應使行覆主詰問者，就支持自己主張之新事項有爲詰問之機會，故同條第3項乃規定前條（即第166條之3）之規定，於本條準用之，換言之，於行覆主詰問時，就支持自己主張之新事項，在經審判長許可之後，得爲詰問，不受反詰問範圍之限制，且此時之詰問就該新事項應視爲主詰問。

④覆反詰問

覆主詰問後即進行覆反詰問（Recross Examination），由於對於證人之詰問固在於眞實之發現，惟仍應避免詰問事項不當之擴張而延宕審判程序之進行，有必要就覆反詰問之範圍加以限制，故刑事訴訟法第166條之5

第1項乃規定，覆反詰問，應就辯明覆主詰問所顯現證據證明力必要之事項行之，故原則上覆反詰問之範圍應僅限於彈劾他造在覆主詰問之程序中所顯現之證據之證明力。又同條第2項又規定，行覆反詰問，依反詰問之方式行之。

(2) 詰問之方式

對於證人之詰問及證人之回答，其方式大致上可分為二種，有所謂一問一答（Question-and-Answer）之方式即所謂之「問答式」，亦有所謂就訊問事項之始末而連續陳述（Narrative Recital）之方式即所謂之「敘述式」。其中一問一答之方式雖然問題及回答之內容均較為明確，但易受暗示之影響且較為耗費時間；而以連續陳述之方式，有可能使回答之內容過於瑣碎，或未能針對待證事項加以答覆，故不論何種方式均有缺失，因而刑事訴訟法就此於第166條之7第1項規定，詰問證人及證人之回答，均應就個別問題具體為之。此所謂就個別問題具體為之，與純粹之一問一答方式有別，惟亦非要求證人就事實之始末予以連續陳述，可說係一折衷之方式，至於何種方式屬於就個別問題具體為之，則應視個案之情況定之。

(3) 審判中詰問之禁止

刑事訴訟法對於審判中對證人之詰問有規定限制（或禁止）之事項，此又可分為絕對限制（或禁止）及相對限制（或禁止）二類，茲分別論之如下：

①絕對限制（或禁止）

依刑事訴訟法第166條之7第2項之規定：「下列之詰問不得為之。但第五款至第八款之情形，於有正當理由時，不在此限：一、與本案及因詰問所顯現之事項無關者；二、以恫嚇、侮辱、利誘、詐欺或其他不正之方法者；三、抽象不明確之詰問；四、為不合法之誘導者；五、對假設性事項或無證據支持之事實為之者；六、重複之詰問；七、要求證人陳述個人意見或推測、評論者；八、恐證言於證人或與其有第一百八十條第一項關係之人之名譽、信用或財產有重大損害者；九、對證人未親身經歷事項或鑑定人未行鑑定事項為之者；十、其他為法令禁止者。」

上開對於詰問加以限制或禁止之規定，乃係基於避免無秩序、不當的詰問，以至於延滯審判程序之進行，或考量詰問可能導致證人虛偽陳述

而影響眞實之發見，故特別規定不得詰問。惟上開所述第5款至第8款之情形，在有正當理由之情況下，爲發現眞實之必要仍得爲之，例如證人之推測或個人意見，如係基於過往確實之親身經驗而來，自然有相當之可信度存在，與純屬臆測之詞有所不同，此時自得從寬認其有正當理由而允許加以詰問。

②相對限制（或禁止）

對於證人之詰問除有上開絕對限制之情形外，原則上不應加以限制，惟依刑事訴訟法第167條之規定，當事人、代理人或辯護人詰問證人時，審判長除認其有不當者外，不得限制或禁止之；依此規定之反面解釋，則如審判長認爲有不當之情形時，自得限制或禁止當事人、代理人或辯護人之詰問[35]。

(4) 審判中詰問之異議及處理

依刑事訴訟法第167條之1之規定，當事人、代理人或辯護人就證人之詰問及回答，得以違背法令或不當爲由，聲明異議。此條爲聲明異議權之規定，蓋詰問制度之設計係在於促使當事人、代理人或辯護人在審判程序中積極參與，以求發現眞實，惟爲使訴訟程序合法且適當，當事人、代理人或辯護人，對於他造向證人所爲之詰問及證人對於他造當事人等詰問之回答，認爲有違法或不當之時，自應賦予聲明異議之權利。

關於聲明異議之方式，依刑事訴訟法第167條之2第1項之規定，應就各個行爲，立即以簡要理由爲之。易言之，應就個別特定之違法或不當之詰問或回答加以聲明異議，並簡要說明異議之理由。而依同條第2項之規定，審判長對於前項異議，應立即處分，以避免詰問程序產生延滯之情形；惟依同條第3項之規定，聲明異議之他造當事人、代理人或辯護人，得於審判長處分前，就該異議陳述意見。又爲使訴訟進行達到公平、公正之目的，並顧及異議人之權益，同條第4項復規定，證人於當事人、代理人或辯護人聲明異議後，審判長處分前，應停止陳述。

又審判長關於聲明異議之處理其方式有下列幾種：

35　另刑事訴訟法之特別法中亦有關於詰問限制或禁止之規定，例如性侵害犯罪防治法第23條第4項規定，性侵害犯罪之被告或其辯護人不得詰問或提出有關被害人與被告以外之人之性經驗證據。但法院認有必要者，不在此限。

①不合法駁回

依刑事訴訟法第167條之3之規定,審判長認異議有遲誤時機、意圖延滯訴訟或其他不合法之情形者,應以處分駁回之;但遲誤時機所提出之異議事項與案情有重要關係者,不在此限。

②無理由駁回

依刑事訴訟法第167條之4之規定,審判長認異議無理由者,應以處分駁回之。

③有理由

依刑事訴訟法第167條之5之規定,審判長認異議有理由者,應視其情形,立即分別為中止、撤回、撤銷、變更或其他必要之處分。

又審判長認為異議不合法或無理由而加以駁回之處分,或認為有理由而作出一定之處分時,依刑事訴訟法第167條之6之規定,均不得聲明不服,以免導致訴訟程序之延滯。

又依刑事訴訟法第167條之7之規定,關於上開第166條之7第2項不得詰問之規定、第167條審判長依職權對於詰問之限制或禁止之規定,及第167條之1至第167條之6有關聲明異議之方式及審判長之處理等相關之規定,於當事人、代理人、辯護人或輔佐人依第163條第1項之規定詢問證人及被告時,亦有準用之。故當事人等對於證人或被告之詢答如有不當之情形,審判長亦應依職權或依他造當事人、代理人或辯護人之聲請予以限制、禁止,或為其他必要之處分。

5. 證人之訊問

依目前刑事訴訟法改良式當事人進行主義之精神,原則上證人固應由當事人聲請傳喚之,惟如屬於法院應依職權調查證據之情形,證人亦有可能係由法院主動傳喚到庭應訊,此時原則上先由法院對於證人就待證事項加以訊問,惟其後仍應賦予當事人、代理人或辯護人有對於證人詰問之機會,且此時詰問之次序亦有加以規定之必要,因而刑事訴訟法第166條之6第1項乃規定,法院依職權傳喚之證人,經審判長訊問後,當事人、代理人或辯護人得詰問之,其詰問之次序由審判長定之。又同條第2項亦明文規定,證人經詰問後,審判長得續行訊問。

又依上開條文之規定均謂由審判長訊問證人,故於審判期日對於證人之訊問應由審判長為之,至於受命法官及陪席法官固得於告知審判長後為

訊問，惟實務上認為此一訊問僅係補充之性質，無法取代審判長之訊問，否則審判之程序即有違誤，此有最高法院101年度台上字第590號判決意旨可供參照。

又應注意者，依刑事訴訟法第168條之1之規定，當事人、代理人、辯護人或輔佐人得於訊問證人時在場，前項訊問之日、時及處所，法院應預行通知之，但事先陳明不願到場者，不在此限，此一規定即在於保障當事人等於訊問證人時在場之權利。

又依刑事訴訟法第169條之規定，審判長預料證人、鑑定人或共同被告於被告前不能自由陳述者，經聽取檢察官及辯護人之意見後，得於其陳述時，命被告退庭，但陳述完畢後，應再命被告入庭，告以陳述之要旨，並予詰問或對質之機會；此乃被告在場權之限制，旨在於使證人之陳述能不受到被告在場之影響，而無法自由陳述[36]。

又關於證人之訊問，依刑事訴訟法第184條第1項之規定，證人有數人者，應分別訊問之；其未經訊問者，非經許可，不得在場；蓋證人有數

---

[36] 有關證人於偵查或審理中作證時之保護，刑事訴訟之特別法中有許多相關規定，其中有所謂之秘密證人之規定，依證人保護法第11條之規定，有保密身分必要之證人，除法律另有規定者外，其真實姓名及身分資料，公務員於製作筆錄或文書時，應以代號為之，不得記載證人之年籍、住居所、身分證統一編號或護照號碼及其他足資識別其身分之資料。該證人之簽名以按指印代之。載有保密證人真實身分資料之筆錄或文書原本，應另行製作卷面封存之。其他文書足以顯示應保密證人之身分者，亦同。前項封存之筆錄、文書，除法律另有規定者外，不得供閱覽或提供偵查、審判機關以外之其他機關、團體或個人。對依本法有保密身分必要之證人，於偵查或審理中為訊問時，應以蒙面、變聲、變像、視訊傳送或其他適當隔離方式為之。於其依法接受對質或詰問時，亦同。另依組織犯罪防制條例第12條之規定，關於本條例之罪，證人之姓名、性別、年齡、出生地、職業、身分證字號、住所或居所或其他足資辨別之特徵等資料，應由檢察官或法官另行封存，不得閱卷。訊問證人之筆錄，以在檢察官或法官面前作成，並經踐行刑事訴訟法所定訊問證人之程序者為限，始得採為證據。但有事實足認被害人或證人有受強暴、脅迫、恐嚇或其他報復行為之虞者，法院、檢察機關得依被害人或證人之聲請或依職權拒絕被告與之對質、詰問或其選任辯護人檢閱、抄錄、攝影可供指出被害人或證人真實姓名、身分之文書及詰問。法官、檢察官應將作為證據之筆錄或文書向被告告以要旨，訊問其有無意見陳述。另依性侵害犯罪防治法第23條第1項之規定，對被害人之訊問或詰問，得依聲請或依職權在法庭外為之，或利用聲音、影像傳送之科技設備或其他適當隔離措施，將被害人與被告或法官隔離。被害人經傳喚到庭作證時，如因心智障礙或身心創傷，認當庭詰問有致其不能自由陳述或完全陳述之虞者，法官、軍事審判官應採取前項隔離詰問之措施。又依家庭暴力防治法第36條第1項之規定，對被害人之訊問或詰問，得依聲請或依職權在法庭外為之，或採取適當隔離措施。

人時，其等分別證明相同或不同之事實，如尚未訊問之證人在場，有受影響之可能，故原則上應予隔別訊問，惟如法官認為無此疑慮時未經訊問之證人亦得在場。又同條第2項亦規定，因發見眞實之必要，得命證人與他證人或被告對質，亦得依被告之聲請，命與證人對質。因而實務上認為審理事實之法院，就被告有爭執且未經對質之重要證人所爲陳述，如無不能或難以命對質之情形，自應給予對質之機會，以確保被告之對質詰問權，此有最高法院95年度台上字第7314號判決可供參照，且對於被告之請求對質，除顯無必要者外，不得拒絕。是除待證事實已甚明確者外，在發現眞實及維護被告利益下，法院不得拒絕被告對質之請求，此有最高法院95年度台上字第6092號判決可供參照。又如有證人與證人間各自表述之事實相反之情形時，審理事實之法院亦應命證人加以對質，以作為證據取捨之依據，此亦有最高法院100年度台上字第3408號判決可供參照。

又依刑事訴訟法第185條之規定，訊問證人，應先調查其人有無錯誤及與被告或自訴人有無第180條第1項之關係，此爲有關證人之人別訊問並確定證人有無得以行使拒絕證言權資格之規定。又同條第2項則規定，證人與被告或自訴人有第180條第1項之關係者，應告以得拒絕證言，以保障證人之拒絕證言權。

此外，有關於證人之訊問方法刑事訴訟法並無特別之明文規定，因此如檢察官或檢察事務官、司法警察官、司法警察對於證人之訊問或詢問，使用暗示證人之誘導訊問或詢問方式，是否法之所許，即有疑問。對此實務見解認爲應視其誘導訊問或詢問之暗示，是否足以影響證人陳述之情形而異，如其訊問或詢問之內容，係屬於暗示證人使故爲異於其記憶之陳述（謂之虛僞誘導），或有因其暗示足以使證人發生錯覺，致爲異其記憶之陳述（謂之錯覺誘導），均屬違反程序公正及證據眞實性，不應加以允許，惟如其暗示僅止於喚起證人記憶，進而爲事實之陳述，係屬記憶誘導，法律不予禁止，此有最高法院101年度台上字第876號判決意旨可供參照。

（三）鑑定人之鑑定

所謂鑑定係指法院或檢察官於審判或偵查中，命具備專業知識或經驗之第三人（選任之鑑定人或囑託之鑑定機關、機構），憑藉其特別之知

識經驗，就案件相關之特定證據（書證或物證）加以鑑驗，並得就無關親身經歷之待鑑事項，僅依憑其特別知識經驗而陳述或報告其專業判斷之意見[37]。由於鑑定亦屬於人證之證據方法之一種，故刑事訴訟法第197條乃規定，鑑定，除本節有特別規定外，準用前節關於人證之規定。因此除刑事訴訟法有關鑑定一節設有特別規定之外，原則上鑑定適用人證一節相關之規定，故刑事訴訟法第175條以下有關證人之相關規定，除另有特別規定外，於鑑定人準用之。又刑事訴訟法第197條以下就鑑定人有特別之規定，茲分別論述如下：

1. 鑑定人之選任

　　刑事訴訟法第198條規定：「鑑定人由審判長、受命法官或檢察官就下列之人選任一人或數人充之：一、就鑑定事項有特別知識經驗者。二、經政府機關委任有鑑定職務者。」故鑑定人係於審判中經由審判長、受命法官或偵查中經由檢察官所選任，如非經由法院或檢察官選任之鑑定人所為之鑑定，尚難認為係依法所行之鑑定。

　　又刑事訴訟法第199條之規定：「鑑定人，不得拘提。」此乃因鑑定人係對於鑑定事項有特別知識經驗之人，其並不具有不可替代，易言之，鑑定人有替代性，與證人具有不可替代性，二者性質並不相同，故不得強制鑑定人到場實施鑑定。惟上開規定僅排除鑑定人之拘提，故依準用人證一節規定之結果，如鑑定人經合法傳喚無正當理由不到場者，仍得對於鑑定人科處罰鍰，故鑑定人依法仍有到場之義務，自不待言。

2. 聲請拒卻鑑定人

　　刑事訴訟法第200條第1項規定：「當事人得依聲請法官迴避之原因，拒卻鑑定人。但不得以鑑定人於該案件曾為證人或鑑定人為拒卻之原因。」依此規定，鑑定人具有拒卻性，此亦為鑑定人與證人不同之處，故鑑定人如有與聲請法官迴避之相同原因，例如鑑定人為被害人者，基於鑑定之公正起見，當事人得拒卻經選任之鑑定人實施鑑定，惟不得以鑑定人於該案件曾為證人或鑑定人為拒卻之原因。而同條第2項則規定：「鑑定

---

[37] 我國之鑑定制度類似於美國之專家證人（expert witness），美國之證人可分為一般證人（lay witness）與專家證人二種，專家證人係依證人本身具有之科學、技術或其他特別知識，就待證之事實加以鑑驗，並到庭陳述其鑑驗之專業意見而言。

人已就鑑定事項為陳述或報告後，不得拒卻。但拒卻之原因發生在後或知悉在後者，不在此限。」故而原則上鑑定人已就鑑定事項為陳述或報告後，即不得再加以拒卻，惟拒卻之原因發生在後或知悉在後者，則不在此限，亦即仍得拒卻。

又刑事訴訟法第201條第1項規定：「拒卻鑑定人，應將拒卻之原因及前條第二項但書之事實釋明之。」此規定在於使選任鑑定人之法院或檢察官瞭解當事人拒卻鑑定人之原因及拒卻之原因發生在後或知悉在後之事實。又同條第2項規定：「拒卻鑑定人之許可或駁回，偵查中由檢察官命令之，審判中由審判長或受命法官裁定之。」故而拒卻鑑定人之准駁，偵查中由檢察官以命令為之，審判中由審判長或受命法官以裁定為之，亦即審判中拒卻鑑定人之准駁無須合議。

3. 鑑定人之具結義務

具結之制度於鑑定人亦有適用，依刑事訴訟法第202條之規定，鑑定人應於鑑定前具結，其結文內應記載必為公正誠實之鑑定等語，並規定應踐行朗讀結文、說明及命簽名等程序，旨在使鑑定人明瞭結文內容真義，故鑑定人之結文與證人之結文不同，不得互相取代，此即為鑑定人所負具結之義務。核其用意在於保證鑑定人實施鑑定時能依其專業之知識經驗公正及誠實為之，而不故意偏頗以致影響審判之正確性，如鑑定人於具結後，於案情有重要關係之事項為虛偽之鑑定，即可能涉及刑法第168條規定之偽證罪。

4. 鑑定之場所

鑑定之場所依刑事訴訟法第203條第1項之規定：「審判長、受命法官或檢察官於必要時，得使鑑定人於法院外為鑑定。」又第2項規定：「前項情形，得將關於鑑定之物，交付鑑定人。」故而原則上鑑定於法院或檢察署為之，惟如認為有必要時，審判長、受命法官或檢察官得使鑑定人於法院外為鑑定，此時法院或檢察官得將關於鑑定之物交付鑑定人。

5. 留置鑑定

刑事訴訟法第203條第3項之規定：「因鑑定被告心神或身體之必要，

得預定七日以下之期間，將被告送入醫院或其他適當之處所。」此稱之為「留置鑑定」，因鑑定之對象係被告本人，則涉及通常醫學或者其他專業知識，且須較長之時間，故而規定得預定七日以下之期間，將被告送入醫院或其他適當之處所。

　　刑事訴訟法第203條之1第1項規定：「前條第三項情形，應用鑑定留置票。但經拘提、逮捕到場，其期間未逾二十四小時者，不在此限。」蓋因留置鑑定對於被告而言，其人身自由因而受到限制，對於其基本權利有所影響，故而須以鑑定留置票為之，亦即採取令狀主義，惟如係經拘提、逮捕到場，其期間未逾二十四小時者，則無須鑑定留置票。

　　又刑事訴訟法第203條之1第2項規定：「鑑定留置票，應記載下列事項：一、被告之姓名、性別、年齡、出生地及住所或居所。二、案由。三、應鑑定事項。四、應留置之處所及預定之期間。五、如不服鑑定留置之救濟方法。」第3項規定：「第七十一條第三項之規定，於鑑定留置票準用之。」亦即鑑定留置票如被告之姓名不明或因其他情形有必要時，應記載其足資辨別之特徵，被告之出生年月日、身分證明文件編號、住、居所不明者，得免記載。

　　又刑事訴訟法第203條之1第4項規定：「鑑定留置票，由法官簽名。檢察官認有鑑定留置必要時，向法院聲請簽發之。」蓋如上所述，鑑定留置限制被告之人身自由，故而採取法官保留原則，須經由法官之審查，認為有必要時始得為之，如檢察官認有鑑定留置必要時，則應向法院聲請簽發之，易言之，檢察官並無簽發鑑定留置票之權限。

　　依刑事訴訟法第203條之2第1項之規定：「執行鑑定留置，由司法警察將被告送入留置處所，該處所管理人員查驗人別無誤後，應於鑑定留置票附記送入之年、月、日、時並簽名。」又依第2項之規定：「第八十九條、第九十條之規定，於執行鑑定留置準用之。」故而刑事訴訟法第89條有關應注意被告之身體及名譽及刑事訴訟法第90條有關得使用強制力但不得逾必要程度等相關規定，於執行鑑定留置時均有準用。

　　又刑事訴訟法第203條之2第3項規定：「執行鑑定留置時，鑑定留置票應分別送交檢察官、鑑定人、辯護人、被告及其指定之親友。」此乃由於鑑定留置直接影響人身之自由，故對於被告為鑑定之留置時自應將鑑定留置票送交檢察官、鑑定人、辯護人、被告或其指定之親友，使其等知悉被告所受之處置。

又刑事訴訟法第203條之2第4項則規定：「因執行鑑定留置有必要時，法院或檢察官得依職權或依留置處所管理人員之聲請，命司法警察看守被告。」此項規定在於防止被告於執行鑑定留置之時逃逸或有安全上之顧慮，故於必要時得由法院或檢察官分別依職權或聲請，命令司法警察加以看守。

一般而言，進行鑑定因個案鑑定事項之難易程度不同，上開所述鑑定留置之預定期間，可能實際上有過長或過短之情形，此時自得予以調整，故刑事訴訟法第203條之3第1項乃規定：「鑑定留置之預定期間，法院得於審判中依職權或偵查中依檢察官之聲請裁定縮短或延長之。但延長之期間不得逾二月。」又第2項規定：「鑑定留置之處所，因安全或其他正當事由之必要，法院得於審判中依職權或偵查中依檢察官之聲請裁定變更之。」另依第3項之規定：「法院為前二項裁定，應通知檢察官、鑑定人、辯護人、被告及其指定之親友。」

對於被告進行鑑定留置，與羈押同屬拘束被告人身自由之強制處分，因而刑事訴訟法第203條之4乃規定：「對被告執行第二百零三條第三項之鑑定者，其鑑定留置期間之日數，視為羈押之日數。」依此規定，被告接受鑑定留置者，其留置期間之日數自應視同為其遭羈押之日數，於將來有罪判決確定執行時得用以折抵其刑期，以保障被告之基本權益。

6. 鑑定之必要處分

鑑定人因進行鑑定可能有必要對於人之身體加以檢查，或者對於屍體解剖，甚至需對於物體加以毀壞後，如能作出鑑定，又有時亦可能有必要進入有人住居或看守之住宅或其他處所，此時為避免鑑定人之鑑定侵犯個人之隱私權或其他權利，因此刑事訴訟法第204條第1項乃特別規定：「鑑定人因鑑定之必要，得經審判長、受命法官或檢察官之許可，檢查身體、解剖屍體、毀壞物體或進入有人住居或看守之住宅或其他處所。」此即稱之為鑑定之許可，故應經許可始得進行之鑑定行為，包括採取出自或附著身體之物，例如分泌物、排泄物、血液、毛髮、膽汁、胃液、留存於陰道中之精液等檢查身體之鑑定行為，因此等行為係對人民身體之侵害，故特別規定應經審判長、受命法官或檢察官法院之許可。

又刑事訴訟法第204條第2項規定：「第一百二十七條、第一百四十六條至第一百四十九條、第二百十五條、第二百十六條第一項及第二百十七

條之規定，於前項情形準用之。」故而刑事訴訟法第127條有關軍事秘密處進入之限制，第146條、第147條有關夜間搜索或扣押時間之限制及例外，第148條、第149條有關搜索、扣押時之在場人之規定，第215條有關檢查身體處分之限制，第216條、第217條有關檢驗或解剖屍體之處分等相關規定，在鑑定許可之情形均準用之。

又鑑定許可，依刑事訴訟法第204條之1第1項之規定：「前條第一項之許可，應用許可書。但於審判長、受命法官或檢察官前為之者，不在此限。」第2項規定：「許可書，應記載下列事項：一、案由。二、應檢查之身體、解剖之屍體、毀壞之物體或進入有人住居或看守之住宅或其他處所。三、應鑑定事項。四、鑑定人之姓名。五、執行之期間。」第3項則規定：「許可書，於偵查中由檢察官簽名，審判中由審判長或受命法官簽名。」故而故鑑定之許可，偵查中係屬檢察官之權限，於審判中則係屬於審判長或受命法官之權限。因此可知我國刑事訴訟法就許可鑑定並未採取法官保留原則，偵查中得經檢察官許可為之。又同條第4項規定：「檢查身體，得於第一項許可書內附加認為適當之條件。」故法院於受理聲請鑑定許可之案件後，應本於發現真實之目的，詳實審酌該鑑定對於確定訴訟上重要事實是否必要，以符合鑑定應遵守之必要性與重要性原則，慎重評估鑑定人是否適格，並就檢查身體部分，附加認為適當之條件，藉以保障被告之權益。

又依刑事訴訟法第204條之2第1項之規定，鑑定人為第204條第1項之處分時，應出示上開所述之許可書及可證明其身分之文件；又許可書如上所述既應記載執行期間，則鑑定應在許可書所記載之有效期間內開始執行，執行期間屆滿，無論是否已完成鑑定，均不得再繼續執行鑑定，故同條第2項即規定許可書於執行期間屆滿後不得執行，應即將許可書交還。此程序之規定在於確保鑑定人之鑑定係經許可，且於執行期間屆滿後即不得再加以執行，並應即將許可書交還，避免遭到濫用。

又刑事訴訟法第204條之3第1項規定：「被告以外之人無正當理由拒絕第二百零四條第一項之檢查身體處分者，得處以新臺幣三萬元以下之罰鍰，並準用第一百七十八條第二項及第三項之規定。」故而被告以外之人無正當理由拒絕檢查身體處分者，得處以罰鍰，此科以罰鍰之處分，並應經由法院裁定之，如係檢察官所為之許可者，應由檢察官聲請該管法院裁定之；且對於上開之裁定，得提起抗告。又依同條第2項規定：「無正當

理由拒絕第二百零四條第一項之處分者，審判長、受命法官或檢察官得率同鑑定人實施之，並準用關於勘驗之規定。」

　　另依刑事訴訟法第205條之規定，鑑定人因鑑定之必要，得經審判長、受命法官或檢察官之許可，檢閱卷宗及證物，並得請求蒐集或調取之；且鑑定人得請求訊問被告、自訴人或證人，並許其在場及直接發問。

　　鑑定人於實施鑑定之時，往往有必要採取被鑑定人分泌物或其他出自或附著身體之物，或採取指紋或為其他相類之行為，以因應科學鑑定之實際需要，故為兼顧實務之需求及人權之保障，刑事訴訟法第205條之1第1項乃規定：「鑑定人因鑑定之必要，得經審判長、受命法官或檢察官之許可，採取分泌物、排泄物、血液、毛髮或其他出自或附著身體之物，並得採取指紋、腳印、聲調、筆跡、照相或其他相類之行為。」又第2項規定：「前項處分，應於第二百零四條之一第二項許可書中載明。」

　　又偵查之輔助機關亦應賦予調查及蒐證之必要權限，以利犯罪之偵查，故刑事訴訟法第205條之2乃規定：「檢察事務官、司法警察官或司法警察因調查犯罪情形及蒐集證據之必要，對於經拘提或逮捕到案之犯罪嫌疑人或被告，得違反犯罪嫌疑人或被告之意思，採取其指紋、掌紋、腳印，予以照相、測量身高或類似之行為；有相當理由認為採取毛髮、唾液、尿液、聲調或吐氣得作為犯罪之證據時，並得採取之。」此係有關「身體檢查」之鑑定，其方式為非侵入之性質，對於犯罪嫌疑人或被告之侵害較小，故而賦予檢察事務官、司法警察官或司法警察，違反犯罪嫌疑人或被告之意思對於其身體加以採證。依上開規定檢察事務官、司法警察官或司法警察之身體檢查，可分為二種情形：第一為採取其指紋、掌紋、腳印，予以照相、測量身高或類似之行為，此限於調查犯罪情形及蒐集證據「必要時」，且其行使之對象係經拘提或逮捕到案之犯罪嫌疑人或被告，如非經拘提、逮捕之犯罪嫌疑人或被告，則不得依此一規定而違反意願強制採取指紋等相關證據；第二為採取毛髮、唾液、尿液、聲調或吐氣，此時除符合上述第一所列條件外，並須有「相當理由」認為所採之毛髮、唾液、尿液、聲調或吐氣得作為犯罪之證據始得為之。易言之，其於干預被告身體外部，須具備因調查犯罪情形及蒐集證據之「必要性」，而於干預身體內部時，並附以「有相當理由認為得作為犯罪證據」之要件，方得為之。

　　目前之實務見解認為：「刑事訴訟法第二百零五條之二規定：檢察事

務官、司法警察官或司法警察因調查犯罪情形及蒐集證據之必要，對於
經拘提或逮捕到案之犯罪嫌疑人或被告，得違反犯罪嫌疑人或被告之意
思，採取其指紋、掌紋、腳印，予以照相、測量身高或類似之行爲；有相
當理由認爲採取毛髮、唾液、尿液、聲調或吐氣得作爲犯罪之證據時，並
得採取之。固賦予檢察事務官、司法警察官、司法警察對犯罪嫌疑人或被
告身體採證權。該條規定之立法意旨，乃在偵查階段若非於拘提或逮捕到
案之時即爲該條所規定之採集行爲，將無從有效獲得證據資料，有礙於國
家刑罰權之實現，故賦與警察不須令狀或許可，即得干預、侵害被告身體
之特例。惟身體檢查處分，係干預身體不受侵犯及匿名、隱私權利之強制
處分，適用上自應從嚴。其於干預被告身體外部之情形，須具備因調查犯
罪情形及蒐集證據之必要性；於干預身體內部之時，則以有相當理由爲必
要。」此有最高法院100年度台上字第3292號判決亦明白指出可供參考。
至於所謂「必要性」或「相當理由」之判斷，實務上認爲：「須就犯罪嫌
疑程度、犯罪態樣、所涉案件之輕重、證據之價值及重要性，如不及時採
取，有無立證上困難，以及是否有其他替代方法存在之取得必要性，所採
取者是否作爲本案證據，暨犯罪嫌疑人或被告不利益之程度等一切情狀，
予以綜合權衡。」此亦有最高法院99年度台上字第40號判決意旨可供參
照。

　　鑑定之許可原則上應由鑑定人主動聲請，亦即以鑑定人爲聲請人，惟
實務上認爲法官或檢察官亦得本於職權，主動許可鑑定，如「鑑定許可之
聲請，固應以鑑定人爲聲請人，然法官或檢察官亦得本於職權之行使，主
動爲鑑定採樣取證之許可，非必待鑑定人聲請，此乃法理所當然。」此有
最高法院95年度台非字第102號判決意旨可供參照。

7. 鑑定之報告

　　刑事訴訟法第206條第1項規定：「鑑定之經過及其結果，應命鑑定
人以言詞或書面報告。」第2項規定：「鑑定人有數人時，得使其共同報
告之。但意見不同者，應使其各別報告。」第3項則規定：「以書面報告
者，於必要時得使其以言詞說明。」鑑定之書面報告並無一定之格式，僅
須載明其鑑定之經過及其結論即可。另依刑事訴訟法第207條之規定，鑑
定有不完備者，得命增加人數或命他人繼續或另行鑑定。

8. 鑑定時當事人之在場權

鑑定係爲期對於事實之認定有所助益，故原則上應給予當事人、代理人或辯護人到場之機會，以此使鑑定之程序透明化，並使其等得以適時表達相關意見，有助於爭點之釐清，惟個別案件之鑑定技術及方法有所差異，故應由法官、檢察官斟酌個案之具體情形認定有無通知當事人等到場之必要。因而刑事訴訟法第206條之1第1項乃規定：「行鑑定時，如有必要，法院或檢察官得通知當事人、代理人或辯護人到場。」因此鑑定人行鑑定時，如認爲有必要，法院或檢察官得通知當事人、代理人或辯護人到場，此乃「得」而非「應」，故而法院或檢察官並無一定通告之義務；又同條第2項規定：「第一百六十八條之一第二項之規定，於前項情形準用之。」故而有關訊問之日、時及處所除事先陳明不願到場者外，法院應預行通知之規定，於行上開鑑定之通知時亦準用之。

9. 機關鑑定

刑事訴訟法第208條第1項規定：「法院或檢察官得囑託醫院、學校或其他相當之機關、團體爲鑑定，或審查他人之鑑定，並準用第二百零三條至第二百零六條之一規定；其須以言詞報告或說明時，得命實施鑑定或審查之人爲之。」此即所謂機關鑑定，與證人以自然人爲限不同。故刑事訴訟程序之鑑定，除得選任自然人充當鑑定人外，另設有機關鑑定之制度，亦即法院或檢察官得囑託醫院、學校或其他相當之機關爲鑑定，或審查他人之鑑定，其鑑定程序並準用第203條至第206條之1有關自然人鑑定之相關規定，又機關鑑定常採取合議制之方式，因而另規定如對於機關鑑定之結果，認有須以言詞報告或說明之情形時，得命實際參與實施鑑定或審查之人爲之。

又機關鑑定實際實施鑑定或審查之人，如以言詞報告或說明其鑑定經過或結果時，其身分與一般自然人之鑑定人相當，故應有具結之義務，且應賦予當事人、代理人、辯護人或輔佐人加以詢問或詰問之權利，以有助於眞實之發見。故刑事訴訟法第208條第2項乃又規定：「第一百六十三條第一項、第一百六十六條至第一百六十七條之七、第二百零二條之規定，於前項由實施鑑定或審查之人爲言詞報告或說明之情形準用之。」因此當事人、代理人、辯護人或輔佐人得於調查證據時，詢問上開機關鑑定中

實施鑑定或審查之人，且得直接詰問之，被告如無辯護人，而不欲行詰問時，審判長仍應予詢問證人、鑑定人之適當機會。

機關鑑定原則上亦應由法院或檢察官選任，然而在實務上承認司法警察機關調查中之案件，因應實際上之需求，如數量龐大或有急迫之情形，且有鑑定之必要者，得基於檢察一體原則，由該管檢察長對於轄區內之案件，以事前概括囑託鑑定之方式，由轄區內之司法警察官（司法警察）對於調查中之案件即時送請指定囑託之鑑定機關、團體實施鑑定，以求時效，此種由司法警察官、司法警察依檢察官概括囑託鑑定機關、團體所為之鑑定與檢察官囑託為鑑定者並無差異，例如有關毒品或槍、彈之鑑定或消防機關所製作之火災原因調查報告書均屬之，此亦分別有最高法院96年度台上字第2860號、97年度台上字第6834號、98年度台上字第4151號、99年度台上字第84號、99年度台上字第2730號等判決之意旨可供參照[38]。

10. 鑑定人之費用請求權

又刑事訴訟法第209條規定：「鑑定人於法定之日費、旅費外，得向法院請求相當之報酬及預行酌給或償還因鑑定所支出之費用。」此乃因鑑定人係依據其專業知識進行鑑定，與證人就其親身之見聞而為陳述不同，且可能因進行鑑定而必須支出相當之費用，故應給與日旅費之外相當之報酬及因鑑定支付之費用。

11. 鑑定證人

依上所述，鑑定人原則上係依其專業知識鑑定待證事項，與證人係就其本身親身經歷之見聞而為陳述不同，惟如鑑定人因其專業之知識而可得知過往之事實，則其性質上即與證人相同，不能以一般之鑑定人視之，故刑事訴訟法第210條乃特別規定：「訊問依特別知識得知已往事實之人者，適用關於人證之規定。」此即一般所稱之鑑定證人，例如醫師在急救之過程中，依其專業之判斷而認知，病患係服用某種藥物導致死亡結果之發生，此即屬於上述所稱之鑑定證人。鑑定證人屬於一種特別性質之證

---

[38] 學者間對此見解有所批評，有認為此種概括選任鑑定之實務運作，無論鑑定之組織、定位、人員參與或鑑定處分實施，似不符合近來刑事訴訟程序結構調整之要求，且與基本人權保障之意旨有違。見林裕順，專家證人VS.鑑定人——概括選任鑑定之誤用與評析，月旦法學雜誌，第189期，頁263。

人，其雖係就其親自見聞之事實加以證述，惟此一對於過往事實之認知係
依憑其專業知識而來，並非僅止於單純之見聞而已，故實務上認為其亦具
有有不可替代之特性，此有最高法院97年度台上字第4697號判決意旨可供
參照。

12. 通譯之準用

依刑事訴訟法第211條之規定，關於鑑定一節之規定，於通譯準用
之。此乃因通譯係就法院、當事人或其他訴訟關係人所陳述之方言或外語
甚而手語等為翻譯之工作，性質上亦與鑑定人相類似，同須具有專業之知
識始得勝任，且其所譯之內容影響及於案件事實之判斷關係重大，為確保
其通譯時之正確性，故特別規定準用鑑定之相關規定。

四、書證之調查

（一）一般書證

一般書證之調查，依刑事訴訟法第165條第1項之規定：「卷宗內之筆
錄及其他文書可為證據者，審判長應向當事人、代理人、辯護人或輔佐人
宣讀或告以要旨。」第2項規定：「前項文書，有關風化、公安或有毀損
他人名譽之虞者，應交當事人、代理人、辯護人或輔佐人閱覽，不得宣
讀；如被告不解其意義者，應告以要旨。」故而有關書證之調查，原則上
應向當事人、代理人、辯護人或輔佐人宣讀或告以要旨，惟如文書內容有
關風化、公安或有毀損他人名譽之虞之情形，則以交付閱覽為之，如被告
不解其意義者，則應告以要旨。此一規定之目的在於使當事人、代理人、
辯護人或輔佐人足以瞭解該作為證據之文書所記載之內容及其意涵，而為
充分之辯論。

（二）準書證

刑事訴訟法第165條之1第1項規定：「前條之規定，於文書外之證物
有與文書相同之效用者，準用之。」第2項規定：「錄音、錄影、電磁紀
錄或其他相類之證物可為證據者，審判長應以適當之設備，顯示聲音、

影像、符號或資料，使當事人、代理人、辯護人或輔佐人辨認或告以要旨。」因目前科技之發展迅速，文書之型態亦日新月異，故除一般所謂之文書外，另有其他與文書有相同效果之證據資料，此類之證據可稱之為「準書證」，為規範將來因應科技更新而產生各種新型態之類似文書之證據，對此，特別規定加以準用之規定，並且規定審判長應以適當之設備，顯示聲音、影像、符號或資料，使當事人、代理人、辯護人或輔佐人瞭解其內容，而作為辯論之依據。

五、物證之調查

有關物證之調查，刑事訴訟法第164條第1項規定：「審判長應將證物提示當事人、代理人、辯護人或輔佐人，使其辨認。」第2項則規定：「前項證物如係文書而被告不解其意義者，應告以要旨。」此一規定之目的，在於將作為判決基礎之證據資料，經由合法之調查程序，顯出於審判庭，藉以符合刑事訴訟程序所要求之直接審理原則，並使當事人及訴訟關係人，經由此一程序，瞭解物證之內容，以擔保證其真實性、正確性，且在被告不解其意義之情形者，應告以要旨而達保障其防禦權之目的。例如在販賣猥褻書刊之案件，對於扣案之猥褻書刊，應於審判時提示予當事人、代理人、辯護人或輔佐人，使其等得以辨識之，以利其辯論。

依此而言，原則上對於物證之調查，應依「實物提示」之方式為之，即原則上物證必須透過調查證據程序以實物顯現於審判庭上，使當事人、代理人、辯護人或輔佐人得加以辨認，始得採為判決之基礎。惟為審判程序之便利起見，對於數量或體積龐大之證物，如以實物提示恐有實際上之困難性，故實務上乃允許在一定之條件下得不予實物提示之方式提示證物，依目前實務之見解認為，有關於物證「實物提示」之原則，僅於當事人、代理人、辯護人或輔佐人就「有無證物存在」或「證物之同一性」有所爭議時始有其適用，如就此並無爭議存在，則得以替代實物之證據型態提示之，例如得以提示警方所製作之扣押目錄以代替實物之提示，此有最高法院97年度台上字第1355號判決可供參照。

六、勘驗

（一）意義

所謂勘驗係指法官或檢察官直接以感官知覺，對於犯罪相關之人、地、物的證據資料親自加以檢查、體驗之調查方法。刑事訴訟法第212條即規定：「法院或檢察官因調查證據及犯罪情形，得實施勘驗。」因此勘驗係專屬於法官、檢察官之權限，其他如司法警察、法官助理等人員均無實施勘驗之權限。又勘驗應屬於「物之證據方法」與鑑定係「人之證據方法」不同；例如對於犯罪場所之地形、地貌加以查看，或對於犯罪所用之物加以檢視等是。

惟勘驗本身雖屬於物的證據方法，然實務上認為因勘驗本身非可直接作為判斷依據之證據資料，故仍應依刑事訴訟法第42條之規定，將勘驗所得之結果製成筆錄，此時該筆錄即屬於書證，法院應依同法第165條第1項規定宣讀或告以要旨，以完成證據調查程序，方屬適法，此有最高法院101年度台上字第4177號判決意旨可供參照。又合法製作之勘驗筆錄應即有證據能力，而無傳聞法則之適用，實務上亦採取此見解，如謂「倘係法官或檢察官實施之勘驗，且依法製成勘驗筆錄者，該勘驗筆錄本身即取得證據能力，不因勘驗筆錄非本次審判庭所製作而有異致。」此有最高法院97年度台上字第5061號判決意旨可供參照。

勘驗係專屬於法官、檢察官之權限，故而實務見解認為非屬於法官、檢察官所為之勘驗，如檢察事務官、司法警察、法官助理等人員所製作之勘驗筆錄，不得作為證據，並無證據能力，此有最高法院97年度台上字第1357號、99年度台上字第2036號判決意旨可供參照。

（二）處分

勘驗既係調查證據之方法之一，故法官或檢察官為勘驗時，自得為必要之處分，刑事訴訟法第213條乃規定：「勘驗，得為左列處分：一、履勘犯罪場所或其他與案情有關係之處所。二、檢查身體。三、檢驗屍體。四、解剖屍體。五、檢查與案情有關係之物件。六、其他必要之處分。」惟實務上常見刑事被告於案發後於法院或檢察官履勘犯罪場所所為之犯罪

現場模擬重演，此實務上認為並非當然即可視為係案發當時之實際行為，其性質仍屬被告之自白（陳述）之範疇，故仍應調查其他必要之證據，以察其是否與事實相符，亦即仍須有補強證據以擔保其陳述之真實性，而與一般勘驗不同，此有最高法院94年度台上字第5265號判決意旨可供參照。

（三）實施之方式

1. 到場之權利

又刑事訴訟法第214條第1項規定：「行勘驗時，得命證人、鑑定人到場。」又第2項則規定：「檢察官實施勘驗，如有必要，得通知當事人、代理人或辯護人到場。」另第3項則規定：「前項勘驗之日、時及處所，應預行通知之。但事先陳明不願到場或有急迫情形者，不在此限。」依上開之規定，法官或檢察官實施勘驗時，為使勘驗之進行順利，得命證人或鑑定人到場會同實施勘驗，至於檢察官實施勘驗時，另認為有必要時得通知當事人、代理人或辯護人到場，且到場之期日及處所，不得臨時通知而應預行通知，使當事人、代理人或辯護人得事先準備，惟如當事人、代理人或辯護人已於事先陳明不願到場或有急迫之情形，則不在此限。另審判中法官實施之勘驗，此雖未規定應通知當事人到場，惟其有準用搜索、扣押程序之規定，此另於以下加以論述。

2. 檢查身體

對於身體之檢查亦為實施勘驗處分之方式之一（此與上開鑑定之身體檢查不同），惟因檢查身體對於人之隱私權有所侵害，故有一定之限制規定；故刑事訴訟法第215條第1項規定：「檢查身體，如係對於被告以外之人，以有相當理由可認為於調查犯罪情形有必要者為限，始得為之。」故而對於被告以外之人實施檢查身體之勘驗時，應以「有相當理由」足以認為於調查犯罪情形有必要為其限制，不得濫行為之。又同條第2項規定：「行前項檢查，得傳喚其人到場或指定之其他處所，並準用第七十二條、第七十三條、第一百七十五條及第一百七十八條之規定。」故而行身體檢查之勘驗時，得傳喚其人到場或指定之其他處所，並準用第72條關於口頭傳喚、第73條關於對在監所被告之傳喚、第175條之傳喚證人應使用傳票

及第178條證人經合法傳喚無正當理由不到場得加以拘提及科處罰鍰之相關規定。另同條第3項規定：「檢查婦女身體，應命醫師或婦女行之。」用以保障婦女之隱私權。

3. 檢驗或解剖屍體

對於被告或被告以外之人得檢查身體，惟對於屍體如有勘驗之必要，則應以檢驗或解剖方式為之。其程序刑事訴訟法第216條第1項規定：「檢驗或解剖屍體，應先查明屍體有無錯誤。」第2項規定：「檢驗屍體，應命醫師或檢驗員行之。」第3項則規定：「解剖屍體，應命醫師行之。」

又刑事訴訟法第217條第1項規定：「因檢驗或解剖屍體，得將該屍體或其一部暫行留存，並得開棺及發掘墳墓。」第2項規定：「檢驗或解剖屍體及開棺發掘墳墓，應通知死者之配偶或其他同居或較近之親屬，許其在場。」檢驗或解剖屍體事關死者大體，故而特別規定以避免爭議。

4. 相驗

相驗基本上係勘驗之一種，惟其性質較為特殊故有特別之規定，刑事訴訟法第218條第1項規定：「遇有非病死或可疑為非病死者，該管檢察官應速相驗。」故發生死亡之情形，如屬於非病死或可疑為非病死，檢察官即應儘速進行相驗之程序，其目的在於認定死亡之原因，並判斷有無牽涉犯罪之嫌疑。又同條第2項規定：「前項相驗，檢察官得命檢察事務官會同法醫師、醫師或檢驗員行之。但檢察官認顯無犯罪嫌疑者，得調度司法警察官會同法醫師、醫師或檢驗員行之。」因案件如顯無涉及犯罪嫌疑，則原則上檢察官即無親自參與之必要，以節省有限之偵查犯罪之資源。同條第3項則規定：「依前項規定相驗完畢後，應即將相關之卷證陳報檢察官。檢察官如發現有犯罪嫌疑時，應繼續為必要之勘驗及調查。」

七、相關規定之準用

依刑事訴訟法第219條之規定，實施勘驗時，準用第127條關於搜索軍事秘密處之限制，第132條關於強制力使用不得逾必要程度，第146條及第147條關於夜間搜索或扣押之限制及例外，第148條至第150條關於搜索、

扣押時在場人，第151條關於暫停搜索、扣押時之處分，及第153條關於囑託搜索或扣押等相關規定，此乃因勘驗之實施程序亦可能限制人民之基本權利，具有強制處分之性質，故特別準用上開規定，以維護程序之正當性，並保障人民之權利。

第七節　證據保全

一、意義

係指對於在訴訟程序中預定提出供調查之證據，認為有遭湮滅、偽造、變造、藏匿或礙難使用之虞時，基於發現真實或保障被告防禦及答辯權之需要，得依訴訟程序進行之階段，由告訴人、犯罪嫌疑人、被告或辯護人向檢察官，或由當事人、辯護人向法院提出聲請，使檢察官或法院為一定之保全處分。

二、偵查中之證據保全

（一）聲請之主體

案件如係在檢察官偵查之階段，則證據保全應由告訴人、犯罪嫌疑人、被告或辯護人聲請檢察官為之，此刑事訴訟法第219條之1第1項規定：「告訴人、犯罪嫌疑人、被告或辯護人於證據有湮滅、偽造、變造、隱匿或礙難使用之虞時，偵查中得聲請檢察官為搜索、扣押、鑑定、勘驗、訊問證人或其他必要之保全處分。」故案件在偵查中，無論係告訴人或犯罪嫌疑人、被告及其辯護人均有聲請證據保全之權利。

（二）聲請之對象

偵查中聲請證據保全之管轄機關，依刑事訴訟法第219條之3之規定，原則上為進行案件偵查之該管檢察官，但案件如尚未移送或報告檢察官者，則應向進行調查之司法警察官或司法警察所屬機關所在地之地方檢察

署檢察官聲請。易言之，偵查中有關證據之保全，其聲請均應向檢察官為之，不得直接向司法警察機關為之，此乃因我國刑事訴訟法偵查之主體乃係檢察官，而非司法警察（官），司法警察（官）僅係偵查之輔助機關而已。

（三）聲請之要件

偵查中聲請證據保全須認為證據有湮滅、偽造、變造、隱匿或礙難使用之虞時，始得聲請檢察官為證據保全之處分，此觀之上開刑事訴訟法第219條之1第1項之規定甚明，故如證據並無遭湮滅、偽造、變造、隱匿或礙難使用之虞時，則非在得聲請證據保全之列。所謂證據有湮滅、偽造、變造、隱匿或礙難使用之虞者，例如：保存有一定期限之電訊通聯紀錄、證人身罹重病恐將死亡或即將遠行久居國外、證物不易保存有腐敗、滅失之可能、避免醫院之病歷遭竄改、確定人身受傷之程度、原因或違法濫墾山坡地、於水利地違法傾倒垃圾及不動產遭竊占之範圍等均屬之。

（四）聲請之程式

有關聲請證據保全之程式，刑事訴訟法第219條之5第1項規定：「聲請保全證據，應以書狀為之。」且第2項規定：「聲請保全證據書狀，應記載下列事項：一、案情概要。二、應保全之證據及保全方法。三、依該證據應證之事實。四、應保全證據之理由。」第3項則規定：「前項第四款之理由，應釋明之。」

（五）聲請之處理

刑事訴訟法第219條之1第2項規定：「檢察官受理前項聲請，除認其為不合法或無理由予以駁回者外，應於五日內為保全處分。」故而偵查中聲請證據之保全，應向檢察官為之，而檢察官於接受上開聲請後，應於五日內為保全處分，蓋偵查中證據保全通常有時效性，故規定五日內應為處理。又同條第3項則規定：「檢察官駁回前項聲請或未於前項期間內為保全處分者，聲請人得逕向該管法院聲請保全證據。」故於偵查中聲請保全證據如檢察官駁回或不予處理，則聲請人得逕向法院聲請證據保全以為救

濟。

又刑事訴訟法第219條之2第1項規定：「法院對於前條第三項之聲請，於裁定前應徵詢檢察官之意見，認為不合法律上之程式或法律上不應准許或無理由者，應以裁定駁回之。但其不合法律上之程式可以補正者，應定期間先命補正。」第2項規定：「法院認為聲請有理由者，應為准許保全證據之裁定。」第3項則規定：「前二項裁定，不得抗告。」法院受理上開證據保全之聲請後，應於裁定前先徵詢檢察官之意見，此乃因偵查中檢察官對於犯罪相關之證據蒐集及偵查之進展知之較詳，且參之檢察官負有對被告有利之處應一併注意之客觀義務，故法院於判斷保全證據之聲請是否合法及有無理由之前，自有斟酌檢察官意見之必要；法院於徵詢並斟酌檢察官之意見後，其認為聲請不合法律上之程式或法律上不應准許（例如無聲請權人之聲請）或無理由者，應以裁定駁回之，但其不合法律上之程式可以補正者，應定期間先命補正；如法院認為聲請有理由者，則應為准許保全證據之裁定；而依法院所為之上開駁回或准許之裁定，均不得抗告，以便掌握偵查之時效，並使證據保全之法律效果儘速確定而設。

（六）在場權

刑事訴訟法第219條之6第1項規定：「告訴人、犯罪嫌疑人、被告、辯護人或代理人於偵查中，除有妨害證據保全之虞者外，對於其聲請保全之證據，得於實施保全證據時在場。」故告訴人、犯罪嫌疑人、被告、辯護人聲請保全證據經檢察官為保全之處分或經法院為准許保全證據之裁定時，其本人或其代理人得於保全證據時在場，除有妨害證據保全之虞者外，不得剝奪其在場之權利。又同條第2項規定：「保全證據之日、時及處所，應通知前項得在場之人。但有急迫情形致不能及時通知，或犯罪嫌疑人、被告受拘禁中者，不在此限。」故實施保全證據之日、時及處所，原則上應事先通知前項所述得在場之人，以確保其等在場之權利，惟例外如有急迫性致不能及時通知或犯罪嫌疑人、被告受拘禁中者，則不在此限。

三、審判中之證據保全

（一）聲請之主體

　　至於案件如已經起訴而在法院審判中，則其有關保全證據相關事宜，刑事訴訟法第219條之4第1項規定：「案件於第一審法院審判中，被告或辯護人認爲證據有保全之必要者，得在第一次審判期日前，聲請法院或受命法官爲保全證據處分。遇有急迫情形時，亦得向受訊問人住居地或證物所在地之地方法院聲請之。」另第2項之規定：「檢察官或自訴人於起訴後，第一次審判期日前，認有保全證據之必要者，亦同。」故而審判中之保全證據之聲請，其聲請權人爲被告或辯護人及檢察官或自訴人，此與偵查中之規定不同。蓋案件已經進入法院之審理階段，此時檢察官或自訴人與被告處於對等之角色，故聲請證據保全，自應向法院爲之，且與偵查中不同者，而此時告訴人僅係處於公訴檢察官之輔助角色，故不得聲請證據之保全，惟其得向檢察官請求爲證據保全之聲請乃當然之理。

（二）聲請之對象

　　審判中聲請保全證據之對象，依上開刑事訴訟法第219條之4第1項之規定，應向法院或受命法官爲之，惟如遇有急迫情形時，亦得向受訊問人住居地或證物所在地之地方法院聲請之。

（三）聲請之要件

　　審判中聲請證據之保全，依上開所述刑事訴訟法第219條之4第1項之規定，僅被告或辯護人認爲證據有保全之必要者，即得爲之，而依同條第2項之規定，檢察官或自訴人亦認有保全證據之必要者即可爲之。

（四）聲請期日之限制

　　審判中之案件聲請證據保全應於第一次審判期日前爲之，此刑事訴訟法第219條之4第1項、第2項均有明文規定，此乃因第一次審判期日開始後，如聲請人仍認爲有保全證據之必要者，則得於審判期日之中聲請法院

調查證據爲已足，故認已無必要再賦予證據保全之聲請權。

（五）聲請之程式

審判中聲請保全證據之程式並未有特別不同之規定，故與上開所述偵查中之情形相同，於此不再贅述。

（六）聲請之處理

依刑事訴訟法第219條之4第3項之規定：「第二百七十九條第二項之規定，於受命法官爲保全證據處分之情形準用之。」此乃因審判期日前之證據保全固爲防止證據滅失或發生難以使用情形之緊急處分，惟其本質上仍具有於準備程序蒐集證據之性質，爲有助於審判之進行，故於受命法官爲保全證據處分之情形準用之。

又刑事訴訟法第219條之4第4項規定：「法院認爲保全證據之聲請不合法律上之程式或法律上不應准許或無理由者，應即以裁定駁回之。但其不合法律上之程式可以補正者，應定期間先命補正。」第5項規定：「法院或受命法官認爲聲請有理由者，應爲准許保全證據之裁定。」故而法院受理保全證據之聲請，認爲聲請不合法律上程式（如聲請之書狀不合法定程式或聲請人不適格）或法律上不應准許（如聲請保全證據要求限制證人住居或出境，於法無據）或無理由（如不具保全證據之必要性或急迫性）者，應即以裁定駁回之，但其不合法律上之程式可以補正（如聲請之書狀不合法定程式）者，應定期間先命補正；如法院或受命法官認爲保全證據之聲請爲有理由時，應以裁定准許之。又同條第6項則規定：「前二項裁定，不得抗告。」關於法院或受命法官對於審判中證據保全之聲請所爲之相關裁定，其性質上均屬訴訟程序之裁定，爲求相關之法律效果儘速確定，並以避免拖延訴訟程序之進行，故均不許提出抗告。

四、證據保全之實施方式

　　證據保全其實施之方式並無一定，端視證據保全之必要性及所欲保全證據之特性而定，惟具體之方法不外搜索、扣押、鑑定、勘驗、訊問證人或其他必要之處分[39]。

---

[39] 證據保全相關之搜索、扣押、鑑定、勘驗、訊問證人等處分，大多係屬強制處分之型態，其與原來刑事訴訟法關於強制處分之規定究係何關係，係法律獨立之授權，或仍應遵守原來強制處分之相關規定，對此刑事訴訟法證據保全之條文並未明確加以規定，在實務運作上恐產生疑義。

第八章
刑事裁判

一、意義

　　刑事之裁判係指法院（含合議制及獨任制之法院）經判斷事實與法律後，就實體上或程序上所作出對於訴訟當事人或訴訟關係人具有拘束力之決定。惟應注意者，如係合議審判之案件，其審判長或受命法官單獨針對訴訟程序方面之事項所作出之決定，則應稱之為處分而非裁判，例如審判長或受命法官有關證據調查或訴訟指揮之處分即屬之，又或受命法官於訊問被告後單獨決定羈押（即非經合議庭評議後決定），亦屬處分而非裁定。另如係檢察官所為之決定，則非屬法院之決定一概不得稱之為裁判，而稱之為處分者，例如不起訴處分或緩起訴處分，檢察官之決定亦有稱之為命令者，如發還之命令。

二、裁判之種類

　　裁判依其性質之不同而有不同之分類方式，以下即分別加以論述之。

（一）裁定與判決

　　裁判係裁定及判決之合稱，故裁判可分為裁定及判決二種，除此之外尚有所謂之處分，處分事實上亦屬法院所為之具有拘束力之命令，其性質上應屬接近於裁定。

1. 判決

　　刑事訴訟法第220條規定：「裁判，除依本法應以判決行之者外，以裁定行之。」故原則上法院所作之決定，如有明文規定應以判決為之者，即應以判決之名義為之，不得以裁定為之。通常而言重要之終局決定，均係以判決之形式為之，例如刑事訴訟法第299條之有罪科刑之判決、第301

條無罪之判決、第302條免訴之判決、第303條不受理之判決、第304條管轄錯誤之判決等均屬之，另外如第367條第二審法院對於不合法上訴之判決駁回等亦屬之。

而以判決形式爲之之裁判，依刑事訴訟法第221條之規定：「判決，除有特別規定外，應經當事人之言詞辯論爲之。」故而判決基本上採取所謂之言詞辯論主義，而所謂法律有特別規定之例外情形，如刑事訴訟法第307條即規定，第302條免訴之判決、第303條不受理之判決、第304條管轄錯誤之判決，均得不經言詞辯論爲之。

又刑事訴訟法第223條前段規定：「判決應敘述理由……。」此乃因判決之結果影響訴訟當事人或訴訟關係人之權益重大，自當敘明其判決所依據之理由，對於得以提起上訴之判決，當事人亦可據此表明上訴之理由；另依第224條第1項規定：「判決應宣示之。但不經言詞辯論之判決，不在此限。」故而除不經言詞辯論之判決外，一般之判決均應宣示之。又依第225條第1項規定：「宣示判決，應朗讀主文，說明其意義，並告以理由之要旨。」又第3項則規定：「前二項應宣示之判決或裁定，於宣示之翌日公告之，並通知當事人。」

2. 裁定

如上所述，除有規定以判決行之者外，法院所作之決定原則上以裁定之名義行之即可，依刑事訴訟法第222條之規定內容觀之，裁定並無須經過言詞辯論之程序，原則上以書面審理即可，惟第222條第1項規定：「裁定因當庭之聲明而爲之者，應經訴訟關係人之言詞陳述。」第2項則規定：「爲裁定前有必要時，得調查事實。」

裁定原則上多屬於程序之事項，故原則上無須由法院爲之，審判長、受命法官或受託法官均得爲裁定；例外於法律特別規定時始須以法院之名義爲之，例如刑事訴訟法第21條、第24條所規定對於聲請法官迴避之裁定，第121條關於撤銷羈押及停止羈押之裁定，第142條關於發還扣押物之裁定，第178條第2項、第193條、第197條對於證人、鑑定人科處罰鍰之裁定，第362條、第384條有關原審對於不合法上訴駁回之裁定，第411條至第413條關於抗告所爲之裁定，第433條至第435條就再審之聲請所爲之裁定等等均屬之。

另依刑事訴訟法第223條後段規定：「……得爲抗告或駁回聲明之裁

定亦同（即應敘述理由）。」又第224條第2項規定：「裁定以當庭所為者為限，應宣示之。」又第225條第2項則規定：「宣示裁定，應告以裁定之意旨；其敘述理由者，並告以理由。」又第3項規定：「前二項應宣示之判決或裁定，於宣示之翌日公告之，並通知當事人。」

3. 處分

　　法院具有拘束力之決定除裁判外尚有所謂之處分，法院之處分，刑事訴訟法並未於第220條後特別加以規定，而係分別散見於各處之條文中，通常而言如係合議之案件，必由合議庭所為之決定始得稱之為裁定，如係由受命法官或審判長單獨一人所為之決定，均屬處分之性質，惟有時法院命作為或不作為之命令亦稱之為處分，故裁定與處分有時難以區分，一般而言視刑事訴訟法條文之規定，例如刑事訴訟法第14條規定之無管轄權法院之必要處分，第22條之急速處分，第213條勘驗時之處分，第274條審判期日前證物調取之處分，第275條命提出證據之處分，第288條之3第1項關於審判長或受命法官有關證據調查或訴訟指揮之處分，另外審判長、受命法官、受託法官或檢察官所為關於羈押、具保、責付、限制住居、搜索、扣押或扣押物發還等處分。

（二）終局裁判與非終局裁判

1. 終局裁判

　　終局裁判係指以終結該審級之訴訟程序為目的所作之裁判，原則上多以判決之形式為之，例如有罪判決、無罪判決、免訴判決及不受理判決等等均是，然亦有可能以裁定，例如案件經不起訴處分後，再提起自訴，則得以裁定駁回之。

2. 非終局裁判

　　非終局裁判係指非以終結該審級之訴訟程序為目的所作之裁判，通常為終局前之中間裁判，例如延長羈押之裁定、指定管轄之裁定；亦有可能係終局後之裁判，例如判決確定後在執行之前，如當事人對於有罪裁判之文義有疑義者，得向諭知該裁判之法院聲明疑義，此時法院即應依刑事訴

訟法第486條之規定加以裁定。

（三）本案裁判與非本案裁判

1. 本案裁判

本案裁判係指藉以確定刑罰權存在與否之裁判，此類裁判有實質及形式上之確定力，故有一事不再理原則之適用，例如有罪判決、無罪判決、免刑判決、免訴判決等等均是。

2. 非本案裁判

非本案裁判係指非確定刑罰權存在與否之裁判，故其僅有形式確定力，且亦無一事不再理原則之適用，例如不受理判決、管轄錯誤判決等等均是。

（四）實體裁判與形式裁判

1. 實體裁判

實體裁判係指就案件有關於實體法之事項所為之裁判，亦即針對起訴之犯罪事實存在與否之判斷及刑罰權之確定等所為之裁判，例如有罪判決（包括科刑及免刑之判決）、無罪判決、撤銷緩刑宣告之裁定、定應執行刑之裁定等均屬之。

2. 形式裁判

形式裁判係指就案件關於訴訟法之事項所為之裁判，故又稱之為程序裁判，例如免訴判決、不受理判決、管轄錯誤判決、羈押之裁定、科證人罰鍰之裁定等等均是。

大致上而言，實體裁判屬於本案裁判，而形式裁判則屬於非本案裁判，惟有例外者，例如免訴之判決其在性質上屬於形式之裁判，其具有本案裁判之效力，而屬於本案裁判之一種[1]。

---

[1]　此為國內大多數刑事訴訟法學者所認同。見林山田著，刑事程序法，2004年9月，頁492；林永謀著，刑事訴訟法釋論（上冊），2006年10月，頁487；張麗卿著，刑事訴

三、裁判之製作、交付、送達及更正

（一）裁判之製作及交付

　　刑事訴訟法第226條第1項規定：「裁判應制作裁判書者，應於裁判宣示後，當日將原本交付書記官。但於辯論終結之期日宣示判決者，應於五日內交付之。」第2項則規定：「書記官應於裁判原本記明接受之年、月、日並簽名。」此為刑事訴訟法有關法官製作刑事裁判書及交付書記官之規定。

（二）裁判之送達

　　又刑事訴訟法第227條第1項規定：「裁判制作裁判書者，除有特別規定外，應以正本送達於當事人、代理人、辯護人及其他受裁判之人。」第2項則規定：「前項送達，自接受裁判原本之日起，至遲不得逾七日。」此為刑事訴訟法有關送達之規定，惟違反此規定對於裁判原本之效力並不生影響，故而為訓示規定。

（三）裁判之更正

　　法官製作裁判書類其在文字上難免發生有誤寫、誤算等情形，而書記官接受裁判之原本後製作正本亦難免錯誤，故而刑事訴訟法新增有關裁判書更正之規定，依刑事訴訟法第227條之1第1項之規定：「裁判如有誤寫、誤算或其他類此之顯然錯誤或其正本與原本不符，而於全案情節與裁判本旨無影響者，法院得依聲請或依職權以裁定更正。」應注意者，依此規定裁定更正者，原本部分限於「誤寫、誤算或其他類此之顯然錯誤」而與案件情節或裁判之本旨不生影響，如果錯誤之內容係有關於案件之情節（犯罪事實之內容認定錯誤）或與裁判本旨即裁判原先之本意有所出入，則已非此更正裁判之問題，而應上訴尋求救濟。另同條第2項則規定：「前項更正之裁定，附記於裁判原本及正本；如正本已經送達，不能附記者，應製作該更正裁定之正本送達。」第3項復規定：「對於更正或駁回

　　訟法理論與運用，2001年8月，頁347；褚劍鴻著，刑事訴訟法論（上冊），2001年9月，頁344；黃朝義著，刑事訴訟法，2006年9月，頁529。

更正聲請之裁定,得爲抗告。但裁判於合法上訴或抗告中,或另有特別規定者,不在此限。」蓋更正裁判或駁回更正聲請之裁定,可能影響當事人之權益,故而特別規定得爲抗告,以求救濟,但如案件業經合法提起上訴或抗告,則於上訴或抗告之程序中即可救濟,無須另外賦予當事人單獨就更正或駁回更正聲請之裁定尋求救濟之權利,故而規定但書如上。

四、裁判之成立

　　係指裁判在法院內部已經形成而確立,惟對外尚未發生效力之情形而言,通常以法院即裁判者意思決定之時即爲裁判成立之時點,例如在獨任之案件於獨任法官決定之時作爲成立之時點,合議之案件則於所有合議之法官評議定案之時作爲成立之時點。故裁判之成立與否,與裁判書類是否製作完成無關,故裁判書類之製作,其意義在於以書面之方式闡明裁判之主文及理由,並以之送達予訴訟之當事人或關係人

五、裁判之生效

(一) 生效之時點

　　裁判生效之時點通常以裁判對外爲意思表示之時爲其基準[2],此種意思表示稱之爲諭知,此時裁判者之意思表示已處於一般人得以認識之狀態,惟實際上是否已有認識則非所問。以下即分爲判決及裁定之生效加以說明。

1. 判決

　　如上所述,依刑事訴訟法第224條第1項之規定,經言詞辯論之案件,判決應宣示之,此時判決係以口頭宣示之方式爲之,則應係即時發生效力,至於未經言詞辯論之案件,亦得以口頭宣示之方式爲之,判決亦於宣示時即對外發生效力,亦即判決即生效。惟如未經言詞辯論之判決且未經口頭宣示者,則應嗣其書面合法送達後始對外發生效力,亦即此時判決始

2　裁判之生效又有認爲此即裁判之外部成立之時點,而與一般所稱之裁判之內部成立作爲區分,見林永謀著,刑事訴訟法釋論(上冊),2006年10月,頁457。

生效。惟應注意者，上訴期間之計算以送達生效爲準，並非以判決之宣示時間爲準，故即使以口頭宣示之判決，仍須要經過送達之程序，俾便於計算上訴之期間。

2. 裁定

又如上所述，依刑事訴訟法第224條第2項之規定，裁定如係當庭所爲者，應宣示之，此時裁定之生效與判決相同，經口頭宣示即時發生效力，至於非當庭所爲亦得口頭宣示，此時裁定既經宣示亦對外發生效力，亦即裁定即生效。惟非當庭所爲之裁定，又未經口頭宣示者，則其在書面合法送達後始發生效力。

（二）生效之效力

1. 羈束力

裁判經宣示或送達而生效，已如上述，此時裁判雖尚未確定，惟仍產生一定之法律上效果，此即爲羈束力，亦稱之爲裁判之「自縛性」，亦即除法律有特別規定外（如依刑事訴訟法第408條第2項前段，原審法院認爲抗告有理由者，應更正其裁定），法院不得自行撤銷或更正原裁判之內容，如發現錯誤應透過審級制度加以救濟。實務上亦認爲法院所爲之裁判，須對外表示，始發生羈束力，如僅製作裁判書，並未依法定之宣示或送達程序，對外表示，則實際不過一種裁判文稿，並無羈束力之可言，此有最高法院85年度台抗字第284號裁定意旨可供參照。

2. 執行力（限於裁定）

除羈束力外，如係裁定則尚有執行力之法律效果，蓋裁定不待確定即可執行，此觀之刑事訴訟法第409條第1項前段規定抗告無停止執行裁判之效力即可知，故裁定於生效後即產生執行力。

六、裁判之確定

（一）確定之時點

　　裁判於成立及生效之後，尚有確定之問題，關於裁判確定之時點可分為不得聲明不服及得聲明不服之裁判。得聲明不服之裁判，於裁判發生效力之時即同時確定；至於不得聲明不服之裁判，則原則上係於聲明不服（包括上訴或抗告）期間屆滿未經聲明不服時確定，若經捨棄不服之權利（即捨棄上訴權或抗告權）或撤回不服之聲明（即撤回上訴或抗告）則於裁判於捨棄或撤回時確定。

（二）裁判確定之效力

　　裁判於確定後即產生一定之法律上效力，此即裁判之確定力，又可分為形式之確定力及實質之確定力二種，其中實質之確定力又包括既判力、拘束力及執行力三種[3]，以下分別論述之：

1. 形式確定力

　　裁判之形式確定力係指裁判一經確定後，即有消滅訴訟繫屬之效果，在程序上已不得依通常救濟程序再聲明不服而言。故無論係有罪判決、無罪判決、免訴判決或不受理判決等，只要一經確定，非僅脫離特定審級，而係訴訟關係完全消滅，亦即訴訟關係不復存在於任何特定之法院，此即不得再行聲明不服之效力[4]。

　　茲有關於裁判之形式確定力有問題者乃合法之上訴經上訴審法院誤為

---

[3]　又論者係將裁判之效力分為確定力、羈束力及執行力三種。見朱石炎著，刑事訴訟法論，頁254-260。另亦有學者將裁判之效力分為拘束力、確定力（含形式確定力及實質確定力）、執行力及證明力。見黃朝義著，刑事訴訟法，頁533-538。另有論者將裁判之確定力分為形式確定力、內容確定力（含對內之執行力及對外之拘束力）及既判力，見林永謀，刑事訴訟法釋論（上冊），頁472-478。

[4]　學者間亦有稱之為裁判之不可撤銷性，即所謂之終結作用。見林鈺雄著，刑事訴訟法（上冊），2007年9月，頁615。亦有學者認為形式確定力屬於相對之確定力，因並非所有訴訟主體者同時具有形式確定力，如判決宣示後，被告捨棄上訴，則效力僅及於被告本身，對於檢察官而言，其仍得於上訴期間內提起上訴，故對於檢察官而言尚未產生形式確定力。見林山田著，刑事程序法，頁446。

不合法之上訴，而從程序上判決駁回以至於判決確定者，此時有無形式上之確定力，應以何方法加以救濟。對此實務見解原有最高法院25年上字第3231號判例認為，此種程序上之判決，本不發生實質之確定力，第二審法院自應仍就第一審檢察官之合法上訴，進而為實體上之裁判；惟此判例之見解經司法院大法官會議釋字第271號解釋認為：「刑事訴訟程序中不利益於被告之合法上訴，上訴法院誤為不合法，而從程序上為駁回上訴之判決確定者，其判決固屬重大違背法令，惟既具有判決之形式，仍應先依非常上訴程序將該確定判決撤銷後，始得回復原訴訟程序，就合法上訴部分進行審判。」易言之，大法官會議認為此種不合法之判決仍具有形式之確定力；惟對此實務上又認為此一解釋之範圍僅限於對於被告不利益之上訴，若係對於被告有利之上訴，則不在此限，故依最高法院80年度第5次刑事庭會議之決議，仍適用上開最高法院25年上字第3231號判例之見解；如「上訴人於法定期間內具狀提起上訴，雖未敘述上訴理由，但在本院判決以前，已向原審法院補具上訴理由書狀，因原審法院漏未檢送前來，致本院為判決時遂認其上訴為違背法律上之程式，予以駁回，此項程序上之判決，本不生實質的確定力，該上訴人之合法上訴，並不因而失效[5]。」此有最高法院53年台上字第1220號判例意旨可供參照；易言之，依上開決議及判例之見解，如係有利於被告之合法上訴經誤為不合法判決駁回，其判決不惟不生實質確定力，且並不具有形式之確定力，故合法上訴仍然存在，所得續行訴訟程序。

2. 實質確定力

所謂實質確定力之內涵可分為三項，第一項為既判力（亦即一事不再理原則）；第二項為判決之拘束力；第三項為判決之執行力，以下分別論述之：

(1) 既判力（即一事不再理原則）

裁判之實質確定力之效果之一，乃係案件中刑罰之實體法律關係因裁

---

[5]　實務上將此種誤為不合法上訴而從程序駁回之情形，分為上訴有利於被告或不利於被告所作不同之區分，認為不利於被告之上訴，則駁回上訴之判決即具有實質之確定力，應先經由非常上訴撤銷後，始得回復原訴訟程序，而有利於被告之上訴則否，其理論不一貫，且區分之理由何在，實令人費解。

判之意思表示而獲得確認，刑事訴訟之目的已完成，基於裁判內容對於被告產生之法律效力，保障被告不受再度之刑事追訴，就此實務上多以判決之「既判力」稱之[6]。

　　應注意者，有實質確定力之既判力之判決限於針對刑罰權之存在與否及其範圍所作之實體判決，如係因欠缺訴訟條件之程序上之事項而終結之判決，並無實質確定力可言，故有罪判決、無罪判決均有實質確定力之既判力存在，至於不受理判決或管轄錯誤之判決則無實質確定力之既判力可言，此有最高法院22年上字第2514號判例意旨可供參照。惟在此產生問題者乃免訴判決究竟是否具備無實質確定力之既判力，一般而言，免訴判決係屬於形式判決之一種，惟其性質上仍屬於實體刑罰權喪失之裁判，故具有本案判決之實質確定力，惟就此實務上並未有明確之見解。

　　在判斷判決之實質確定力之既判力時，有其關於人、時點及事務之效力範圍限制，以下即分別加以論述：

①人之效力（主觀效力）

　　確定判決之既判力關於人之效力（即主觀效力）部分，係指確定判決之效力僅及於確定判決所指之被告本身而言，不及於其他之人，縱係共同參與犯罪之共同正犯或教唆犯、幫助犯等亦同。又有問題者乃在冒名頂替以接受審判之情形，此時仍應以實際到庭接受審判之人為準，亦即確定判決之既判力係及於該名到庭接受審判之被告，而非被冒名頂替之人。

②事之效力（客觀效力）

　　判決之既判力如以判決本身就事之範圍（即客觀效力）而言，實務見解認為係以是否屬於同一案件為其判斷之標準，如屬同一案件，即屬於判決實質確定力之既判力之範圍，如「一事不再理之原則，係指同一案件曾經有實體上之確定判決，其犯罪之起訴權業已消滅，不得再為訴訟之客體者而言。故此項原則，必須同一訴訟客體，即被告及犯罪事實，均屬同一時，始能適用，假使被告或犯罪事實有一不符，即非前案之判決效力所能拘束，自無一事再理之可言。」此有最高法院22年上字第152號判例意旨可供參照，此外最高法院94年度台上字第3150號判決意旨亦同此見解可資參照。

6　大陸法系多以既判力稱之，而在英美法法系多稱之「禁止雙重危險」（double jeopardy）原則之適用，同為法律基本原則「一事不再理原則」之內涵。

又此一原則關於實質上一罪或裁判上一罪之情形均有其適用，故實質上一罪或裁判上一罪之部分犯罪行為經判決有罪確定，其既判力之效力及於全部，此有最高法院49年台非字第20號、50年台非字第108號等判例之意旨均可供參照。又被告因傷害致人於死，如其傷害部分前經判決有罪確定，則被害人因傷害致死部分，即係屬同一事實之範圍內，自不得就此部分再重新受理而進行審判，此亦有最高法院30年上字第2747號判例意旨可供參照。

③時之效力

確定判決之既判力有關時之效力，自然並非無限擴張，依據實務見解認為，以最後審理事實法院之宣示判決日為時判斷之標準，如「確定判決之既判力，亦自應及於全部之犯罪事實，若在最後審理事實法院宣示判決後，始行發生之事實，既非該法院所得審判，即為該案判決之既判力所不能及。」此有最高法院32年上字第2578號判例意旨可供參照；又如「若在最後審理事實法院宣示判決後始行發生之事實，既非該法院所得審判，既為該案判決之既判力所不能及，是既判力對於時間效力之範圍應以最後審理事實法院之宣示判決日為判斷之標準。」此亦有最高法院82年度台非字第321號判決意旨可供參照，此外尚有最高法院84年度台上字第424號、84年度台非字第265號、85年度台非字第326號、95年度台上字第4040號判決均採取此一見解；而參之最高法院82年度第4次刑事庭會議決議（一）亦採相同之認定標準。

另有問題者，乃如判決未經宣示者，則應以何時作為判決實質確定力之時點，例如刑事簡易案件之第一審判決，通常未經言詞辯論及宣示判決，此時應以何時作為判決確定力之時點。對此目前之實務見解認為應以判決送達於各當事人之時為準，如「若第一審之確定判決，因未經言詞辯論，而未宣示及對外公告，即應以其正本最先送達於當事人之時，對外發生效力，而以之為該確定判決既判力範圍之時點。」此有最高法院95年度台非字第99號判決意旨可供參照。故依目前實務之見解，刑事簡易程序之第一審簡易判決確定力之時點，應以簡易判決合法送達於各當事人時為其基準。

又有應注意者，判決之既判力以判決之主文為限，至於判決之理由，並非判決既判力所及之範圍，故在判決確定後，相關之案件，就犯罪事實可作不同之認定。此一見解為實務所肯認，如「原判決理由之說明，縱

使涉及其他犯罪事實之認定，因非檢察官或自訴人擇為訴訟客體之社會事實關係，自難認具有判決之實質確定力。」此有最高法院94年度台上字第1783號判決意旨可供參照。例如甲涉嫌竊盜，而乙涉嫌自甲處收受贓物，二人分別經起訴普通竊盜及收受贓物罪，如前案判決甲竊盜無罪確定，則在後案仍可認為甲有竊盜之犯行，而乙收受贓物屬實，而判決乙收受贓物部分有罪。

　　除判決之外，裁定是否亦有實質之確定力，對此實務之見解向來持肯定說，認為「對於已判決確定之各罪，已經裁定其應執行之刑者，如又重複裁定其應執行之刑，自係違反一事不再理之原則，即屬違背法令，對於後裁定，得提起非常上訴。」此有最高法院68年台非字第50號判例意旨可供參照。又如「撤銷緩刑宣告之裁定，與科刑判決有同等後，認為違法，得提起非常上訴。」此有最高法院44年台非字41號判例意旨可供參照，此外尚有最高法院70年度台非字第60號、71年度台非字第129號、80年度台非字第516號等判決意旨亦採相同見解可供參照。

(2) 拘束力

　　所謂拘束力係指判決確定之後，此判決之效力對於法院而言，自須加以尊重，故對於法院其後之訴訟而言，產生拘束之效力，亦即前訴確定後，對於後訴而言即不得作相反之認定，惟應注意者此效力僅限於判決之主文而言，至於非屬判決主文之理由內所述及之部分則不在此限。

(3) 執行力

　　判決一旦確定後，其產生之實質上確定效力之一即為執行力[7]，所謂執行力乃指對於實體判決確定之刑罰權內容具體加以實現之謂，故此執行力僅限於有罪之科刑判決有之，如非屬於科刑之判決，例如無罪或免訴等判決，則自無判決之執行力之可言。至於裁定不待確定即有執行力，已如上述，故亦無此執行力之問題。

---

[7] 部分學者認為，執行力係屬於裁判之形式確定力而產生之執行效果。見林山田著，刑事程序法，頁446。

七、無效之裁判

　　所謂無效之裁判係指雖具有裁判之形式，惟並不具有裁判之實質效力，此種不具備實質效力之裁判，一般而言包括下列各項情形在內：雙重判決即對於同一案件重複為判決、對於不得上訴之案件誤為撤銷發回之判決，及發回後所為之更審判決、案件未經合法上訴時上訴審所為之判決、案經撤回起訴或上訴後所為之判決、原法院自行撤銷原判決另為判決、對於無審判權之被告誤為無審判權而不受理以外之判決、對於死亡之被告誤為死亡而不受理以外之判決等等情形均屬之。

　　上述各種情形之判決，依目前實務之見解認為係無效之裁判，而無效之裁判係屬於當然無效，亦即自始即不發生裁判之效力，如「刑事審判採訴訟主義，必以訴訟之存在為前提，始得為審判；如訴訟關係已經消滅，其所為判決，即屬違法無效。又案件經判決確定者，其訴訟關係自已消滅，法院如再行判決，即屬雙重判決，依上揭說明，當然無效。」此有最高法院89年度台非字第218號判決意旨可供參照。

　　惟應注意者乃無效之裁判雖屬當然無效，惟因其仍具有裁判之形式，因而仍然具有形式上之確定力，故對於無效之裁判不得放任其繼續存在，仍應加以處理。因此依目前實務上之見解乃認為無效之裁判在未確定前得以上訴或抗告之方式加以救濟，惟若其已確定後，則應依非常上訴之程序加以救濟，直接撤銷原判決，並視有無必要而加以改判。如「就業經起訴或自訴之案件，已為實體上之判決，原有審級之訴訟關係即歸消滅，雖未再重行起訴或自訴，同一審級法院竟再為另一實體上之判決者，學理上稱之為雙重判決，就一訴而重複判決部分，即屬判決違背法令，當然不生實質上之判決效力，惟因既具有判決之形式，若經確定，自得提起非常上訴，由非常上訴審以判決將原屬無效之重複判決撤銷，且毋庸另行判決，即具有改判之性質，其效力及於被告。」此有最高法院89年度台非字第246號判決意旨可供參照。

第二部分

各　論

第一章
偵　查

第一節　概述

　　為實現國家具體之刑罰權，職司犯罪偵查之機關，在有可疑似為犯罪之行為出現時，即有必要確認是否確實有特定犯罪事實之存在以及特定犯罪之行為人，此種偵查機關為認定特定犯罪事實之存在與否及特定犯罪行為人之必要，而實施之各種執行法律之行為，即稱之為偵查[1]。

　　因而所謂偵查即係國家追訴犯罪所必要進行之手段，亦係檢察機關對於被告提起公訴之前必經之階段，其作用主要在於蒐集及過濾犯罪相關之證據，並依據此等相關證據判斷後，作為偵查機關提起公訴、不起訴或其他各種處分之依據。

　　目前我國刑事訴訟制度採所謂改良式當事人進行主義，強化在審判之階段當事人間對等之地位，且在偵查之階段檢察官已不再有搜索、羈押、監聽等對於被告或犯罪嫌疑人之強制處分權，然而被告或犯罪嫌疑人於偵查中之防禦權仍相當有限，於偵查之階段仍係以糾問之態樣為基本之構造，此實乃偵查之本質使然。

第二節　偵查之機關

一、主體機關

　　依目前我國刑事訴訟法之規定體制，偵查之主體機關乃檢察機關即各

---

[1] 有學者認為被告為有利本身之防禦，及自訴人為進行自訴之程序，有可能進行證據之蒐集，故被告與自訴人在實際上亦可能有相同於偵查之行為，而理論其等亦可能為偵查之主體。見黃東熊著，刑事訴訟法論，1999年3月，頁143。

級檢察署之檢察官，此觀之刑事訴訟法第228條第1項規定，檢察官因告訴等情事知有犯罪嫌疑，應即開始偵查之規定可知。另調度司法警察條例第1條亦規定，檢察官因辦理偵查執行事件，有指揮司法警察官、命令司法警察之權，亦足以證之。

目前之檢察官於編制上均隸屬於各級檢察署，而各級檢察署之配置依法院組織法第58條之規定，各級法院及分院各配置檢察署，故檢察署係依法院之編制而設置相對應之檢察機關以利進行犯罪追訴、審判（檢察官須到庭執行公訴）及執行等職務。

又依法院組織法第66條之2之規定，各級檢察署及其檢察分署設檢察事務官室，置檢察事務官；而檢察事務官處理事務依同法第66條之3之規定，係受檢察官之指揮，處理包括實施搜索、扣押、勘驗或執行拘提，詢問告訴人、告發人、被告、證人或鑑定人，以及襄助檢察官執行法定職權，檢察事務官處理前項前二款事務，視為刑事訴訟法第231條第1項所稱之司法警察官。故檢察事務官雖係隸屬檢察署之人員，然其並非偵查之主體，其地位等同司法警察官，偵查之主體仍係檢察官。

二、輔助機關

犯罪有時涉及複雜之人事、龐大之不法組織、精細之設計或專業之知識，故負責偵查犯罪之檢察機關所屬檢察官，須有相當之人力及物力等資源之支援，始足以承擔此一職責，因而在刑事訴訟程序上規定有輔助犯罪偵查之機關，以輔助檢察官偵查犯罪，此即一般所稱之司法警察機關。刑事訴訟法上所稱之司法警察機關之人員又可分為三類，分別為協助檢察官偵查之司法警察官、聽從檢察官指揮之司法警察官及聽從檢察官命令之司法警察，以下分別論述之。

（一）協助檢察官偵查之司法警察官

刑事訴訟法第229條第1項規定：「下列各員，於其管轄區域內為司法警察官，有協助檢察官偵查犯罪之職權：一、警政署署長、警察局局長或警察總隊總隊長。二、憲兵隊長官。三、依法令關於特定事項，得行相當於前二款司法警察官之職權者。」此所稱之憲兵隊長官，依調度司法警察

條例第2條第3款之規定，係指憲兵隊營長以上長官。另所謂其他依法令關於特定事項，得行相當於前述司法警察職權之官員，係指其他有偵查犯罪職權之機關，例如調查局、海岸巡防署等之相當層級官員；其中調查局部分，依法務部調查局組織法第14條第1項、第2項之規定，係指局本部之局長、副局長及薦任職以上人員，及省市調查處處長及薦任職以上人員，至於海岸巡防署部分，則依海岸巡防法第11條第1項之規定，則係指巡防機關主管業務之簡任職、上校、警監、關務監以上之人員。

又刑事訴訟法第229條第2項規定：「前項司法警察官，應將調查之結果，移送該管檢察官；如接受被拘提或逮捕之犯罪嫌疑人，除有特別規定外，應解送該管檢察官。但檢察官命其解送者，應即解送。」又依同條第3項之規定，被告或犯罪嫌疑人未經拘提或逮捕者，不得解送。

（二）聽從檢察官指揮之司法警察官

刑事訴訟法第230條第1項規定：「下列各員為司法警察官，應受檢察官之指揮，偵查犯罪：一、警察官長。二、憲兵隊官長、士官。三、依法令關於特定事項，得行司法警察官之職權者。」此所謂警察官長依調度司法警察條例第3條第1項第1款之規定，係指警察分局長或警察隊長以下官長，而所謂之憲兵隊官長，依同項第2款之規定係指憲兵隊連長以下官長。另外關於調查局、海岸巡防署等機關，其中調查局部分，依法務部調查局組織法第14條第2項之規定，係指縣市調查處處長、調查站主任、工作站主任及薦任職以上人員，至於海岸巡防署部分，則依海岸巡防法第11條第2項之規定，則係指巡防機關主管業務之薦任職、上尉、警正、高級關務員以上人員。

又刑事訴訟法第230條第2項規定：「前項司法警察官知有犯罪嫌疑者，應即開始調查，並將調查之情形報告該管檢察官及前條之司法警察官。」又依第3項規定：「實施前項調查有必要時，得封鎖犯罪現場，並為即時之勘察。」由於刑事訴訟法所規定之勘驗係專屬於法官或檢察官之權限，然有時因調查犯罪之嫌疑具有相當之時效性，故特別規定司法警察官有對於犯罪之現場加以封鎖，並為即時勘察之權限，以免錯失調查犯罪之良機。

（三）聽從檢察官命令之司法警察

刑事訴訟法第231條第1項規定：「下列各員為司法警察，應受檢察官及司法警察官之命令，偵查犯罪：一、警察。二、憲兵。三、依法令關於特定事項，得行司法警察之職權者。」另外關於調查局、海岸巡防署等機關，調查局部分，依法務部調查局組織法第14條第3項之規定，係指本局及所屬機關所有委任職之人員，另海岸巡防署部分，依海岸巡防法第11條第3項之規定，係指巡防機關其他非屬上開所述之司法警察官之人員。

另刑事訴訟法第231條第2項規定：「司法警察知有犯罪嫌疑者，應即開始調查，並將調查之情形報告該管檢察官及司法警察官。」此為有關司法調查及報告之義務規定；另同條第3項則規定：「實施前項調查有必要時，得封鎖犯罪現場，並為即時之勘察。」

三、檢察機關對司法警察機關之節制

檢察機關之檢察官對於司法警察官及司法警察有請求協助犯罪偵查，及指揮命令其進行犯罪偵查之權限，惟實際上因在行政組織之體系上，檢察機關與司法警察機關之間並無上下隸屬關係，如無一定之機制配合，此種基於犯罪偵查之主體機關所為之指揮恐流於形式，而難以收到效果。因而，刑事訴訟法就此設計有檢察機關對於司法警察機關加以節制之機制，此節制之機制包括限期調查及立案審查二項規定。

（一）限期調查

刑事訴訟法第228條第2項規定：「前項偵查，檢察官得限期命檢察事務官、第二百三十條之司法警察官或第二百三十一條之司法警察調查犯罪情形及蒐集證據，並提出報告。必要時，得將相關卷證一併發交。」此即所謂檢察官對於檢察事務官及司法警察官、司法警察之限期調查命令權。檢察官依此規定辦理發交案件時，其指示之內容不宜過於空泛，而應具體指示受發交之機關，應調查之事項及指定調查期限，使接受命令之機關得以針對特定之範圍加以調查。

（二）立案審查

　　刑事訴訟法第231條之1第1項規定：「檢察官對於司法警察官或司法警察移送或報告之案件，認為調查未完備者，得將卷證發回，命其補足，或發交其他司法警察官或司法警察調查。司法警察官或司法警察應於補足或調查後，再行移送或報告。」第2項則規定：「對於前項之補足或調查，檢察官得限定時間。」此項規定係有鑑於部分警察機關移送刑事案件至檢察機關時，其調查之工作並未完備，不止使檢察官須自行進行偵查之動作，且可能貽誤犯罪偵查之時機，故為強化司法警察機關偵查之功能，於民國86年12月19日新修正之刑事訴訟法增加此一規定，一般稱之為檢察官之立案審查權，此亦屬檢察機關對於司法警察機關節制之制度設計之一。

第三節　偵查之開始

　　刑事訴訟程序中有關偵查程序，其開始之原因不一，包括有告訴、告發、自首或其他情事知有犯罪之嫌疑，例如司法警察機關之移送或報告等，另如相驗、閱報資料等均屬之，以下分別論述之。

一、告訴

　　告訴係指犯罪被害人或其他有告訴權之人（即所謂得為告訴之人），向偵查機關（包括主體機關及輔助機關）申告特定之犯罪事實，並請求加以追訴之意思表示。依目前實務上之見解認為，告訴之內容係犯罪之事實，故不以表明告訴之罪名為必要，告訴時只須指明犯罪之事實及表明追訴之意思即為已足，如「告訴乃論之罪，告訴人之告訴，祗須指明所告訴之犯罪事實及表示希望訴追之意思，即為已足。其所訴之罪名是否正確或無遺漏，在所不問。」此有最高法院73年度台上字第5222號判例意旨可供參照，另如最高法院74年度台上字第1281號判例亦同此意旨。

　　告訴係目前實務上犯罪偵查開始最常見之原因之一，茲予以論述如下：

（一）告訴權人

　　對於犯罪行為之告訴並非任何人均得為之，須具有告訴權之人始得為刑事訴訟程序上之告訴，而所謂具有告訴權之人包括：

1. 被害人

　　刑事訴訟法第232條規定：「犯罪之被害人，得為告訴。」故犯罪之被害人即係具有告訴權之人。而實務上認為所謂之「犯罪被害人」係指犯罪之直接被害人而言，如認為「犯罪之被害人得為告訴，所謂被害人，指因犯罪行為直接受害之人而言，至其他因犯罪間接或附帶受害之人，在民事上雖不失有請求賠償損害之權，但既非因犯罪直接受其侵害，即不得認為該條之被害人，因而陳告他人之犯罪事實，請求究辦，亦衹可謂為告發，不得以告訴論。」此有最高法院20年度上字第55號判例意旨可供參照。

　　又是否為犯罪之直接被害人，依實務之見解係以犯罪所侵害之法益加以判斷，如「所謂直接被害人，係指其法益因他人之犯罪而直接受其侵害者而言。」此有最高法院32年非字第68號判例意旨可供參照；又如「被害之是否直接，須以犯罪行為與受侵害之法益有無直接關係為斷，如就同一客體有二以上之法益同時併存時，苟其法益為直接犯罪行為所侵害，則兩法益所屬之權利主體均為直接被害人。」此亦有最高法院42年台非字第18號判例意旨可供參照。

　　依此而論，如侵害之法益係屬個人法益，則該個人得認為係直接被害人，例如侵害財產法益之犯罪，其財產之所有權人及對於該財產有事實上管領之人，均為直接之被害人，此有上開最高法院32年非字第68號、42年台非字第18號判例及92年度台非字第61號、95年度台非字第275號判決均可供參照。而如侵害之法益為國家法益者，則以相關之政府機關為直接被害人，如「侵害國家法益者，該機關有監督權之長官，得代表告訴。」此有最高法院67年台上字第4257號判例意旨可供參照。由此可知，如係單純侵害國家或社會法益則個人即非直接被害人，例如於他人之刑事案件中為證人而犯偽證罪，此時雖足以使事實之判斷發生不正確之結果，致影響司法威信，然個人是否被害，尚須視執行偵審職務之公務員採信其證詞與否，故個人並非偽證之犯罪行為直接或同時受害之人，此有上開最高法院

26年渝上字第893號判例意旨可供參照。

又實務上認為同時同一犯罪行為亦可能同時侵害國家、社會及個人之法益，此時同時被害之個人亦得認為犯罪之直接被害人，例如支票屬於有價證券，偽造之支票不能兌現，固為破壞社會交易之信用，有害社會法益，但亦同時侵害善意取得支票之人，此時執票人自亦係偽造支票犯罪之直接被害人，此有最高法院73年台上字第4817號判例意旨可供參照；又如誣告罪同時使國家司法上之審判權或偵查權妄為開始，又使被誣告之人受有名譽上之損害，被誣告之人自屬誣告犯罪之直接被害人，此亦有最高法院26年渝上字第893號判例意旨可資參照。

又實務見解同時認為，犯罪被害人包括自然人及法人在內，且自然人為告訴人時並無年齡或民法上行為能力之限制，其認為「告訴乃論之罪，刑事訴訟法並無被害人非有行為能力不得告訴之規定，原審以被告所犯為告訴乃論之罪，被害人年僅十六歲，尚未成年，亦未結婚，無訴訟行為能力，認其告訴為無效，殊屬誤會。」此有最高法院26年渝上字第69號判例意旨可供參照。

2. 被害人之法定代理人或配偶

刑事訴訟法第233條第1項規定：「被害人之法定代理人或配偶，得獨立告訴。」因此上開被害人之告訴權與被害人之法定代理人所有之告訴權，係各自獨立存在，故稱之為獨立告訴，被害人或其法定代理人得分別提出告訴，彼此間不生影響，此有最高法院70年台上字第6859號判例意旨可供參照。又被害人之法定代理人及配偶之告訴權既係獨立存在之告訴權，即屬其等於刑事訴訟法上固有之權利，因而並不受被害人意思之拘束。惟是否具有被害人之法定代理人或配偶之身分，應以告訴之時為準，如提出告訴時已喪失被害人之法定代理人或配偶之身分，即無獨立提出告訴之權利[2]。

---

[2]　關於被害人獨立提出告訴之人，除刑事訴訟法有規定外，另應注意兒童及少年福利與權益保障法第112條第2項亦有規定，對於兒童及少年犯罪者，主管機關得獨立告訴，此為刑事訴訟法有關於告訴權人部分之特別規定。

3. 被害人已死亡者，得由其配偶、直系血親、三親等內之旁系血親、二親等內之姻親或家長、家屬

被害人如於犯罪後死亡，則事實上已無法提出告訴，此時刑事訴訟法第233條第2項規定：「被害人已死亡者，得由其配偶、直系血親、三親等內之旁系血親、二親等內之姻親或家長、家屬告訴。但告訴乃論之罪，不得與被害人明示之意思相反。」故而被害人已死亡者，告訴權得由其配偶、直系血親、三親等內之旁系血親、二親等內之姻親或家長、家屬加以繼受而提出告訴，惟上開特定關係人之告訴權既係承繼被害人而來，自應尊重被害人之意思，故本項但書乃規定，如屬告訴乃論之罪，則不得與被害人明示之意思相反，至於非告訴乃論之罪自不在此限。

4. 特定犯罪之專屬告訴權人

刑法上特定之犯罪行為，因侵害者屬於特定個人專屬之法益，故是否告訴應依特定被害人之意願為之，故刑事訴訟法第234條第1項乃規定，「刑法第二百三十條之妨害風化罪，非下列之人不得告訴：一、本人之直系血親尊親屬。二、配偶或其直系血親尊親屬。」第2項規定：「刑法第二百四十條第二項之妨害婚姻及家庭罪，非配偶不得告訴。」第3項則規定：「刑法第二百九十八條之妨害自由罪，被略誘人之直系血親、三親等內之旁系血親、二親等內之姻親或家長、家屬亦得告訴。」第4項則規定：「刑法第三百十二條之妨害名譽及信用罪，已死者之配偶、直系血親、三親等內之旁系血親、二親等內之姻親或家長、家屬得為告訴。」此為特定犯罪之「專屬告訴」之規定。

5. 特定犯罪人之獨立告訴人

被害人之法定代理人有獨立之告訴權業如上述，惟如被害人之法定代理人即係被告本人或與其有特定之關係，此時恐難期待法定代理人行使獨立告訴權，故刑事訴訟法第235條規定：「被害人之法定代理人為被告或該法定代理人之配偶或四親等內之血親、三親等內之姻親或家長、家屬為被告者，被害人之直系血親、三親等內之旁系血親、二親等內之姻親或家長、家屬得獨立告訴。」以資擴大獨立告訴權之範圍，而保障被害人之權益。

6. 代行告訴人

　　刑事訴訟法第236條規定：「告訴乃論之罪，無得為告訴之人或得為告訴之人不能行使告訴權者，該管檢察官得依利害關係人之聲請或依職權指定代行告訴人。」例如被害人於告訴期間內死亡，而無其他得為告訴之人，或其他得為告訴之直系血親欠缺意思能力不能行使告訴權時，即得由檢察官指定代行告訴人。惟應注意者，此項規定僅在於無得為告訴之人或得為告訴之人均不能行使告訴權有其適用，例如被害人因受傷而意識不清無法提出告訴，如其尚有配偶得依上開規定獨立提出告訴，即無本條指定代行告訴人之適用。

　　又依上開所述之規定，告訴乃論之罪始有指定代行告訴人之適用，蓋非告訴乃論之罪本不以合法告訴為訴追條件，故無指定代行告訴人之必要。又於告訴乃論之罪在指定代行告訴人之情況下，上開六個月之告訴期間應由何時起算亦不無疑問，對此實務見解認為應自檢察官指定代行告訴人時起，於六個月內為之，此有最高法院90年度台上字第1113號判決意旨可供參照。

　　又上述之告訴權人其具有之告訴權係公法上之權利，實務見解認為此項權利不得加以捨棄；如「刑事訴訟上之告訴權，性質上屬於人民在公法上之權利，刑事訴訟法既未規定得予捨棄，告訴權人自不得予以捨棄，其縱有捨棄之意思表示，自屬無效。」此有最高法院90年度台非字第16號判決意旨可供參照。

（二）告訴之代理

　　又刑事訴訟法第236條之1第1項規定：「告訴，得委任代理人行之。但檢察官或司法警察官認為必要時，得命本人到場。」故告訴之提出，告訴權人得委任代理人為之，且以書面或言詞之方式提出告訴均無不可，此稱之為告訴之代理，而代理人亦不限具有律師身分者，惟如為瞭解告訴內容或調查事實真相之必要，檢察官或司法警察官亦得命本人到場說明。惟應注意者，實務上認為告訴之委任代理，以犯罪事實已發生，告訴權已確立為前提；如「法律關於告訴之規定，旨在保護被害人之利益，為達此目的，自應許告訴人委託他人以書狀或言詞代為告訴。至於有謂告訴權不能概括委託他人行使云云，係指因犯罪之得為告訴，以犯罪之行為，法益受

有侵害為前提，於法益未受侵害前，本人尚無告訴權之發生，自亦無從委託他人行之。」此有最高法院79年度台非字第98號判決意旨可供參照，因而在犯罪行為尚未發生之前，並無所謂告訴權人委任告訴代理人之問題。

又依刑事訴訟法第236條之1第2項規定：「前項委任應提出委任書狀於檢察官或司法警察官，並準用第二十八條及第三十二條之規定。」告訴人委任代理人，應提出委任書狀於檢察官或司法警察官，並準用第28條及第32條之規定，亦即代理人不得逾三人，且告訴代理人有二人以上者，送達文書應分別為之。其立法理由在於告訴係訴訟行為之一種，為求意思表示明確，必須有所依憑，故此委任書狀之提出，屬要式之規定，因此，告訴如由不具告訴權之他人代理提出，即須遵守委任書狀要式性之要求。惟實務上有問題者為，若告訴代理人於告訴期間內提出告訴，卻無同時檢附委任書狀，逾告訴期間後，方補正委任狀或由具有告訴權之人追認，此補正或追認是否適法？對此目前實務上認為，依刑事訴訟法第273條第6項規定：「起訴或其他訴訟行為，於法律上必備之程式有欠缺而其情形可補正者，法院應定期間，以裁定命其補正。」可見訴訟條件並非完全不可補正，法律規定告訴代理人須提出委任書狀之目的，只係確認其有無受委任為本人提出告訴之意思表示，避免有假冒或濫用他人名義虛偽告訴，而告訴權人有無委託他人代為告訴，仍應求諸於告訴權人真意及其與受託人間是否已就該委任告訴之意思表示達成合意，是關於代理告訴委任書狀之提出，雖屬告訴之形式上必備程式，但究非告訴是否合法之法定要件，自無限制必須於告訴期間內提出之必要，此有最高法院111年度台非字第4號刑事判決意旨可供參照。

（三）告訴之期間

非告訴乃論之罪，因本即不以有合法之告訴存在為訴追之條件，故偵查機關在追訴權時效期間之內，均得依法加以追訴，告訴僅為偵查發動之原因，縱使未經合法告訴，偵查機關知有犯罪之嫌疑亦應主動加以偵查，因而對於非告訴乃論之罪並無限制告訴期間之必要。惟告訴乃論之罪，既以告訴為公訴提起之條件，而其可否追訴，繫乎告訴權人個人之意思，若毫無時間限制，則刑事司法權之發動，勢必因告訴權人任意久懸不決而影響法之安定性，故告訴乃論之罪其告訴應有期間之限制。從而刑事訴訟法

第237條第1項乃規定：「告訴乃論之罪，其告訴應自得為告訴之人知悉犯人之時起，於六個月內為之。」故告訴乃論之罪，其告訴期間為六個月，且此時限屬不變期間，逾此期間，其告訴權即行消滅。

又上開所謂六個月之告訴期間應自得為告訴之人知悉犯人之時開始起算，又所謂知悉犯人，實務上認為須明確知悉犯罪之人之犯罪行為始足當之，如僅係有所懷疑尚未確知，則告訴期間即未開始起算；如「所稱知悉，係指確知犯人之犯罪行為而言，如初意疑其有此犯行，而未得確實證據，及發見確實證據，始行告訴，則不得以告訴人前此之遲疑，未經申告，遂謂告訴為逾越法定期間。」此有最高法院28年上字第919號判例意旨可供參照；又如「所謂之知悉犯人係指得為告訴人之人確知犯人之犯罪行為而言，以其主觀為標準，且其知悉必須達於確信之程度，故若事涉曖昧，雖有懷疑未得實證，因而遲疑未告，其告訴期間並不進行。」此亦有最高法院71年度台上字第6590號判決意旨可供參照。

又上開條文係稱得為告訴之人而非謂告訴權人，故理論上應認係告訴權人處於事實上得為告訴之情形，始有告訴期間之起算問題。實務上亦採此見解，如最高法院26年度決議（三）即認為：「甲女被乙男賣與丙家為娼，甲女當時雖知乙男為犯人，但因丙家防閑甚嚴，不得自由告訴，迨由丙家逃出已逾刑事訴訟法規定六個月之告訴期間，應認其在事實上確實無法行使告訴權，其告訴期間自得為告訴之時起算。」

又刑事訴訟法第237條第2項規定：「得為告訴之人有數人，其一人遲誤期間者，其效力不及於他人。」蓋因對於犯罪行為得為告訴之人通常不只一人，此時其中一人遲誤告訴之期間者，其效力不及於他人，其他得為告訴之人仍得為告訴之提出，易言之，得為告訴之人其告訴權之行使係個別獨立，自不應受他人遲誤告訴期間之影響。

（四）告訴之程式

刑事訴訟法第242條第1項規定：「告訴、告發，應以書狀或言詞向檢察官或司法警察官為之；其以言詞為之者，應制作筆錄。為便利言詞告訴、告發，得設置申告鈴。」故提出告訴以書面或言詞提出均無不可，如以書面提出，雖無一定之格式，惟仍應於書狀內表明犯罪之事實，及對於犯人加以訴追之意思始屬合法之告訴。而以言詞表明告訴之意思即已足，

縱公務員未依法製作筆錄仍不影響告訴之合法，如「制作筆錄乃係屬該管公務員之職責，並非科以告訴或告發人之義務，且按告訴係法律賦予被害人之公權，如告訴人已以言詞向該管公務員表明告訴之意思而履行合法之告訴程序，縱為書記官或司法警察人員之該管公務員未依法制作筆錄，其告訴仍能發生告訴之效力，自非得以公務員之疏失或怠惰，謂其告訴不合法定程式以未經告訴論，而影響告訴人之權益。」此有最高法院92年度台非字第66號判決意旨可供參照。又告訴應向檢察官或司法警察官為之，故如受理告訴之人係檢察事務官或司法警察，仍應以告訴之書面或言詞到達檢察官或司法警察官時為告訴成立之時。至於法院係職司審判之機關，並無受理告訴之權限，如向法院提出告訴並非合法之告訴；實務見解即認為「告訴乃論之罪，被害人未向檢察官或司法警察官告訴，在法院審理中，縱可補為告訴，仍應向檢察官或司法警察官為之，然後再由檢察官或司法警察官將該告訴狀或言詞告訴之筆錄補送法院，始得謂為合法告訴。如果被害人不向檢察官或司法警察官提出告訴，而逕向法院表示告訴，即非合法告訴。」此有最高法院73年度台上字第4314號判例意旨可供參照。又因上開條文之規定並無「該管」或「管轄」之字樣，故提出告訴之檢察機關及司法警察機關並無所謂轄區之限制。

又刑事訴訟法第242條第2項規定：「檢察官或司法警察官實施偵查，發見犯罪事實之全部或一部係告訴乃論之罪而未經告訴者，於被害人或其他得為告訴之人到案陳述時，應訊問其是否告訴，記明筆錄。」此規定之目的在於督促檢察官或司法警察官於實施偵查中，及早確認得為告訴之人是否為告訴，以使犯罪之訴追條件是否存在及早確立，並同時有提醒得為告訴之人行使告訴權之意義，惟得為告訴人之人縱未在此時表明告訴之意思，仍得於日後在未逾告訴期間內提出告訴。

另刑事訴訟法第242條第3項規定：「第四十一條第二項至第四項及第四十三條之規定，於前二項筆錄準用之。」依此準用之規定，筆錄應向提出告訴之人朗讀或令其閱覽，詢以記載有無錯誤；提出告訴之人請求將記載增、刪、變更者，應將其陳述附記於筆錄；筆錄應命告訴人緊接其記載之末行簽名、蓋章或按指印；又提出告訴之筆錄應由在場之書記官製作之，其行訊問之公務員應在筆錄內簽名，如無書記官在場，得由行訊問之公務員親自或指定其他在場執行公務之人員製作筆錄。

惟有應注意者，乃我國鄉鎮市調解條例第31條規定：「告訴乃論之刑

事事件由有告訴權之人聲請調解者，經調解不成立時，鄉、鎮、市公所依其向調解委員會提出之聲請，將調解事件移請該管檢察官偵查，並視為於聲請調解時已經告訴。」其立法目的，乃為促使當事人善用鄉鎮市調解制度，使告訴乃論之罪之告訴權人，不致因聲請調解程序費時，造成調解不成立時，告訴權因告訴期間屆滿而喪失，以致影響其權益。故而告訴乃論之刑事事件，如由有告訴權之人鄉鎮市調解條例聲請調解者，即產生「視為」提出告訴之效果，此可視為刑事訴訟法關於告訴乃論之罪提出告訴之程式之特別規定。

（五）告訴之效力

非告訴乃論之罪不以經合法告訴為訴追之條件，故刑事訴訟法上所謂告訴之效力，主要係針對於告訴乃論之罪而言。在告訴乃論之罪，告訴不僅係偵查機關發動偵查之原因之一，亦屬於訴訟之條件，若有欠缺，國家刑罰權之追訴、審判程序，即無從行使。立法者創設告訴乃論之罪，除為尊重被害人名譽、家庭等隱私，或其侵害之法益與公共利益較無關係外，更重要係以告訴作為訴訟條件以限縮檢察官提起公訴之裁量權，其作用在於訴追條件之補足，告訴乃論之罪經合法告訴後，偵查及審判機關即得對其加以追訴、處罰。

告訴乃論之罪，其告訴之效力關於被告之部分係屬於所謂主觀之效力，關於犯罪事實之部分則屬於所謂客觀之效力，以下分別論述之。

1. 主觀上之效力

告訴乃論之罪對於共犯之一人或數人提出告訴，其效力及於其他共犯，此刑事訴訟法第239條前段定有明文，此乃因告訴之重點乃在於犯罪事實本身而非犯人，故對於共犯之一人提出告訴，其告訴之效力及於其他共犯，此稱之為告訴主觀不可分之效力。惟應注意者，若共犯之間有屬於非告訴乃論之人，則如僅對於非告訴乃論之共犯提出告訴，其告訴之效力並不及於其他須告訴乃論之共犯；例如甲、乙二人竊取甲之父丙之財物，甲所犯之竊盜罪係屬告訴乃論之罪，而乙所犯之竊盜罪則屬非告訴乃論，故如甲之父丙僅對於乙提出告訴，其告訴之效力不及於甲。

2. 客觀上之效力

有關於告訴乃論之罪，其告訴所生客觀上效力之問題，刑事訴訟法並無明文規定，惟實務及一般通說大致上均承認以單一案件（包括單純一罪、實質一罪及裁判上一罪之案件）為範圍，對於犯罪事實之一部提出告訴，其效力應及於全部。

惟應注意者，在想像競合犯之裁判上一罪之案件，如一行為同時觸犯告訴乃論及非告訴乃論之罪，如被害人僅對於非告訴乃論之罪提出告訴，未對於告訴乃論之罪提出告訴，則告訴之效力不及於告訴乃論之罪；又如一行為觸犯告訴乃論之罪而有被害人不同之情形，則其中一被害人提出告訴，其告訴之效力應不及於其他未提出告訴之被害人部分之犯罪，例如甲以一行為同時傷害乙、丙二人，為一行為觸犯數罪名之想像競合犯，屬裁判上一罪，惟如僅乙對於甲提出傷害之告訴，則其效力應不及於丙，此乃因丙就其被傷害之部分是否提出告訴，本應尊重本人之意思，否則即有違告訴乃論制度設計之本旨。

（六）告訴之撤回

又刑事訴訟法第238條第1項規定：「告訴乃論之罪，告訴人於第一審辯論終結前，得撤回其告訴。」第2項則規定：「撤回告訴之人，不得再行告訴。」依此規定，告訴乃論之罪，於得為告訴之人提出告訴之後，尚得撤回告訴，以消滅訴追條件存在之法律關係，實務上認為得撤回告訴之人，以有告訴權並實行告訴之人為限，代行告訴人並不包括在內，此有司法院院解字第3658號解釋及最高法院85年度台非字第290號判決可供參照。

又應注意者，特別法中亦有關於視為撤回告訴之規定，蓋告訴乃論之刑事案件得經鄉鎮市調解委員會調解，鄉鎮市調解條例第1條第2款定有明文。告訴人於提出告訴後，在偵查中或第一審辯論終結前調解成立，並於調解書記載同意撤回意旨，經法院核定後，視為撤回告訴，此為鄉鎮市調解條例第28條第2項所明文規定，故於此種情形即等同於刑事訴訟程序中之撤回告訴。

又告訴之撤回得否委任告訴代理人代為為之，實務上持肯定之見解，且認為如實質上告訴權人有授與告訴代理人撤回告訴之權限，則告訴代理

人非不得代為撤回告訴，不以委任書狀之記載為依據；如「刑事訴訟法第
二百三十八條第一項規定告訴乃論之罪，告訴人於第一審辯論終結前，得
撤回其告訴。告訴人委任代理人，其代理權之範圍，係依雙方委任之內容
而定，刑事訴訟法對委任之方式及代理權之範圍並未設規定，亦無準用民
事訴訟法之明文。則代理人有無撤回告訴之權限，自應就委任之實質內容
加以調查審認，不能援引民事訴訟法第七十條第一項規定，僅從委任狀上
有無記載該條但書所列行為之權限，為形式上之判斷。」此有最高法院88
年度台非字第115號判決意旨可供參照。

　　又撤回告訴之期間應於第一審辯論終結前為之，而撤回告訴之意思表
示，偵查中應向檢察官為之，審判中應向法院為之，始生撤回告訴之效
力，實務見解即認為：「撤回告訴為一種訴訟上行為，核與和解為私法上
之契約行為者有別。故告訴乃論之罪，縱經當事人私行和解，雙方達成願
意撤回告訴之合意，但如未經告訴人依刑事訴訟法第二百三十八條第一項
規定，在第一審辯論終結前，向該第一審法院以書狀或言詞表示撤回告訴
之意思，仍不生撤回告訴之效力。」此有最高法院74年度台上字第3119號
判決意旨可供參照。

　　惟有問題者，如係屬於不經言詞辯論得逕行判決之案件如簡易案件，
則撤回告訴應於何時為之，就此實務上之見解認為應於簡易判決正本送達
前為之。其理由謂撤回告訴必須於第一審辯論終結前為之，係為免告訴人
操縱訴訟程序及輕視裁判之流弊，此限制並非重在第一審終結程序是否經
言詞辯論，而係重在告訴人之撤回告訴，須在第一審裁判前法院最後得審
酌之時點前，故理論上不經言詞辯論之判決，告訴人須於第一審判決前，
撤回其告訴，惟法院所為之判決，須對外表示，始發生羈束力，如僅製作
判決書，並未依法定之宣示或送達程序，對外表示，則實際不過一種裁判
文稿，並無羈束力可言，故簡易程序之判決，因其不經言詞辯論而不予宣
示，在未依法定送達程序對外表示前，不過為一種裁判文稿，並無羈束
力，尚非不可變更，故於簡易判決正本送達前，如經告訴人撤回告訴者，
法院對之並非不得加以審酌，故不經言詞辯論之刑事簡易案件，告訴人應
於一審簡易判決正本送達前撤回其告訴，並發生撤回告訴效力，此分別有
臺灣高等法院暨所屬法院97年法律座談會刑事類第31號、臺灣高等法院暨
所屬法院100年法律座談會刑事類第27號研討結果之內容可供參照。

　　又撤回告訴之主觀上及客觀上之效力，原則上與告訴之主觀上效力及

客觀上效力相同，故告訴乃論之罪，於第一審辯論終結前，撤回其告訴者，其效力亦應及於偵查中之其他共犯，此有最高法院74年度第6次刑事庭會議決議可供參照。

此外刑事訴訟法第238條第2項則規定：「撤回告訴之人，不得再行告訴。」此為撤回告訴所生之效力之一，蓋告訴乃論之罪以告訴為訴追之條件，如允許得為告訴之人，反覆為告訴及撤回告訴之意思表示，則將導致刑事訴訟程序長期處於不確定之浮動狀態，對於訴訟之當事人尤其被告而言，造成莫大之困擾，故特為此項之規定。

刑事訴訟法第238條係針對告訴乃論之罪而為之規定，至於非告訴乃論之罪，理論上而言提出告訴之人亦得撤回其告訴，惟因非告訴乃論之罪本不以合法告訴為訴追條件，故其撤回在刑事訴訟程序上並不產生特定之法律效果，檢察官或法院處理案件均不受其撤回告訴之意思表示之拘束，如「告訴乃論之罪經告訴人在第一審辯論終結前，將其告訴撤回者，法院始應諭知不受理之判決，若非告訴乃論之罪，雖告訴人撤回其告訴，法院並不受其拘束，仍應逕行審判。」此有最高法院23年非字第2號判例意旨可供參照，故非告訴乃論之罪經告訴人撤回告訴，並不生訴訟法上之效果，然而非不得作為將來有罪判決時量刑之參考，併予敘明。

二、請求

告訴係有告訴權之人對於犯罪表示訴追之意思表示，而與告訴相似者為請求，刑法第116條之侵害友邦元首或外國代表罪及第118條之侮辱外國旗章罪，依刑法第119條之規定均係屬於請求乃論之罪，須經外國政府之請求始得對於被告之犯罪行為加以追訴論罪。請求乃論之罪與告訴乃論之罪相同，亦以存在合法之請求為訴追之條件，未經合法之請求則不得加以訴追。

有關請求之程序，刑事訴訟法第243條第1項規定：「刑法第一百十六條及第一百十八條請求乃論之罪，外國政府之請求，得經外交部長函請司法行政最高長官令知該管檢察官。」又第2項規定：「第二百三十八條及第二百三十九條之規定，於外國政府之請求準用之。」又刑事訴訟法第238條有關於告訴乃論之罪撤回告訴之規定及第239條有關於告訴效力主觀上不可分之原則，於請求之程序均準用之。

三、告發

所謂告發係指偵查機關以外之任何第三人向偵查機關申告其所知之相關犯罪事實，請求加以訴追之意思表示；又可分為權利告發及義務告發二種。

（一）權利告發（得告發）

刑事訴訟法第240條規定：「不問何人知有犯罪嫌疑者，得為告發。」此即所謂之權利告發。易言之，一般人對於犯罪並無為告發之義務，是否告發委諸其本身之決定，故告發之行為屬於其權利而非義務。

（二）義務告發（應告發）

又刑事訴訟法第241條規定：「公務員因執行職務知有犯罪嫌疑者，應為告發。」此即所謂之義務告發。蓋一般公務員在執行職務時，與偵查犯罪之公務員均係代表國家，僅其職務上之分配有別，故如在其執行職務之過程中發現有涉及犯罪嫌疑之事實時，自應賦予其有向具有偵查職權之公務員告發犯罪之義務，此亦為國家行政一體之表現，故屬於應為告發之情形。又有義務告發之情形而未行告發者，除法律有特別規定之外[3]，原則上僅負有行政之責任，而無刑事上之責任。

又告發之方式依上開刑事訴訟法第242條之規定，與告訴相同，應以書狀或言詞向檢察官或司法警察官為之；其以言詞為之者，並應製作筆錄；且於製作告發之筆錄時，應準用第41條第2項至第4項及第43條之規定；故筆錄應向提出告發之人朗讀或令其閱覽，詢以記載有無錯誤；提出告發之人請求將記載增、刪、變更者，應將其陳述附記於筆錄；筆錄應命告發人緊接其記載之末行簽名、蓋章或按指印；又提出告發之筆錄應由在

3　所謂法律有特別規定，例如貪污治罪條例第13條規定：「直屬主管長官對於所屬人員，明知貪污有據，而予以庇護或不為舉發者，處一年以上七年以下有期徒刑。公務機關主管長官對於受其委託承辦公務之人，明知貪污有據，而予以庇護或不為舉發者，處六月以上五年以下有期徒刑。」又如第14條規定：「辦理監察、會計、審計、犯罪調查、督察、政風人員，因執行職務，明知貪污有據之人員，不為舉發者，處一年以上七年以下有期徒刑。」

場之書記官製作之，其行訊問之公務員應在筆錄內簽名，如無書記官在場，得由行訊問之公務員親自或指定其他在場執行公務之人員製作筆錄。

應注意者，告發不論爲權利告發或義務告發，其目的均在於使偵查機關知有犯罪之嫌疑，進而採取必要之偵查行爲，並依偵查之結果爲必要之訴追程序，故告發僅爲偵查開始之原因之一，並無關於刑事訴訟程序上訴追條件之問題，因而亦不存在撤回與否之問題。

四、自首

自首係指對於未經發覺之犯罪，犯罪人主動向偵查機關陳述犯罪之事實，而聽候裁判之意思表示。所謂未經發覺犯罪，依實務之見解認爲，係指有偵查犯罪職權之公務員尚未知悉犯罪事實及犯罪嫌疑人而言，故如僅有其他無偵查犯罪職權之公務員或一般人知悉犯罪嫌疑人，犯罪之人仍得自首。又刑事訴訟法第244條規定：「自首向檢察官或司法警察官爲之者，準用第二百四十二條之規定。」故自首如係向檢察官或司法警察官爲之者，其方式準用上開刑事訴訟法第242條有關於告訴之程式。另外，自首與投案不同，投案係指犯罪之偵查機關對於犯罪之事實及犯罪之嫌疑人已有所知，而由犯罪之嫌疑人自行到案接受訊問等偵查程序之意。

五、其他情事

偵查機關除上開所述之告訴等事由外，亦不排除經由其他途徑知悉可能有涉及犯罪嫌疑事實之存在，例如檢察官相驗疑非病死之屍體或閱覽報章、雜誌之報導資料，甚或於不特定之場所聽聞不特定人之敘述等均屬之，此時檢察機關亦應主動開始進行偵查之程序，此在實務上偵查機關多稱之爲「自動檢舉」。

此外警察機關於平日勤務中時常實施所謂之臨檢，臨檢非屬於刑事訴訟程序之偵查行爲，而係屬於警察行政行爲之範圍，其法律上之依據主要爲警察職權行使法[4]，惟在臨檢過程中經常發現涉及犯罪之行爲，則此時

---

[4] 如依警察職權行使法第6條之規定：「警察於公共場所或合法進入之場所，得對於下列各款之人查證其身分：一、合理懷疑其有犯罪之嫌疑或有犯罪之虞者。二、有事實足認其對已發生之犯罪或即將發生之犯罪知情者。三、有事實足認爲防止其本人或他人

警察得開始實施刑事訴訟程序之偵查作為，例如於交通臨檢之過程發現有酒後駕車之犯罪行為，則可實施逮捕之作為，此時警察行政作為即轉換為刑事訴訟程序之進行，此亦為常見之偵查開始之原因之一。

第四節　偵查之實施

　　犯罪偵查之實施其目的在於發現犯罪之事實及特定之犯罪行為人，並蒐集犯罪之相關證據，以作為提起公訴之準備。偵查實施之手段包含上開總則中所論及之強制處分、勘驗及證人之詰問等等，惟有關偵查之實施有特別之規定，於此分別論述之。

一、偵查之原則

（一）偵查不公開原則

　　刑事訴訟法第245條第1項規定：「偵查，不公開之。」此即所謂偵查不公開原則，因此職司犯罪偵查之公務員在進行犯罪偵查之程序時，均不得以公開之方式為之，換言之，其偵查之行動過程應以秘密之方式為之。偵查不公開原則與審判應公開之原則適成對比，偵查採行不公開原則之目的，一方面在於保障犯罪嫌疑人或被告之權利，因案件尚在偵查階段，犯罪嫌疑人或被告之犯罪行為尚未臻明確，如公開偵查之作為可能形成社會大眾及傳播媒體先入為主之觀念，對於被告無罪推定之原則產生不良之影響；另一方面，偵查不公開也能避免案情過早曝光，使犯罪嫌疑人或被告得以瞭解偵查之方向，而進行湮滅犯罪相關證據或勾串證人，甚至逃逸之行為。

　　又依刑事訴訟法第245條第5項之規定，同條第1項偵查不公開作業辦

生命、身體之具體危害，有查證其身分之必要者。四、滯留於有事實足認有陰謀、預備、著手實施重大犯罪或有人犯藏匿之處所者。五、滯留於應有停（居）留許可之處所，而無停（居）留許可者。六、行經指定公共場所、路段及管制站者。前項第六款之指定，以防止犯罪，或處理重大公共安全或社會秩序事件而有必要者為限。其指定應由警察機關主管長官為之。警察進入公眾得出入之場所，應於營業時間為之，並不得任意妨礙其營業。」

法，由司法院會同行政院定之。此乃因偵查不公開之原則在實務上並未有操作之準則，故時常見有逾越此一原則之情形出現，故刑事訴訟法乃特別規定應由司法院及行政院共同訂定有關之作業辦法以資遵行。依上開規定，司法院會同行政院於民國108年3月15日公布並於同日施行最新之「偵查不公開作業辦法」，其中第2條即明示：「為維護偵查程序之順利進行及真實發現，與保障被告、犯罪嫌疑人、被害人或其他訴訟關係人之名譽、隱私、安全，並確保被告受公平審判之權利，以落實無罪推定原則，偵查不公開之。」第7條則明文規定：「偵查不公開，包括偵查程序、內容及所得之心證均不公開。」由此可知，所謂偵查不公開包括偵查之程序應秘密進行不得公開行之，而偵查之內容亦不得向外界公開。又關於應遵守偵查不公開原則之人，則依第5條之規定乃指檢察官、檢察事務官、司法警察官、司法警察、辯護人、告訴代理人或其他於偵查程序依法執行職務之人員；而所謂其他於偵查程序依法執行職務之人員，指檢察官、檢察事務官、司法警察官、司法警察、辯護人及告訴代理人以外，依其法定職務於偵查程序為訴訟行為或從事輔助工作之人員（例如法醫師）等等。

（二）不得公開揭露偵查秘密原則

　　檢察官、檢察事務官、司法警察官、司法警察、辯護人、告訴代理人或其他於偵查程序依法執行職務之人員，除依法令或為維護公共利益或保護合法權益有必要者外，不得公開揭露偵查中因執行職務知悉之事項，此亦為刑事訴訟法第245條第3項規定：「檢察官、檢察事務官、司法警察官、司法警察、辯護人、告訴代理人或其他於偵查程序依法執行職務之人員，除依法令或為維護公共利益或保護合法權益有必要者外，偵查中因執行職務知悉之事項，不得公開或揭露予執行法定職務必要範圍以外之人員。」此一規定實為上開偵查不公開規定內涵之一。蓋犯罪偵查之程序固然不應公開行之，已如前述，惟如參與偵查程序之人，在偵查以外之場合，對於偵查之內容加以透露，則與偵查不公開之目的即有衝突，偵查不公開之目的即無法達成，故規定檢察官、檢察事務官、司法警察官、司法警察、辯護人、告訴代理人或其他於偵查程序依法執行職務之人員，不得公開揭露偵查中相關知悉之事項；惟相對而言，社會大眾有知之權利，事實之真相如能及早公布，對於後續犯罪之預防或被害人之保護等可能有一

定之助益，亦可避免不必要之猜測或造成不必要之恐慌，故例外規定在有法令依據，或爲維護公共利益、保護合法權益有必要之情形下，得允許公開揭露偵查所知悉之相關事項。

二、先行傳訊被告之禁止

依刑事訴訟法第228條第3項規定：「實施偵查非有必要，不得先行傳訊被告。」此條文之規定，一方面在於保障被告權利，避免被告在於犯罪事實尚未明確之情況下，即予以傳訊，而有損於被告之名譽；另一方面則在於避免過度重視被告之自白，而忽視其他物證之蒐集，及避免被告先行瞭解偵查之進行程度，而導致其得以先行湮滅證據或勾串證人，使後續之偵查行爲產生困難。故禁止先行傳訊之原則，與偵查不公開之原則，實係有相互配合之作用，如過早傳訊被告，則其他人可能透過被告及其辯護人之管道獲知偵查之內容，亦對於偵查不公開之原則有所影響。

又刑事訴訟法第246條規定：「遇被告不能到場，或有其他必要情形，得就其所在訊問之。」故偵查中不僅不得先行傳喚被告，且有傳喚被告之必要時，如遇有被告不能到場，或有其他必要情形，得就其所在訊問之，蓋偵查重視時效，如有傳喚被告加以說明之必要，通常有急迫性，如被告無法到場或有其他必要之情形，例如被告因重病住院無法外出等，即得就被告所在之處即時加以訊問。

三、被害人之程序保障

（一）被害人之訊問或詢問

刑事訴訟法第248條之1第1項規定：「被害人於偵查中受訊問或詢問時，其法定代理人、配偶、直系或三親等內旁系血親、家長、家屬、醫師、心理師、輔導人員、社工人員或其信賴之人，經被害人同意後，得陪同在場，並得陳述意見。」此乃爲顧及被害人於犯罪被害後之身心狀況故規定得由他人陪同在場，係在刑事訴訟程序中保護被害人之做法之一。又同條第2項則規定：「前項規定，於得陪同在場之人爲被告，或檢察官、檢察事務官、司法警察官或司法警察認其在場，有礙偵查程序之進行時，

不適用之。」因偵查程序講求秘密及時效，如被害人偕同他人到場有礙偵查程序之進行時，自應加以限制。

（二）修復式司法之進行

刑事訴訟法第248條之2第1項規定：「檢察官於偵查中得將案件移付調解；或依被告及被害人之聲請，轉介適當機關、機構或團體進行修復。」此即係所謂修復式司法（Restorative Justice，又稱為修復式正義）相關之程序規定，修復式司法係指提供因犯罪行為受到直接影響之人（包括加害人、被害人、被害人家屬、社區成員或代表等），直接對話及解決問題之機會，一方面讓加害人認知其犯行之影響，而對自身行為直接負責，一方面修復被害人情感創傷及填補實質損害（非單純金錢賠償）。又依照同條第2項之規定：「前項修復之聲請，被害人無行為能力、限制行為能力或死亡者，得由其法定代理人、直系血親或配偶為之。」蓋如被害人係無行為能力、限制行為能力或已死亡，則無法聲請進行上開修復式司法之程序，此時自有必要，賦予其法定代理人、直系血親或配偶聲請之權利。

（三）被害人之保護

刑事訴訟法第248條之3第1項規定：「檢察官於偵查中應注意被害人及其家屬隱私之保護。」蓋隱私權之保障為一般人所享有之基本權利，而對於犯罪之被害人而言，其不欲將個人隱私包括被害情形公開之期待，更應加以尊重，故而檢察官在進行偵查程序時，自應注意被害人及其家屬隱私之保護，勿隨意揭露被害人之相關資訊予他人，尤其媒體。

又刑事訴訟法第248條之3第2項規定：「被害人於偵查中受訊問時，檢察官依被害人之聲請或依職權，審酌案件情節及被害人之身心狀況後，得利用遮蔽設備，將被害人與被告、第三人適當隔離。」此亦在藉由適當與他人之隔離，使被害人儘量得以保持良好之身心狀況，應對問題之訊問，得由檢察官依被害人之聲請或依職權為之。

另依刑事訴訟法第248條之3第3項規定：「前二項規定，於檢察事務官、司法警察官或司法警察調查時，準用之。」故而檢察事務官、司法警

察官或司法警察調查案件時，亦須準用上開規定，即利用遮蔽設備，將被害人與被告、第三人適當隔離。

第五節　偵查之移轉

所謂移轉偵查係指檢察官知有犯罪嫌疑而不屬其管轄，或於開始偵查後認為案件不屬其管轄者，應即分別通知或移送該管檢察官，但有急迫情形時，應為必要之處分，此為刑事訴訟法第250條前段所明文規定。蓋檢察官雖然有檢察一體之適用，然依法院組織法第58條之規定，各級法院及分院各配置檢察署；又依第62條之規定，檢察官於其所屬檢察署管轄區域內執行職務；故檢察官執行職務亦有類似於管轄範圍之概念，因而如非屬檢察官管轄範圍之案件，即應依上開刑事訴訟法之規定予以移轉偵查。

第六節　偵查之終結

一、概述

所謂偵查終結係指檢察官依其所為之偵查作為後，所得之一切證據資料，判斷犯罪事實之存在與否，與有無特定之犯罪人，而決定案件處理之方式。又偵查終結之時間點以檢察官所作出之決定，對外表示時為準。偵查終結主要之處理方式包括起訴、不起訴、緩起訴三項，以下即分別論述之[5]。

二、提起公訴

檢察官實施偵查之各種程序後，依據蒐集之相關證據資料判斷，認

5　此外，檢察官開始偵查後如認為並無明顯之犯罪嫌疑及犯罪嫌疑人時，亦得以行政簽結之方式，將案件加以終結，然行政簽結並非刑事訴訟法所規定正式之偵查終結方式。

為應代表國家追訴犯罪行為人時，即應將案件向法院訴請加以審理，以確定國家之具體刑罰權，此即為提起公訴。故刑事訴訟法第251條第1項乃規定：「檢察官依偵查所得之證據，足認被告有犯罪嫌疑者，應提起公訴。」第2項則規定：「被告之所在不明者，亦應提起公訴。」依此規定，檢察官依偵查所得之證據，足認被告有犯罪嫌疑者，應提起公訴，縱使被告之所在不明者，亦應提起公訴。是刑事訴訟法基本上採取起訴法定主義，對於足認被告有犯罪嫌疑者，即應提起公訴，原則上檢察官並無裁量之權限。

上開所稱有犯罪嫌疑者，僅為檢察官提起公訴之條件，與法院於將來判決有罪之證據之證明程度尚屬有別。對此實務見解即認為：「所謂有犯罪嫌疑之起訴條件，並不以被訴之被告將來經法院審判結果確為有罪判決為必要，……即以檢察官起訴或經被害人自訴之被告，經法院綜合全案調查之證據審判結果，認為現有犯罪嫌疑之證據尚不足以證明其成立犯罪，而諭知其無罪之情形，係屬不同之訴訟程序層次架構。」此有最高法院94年度台上字第4549號判決意旨可供參照。

又案件經檢察官提起公訴後，法院即應加以審判，並依證據認定事實後，依具體個案之情形為不同之裁判內容，關於法院之審判於以下相關章節加以論述。

另檢察官就案件之犯罪情節較為簡單之案件，得以聲請簡易判決之方式處理，此聲請依刑事訴訟法第451條第3項之規定，與起訴有同一之效力，故廣義而言亦屬於此所謂提起公訴之概念。

三、不起訴

不起訴處分為檢察官本於法律所規定之事由及本身偵查後所得相關證據資料之判斷，認為案件應不或得不提起公訴，所為之法律上之處分；不起訴處分可分為絕對不起訴處分及相對不起訴處分二種，以下分別論述之：

（一）絕對不起訴（應不起訴）

絕對不起訴係指檢察官於偵查後，認為案件有法定之事由存在，而在

法律上應爲不起訴之處分之情形。所謂之法定事由，依刑事訴訟法第252條之規定可分爲欠缺形式訴訟條件、欠缺實體訴訟條件及處罰條件不具備等情形，另有其他法律規定之理由亦應爲不起訴之處分，以下分別論述之。

1. 欠缺形式訴訟條件

欠缺形式訴訟條件包括告訴或請求乃論之罪，其告訴或請求已經撤回或已逾告訴期間、被告死亡、法院對被告無審判權，案件有上開情形之一者，依刑事訴訟法第252條第5款、第6款、第7款之規定，檢察官即應爲不起訴之處分。以下分別論述之：

(1) 告訴或請求乃論之罪，其告訴或請求已經撤回或已逾告訴期間

告訴或請求乃論之罪定有告訴或請求之期間限制，以免案件長久處於不確定之狀態，而告訴或請求乃論之罪係以合法之告訴或請求爲形式訴訟條件之一，故告訴或請求乃論之罪之案件，其告訴或請求已經撤回或已逾告訴期間，則已無法再爲合法之告訴或請求，此時可確定形式訴訟條件欠缺，而應依刑事訴訟法第252條第5款之規定爲不起訴處分，應注意者，鄉鎮市調解條例第28條第2項有視爲撤回告訴之規定，亦屬此所稱之撤回告訴。

(2) 被告死亡

被告死亡則國家即無法再對其進行刑罰權之追訴，自屬於形式訴訟條件之欠缺，有此情形則檢察官自應依刑事訴訟法第252條第6款之規定爲不起訴處分。惟法律上所謂死亡有事實上死亡及宣告死亡之情形，此之所謂被告死亡，依實務之見解認爲，專指事實上死亡而言，並不包括宣告死亡之情形在內，此有最高法院62年度第1次刑庭庭推總會議決議（二）可資參照。因而如被告因故經宣告死亡時，檢察官尚不得爲不起訴之處分。

(3) 法院對被告無審判權

刑事案件法院之審判須以有審判權爲前提，如無審判權法院應諭知不受理之判決，故在檢察官偵查後始認爲案件普通法院並無審判權者，則應依刑事訴訟法第252條第7款之規定爲不起訴之處分。

2. 欠缺實體訴訟條件

欠缺實體訴訟條件包括曾經判決確定、時效已完成、曾經大赦、犯罪後之法律已廢止其刑罰等情形，案件有上開情形之一者，依刑事訴訟法第252條第1款、第2款、第3款、第4款之規定，檢察官即應爲不起訴之處分。

(1) 曾經判決確定

同一案件經法院判決確定後，即不得再行追訴，否則即屬二重追訴，有違一罪不二罰之原則，曾經判決確定之案件即屬欠缺訴訟之實體條件，故此時檢察官應依刑事訴訟法第252條第1款之規定爲不起訴處分。惟此所謂判決確定之判決係指實體上之判決，不包括程序判決在內。

(2) 時效已完成

所謂時效已完成係指刑法總則所稱之追訴權時效，追訴權時效已完成，則國家對於犯罪行爲之追訴權即已處於消滅之情形，自不得再加以追訴，故追訴權時效已完成之案件即屬欠缺實體訴訟條件，此時檢察官應依刑事訴訟法第252條第2款之規定爲不起訴之處分。

(3) 曾經大赦

總統依憲法第40條之規定有行使大赦之權，而赦免法第2條第2款規定，未受罪刑之宣告者，其追訴權消滅，故被告之犯罪行爲經依法赦免後，其追訴權已消滅，欠缺實體訴訟條件，此時檢察官自應依刑事訴訟法第252條第3款之規定爲不起訴處分。

(4) 犯罪後之法律已廢止其刑罰

被告犯罪後法律廢止其刑罰之規定，則實體之訴訟條件亦已欠缺，檢察官自不得再爲追訴，而應依刑事訴訟法第252條第4款之規定爲不起訴處分。又所謂廢止其刑罰之規定係指行爲時法律有刑罰之處罰規定，惟事後此刑罰之規定已經廢止，且亦無其他刑罰之規定爲限，如其犯罪行爲尚構成其他刑罰之規定時，仍非此所指之情形，檢察官仍不得依此款規定爲不起訴之處分。

刑罰法律之廢止有爭議者乃有關於所謂空白刑法內容變更之情形，此時是否屬於刑罰規定廢止，對此實務見解認爲此屬於事實之變更而非刑罰

法律之變更，如「犯罪構成事實與犯罪構成要件不同，前者係事實問題，後者係法律問題，行政院關於公告管制物品之種類及數額雖時有變更，而新舊懲治走私條例之以私運管制物品進口為犯罪構成要件則同，原判決誤以事實變更為法律變更，其見解自有未洽。」此有最高法院51年台上字第159號判例意旨可供參照，此外又如大法官會議釋字第103號解釋亦謂：「行政院依懲治走私條例第2條第2項專案指定管制物品及其數額之公告，其內容之變更，對於變更前走私行為之處罰，不能認為有刑法第2條之適用。」

3. 處罰條件不具備

所謂處罰條件不具備係指行為不罰、法律應免除其刑、犯罪嫌疑不足等情形，案件有上開情形之一者，依刑事訴訟法第252條第8款、第9款、第10款之規定，檢察官即應為不起訴之處分。

(1) 行為不罰

行為不罰係指其行為並不構成犯罪，在法律上並無刑事處罰之相關規定，此時刑罰權既不存在，即屬欠缺處罰之條件，檢察官自應依刑事訴訟法第252條第8款之規定為不起訴處分。所謂行為不罰實務上常見者包括行為僅止於過失或未遂之階段，而該行為並未處罰過失或未遂之規定，或犯罪之行為在國外而依刑法第5條至第8條之規定並無我國刑法規定適用之情形，如「被告係在外國籍輪船工作，並在國外逃亡，依刑法第11條前段及第7條之規定，應無適用妨害國家總動員懲罰暫行條例第8條第3款所定罪名論處之餘地。」此有最高法院60年台非字第61號判例意旨可供參照。

(2) 法律應免除其刑

被告之犯罪行為依法律規定應免除其刑，則此時亦屬於處罰條件欠缺之情形，檢察官自應依刑事訴訟法第252條第9款之規定為不起訴處分，所謂法律應免除其刑，係指法律之規定係免除其刑之情形，亦即為「必免」之情形，不包括「得免除其刑」之情形，亦不包括「減輕或免除其刑」或「得減輕或免除其刑」等規定之情形在內。法律上應免除其刑之規定，如刑法第288條第3項規定，因疾病或其他防止生命上危險之必要而犯自行或聽從墮胎罪；又如貪污治罪條例第8條第1項、第11條第5項、槍砲彈藥刀

械管制條例第18條第2項等相關規定均是。

(3) 犯罪嫌疑不足

檢察官依偵查所得之證據，足認被告有犯罪嫌疑者，固應依刑事訴訟法第251條第1項之規定提起公訴，惟如偵查後認為被告並無足夠之犯罪嫌疑而得據以起訴者，此時應認為處罰之條件不具備，檢察官自應依刑事訴訟法第252條第10款為不起訴之處分。

4. 其他法定理由

檢察官除依刑事訴訟法第252條之規定應對於案件為不起訴處分外，如另有其他法定理由而依法應為不起訴處分者，亦應為不起訴之處分，此觀之刑事訴訟法第255條第1項明文規定「或因其他法定理由為不起訴處分者」等語可知。所謂其他法定理由不一而足，惟大致上可分為依刑事訴訟法規定之理由及依刑事相關特別法規定之理由，茲分別論述如下：

(1) 依刑事訴訟法規定之理由為不起訴處分

依刑事訴訟法規定之理由為不起訴處分之情形包括：

①告訴乃論之罪其告訴不合法或依法不得告訴者，例如撤回告訴之人再行告訴之情形是。

②案件業經不起訴處分或撤回公訴確定，或緩起訴處分期滿未經撤銷，而另有告訴權人提出告訴經查認為並無刑事訴訟法第260條之情形者。

③同一案件經自訴後尚未判決確定，又另行提出告訴。

④同一案件經提起自訴後經法院裁定駁回確定後，又另行提出告訴。

⑤同一案件經自訴後撤回自訴，其又再行提出告訴者。

(2) 依其他刑事訴訟相關特別法之理由為不起訴處分

依其他刑事相關特別法之理由為不起訴處分之情形則包括有：

①檢察官對少年法院依少年事件處理法第27條第1項第1款規定移送之案件，經偵查結果，認為係犯該款規定以外之罪者，應為不起訴處分，並於處分確定後，將案件移送少年法院，此有少年事件處理法施行細則第11條規定可供參照。

②毒品危害防制條例第20條第2項及第23條第1項之情形，亦即施用毒

品依毒品危害防者如係初犯或觀察勒戒、強制戒治完畢釋放後五年後再犯者，應先經裁定觀察勒戒，如認有繼續施用傾向者應裁定強制戒治，此時於觀察勒戒或強制戒治期滿釋放，應依毒品危害防制條例第20條第2項、第23條第1項由檢察官為不起訴之處分，另如係犯施用毒品於犯罪未發覺前自動向衛生福利部指定之醫療機構請求治療，治療中經查獲之被告，依毒品危害防制條例第21條第2項之規定，應由檢察官為不起訴之處分。

（二）相對不起訴（得不起訴）

檢察官於偵查後認為被告雖有犯罪嫌疑，且無上開絕對不起訴之情形時，仍得斟酌個案之情形而為不起訴處分之決定，此為起訴法定主義之例外，亦為刑事訴訟兼採起訴便宜主義之規定，其情形有下列二種：

1. 輕微案件

刑事訴訟法第376條所規定之案件，檢察官參酌刑法第57條所列之事項，認為以不起訴為適當者，得為不起訴之處分，此刑事訴訟法第253條定有明文規定。此項規定為檢察官依職權不起訴之依據，一稱之為「微罪不舉」，其立法之目的在於將犯罪情節輕微之案件，排除在法院審判之程序之外，以節省有限之司法資源，達到訴訟經濟之功能，並兼有鼓勵犯罪行為人自新之意。

2. 於應執行刑無實益

被告犯數罪時，其一罪已受重刑之確定判決，檢察官認為他罪雖行起訴，於應執行之刑無重大關係者，得為不起訴之處分，此刑事訴訟法第254條定有明文規定。例如被告已因殺人罪經法院判處無期徒刑確定，則對於其另涉犯之賭博罪或輕微之過失傷害案件，可預見法院所量度之刑罰，應以罰金或拘役為主，此時就被告再予宣告此等輕微之刑罰，並無何實益可言，故特規定檢察官於此時得為不起訴處分之決定。

（三）不起訴處分之效力

不起訴處分係檢察官依法所作之處分，其於確定後，自產生一定之效力，刑事訴訟法第260條第1項即規定：「不起訴處分已確定或緩起訴處分期滿未經撤銷者，非有下列情形之一，不得對於同一案件再行起訴：一、發現新事實或新證據者。二、有第四百二十條第一項第一款、第二款、第四款或第五款所定得為再審原因之情形者。」依此規定，不起訴處分確定時，在法律上即產生所謂實質上之確定力，目前實務之見解亦認為，此種效力在實質上與法院無罪判決之效力相同；如「案件經檢察官偵查後，從實體上認定被告之犯罪嫌疑不足，依刑事訴訟法第252條第10款規定為不起訴處分確定者，其實質效果，就現行法制言，與受無罪之判決無異；故於該不起訴處分書所敘及之事實範圍內，發生實質上之確定力，非僅止於訴權之暫時未行使而已。是以除合於刑事訴訟法第260條第1、2款所定原因，得再行起訴外，別無救濟或變更方法。其於法院審判時，於事實同一範圍內，仍不得作與之相反之認定，以維護法律效果之安定與被告自由人權之受適法保障。」此有最高法院81年度台上字第3183號判決意旨可供參照；另「案件經檢察官依刑事訴訟法第252條第10款規定為不起訴處分確定者，於不起訴處分書所敘及之事實範圍內，已發生實質上之確定力，並非僅止於訴權暫時未行使而已；除有刑事訴訟法第260條所列各款情形者外，不得對於同一案件再行起訴。」此亦有最高法院82年度台上字第1481號判決意旨可供參照。

又上開所謂「發現新事實或新證據」，實務見解認為係指於不起訴處分前未經發現者而言；如所謂發見新事實或新證據，係指於不起訴處分前，未經發見，至其後始行發見者而言，若不起訴處分前，已經提出之證據，經檢察官調查斟酌者，即非前述條款所謂發見之新證據，不得據以再行起訴。此有最高法院69年台上字第1139號判例意旨可供參照。而民國112年6月21日修正之刑事訴訟法又增訂第260條第2項，明文規定：「前項第一款之新事實或新證據，指檢察官偵查中已存在或成立而未及調查斟酌，及其後始存在或成立之事實、證據。」明確規定「新事實或新證據」之定義，以杜爭議。此規定係參考再審制度之規定，明定得憑為再行起訴之「新事實或新證據」，以檢察官偵查活動所審酌之範圍，作為判斷標準，即以檢察官偵查中已存在或成立而未及調查斟酌，及其後（如有聲請

准許提起自訴，含聲請准許提起自訴程序）始存在或成立之事實、證據而言。

（四）不起訴處分之無效

檢察官作出之不起訴處分如有明顯重大之瑕疵，如未經合法之再議加以糾正而告確定，此時不起訴處分之效力如何，頗有疑問。依實務之見解認爲，重大違背法令之不起訴處分係屬無效之處分，如經合法再議，上級檢察機關檢察長應將其撤銷，此有大法官會議釋字第140號解釋可參；惟如係不得再議或未經合法再議之情形則不起訴之效力如何，則解釋上應認爲僅有形式之確定力而無實質之確定力，故無刑事訴訟法第260條之適用，此情形包括業經提起公訴之案件再爲不起訴處分、刑事被告死亡而誤以第252條第6款以外之規定爲不起訴處分等等。實務上亦肯認此種見解，如「檢察官既已就上訴人僞造文書部分之事實提起公訴，則其與此事實有牽連關係之瀆（即圖利）行爲，依公訴不可分之原則，受理法院自屬有權審判，該檢察官就此具有不可分性之整個犯罪事實強裂爲二，於就僞造文書部分起訴後，而將瀆職部分予以不起訴處分，其處分即應認爲無效。」此有最高法院43年台上字第690號判例意旨可供參照，又如「案件曾經檢察官爲不起訴處分或撤回起訴，而又違背刑事訴訟法第239條之規定再行起訴者，依同法第295條第4款規定固應諭知不受理，然若其案件起訴在先，而其後再爲不起訴處分者，揆諸該條款之文義，自無諭知不受理之可言。」此亦有最高法院49年度台非字第47號判例意旨可供參照。

（五）不起訴之程式

檢察官作出不起訴處分之決定影響被告權利重大，故須依一定之法定程式爲之，依刑事訴訟法第255條之規定，檢察官依第252條、第253條、第254條規定爲不起訴或因其他法定理由爲不起訴處分者，應製作處分書敘述其處分之理由，但處分前經告訴人或告發人同意者，處分書得僅記載處分之要旨；又此項處分書，應以正本送達於告訴人、告發人、被告及辯護人。上開之規定在於使被告或告訴人等與案件有利害關係之人知悉不起訴處分之決定，並於法定期間內提出相關之因應措施，如聲請再議等等。

四、緩起訴

　　緩起訴之規定乃刑事訴訟法於民國91年2月修正採改良式當事人進行主義時所增列，所謂緩起訴依刑事訴訟法之規定，係指檢察官對於特定案件本應加以起訴，惟因考量案件本身之犯罪行為對於社會公平正義之傷害尚非嚴重，為使法院能專心致力於較為嚴重犯罪之刑事案件之審判工作，因此決定在一定期間內暫時不予起訴，此為介於檢察官應起訴及得為職權不起訴二者之間緩衝制度之設計，亦係考量訴訟經濟目的下之產物，同時並為當事人進行主義之配套措施[6]。

（一）緩起訴處分之適用範圍及期間

　　刑事訴訟法第253條之1第1項規定：「被告所犯為死刑、無期徒刑或最輕本刑三年以上有期徒刑以外之罪，檢察官參酌刑法第五十七條所列事項及公共利益之維護，認以緩起訴為適當者，得定一年以上三年以下之緩起訴期間為緩起訴處分，其期間自緩起訴處分確定之日起算。」此為我國刑事訴訟所謂緩起訴之規定，緩起訴之適用有一定之範圍限制，必須非屬於「死刑、無期徒刑或最輕本刑三年以上有期徒刑之罪」之案件始得為緩起訴之處分，亦即必須非屬於強制辯護之案件始可為之。檢察官參酌刑法第57條所列各項量刑之因素及公共利益之維護，認以緩起訴為適當者，得為緩起訴，故緩起訴原則上係認為被告有犯罪之嫌疑，僅不予以起訴而已。而緩起訴係對於案件暫時不予起訴，此時案件係處於不確定之法律狀態，故其期間不宜過長，因而規定以一年以上三年以下為限。

　　由於緩起訴係檢察官對於被告之犯罪行為如何處分尚在觀察之中，並非確定不加予追訴，故依刑事訴訟法第253條之1第2項之規定，追訴權之時效，於緩起訴之期間內，停止進行。又刑事訴訟法第253條之1第3項、第4項另分別規定，刑法第83條第3項有關時效停止原因消滅時與停止前時效一併計算之規定，於緩起訴而停止之情形不適用；及刑事訴訟法第323

---

[6]　我國起訴制度採取起訴法定主義，例外採取起訴裁量主義，然因我國近來接受美國刑事訴訟思潮之影響，改採改良式當事人進行主義，在檢察官偵查終結之程序，亦賦予檢察官緩起訴處分之權限，此等立法已經增加檢察官起訴與否之裁量權，加以原本存在之職權不起訴制度，使目前檢察官起訴裁量之範圍逐漸擴大。

條第1項但書所規定告訴乃論之罪，直接被害人得提起自訴之規定，於緩
起訴期間內亦不適用之。

（二）緩起訴處分應遵守或履行事項

　　緩起訴係檢察官對於尚非屬於嚴重之犯罪行為暫時不加以起訴之制
度，惟在緩起訴處分之時，檢察官得命被告於一定期間內遵守或履行特定
之事項，以資平衡被告犯罪行為造成之個人或社會公益之損害。刑事訴訟
法第253條之2第1項規定：「檢察官為緩起訴處分者，得命被告於一定期
間內遵守或履行下列各款事項：一、向被害人道歉。二、立悔過書。三、
向被害人支付相當數額之財產或非財產上之損害賠償。四、向公庫支付一
定金額，並得由該管檢察署依規定提撥一定比率補助相關公益團體或地方
自治團體。五、向該管檢察署指定之政府機關、政府機構、行政法人、社
區或其他符合公益目的之機構或團體提供四十小時以上二百四十小時以下
之義務勞務。六、完成戒癮治療、精神治療、心理輔導或其他適當之處
遇措施。七、保護被害人安全之必要命令。八、預防再犯所為之必要命
令。」

　　上開應遵守或履行之事項應依具體個案之情形，由檢察官於緩起訴處
分時命令之；又刑事訴訟法第253條之2第2項規定：「檢察官命被告遵守
或履行前項第三款至第六款之事項，應得被告之同意；第三款、第四款並
得為民事強制執行名義。」蓋上開第3款至第6款之事項須被告之配合，
故規定檢察官命被告遵守或履行前項第3款至第6款之事項，應得被告之同
意；其中第3款、第4款並得為民事強制執行名義，以免被害人尚須進行民
事訴訟程序取得執行名義。另同條第3項規定：「第一項情形，應附記於
緩起訴處分書內。」以資明確。又第4項規定：「第一項之期間，不得逾
緩起訴期間。」又其期間不得逾緩起訴期間，否則將產生對於緩起訴效力
認定上之困難。另同條第5項則規定：「第一項第四款提撥比率、收支運
用及監督管理辦法，由行政院會同司法院另定之。」

（三）緩起訴處分之撤銷

　　緩起訴制度設計目的之一，本即在使被告有自新之機會，故被告於緩

起訴期間內，如有特定之情事發生，則因認為已不適宜再予緩起訴之處分，此時自應撤銷其緩起訴之處分。故而刑事訴訟法第253條之3第1項規定：「被告於緩起訴期間內，有左列情形之一者，檢察官得依職權或依告訴人之聲請撤銷原處分，繼續偵查或起訴：一、於期間內故意更犯有期徒刑以上刑之罪，經檢察官提起公訴者。二、緩起訴前，因故意犯他罪，而在緩起訴期間內受有期徒刑以上刑之宣告者。三、違背第二百五十三條之二第一項各款之應遵守或履行事項者。」是撤銷緩起訴處分，係對於確定之緩起訴處分變更其效力，該撤銷緩起訴處分確定之前，原緩起訴處分之效力仍然存續，如於撤銷緩起訴處分尚未確定前，原緩起訴處分仍未失其效力之情況下，檢察官遽對同一案件再行起訴，其起訴程序即屬違背規定。

　　然而有應注意者，乃檢察官撤銷緩起訴處分後，撤銷緩起訴處分書仍應合法送達被告，俾便被告就檢察官撤銷緩起訴處分得以聲明不服（即得聲請再議，見後述），如若檢察官撤銷緩起訴處分書未依法送達被告，再議期間無從起算，該撤銷緩起訴之效力即未確定，檢察官尚不得繼續偵查或起訴。

　　又若先前經緩起訴處分之被告，如對於檢察官所命應遵守之事項已履行全部或部分後，緩起訴處分經依法撤銷，已履行部分，如何處理恐生疑義，故而刑事訴訟法第253條之3第2項乃明文規定：「檢察官撤銷緩起訴之處分時，被告已履行之部分，不得請求返還或賠償。」因此被告如已依緩起訴所附加之負擔，而向被害人支付相當數額之財產或非財產上之損害賠償，或向公庫或該管檢察署指定之公益團體、地方自治團體支付一定之金額，其後緩起訴經撤銷時，不得請求返還或賠償已支付之部分[7]。

（四）撤銷緩起訴處分之無效

　　檢察官於作成緩起訴處分後有一定之事由得撤銷緩起訴處分，業如上述，惟有問題者，乃檢察官依法無撤銷緩起訴之原因而誤為撤銷緩起訴處分並提起公訴，此時撤銷緩起訴之處分效力如何，法院就起訴之案件應

---

[7] 有學者認為此一規定恐有違反禁止雙重危險之原則，蓋附加之負擔實質上有處罰之效果，而緩起訴經撤銷後，被告可能面臨起訴之處分，又再次面臨刑事之處罰，故此一規定恐有違刑事之法制。

如何處理即有問題。例如檢察官爲緩起訴處分，若係命被告於一定期間，向公庫或指定之公益團體支付一定之金額者，苟被告已遵命履行，但檢察官誤爲未遵命履行，而依職權撤銷原緩起訴處分，並提起公訴（或聲請簡易判決處刑），此時法院就起訴之案件應如何判決？就此目前之實務見解認爲：「緩起訴與不起訴，皆係檢察官終結偵查所爲處分，檢察官得就已偵查終結之原緩起訴案件，繼續偵查或起訴，應以原緩起訴處分係經合法撤銷者爲前提，此乃法理上所當然。檢察官爲緩起訴處分，若係命被告於一定期間，向公庫或指定之公益團體支付一定之金額者，苟被告已遵命履行，但檢察官誤認其未遵命履行，而依職權撤銷原緩起訴處分，並提起公訴（或聲請簡易判決處刑）時，該撤銷原緩起訴處分之處分，即存有明顯之重大瑕疵，依司法院釋字第一四〇號解釋之同一法理，應認此重大違背法令之撤銷緩起訴處分爲無效，與原緩起訴處分未經撤銷無異。其後所提起之公訴（或聲請簡易判決處刑），應視其原緩起訴期間已否屆滿，分別適用刑事訴訟法第三百零三條第一款或第四款爲不受理之判決，始爲適法。亦即，如原緩起訴期間尚未屆滿，因其起訴（或聲請簡易判決處刑）係違背刑事訴訟法第二百五十三條之三第一項第三款以原緩起訴處分已經合法撤銷爲前提之規定，應認其起訴（或聲請簡易判決處刑）之程序違背規定，依同法第三百零三條第一款之規定，爲不受理之判決；於原緩起訴期間已屆滿，應認其起訴（或聲請簡易判決處刑）違反緩起訴期滿未經撤銷，而違背第二百六十條之規定再行起訴，依同法第三百零三條第四款之規定，諭知判決不受理。」此有最高法院96年台非字第232號刑事判決意旨可供參照，另最高法院100年台非字第93號刑事判決亦採取同一之見解。

此外，如係檢察官以被告於緩起訴期間內故意更犯有期徒刑以上刑之罪，經檢察官提起公訴而撤銷緩起訴，其後更犯之罪嗣經法院判決無罪確定，則原撤銷緩起訴處分之效果如何？法院就起訴之案件應如何處理？就此目前實務見解上認爲：「我國緩起訴制度係爲使司法資源有效運用，塡補被害人之損害、有利被告或犯罪嫌疑人再社會化及犯罪之特別預防等目的，參考外國立法例，配合刑事訴訟制度探改良式當事人進行主義之起訴猶豫制度。倘上開更犯之罪，嗣經判決無罪確定，表示被告無違反犯罪特別預防目的之情事，如拘泥於該款規定得撤銷緩起訴處分之文字，而認撤銷爲合法，顯不符公平正義。是該款得撤銷緩起訴處分規定，宜爲目的性

限縮解釋。即被告更犯之罪,若經判決無罪確定,表示該撤銷自始有重大瑕疵,係屬違誤。則法院對該緩起訴處分案件,所提起之公訴,應視起訴時該緩起訴處分期間已否屆滿,而分別依刑事訴訟法第303條第1款起訴之程序違背規定,或同條第4款緩起訴期滿未經撤銷,而違背同法第260條之規定再行起訴,諭知不受理。」此有最高法院109年台非字第186號刑事判決意旨可供參照。

(五)緩起訴及撤銷緩起訴之程式

檢察官作出緩起訴及撤銷緩起訴之處分者係影響被告權利重大之決定,故須有一定之法定程式,依刑事訴訟法第255條之規定,檢察官依第253條之1、第253條之3規定為緩起訴或撤銷緩起訴者,應製作處分書敘述其處分之理由,但處分前經告訴人或告發人同意者,處分書得僅記載處分之要旨;又此項處分書,應以正本送達於告訴人、告發人、被告及辯護人,緩起訴處分書,並應送達與遵守或履行行為有關之被害人、機關、團體或社區;且此項送達,自書記官接受處分書原本之日起,不得逾五日。上開之規定之目的在於使被告或告訴人等與案件有利害關係之人知悉有緩起訴或撤銷緩起訴之決定,並於法定期間內提出相關之因應措施,如聲請再議等等,或得為被告履行一定行為預為準備之工作。

(六)緩起訴處分期滿之效力

刑事訴訟法第260條第1項規定:「不起訴處分已確定或緩起訴處分期滿未經撤銷者,非有下列情形之一,不得對於同一案件再行起訴:一、發現新事實或新證據者。二、有第四百二十條第一項第一款、第二款、第四款或第五款所定得為再審原因之情形者。」此為有關緩起訴處分期滿之法律效力之規定。依目前實務之見解認為,緩起訴在期滿前(即緩起訴期間內)尚無實質確定力,惟期滿後即有實質確定力;如「(緩起訴)其具體效力依同法第二百六十條規定,於緩起訴處分期滿未經撤銷者,非有同條第一款或第二款情形之一,不得對於同一案件再行起訴,即學理上所稱之實質確定力。」此有最高法院94年度台非字第215號判例意旨可供參照。

另實務上有問題者,乃如緩起訴在期滿前尚無實質確定力之情況下即

發現有新事實或新證據或有再審之事由,則應如何處理?對此實務見解認為:「在緩起訴期間內,其效力未定,倘發現新事實、新證據,而認已不宜緩起訴,又無同法第二百五十三條之三第一項所列得撤銷緩起訴處分之事由者,自得就同一案件逕行起訴,原緩起訴處分並因此失其效力。復因與同法第二百六十條所定應受實質確定力拘束情形不同,當無所謂起訴程序違背規定之可言……。」此有上開最高法院94年度台非字第215號判例意旨可供參照。

五、不起訴、緩起訴之審查(救濟)

檢察官為不起訴處分經確定或緩起訴處分確定並期滿後,非有一定之事由,不得再行起訴,其具有實質之確定力,與法院所作之無罪判決效力相似,故此處分對於被告而言係屬於有利之處分,惟相對於告訴人或社會公益而言,其係受到反射性之不利益,故刑事訴訟法乃設有相關之審查之機制,從另一角度而言,亦可謂係告訴人對於不起訴或緩起訴處分之法律救濟途徑。有關不起訴或緩起訴之審查,係先由檢察機關內部以再議之方式為內部之審查,再由告訴人向法院聲請准許提起自訴而為外部之審查,以下即分別論述之。

(一)再議

1. 類型

再議可分為聲請再議及職權再議二種:

(1) 聲請再議

刑事訴訟法第256條第1項規定:「告訴人接受不起訴或緩起訴處分書後,得於十日內以書狀敘述不服之理由,經原檢察官向直接上級檢察署檢察長或檢察總長聲請再議。但第二百五十三條、第二百五十三條之一之處分曾經告訴人同意者,不得聲請再議。」此為告訴人聲請再議之規定。又同條第2項規定:「不起訴或緩起訴處分得聲請再議者,其再議期間及聲請再議之直接上級檢察署檢察長或檢察總長,應記載於送達告訴人處分書正本。」此項規定在於使得聲請再議之告訴人瞭解聲請再議之期間限制及

對象。

(2) 職權再議

又刑事訴訟法第256條第3項規定：「死刑、無期徒刑或最輕本刑三年以上有期徒刑之案件，因犯罪嫌疑不足，經檢察官爲不起訴之處分，或第二百五十三條之一之案件經檢察官爲緩起訴之處分者，如無得聲請再議之人時，原檢察官應依職權逕送直接上級檢察署檢察長或檢察總長再議，並通知告發人。」因此關於「死刑、無期徒刑或最輕本刑三年以上有期徒刑」之案件，經不起訴處分或緩起訴處分，此時如無告訴人得爲聲請再議時，基於社會公共利益之考量，應由檢察官依職權逕送直接上級檢察署檢察長或檢察總長再議，並通知告發人，此稱之爲「職權再議」。

2. 再議之處理 —— 原檢察機關之處理

依刑事訴訟法第257條第1項至第3項之規定，原檢察官於接獲聲請再議之書狀後其處理之方式如下：
(1)原檢察官認爲再議有理由時，應撤銷原處分，且除原處分如係不起訴處分時應繼續偵查或起訴。
(2)原檢察官如認爲再議無理由時，則應將卷證送交上級檢察署檢察長或檢察總長。
(3)聲請再議如已該法定期間，則應駁回之。

又基於檢察一體之精神，原處分之檢察官得於再議之聲請後介入案件之處理，其介入處理之方式，依刑事訴訟法第257條第4項之規定，原檢察署檢察長認爲必要時，於原檢察官認再議無理由送交上級檢察署檢察長或檢察總長前，得親自或命令他檢察官再行偵查或審核，分別撤銷或維持原處分；其維持原處分者，應即送交上級檢察署檢察長或檢察總長。

3. 再議之處理 —— 上級檢察機關之處理

再議之聲請經原檢察官認爲無理由或經檢察長介入後仍認無理由者，應送交上級檢察署檢察長或檢察總長，此時依刑事訴訟法第258條之規定，上級檢察署檢察長或檢察總長應審查再議是否有理由而分別處理之。
(1)如認爲再議爲無理由者，應駁回再議之聲請。
(2)如認爲再議有理由者，如係第256條之1被告對於撤銷緩起訴處分

之再議之情形，則應撤銷原撤銷緩起訴處分之處分，如係第256條
之對於不起訴或緩起訴再議之情形，則應分別爲下列之處分：
①偵查未完備者，得親自或命令他檢察官再行偵查，或命令原檢
　察署檢察官續行偵查。
②偵查已完備者，命令原檢察署檢察官起訴。

（二）聲請准許提起自訴

　　刑事訴訟法原本就告訴人不服駁回再議之聲請，規定有得聲請法院
「交付審判」之規定以茲救濟，惟此制度下如由法院裁定交付審判，則等
同於強制檢察官就案件加以起訴，惟該等案件原檢察官係認爲不應起訴，
故而產生在審判程序之中，檢察官如何提出證明被告有罪之證據、如何對
於被告加以論告等問題，在實務上恐產生窒礙難行之處。因此民國112年6
月21日刑事訴訟法修正，將上開聲請交付審判之救濟制度改爲「聲請法院
准許提起自訴」，茲就此一新法之相關規定論述如下。

1. 准許提起自訴之聲請

　　刑事訴訟法第258條之1第1項規定：「告訴人不服前條之駁回處分
者，得於接受處分書後十日內委任律師提出理由狀，向該管第一審法院聲
請准許提起自訴。」由此規定可知，聲請法院准許提起自訴係告訴人之告
訴經檢察官爲不起訴處分後，經過再議之程序亦經駁回後始得爲之。故此
屬於對於檢察官不起訴處分之第二次之審查，且其係向法院聲請，因而爲
一種外部審查之機制。故所謂提起自訴之聲請之制度，乃賦予告訴人對於
檢察官不爲起訴之處分不服時，得以藉由法院之外部審查機制，對於檢察
機關之不起訴處分是否適當加以審查。又爲使檢察官之不起訴處分得以早
日確定，故聲請准許提起自訴須於接受再議駁回之處分書後十日內爲之。
另因聲請法院准許提起自訴之案件通常涉及檢察官所爲之不起訴處分是否
適當之法律爭議，故應委任具有法律專業知識之律師提出理由狀敘明具體
之理由向法院聲請之。

　　又刑事訴訟法第258條之1第2項規定：「依法已不得提起自訴者，不
得爲前項聲請。但第三百二十一條前段或第三百二十三條第一項前段之情
形，不在此限。」故而案件如依法已經不得再行提起自訴者（如同一案件

業經判決確定），則亦不得再向法院為准許提起自訴之聲請；但如係因刑法第321條前段（即對於直系尊親屬或配偶，不得提起自訴）或第323條第1項前段（即同一案件經檢察官依第228條規定開始偵查者不得再行自訴）之規定而不得自訴之情形，則不在此限，亦即告訴人仍得委任律師聲請法院准許提起自訴。

另刑事訴訟法第258條之1第3項復規定：「律師受第一項之委任，得檢閱偵查卷宗及證物並得抄錄、重製或攝影。但涉及另案偵查不公開或其他依法應予保密之事項，得限制或禁止之。」蓋律師受告訴人委任向法院聲請准許提起自訴後，須針對檢察官之不起訴處分如何不適當而應准許告訴人提起自訴由法院加以審判等提出法律上之理由，故而有必要允許律師檢閱偵查之卷宗、證物及抄錄或攝影；惟因案件如涉及其他尚在偵查中之案件，或有其依法應予保密之事項，則不適宜准許律師檢閱卷證，故而但書特別規定加以限制或禁止。律師受告訴人委任聲請准許提起自訴時，如欲檢閱、抄錄或攝影偵查卷宗及證物，不論是否已向法院提出理由狀，均應向該管檢察署之檢察官聲請之，律師如誤向法院聲請，法院應移由該管檢察官處理。該卷宗或證物如由法院調借中，法院應速將卷證送還檢察官，以俾檢察官判斷是否有涉及另案偵查不公開或其他依法應予保密之情形。

又刑事訴訟法第258條之1第4項規定：「第三十條第一項之規定，於第一項及前項之情形準用之。」故而上開刑事訴訟法第30條第1項有關選任辯護人應提出委任書狀之規定，於告訴人聲請法院准許提起自訴而選任律師為代理人之情形準用之。

2. 聲請之撤回

刑事訴訟法第258條之2第1項規定：「准許提起自訴之聲請，於法院裁定前，得撤回之。」蓋告訴人聲請法院准許提起自訴係因不服檢察官所為之不起訴處分，而請求法院進行外部審查，故告訴人於聲請後如願接受不起訴處分之結果，自無不允許其撤回聲請之理，故而規定允許告訴人於法院裁定前得撤回聲請。又同條第2項規定：「撤回准許提起自訴之聲請，書記官應速通知被告。」另同條第3項則規定：「撤回准許提起自訴聲請之人，不得再行聲請准許提起自訴。」此規定乃在於避免經檢察官為不起訴之案件，告訴人反覆聲請法院准許提起自訴而處於長期不確定之狀態。

3. 法院之處理

　　聲請准許提起自訴之案件，因性質上係屬於不起訴處分之救濟程序，故法院應以合議方式加以審查以求慎重，因而刑事訴訟法第258條之3第1項即規定：「聲請准許提起自訴之裁定，法院應以合議行之。」又同條第2項規定：「法院認准許提起自訴之聲請不合法或無理由者，應駁回之；認為有理由者，應定相當期間，為准許提起自訴之裁定，並將正本送達於聲請人、檢察官及被告。」所謂不合法係指不合法定之程序，例如未委任律師為之，或接受處分書後已逾十日等等；又所謂有無理由係指實質審查原不起訴處分有無不當而有無准許提起自訴之必要而言。至於法院判斷有無准許提起自訴之必要，參考舊法交付審判制度有無理由之標準，實務見解係認為，法院於審查交付審判之聲請（舊法）有無理由時，除認為告訴人所指摘不利被告之事證未經檢察機關詳為調查或斟酌，或不起訴處分書所載理由違背經驗法則、論理法則或其他證據法則者外，不宜率予交付審判。又所謂之告訴人所指摘不利被告之事證未經檢察機關詳為調查，係指告訴人所提出請求調查之證據，檢察官未予調查，且若經調查，即足以動搖原偵查檢察官事實之認定及處分之決定而言；倘調查結果，尚不足以動搖原事實之認定及處分之決定者，仍不能率予准許提起自訴。

　　又刑事訴訟法第258條之3第3項規定：「法院為前項裁定前認有必要時，得予聲請人、代理人、檢察官、被告或辯護人以言詞或書面陳述意見之機會。」第4項則規定：「法院為第二項裁定前，得為必要之調查。」故應注意者，法院在收受告訴人所提准許提起自訴聲請後，無論為不合法或無理由而駁回之裁定，或有理由而為准許提起自訴之裁定時，均「得」予聲請人、代理人、檢察官、被告或辯護人以言詞或書面陳述意見之機會，此既規定「得」，則若法院未給予聲請人、代理人、檢察官、被告或辯護人以言詞或書面陳述意見之機會，亦難以認為違法。另外如法院依所調取之偵查卷宗內之資料判斷仍有事實不明之處，自得為必要之調查，以求事實之明確而作為判斷之依據。惟在舊制交付審判相關之實務見解認為，此所謂「得為必要之調查」，係指調查證據之範圍應以偵查中曾顯現者為限，而不可就新提出之證據再為調查，亦不可蒐集偵查卷宗以外之證據，否則將與刑事訴訟法第260條之再行起訴規定混淆不清（見台灣高等法院91年4月25日刑庭會議法律問題研討意見），此見解在實施新法聲請

准許提起自訴之制度可供參考。

又刑事訴訟法第258條之3第5項規定：「被告對於第二項准許提起自訴之裁定，得提起抗告。駁回之裁定，不得抗告。」依本項前段之規定，被告對於准許提起自訴之裁定，得提起抗告，此乃因被告原係受不起訴處分確定之人，其在法律上原已受有不受刑事追訴之利益，惟因法院裁定准許告訴人提起自訴之結果，而剝奪其此一法律上之利益，故應許其提出抗告，以資救濟。至於同條後段則規定，駁回之裁定，不得抗告，則係因案件經檢察官偵查後爲不起訴之處分、復經再議駁回，再經聲請准許提起自訴駁回，告訴人之權益應已有足夠之保障，無須再賦予其對於此駁回裁定得提起抗告之必要。

又刑事訴訟法第258條之4第1項規定：「聲請人於前條第二項後段裁定所定期間內提起自訴者，經法院通知後，檢察官應即將該案卷宗及證物送交法院，其審判程序適用第二編第二章之規定；未於該期間內提起自訴者，不得再行自訴。」依上開所述，法院如裁定准許告訴人提起自訴應定相當期間，告訴人於接獲裁定正本送達後，自應於期間內提起自訴，檢察官於接獲裁定正本送達後，則應將案件之卷宗及證物送交法院，其審判程序適用第二編第二章有關自訴之規定；如告訴人遲未提起自訴，爲免案件長期懸而未決，影響被告之權益，故而規定未於該期間內提起自訴者，不得再行自訴，此時案件之不起訴處分即告確定。又同條第2項則規定：「參與准許提起自訴裁定之法官，不得參與其後自訴之審判。」蓋法官裁定准許提起自訴後，對於嗣後提起自訴之案件，如仍參與審判，難免有預斷之情形，影響法院公平審判之原則，故而明文規定禁止，此亦係針對法官迴避所爲之規定。

六、撤銷緩起訴處分之救濟

如上所述，被告於受緩起訴處分後，有刑事訴訟法第253條第1項各款情形時，檢察官得爲撤銷緩起訴之處分，此時自係影響被告之權益，故應予其救濟之機會。由於撤銷「緩起訴」性質上屬檢察官之處分行爲，故刑事訴訟法第256條之1第1項規定：「被告接受撤銷緩起訴處分書後，得於十日內以書狀敘述不服之理由，經原檢察官向直接上級檢察署檢察長或檢察總長聲請再議。」因此被告接受撤銷緩起訴處分書後，得於十日內以書

狀敘述不服之理由，經原檢察官向直接上級檢察署檢察長或檢察總長聲請再議，此為緩起訴經撤銷後之救濟方式。又同條第2項規定：「前條第二項之規定，於送達被告之撤銷緩起訴處分書準用之。」故有關不起訴或緩起訴處分得聲請再議者，其再議期間及聲請再議之直接上級檢察署檢察長或檢察總長，應記載於送達告訴人處分書正本之規定，於送達被告之撤銷緩起訴處分書準用之。

第七節　偵查之停止

　　通常而言，偵查之程序一但開啟後，檢察官即應就犯罪事實之存在與否進行調查，有關證據之蒐集等相關行為，應持續進行，縱使犯罪之嫌疑人尚屬不明，亦不影響偵查之進行，惟如有特別之情形時，偵查之程序應予停止，此應停止偵查之情形依刑事訴訟法之規定有下列二種：

一、民事訴訟終結前

　　刑事訴訟法第261條規定：「犯罪是否成立或刑罰應否免除，以民事法律關係為斷者，檢察官應於民事訴訟終結前，停止偵查。」蓋犯罪是否成立或刑罰應否免除，以民事法律關係為斷者，檢察官應於民事訴訟終結前，停止偵查。此規定乃在於避免法律關係之認定出現歧異之現象。例如重婚罪以行為人已具有婚姻關係為犯罪之構成要件之一，如行為人是否具有婚姻關係在民事法律關係上產生爭議時，則檢察官不宜自行認定行為人是否具有婚姻關係，而應由法院依民事訴訟程序加以認定後以為依據，故此時即應在民事訴訟終結前停止偵查。

　　惟所謂停止偵查與上開之偵查終結有所不同，故檢察官並未對於案件作出任何之處分，故嗣民事訴訟程序終結，民事上之法律關係獲得確定之時，即應再開啟偵查之程序，此自不待言。

二、自訴在先及告訴乃論之罪經自訴

刑事訴訟法第323條第2項規定：「於開始偵查後，檢察官知有自訴在先或前項但書之情形者，應即停止偵查，將案件移送法院。但遇有急迫情形，檢察官仍應為必要之處分。」故而於案件開始進行偵查後，如檢察官知有自訴在先或屬告訴乃論之罪經犯罪之直接被害人提起自訴者之情形時，應即停止偵查，將案件移送法院，此為法定之偵查停止原因。此乃因此時案件業經自訴，則已繫屬法院形成三角訴訟關係，故檢察官不得再就案件以偵查之主體自居而對於被告進行偵查之行為，而應依刑事訴訟法規定進行案件相關之審判程序。

第二章
公　訴

第一節　概述

　　如前所述，我國目前之刑事訴訟法係採取所謂之起訴法定原則兼採起訴便宜原則，檢察官於進行偵查程序後，如認為被告有一定之犯罪嫌疑且具備訴訟之形式及實質條件（亦即無刑事訴訟法第252條各款之情形），並認為有必要時，即應提起公訴。提起公訴係屬刑事訴訟程序中訴訟行為之一種，即目的在於要求法院就個別之案件，確定其具體之刑罰權存在與否以及其範圍如何，故提起公訴後，案件即繫屬於法院，此時即形成法院、檢察官、被告之三面關係，而檢察官之偵查階段即轉換為狹義之刑事訴訟程序即法院之審判程序，檢察官之角色亦由偵查之主體轉換為刑事訴訟程序之當事人之一[1]。

第二節　公訴之提起

　　檢察官提起公訴應依一定之程式為之，刑事訴訟法第264條第1項即規定：「提起公訴，應由檢察官向管轄法院提出起訴書為之。」故檢察官就案件提起公訴時，應以起訴書之書面方式為之，不得以口頭方式提起，且提起公訴之對象須為對於刑事案件具有管轄權之法院。惟應注意者乃檢察官如就案件向無管轄權之法院提起公訴，其起訴並非無效，受訴法院仍應加以受理，僅係受訴之法院不得加以審判，而應依刑事訴訟法第304條之規定諭知管轄錯誤之判決，並移送有管轄權之法院。

　　又刑事訴訟法第264條第2項規定：「起訴書，應記載左列事項：一、

---

[1]　目前實務上檢察官於偵查後提起公訴，其並不到庭進行公訴之程序，而係由同一檢察機關內之其他檢察官接續為之，故目前較大之地方檢察署均分為偵查之檢察官、公訴之檢察官及執行之檢察官，而分組執行其職務。

被告之姓名、性別、年齡、籍貫、職業、住所或居所或其他足資辨別之特徵。二、犯罪事實及證據並所犯法條。」其中有關記載被告之姓名等事項，主要在於確認及特定檢察官所起訴之被告之身分，故對於年齡或無一定之住居所之人，甚至無姓名之人或姓名不可得知之人，亦得加以起訴，僅須以一定方式特定該起訴之被告之身分，避免與其他人混淆即可。又此所稱犯罪事實之記載，實務之見解認為以足以與其他之犯罪事實相區別即可，認為：「關於犯罪事實應如何記載，法律雖無明文規定，然起訴之犯罪事實即法院審判之對象，並為被告防禦準備之範圍，倘其記載之內容足以表示其起訴之範圍，使法院得以確定審理範圍，並使被告知悉因何犯罪事實被提起公訴而為防禦之準備，即為已足。亦即，檢察官起訴書所應記載之犯罪事實，苟與其他犯罪不致相混，足以表明其起訴之範圍者，即使記載未詳，法院不得以其內容簡略而不予受理。」此有最高法院101年度台上字第4142號判決意旨可供參照，此外另有最高法院71年度台上字第376號、98年度台上字第7975號等判決亦採相同見解可資參照。另實務之見解同時亦認為，上開所述之所犯法條並非起訴書之絕對必要記載事項，縱有漏載亦不影響起訴之效力，如「被告所犯之法條，起訴書中雖應記載，但法條之記載，究非起訴之絕對必要條件，若被告有兩罪，起訴書中已載明其犯罪事實而僅記載一個罪名之法條，其他一罪雖未記載法條，亦應認為業經起訴。」此有最高法院64年度台非字第142號判例意旨可供參照，其他另有最高法院71年度台上字第6684號、72年度台上字第5391號等判決亦同此意旨可資參照。

又刑事訴訟法第264條第3項規定：「起訴時，應將卷宗及證物一併送交法院。」依此規定檢察官於起訴時，即應將其偵查中之卷宗及證據，如警卷、偵查卷宗及相關之扣案證物等一併送交法院，其目的在使審判之法官，於審判前對於案情能有所瞭解，有助於審判前之準備工作。惟另一方面，即有可能使法官在進行審判程序之前就接觸相關證據，而產生心證之預斷，對於被告而言並非有利[2]。

另刑事訴訟法第263條規定：「第二百五十五條第二項及第三項之規

---

[2] 故學者間有主張採取英、美及日本相同之卷證不併送制度，或稱之為起訴狀一本主義之制度，認為如此可有效隔絕偵查與審判之間之連結，並迫使檢察官積極偵查及在法庭實施公訴，並使法院得以完全以第三者之中立角色進行審判。見黃朝義著，刑事訴訟法，2006年9月，頁330。

定，於檢察官之起訴書準用之。」依此規定檢察官之起訴書，應以正本送達於告訴人、告發人、被告及辯護人，前項送達，自書記官接受處分書原本之日起，不得逾五日。有疑問者起訴書如未送達予被告，此時起訴之效力如何？對此實務見解認為對於起訴之效力不生影響：「檢察官之起訴書，依刑事訴訟法第242條規定（現行263條），準用同法第234條第2項（現行252條第2項）之結果，固應送達於被告，但不為送達時，亦僅訴訟程序違背規定，要難以此認為無合法起訴之存在[3]。」此有最高法院28年度上字第3423號判例意旨可供參照。

第三節　起訴之審查

　　為防止檢察官濫行起訴以保障人權，並使有限之司法資源得到充分有效之利用，刑事訴訟法乃賦予法院對於檢察官起訴之案件設立一套審查之機制，以過濾犯罪之證據顯然不足夠之案件，此即一般所稱之中間審查制度。故刑事訴訟法第161條第2項即規定：「法院於第一次審判期日前，認為檢察官指出之證明方法顯不足認定被告有成立犯罪之可能時，應以裁定定期通知檢察官補正；逾期未補正者，得以裁定駁回起訴。」法院於第一次審判期日前，認為檢察官所舉出之證明方法顯不足認定被告有成立犯罪之可能時，應以裁定定期通知檢察官補正；逾期未補正者，得以裁定駁回起訴，此即所謂之起訴審查制度[4]。

　　起訴審查應於法院第一次審判期日前為之[5]，此時法院之審查應係就檢察官起訴意旨及全案卷證資料，依一般之客觀論理法則與經驗法則，

---

[3]　對此學者有不同之見解，認為檢察官如未將起訴書送達被告，則被告無法行使防禦權，對於審判之公平影響甚鉅，故應認為起訴之效力溯及於起訴時無效始較為妥當。見黃東熊著，刑事訴訟法論，1999年3月，頁279。

[4]　起訴審查之規定係刑事訴訟法於2003年修法時所增列，其係參考德國刑事訴訟法之「中間程序」及美國刑事訴訟法之「Motion to dismiss」程序所設立之法例，旨在法院可正式之審判程序前先行過濾檢察官所起訴之案件。

[5]　我國刑事訴訟法規定起訴審查之時點在第一次審判期日前均可為之，如此可能造成進行多次之準備程序後，法院仍以此為理由駁回，故有學者主張起訴審查應有時點之限制，如以起訴後三十日內為限制，以與準備程序、審判期日形成明確之階段。見林鈺雄著，刑事訴訟法（下冊），2006年9月，頁112。

從形式上加以判斷，是否可認為被告「顯」無成立犯罪之可能為標準；所謂顯然無成立犯罪可能之情形，實務上認為包括起訴書證據及所犯法條欄所記載之證據明顯與卷證資料不符，檢察官又未提出其他證據可資證明被告犯罪；僅以被告或共犯之自白或告訴人之指訴，或被害人之陳述為唯一之證據即行起訴；以證人與實際經驗無關之個人意見或臆測之詞等顯然無證據能力之資料作為起訴證據，又別無其他證據足資證明被告成立犯罪；檢察官所指出之證明方法過於空泛，如僅稱有證物若干箱或帳冊若干本為憑，至於該證物或帳冊之具體內容為何，均未經說明；相關事證未經鑑定或勘驗，如扣案物是否為毒品、被告尿液有無毒物反應、竊佔土地坐落何處等，苟未經鑑定或勘驗，均屬之。

又刑事訴訟法第161條第3項規定：「駁回起訴之裁定已確定者，非有第二百六十條各款情形之一，不得對於同一案件再行起訴。」故同一案件經起訴審查後駁回起訴之裁定已確定者，非有第260條各款情形之一，不得對於同一案件再行起訴，如違反此項規定，再行起訴者，則依同條第4項之規定：「違反前項規定，再行起訴者，應諭知不受理之判決。」

另應注意者乃起訴審查之作用既在於為過濾檢察官起訴之案件，以防檢察官濫行起訴，故應以案件是否達到可以起訴之標準為判斷之基準，必須認為案件未達起訴之標準始得裁定駁回；易言之，須符合刑事訴訟法第251條第1項所稱之「被告有犯罪嫌疑者」之標準，此與法院經過審判程序後，判斷有罪、無罪之標準應有不同，否則，起訴審查之裁定駁回即與實體之無罪判決相混淆[6]。

第四節　公訴之追加

檢察官於案件提起公訴後，如遇有其他非屬於單一案件之犯罪事實，原應另行提起公訴，成立另外一個獨立之訴訟關係，亦即成立另一案件，

---

[6] 有學者認為起訴審查判斷被告是否有顯不足成立犯罪之可能之情形，應屬於實體審查之事項，惟此實體之事項先於刑事訴訟法第273條第6項針對程序要件之審查，違背先程序後實體之基本概念，混淆起訴後之訴訟程序，故起訴審查之立法有須檢討之處。見黃朝義著，刑事訴訟法，頁353。

惟爲訴訟經濟之考量，如案件經起訴後，其他案件與業經起訴之案件之間有一定之關係存在，此時應允許檢察官就該其他之犯罪事實，以追加起訴範圍之方式處理，以便法院合併審理，此即所謂之公訴之追加起訴。

一、追加之期間

刑事訴訟法第265條第1項規定：「於第一審辯論終結前，得就與本案相牽連之犯罪或本罪之誣告罪，追加起訴。」故檢察官於提起公訴後，得追加起訴，惟應於原起訴之案件第一審辯論終結前爲之，蓋追加起訴之目的在於訴訟經濟之考量，如原起訴之案件業經第一審辯論終結，則再行追加起訴，已無從合併審理，自已失允許追加起訴之原意。故在原起訴案件業經第一審辯論終結後，如再行追加起訴，則其追加起訴之程序即爲不合法，法院應以起訴之程序違背規定，而依刑事訴訟法第303條第1款之規定，就此部分諭知不受理之判決。

二、追加之範圍

追加起訴係爲訴訟經濟之目的，故其範圍自有一定之限制，故而依上開刑事訴訟法第265條第1項之規定可知，得追加起訴之案件限於與本案相牽連之犯罪及本罪之誣告罪二種。

所謂與本案相牽連之犯罪，實務上認爲係指刑事訴訟法第7條所規定之相牽連案件，如「刑事訴訟法第265條第1項所謂相牽連之犯罪，係指同法第7條所列之相牽連之案件，且必爲可以獨立之新訴，並非指有方法與結果之牽連關係者而言。」此有最高法院83年度台抗字第270號判例意旨可供參照。又是否屬於所謂相牽連之案件，實務上亦認爲僅應就形式上加以判斷即可，而非以實質審理之結果爲準，故本案部分縱使其後經法院判決無罪，亦不妨礙訴之追加；如「刑事案件於第一審辯論終結前，得就與本案相牽連之犯罪，追加起訴，爲刑事訴訟法第二百六十五條第一項所規定。所謂相牽連之案件係指刑事訴訟法第七條所列之：一、一人犯數罪。二、數人共犯一罪或數罪。三、數人同時在同一處所各別犯罪。四、犯與本罪有關係之藏匿人犯、湮滅證據、僞證、贓物各罪之案件。追加起訴之目的乃爲訴訟經濟。至於是否相牽連之案件，應從起訴形式上觀察，非

以審理結果，其中一部分被訴犯罪事實不能證明，爲不得追加起訴之根據。」此有最高法院90年度台上字第5899號判決意旨可供參照。

　　另所謂本罪之誣告罪，係指原起訴案件之犯罪事實涉及他人對於被告有誣告之犯罪嫌疑，此時爲使被告是否犯罪或係遭誣告，其證據有共通之情形，有同時加以認定之必要，爲免法院間認定歧異，並考量訴訟經濟，故准予就誣告罪部分追加起訴，使其與本案之部分一併審理。

三、追加之程式

　　追加起訴之程式以口頭或書面爲之均無不可，故刑事訴訟法第265條第2項規定：「追加起訴，得於審判期日以言詞爲之。」因而檢察官追加起訴原則上以書面爲之，惟如於審判期日得以言詞爲之，亦即於審判期日進行案件審理時以言詞方式爲之，並經書記官記明筆錄，以明確追加起訴之範圍，此在使訴訟之程序進行不致延宕。

第五節　公訴之效力

一、產生訴訟繫屬關係

　　檢察官就案件提起公訴後，首先產生之訴訟上之效果即係案件繫屬於法院，而形成法院、檢察官、被告之三面關係，此時檢察官與被告雙方均屬於訴訟程序中之當事人，處於互相對等之地位，而脫離偵查中檢察官對於被告具有糾問性質之二面關係。

二、對人之效力（主觀效力）

　　刑事訴訟法第266條規定：「起訴之效力，不及於檢察官所指被告以外之人。」依此規定，起訴不及於檢察官所指被告以外之人；易言之，起訴之效力僅及於起訴書所指之特定被告，此即所謂起訴之人之效力，亦稱之爲起訴之主觀效力。故是否屬於起訴之被告，應以檢察官之起訴書人別

欄所載之被告爲判斷之基準，必起訴書人別欄所列之人如屬於起訴效力所
及之人，如僅係於起訴書之犯罪事實中加以論述，但並未列於人別欄中，
則並非起訴效力所及之被告。實務上亦採取此一見解，認爲：「刑事訴訟
法第二百六十四條第二項第一款規定檢察官起訴書應記載被告之姓名、年
籍等人別資料，旨在界定檢察官請求法院審判之人，故同法第二百六十六
條又規定起訴之效力，不及於檢察官所指被告以外之人。是必檢察官於起
訴書之被告人別欄將其人列爲被告，並於犯罪事實欄及證據並所犯法條欄
對其有所敘述，始能謂爲對該人已經起訴；否則，如其人未經起訴書被告
人別欄列爲被告，縱令犯罪事實欄記載其與其他已列爲被告之人共同犯
罪，亦不能謂爲其人已經檢察官起訴，自非法院審判之對象。」此有最高
法院89年度台上字第3073號判決意旨可供參照。

　　另有問題者乃被告以虛僞之姓名應訊，以致起訴書所載之被告之姓名
有誤，此時如何處理，即有問題。目前實務之見解認爲，如檢察官能特定
所要起訴之人，則其仍係起訴效力所及，法院仍得加以審判，只須更名即
可，否則即應就起訴書所載之被告加以審判，而是否得以特定檢察官所欲
起訴之人，通常以在檢察官偵查中曾否到案接受檢察官之訊問加以區別；
如「起訴書所記載之被告姓名，一般固與審判中審理對象之被告姓名一
致，惟如以僞名起訴，既係檢察官所指爲被告之人，縱在審判中始發現其
眞名，法院亦得對之加以審判，並非未經起訴。」此有最高法院70年度台
上字第101號判例意旨可供參照，又如「法院審判之被告，係檢察官所指
刑罰權對象之人，起訴書所記載之被告姓名、年籍，一般固與審判中審理
之人姓名年籍一致，惟若以僞名起訴，而審判之對象爲眞正之犯罪行爲人
確爲檢察官所指被告之人，因刑罰權之客體同一，僅姓名年籍不同，其於
審理中查明時，由法院逕行更正被告之姓名年籍；其於判決後始發現者，
亦由原法院裁定更正姓名年籍重行送達即可。但若依卷證資料及調查證據
之結果，無法看出眞正之犯罪行爲人，並可確信起訴書所指被告並非眞正
犯罪行爲之人，且無從更正被告之姓名年籍，自應就起訴書所指被告之人
爲有無犯罪行爲之裁判。」此亦有最高法院98年度台非字第67號判決意旨
可供參照。

三、對事之效力（客觀效力）

　　刑事訴訟法第267條規定：「檢察官就犯罪事實一部起訴者，其效力及於全部。」此即所謂起訴之事之效力，亦稱之為起訴之客觀效力。起訴之事之效力範圍係及於單一案件之全部犯罪事實，故如檢察官僅就單一案件之一部犯罪事實起訴，則效力仍及於單一案件之全部犯罪事實，此即所謂之公訴不可分原則及審判不可分原則，亦可稱之為起訴效力之擴張。又此所謂之單一案件，如前所述，係指被告單一及犯罪事實單一而言，犯罪事實單一包括接續犯、繼續犯、結合犯、集合犯、想像競合犯及加重結果犯等等。故檢察官如僅就想像競合犯之案件中之一部犯罪事實起訴，其起訴之效力及於其他之犯罪事實，例如某甲同一駕車之過失行為導致某乙、某丙二人死亡，此時即屬一行為觸犯數罪名之想像競合犯，如檢察官僅就過失致乙死亡部分起訴甲，而審理中法院發現尚有丙因同一過失之犯罪行為而死亡，則起訴之效力即及於過失致丙死亡之部分，法院對此部分自得一併加以審理。

　　惟應注意者，依實務之見解，起訴部分犯罪事實效力及於全部，係在起訴之犯罪事實部分及未起訴之犯罪事實部分，均經法院認定有罪之情形下始發生；若起訴之犯罪事實經法院認定無罪、不受理或免訴，或未起訴之部分犯罪事實經法院認定應為無罪、不受理或免訴之判決，則起訴部分之犯罪事實與未起訴部分之犯罪事實之間即不生所謂公訴不可分之概念，此時其他未經起訴之犯罪事實部分自非起訴效力所及。如「檢察官就牽連犯之一部事實起訴者，依刑事訴訟法第二百四十六條之規定，其效力固及於全部，然檢察官起訴之事實一經法院審理之結果，認為無罪，即與未經起訴之其他事實並不發生牽連，自無犯罪事實一部與全部關係之可言，依同法第二百四十七條規定，法院即不得就未經起訴之其他事實，併予裁判。」此有最高法院25年度上字第1701號判例意旨可供參照，另如「所謂審判不可分，亦即審判事實範圍之擴張，此種事實之擴張，須以未經起訴之事實（學術上有稱為『潛在事實』）與已經起訴之事實（學術上有稱為『顯在事實』）俱屬有罪且互有實質上或裁判上一罪之不可分關係為前提，始無礙於審判事實與起訴事實之同一性，如其中之一部不能證明犯罪，既與他部無不可分關係，自無合一裁判之餘地，故未經起訴之事實，

如不能成立或證明犯罪，自毋庸記載於判決書之事實欄，如能成立或證明
犯罪，不但須記載於事實欄，且須於理由欄敍明憑以認定之證據及其與起
訴論罪部分有不可分關係之理由，否則即屬違法。」此亦有最高法院86年
度台上字第3764號判決意旨可供參照，又如「法院不得就未經起訴之犯罪
審判，其就起訴書所未記載之事實而得予以審判者，以起訴效力所及之事
實為限，必以已起訴及未經起訴書所載之事實均成立犯罪，兩者復具有實
質上或裁判上一罪之單一性不可分關係者，始得為之。又法院對已起訴部
分認定犯罪不能證明，未起訴部分既無所附麗，自不得加以判決，否則即
有訴外裁判之違法。」此亦有最高法院98年度台上字第5545號判決意旨可
供參照，其他例如最高法院76年度台上字第1482號、78年度台上字第3603
號、86年度台上字第5919號、87年度台上字第260號、89年度台上字第
5794號等判決亦均採取同一見解可供參照。

四、不告不理原則

又刑事訴訟法第268條規定：「法院不得就未經起訴之犯罪審判。」
此規定即在揭示所謂「不告不理原則」。故除依上開所述，起訴不可分之
情形外，未經起訴之犯罪事實，法院即不得加以審理，否則即屬於未經請
求之事項加以裁判，屬於訴外裁判而違反不告不理之原則。不告不理之
原則係基於法院在追訴犯罪之程序中，係屬於中立之第三者角色之概念而
來，法院僅得被動就檢察官或自訴人請求追訴之案件加以受理後進行審
判，不得主動介入任何之犯罪事實而加以審理，否則即有失其中立之立
場，亦違反權力分立之基本理念。

第六節　公訴之撤回

公訴之撤回係指檢察官於提起公訴後，因一定之理由，向法院表示撤
回其起訴，使案件脫離法院之繫屬。蓋檢察官於提起公訴後，如發現其依
法應為不起訴之處分（例如有告訴乃論之罪未經合法告訴之情形）或認為
犯罪之證據並不足以顯示被告有犯罪之嫌疑等情形，自應允許檢察官撤回

其起訴，以免無謂浪費司法之資源。

公訴經撤回後，原產生之訴訟三角關係即歸於消滅，案件即告終結，此時法院並無須為任何之裁判。以下即就撤回公訴之期間、事由及效果分別論述之。

一、撤回之期間

檢察官提起公訴後，亦得加以撤回，惟其撤回之時點，刑事訴訟法第269條第1項規定：「檢察官於第一審辯論終結前，發見有應不起訴或以不起訴為適當之情形者，得撤回起訴。」故檢察官撤回起訴應在第一審辯論終結前為之，蓋第一審法院既已經實質審理而進行辯論後，則裁判之條件已經成熟，此時再予撤回起訴已無意義，應由法院就起訴之犯罪事實加以判決，以確定具體個案之刑罰權存在與否及其範圍為適當。

二、撤回之事由

檢察官撤回起訴之原因，依上開刑事訴訟法第269條第1項之規定，以發見有應不起訴或以不起訴為適當之情形者為限。所謂應不起訴或以不起訴為適當，應係指上開所述檢察官於偵查後依法應為不起訴處分（即絕對不起訴）或得為不起訴（即相對不起訴或職權不起訴）之情形，故除非有上開之情形，否則檢察官不得任意撤回其起訴之案件。檢察官撤回起訴有一定之事由限制，惟此應係指對於檢察官之限制，而非對於法院之限制，故法院於檢察官撤回起訴之時，應無須審查其是否符合上開條件，只要檢察官表示不再予追訴之意思，法院即應予尊重，如此亦較符合當事人進行主義之精神。又關於舊制之交付審判之案件檢察官得否撤回起訴，實務上並無見解可供參照，依據交付審判係屬法院強制起訴之性質而言，似不應允許檢察官就交付審判之案件撤回起訴[7]。

---

[7] 學者間多認為交付審判之案件屬強制起訴之性質，故無刑事訴訟法269條檢察官撤回起訴規定之適用。見柯耀程著，刑事程序理念與重建，2009年9月，頁133；林鈺雄著，交付審判之起訴審查與撤回公訴，台灣本土法學雜誌，第34期，頁142。

三、撤回之程式

　　又刑事訴訟法第269條第2項規定：「撤回起訴，應提出撤回書敘述理由。」依此規定，縱使檢察官於審判期日，當庭以言詞表示撤回起訴之意思，仍不發生撤回起訴之效力，必待其以撤回之書狀提出於法院始產生撤回之效力，且撤回書應敘述撤回之理由，使法院及他造當事人、告訴人知悉。

四、撤回之效力

　　另刑事訴訟法第270條規定：「撤回起訴與不起訴處分有同一之效力，以其撤回書視為不起訴處分書，準用第二百五十五條至第二百六十條之規定。」故檢察官所製作之撤回書即等同於不起訴處分書，此時並應準用撤回理由書，以正本送達於告訴人、告發人、被告及辯護人之規定，並有關於不起訴處分後再議及聲請准許提起自訴及不起訴處分確定後一事不再理（即非有特定事由不得對於同一案件再行起訴）等規定之準用。易言之，撤回起訴之撤回書製作之格式，自應依不起訴處分書相同之方法為之，自不得以檢察官所屬機關之函文代替。

　　又關於數罪併罰之案件，就其中一罪撤回起訴固無問題，惟如係就單一案件之一部分撤回起訴，是否允許？就此實務之見解認為，單一案件僅只一個刑罰權，故不得割裂就其中一部分撤回起訴，縱使撤回亦不生撤回之效力；如「檢察官於第一審辯論終結前，發見有應不起訴或以不起訴為適當之情形者，得撤回起訴。撤回起訴，應提出撤回書敘述理由；刑事訴訟法第二百六十九條定有明文。又裁判上一罪，實質上一罪之單一性案件，既不許為一部之起訴，當然不許為訴之一部撤回。若為一部撤回，法院依刑事訴訟法第二百六十七條規定，仍可全部予以審判，此乃因一罪一個刑罰權，訴訟上無從分割。從而，此種案件若為一部撤回，既不生撤回效力，法院就該部分仍應予審判，否則，即有已受請求之事項未予判決之違法。」此有最高法院99年度台上字第4789號判決意旨可供參照。

　　另有應注意者，所謂撤回起訴與撤回告訴係屬本質不同之二事，不可混為一談。撤回起訴係為當事人之一之檢察官所為之訴訟行為，故撤回起

訴後即產生訴訟繫屬關係消滅之效果，法院即不須作任何裁判，案件即告
終結，已如前述；惟撤回告訴係由非屬當事人之告訴人所為之訴訟上意思
表示，故撤回告訴後訴訟之繫屬關係仍然存在，法院仍須針對案件作出適
當之判決，如係告訴乃論之罪經合法撤回告訴，則法院應依刑事訴訟法第
303條第3款之規定諭知不受理之判決，如係非告訴乃論之罪，縱使經合法
撤回告訴，法院仍須進行審理，除有其他應為程序判決之情形外，並應為
實體之判決。

　　又撤回起訴其效力僅及於經撤回之被告，對於其他共同被告不生效
力，此與告訴乃論之罪對於共犯之一人撤回告訴，其效力及於其他共犯有
所不同；此乃因撤回起訴係針對訴訟之繫屬加以撤回，而訴訟之繫屬就個
別被告間係互相獨立存在，即使在同時經起訴之共同被告間亦同，故針對
共同被告其中一人撤回起訴，對於其他共同被告之訴訟繫屬自不生影響，
此與告訴係告訴權人表示欲追訴特定犯罪之意思表示其間之意義不同。

第三章
審　判

　　刑事案件經檢察官提起公訴後，即繫屬於受理訴訟之法院，而形成法院、檢察官及被告之三面關係，已如上述，此訴訟上之三面關係形成後，法院即應依法進行案件之審理而後作出裁判，此即為刑事訴訟中關於審判之程序，亦即上開所述之狹義之刑事訴訟程序。審判程序原則上以審判期日之程序為進行之重心，此外，尚包括審判期日前之準備程序，及審判期日後經過認定事實及適用法律後作出決定（亦即裁判），以為審判程序之終結。

第一節　準備程序

一、準備程序之期日

　　刑事訴訟法第273條第1項規定：「法院得於第一次審判期日前，傳喚被告或其代理人，並通知檢察官、辯護人、輔佐人到庭，行準備程序，為下列各款事項之處理：……」此即係關於準備程序之規定，準備程序之進行乃在於第一次審判期日之前，由法院傳喚被告或其代理人，並通知檢察官、辯護人、輔佐人共同出庭，就審判相關之事項作一定之處理，以便審判期日能順利並快速進行，以達刑事訴訟集中審理之原則[1]。
　　又上開刑事訴訟法第273條第1項既係規定，法院「得」於第一次審判期日前，而非「應」於第一次審判期日前，故而實務之見解多認為準備程序係屬法院自由裁量之事項，認為法院得於第一次審判期日前行準備程序，處理有關該項各款所定之事項，其立法意旨在於審判期日前，先釐清

---

[1]　集中審理係刑事訴訟程序之基本原則，旨在確保刑事訴訟程序進行之集中與快速，依我國刑事妥速審判法第4條之規定，法院行準備程序時，應落實刑事訴訟法相關規定，於準備程序終結後，儘速行集中審理，以利案件妥速審理。

法院審判之範圍，瞭解被告是否為認罪之答辯及釐清案情，暨明瞭當事人、辯護人對證據能力及調查證據之意見，並就其他與審判有關之事項，先為處理，以期審判期日之訴訟程序能密集、順暢進行。至於是否行準備程序，法院有依據具體個案情節自由斟酌之權；此有最高法院97年度台上字第1353號、99年度台上字第4922號等判決意旨可供參照。

二、準備程序處理之事項

上開刑事訴訟法第273條第1項規定：「法院得於第一次審判期日前，傳喚……行準備程序，為下列各款事項之處理：一、起訴效力所及之範圍與有無應變更檢察官所引應適用法條之情形。二、訊問被告、代理人及辯護人對檢察官起訴事實是否為認罪之答辯，及決定可否適用簡式審判程序或簡易程序。三、案件及證據之重要爭點。四、有關證據能力之意見。五、曉諭為證據調查之聲請。六、證據調查之範圍、次序及方法。七、命提出證物或可為證據之文書。八、其他與審判有關之事項。」

故上開所謂準備程序之目的即在為審判期日預先作準備，其進行之事項並非審判程序之本身，一般而言，法院行準備程序時除先行進行人別訊問、起訴要旨之陳述及踐行告知義務外，其後應依上開規定，接續處理下列各項事項：

（一）起訴效力所及之範圍與有無應變更檢察官所引應適用法條之情形

起訴之效力所及係用以界定審判之範圍，應於審判期日前加以釐清，而如前所述，檢察官起訴書有關犯罪事實之記載，如與其他犯罪不致相混，足以表明其起訴之範圍即為已足，即使記載未詳，法院仍不得以其內容簡略，即認起訴當然違背法律必備之程式，而不予受理，惟此種情形事關法院審判範圍及被告防禦權之行使，自應先於審判期日前，經由訊問或闡明之方式使之明確，故如有此情形即有必要於準備程序中就犯罪事實亦即起訴之效力加以確定，俾便檢察官及被告均瞭解審判之範圍所在；是實務上亦認為倘檢察官起訴書或其依裁定補正之犯罪事實，尚未明晰，法院非不得依本款之規定予以闡明，期能釐清其審理之對象及訴訟之範圍，此

有最高法院101年度台上字第5263號判決意旨可供參照。

　　又案件經法院依上開規定於準備程序中加以闡明後，如業就起訴書內容加以更正，當事人雙方亦無爭執時，則應依更正後之犯罪事實及論罪法條爲其審判之範圍，不得再依原起訴所載之犯罪事實及法條論處，此有最高法院97年度台非字第108號判決意旨可供參照。依此一見解，如檢察官起訴書原記載之犯罪事實係故買贓物，並論以刑法第349條第2項之罪，如經檢察官於準備程序中，更正爲普通竊盜罪，並論以刑法第320條第1項之罪，則法院即應依更正後之犯罪事實及論罪條文審理[2]。

　　又檢察官起訴時所引用之論罪法條，如法院認爲經由審判之程序後，有可能在基本事實同一之情況下依法加以變更，此時法院在準備程序中即應加以處理，如有變更之可能時應加以告知，以免於將來之審判期日時，影響檢察官公訴之進行及被告防禦權之行使。

（二）訊問被告、代理人及辯護人對檢察官起訴事實是否爲認罪之答辯，及決定可否適用簡式審判程序或簡易程序

　　於審判期日前法院對於被告是否認罪應先予瞭解，如此可決定審判期日應行調查證據之範圍及必要性，且被告如認罪，則法院得考慮以簡式審判程序進行案件之審理，或將普通審判程序轉換爲簡易程序，以求司法審判程序之簡速（有關於簡式審判程序及簡易程序，另於以下相關章節加以論述之）。故於準備程序中法官於確定起訴之效力所及之範圍後，即應對於被告就其是否認罪加以訊問，如被告爲認罪之答辯時，則法院應決定案件是否得以簡式審判程序進行，或轉換爲簡易程序處理案件。

（三）案件及證據之重要爭點

　　當事人間就起訴之案件有關事實及法律上有如何爭執之處，此即爲案件之爭點所在，而此爭點必爲對於事實之認定或法律之適用有所影響始得謂係重要之爭點，有關案件及證據方面重要之爭點，法院應於審判期日前先行瞭解，以爲審判期日之進行預作準備。而實務見解認爲此項規定僅

2　依此實務之見解，似乎認爲檢察官於起訴後，法院進行準備程序時，其變更起訴法條與刑事訴訟法第300條之變更起訴法條不同，不受同一基本社會事實之限制。

在於就案卷內客觀存在之供述事實作整理，而無主觀判斷之性質在內；如「於審判實務上，此項事實上重要爭點之整理，由法院或受命法官於訊問被告、代理人及辯護人是否為認罪之答辯後，斟酌案內已存在之供述事實為彙整；或先由控、辯雙方各自提出，再由法院或受命法官於訊問雙方意見後，逐一過濾，俾異中求同；最後整理出準備程序筆錄所常見之兩造爭執及不爭執之事項，俾憑決定審判期日調查證據之範圍、次序及方法。準備程序所為整理事實上之重要爭點，固為案件重要事項之處理，但應僅止於對案內客觀存在之供述事實為條舉式之呈現。」此有最高法院96年度台上字第204號判決意旨可供參照。

實務上有問題者乃當事人於準備程序對於相關之爭點或證據之證據能力予以承認或否認，則嗣後於審判期日時得否再為相反之主張？亦即是否產生失權之效果？對此目前實務上有不同之見解；有認為準備程序中之承認或否認，不得於審判期日為相反之主張，此有最高法院97年度台上字第5581號判決意旨可資參照；另有認為準備程序中之同意有證據能力，仍得於審判期日加以爭執，此亦有最高法院97年度台上字第1019號判決意旨可供參照。

（四）有關證據能力之意見

證據能力之意義業如前述，有關於證據能力之有無，法院應依法加以認定，惟如能在審判期日前聽取當事人就此一方面之意見，則有助於審判期日證據調查之進行，亦使法院能對於證據能力之有無預作判斷。又依刑事訴訟法第273條第2項之規定，法院如於準備程序中對於證據能力之有無加以判斷後，認定無證據能力時，該證據即不得再於審判期日加以主張。

有關證據能力意見之處理，應先命檢察官表明所提出之證據為何，再由被告、辯護人依序表示對於檢察官所提出之證據之證據能力有何意見，及是否同意有證據能力；其次如被告方面亦有證據提出，亦應請其表明證據為何，再由檢察官對於其證據能力表示意見。

準備程序通常由受命法官一人進行處理，對於有同意法則適用之傳聞證據，如於準備程序時經當事人及辯護人同意作為證據使用，或其他顯然具有證據能力之證據，則於準備程序中得加以確定於審判期日作為調查證據之對象，並記明於筆錄。至於證據能力之有無尚有爭議之證據，受命法

官通常不會於準備程序中對於證據能力之有無加以決定，而係留待合議庭於審判期日或評議時加以認定。

又法院於準備程序中對於證據能力有無之認定及調查與否，得否依刑事訴訟法第288條之3第1項之規定聲明異議，實務上係採取否定說；如「被告或辯護人對於檢察官所提出之證據是否具有證據能力，有所爭執時，參諸刑事訴訟法第二百七十三條第一項第四款、第二項規定之立法意旨，固得於準備程序時陳述對證據能力之意見，由法院先予調查，以節省勞費，避免耗費不必要之審判程序；然調查與否，法院有自由斟酌之權，而有關證據能力之認定，亦係法院之職權範圍。倘該證據經法院依法認定具證據能力，而於證明事實有重要關係，又非不易或不能調查者，則為明瞭案情起見，法院自應依刑事訴訟法第二百八十八條第一項規定，於審判期日調查之。法院對於證據有無證據能力之認定及調查與否，並非有關調查證據之執行細節或方法，被告或辯護人尚不得援引刑事訴訟法第二百八十八條之三第一項規定向法院聲明異議。」此有最高法院95年度台非字第204號判決意旨可供參照。

（五）曉諭為證據調查之聲請

在目前刑事訴訟法採取改良式當事人主義之後，原則上法院僅得依職權調查證據，而非應依職權調查證據，故有關於證據之調查當事人應為一定之主張，故在準備程序中，如當事人對於對其有利之證據未進一步主張調查時，法院應曉諭其是否為證據調查之聲請，以避免當事人對於重要之證據漏未聲請法院加以調查，而妨害法院對於事實之認定。而聲請調查證據之聲請人及程式應分別依上開所述之刑事訴訟法第163條及第163條之1之規定為之。

（六）證據調查之範圍、次序及方法

審判期日應進行調查之證據，應在準備程序中先行確定調查之範圍，並決定調查之次序及方法，如此在審判期日即可在調查範圍明確之情況下，直接依準備程序排定之調查次序（實務上稱之為證據調查之排棒順序）及方法進行證據之調查，以利審判期日案件進行得以迅速且確實。

（七）命提出證物或可爲證據之文書

在準備程序中就與待證事實有關之證物或可爲證據之文書，如係屬法院應依職權調查之證據，法院得命當事人提出；如非屬法院應依職權調查之證據而經當事人聲請調查，法院於認爲有必要時，亦得命當事人提出；此在於事先命當事人提出後，在審判期日即可直接進行調查，以達集中審理之目的。

（八）其他與審判有關之事項

除上開所述之事項外，其他任何與審判期日進行審判程序有關之事項，均得在準備程序中加以處理，而不須至審判期日再耗費時間加以處理，甚至影響審判期日相關程序之進行。

準備程序處理之事項業如上述，惟有問題者乃當事人於準備程序中已對爭點或調查證據予以承認或否認，嗣後可否再爲相反之主張，亦即準備程序有無產生失權之效果。對此實務見解並未有明確之見解，有採取肯定說者，認爲證人於檢察事務官調查中所爲陳述，屬傳聞證據，上訴人及其辯護人既於第一審準備程序中聲明異議，即已生失權之效果，此觀刑事訴訟法第273條第2項之規定自明，自不容於嗣後原審準備程序中再行主張有證據能力；此有最高法院97年度台上字第5581號判決可供參照。惟亦有採取否定說者，認爲原審法院由受命法官行準備程序時，上訴人對前開證人供述證據之證據能力均表示沒有意見，至上訴人在原審之選任辯護人雖經通知未到庭，然刑事訴訟法並無強制辯護案件未經辯護人到庭不得行準備程序之規定，且辯護人嗣後於審判期日調查證據時，仍可對各項證據表示意見，並得於言詞辯論終結前對於證據能力聲明異議，不生失權之效果；此有最高法院97年度台上字第1019號判決意旨可供參照。

三、適用就審期間之規定

依刑事訴訟法第273條第3項之規定，準備程序準用刑事訴訟法第272條有關就審期間之規定，故行第一次準備程序時，如非屬刑法第61條所列各罪之案件，則傳票至遲應於七日前送達，如屬刑法第61條所列各罪之案

件傳票至遲應於五日前送達。此規定之目的在於使受傳喚之被告或其代理人，得以有相當之時間準備，否則可能準備程序無法順利進行，徒然增加訴訟進行之時程。應注意者，就審期間之規定既係針對傳票之送達，則當然限於傳喚之被告或其代理人，不包括受通知之檢察官、辯護人或輔佐人在內。

四、筆錄

依刑事訴訟法第273條第4項之規定，關於準備程序進行中所處理之事項，應由書記官製作筆錄，並由到庭之人緊接其記載之末行簽名、蓋章或按指印。此稱之為準備程序筆錄，與審判期日應製作之審判筆錄不同，應由到場之人簽名，以確認在準備程序中處理之事項及處理之結果。

五、不到庭之效果

又依刑事訴訟法第273條第5項之規定，準備程序應傳喚及通知之人，如已經合法或通知，無正當理由不到庭者，法院得對到庭之人行準備程序。此乃因準備程序僅係審判期日前之準備，並不進行實質之審判，故無須待雙方當事人及辯護人到場始得為之，法院如已經合法或通知，無正當理由不到庭者，自應不待其到場，而對於到場之人進行準備程序，以免訴訟程序之進行不當拖延。

六、其他審判期日前之處理

（一）訴訟行為欠缺程式之定期補正

依刑事訴訟法第273條第6項之規定，起訴或其他訴訟行為，於法律上必備之程式有欠缺而其情形可補正者，法院應定期間，以裁定命其補正。例如起訴書未記載檢察官之姓名，或告訴人委任代理人於委任狀未經告訴人簽名，此類屬於程式上之欠缺並非不可補正之事項，故法院應先定期間以裁定命其補正。

（二）期日前證物之調取

刑事訴訟法第274條規定：「法院於審判期日前，得調取或命提出證物。」依此規定，法院如認為相關證物之調查係對於事實之認定所必要時，得在審判期日進行之前，依職權調取得作為證據之證物，或命當事人提出得為證據之證物，以利審判期日進行證據調查之程序。

（三）期日前之舉證權利

刑事訴訟法第275條規定：「當事人或辯護人，得於審判期日前，提出證據及聲請法院為前條之處分。」當事人及被告之辯護人於審判期日前，如認為對於本身有利之證據得逕行提出於法院，如該證據並未在其本身持有中，則得聲請法院調取或命證物之持有人提出證物。

（四）期日前人證之訊問

證人之訊問對於犯罪事實之認定有重要之影響，係屬於審判期日應進行之重要事項之一，因而原則上不得於審判期日前進行證人之訊問。惟刑事訴訟法第276條第1項規定：「法院預料證人不能於審判期日到場者，得於審判期日前訊問之。」此為例外得於審判期日前先行訊問證人之規定，其以預料證人不能於審判期日到場為其要件。目前之實務見解對於審判期日外訊問證人之例外規定，係採取從嚴之態度，認為須有一定之客觀事實，可認證人於審判期日不能到場，且其不到場並不違背證人義務始可；如認為「調查證據乃刑事審判程序之核心，改良式當事人進行主義之精神所在；關於證人、鑑定人之調查、詰問，尤為當事人間攻擊、防禦最重要之法庭活動，亦為法院形成心證之所繫，除依同法第276條第1項規定，法院預料證人不能於審判期日到場之情形者外，不得於準備程序訊問證人，致使審判程序空洞化，破壞直接審理原則與言詞審理原則。」此有最高法院93年度台上字第2033號判例意旨可供參照，又如「刑事訴訟法第279條第1項、第276條第1項規定預料證人不能於審判期日到場，而受命法官得於審判期日前行準備程序時訊問證人之例外情形，其所稱預料證人不能於審判期日到場之原因，須有一定之客觀事實，可認其於審判期日不能到場並不違背證人義務，例如因疾病即將住院手術治療，或行將出國，短期內

無法返國，或路途遙遠，因故交通恐將阻絕，或其他特殊事故，於審判期日到場確有困難者，方足當之。必以此從嚴之限制，始符合集中審理制度之立法本旨，不得僅以證人空泛陳稱：審判期日不能到場，甚或由受命法官逕行泛詞諭知預料該證人不能於審判期日到庭，即行訊問或詰問證人程序，爲實質之證據調查。」此亦有最高法院93年度台上字第5185號判例意旨可供參照。

又刑事訴訟法第276條第2項規定：「法院得於審判期日前，命爲鑑定及通譯。」依此規定，法院於審判期日之前，亦得對於審判相關之事項進行鑑定及通譯，以達到集中審理之目的。

（五）期日前對物之強制處分

刑事訴訟法第277條規定：「法院得於審判期日前，爲搜索、扣押及勘驗。」依此法院於審判期日前，如認爲有必要時，亦得進行搜索、扣押或勘驗之程序，以求獲取更多之證據，而有助於審判期日證據之調查及認定事實，此爲法院所爲之強制處分，而上開所述有關搜索、扣押及勘驗之規定亦應遵守自不待言。

（六）期日前該管機關之報告

刑事訴訟法第278條規定：「法院得於審判期日前，就必要之事項，請求該管機關報告。」故法院於審判期日前如認爲對於程序或實體之相關事項，認爲有事先加以釐清之必要，亦得請求該事項主管之機關提出報告說明，以利審判期日之進行。

七、合議案件準備程序受命法官之指定及其權限

爲使審判期日之程序得以能集中進行，以達集中審理之目的，故刑事訴訟法第279條第1項乃規定：「行合議審判之案件，爲準備審判起見，得以庭員一人爲受命法官，於審判期日前，使行準備程序，以處理第二百七十三條第一項、第二百七十四條、第二百七十六條至第二百七十八條規定之事項。」故準備程序中受命法官之權限限於上開條文所規定事項

之處理，不得以準備程序代替應於審判期日進行之事項。

依目前實務上之見解認為，準備程序不得進行實質之證據調查，以免有背於直接審理之原則，如「為使審判程序密集、順暢進行，刑事訴訟法第二百七十九條第一項規定，行合議審判之案件，為準備審判起見，得以庭員一人為受命法官，於審判期日前，使行準備程序，以處理刑事訴訟法第二百七十三條第一項、第二百七十四條、第二百七十六條至第二百七十八條規定之事項。受命法官於準備程序中處理之事項，原則上僅限於訴訟資料之聚集及彙整，不從事實質之證據調查，亦即不得因此而取代審判期日應踐行之直接調查證據程序。」此有最高法院93年度台上字第4640號判決意旨可供參照；又如「行合議審判之案件，為準備審判起見，固得以庭員一人為受命法官，於審判期日前，使行準備程序，但以處理同法第二百七十三條第一項、第二百七十四條、第二百七十六條至第二百七十八條規定之事項為限，原則上受命法官於準備程序中，已不得主動蒐集證據及進行證據之實質調查，此觀首開法條之規定及其修正立法理由之說明甚明。」此亦有最高法院93年度台上字第4683號判決意旨可供參照。

又刑事訴訟法第279條第2項規定：「受命法官行準備程序，與法院或審判長有同一之權限。但第一百二十一條之裁定，不在此限。」故原則上受命法官在準備程序中進行相關事項，得以其名義作出有關之裁定及處分，例如命羈押被告之處分、扣押證物之處分等等，惟如係屬刑事訴訟法第121條之裁定則應合議為之，不得以受命法官一人名義為之，例如依刑事訴訟法第110條第1項聲請而准許具保停止羈押之裁定，即須以合議庭名義為之。

八、審判期日後之準備程序

刑事訴訟案件其簡易或繁雜程度不一，如屬於案情較為繁雜之案件，於審判期日前之準備程序可能隨審判期日程序之進行而產生有不完備之情形，此時法無明文規定不得再行準備程序，故實務上對於情節較為複雜之案件，如未能在第一次審判期日前即完整地進行事實及法律之爭點及證據之整理，而於進行第一次審判期日後，認為有必要時，仍得再進行準備程序，故上開第273條之規定解釋上並非指準備程序必須於第一次審判期日

前加以進行[3]。

九、審判期日外證據之調查

依直接審理之原則，證據之調查原則上應於審判期日爲之，惟在實際運作上，有些證據之調查可能技術上必須於審判期日外於法庭外進行，例如犯罪現場之勘驗即無法於法庭內進行，因此法院如認爲對於事實之認定有影響，而有調查之必要，則不排除於審判期日外進行證據之調查，惟此時調查之結果仍應於審判期日進行再一次證據之調查程序，例如車禍之案件法院於審判期日外進行現場之勘驗並製作勘驗筆錄後，於審判期日，仍應踐行提示勘驗筆錄之調查證據程序。

第二節　審判期日之程序

審判期日係指法院集合當事人及其他訴訟關係人於法庭內，依法定之程序進行案件之審理，包括調查證據、辯論及宣示判決等等之期日是也。

一、傳喚及通知當事人及訴訟關係人

（一）當事人及其代理人或辯護人、輔佐人

刑事訴訟法第271條第1項規定：「審判期日，應傳喚被告或其代理人，並通知檢察官、辯護人、輔佐人。」按被告及檢察官均係刑事訴訟所稱之當事人，被告之代理人則係代表被告進行訴訟上之行爲，其等當然應於審判期日到場自不待言；而辯護人及輔佐人雖非刑事訴訟之當事人，惟其等爲被告之利益，自應有機會在審判期日到場爲被告辯護及補充被告陳述之不足，故亦明文規定應通知辯護人、輔佐人到場。

---

[3] 有學者認爲第一次審判期日後原則上得進行任何程序，因此時已不會違背預斷排除之原則。見黃朝義著，修法後準備程序運作之剖析與展望，月旦法學雜誌，第113期，頁21。

（二）被害人或其家屬

又刑事訴訴法第271條第2項規定：「審判期日，應傳喚被害人或其家屬並予陳述意見之機會。但經合法傳喚無正當理由不到場，或陳明不願到場，或法院認為不必要或不適宜者，不在此限。」此乃因被害人或其家屬雖非刑事訴訟所稱之當事人，亦無在刑事訴訟程序中獨立進行訴訟行為之地位，惟因其係犯罪行為之被害人，案件之審理結果，對於其自身之權益亦有所影響，故亦應予其有在刑事訴訟程序中參與並表達意見之機會。惟被害人如經合法傳喚無正當理由不到場，或陳明不願到場，或法院認為不必要或不適宜者，因不影響訴訟程序之進行，為免審判期日之進行拖延，故而上開之但書即規定不在此限，易言之，此時法院即得不必傳喚被害人或其家屬並給予陳述意見之機會。

惟應注意者，有關被害人陳述意見權利之規定，旨在對被害人訴訟參與之保障，期使被害人或其家屬明瞭訴訟進行中之程序，並於程序中就諸如量刑等與犯罪構成要件之事實無關，且得以自由證明之事項適時表達意見。至被害人於刑事訴訟程序中就其被害經過而與待證事實有重要關係之親身知覺、體驗事實，則屬犯罪事實調查證據之範疇，須本於證人之地位而為陳述，二者之規範意旨並不相同。

又由於被害人本身可能不願與被告面對及讓被告瞭解其個人之資料，故而刑事訴訟法第271條之2第1項乃規定：「法院於審判中應注意被害人及其家屬隱私之保護。」第2項則規定：「被害人依第二百七十一條第二項之規定到場者，法院依被害人之聲請或依職權，審酌案件情節及被害人之身心狀況，並聽取當事人及辯護人之意見後，得利用遮蔽設備，將被害人與被告、旁聽人適當隔離。」

又為使被害人能在審判程序中獲得一定之心理支持，故而刑事訴訟法第271條之3第1項乃規定：「被害人之法定代理人、配偶、直系或三親等內旁系血親、家長、家屬、醫師、心理師、輔導人員、社工人員或其信賴之人，經被害人同意後，得於審判中陪同被害人在場。」又第2項則規定：「前項規定，於得陪同在場之人為被告時，不適用之。」

（三）告訴人及其代理人

告訴人通常係犯罪之被害人，因其提出告訴，故其對於犯罪之訴追較之一般被害人可能更爲關心，惟告訴人可能法律之專業素養不足，故刑事訴訟法第271條之1第1項乃規定：「告訴人得於審判中委任代理人到場陳述意見。但法院認爲必要時，得命本人到場。」因而告訴人爲在審判期日補充其告訴之意思，並提供相關之意見，得委任代理人代理到場，但如法院認爲其本人有到場之必要時，亦得命其本人到場。

又刑事訴訟法第271條之1第2項規定：「前項委任應提出委任書狀於法院，並準用第二十八條、第三十二條及第三十三條第一項之規定，但代理人爲非律師者於審判中，對於卷宗及證物不得檢閱、抄錄或攝影。」故告訴人委任代理人應提出委任書狀於法院，而告訴代理人有關人數之限制及文書之送達則應準用本法第28條、第32條之規定。至於告訴人委任代理人於審判中到場陳述意見，其作用僅在於輔助公訴人，故代理人之資格並無限制須爲律師，惟告訴人委任之代理人如係律師，因其具備法律專業知識，且業務之執行須受律師法相關規範，故亦規定準用第33條之規定，賦予其閱卷之權利，以方便瞭解案情，一方面維護告訴人權益，另一方面提供檢察官有關攻擊防禦之資料，至於告訴人委任非律師爲代理人者，則不在準用之範圍，而無閱卷之權限。

有關於告訴人及告訴代理人在刑事訴訟程序之地位，實務上認爲其等僅屬公訴之輔助，並無獨立聲請調查證據等權限，其意見亦僅在於促請法院注意，並無訴訟上之效果；如「審判期日係以檢察官代表國家爲控方當事人，有到庭實行公訴、聲請並參與調查證據之權責；告訴人委任代理人或其本人親自到場陳述意見（包括應爲如何調查證據之意見），究止於公訴之輔助，僅爲引發法院爲其有利注意之參考資料。告訴人或其代理人於陳述意見時，如認有爲如何調查證據之必要者，自應經由檢察官依刑事訴訟法第一百六十三條之一之規定，以書狀提出於法院，方符法制。告訴人或其代理人並無聲請調查證據之權，如其陳述之意見，僅屬個人之揣測或空泛之詞，在訴訟上已失卻參考價值，或於判決亦不足生影響者，縱未於判決內說明其不予採納之理由，究仍與判決理由不備之違法有別。又所陳調查證據之意見，倘依卷內資料判斷，尚無足以啓動法院應依職權調查證據之情事，即使法院未爲調查，當亦無應於審判期日調查之證據而未予調

查之違背法令可言。」此有最高法院98年度台上字第5662號判決意旨可供參照。

（四）移付調解或進行修復

刑事訴訟法第271條之4第1項規定：「法院於言詞辯論終結前，得將案件移付調解；或依被告及被害人之聲請，於聽取檢察官、代理人、辯護人及輔佐人之意見後，轉介適當機關、機構或團體進行修復。」依此規定，法院於言詞辯論終結前，得將案件移付調解；或依被告及被害人之聲請，於聽取檢察官、代理人、辯護人及輔佐人之意見後，轉介適當機關、機構或團體進行修復。此一規定旨在落實所謂「修復式正義」（或稱「修復式司法」）之精神，藉由有建設性之參與及對話，在尊重、理解及溝通之氛圍下，尋求彌補被害人之損害、痛苦及不安，以真正滿足被害人之需要，並修復因行為人一時鑄成大錯而破裂之社會關係。此種藉由公正、溫暖之第三方適切介入，而使加害人誠實、真摯面對自己犯行所造成之傷害，而與被害人共同處理犯罪後果之修復程序，相對於現行刑事司法制度著重在懲罰之剛性體系而言，修復式司法則係「以人為本」的柔性司法體系，認徒法不足以自行，乃輔以關注於療癒創傷、復原破裂關係之修復方法，而賦予司法正當程序之新意涵，即在尋求真相、道歉、撫慰、負責與復原中伸張正義，已屬現代刑事司法中「正當法律程序」之重要環節，亦影響於科刑之基礎，不可偏廢。蓋倘單純對行為人繩以剛硬之刑罰，即使刑罰已執行完畢，該網絡之孔裂仍未能修補，則刑事司法之功效無助於解決該社會問題，難免失其司法賦予前揭正當法律程序新意涵存在之目的及意義。因此，修復式司法所著眼者，除理解行為原因與釐清責任外，係從整體性角度修復破損的社會網絡關係（又稱「關係式正義」），使此之「修復」，不執著在原諒、道歉，或回復往昔關係，而是在事件發生後，修補各方所遭受之創傷，重構社會網絡關係中之破洞，並在重新修建關係之過程中，讓被支撐住之行為人、被害人或其他關係人，能真正理解行為原因之可能性，以及在釐清責任後，行為人真摯地承擔所應負之完全責任。

由於修復式正義有助於被害人或其家屬減少因犯罪行為造成之精神上損害，其意義重大，惟犯罪之被害人可能因其無行為能力或為限制行為

能力，或已死亡，而無法從事修復式正義程序之進行，故而刑事訴訟法第271條之4第2項乃規定：「前項修復之聲請，被害人無行為能力、限制行為能力或死亡者，得由其法定代理人、直系血親或配偶為之。」以增加進行修復式司法之可能性。

據上修復式正義制度規範主要雖係為保障被害人程序參與權益及彌補被害人損害，惟對於被告而言亦係有關其量刑之重大事項，故而實務上有認為在被告要求且有進行修復式正義之情形下，如法院未加以審酌及進行而影響判決之結果，即有程序違法之處。如「倘被告已深切自省，透過其他方面協助，仍無任何機會與被害人對話以解開彼此心結、修補破洞，並再三懇切請求法院轉介適當機關、機構或團體進行修復程序，而客觀上並非全無修復必要性及可能性時，此時法院允宜聽取檢察官、代理人、辯護人及輔佐人之意見後，在避免被害人受到二度傷害之前提下，以被害人之最適利益為本，權衡倘提供適切之依賴平臺進行修復程序，能否有助於行為人眞摯感受其行為造成被害人之傷痛及其所破壞之家庭、社會關係網絡之嚴重程度，而發自內心悔悟，並坦然面對犯行、能否讓被害人有機會理解行為人犯行之眞正原因、能否使彼此打開心結、行為人能否得以心悅誠服承擔應負之責任，以及修復傷痛、破損之網絡關係等層面之均衡考量後，予以決定是否轉介適當機關、機構或團體進行修復，且此對於量刑而言，尤其刑法第57條第9款、第10款所定關於犯罪所生之危險或損害、犯罪後之態度等量刑事由之審酌，亦格外具有意義。倘能如此，方能謂完足落實正當法律程序之憲法誡命。是以，法院所踐行之訴訟程序，在有修復必要性及可能性之情形下，若未依上開規定進行修復，悖於修復式司法制度所由設之規範目的，而影響於判決結果，自難謂適法。」此有最高法院110年台上字第4080號判決意旨可供參照。

二、就審期間

審判期日進行證據之調查及辯論等程序，係關係法院應如何判決，故對於被告而言係相當重要之程序，故為保障被告有充分之時間準備實行其訴訟上之防禦權，不至於因未及準備周全，而影響其訴訟上防禦之能力，故刑事訴訟法第272條乃規定：「第一次審判期日之傳票，至遲應於七日前送達；刑法第六十一條所列各罪之案件至遲應於五日前送達。」此規定

之期間稱之為就審期間，其規定僅針對被告之傳喚為之，不包括對於檢察官及辯護人之通知，蓋檢察官及辯護人係屬有法律專業知識之人，且對於本身承辦之案件本就有一定之研究及準備，故刑事訴訟上無須賦予就審期間。又此就審期間係針對第一次之審判期日所作之規定，如係第二次以後之審判期日，即無此一規定之適用，併此敘明。

　　違反就審期間之規定，不能認為係合法之傳喚，故被告未到庭不得行一造辯論判決，惟如被告已到庭並實質進行辯論，則實務上認為此種違誤對於判決之結果已無影響，如「原審55年6月30日審判期日之傳票，遲至審理前二日方送達上訴人收受，其訴訟程序雖不無違誤，第上訴人既已到庭陳述，參與辯論，顯然於判決無影響。」此有最高法院55年台上字第1915號判例意旨可供參照。

三、審判庭之組成

　　審判期日法院應組織審判庭進行審判期日相關程序，故刑事訴訟法第280條規定：「審判期日，應由法官、檢察官及書記官出庭。」故審判庭之組織原則上包括法官、檢察官及書記官。而依民國112年6月21日最新修正之刑事訴訟法第284條之1第1項之規定：「除簡式審判程序、簡易程序及下列各罪之案件外，第一審應行合議審判：一、最重本刑為三年以下有期徒刑、拘役或專科罰金之罪。二、刑法第二百七十七條第一項之傷害罪。三、刑法第二百八十三條之助勢聚眾鬥毆罪。四、刑法第三百二十條、第三百二十一條之竊盜罪。五、刑法第三百四十九條第一項之贓物罪。六、毒品危害防制條例第十條第一項之施用第一級毒品罪、第十一條第四項之持有第二級毒品純質淨重二十公克以上罪。七、刑法第三百三十九條、第三百三十九條之四、第三百四十一條之詐欺罪及與之有裁判上一罪關係之違反洗錢防制法第十四條、第十五條之洗錢罪。八、洗錢防制法第十五條之一之無正當理由收集帳戶、帳號罪。」故而目前刑事案件之第一審通常審判程序原則上係採取合議制，由法官三人組成合議庭審理，僅簡式審判案件、簡易案件及上開刑事訴訟法第284條之1第1項所列各罪之案件，因其相對而言案情單純、明確，或法律見解已臻明確，為妥速審結，因此得由法官一人獨任審理，不須進行合議審判。惟依同條第2項之規定：「前項第二款、第三款及第七款之案件，法院認為案情繁雜

或有特殊情形者，於第一次審判期日前，經聽取當事人、辯護人、代理人及輔佐人之意見後，得行合議審判。」故而，上開得不行合議審判之案件中第2款、第3款及第7款之案件，如有案情繁雜或其他特殊情形，法院亦得在聽取當事人等之意見後，進行合議之審判。另審判外協商之程序，亦排除上開合議條文之適用，故協商程序亦得以法官一人獨任行之。至於檢察官於公訴之程序中係基於原告之地位，故係為審判庭所必要之組織。另書記官則應於審判期日出庭，負責審判筆錄之製作；此外實務上審判期日在庭之人尚有庭務員、通譯及法警等人，以協助審判期日程序之順利進行。

四、被告之在場

審判期日係對於被告進行審判之重要程序，對於被告有罪、無罪關係重大，故應在被告到庭之情況下進行，因而刑事訴訟法第281條第1項乃規定：「審判期日，除有特別規定外，被告不到庭者，不得審判。」故而審判期日，除有特別規定外，被告不到庭者，不得審判，此為被告到庭審判之權利亦係其義務。所謂有特別規定之情形，例如刑事訴訟法第306條一造缺席判決之情形，即得在被告未到庭之情況進行審判。

又刑事訴訟法第281條第2項規定：「許被告用代理人之案件，得由代理人到庭。」所稱許被告用代理人之案件，係指刑事訴訟法第36條所規定最重本刑為拘役或專科罰金之案件，此類案件因所涉犯罪情節輕微且案情較為單純，故可准許被告委任代理人代替到庭而無須親自到庭。

又刑事訴訟法第282條規定：「被告在庭時，不得拘束其身體。但得命人看守。」此乃因被告如人身自由受到拘束，可能導致其無法依其自由意志作出陳述，故規定審判期日在庭之被告不得對於其身體加以拘束，惟為法庭之安全起見及防止在監或在押之被告脫逃，仍得命人加以看管。

又刑事訴訟法第283條第1項規定：「被告到庭後，非經審判長許可，不得退庭。」故被告於審判期日到場後，非經審判長許可，不得退庭，此稱之為被告於審判期日在庭之義務，被告如未經審判長之同意即退庭，法院得依刑事訴訟法第305條後段之規定，不待其陳述逕行判決；又依同條第2項規定：「審判長因命被告在庭，得為相當處分。」如暫時將被告留置於法庭內等等。

　　另刑事訴訟法第284條規定：「第三十一條第一項所定之案件無辯護人到庭者，不得審判。但宣示判決，不在此限。」此乃因強制辯護人之案件即係為保障被告之防禦權，而特別規定須指定辯護人為其辯護，故在審判期日之進行中，指定之辯護人自應到庭為被告之法律上之利益辯護，否則即有違背強制辯護規定之立法目的。另外宣示判決應僅係將判決結果對外公開，故縱使辯護人未到場不影響被告之防禦權，故不在此限。

　　惟此所謂到庭應如何解釋恐有疑義，目前實務之見解多認為應以實質上是否影響被告之防禦權為判斷之基準，認為：「強制辯護案件於審理時，非有辯護人到庭不可，亦即以辯護人之在庭為審理之要件，所謂審判，指審判期日所進行之一切程序而言，即刑事訴訟法第二百八十五條至第二百九十條規定之一切訴訟程序，亦即自朗讀案由開始，至辯論終結為止，並非僅限於同法第二百八十九條之言詞辯論，至辯護人是否應始終在場，刑事訴訟法雖無明確之規定，若僅以言詞辯論時為形式之辯護已足，顯與強制辯護規定之旨意不符，應從實質上著眼，如於朗讀案由、人別訊問時，辯護人雖未在場，實質上並未對被告產生任何不利之影響，即無嚴格要求辯護人在場之必要，如所進行之程序與案件之內容有關，足以影響被告實質利益者，如檢察官陳述起訴（或上訴）要旨，審判長就起訴事實訊問被告、調查證據、事實及法律辯論、被告最後陳述等程序，辯護人若不在場，對被告正當防禦權之行使非無影響，辯護人自應在場，苟辯護人客觀上因事而遲延到庭或中途任意退庭，法院若遷就現實而僅要求於言詞辯論時為形式上之辯護，實質上與未經辯護者無異，仍應評價為未經辯護，法院若即行辯論終結並予判決，踐行之訴訟程序即有違誤。」此有最高法院93年度台上字第2237號判決意旨可供參照。

五、程序之進行

　　審判期日之程序原則上可分為三大部分依序進行，即開始之程序、調查證據程序及結辯程序，以下即分別加以論述：

（一）開始程序

　　刑事訴訟法第285條規定：「審判期日，以朗讀案由為始。」故於書

記官或法官朗讀案由後審判之程序即開始進行。依刑事訴訟法第286條之規定：「審判長依第九十四條訊問被告後，檢察官應陳述起訴之要旨。」亦即審判長依刑事訴訟法第94條之規定對於被告爲人別訊問，確定在庭被告之身分後，即依序由檢察官陳述起訴要旨，以確定審判案件之起訴內容亦即審判之範圍。

又刑事訴訟法第287條規定：「檢察官陳述起訴要旨後，審判長應告知被告第九十五條規定之事項。」故而檢察官陳述起訴要旨後，即應由審判長告知被告刑事訴訟法第95條規定之事項，亦即犯罪嫌疑及所犯所有罪名、緘默權、選任辯護人之權利及請求調查有利證據之權利等等，此即爲審判長之告知義務。

（二）調查證據程序

刑事訴訟法第288條第1項規定：「調查證據應於第二百八十七條程序完畢後行之。」故檢察官陳述起訴要旨並由審判長爲告知義務後，即應開始進行調查證據之程序。

而有關調查證據之範圍、次序及方法，原則上均已於準備程序中決定，已如前述，實務上通常係依人證、書證、物證之順序爲之，而調查證據之具體方式應依證據方法之種類定之，如證人之交互詰問，證物之提示辨識、文書證據之宣讀或告以要旨等，均如前所述。又依刑事訴訟法第288條第2項之規定，審判長對於準備程序中當事人不爭執之被告以外之人之陳述，得僅以宣讀或告以要旨代之，但法院認有必要者，不在此限，此爲調查證據之特別規定，旨在使審判期日之進行得以迅速而順利，避免不必要之延遲。

此外，共同被告之犯罪原屬不同之犯罪行爲人所爲之犯罪行爲，本身即屬不同之案件應分別處理，惟實務上因得訴訟經濟及避免裁判歧異，故通常將共同被告一併起訴，而法院亦同時加以審理。因此在審判期日進行調查證據之程序時，即有共同被告間應分開進行或合併進行之問題，因而刑事訴訟第287條之1第1項即規定：「法院認爲適當時，得依職權或當事人或辯護人之聲請，以裁定將共同被告之調查證據或辯論程序分離或合併。」依此規定，共同被告調查證據法院得依個別案件之情況，依職權或依聲請裁定得分離或合併爲之。惟同條第2項亦另行規定：「前項情形，

因共同被告之利害相反，而有保護被告權利之必要者，應分離調查證據或辯論。」故而如共同被告有利害相反之情形，而認為有保護被告權利之必要時，法院即應分離調查證據。

又刑事訴訟法第288條之1第1項規定：「審判長每調查一證據畢，應詢問當事人有無意見。」第2項則規定：「審判長應告知被告得提出有利之證據。」此為關於調查證據時被告陳述意見之權利，及有關審判長對於被告得提出有利證據之告知義務。

又關於證據之證明力固屬法院依自由心證之法則加以認定，惟刑事訴訟法第288條之2亦規定：「法院應予當事人、代理人、辯護人或輔佐人，以辯論證據證明力之適當機會。」因而當事人、代理人、辯護人或輔佐人得對於證據之證明力加以辯論，以作為法院認定證據證明力之參考依據。

另刑事訴訟法第288條之3第1項規定：「當事人、代理人、辯護人或輔佐人對於審判長或受命法官有關證據調查或訴訟指揮之處分不服者，除有特別規定外，得向法院聲明異議。」第2項則規定：「法院應就前項異議裁定之。」此乃有關當事人或其他訴訟關係人聲明異議權及法院裁定義務之相關規定。實務見解認為此項異議之對象係指證據調查有關執行程序部分及其他對於訴訟指揮之處分不服之部分，與對於當事人或其他訴訟關係人聲請調查證據法院加以駁回之情形有別；如「合議庭審判長之職權係存在於訴訟程序之進行或法庭活動之指揮事項，且以法律明文規定者為限，此外則屬法院之職權，依法院組織法第一百零一條規定，必須經由合議庭內部評議，始得形成法院之外部意思決定，並以判決或裁定行之，不得僅由審判長單獨決定。從而刑事訴訟法第一百六十三條之二第一項規定：當事人、代理人、辯護人或輔佐人聲請調查之證據，法院認為不必要者，得以裁定駁回之。即以證據是否應予調查，關乎待證事實是否於案情具有重要性，甚或影響相關證據之價值判斷，已非純屬審判長調查證據之執行方法或細節及法庭活動之指揮事項，故應由法院以裁定行之，並非審判長所得單獨決定處分。至同法第二百八十八條之三第一項規定：當事人、代理人、辯護人或輔佐人對於審判長或受命法官有關證據調查或訴訟指揮之處分不服者，除有特別規定外，得向法院聲明異議。其中所稱之調查證據處分，係專指調查證據之執行方法或細節（包括積極不當行為及消極不作為）而言，二者顯然有別，不容混淆。」此有最高法院94年台上字第1998號判例意旨可供參照。

另刑事訴訟法第288條第3項規定：「除簡式審判程序案件外，審判長就被告被訴事實爲訊問者，應於調查證據程序之最後行之。」故審判長於調查證據完畢後，始得就被告被訴之犯罪事實訊問被告。又同條第4項又規定：「審判長就被告科刑資料之調查，應於前項事實訊問後行之。」故審判長就被告被訴之犯罪事實訊問被告之後，接續應就被告科刑相關之資料爲調查，所謂科刑之相關資料包括刑法第57條所稱之量刑審酌之標準及其他足以供作量刑參考之相關資料均屬之。

（三）結辯程序

1. 事實及法律之辯論

審判期日調查證據之後，即應依序進行言詞辯論，依刑事訴訟法第289條第1項之規定：「調查證據完畢後，應命依下列次序就事實及法律分別辯論之：一、檢察官。二、被告。三、辯護人。」此時檢察官、被告及辯護人即應依序就調查之證據如何得以證明（或無法證明）犯罪事實之存在，以及法律之適用等加以辯論，檢察官之辯論一般稱之爲「論告」，而被告及辯護人則爲稱之爲「答辯」。

2. 科刑之辯論

刑事訴訟法第289條第2項前段規定：「前項辯論後，應命依同一次序，就科刑範圍辯論之。」故而進行上開事實及法律辯論之後，應命依同一次序（即檢察官、被告、辯護人），就科刑之範圍辯論之。蓋法院就被告之案件如判決認爲有罪，其後即有如何科刑之問題，科刑之結果攸關被告之權利甚大，自應使檢察官、被告及其辯護人均有就科刑範圍加以辯論之機會。

又刑事訴訟法第289條第2項後段則規定：「於科刑辯論前，並應予到場之告訴人、被害人或其家屬或其他依法得陳述意見之人就科刑範圍表示意見之機會。」故如審判期日告訴人、被害人或其家屬或其他依法得陳述意見之人在場，則於上開檢察官、被告、辯護人對於科刑爲辯論之前，應予以告訴人、被害人或其家屬或其他依法得陳述意見之人對於科刑表達意見之機會。蓋對於犯罪被害人而言，除被告有罪無罪之決定外，被告有罪

時之科刑亦係其特別重視之處，刑事訴訟法目前雖然已有被害人訴訟參與
之制度（詳見後述），惟如被害人並未為訴訟之參與，其仍應有就被告之
科刑表示意見之機會，故而刑事訴訟法就此特別增訂此一規定，以使法院
之科刑能更加妥適。

又所謂科刑辯論之範圍，目前之實務見解認為包括刑之加重、減輕及
免除等及刑法第57條所規定量刑之因素等在內。如「法院對被告之犯罪具
體科刑時，關於有無刑罰加重、減輕或免除等影響法定刑度區間之處斷刑
事由，以及刑法第57條各款所列情狀暨其他影響量刑之因素，均係法院對
被告犯罪予以科刑時所應調查、辯論及審酌之事項與範圍。」此有最高法
院111年度台上字第2489號判決意旨可供參照[4]。

又刑事訴訟法第289條第3項規定：「已依前二項辯論者，得再為辯
論，審判長亦得命再行辯論。」故而案件經為事實、法律之辯論及科刑之
辯論後，如認為有必要，檢察官、被告及其辯護人均有權要求再為辯論，
而審判長認為有必要時，亦得命再行辯論。所謂真相愈辯愈明，檢察官、
被告及其辯護人於上開辯論程序時，難免有所疏漏，如即時發現自無不得
再行辯論之理。

又刑事訴訟法第290條規定：「審判長於宣示辯論終結前，最後應詢
問被告有無陳述。」此乃因被告係受審判之對象，其在法院作出判決之
前，應給予最後陳述之機會，以保障其訴訟上防禦之權利，此項權利專屬
於被告所有，辯護人亦無代為陳述之權利。

六、再開辯論

刑事訴訟法第291條規定：「辯論終結後，遇有必要情形，法院得命
再開辯論。」故案件經辯論終結後，如法院認為事實或法律尚有不明之
處，如當事人聲請調查證據，而法院認為該證據確與待證事實有重要之關
係，而有加以調查之必要，此時自得依上開規定再開辯論，以求審判之完
備。

4　依照目前實務之做法，亦有將法定加重減輕事由置於法律之辯論程序中進行，惟因不
　論於是法律辯論程序中進行抑或於科刑辯論中進行，只要法院確有踐行辯論之程序，
　其實對於被告之權益差別不大。

七、更新審理

所謂更新審理係指審判程序之更新，其意乃指應於審判期日踐行之程序，重新實施而言。審判期日之程序如有下列二種情形之一者，則應予更新：

（一）法官更易

刑事訴訟法第292條第1項規定：「審判期日，應由參與之法官始終出庭；如有更易者，應更新審判程序。」又第2項則規定：「參與審判期日前準備程序之法官有更易者，毋庸更新其程序。」故而審判期日如出現法官有更易之情形，應更新審判之程序。

（二）審判期日間隔過久

刑事訴訟法第293條規定：「審判非一次期日所能終結者，除有特別情形外，應於次日連續開庭；如下次開庭因事故間隔至十五日以上者，應更新審判程序。」故而審判期日之開庭如因事故間隔至十五日以上者，亦應更新審判程序。

八、審判之停止與繼續

檢察官起訴後案件繫屬於法院，法院即應依序進行審判，惟如於審判進行中發生一定之事由，致使審判事實上難以有效進行，則應有停止審判之機制以資因應，而依刑事訴訟法之規定，停止審判有應停止審判及得停止審判二種情形，以下分別論述之。

（一）應停止審判

刑事訴訟法第294條第1項規定：「被告心神喪失者，應於其回復以前停止審判。」第2項則規定：「被告因疾病不能到庭者，應於其能到庭以前停止審判。」故被告於審判中有心神喪失或因疾病不能到庭，在原因消滅前，均應停止審判。此乃因心神喪失之人其已無法為自己之行為辯護，

故為保障其訴訟上之權益，應待其回復之時再行審判，而因疾病無法到庭者，其不到庭非出於本身之故意或過失，為保障在審判斯為自己辯護之權利，亦應待其身體狀況得以出庭時再加以審判為宜。又同條第3項規定：「前二項被告顯有應諭知無罪或免刑判決之情形者，得不待其到庭，逕行判決。」蓋上開應停止審判之規定係在於保障被告訴訟上之防禦權行使，故如依現存之證據，被告顯有應諭知無罪或免刑判決之情形，則自無須其出庭辯護即得逕行判決。又同條第4項規定：「許用代理人案件委任有代理人者，不適用前三項之規定。」故如屬許用代理人案件而有委任代理人者，則不適用上開停止審判及逕行判決之規定。

除上開刑事訴訟法之規定外，如刑事案件之判斷係以行政處分是否有效或違法為其依據者，則依行政訴訟法第12條第1項之規定，應依行政爭訟程序確定之；故同條第2項乃又規定，如行政爭訟程序已經開始者，於其程序確定前，刑事法院應停止其審判程序。因而刑事案件如其裁判應以行政處分是否無效或違法為依據者，在行政爭訟程序已經開始進行之情況下，刑事審判之程序即應予以停止，待行政爭訟程序確定後再予進行。

（二）得停止審判

1. 犯罪是否成立以他罪為斷，而他罪已經起訴者

刑事訴訟法第295條規定：「犯罪是否成立以他罪為斷，而他罪已經起訴者，得於其判決確定前，停止本罪之審判。」此所謂犯罪是否成立以他罪為斷者，例如對於被告因涉嫌犯傷害罪經檢察官提起公訴，而告訴人經檢察官認為被告並無傷害之犯行，告訴人涉嫌誣告而加以起訴，則此時誣告罪是否成立應以原先告訴之傷害罪是否成立為前提，如原先告訴之傷害罪經判決有罪確定，則自無誣告之可言，此時如原先告訴之傷害罪已經起訴尚在審理中，則法院得審酌情形停止誣告罪案件之審判。

而依目前之實務見解認為，個別刑事案件間之判斷不相影響，故此時是否停止審判法院得依職權審酌後自由裁量，如「刑事案件之裁判，不應受其他刑事案件之拘束，故他罪之裁判，僅足以供本罪之參考，法院仍應直接審理，發現真實，即刑事訴訟法第二百九十五條所規定犯罪是否成立以他罪為斷，而他罪已經起訴者，得於其判決確定前停止本罪之審判之情

形，應否停止審判，乃法院依職權裁量之事項，原審法院既認無停止審判
之必要，而進行訴訟程序，經調查證據而後辯論終結，對於不停止審判之
訴訟程序上事項，未予說明其理由，並無違背法令之處。」此有最高法院
76年度台上字第5433號判決意旨可供參照。

2. 被告犯有他罪已經起訴應受重刑之判決，法院認為本罪科刑於應執行之刑無重大關係者

又刑事訴訟法第296條規定：「被告犯有他罪已經起訴應受重刑之判
決，法院認為本罪科刑於應執行之刑無重大關係者，得於他罪判決確定前
停止本罪之審判。」此所謂「被告犯有他罪已經起訴應受重刑之判決」，
係指被告所犯他罪犯行明確而應受重刑如無期徒刑或死刑之宣告而言，因
其應受重罪之宣告，而對於本案而言，其縱使科刑，對於應執行之刑亦無
何重大關係，此時可停止審判之進行。例如刑法第51條第4款即規定宣告
之最重列為無期徒刑者不執行他刑，但罰金及從刑不在此限，如被告因其
他案件證據明確，可能即將受無期徒刑之宣告，此時再處以拘役或其他低
度之有期徒刑即無執行之意義，故得停止審判之進行。惟實務上尚少見以
此為停止審判之原因，因執行係審判後另一由檢察官處理之階段，故案件
之審判通常不考慮將來執行有無實益。

3. 犯罪是否成立或刑罰應否免除，以民事法律關係為斷，而民事已經起訴者

刑事訴訟法第297條規定：「犯罪是否成立或刑罰應否免除，以民事
法律關係為斷，而民事已經起訴者，得於其程序終結前停止審判。」犯罪
是否成立或刑罰應否免除，以民事法律關係為斷，而民事已經起訴者，得
於其程序終結前停止審判。例如通姦罪（現已廢止）以被告有配偶為構成
要件，如被告對於其與告訴人間是否有婚姻關係，在民事上有爭執並經起
訴確認婚姻關係不存在，此時即屬犯罪是否成立以民事法律關係為斷，法
院得裁定停止審判。惟對此實務上亦認為既係「得」停止審判，則法院是
否停止審判自有裁量之權限，如「犯罪是否成立或刑罰應否免除，以民事
法律關係為斷，而民事已經起訴者，刑事審判應否停止，刑事法院原有審
酌之權，如併就民事法律關係自行審認，以為刑事判決之基礎，不停止刑
事審判之程序，亦為法之所許。」此有最高法院33年度上字第1355號判例

意旨可供參照。

又實務見解認為如依此規定停止審判，則於將來民事事件判決確定後，原則上刑事案件應以確定判決所認定之民事關係為斷，否則應敘明理由，如「犯罪是否成立或刑罰應否免除，以民事法律關係為斷，而民事已經起訴者，得於其程序終結前停止審判，刑事訴訟法第二百九十七條定有明文，是否停止審判，審理刑事案件之法院固有斟酌之權，惟如業經裁定停止審判，俟該民事訴訟確定後，刑事法院對該民事法律關係，卻任持與民事確定判決相異之見解，復未詳敘其理由，即難謂合。」此有最高法院87年度台上字第1493號判決意旨可供參照。

又刑事訴訟法第298條規定：「第二百九十四條第一項、第二項及第二百九十五條至第二百九十七條停止審判之原因消滅時，法院應繼續審判，當事人亦得聲請法院繼續審判。」故而上開所述應停止審判或得停止審判之原因消滅時，法院應繼續審判，當事人亦得聲請法院繼續審判。例如被告因疾病無法到庭而停止審判之情形，如其後被告身體狀況已恢復而得出庭時，審判即應繼續進行，此時除法院得依職權進行審判外，當事人亦得聲請法院繼續審判之程序。

第三節　審理後之判決

案件經審判期日之程序後，法院即應於訴訟終結後，就具體刑罰權之有無及其範圍為意思表示，此即為判決是也，判決依其所諭知之內容可分為有罪判決、無罪判決、免訴判決、不受理判決及管轄錯誤判決幾種類型，其中有罪及無罪之判決屬於實體判決，而免訴及不受理之判決則屬於程序判決，惟免訴判決係屬欠缺實體訴訟條件之程序判決，而不受理判決則係欠缺形式訴訟條件之程序判決，二者尚有不同，以下即分別論述之：

一、有罪判決

有罪之判決可分為科刑判決及免刑判決二種：

（一）科刑判決

刑事訴訟法第299條第1項前段規定：「被告犯罪已經證明者，應諭知科刑之判決。」因此案件經過法院審理終結後，如認為被告之犯罪已足以證明確實存在，則應為科刑之判決，科刑之判決應於判決主文內諭知被告犯何罪名及應量處之刑罰內容，此為有罪有刑之判決。

（二）免刑判決

又刑事訴訟法第299條第1項但書另規定：「但免除其刑者，應諭知免刑之判決。」因此如法院審理結果認為被告雖犯罪足以證明，應為有罪之判決，惟因符合法律上免除其刑之規定，故諭知免除其刑，此時因仍屬有罪之判決，故判決之主文應諭知被告犯何罪，免除其刑，故免刑之判決係屬「有罪無刑」之判決，與上開科刑之判決係「有罪有刑」之判決尚有不同。所謂法律上免除其刑之規定，包括絕對免除其刑，例如刑法第288條第3項規定，因疾病或其他防止生命上危險之必要而犯同條第1項或第2項之自行或聽從墮胎罪者，免除其刑，此時法院無裁量之餘地即應免除被告之刑；另有相對免除其刑，如刑法第23條但書規定正當防衛行為過當者，得免除其刑，此時法院得自裁量是否免除其刑。

又法院如係依刑法第61條之規定為免除其刑之判決時，刑事訴訟法第299條第2項規定：「依刑法第六十一條規定，為前項免刑判決前，並得斟酌情形經告訴人或自訴人同意，命被告為左列各款事項：一、向被害人道歉。二、立悔過書。三、向被害人支付相當數額之慰撫金。」另第3項規定：「前項情形，應附記於判決書內。」以資明確，以杜爭議。另同條第4項則規定：「第二項第三款並得為民事強制執行名義。」此規定在於避免被告如不支付時，被害人仍須另行進行民事訴訟取得民事確定判決之困擾，以求紛爭一次解決。

二、無罪判決

刑事訴訟法第301條第1項規定：「不能證明被告犯罪或其行為不罰者應諭知無罪之判決。」故被告之犯罪行為尚無從加以證明即無從達到認

定有罪之標準，或被告之行為業經證明確實存在，惟其行為係屬於法律上不罰之情形，例如行為僅止於未遂之階段，而該行為之未遂並無處罰之規定，或行為屬於過失，而該行為並不處罰過失犯等等情形均屬之，此時均應諭知無罪之判決。

　　惟刑事訴訟法第301條第2項亦規定：「依刑法第十八條第一項或第十九條第一項其行為不罰，認為有諭知保安處分之必要者，並應諭知其處分及期間。」故而被告如係因刑法第18條第1項未滿十四歲或第19條第1項精神障礙等致欠缺責任能力而不罰，此時如認為有諭知保安處分之必要者，則應分別依刑法第86條第1項或87條第1項之規定諭知其處分及期間。惟應注意者，目前針對行為時未滿十八歲之人之犯罪行為，定有少年事件處理法加以處理，少年事件處理法係刑法及刑事訴訟法之特別法，自應優先適用，故有關未滿十八歲之人之犯罪係適用少年事件處理法之相關規定處理。

三、免訴判決

　　刑事訴訟法第302條規定：「案件有左列情形之一者，應諭知免訴之判決：一、曾經判決確定者。二、時效已完成者。三、曾經大赦者。四、犯罪後之法律已廢止其刑罰者。」依此規定，案件如經法院審理後發現有上開四款之情形則均屬於欠缺實體之訴訟條件，應為諭知免訴之判決，不得作有罪或無罪之實體判決，而應為免訴之判決，以下分別論述之：

（一）曾經判決確定

　　此即所謂一事不再理之原則，所謂曾經判決確定者，係指同一案件，業經法院為實體上之確定判決者而言，此乃因被告應否受刑事之制裁，已因該次判決而確定，不能更為其他有罪或無罪之實體上裁判，如僅從程序上所為之裁判，既與案件之內容無關，即不受前項原則之拘束，此有最高法院22年上字第2514號判例意旨可供參照。又此一原則適用於同一案件之情形下，必須同一訴訟物體，即被告及犯罪事實均屬同一時，始能適用，假使被告或犯罪事實有一不符，即非前案之判決效力所能拘束，自無一事再理之可言，此亦有最高法院24年上字第152號判例意旨可供參照。又此

項一事不再理之原則，關於實質上一罪或裁判上一罪，其一部事實已經判決確定者，就其他部分而言亦有其適用，此有最高法院100年度台上字第6561號判決意旨可參。

（二）時效已完成者

時效已完成者係指犯罪行為依刑法第80條所規定之追訴權時效已完成而言，至追訴權時效已否完成，其計算則應依刑法相關之規定為之。有應注意者如係裁判上一罪之情形，追訴權時效在各個犯罪間各自獨立，不相關聯，應分別計算，此有最高法院69年台上字第4917號判例意旨及69年度第18次刑事庭會議決議內容可供參照。因而在裁判上一罪（即想像競合犯）之情形，如輕罪部分追訴權時效已完成，重罪部分仍應諭知科刑，此時僅於判決內說明輕罪部分因屬裁判上一罪不另諭知免訴之理由。

（三）曾經大赦者

大赦係指依赦免法之規定由總統命令行政院轉令主管部所為之赦免而言，依赦免法第2條第2款之規定，經大赦者如未受罪刑之宣告，其追訴權消滅，此為大赦之法律效力，故案件如業經總統以行政命令予以大赦，則國家之追訴權既已消滅，案件自不得為實體之判決，而應判決免訴。

（四）犯罪後之法律已廢止其刑罰

此所謂犯罪後之法律已廢止其刑罰者，係指犯罪後，關於實體法上之刑罰條文，已經廢止，或該處罰條文，經修改後，其犯罪構成要件，已有變更，於起訴時認屬犯罪行為，審判時則不以之為犯罪行為者而言，此有最高法院100年度台上字第2117號判決意旨可供參照。因此若非刑罰法律已經廢止或已變更而不以之為犯罪行為，僅係事實之變更者，即不得認屬刑罰法令之變更，亦即無由據之認係符合刑事訴訟法第302條第4款規定之要件，而遽為被告免訴判決之諭知，此有最高法院82年度台上字第2566號判決可供參照。

四、不受理判決

又刑事訴訟法第303條規定：「案件有下列情形之一者，應諭知不受理之判決：一、起訴之程序違背規定者。二、已經提起公訴或自訴之案件，在同一法院重行起訴者。三、告訴或請求乃論之罪，未經告訴、請求或其告訴、請求經撤回或已逾告訴期間者。四、曾為不起訴處分、撤回起訴或緩起訴期滿未經撤銷，而違背第二百六十條之規定再行起訴者。五、被告死亡或為被告之法人已不存續者。六、對於被告無審判權者。七、依第八條之規定不得為審判者。」因而案件經法院審理發現有上開所規定之情形者，則均係屬於欠缺形式之訴訟條件，亦不得為實體有罪或無罪之判決，而應為不受理之判決，以下分別論述之：

（一）起訴之程序違背規定者

提起公訴應由檢察官依刑事訴訟法第264條所規定之程式，向管轄法院提出起訴書為之，此為起訴之程式，如違背此項規定，自屬起訴之程序違背規定，應為諭知不受理之判決。例如檢察官起訴書未記載被告之姓名、住居所或其他足資辨識之特徵，致起訴之對象無法確定，此時如經命補正後未補正，即屬起訴違背規定而應為不受理之諭知；又如檢察官以函之方式表示起訴之意思，其起訴之程序即係違背規定，應諭知不受理之判決，此有最高法院28年度上字第1650號判例意旨可供參照；又如法人除有明文規定外，在實體法上不認其有犯罪能力，因而在程序法上不認其有當事人能力，故以法人為被告而起訴，其程序即屬違背規定，應諭知不受理之判決，此亦有最高法院54年台上字第1894號判例、82年度台上字第1328號、第1704號判決意旨可供參照。

其他常見起訴違背規定則包括依其他法律之特別規定，檢察官應為不起訴之處分，惟檢察官未注意而誤為起訴之情形，此時亦應依上開刑事訴訟法第303條第1款之規定諭知不受理之判決。例如少年犯罪之刑事追訴及處罰，以依少年事件處理法第27條移送之案件為限，則少年之犯罪如未經少年法院依少年事件處理法移送，檢察官即逕行偵查起訴，則其起訴程序即屬違背規定，法院自應依刑事訴訟法第303條第1款之規定諭知不受理之判決，此有最高法院71年台上字第5561號判例意旨可供參照；又如施用毒

品之犯罪行為，依毒品危害防制條例第20條第1項、第2項之規定，應由檢察官聲請法院裁定入勒戒處所觀察、勒戒，如認無繼續施用毒品傾向者，應為不起訴之處分，有繼續施用毒品傾向者，檢察官應聲請法院裁定令入戒治處所強制戒治，又依同條例第23條第1項之規定，強制戒治期滿，應由檢察官為不起訴之處分，故施用毒品之初犯，檢察官如未經觀察、勒戒及強制戒治之程序而為不起訴之處分，即將被告予以偵查起訴，則其起訴即屬違背規定，法院應依刑事訴訟法第303條第1款之規定諭知不受理之判決。

（二）已經提起公訴或自訴之案件在同一法院重行起訴

檢察官提起公訴或經自訴人提起自訴後，如檢察官就同一案件，在同一法院重行提起公訴，則依一事不再理之法理，法院自應依刑事訴訟法第303條第2款之規定，為諭知不受理之判決，而不得為實體有罪或無罪之判決。又應注意者，有關於單一案件如僅就部分提起公訴或自訴，則其效力及於其他部分，故就其他部分而言，亦屬業經起訴或自訴之範圍，自不得再行起訴，否則即屬同一案件，在同一法院重行起訴。

又所謂已經提起公訴或自訴之案件在同一法院重行起訴者，必須先起訴之案件係合法者始足當之，若先起訴之案件係不合法，則後起訴之案件，自無適用本條款規定之餘地，此有最高法院61年台上字第387號判例意旨可供參照。

（三）告訴或請求乃論之罪，未經告訴、請求或其告訴、請求經撤回或已逾告訴期間

如前所述，告訴或請求乃論之罪有告訴或請求期間之限制，而告訴或請求乃論之罪係以合法之告訴或請求為形式訴訟條件之一，故告訴或請求乃論之罪之案件，如已逾告訴或請求之期間，或其告訴或請求已經撤回，則屬於形式訴訟條件之欠缺，應依刑事訴訟法第303條第3款之規定，為諭知不受理之判決。

（四）曾爲不起訴處分、撤回起訴或緩起訴期滿未經撤銷，而違背第260條第1項之規定再行起訴

　　案件曾經檢察官爲不起訴之處分或撤回起訴確定，或緩起訴期滿未經撤銷後，依刑事訴訟法第260條第1項之規定，除有該項第1款、第2款所定之情形外，不得對於同一案件再行起訴，故如無該項第1款第2款所定之情形，檢察官復就同一案件再行起訴，則依刑事訴訟法第303條第4款之規定應諭知不受理之判決。

（五）被告死亡或爲被告之法人已不存續

　　被告死亡或爲被告之法人已不存續，則國家即無法再對其進行刑罰權之追訴，自屬於形式訴訟條件之欠缺，檢察官提起公訴後，如法院發現有被告或爲被告之法人已不存續等情形，自應依刑事訴訟法第303條第5款之規定諭知不受理之判決。此所稱之被告死亡，實務上認爲專指事實上死亡而言，並不包括宣告死亡之情形在內，此有最高法院74年台非字第224號判例可供參照。

（六）對於被告無審判權

　　法院對於刑事案件之審判須以有審判權爲前提，如無審判權則檢察官本應依刑事訴訟法第252條第7款之規定爲不起訴之處分，如檢察官誤爲向法院起訴，則法院自應依刑事訴訟法第303條第6款之規定諭知不受理之判決。例如現役軍人於戰時犯陸海空軍刑法之罪，依軍事審判法之規定，應由軍事法院加以審判，普通法院並無審判權，此時即應爲不受理之判決[5]。

（七）依第8條之規定不得爲審判者

　　如前所述，同一案件繫屬於有管轄權之數法院之情形，稱之爲管轄之競合，此時依刑事訴訟法第8條之規定，原則上由繫屬在先之法院審判

---

[5]　本文認爲審判權係先於管轄權而判斷之事項，故無審判權，似應另行單獨規定應不受理，不宜與其他欠缺訴訟條件之事由併列，而作爲不受理之事由。

之，但經共同之直接上級法院裁定，亦得由繫屬在後之法院審判，故依上開規定不得為審判之法院，即應依刑事訴訟法第303條第7款之規定諭知不受理之判決。

又上開因訴訟條件欠缺之不受理事由如同時存在二款以上時，則應如何處理，就此實務上認為應以第2款至第7款優先於第1款處理，必無第2款至第7款之情形始得以第1款之事由為不理之判決，至於同時有第2款至第7款之事由時，則應以不適法之程度較重者為裁判之依據，例如被告死亡則當事人一方之訴訟主體已不存在，程度上較其他各款事由為重，應以被告死亡為由判決不受理，此有最高法院101年度台上字第2301號判決意旨可供參照。

五、管轄錯誤判決

刑事訴訟法第304條規定：「無管轄權之案件，應諭知管轄錯誤之判決，並同時諭知移送於管轄法院。」故檢察官起訴後法院於審理中發現其本身對於案件並無管轄權時，即不得為實體或程序之判決，而應諭知管轄錯誤之判決，並同時諭知將案件移送於有管轄權之法院進行審判。

六、有罪判決之變更起訴法條

刑事訴訟法第300條規定：「前條之判決，得就起訴之犯罪事實，變更檢察官所引應適用之法條。」故而依刑事訴訟法第299條第1項所為之有罪判決（包括科刑及免刑之判決），法院得就檢察官起訴之犯罪事實，變更檢察官所引應適用之法條。依此而言，有罪之判決適用之論罪條文，並不以檢察官起訴書所載之條文為限，如法院認為起訴書所載之論罪法條有所不當，得逕予變更起訴之法條，另以適當之法條對於被告加以論罪。

惟此應注意者，所謂變更起訴法條應在起訴之事實範圍內為之，不得超過起訴之事實範圍而變更適用之法條，蓋起訴事實及法條，於刑事訴訟程序上具有限定審判對象之範圍，以突顯攻擊防禦目標，避免突襲性裁判，具有保障被告防禦權之功能。惟於一定範圍內得予變更之，以節約司法資源，俾迅速實現國家之刑罰權，而避免被告重複應訴之累。故而為免過度侵害被告訴訟主體地位及其防禦權，上開各項價值之衡量，應以「社

會基本事實同一」爲標準，以形成變更起訴法條之界限。

　　至於何謂「社會基本事實同一」，則目前最新之實務見解，多認爲應以犯罪構成要件有無罪質上之共通性加以判斷，如「此所謂變更起訴法條，係指於不擴張、減縮單一法益及同一被害客體，法院就有罪判決，於不妨害基本社會事實之範圍內，得認定事實，變更檢察官所引應適用之法條而言。」此有最高法院111年度台上字第5453號判決意旨可供參照；又如「所謂事實同一與否，並非指其罪名或犯罪構成要件同一，亦非謂全部事實均須一致，而應以檢察官起訴之基本社會事實是否同一，並以犯罪構成要件有無罪質上之共通性爲具體判斷之標準。」此有最高法院111年度台非字第126號判決意旨可供參照；又如「事實同一與否，並非指其罪名或犯罪構成要件同一，亦非謂全部事實均須一致，而應以檢察官起訴請求確定具有侵害性之基本社會事實是否同一，並以犯罪構成要件有無罪質上之共通性爲具體判斷之標準。」此亦有最高法院111年度台上字第1095號判決意旨可供參照。

　　依上開實務見解，如係竊盜、侵占及詐欺取財等財產上犯罪，均不妨於同一基本事實下變更起訴法條，如「在財產性犯罪的侵占與詐欺罪間，向採行屬同一事實而得變更法條審理的立場，此二者俱以不法手段占有領得財物，其客觀構成要件之主要事實雷同，二罪復同以爲自己或第三人不法之所有意圖爲主觀要件，同以他人之財物爲客體，同爲侵害財產法益之犯罪，罪質尚無差異，其侵害性行爲之內容雷同，犯罪構成要件亦具共通性，應認爲具有同一性。」此有最高法院110年度台上字第5850號判決意旨可供參照。又如「竊盜、侵占、詐欺取財三罪，其基本社會事實同爲意圖爲自己或第三人不法之所有，以和平手段取得他人之財物，侵害他人之財產法益。因之，檢察官如係以上述三種罪名中之任一罪名起訴，法院依其調查證據審理結果，就被告侵害單一法益之同一被害客體（即事實同一），如認被告犯罪手段有異於起訴書所認定者（例如起訴書認定被告係施用詐術取得系爭財物，法院認定係以竊取方法而取得系爭財物），即得變更起訴法條之罪名爲其餘兩罪中之另一罪名是。」此亦有最高法院81年度台非字第423號判決意旨可供參照，除此之外，尚有最高法院97年度台非字第375號判決亦採相同見解可供參照。另如公司負責人經檢察官以業務侵占罪名起訴，法院自得變更起訴法條改以背信罪論處，此亦有最高法院111年度台上字第1440號判決意旨可供參照。

又實務上認為犯罪行為程度上之高低差別亦不影響同一事實之判斷，如「同一犯罪事實，僅行為之程度不同或實施該行為之過程先後有別，諸如犯罪之完成於通常情形下，須經過各種不同階段，而各階段之犯罪行為，又均為法律規定應予評價處罰者，即令法律上之規範評價輕重容有不同，於訴訟法上，仍不失其為同一性之犯罪事實。」此有最高法院84年度台非字第146號判決意旨可供參照，此外尚有最高法院92年度台上字第3103號判決亦採取相同見解可供參照。

另實務見解亦認為：「刑事訴訟法第300條所謂變更法條，係指罪名之變更而言，苟僅行為態樣有正犯、從犯之分，或既遂、未遂之別，即無庸引用刑事訴訟法第300條變更起訴法條。」此有最高法院111年度台上字第3722號判決意旨可供參照。

同時實務見解亦認為，所謂變更起訴條文係指條文有所更易，如係屬同一犯罪條文僅係款項不同，縱使所稱之罪名不同，亦毋庸變更起訴法條，如「刑事訴訟法第三百條所稱得就起訴之犯罪事實，變更檢察官所引應適用之法條，係指法院在事實同一之範圍內，所據以論罪科刑之法條與檢察官所引應適用之法條不同，得不受其拘束，而變更起訴法條之謂。本件檢察官起訴上訴人涉犯貪污治罪條例第四條第一項第一款之侵占公用財物罪嫌，原判決雖改論以同款之竊取公用財物罪，然檢察官所引應適用之法條與原判決所據以論罪科刑之法條既無不同，自無予以變更之餘地。」此有最高法院93年度台上字第2870號判決意旨可供參照。

又實務見解有認變更起訴法條在單一犯罪事實如裁判上一罪或實質上一罪之犯罪，如有減縮之情形亦無適用之餘地，如認為「刑事訴訟法第三百條規定前條之判決，得就起訴之犯罪事實，變更檢察官所引應適用之法條，所稱之犯罪事實，係指單純一罪之單一事實及實質上或裁判上一罪之全部犯罪事實而言。亦即在不擴張及減縮原起訴犯罪事實之原則下，法院得就有罪判決，於不妨害基本社會事實同一之範圍內，自由認定事實，變更檢察官所引應適用之法條。又結合犯係因法律之特別規定，將二個可以獨立成立犯罪之行為，依法律規定而成為一個新罪，而應適用結合犯之罪名論處。因結合犯係包括的作為一個構成要件予以評價，其所結合之各個犯罪，雖因與他罪相結合，而失其獨立性，惟所結合之罪名中，如有其中一部分不能證明被告犯罪者，因他部分原屬起訴範圍內之獨立犯罪，自得適用結合前之罪名論科，並於理由中說明相結合部分，因不能證明被告

犯罪，基於結合犯係實質上一罪之法理，而不另爲無罪之論知即可，並無就起訴之犯罪事實變更檢察官所引應適用法條之問題[6]。」此有最高法院97年度台上字第3738號判決意旨可供參照。

又有應注意者，目前實務上檢察官均能於審判程序到庭確實執行公訴程序，故而實務見解認爲：「按基於檢察一體，案件起訴之後，實行公訴之檢察官於審判程序，對於具有同一性之事實，本得當庭更正罪名以及起訴法條，倘法院已踐行上揭程序，致被告之防禦權無受侵害之虞，自得以具有同一性之事實依更正後之法條及罪名判決，且毋庸依刑事訴訟法第300條變更起訴法條。」此有最高法院111年度台上字第4758號判決意旨可供參照。

七、一造辯論及不經言詞辯論

（一）一造辯論

案件經起訴後原則上應經當事人雙方於審判期日到庭，並就事實及法律加以辯論後，由法院形成心證而爲適當之判決，此爲言詞審理及直接審理之原則。惟在例外之情形下，法院得於被告未到庭之情形下即對於被告逕行判決，此稱之爲一造辯論判決或缺席判決，其情形有下列三種：

其一爲依刑事訴訟法第305條之規定：「被告拒絕陳述者，得不待其陳述逕行判決；其未受許可而退庭者亦同。」故被告如到庭後無故拒絕陳述，或到庭後未經審判長之許可而退庭，此時審判不應因此而拖延，故應認爲被告放棄辯論之機會，而得不待其陳述逕行判決。

其二爲依刑事訴訟法第306條之規定：「法院認爲應科拘役、罰金或應論知免刑或無罪之案件，被告經合法傳喚無正當理由不到庭者，得不待其陳述逕行判決。」蓋此種類型之案件因案情較爲輕微，而被告業經合法傳喚，其無正當理由不到庭，可認其放棄辯論之機會，故法院亦得不待其陳述逕行判決，以免訴訟因而拖延。

---

6 惟本文認爲在結合犯之情形，結合犯與相結合之犯罪，其規定之犯罪條文亦屬不同，如原起訴係論以結合犯，而法院審理後認爲不構成結合犯，全構成相結合之其中一罪而改以該罪論處時，實質上論罪之條文已有變更，故應有刑事訴訟法第300條之適用爲是。上開實務見解認無刑事訴訟法第300條之適用似有商榷之餘地。

其三爲依刑事訴訟法第294條第3項之規定，被告有心神喪失或因疾病不能到庭之情形者，如其顯有應諭知無罪或免刑判決之情形者，得不待其到庭，逕行判決。上開之情形本應依刑事訴訟法第294條第1項及第2項之規定停止審判，惟依案件之案情判斷，顯然被告應諭知無罪或免刑之判決者，則應不影響被告之權利，即得不待其到庭陳述逕行判決。

（二）不經言詞辯論

基於言詞審理之原則，案件原則上應經審判期日由當事人進行言詞辯論之程序，惟如係屬於程序之判決，並未就案件之實體內容加以判斷，則無行言詞辯論之實益，故刑事訴訟法第307條規定：「第一百六十一條第四項、第三百零二條至第三百零四條之判決，得不經言詞辯論爲之。」因而，如係檢察官指出之證明方法顯不足認定被告有成立犯罪之可能時，經以裁定通知補正逾期未補正，而經以裁定駁回者，如無第260條第1項各款情形之一再行起訴，由法院諭知不受理判決，或法院爲免訴之判決、不受理之判決及管轄錯誤之判決，法院均無須經言詞辯論之程序即得加以判決。此與上開一造辯論之判決不同，一造辯論仍須經言詞辯論之程序，僅參與言詞辯論者爲檢察官一方，不包括被告，而此之不經言詞辯論則係無須踐行言詞辯論之程序。

八、判決書之內容

刑事訴訟法第308條規定：「判決書應分別記載其裁判之主文與理由；有罪之判決書並應記載犯罪事實，且得與理由合併記載。」此爲有關判決書記載之內容之規定。

又有罪之判決其判決書之記載自應較爲詳實，故而有關其主文部分，刑事訴訟法第309條乃規定：「有罪之判決書，應於主文內載明所犯之罪，並分別情形，記載下列事項：一、諭知之主刑、從刑、刑之免除或沒收。二、諭知有期徒刑或拘役者，如易科罰金，其折算之標準。三、諭知罰金者，如易服勞役，其折算之標準。四、諭知易以訓誡者，其諭知。五、諭知緩刑者，其緩刑之期間。六、諭知保安處分者，其處分及期間。」其中有關沒收之規定，係因應刑事訴訟法沒收新制而修正之規定。

　　至於有罪判決之理由部分，刑事訴訟法第310條規定：「有罪之判決書，應於理由內分別情形記載下列事項：一、認定犯罪事實所憑之證據及其認定之理由。二、對於被告有利之證據不採納者，其理由。三、科刑時就刑法第五十七條或第五十八條規定事項所審酌之情形。四、刑罰有加重、減輕或免除者，其理由。五、易以訓誡或緩刑者，其理由。六、諭知沒收、保安處分者，其理由。七、適用之法律。」另依刑事訴訟法第314條之1之規定，有罪判決之正本，應附記論罪之法條全文。

　　另為簡化裁判書類起見，關於有罪之判決，刑事訴訟法第310條之1第1項規定：「有罪判決，諭知六月以下有期徒刑或拘役得易科罰金、罰金或免刑者，其判決書得僅記載判決主文、犯罪事實、證據名稱、對於被告有利證據不採納之理由及應適用之法條。」第2項規定：「前項判決，法院認定之犯罪事實與起訴書之記載相同者，得引用之。」

　　又如上開所述，因應刑法沒收新制之規定，刑事訴訟法第310條亦增訂之3之規定：「除於有罪判決諭知沒收之情形外，諭知沒收之判決，應記載其裁判之主文、構成沒收之事實與理由。理由內應分別情形記載認定事實所憑之證據及其認定之理由、對於被告有利證據不採納之理由及應適用之法律。」

九、判決之宣示及登報

（一）判決之宣示

　　刑事訴訟法第311條規定：「行獨任審判之案件宣示判決，應自辯論終結之日起二星期內為之；行合議審判者，應於三星期內為之。但案情繁雜或有特殊情形者，不在此限。」故而刑事案件辯論終結後，其判決宣示之期間，視案件係屬獨任審判或是合議審判而有不同，獨任審判之案件應自辯論終結之日起二星期內（即十四日）為之，合議審判之案件則應自辯論終結之日起三星期內（即二十一日）為之。惟目前隨著社會多元化，刑事案件亦日趨複雜，為使法官有充分合理製作判決書之時間，本條之但書亦同時明定案情繁雜或有特殊情形者，即不適用上開二星期或三星期之宣示判決期限。

　　又刑事訴訟法第312條規定：「宣示判決，被告雖不在庭亦應為

之。」蓋宣示判決僅在公開判決之結果，與被告之防禦權之行使無關，故而不待被告在庭亦得為之。

此外刑事訴訟法第313條亦規定：「宣示判決，不以參與審判之法官為限。」此亦同樣因判決之宣示僅在於對外公開判決之結果，並未涉及案件實質之認定，故其進行自然亦不以參與審判之法官為限。

另宣示判決時，刑事訴訟法第314條規定：「判決得為上訴者，其上訴期間及提出上訴狀之法院，應於宣示時一併告知，並應記載於送達被告之判決正本。前項判決正本，並應送達於告訴人及告發人，告訴人於上訴期間內，得向檢察官陳述意見。」蓋上訴期間係屬於上訴應遵守之不變期間，其對於當事人尤其被告而言有其重要性，故而判決如得為上訴者，亦應一併宣示。另告訴人並非刑事訴訟之當事人，其並無上訴之權利，為顧及其權益，故而刑事判決之正本，應送達予告訴人，使告訴人得於上訴期間內，向檢察官表示上訴之意思，以供檢察官作為是否提起上訴之參考。

（二）判決書之登報

刑事訴訟法第315條規定：「犯刑法偽證及誣告罪章或妨害名譽及信用罪章之罪者，因被害人或其他有告訴權人之聲請，得將判決書全部或一部登報，其費用由被告負擔。」此一規定之立法目的在於對於被害人因偽證及誣告罪章或妨害名譽及信用罪章受有名譽之損害時加以事後之救濟，其登報之費用當然應由被告負擔。

十、判決後扣押物之處分及贓物之處理

（一）扣押物之處理

判決後在案件中經扣押之物品應如何處理，此刑事訴訟法第317條定有明文之規定，依該條之規定：「扣押物未經諭知沒收者，應即發還。但上訴期間內或上訴中遇有必要情形，得繼續扣押之。」故而在判決後，扣押物如未經判決諭知沒收者，應即發還，判決是否諭知沒收應以判決主文之記載為準，如判決主文未記載沒收，則屬於未判決沒收，即應予發還，惟如在上訴期間內或在上訴當中遇有必要之情形，得繼續扣押之。例如扣

押之物雖未經諭知沒收，惟係對於犯罪事實之認定有重大關係之物證，則在上訴後係屬上訴審法院認定事實必要之證據之一，此時即有必要繼續扣押，而得暫時不予發還。

（二）贓物之處理

又有關案件中扣案之贓物之處理，刑事訴訟法第318條第1項規定：「扣押之贓物，依第一百四十二條第一項應發還被害人者，應不待其請求即行發還。」第2項規定：「依第一百四十二條第二項暫行發還之物無他項諭知者，視為已有發還之裁定。」故如扣押之物係屬於贓物，而已無留存之必要，且並無第三人主張其權利時，即不待被害人之請求而應予以發還。又依第142條第2項之規定暫行發還之物，如判決中並無他項諭知者，則視為已有發還之裁定，此時原暫行發還則轉換為法律上確定之發還。

第四節　簡式審判程序

一、意義

通常審判程序須經嚴格證明程序以落實保障被告在訴訟上之權利，故有交互詰問之制度及證據能力之規範，且須經法官三人進行合議審判，雖有落實堅實第一審之效果，惟在訴訟經濟考量下，如所有案件均以通常審判程序進行，難免有窒礙難行之處，故在民國93年刑事訴訟法修正時，即在通常審判程序中採納所謂簡式審判之程序。所謂簡式審判乃對於較為單純之特定案件，以較為簡便、經濟之方式進行，使司法資源獲得合理之分配。易言之，刑事案件之審理應視案件情節之輕微或重大，或視被告對於起訴之事實有無爭執，而對於訴訟程序或證據之調查作不同之處理，對於被告認罪且非重大之犯罪，以簡化之程序處理，一方面可合理分配司法資源之利用，以達訴訟經濟之要求，另一方面亦可使訴訟儘速終結，使被告免於訟累。

二、程序之進行

　　刑事訴訟法第273條之1第1項規定：「除被告所犯為死刑、無期徒刑、最輕本刑為三年以上有期徒刑之罪或高等法院管轄第一審案件者外，於前條第一項程序進行中，被告先就被訴事實為有罪之陳述時，審判長得告知被告簡式審判程序之旨，並聽取當事人、代理人、辯護人及輔佐人之意見後，裁定進行簡式審判程序。」如前所述，法院在準備程序中處理之事項，其中之一即為訊問被告、代理人及辯護人對檢察官起訴事實是否為認罪之答辯及決定可否適用簡式審判程序，如被告於準備程序中就被起訴之犯罪事實為有罪之陳述，此時即無須再進行通常審判之程序，而由審判長告知被告簡式審判程序之旨，並聽取當事人、代理人、辯護人及輔佐人之意見後，在認為適當之情形下，裁定案件以較為簡便之方式進行審判。

　　又上開所謂被告為有罪之陳述，依目前實務之見解係採取較為嚴格之解釋，如「（有罪之陳述）解釋上不僅包括對全部構成要件之承認，且須承認無何阻卻違法或阻卻責任事由存在，始足當之，倘遇有前述阻卻犯罪事由之抗辯，自難認係有罪之陳述，法院仍應適用通常審判程序進行審理。而被告為有罪之陳述為審判筆錄應記載之事項，自不宜空泛記載被告為有罪之陳述，必須相當程度具體記載被告陳述之內容。至於被告之陳述是否合於簡式審判程序所謂之有罪陳述，倘有疑義，法院應為必要之闡明。」此有最高法院97年度台上字第210號判決意旨可供參照，依此如被告於法院審理中雖坦承有傷害他人身體之事實，惟辯稱係基於正當防衛所為，此種情形即不得視為已為有罪之陳述，而適用簡式審判程序審理。

　　另應注意者，此所謂裁定進行簡式審判程序，應由負責案件審理之合議庭為之，並非審判長或受命法官得以單獨加以決定處分方式之進行，此有最高法院96年度台上字第2885號判決意旨可供參照。故如審判長或受命法官於被告為有罪之陳述，且告知被告簡式審判程序之旨，並聽取當事人、代理人、辯護人及輔佐人之意見後，即未經合議庭之評議，逕行諭知行簡式審判程序，則訴訟程序即有違背法令之處。

　　又刑事訴訟法第273條之1第2項規定：「法院為前項裁定後，認有不得或不宜者，應撤銷原裁定，依通常程序審判之。」此所謂不得者，例如被告所涉犯為死刑、無期徒刑、最輕本刑為三年以上有期徒刑之罪，依法

不得行簡式審判程序，如誤為行簡式審判之裁定後發現有此情形，自應撤銷原裁定，回復原通常審判程序之進行；又所謂不宜者，例如被告雖為對於被訴事實為有罪之陳述，惟其所涉之犯罪事實並不明確，或證據尚有不足而有無罪之可能時，應認為法院應依通常審判程序進行審判期日證據之調查，使事實得以明確再行判決較為妥適，此時應認為不宜行簡式審判程序。

　　另刑事訴訟法第273條之1第3項規定：「前項情形，應更新審判程序。但當事人無異議者，不在此限。」故而撤銷行簡式審判之裁定後，應更新審判程序，即依照上開所述之通常程序進行，惟為節省司法資源減少審判之勞費，如當事人無異議者，則不在此限，亦即無須更新審判程序。

三、程序之特點

　　簡式審判程序之立法目的原即在於簡化審判之程序，因而依刑事訴訟法第273條之2之規定：「簡式審判程序之證據調查，不受第一百五十九條第一項、第一百六十一條之二、第一百六十一條之三、第一百六十三條之一及第一百六十四條至第一百七十條規定之限制。」故而進行簡式審判程序之案件，其證據之調查，並不受第159條第1項所規定傳聞法則之限制，且關於第161條之2當事人調查證據聲請之權利保障、第161條之3之被告自白調查順序、第163條之1聲請調查證據之書狀及第164條至第170條證據調查之方式，包括證人之交互詰問等規定，均無適用之餘地，以確實達到簡化審判程序之目的，此為簡式審判程序之特點。

　　又如上所述，依刑事訴訟法第284條之1第1項之規定，簡式審判程序之案件不須行合議審判，由法官一人獨任審判即可，其用意在於讓第一審之法官對於案情較為單純之案件，得以行獨任審判，而將更多司法訴訟資源投注於案情較為重大複雜案件之審判工作，以便能確實達到簡式審判之立法目的。

四、判決書之製作

　　又行簡式審判之案件，有關簡式審判之判決書之內容記載，亦得以較為簡易之方式為之，故而刑事訴訟法第310條之2乃規定：「適用簡式審判

程序之有罪判決書之製作,準用第四百五十四條之規定。」依此規定,簡
式審判之判決書得以準用刑事訴訟法第454條有關簡易判決判決書記載之
規定。

第四章
自　訴

一、意義

　　自訴係刑事訴訟法所規定相對於公訴之另一種追訴犯罪之刑事訴訟程序，其係由犯罪之被害人直接向法院提起訴訟，請求國家對於特定之犯罪行為行使具體之刑罰權。故於自訴之程序中，自訴人等同於捨棄檢察官而自為追訴被告犯罪之當事人（地位類似民事訴訟程序之原告）之角色，因而在自訴之程序前，自訴人雖可能有自行蒐集證據之行為，惟此與犯罪偵查機關實施偵查程序不同，易言之，自訴程序前並無所謂之偵查程序，而係直接進行法院之審判程序。

　　自訴制度之立法目的係在於賦予犯罪之被害人得以直接向法院訴追被告犯罪行為之權利，用以防止檢察官對於犯罪行為消極不作為，包括不進行偵查及遲不為起訴之處分，並藉以擴大犯罪被害人利用國家刑事司法程序追訴犯罪之機會。惟由於自訴之程序係未經檢察機關偵查程序之過濾，自訴人即得對於特定人直接向法院起訴，故亦有可能產生自訴人濫行起訴之現象，且因自訴人無法利用國家犯罪偵查之資源，故自訴人自訴之案件亦常有犯罪事實之證據不足之問題，加以自訴人往往並未具有法律之專業知識，無法在法院審判程序中扮演刑事訴訟原告之角色，故自訴之制度存在頗多之缺失，確實有檢討是否廢除此一制度之討論空間[1]。

二、自訴權人

　　有權得提起自訴之人稱為自訴權人，自訴權人依刑事訴訟法之規定有下列二種：

---

[1] 目前主要之法治國家如美國、日本等國，其刑事訴訟制度均無自訴之程序，對於犯罪之訴追，僅得由檢察機關代表國家向法院起訴而為之，不准許私人提起刑事訴訟程序，此稱之為公訴獨占主義或起訴壟斷主義。

（一）被害人

　　刑事訴訟法第319條第1項前段規定：「犯罪之被害人得提起自訴。」所謂犯罪之被害人係指因犯罪而直接受害之人而言，包括自然人及法人在內，至於因犯罪而間接受害之人則非此所指之被害人，不得提起自訴。有關是否屬於犯罪之直接被害人，實務見解認為應以被侵害之法益為判斷之基準；認為「刑事訴訟法第三百十一條（現行第319條第1項前段）所稱犯罪之被害人，固以因犯罪而直接被害之人為限，惟所謂直接被害人，係指其法益因他人之犯罪而直接受其侵害者而言。」此有最高法院32年度非字第68號判例意旨可供參照；又如「刑事訴訟法第三百十一條（現行第319條第1項前段）所稱犯罪之被害人，固以因犯罪而直接被害之人為限，惟所謂直接被害人，係指其法益因他人之犯罪而直接被其侵害者而言，故凡財產法益被侵害時，其財產之所有權人固為直接被害人，即對於該財產有事實上管領之人，因他人之犯罪行為而其管領權受有侵害者，亦不失為直接被害人，且被害之是否直接，須以犯罪行為與受侵害之法益有無直接關係為斷，如就同一客體有二以上之法益同時併存時，苟其法益為直接犯罪行為所侵害，則兩法益所屬之權利主體均為直接被害人，並不因另有其他之直接被害人而發生影響，即非不得自訴。」此有最高法院42年度台非字第18號判例意旨可供參照；又如「刑事訴訟法第三百十九條所稱犯罪之被害人，以因犯罪而直接被害之人為限，而被害之是否直接，須以犯罪行為與受侵害之法益有無直接關係為斷。」此亦有最高法院69年度台上字第1565號判決意旨可供參照。

　　依上述之標準加以判斷之下，目前實務之見解認為被誣告之人、偽造支票之執票人均屬犯罪直接被害人之人而得提起自訴，此有最高法院26年度渝上字第893號、50年台非字第45號判例意旨參照；惟如係屬偽證、湮滅證據、枉法裁判、公務員圖利、抑留或剋扣應發給款物等犯罪，其被害之法益為國家法益或社會法益，並非個人法益，個人之利益僅係間接受侵害故不得提起自訴，凡此分別有最高法院26年度渝上字第893號、54年度台上字第246號、70年台上字第1799號、75年台上字第742號判例意旨可供參照。

　　如上所述，犯罪之直接被害人始得提起自訴，惟是否係犯罪之直接被害人，究係以自訴人自訴提起自訴時其自訴狀所載之犯罪事實，形式上加

以認定即可，抑或須經法院實質調查而後認定，此恐有疑問。實務上對此有先後不同之見解，早期之見解認為應由自訴人自訴之事實形式上認定其是否係犯罪之直接被害人，如「刑事訴訟法第三百十一條（現第319條第1項前段）所謂犯罪之被害人，祇須就其所訴之事實如果屬實，在實體法上足認其為被害之人為已足，並不以實際上確曾受害為必要。」此有最高法院30年度上字第452號判例意旨可供參照，又如「刑事訴訟法第三百十一條所稱之被害人，祇須自訴人所訴被告犯罪事實，在實體法上足認其為被害之人為已足，至該自訴人實際曾否被害及被告有無加害行為，並非自訴成立之要件。」此亦有最高法院46年度台上字第1305號判例意旨可供參照，另如「得否提起自訴，應以依自訴狀所訴事實，上訴人是否為被害人為準，不得以經調查結果，被告無被訴犯罪事實，為上訴人不得提起自訴之根據。」此亦有最高法院70年台上字第5093號判例意旨可供參照。惟上開判例其中最高法院30年度上字第452號判例於民國95年6月27日經最高法院95年度第12次刑事庭會議決議不再援用，最高法院46年度台上字第1305號判例業經最高法院於民國80年6月30日第3次刑事庭會議決議不再援用，最高法院70年台上字第5093號判例則於民國92年9月25日經最高法院92年度第16次刑事庭會議決議不再援用。而上開決議後實務之見解即產生變更，較新之實務見解傾向於認為，自訴人是否為犯罪之直接被害人應經法院實質調查後認定之事實為準；如「按犯罪之被害人得提起自訴，刑事訴訟法第三百十九條第一項前段定有明文。故必須因犯罪而被害之人，始得提起自訴；非因犯罪而被害之人，不得提起自訴，乃當然之解釋。又該條項所稱犯罪之被害人，以因犯罪而直接被害之人為限。故自訴人實際曾否被害，乃自訴成立之要件，苟自訴人主張其係犯罪之被害人而提起自訴，經法院調查結果，認其並非因犯罪而直接被害之人，自應諭知不受理之判決。」此有最高法院82年度台上字第2002號判決意旨可供參照；又如「依自訴人所訴之事實，若經法院查明，認其並非因犯罪而直接被害之人，即應諭知不受理之判決，不能為實體之判決。」此亦有最高法院87年度台上字第1858號判決意旨可供參照；另如「自訴人實際曾否受害，乃自訴成立之要件，苟自訴人主張其係犯罪之被害人而提起自訴，經法院調查結果，認其並非因犯罪而直接被害之人，自應諭知不受理之判決。」此亦有最高法院95年度台上字第409號判決意旨可供參照。惟實務上仍偶見有採取上開舊見解之判決，如「犯罪之被害人依刑事訴訟法第三百十九條第一項規

定,雖得提起自訴,但此之所謂被害人,係指因犯罪而直接被害者而言。申言之,係指從所訴事實形式上觀察如果屬實,在實體法上足認其為直接遭受損害之人而言。若在形式上判斷並非直接被害人,縱令以被害人自居,仍不得提起自訴。」此有最高法院86年度台上字第3656號判決意旨可供參照。

又非法人團體是否得為本條所稱之被害人,而提起自訴?此一問題依目前實務之見解係認為,所謂之犯罪被害人,係以具有法律上人格之自然人或法人為限,如係非法人團體既非自然人,亦非有行為能力之法人,而刑事訴訟法又無如民事訴訟法第40條第3項相同之非法人之團體,設有代表人或管理人者,有當事人能力之規定,故非法人團體縱事實上設有董事或管理人,亦不得提起自訴,此有最高法院96年度台上字第391號判決內容可供參照。

（二）被害人為無行為能力或限制行為能力或死亡者,得由其法定代理人、直系血親或配偶提起自訴

自訴固得由犯罪直接被害人為之,惟如果犯罪之直接被害人係無行為能力或限制行為能力之人或已死亡者,則事實上難以行使其自訴之權利,因而刑事訴訟法第319條第1項但書乃規定:「但無行為能力或限制行為能力或死亡者,得由其法定代理人、直系血親或配偶為之。」此種情形之下,得由其法定代理人、直系血親或配偶提起自訴。此時被害人之法定代理人、直系血親或配偶之自訴權係其等固有之訴訟上權利,並非代被害人提起,因而應以自己之名義提起。至於是否為被害人之法定代理人、直系血親或配偶,自應以民法相關規定認定之。

三、自訴之程式

（一）強制代理

刑事訴訟法第319條第2項規定:「前項自訴之提起,應委任律師行之。」如前所述,自訴常因自訴人欠缺法律之專業知識而導致訴訟程序無法順利進行,加以民國92年刑事訴訟法修正採改良式當事人進行主義,加

重當事人尤其檢察官及自訴人舉證之責任，若由未具有法律專業知識之犯罪被害人自行提起自訴，恐其無法為適當之舉證而敗訴，故基於武器平等及保障犯罪被害人人權之考量，因而民國92年刑事訴訟法修正時乃同時規定自訴應採強制律師代理之制度，使自訴人因有律師之代理，而具備一定之進行刑事訴追程序之能力，以使自訴之制度能確實有效運作。

（二）自訴狀之提出

　　刑事訴訟法第320條第1項規定：「自訴，應向管轄法院提出自訴狀為之。」所謂管轄法院指依我國刑事訴訟法規定對於自訴之案件有管轄權之法院。又同條第2項則規定：「自訴狀應記載下列事項：一、被告之姓名、性別、年齡、住所或居所，或其他足資辨別之特徵。二、犯罪事實及證據並所犯法條。」同條第3項則規定：「前項犯罪事實，應記載構成犯罪之具體事實及其犯罪之日、時、處所、方法。」又同條第4項又規定：「自訴狀應按被告之人數，提出繕本。」依目前實務之見解認為，刑事訴訟法第320條第2項第1款規定自訴狀應記載被告之姓名、性別、年齡及住（居）所等資料，係為確定其所訴追之人，狀內雖未詳列被告之姓名，如依其記載，在客觀上已能確定其訴追之人，尚難遽謂其起訴之程序違背規定，此有最高法院98年度台上字第6571號判決意旨可供參照。

四、自訴之擴張及減縮

（一）自訴之擴張

　　刑事訴訟法第319條第3項前段規定：「犯罪事實之一部提起自訴者，他部雖不得自訴亦以得提起自訴論。」所謂犯罪事實之一部，係指單一案件之犯罪事實之一部而言，包括單純一罪、實質上一罪及裁判上一罪等。以裁判上一罪之關係而言，如A、B二罪之間有想像競合犯之關係，即係屬於裁判上一罪，而A罪得提起自訴，B罪不得提起自訴，則此時亦擴張使B罪得以一併提起自訴；例如甲於警員乙依法向其執行盤查之職務時，以拳頭攻擊乙頭部一下，造成乙頭部受傷，則甲係以一行為同時觸犯刑法第277條第1項之傷害罪及刑法第135條第1項之妨害公務罪，為想像競

合犯，屬於裁判上一罪，妨害公務罪原本因乙並非直接之犯罪被害人而不得提起自訴，惟因傷害罪甲為犯罪之直接被害人得提起自訴，且傷害罪較重，故乙得以對甲提起傷害及妨害公務之自訴。此一規定之立法目的在於單一案件本屬於訴訟程序上不可分之關係，故不宜以不同之程序分別處理，此即為自訴範圍之擴張。

（二）自訴之減縮

又刑事訴訟法第319條第3項但書規定：「但不得提起自訴部分係較重之罪，或其第一審屬於高等法院管轄，或第三百二十一條之情形者，不在此限。」故而，如原依法不得提起自訴之部分相較得提起自訴部分係屬於較為重之罪，抑或第一審屬於高等法院管轄，或者刑事訴訟法第321條之情形（即對於直系尊親屬或配偶自訴），則無上開自訴範圍擴張之適用。易言之，此時單一案件之一部既不得提起自訴，且其係較重之罪或高等法院管轄第一審之罪，此時對於屬於單一案件之犯罪事實不可分之下，即全部均不得提起自訴，此即屬於自訴範圍之減縮。實務見解如「戡亂時期貪污治罪條例第六條第三款之公務員對於主管之事務圖利罪，係侵害國家法益之犯罪，個人不得提起自訴，刑法第二百十三條之公務員明知為不實之事項而登載於職務上所掌之公文書罪，雖得提起自訴，但與較重之圖利罪具有牽連關係時（刑法修法廢止牽連犯前屬裁判上一罪之關係），依刑事訴訟法第三百十九條第二項但書之規定，亦不得提起自訴。」此有最高法院73年台上字第875號判例意旨可供參照。

五、自訴之限制

自訴程序係由犯罪之被害人直接向法院提起刑事之訴訟程序，因其性質上較為特殊之故，因而對於自訴之提起法律設有限制，茲分論如下：

（一）對於直系尊親屬或配偶，不得提起自訴

刑事訴訟法第321條前段規定：「對於直系尊親屬或配偶，不得提起自訴。」故犯罪之加害人如係被害人之直系尊親屬或配偶，則被害人不得

對於加害人提起自訴，此立法之目的在於避免至親之人於刑事訴訟程序中互相對立，以保障家庭之和諧。至於直系尊親屬或配偶關係之存在與否自以民法相關規定認定之；又既稱直系尊親屬，則當然不以直系血親尊親屬為限，即直系姻親尊親屬亦包括在內，此有最高法院24年上字第3966號判例可供參照。又本條但書規定：「但依第二百五十八條之三第二項後段裁定而提起自訴者，不在此限。」

又應注意者，原本實務見解認為告訴乃論之罪有關告訴不可分之原則於自訴亦有適用，故共同被告其中之一人為配偶，即不得對於其他共同被告提起自訴，此有最高法院29年上字第2333號、29年度非字第15號判例意旨可供參照；惟此見解經司法院大法官會議解釋認為違反憲法第16條保障之訴訟權，大法官會議釋字第569號解釋謂：「憲法第十六條明定人民有訴訟之權，旨在確保人民權益遭受不法侵害時，有權訴請司法機關予以救濟。惟訴訟權如何行使，應由法律規定；法律於符合憲法第二十三條意旨之範圍內，對於人民訴訟權之實施自得為合理之限制。刑事訴訟法第三百二十一條規定，對於配偶不得提起自訴，係為防止配偶間因自訴而對簿公堂，致影響夫妻和睦及家庭和諧，乃為維護人倫關係所為之合理限制，尚未逾越立法機關自由形成之範圍；且人民依刑事訴訟法相關規定，並非不得對其配偶提出告訴，其憲法所保障之訴訟權並未受到侵害，與憲法第十六條及第二十三條之意旨尚無牴觸。刑事訴訟法第三百二十一條規定固限制人民對其配偶之自訴權，惟對於與其配偶共犯告訴乃論罪之人，並非不得依法提起自訴。本院院字第三六四號及院字第一八四四號解釋相關部分，使人民對於與其配偶共犯告訴乃論罪之人亦不得提起自訴，並非為維持家庭和諧及人倫關係所必要，有違憲法保障人民訴訟權之意旨，應予變更；最高法院二十九年上字第二三三三號判例前段及二十九年非字第一五號判例，對人民之自訴權增加法律所無之限制，應不再援用。」因而，目前之實務見解即已變更而不再認為告訴乃論之罪有關告訴不可分之原則於自訴之案件亦有適用之餘地。

（二）告訴或請求乃論之罪，已不得為告訴或請求者，不得再行自訴

刑事訴訟法第322條規定：「告訴或請求乃論之罪，已不得為告訴或

請求者，不得再行自訴。」依此規定告訴或請求乃論之罪，如有撤回告訴、已逾告訴期間等依法已不得爲告訴之情形，亦不得再行提起自訴。蓋告訴乃論之罪如有依法已不得再行告訴而進行公訴程序之情形，如仍允許被害人提起自訴，則不得再行告訴之規定即屬形同虛設，故有此一規定。

（三）同一案件經檢察官依第228條規定開始偵查者，不得再行自訴（但告訴乃論之罪，經犯罪之直接被害人提起自訴者，不在此限）

　　刑事訴訟法第323條第1項前段規定：「同一案件經檢察官依第二百二十八條規定開始偵查者，不得再行自訴。」依此規定同一案件如經檢察官依法開始進行偵查，即不得再行提起自訴，僅於檢察官尙未進行偵查之情形始得提起自訴。此爲公訴優先之原則，用以防止自訴人濫訴，並避免公訴及自訴二種程序同時進行。所謂同一案件指被告及其所涉及之犯罪事實均屬同一而言，凡檢察官已依法開始進行偵查，則就同一案件即不得再行自訴，而偵查開始之時點以檢察機關收案之時爲準，如司法機關之移送、函送到達檢察機關時，或檢察機關收受告訴人所提出之告訴書狀時，至於自訴之時點則以法院收受自訴狀之時爲準。

　　惟上開不得自訴之規定有例外之情形，依刑事訴訟法第323條第1項但書規定：「但告訴乃論之罪經犯罪之直接被害人提起自訴，或依第二百五十八條之三第二項後段裁定而提起自訴者，不在此限。」亦即如自訴係屬於告訴乃論之罪且由被害人提起，或者係經法院裁定准許提起自訴之情形，則例外無上開限制規定之適用。

（四）少年刑事案件

　　刑事訴訟法關於自訴之規定，於少年刑事案件不適用，此少年事件處理法第65條第2項所明文規定，故少年刑事案件之被害人不得對於少年之被告提起自訴，因而有關於少年之刑事案件之追訴，均應經由公訴之程序爲之。

六、自訴之效力

　　刑事訴訟法第324條規定：「同一案件經提起自訴者，不得再行告訴或為第二百四十三條之請求。」此即自訴對於刑事訴訟程序上產生之效力，故而犯罪之被害人如已依法提起自訴，即不得對於同一案件，再行告訴或請求，此乃避免對於特定之犯罪事實及被告同時進行公訴及自訴程序，致產生雙重處罰之問題。如違反上開規定再行告訴者，則檢察官應依刑事訴訟法第255條第1項所稱之其他法定理由為不起訴之處分。

　　又依實務之見解，如自訴程序係因程序上之理由經法院為不受理之判決，其後犯罪之被害人仍得再進行告訴；如「刑事訴訟法第三百十六條（即現行第324條）雖規定同一案件經提起自訴者，不得再行告訴。但該項自訴如因不合程序，經諭知不受理之判決而確定者，即已回復未自訴前之狀態，仍得由被害人依法告訴。」此有最高法院27年度上字第792號判例意旨可供參照。

七、自訴之承受與擔當

（一）自訴之承受

　　所謂自訴之承受，係自訴人因法定事由無法續行訴訟時，而由其他人取得原自訴人訴訟上之地位，續行訴訟行為之謂。於此承受訴訟之情形，僅為訴訟主體之更易，原自訴案件之訴訟關係本身仍然存在並未變動。依刑事訴訟法第332條前段之規定：「自訴人於辯論終結前，喪失行為能力或死亡者，得由第三百十九條第一項所列得為提起自訴之人，於一個月內聲請法院承受訴訟；……」又實務見解認為，此所規定之一個月期間，性質上非屬不變期間，僅於無承受訴訟人或逾期不為承受時，法院可分別情形，逕行判決或通知檢察官擔當訴訟而已，故如已逾一個月期間，而法院尚未依該規定為判決時，應仍許得提起自訴之人聲請承受訴訟，自不因逾期聲請即使其喪失承受訴訟權，此有臺灣高等法院87年度上訴字第764號判決意旨可供參照。

　　又自訴之承受，承受人雖係取代原自訴人之地位，惟承受自訴之人本身仍應受自訴相關要件之限制，故如係對於自己之直系尊親屬或配偶為被

告之自訴案件，縱自訴人於案件辯論終結前喪失行爲能力或死亡，其本人
仍不得承受訴訟，又限制行爲能力之未成年人亦不得承受訴訟，此有最高
法院96年度台上字第6204號判決意旨可供參照。

（二）逕行判決或擔當訴訟

又依刑事訴訟法第332條後段之規定：「如無承受訴訟之人或逾期不
爲承受者，法院應分別情形，逕行判決或通知檢察官擔當訴訟。」故自訴
人於辯論終結前死亡，如無人得承受訴訟或得承受訴訟之人逾期不爲承
受，則法院應依個別案件之情形，逕行爲判決，或通知檢察官擔當訴訟。
至於何種情形得爲逕行判決，一般認爲得不經言詞辯論而爲判決之情形，
如依刑事訴訟法第302條爲免訴之判決、第303條爲不受理之判決或依第
304條爲管轄錯誤之判決等情形，法院均得逕行判決，至於須行言詞辯論
而爲有罪或無罪之實體判決之案件，則應通知檢察官擔當訴訟爲適當。

而於檢察官擔當訴訟之情形，其訴訟之主體仍爲原來之自訴人，檢察
官並未因擔當訴訟而取得當事人之資格，此與上開所述承受訴訟之情形
不同，故檢察官擔當訴訟後，訴訟程序仍應依自訴之訴訟程序爲之，並不
因此而變更爲公訴之訴訟程序，因而於判決書上應併列自訴人及擔當訴訟
人。

八、自訴之撤回

（一）自行撤回

刑事訴訟法第325條第1項規定：「告訴或請求乃論之罪，自訴人於第
一審辯論終結前，得撤回其自訴。」依此規定，如自訴案件係屬告訴或
請求乃論之罪，則自訴人於第一審辯論終結前得撤回自訴，此時原存在之
訴訟繫屬關係即歸於消滅，法院亦無須爲任何之裁判，即可直接將案件報
結。惟如非屬告訴或請求乃論之罪，則提起自訴後自訴人即不得任意撤
回，並非屬告訴或請求乃論之罪，通常案件情節較爲重大，且涉及國家或
社會法益，故不允許自訴人任意撤回自訴。

刑事訴訟法第325條第2項規定：「撤回自訴，應以書狀爲之。但於審

判期日或受訊問時，得以言詞爲之。」故撤回自訴原則上應以書面方式爲之，惟如係在審判期日或受訊問時，則亦得以言詞表明之，此在於便利自訴人之撤回自訴。

又刑事訴訟法第325條第3項則規定：「書記官應速將撤回自訴之事由，通知被告。」蓋自訴之被告與公訴之被告相同均係受到一方之當事人提起刑事之訴訟，有關其權益可能受到之影響與公訴相同，故而如自訴人撤回自訴自有必要即早通知被告，使被告得以知悉其受追訴之案件已經撤回而不復存在，因此特爲此一規定。

另刑事訴訟法第325條第4項規定：「撤回自訴之人，不得再行自訴或告訴或請求。」蓋自訴人撤回自訴後，如允許其得再行提起自訴或得再行提出告訴或請求，則將造成當事人間法律關係之不安定，故規定自訴人撤回自訴之後，即自不得再行自訴或告訴或請求，此亦爲自訴撤回之法律上之效力。

（二）曉諭撤回

自訴係由被害人自行向法院提起刑事訴訟之程序，因而常見案件本身係單純屬民事法律關係而自訴人誤用刑事自訴程序加以處理，或自訴人欲利用刑事之程序恫嚇被告以達成特定之目的，對於此種自訴之案件，應設有過濾之機制加以因應，故刑事訴訟法第326條第1項乃規定：「法院或受命法官，得於第一次審判期日前，訊問自訴人、被告及調查證據，於發現案件係民事或利用自訴程序恫嚇被告者，得曉諭自訴人撤回自訴。」

此種曉諭撤回之情形與上開所述自訴人自行撤回之情形不同，係法院經初步之調查後，認爲案件係民事法律關係或係利用自訴程序恫嚇被告時，經由曉諭之方式，請自訴人撤回自訴。惟實務上有問題者乃所謂曉諭撤回之案件是否亦以告訴乃論之罪爲限，此從條文之文字上觀之無從得以明確，實務之見解早期傾向於不限於告訴或請求乃論之罪，此可參見司法院院解字第3255號解釋，惟嗣後則傾向限於告訴或請求乃論之罪，此有司法院院解字第3349號、第3988號解釋及82年廳刑一字第05283號函可供參照。

又刑事訴訟法第326條第2項規定：「前項訊問不公開之；非有必要，不得先行傳訊被告。」依此規定，曉諭撤回之訊問不公開進行，且非有必

要，不得先行傳訊被告。此乃因此類情形案件尚未明朗，被告之犯罪事實並不明確，故不公開進行，且原則上不先行傳喚被告，以免被告因自訴人之濫訴而受有名譽上之損害，並浪費訴訟之資源。

又自訴之撤回係屬當事人之一之自訴人撤回其起訴，故撤回自訴後訴訟之繫屬關係即歸於消滅，訴訟關係既不存在，則法院亦無須為任何之裁判，即可逕行終結案件，此與告訴人撤回告訴之情形有所不同，應特別加以注意。

九、自訴之裁定駁回

刑事訴訟法第326條第3項規定：「第一項訊問及調查結果，如認為案件有第二百五十二條、第二百五十三條、第二百五十四條之情形者，得以裁定駁回自訴，並準用第二百五十三條之二第一項第一款至第四款、第二項及第三項之規定。」依此規定，自訴之案件法院依同條第1項為訊問及調查證據之結果，如認為案件有第252條、第253條、第254條之情形者，亦即有上開所述絕對不起訴或相對不起訴之情形者，得以裁定駁回自訴，並準用第253條之2第1項第1款至第4款、第2項及第3項之規定，亦即準用緩起訴所規定，得命被告於一定期間內遵守或履行向被害人道歉、立悔過書、向被害人支付相當數額之財產或非財產上之損害賠償，或向公庫或該管檢察署指定之公益團體、地方自治團體支付一定之金額，且上開支付金額之命令，應得被告之同意，並得為民事強制執行名義；又如有上開命令之情形應附記於判決書內，以資明確。

又依刑事訴訟法第326條第4項則規定：「駁回自訴之裁定已確定者，非有第二百六十條第一項各款情形之一，不得對於同一案件再行自訴。」依此可知駁回自訴之裁定亦有實質之拘束力。

十、自訴之審判

自訴案件之審判程序原則上與公訴案件之審判程序相同，故自訴案件之審判程序，除刑事訴訟法有特別規定，應依該特別規定為之外，其餘多準用公訴案件之審判程序，以下即就自訴案件之審判程序特別規定分別論述之：

（一）自訴人之傳喚及自訴狀繕本之送達

刑事訴訟法第327條第1項規定：「命自訴代理人到場，應通知之；如有必要命自訴人本人到場者，應傳喚之。」自訴案件之提起應委任律師為代理人業如上述，故法院進行自訴案件之程序時應以通知方式通知自訴代理人到場，惟如法院認為有必要時，亦得命自訴人本人到場，此時則應以傳喚之方式為之。又依同條第2項之規定，第71條、第72條及第73條有關對於被告傳喚方式之規定，於自訴人之傳喚準用之。

又刑事訴訟第328條規定：「法院於接受自訴狀後，應速將其繕本送達於被告。」此係有關自訴狀繕本送達被告之規定，蓋對於被告而言，公訴及自訴效果相同，均使其成為刑事審判之對象，故而有必要速將自訴狀繕本送達，俾使被告盡早瞭解其被訴之相關犯罪事實，而得以準備行使訴訟上之防禦權。

（二）檢察官之協助

又刑事訴訟法第330條規定：「法院應將自訴案件之審判期日通知檢察官。檢察官對於自訴案件，得於審判期日出庭陳述意見。」因而檢察官對於案件亦得於審判期日出庭陳述意見，以協助自訴人進行自訴之程序，惟此並非必要之程序，故檢察官雖未出庭陳述意見，亦無程序違法之問題，實務上亦甚少見檢察官在自訴案件協助自訴人之情形，蓋目前自訴已採取律師強制代理之制度，故須檢察官協助之情形已甚少見。

（三）停止審判及裁定駁回

又刑事訴訟法第333條規定：「犯罪是否成立或刑罰應否免除，以民事法律關係為斷，而民事未起訴者，停止審判，並限期命自訴人提起民事訴訟，逾期不提起者，應以裁定駁回其自訴。」此乃因犯罪之是否成立或刑罰應否免除，有時應依民事法律關係作為判斷之依據，此時自應由自訴人提起民事之法律關係作為認定犯罪事實之依據，故規定應停止審判，而限期命自訴人提起民事訴訟，如自訴人逾期仍不提起者，則此為可歸責於其之事由，法院自應以裁定駁回其自訴。例如刑法之竊盜罪以侵害他人對於動產之所有權或監督、管理權為其要件，故如竊盜之自訴案件審理中，

被告主張其對於被竊之動產具有排他之所有權或監督、管理權時，則被告之竊盜犯罪行為是否成立，應以其就被竊之動產是否有所有權或監督、管理權為判斷之依據，此時自訴人自應提起確認所有權相關之民事訴訟，以資作為竊盜之自訴案件審理時判斷事實之依據。

（四）自訴之不受理判決

1. 未委任代理人

　　自訴程序既係由被害人自行委任代理人向法院提起刑事之訴訟，以取代檢察官起訴及在法院審判程序應行使之職權，因而刑事訴訟法第329條第1項乃規定：「檢察官於審判期日所得為之訴訟行為，於自訴程序，由自訴代理人為之。」因而在自訴之審判程序中以自訴代理人擔任檢察官之角色，舉凡檢察官應為之訴訟行為包括舉證責任等，均應由自訴代理人為之。故如自訴人不委任律師擔任自訴代理人，則實際上無法進行審判之程序，故而同條第2項乃規定：「自訴人未委任代理人，法院應定期間以裁定命其委任代理人；逾期仍不委任者，應諭知不受理之判決。」

2. 代理人無正當理由不到庭

　　又刑事訴訟法第331條規定：「自訴代理人經合法通知無正當理由不到庭，應再行通知，並告知自訴人。自訴代理人無正當理由仍不到庭者，應諭知不受理之判決。」自訴之程序採取律師強制代理之制度，故自訴代理人必須到庭始得進行案件之審理，如自訴代理人經合法通知後無正當理由不到庭者，自應再行通知，同時並告知自訴人，自訴代理人如經再行通知仍無正當理由未到庭，則法院即應諭知不受理之判決。

　　關於此一規定有問題者乃自訴代理人如係於第一審之自訴準備程序，受合法通知無正當理由不到庭，經法院再行通知，並告知自訴人，其無正當理由仍不到庭，法院可否依上開刑事訴訟法第331條之規定判決不受理？對此，目前實務之見解傾向於認為，依刑事訴訟法第343條準用第273條第5項之規定，自訴代理人雖未於準備程序到庭，法院仍得對到庭之人行準備程序，且其亦無失權效果之規定，故第331條應作限縮解釋，僅於自訴代理人未於審判期日到庭，導致法院無法進行訴訟程序時，始有該條

規定之適用，此有臺灣高等法院92年庭長法律問題研討會之意見可供參考。

3. 不得提起自訴而提起

另刑事訴訟法第334條規定：「不得提起自訴而提起者，應諭知不受理之判決。」所謂不得提起自訴之情形，包括非犯罪之被害人而提起自訴，或有上開所述限制自訴之情形，例如被告係自訴人之直系尊親屬或配偶，或對於告訴或請求乃論之罪已不得為告訴或請求，又或檢察官已開始偵查及屬於少年刑事案件等等之情形，凡自訴之案件有上開所述等情形者，法院均應為諭知不受理之判決。

（五）管轄錯誤判決之移送

依刑事訴訟法第335條規定：「諭知管轄錯誤之判決者，非經自訴人聲明，毋庸移送案件於管轄法院。」故而自訴人所提起之自訴，如法院認為係屬於無管轄權之情形，則應準用公訴之審判程序相關規定，諭知管轄錯誤之判決，此時如非經自訴人聲明，毋庸移送案件於管轄法院。蓋自訴與公訴不同，係由自訴人自行提起刑事之訴訟，如其係向無管轄權之法院提起自訴，而法院應判決管轄錯誤，則此時是否移送於有管轄權之法院進行審判，自應尊重自訴人之意願，如自訴人不願移送有管轄權之法院審判，自無須諭知將案件移送管轄法院。

（六）檢察官之送達及處分

又刑事訴訟法第336條第1項規定：「自訴案件之判決書，並應送達於該管檢察官。」故自訴案件雖係自訴人提起，惟其判決書仍應送達檢察官。同條第2項則規定：「檢察官接受不受理或管轄錯誤之判決書後，認為應提起公訴者，應即開始或續行偵查。」對此實務見解認為，上開所稱之應即開始或續行偵查之情形，應係指檢察官接到判決書後未提起上訴，此外亦無其他有上訴權人提起上訴之情形而言，否則，如該自訴案件經提起上訴，則案件仍繫屬於法院，而一方面檢察官又開始或續行偵查，即與刑事訴訟法第323條第2項前段所規定之意旨相違背，此有最高法院91年度

台上字第5374號判決意旨可供參照。

（七）得上訴判決宣示方法之準用

又依刑事訴訟法第337條之規定，第314條第1項之規定，於自訴人準用之，故自訴之判決得為上訴者，其上訴期間及提出上訴狀之法院，應於宣示判決時一併告知，並應記載於送達被告之判決正本。

（八）自訴之反訴

刑事訴訟法第338條規定：「提起自訴之被害人犯罪，與自訴事實直接相關，而被告為其被害人者，被告得於第一審辯論終結前，提起反訴。」此即有關自訴之反訴之規定，此一規定係為便利審判程序及訴訟經濟而設，故於自訴程序中提起反訴，以訴訟主體同一為要件，即反訴與自訴之當事人，必須互為被害人，互為被告，如非對於自訴人提起反訴，而對於案件被告外之第三人有所訴追者，則訴訟主體各別，自屬另一訴訟關係，不得適用上開自訴之反訴之規定。

又刑事訴訟法第339條規定：「反訴，準用自訴之規定。」蓋自訴之反訴，亦係私人進行之刑事追訴，事實上即係另一自訴案件，故有關自訴之反訴，自應準用自訴相關之規定，如自訴提起之程式，不得自訴之相關限制等均有準用。

又刑事訴訟法第341條規定：「反訴應與自訴同時判決。但有必要時，得於自訴判決後判決之。」此一規定之目的在於避免事實之認定產生不一致之情形，所造成判決間之歧異，惟如有必要之情形，反訴仍得於自訴判決後判決之。

又自訴及反訴係二個不同之訴訟程序，等同於二個自訴之程序，故而反訴之程序亦具有相當之獨立性，因此刑事訴訟法第342條乃規定：「自訴之撤回，不影響於反訴。」故而自訴雖經自訴人撤回，法院仍應就反訴部分加以審判。另實務之見解同時認為，對於自訴之反訴不得再行提起反訴；如「提起自訴之被害人犯罪，而被告為其被害人者，被告固得於第一審辯論終結前，提起反訴，但提起反訴，應以自訴之被告為限，自訴人除得提起自訴外，不得對於反訴復行提起反訴。」此有最高法院73年台上字第1107號判決意旨可供參照。

十一、公訴程序之準用

　　刑事訴訟法第343條規定：「自訴程序，除本章有特別規定外，準用第二百四十六條、第二百四十九條及前章第二節、第三節關於公訴之規定。」故而自訴之審判程序，準用刑事訴訟法第246條就地訊問被告及第249條軍民輔助偵查之規定，另亦準用有關公訴章第二節起訴及第三節審判之規定。故如公訴程序有關於起訴之效力、準備程序、審判期日前之準備及審判期日程序之進行，以至於判決之種類及判決書之記載等等規定，於自訴程序均準用之。例如有關於就審期間之規定於自訴程序即準用之，此有最高法院28年度上字第4035號判例可供參照；又如以法人爲被告而起訴，除所謂罪名有特別規定法人得爲犯罪主體者外，其程序即屬違背規定，此於自訴程序亦有準用，此有最高法院70年度台上字第547號及72年度台上字第1233號判決意旨可供參照；又如刑事訴訟法第273條第6項有關起訴或其他訴訟行爲，於法律上必備之程式有欠缺而其情形可補正者，法院應定期間，以裁定命其補正之規定，於自訴程序亦有準用，此亦有最高法院90年台上字第4521號判例意旨可供參照；又如追加起訴之相關規定於自訴程序亦有準用，此亦有最高法院29年度上字第2950號、87年台上字第540號判例意旨可資參照。

第五章
上訴審

第一節　通則

一、意義

　　刑事判決之結果對於人民之生命、自由、財產等基本權利有重大之影響，尤以有罪之判決可能剝奪被告之人身自由甚至生命，其關係至為鉅大，惟刑事判決係經由法官所作出，其認定事實及適用法律難保不會產生錯誤或有不適當之處，故刑事訴訟制度在設計上即賦予當事人對於刑事判決不服時救濟之機會，此即為上訴之制度。故所謂上訴乃係指具有上訴權之人對於尚未確定之刑事判決聲明不服，請求上級法院變更或撤銷原判決之意。

二、構造

　　上訴審之構造依其性質可分為覆審制、續審制及事後審查制等三種不同之型態。以下分別論述之：

（一）覆審制

　　所謂覆審制係屬事實審之一種，乃上訴法院就經上訴之部分，重新進行審理之過程，包括相關證據之調查等等，並於調查證據後重新進行事實之認定，而後據以適用法律及量處刑罰，完全不受原審判決之拘束，與第一審程序之進行無異，故又稱之為「第二次之第一審」。覆審制之優點在於事實及證據之認定不受到原審程序之影響，有勝於法院對於真實之發

現，惟缺點乃造成司法資源之浪費，且耗費訴訟之時間較多[1]。

（二）續審制

　　所謂續審制之事實審乃就經上訴之部分，以原審之審理結果為基礎，而回溯至原審辯論終結時之狀態繼續加以審理，故原審已經進行調查之證據即無須再行調查，僅就原審未加以調查之證據予以調查後，為認定事實之依據，並適用法律及量處刑罰，因而續審制之特點在於第一審程序所得之結果仍有效力，得作為認定事實適用法律之基礎。此制度之優點在於符合訴訟經濟之原則，不致造成冗長之訴訟過程，惟仍有因提出新證據，而拖延訴訟並弱化第一審認定事實功能之缺點[2]。

（三）事後審查制

　　至於事後審查制則屬單純之法律審，原則上並不進行證據之調查及事實之認定，而僅就依上訴理由所載部分，就原審之判決適用法律是否有違誤，或者原審進行之程序有無違誤加以審查，故當事人並不能提出新證據請求調查，如發現原審之認定事實有瑕疵時，亦僅得撤銷發回，不得自行認定事實加以判決。此制度優點在於強化事實審之功能，不再就證據部分加以調查，亦不須作事實之認定，可節省訴訟之資源，惟恐使審判流於書面之審理，而喪失救濟認定事實錯誤之功能[3]。

　　上訴制度之設計係屬相關立法政策之問題，而審級制度並非人民訴訟權保障之核心，此業經司法院大法官會議加以解釋明確，例如大法官會議釋字第512號解釋即指出：「憲法第十六條保障人民有訴訟之權，旨在確保人民有依法定程序提起訴訟及受公平審判之權利，至訴訟救濟應循之審級、程序及相關要件，應由立法機關衡量訴訟案件之種類、性質、訴訟政策目的，以及訴訟制度之功能等因素，以法律為正當合理之規定。」此外釋字第442號解釋亦採取相同之見解可供參照。

　　又依我國刑事訴訟法之規定，原則上第二審之上訴係採取上開所述之

1　見張熙懷著，從實務角度評上訴審之改造，檢察新論，第9期，頁59-60。

2　見張熙懷著，從實務角度評上訴審之改造，檢察新論，第9期，頁61。

3　見張熙懷著，從實務角度評上訴審之改造，檢察新論，第9期，頁62。

覆審制，亦即重新爲證據之調查及事實之認定，並據以適用法律及量處刑罰；至於第三審上訴則係採取上開所述之事後審查制，屬於法律審，不再進行調查證據及認定事實，如「第三審爲法律審，應以第二審判決所確認之事實爲判決基礎，故於第二審判決後不得主張新事實或提出新證據而資爲第三審上訴之理由。」此有最高法院73年台上字第5230號判例意旨可供參照。

三、上訴權人

對於刑事判決不服而得提起上訴之人爲上訴權人，依刑事訴訟法之規定，有上訴權之人包括下列之人：

（一）當事人

依刑事訴訟法第344條第1項之規定：「當事人對於下級法院之判決有不服者，得上訴於上級法院。」依此規定可知，當事人對於法院之刑事判決不服時得提起上訴，故當事人即係有上訴權之人。所謂當事人即刑事訴訟法第3條所稱之檢察官、自訴人及被告，換言之，於公訴程序之案件爲檢察官及被告，於自訴程序之案件則爲自訴人及被告是也。

1. 檢察官

檢察官爲追訴被告犯罪之一方，爲公訴程序之當事人之一，其對於法院之刑事判決如有不服自得提起上訴。又告訴人及被害人因非屬於當事人不得獨立爲上訴之訴訟行爲，故其等如對於判決結果有所不服時，依刑事訴訟法第344條第3項之規定，僅得具備理由，請求檢察官上訴，此時檢察官即應審酌是否有理由而決定是否提起上訴。又因檢察官具有公益之性質，故刑事訴訟法第344條第4項規定，檢察官提起上訴不以被告不利益爲限，易言之，檢察官亦得爲被告之利益提起上訴。

2. 自訴人

自訴人係自訴程序中之當事人之一，並其所提起之自訴案件之判決，如有不服時，當然得提起上訴。惟自訴人係與被告處於對立之地位，其

未如同檢察官具有公益之角色，故實務上認為其提起上訴自以被告之不利益為限，如「自訴人之目的在使被告受處罰，其上訴應以被告之不利益為限。」此有最高法院72年台聲字第53號判例意旨可供參照。又自訴人如於辯論終結後喪失行為能力或死亡者，依刑事訴訟法第344條第2項之規定，得由第319條第1項所列得為提起自訴之人（亦即自訴人之法定代理人、直系血親及配偶）提起上訴。

3. 被告

被告係當事人之一且係受判決之對象，其對於判決如有不服亦當然得提起上訴。惟依目前實務之見解，被告之上訴以為其本身之利益為限，如「刑事訴訟之上訴制度，其允許受不利益判決之被告得為上訴，乃在許其為自己之利益，請求上級法院救濟而設，故被告不得為自己之不利益而提起上訴。」此有最高法院71年台上字第5938號判例意旨可供參照；又如「被告之上訴，應以自己之利益為限，無許其為自己不利益上訴之理。」此亦有最高法院72年台聲字第53號判例意旨可供參照；另如「刑事被告之上訴，以受有不利益之裁判，為求自己利益起見請求救濟者，方得為之。……若被告提起第三審上訴，僅就原判決聲明不服，並非求為更有利種類之判決，甚至求為更不利種類之判決，即無上訴利益可言，則其所提之上訴即非法律上所應准許，第三審法院自應依刑事訴訟法395條前段之規定，以判決駁回其上訴。」此亦有最高法院110年度台上字第4355號判決可供參照。

又所謂判決對於被告而言係屬利益或不利益，亦有值得斟酌之處，依目前實務見解認為：「刑事被告之上訴，以受有不利益之裁判，為求自己利益起見請求救濟者，方得為之。又依判決之種類，其對被告最不利至有利之次序為：科刑、免刑、管轄錯誤、不受理、免訴、無罪之判決。若被告提起第三審上訴，僅就原判決聲明不服，並非求為更有利種類之判決，甚至求為更不利種類之判決，即無上訴利益可言，則其所提之上訴即非法律上所應准許……」此有最高法院111年度台上字第197號判決意旨可供參照。至於被告如於判決之後死亡，則因案件之訴訟主體已不存在，此時案件即告終結，故亦無上訴之問題可言，此與自訴人死亡之情形尚有所不同，應予注意。

實務上有問題者乃被告對於不受理之判決得否提起上訴請求為免訴或

無罪之判決，或對於免訴之判決得否提起上訴請求爲無罪之判決，對此實務上尙無確定之統一見解，有採取肯定說者[4]，亦有採取否定說者[5]，惟晚近之見解似乎採取肯定說，如「依其上訴意旨，其並非對原審諭知公訴不受理之判決，請求爲免訴或無罪之判決，而有請求適用修正前毒品危害防制條例相關規定，維持第一審所爲科刑判決之意思，顯與上訴制度係以受不利益之裁判，爲求自己利益請求救濟而設之本旨不合，難認其上訴具有上訴利益。揆之首揭說明，其上訴均非法律上所應准許，應併予駁回。」此有最高法院110年度台上字第4354號判決意旨可供參照，此外上開最高法院110年度台上字第4355號判決亦採取相同之見解。

又宣告死刑或無期徒刑之案件，原審法院應不待上訴依職權逕送該管上級法院審判，並通知當事人，此爲刑事訴訟法第344條第5項所明文規定，此乃在於被告經宣告死刑或無期徒刑，對於被告之權益甚爲鉅大，故有必要強制上訴，由上級法院加以審查，確認判決合法且適當，以保障被告之權利。又依同條第6項之規定，此種情形即視爲被告已提起上訴，此即所謂擬制之被告上訴。

（二）被告之法定代理人或配偶

刑事訴訟法第345條規定：「被告之法定代理人或配偶，得爲被告之利益獨立上訴。」依此規定被告之法定代理人或配偶得爲被告之利益提起上訴，且其等之上訴權係屬獨立之上訴權，故不受被告意思之拘束，縱被告捨棄上訴或撤回上訴，仍得提起上訴。而是否具有上開法定代理人或配偶之身分關係，以上訴時爲準，又此種上訴必須以被告上訴時仍生存爲前提，如上訴時被告已死亡，如前所述，訴訟之主體已不存在，即無法再爲獨立之上訴。又被告如已成年即爲有完全行爲能力之人，此時即無法定代理人可言，此時其尊親屬等即不得再行獨立上訴，此有最高法院42年台上

---

[4] 如最高法院29年上字第248號判例即謂：「僞證爲妨害國家審判權之罪，不得提起自訴，諭知不受理之判決，此項判決雖未論罪科刑，但諭知不受理之判決非與被告絕無利害關係，與無罪判決不同，原審判決認上訴人就該項判決未受有不利益之裁判，不得提起第二審上訴，將其上訴駁回，於法自有未合。」

[5] 如最高法院20年上字第1241號判例即謂：「刑事被告之上訴，自以受有不利益之裁判，爲求自己利益起見請求救濟者，方得爲之，若原判決並未論罪科刑，即無不利益之可言，自不得上訴。」

字第405號判例意旨可供參照。又此配偶之獨立上訴權限於被告之配偶，如係自訴人之配偶則無此種權限存在，此亦有最高法院62年台上字第1286號判例意旨可供參照。

（三）原審之代理人或辯護人

又依刑事訴訟法第346條前段之規定：「原審之代理人或辯護人，得為被告之利益而上訴。」此所謂之代理人專指被告之代理人而言，蓋自訴人既不得為被告利益上訴，故應無允許其代理人為被告利益上訴之理，此有最高法院71年台上字第7884號判例可資參照。又所謂辯護人包括選任辯護人及指定辯護人均屬之，惟以原審之辯護人為限，若非原審之辯護人而係第二審始委任之辯護人自非此所指得為上訴之人，此亦有最高法院55年台上字第363號判例可供參照。又本條規定之代理人及辯護人之上訴權係具有代理之性質，並非其等固有之上訴權，故同條但書乃規定：「但不得與被告明示之意思相反。」故如被告表明不上訴或捨棄上訴、撤回上訴，則被告之代理人及原審之辯護人即不得再進行上訴。

另外，上開代理人及辯護人之上訴係屬於代行上訴之性質，故必須以被告之名義為之始為適法，依實務之見解認為，此時如上訴狀未表明被告之名義上訴，法院應先定期命補正，逾期未補正則應認上訴不合法而予以裁定駁回，例如大法官會議釋字第306號解釋即謂：「本院院解字第三○二七號解釋及最高法院五十三年台上字第二六一七號判例，謂刑事被告之原審辯護人為被告之利益提起上訴，應以被告名義行之，在此範圍內，與憲法保障人民訴訟權之意旨，尚無牴觸。但上開判例已指明此係程式問題，如原審辯護人已為被告之利益提起上訴，而僅未於上訴書狀內表明以被告名義上訴字樣者，其情形既非不可補正，自應依法先定期間命為補正，如未先命補正，即認其上訴為不合法者，應予依法救濟。」

（四）檢察官對於自訴案件

又依刑事訴訟法第347條之規定：「檢察官對於自訴案件之判決，得獨立上訴。」蓋檢察官之職務具有維護公益之性質，故其對於自訴程序之案件之判決如認為有不合法或不適當時，自亦得提起上訴，且其上訴權係

屬於獨立之性質，故其上訴權之行使，並不受自訴人、被告或其他有上訴權人意思之拘束，不分實體判決或程序判決，亦不限於爲被告之利益或不利益均得爲之，此實務上亦有最高法院91年度台上字第5374號判決意旨可供參照。

四、上訴範圍

有關上訴之範圍，刑事訴訟法第348條於民國110年6月16日修正公布施行，同年月18日生效，刪除原第1項後段「未聲明爲一部者，視爲全部上訴」之規定，並增設第2項但書及第3項之規定。茲依照新修正之刑事訴訟法第348條之規定，說明上訴範圍之認定標準如下：

（一）同一判決中數個案件

刑事訴訟法第348條第1項規定：「上訴得對於判決之一部爲之。」此項規定係針對數個案件（即數個單一案件）所爲之上訴範圍之規範，依此規定，在同一判決中有數個案件之情形，上訴權人於上訴時得決定對於同一判決中之一個或數個案件爲上訴，易言之，即上訴權人得自由選擇其上訴而受上訴法院審查之部分，其對於數個案件中未有不服之案件部分，則得加以分離而不予列入上訴之範圍內。故而依上開條文之內容可知，上訴權人對於同一判決中數個案件之個別案件均可分別決定是否上訴，因此條文中所稱之一部，係指數個案件中其中一案件（單一案件）之意，並非指單一案件中犯罪事實之一部（此爲本項最爲基本之概念應加以注意，否則極易與下列同條第2項所稱之一部混淆）。又上訴權人於上訴書狀中如未聲明係對於判決之一部或全部提起上訴，原審或上訴審法院爲確認上訴之範圍，自應加以闡明，曉諭上訴人以言詞或書面就其上訴之範圍加以確認。

（二）同一判決中單一案件之原則規定

又刑事訴訟法第348條第2項規定：「對於判決之一部上訴者，其有關係之部分，視爲亦已上訴。但有關係之部分爲無罪、免訴或不受理者，不

在此限。」依此規定，上訴權人如僅對於原判決數個案件中之一案件之一部提起上訴（即某個單一案件之一部分），則其有關係之部分視為亦已上訴，亦即亦為上訴之效力所及，惟有關係之部分如係為無罪、免訴或不受理者，則不在此限，亦即不「視為亦已上訴」。

上開條文中所謂「有關係之部分」，依目前實務之見解認為，係指判決之各部分在審判上無從予以分割，因一部上訴，而其全部必然受影響者而言，此有最高法院22年上字第1058號判例意旨可供參照。惟何謂「在審判上無從予以分割，因一部上訴而其全部必受影響」仍有進一步探討之必要。

依目前實務上之見解認為，判決各部分在審判上無從分割，因一部上訴其全部必受影響者，主要係指上開所述犯罪事實屬於單一案件之情形（即單純一罪、實質上一罪、裁判上一罪之案件），而就其中一部分提起上訴，即視為全部上訴。如「按單一性案件在實體法上之刑罰權為單一，在訴訟法上自亦無從分割（即訴訟關係亦屬單一），無論起訴程序或上訴程序皆然。起訴之犯罪事實，究屬為可分之併罰數罪，抑為具單一性不可分關係之實質上或裁判上一罪，檢察官於起訴時如有所主張，固足為法院審判之參考，然法院依起訴之全部犯罪事實而為觀察，本於獨立審判之原則所為認事、用法職權之適法行使，並不受檢察官主張之拘束，而上級審法院基於審級制度之作用，亦不受下級審法律見解之拘束。在上訴程序，刑事訴訟法第三百四十八條第二項亦規定：『對於判決之一部上訴者，其有關係之部分，視為亦已上訴。』所謂『有關係之部分』，係指法院認具案件單一性不可分關係之實質上或裁判上一罪，判決之各部分在審判上無從分割，因一部上訴而其全部必受影響者而言。於檢察官以裁判上一罪起訴之案件，法院審理結果若認檢察官起訴被告之犯罪事實其中一部分有罪，其餘部分不能證明其犯罪，而於主文諭知有罪部分之判決，另於理由說明其餘部分不另為無罪之諭知，或全部不能證明犯罪，而諭知被告無罪時，檢察官雖僅就其中一部分提起上訴，但如上訴審法院認上訴部分係合法上訴，且與未上訴部分在訴訟上具實質上或裁判上一罪之案件單一性關係時，其上訴效力自應及於未上訴之『有關係之部分』，故該未上訴部分，基於訴訟單一性關係，尚不能拆離而先行確定。此際，上訴審法院基於公訴不可分、上訴不可分及審判不可分之原則，並不受下級審法院見解之拘束（例如下級審法院認為不能證明犯罪部分，上級審法院仍可為相異

之認定是），仍應就全部予以審判，俾免就訴訟關係單一性案件而爲裂割判決，此與檢察官起訴後刑法修正刪除牽連犯、連續犯無涉。」此有最高法院105年度台非字第220號判決意旨可供參照。

　　惟實務上產生問題者乃是否構成單一案件之犯罪事實，究以檢察官提起公訴（或自訴人提起自訴）之認定爲依據，或以下級審法院判決之認定爲判斷基準，就此目前實務上似仍存在不同之見解。目前較爲多數之實務見解均認爲，應依下級審法院判決所認定之犯罪事實爲斷，如「其中所謂有關係之部分（指刑事訴訟法第348條之規定），係指犯罪事實具實質上一罪或裁判上一罪關係者，依上訴不可分之原則，就其中一部上訴之效力及於全部而言。而起訴之犯罪事實，究屬爲可分之併罰數罪，抑爲具單一性不可分關係之實質上或裁判上一罪，檢察官起訴書如有所主張，固足爲法院審判之參考。然縱公訴人主張起訴事實屬實質上一罪或裁判上一罪關係之案件，經法院審理結果，認應屬併罰數罪之關係時，則爲法院認事、用法職權之適法行使，並不受檢察官主張之拘束。此際，於認係屬單一性案件之情形，因其起訴對法院僅發生一個訴訟關係，如經審理結果，認定其中一部分成立犯罪，他部分不能證明犯罪者，即應就有罪部分於判決主文諭知論處之罪刑，而就無罪部分，經於判決理由欄予以說明論斷後，敘明不另於判決主文爲無罪之諭知即可，以符訴訟主義一訴一判之原理；反之，如認起訴之部分事實，不能證明被告犯罪，且依起訴之全部犯罪事實觀之，亦與其他有罪部分並無實質上或裁判上一罪關係者，即應就該部分另爲無罪之判決，不得以公訴意旨認有上述一罪關係，即謂應受其拘束，而僅於理由欄說明不另爲無罪之諭知。於後者之情形，法院既認被告被訴之各罪間並無實質上一罪或裁判上一罪關係，其間不生上揭所謂之上訴不可分關係，則被告僅就其中有罪部分提起上訴，自無從因審判不可分之關係，認其對有罪部分之上訴效力及於應另諭知無罪部分。」此有最高法院100年度台上字第4890號判決意旨可供參照，相同見解另有最高法院99年度台上字第2643號、86年度台上字第1245號判決等等。惟亦有少數見解認爲應受檢察官起訴而主張之犯罪事實之拘束，如「檢察官或自訴人以實質上一罪或裁判上一罪起訴或自訴之案件，法院僅有單一審判權，故其審判爲不可分。法院審理之結果，若認其中一部分有罪，另一部分不能證明其犯罪者，僅須於有罪判決理由內敘明該部分應不另爲無罪之諭知即可，毋須於主文內另行諭知該部分無罪，否則即與審判不可分之原則有違。又對

於判決之一部上訴者，其有關係部分，視爲亦已上訴，爲刑事訴訟法第
三百四十八條第二項所明定。是起訴書認係實質上一罪或裁判上一罪之事
實，雖其中一部分經諭知有罪，而被告復僅就諭知有罪部分，提起上訴
時，因審判不可分之關係，其有關係之部分，視爲亦已上訴，上訴審法院
自應就全部起訴事實爲判決。」此有最高法院99年度台上字第2123號判決
意旨可供參照，相同見解另有最高法院97年度台上字第5914號判決。

　　除上開單一案件之情形，從刑係附隨於主刑而來，本身並無法單獨存
在，故就從刑部分提起上訴，應認爲就主刑部分亦已上訴。例如被告對於
有罪判決主文內所諭知之沒收認爲不當而提起上訴，視爲就主刑之部分亦
已提起上訴。

（三）同一判決中單一案件之例外規定之一（有關係部分爲無罪、免訴或不受理者）

　　刑事訴訟法第348條第2項之但書規定：「但有關係之部分爲無罪、免
訴或不受理者，不在此限。」其立法之理由在於未經聲明上訴之部分倘
爲無罪、免訴或不受理者，應使其不生移審上訴審之效果而告確定，以避
免被告受到裁判之突襲，並減輕被告訟累，且當事人既然無意就此部分上
訴，將之排除在當事人攻防對象之外，亦符合當事人進行主義之精神。而
所謂無罪、免訴或不受理者並不以在主文中諭知者爲限，即原審於原判決
理由內說明不另爲無罪、免訴或不受理之諭知者亦屬之。

（四）同一判決中單一案件之例外規定之二（有關罪、刑、沒收、保安處分及定應執行刑）

　　又刑事訴訟法第348條第3項規定：「上訴得明示僅就判決之刑、沒收
或保安處分一部爲之。」本項之立法意旨揭示：「爲尊重當事人設定攻
防之範圍，並減輕上訴審審理之負擔，容許上訴權人僅針對刑、沒收或保
安處分一部提起上訴，其未表明上訴之認定犯罪事實部分，則不在第二審
之審判範圍。如爲數罪併罰之案件，亦得僅針對各罪之刑、沒收、保安處
分或對併罰所定之應執行刑、沒收、保安處分，提起上訴，其效力不及於
原審所認定之各犯罪事實，此部分犯罪事實不在上訴審審查範圍。」依此

規定，上訴人如僅對於量刑部分、沒收、保安處分或對併罰所定之應執行刑、沒收、保安處分上訴，而對於犯罪事實、罪名均表示不予爭執者，則上訴審對於上訴人未請求上級審救濟之犯罪事實、罪名部分，即無加以審查之必要。又定應執行刑係以其各罪宣告之刑為基礎，如僅針對各罪之刑提起上訴，而經第二審法院撤銷改判者，原審定應執行刑之基礎已有變更，其原定應執行刑部分應失其效力。

因此如上訴聲明未「明示」僅就判決之一部為之者，應認係對於判決之全部提起上訴，俾符上訴人之利益及上訴聲明之本旨。所謂「明示」，係指上訴人以書狀或言詞直接將其上訴範圍之效果意思表示於外而言。如上訴人上訴書狀或程序進行中之言詞陳述所為上訴聲明，並非明確表示僅就原判決之「刑」、「沒收」或「保安處分」部分上訴，且其意思表示究否排除與該部分判決所由依據原判決之「罪」（包括犯罪事實、證據及論罪）部分，尚有未明，為確定上訴範圍，第二審法院自應就此為闡明，以釐清上訴範圍。

然而有應注意者，如非僅就原判決之「刑」、「沒收」或「保安處分」部分上訴，相反地係僅針對認定犯罪事實部分（即罪之部分）提起上訴者，則仍適用上開刑事訴訟法第348條第2項前段之規定，亦即其上訴之效力仍及於相關之刑、沒收或保安處分部分。對此實務見解認為：「刑法沒收新制修正後，沒收已非從刑，雖定性為『獨立之法律效果』，但其仍以犯罪（違法）行為之存在為前提，為避免沒收裁判確定後，其所依附之前提即關於犯罪（違法）行為之罪刑部分，於上訴後，經上訴審法院變更而動搖該沒收部分之基礎，產生裁判歧異，是以不論依刑事訴訟法第348條規定或依第455條之27第1項前段之法理，縱上訴權人僅聲明就罪刑部分上訴，倘其上訴合法者，其效力應及於沒收部分之判決。又沒收因已非刑罰，具有獨立性，其與犯罪（違法）行為並非絕對不可分離，即使對本案上訴，當原判決採證認事及刑之量定均無不合，僅沒收部分違法或不當，自可分離將沒收部分撤銷改判，其餘本案部分予以判決駁回。反之，原判決論罪科刑有誤，而沒收部分無誤，亦可僅撤銷罪刑部分，其餘沒收部分予以判決駁回。」此有最高法院108年度台上字第680號判決意旨可供參照。

五、上訴期間

刑事訴訟法第349條規定：「上訴期間為二十日，自送達判決後起算。但判決宣示後送達前之上訴，亦有效力。」故刑事案件之上訴期間為二十日，其期間自送達判決後起算，亦即自送達判決之翌日起算二十日內為上訴期間；但判決宣示後送達前之上訴，亦有效力。所謂送達自係指合法之送達而言，如判決未經合法送達，則應以受送達人實際收受判決之時為計算上訴期間之標準，此有最高法院28年度上字第8號判例可供參照。又對於其他得獨立上訴之人或辯護人，所謂之送達仍係指對於被告之送達而言，而非指對於該等人之送達，此有最高法院23年上字第4260號、30年上字第2702號判例及80年度台上字第3423號、80年度台上字第5160號判決意旨可供參照。

又對於檢察官之送達，實務見解認為：「上訴期間為十日（現已修正為二十日），自送達判決後起算；對於檢察官之送達，應向承辦檢察官為之；承辦檢察官不在辦公處所時，向首席檢察官（檢察長）為之，刑事訴訟法第三百四十九條前段、第五十八條定有明文。因此對檢察官送達判決書，應於辦公處所向承辦檢察官為之，如承辦檢察官因公執行職務不在辦公處所，或差假不在辦公處所，或有其他不能收受送達文書之障礙事由存在時，則應即向檢察長為之；倘非前揭原因，且得在辦公處所會晤承辦檢察官者，因檢察官客觀上已可收受該應受送達之文書，猶不加收受，即應認其送達已經合法。」此有最高法院103年度台上字第650號判決意旨可供參照[6]。

又應經宣示之判決未經宣示即可送達，是否影響送達之效力，進而影響上訴期間之計算，對此實務見解認為不影響；如「凡經言詞辯論之判決依法固應宣告並送達，惟已送達而未經宣告者，不過違背訴訟程序，即補行宣告亦僅為補正程序而已，自無妨於送達之效力，換言之，即上訴期限仍自送達之翌日起算進行。」此有最高法院23年度上字第2041號判例意旨可供參照。

---

[6] 此乃因實務上常見檢察官於收受送達時，於送達證書上將送達之日期記載為較後之日期，而與實際送達之日期不同，此項做法已實際上延長檢察官之上訴期間，對於被告而言並不公平，故最高法院對此加以指摘，目前實務上已不見此種情形。

六、上訴之程式

依刑事訴訟法第350條之規定，提起上訴，應以上訴書狀提出於原審法院爲之，上訴書狀，應按他造當事人之人數，提出繕本，此爲上訴應遵守之法定程式。故對於法院之判決不服而上訴，須以書狀爲之，不得僅以言詞爲之，故如僅於宣示判決時以言詞聲明提出上訴，仍不生上訴之效力，此有最高法院25年度上字第210號判例可供參照。另如上訴書狀未向原審法院提出而誤向上訴審法院或檢察署提出，實務上認爲仍屬合法之上訴，如最高法院79年度台上字第4038號判決即謂：「上訴書狀所以應向原審法院提出，乃便於原審法院查其上訴是否合法及應否移審，如在法定上訴期間內聲明上訴，縱未向原審法院提出，亦難認爲不合法。」

另對於在監獄執行或在看守所羈押之被告，因其人身自由受到拘束，故依刑事訴訟法第351條第1項之規定，於上訴期間內向監所長官提出上訴書狀者，視爲上訴期間內之上訴，易言之，上開被告其上訴書狀得提出於監所之長官。又依同條第2項之規定，被告不能自作上訴書狀者，監所公務員應爲之代作。又依同條第3項之規定，監所長官接受上訴書狀後，應附記接受之年、月、日、時，送交原審法院，此乃在於確定被告上訴之提出是否逾法定期間。又依同條第4項之規定，被告之上訴書狀，未經監所長官提出者，原審法院之書記官於接到上訴書狀後，應即通知監所長官。故在監所之被告，如欲上訴時，亦可不經監所長官而逕向法院提出上訴書狀，惟此時原審法院之書記官應即通知監所長官，使其瞭解在監所之被告之行爲，並日後茲以配合。

另依刑事訴訟法第352條之規定，原審法院書記官，應速將上訴書狀之繕本，送達於他造當事人。此項規定在於使他造當事人知有上訴之事實，而得爲必要之訴訟行爲。

七、上訴權之捨棄

上訴係上訴權人對於原審法院之判決不服而提起，故若上訴權人對於原審法院之判決折服而不願上訴，自得捨棄上訴權，此爲刑事訴訟法第353條所明文規定。惟上訴權人如有數人時，其中部分人捨棄上訴，其效

力不及於其他之上訴權人。

　　依刑事訴訟法第357條第1項之規定，捨棄上訴權，應向原審法院爲之。又依刑事訴訟法第358條第1項之規定，捨棄上訴權，應以書狀爲之，但於審判期日，得以言詞爲之，故捨棄上訴權原則上須以書面方式爲之，惟在審判期日當中，得以言詞方式爲之，此爲例外之規定。另同條第2項則規定，有關第351條在監所被告上訴之程式之規定，於捨棄上訴權時亦準用之。

　　又刑事訴訟法第359條規定，捨棄上訴權者，喪失其上訴權，故捨棄上訴權之人於捨棄上訴權後即不得再行聲明上訴，此爲捨棄上訴權之法律效果。又依刑事訴訟法第360條之規定，捨棄上訴權，書記官應速通知他造當事人。

八、上訴之撤回

（一）撤回之期間

　　合法上訴後，如對於原審之判決折服，而不再上訴自得撤回上訴，依刑事訴訟法第354條之規定，上訴於判決前，得撤回之，而案件經第三審法院發回原審法院，或發交與原審法院同級之他法院者，亦同。因而上訴在上訴審之法院判決前均得撤回上訴，包括經第三審法院撤銷發回之上訴審在內。

（二）撤回之限制

　　撤回上訴刑事訴訟法有限制之規定，依刑事訴訟法第355條之規定，如係爲被告之利益而上訴者，則非得被告之同意，不得撤回，此在於保障被告之上訴權益。實務上認爲包括檢察官爲被告利益上訴之情形，如檢察官欲撤回上訴仍須經被告之同意始可，例如最高法院47年度台上字第457號判例即謂：「檢察官爲被告利益提起上訴後，蒞庭檢察官雖曾爲撤回上訴之陳述，但當時被告在場既未予同意，即不發生撤回之效力，因而此項撤回上訴之表示，亦已同時消失，自難謂爲案件已因撤回上訴而終結。」

　　另依刑事訴訟法第356條之規定，自訴人上訴者，非得檢察官之同

意，不得撤回，此乃在於檢察官具有公益之性質，對於自訴之案件，仍須有一定之介入權，以免自訴人因故撤回上訴，而影響國家對於被告刑罰權之實現。

（三）撤回之程式

依刑事訴訟法第357條第2項之規定，撤回上訴，應向上訴審法院為之，但於該案卷宗送交上訴審法院以前，得向原審法院為之。又依刑事訴訟法第358條第1項之規定，撤回上訴，應以書狀為之，但於審判期日，得以言詞為之，故撤回上訴原則上應以書面為之，例外於審判期日時得以言詞為之。另同條第2項則規定有關第351條在監所被告上訴之程式之規定，於撤回上訴時亦準用之。依此對於在監獄執行或在看守所羈押之被告，於合法上訴後撤回上訴，其書狀得提出於監所之長官；而被告不能自作撤回上訴之書狀者，監所公務員應為之代作；又監所長官接受撤回上訴之書狀後，應附記接受之年、月、日、時，送交原審法院；又被告撤回上訴之書狀，未經監所長官提出者，原審法院之書記官於接到該書狀後，應即通知監所長官。

（四）撤回之效果

撤回上訴者，依刑事訴訟法第359條之規定，喪失其上訴權，故撤回上訴後即不得再行提起上訴，此為撤回上訴之法律上效果，因而如上訴權人均撤回上訴後，案件即告確定。惟應注意者，撤回上訴僅對於撤回之一方當事人發生效果，如當事人兩造各自提起上訴，則其中任何一造之撤回，對於他造上訴之存在，並無影響，此有最高法院23年抗字第434號判例意旨可供參照。又依刑事訴訟法第360條之規定，捨棄上訴權，書記官應速通知他造當事人；此所謂他造當事人在被告撤回上訴之情形，自應包括自訴案件之自訴人及公訴案件之檢察官，至於自訴人或檢察官撤回上訴時，則係指被告或其他有獨立上訴權而上訴之人。

第二節 第二審

一、第二審上訴之管轄

　　依刑事訴訟法第361條第1項之規定，不服地方法院之第一審判決而上訴者，應向管轄第二審之高等法院為之，故通常審判程序之第一審為地方法院，第二審即為高等法院[7]。又依同條第2項之規定，上訴書狀應敘述具體理由；同條第3項則規定，上訴書狀未敘述上訴理由者，應於上訴期間屆滿後二十日內補提理由書於原審法院，逾期未補提者，原審法院應定期間先命補正。

　　上開所稱之「上訴理由」與「具體理由」有別，實務上認為上訴理由僅以形式上表明不服原判決即可；例如最高法院97年度台上字第3889號判決即認為：「有無敘述理由，第一審法院僅作形式上之審查，如上訴書狀形式上已敘述不服原判決之意旨者，即與未敘述上訴理由之情形有別，無庸再命補正。」至於具體理由之規定係96年7月4日修正刑事訴訟法時所增訂，其目的在於限制濫行上訴，所稱「具體理由」其意義為何，條文並未明文規定，依目前實務上之見解認為，必須就第一審判決具體指明有何不當或違法之處，不得泛稱原判決不當、違法或量刑過重等，例如最高法院97年度台上字第892號判決即謂：「所謂具體理由，必係依據卷內既有訴訟資料或提出新事證，指摘或表明第一審判決有何採證認事、用法或量刑等足以影響判決本旨之不當或違法，而構成應予撤銷之具體事由，始克當之（例如：依憑證據法則具體指出所採證據何以不具證據能力，或依憑卷證資料，明確指出所為證據證明力之判斷如何違背經驗、論理法則）；倘

---

[7]　惟應注意者，我國目前設立有專業之智慧財產及商業法院，故有關於智慧財產權刑事案件之第二審，原則上由智慧財產法院管轄，此規定見於智慧財產案件審理法第58條，依該條之規定：「不服地方法院關於第五十四條第一項案件或第一審智慧財產法庭受理之案件，依通常、簡式審判或協商程序所為第一審裁判，提起上訴或抗告者，應向第二審智慧財產法庭為之；不服地方法院關於第五十四條第一項及第二項第一款案件於偵查中所為強制處分裁定，提起抗告者，亦同。與第五十四條第一項案件有刑事訴訟法第七條第一款所定相牽連關係之其他刑事案件，經地方法院合併裁判，並合併上訴或抗告者，適用前項規定。但其他刑事案件係較重之罪，且案情確係繁雜者，第二審智慧財產法庭得裁定合併移送該管高等法院審判。前項但書之裁定，得為抗告。」

僅泛言原判決認定事實錯誤、違背法令、量刑失之過重或輕縱，而未依上揭意旨指出具體事由，或形式上雖已指出具體事由，然該事由縱使屬實，亦不足以認為原判決有何不當或違法者（例如：對不具有調查必要性之證據，法院未依聲請調查亦未說明理由，或援用證據不當，但除去該證據仍應為同一事實之認定），皆難謂係具體理由，俾與第二審上訴制度旨在請求第二審法院撤銷、變更第一審不當或違法之判決，以實現個案救濟之立法目的相契合，並節制濫行上訴。」又如98年度台上字第871號判決亦謂：「所謂上訴書狀應敘述具體理由者，係指須就不服之判決為具體之指摘而言，如僅泛稱原判決認事用法不當或採證違法、判決不公等，均非具體理由，然並不以其書狀應引用卷內訴訟資料，具體指摘原審判決不當或違法之事實，亦不以於以新事實或新證據為上訴理由時，應具體記載足以影響判決結果之情形為必要。」

　　惟實務上亦有見解認為，為保障被告之訴訟權，第二審就未選任辯護人之被告而言，此時對於上訴之「具體理由」之解釋不宜過於嚴苛，認為：「現行刑事訴訟法就第二審上訴係採行覆審制，第三審上訴則為法律審，兩者基本原則不同，第三審上訴理由限於原判決違背法令，第二審上訴理由則不以此為限，兼及原判決認定事實錯誤，對於第二審上訴之限制，自不能嚴過第三審上訴。而上述修正（第361條第2項）之本旨既在節制濫行上訴，本無意過度限制提起第二審上訴，放任顯有不當或違法之第一審判決豁免於第二審法院審查，致影響於當事人之訴訟權。我國尚未實施全面義務辯護或國選辯護制度，未有辯護人輔助之被告提起第二審上訴，倘所具上訴書狀已敘及第一審判決於認事、用法或量刑有不當或違法之事由，並非明顯抽象、空泛或籠統指摘，且所指事由並非顯然不足據以撤銷、變更第一審判決，僅因被告未具備專業法律知識，致所敘理由是否契合法定具體理由之精義，尚欠明確，而第一審判決自形式上觀察，復顯有不當或違法情形存在者，基於國家具體刑罰權之正確實現及第二審上訴側重個案救濟之精神，第二審法院審酌是否合於法定具體理由要件，應就上訴書狀所述理由及第一審判決之認事、用法或量刑，暨卷內所有訴訟資料等項，兼顧保障被告之權益，而為整體、綜合觀察，不容偏廢，始符立法本旨。準此，被告之上訴理由縱使形式上未盡符合法定具體理由之嚴格要件，第二審法院仍應斟酌第一審判決有無顯然於判決有影響之不當或違法，兼及是否有礙於被告之權益，倘認有此情形，應認第二審上訴係屬合

法，而為實體審理，以充分保障人民之訴訟權及實現具體正義；必於無此情形，始得以上訴不合法律上之程式，予以駁回，方為適法。」此有最高法院98年度台上字第2796號判決意旨可供參照。

二、原審對於上訴之處理

（一）不合法

上訴應向原審法院提出上訴書狀業如前述，其作用即在於判決後相關卷證均在原審法院，故上訴時應先由原審法院於收受上訴書狀後就上訴之合法與否加以審查，依刑事訴訟法第362條之規定，原審法院審查後，認為上訴不合法律上之程式或法律上不應准許或其上訴權已經喪失等情形者，均屬於上訴不合法之情形，應以裁定駁回之，但其不合法律上之程式可補正者，應定期間先命補正，逾期仍未補正始得裁定駁回。

1. 上訴不合法律上之程式

上訴不合法律程式係指上訴之程式不合法而言，例如上訴書狀不合第53條所規定之程式，此有最高法院69年台抗字第101號判例意旨可供參照，或上訴書狀未依刑事訴訟法第350條第2項之規定提出繕本或提出之繕本份數不足，或僅以言詞提出上訴而未於上訴期間內以書狀提出，或自訴人未委任律師而逕行上訴，或上訴未敘述理由，此有最高法院97年度台上字第3894號判決意旨可供參照。惟上訴程式不合法，如性質上係屬於可補正之情形，則應先定期命其補正。

2. 法律不應允許

所謂上訴在法律上不應允許者，包括非上訴權人提起上訴、自訴人為被告利益提起上訴或被告為自己不利益提起上訴、被告死亡後提起之上訴（此有最高法院88年度台上字第3934號判決意旨可資參照）、未經第一審判決即提起之上訴（此有最高法院73年度台上字第4124號判例意旨可供參照）、依法不得上訴（如依認罪所為之簡易判決，或依協商程序所為之科刑判決且無第455條之4第1項第1款、第2款、第4款、第6款、第7款所定情形之一或無協商判決違反第455條第2項之規定）等等情形均屬之。

3. 上訴權已喪失

所謂上訴權已經喪失係指刑事訴訟法第359條所稱之捨棄上訴權或撤回上訴,而喪失其上訴權之情形而言,另如逾上訴之法定期間之上訴亦屬於此種上訴權已喪失之情形。

(二)合法

原審於收受上訴書狀後,如認為上訴係屬合法,則應依刑事訴訟法第363條之規定,速將該案卷宗及證物送交第二審法院;又被告在看守所或監獄而不在第二審法院所在地者,原審法院應命將被告解送第二審法院所在地之看守所或監獄,並通知第二審法院。

三、第二審之審理

第二審之審判,原則上係準用第一審審判之規定,此為刑事訴訟法第364條所明文規定。惟另有特別規定者,則應例外適用特別之規定,例外之規定包括下列情形:

(一)由上訴人陳述上訴要旨

依刑事訴訟法第365條之規定,第二審審判長依第94條訊問被告後,應命上訴人陳述上訴之要旨,此與第一審之審判係由檢察官陳述起訴要旨有所不同。

(二)以經上訴部分為調查範圍

第一審法院之審理應就檢察官起訴之範圍加以調查,惟上訴審之調查範圍則僅限於經提起上訴之部分,如非屬於上訴之部分,則不在調查之範圍之內,故刑事訴訟法第366條即規定,第二審法院,應就原審判決經上訴之部分調查之,因而,除未經上訴部分與上訴部分有上開所述不可分之關係外,第二審法院即不得就未經上訴部分進行調查而為審理。

（三）不利益變更禁止

　　依刑事訴訟法第370條第1項之規定，由被告上訴或為被告之利益而上訴者，第二審法院不得諭知較重於原審判決之刑；但因原審判決適用法條不當而撤銷之者，不在此限。因而由被告上訴或為被告之利益而上訴者，除因原判決適用法條不當而撤銷者外，第二審法院不得諭知較重於原審判決之刑，此即通常所謂之「不利益變更禁止原則」或「上訴不加重原則」。其規範之目的在於防止被告因為畏懼受更不利益之判決，而放棄行使上訴權。蓋如刑事被告上訴之結果，上訴審法院有權作出比原審更加不利於被告之判決，將使被告對於上訴權利之行使有所顧忌而放棄行使上訴權利，致使刑事訴訟之救濟程序遭到弱化。因此，不利益變更禁止原則之目的，即在於保障被告上訴權利行使之決定自由。故由被告上訴或為被告利益而上訴之案件，除合於上開第1項但書之規定外，第二審法院如違反上開規定，而諭知較重於第一審判決之刑者，即屬違反「不利益變更禁止原則」而有判決不適用法則之違法。

　　惟上開刑事訴訟法第370條第1項條文內所稱第二審法院不得諭知較重於原審判決之「刑」，其所指之刑，究係僅指判決主文之宣告刑抑或包括定應執行刑在內，在實務上曾有不同之見解[8]，為避免爭議，故而刑事訴

---

[8]　我國司法實務上早期之見解，係認為刑事訴訟法第370條（修法前）僅及於宣告刑，不包括定執行刑在內，例如最高法院67年度第1次刑庭庭推總會議決議（一）即認為：「刑事訴訟法第三百七十條前段規定：由被告上訴或為被告之利益而上訴者，第二審法院不得諭知較重於原審判決之刑。所謂原審判決之刑，當指宣告刑而言。第二審宣告刑如不較第一審宣告刑為重，縱令其所定之執行刑較第一審所定之執行刑為重，苟與刑法第五十一條之規定無違，即不得指為違法。」又最高法院74年度台上字第5559號判決亦採相同見解。惟目前較新之見解則認為定應執行刑亦有不利益變更禁止原則之適用，例如最高法院98年度台上字第5297號判決即謂：「由被告上訴或為被告利益上訴者，除第一審判決適用法條不當而撤銷者外，第二審不得諭知較重於原審判決之刑，刑事訴訟法第三百七十條定有明文。此項不利益變更禁止原則，性質上係立法權附加於司法審判權之限制，法律對於由被告上訴或為被告之利益上訴第二審之案件，除下級審判決有適用刑罰法條不當而撤銷之情形外，限制第二審法院宣告刑裁量權之行使，即不得諭知較重於第一審判決之刑。數罪併罰宣告多數有期徒刑者，法條明定須於各刑中之最長期以上，各刑合併之刑期以下，定其刑期，但不得逾三十年。就執行刑而言，各刑合併之刑期與有期徒刑三十年無異係執行刑刑期之上限，法條明定各刑中之最長期則執行刑刑期之下限，此與單獨一罪之法定本刑，並無不同。本諸相同法理，於數罪併罰定應執行刑時，自仍應受該原則之規範。蓋第一審所定應執行刑倘有失出，檢察官本得為被告之不利益提起上訴。如檢察官不提上訴，而於被告為其利益提起上訴時，乃指原判決定應執行刑之裁量不當，而為被告不利之判決，理有未

訟法於其後修法時增訂第370條第2項，規定：「前項所稱刑，指宣告刑及數罪併罰所定應執行之刑。」並於同條第3項規定：「第一項規定，於第一審或第二審數罪併罰之判決，一部上訴經撤銷，另以裁定定其應執行之刑時，準用之。」至此有關定應執行刑（包括一部上訴經撤銷，另以裁定定其應執行之刑之情形）是否有不利益變更禁止原則之適用之爭議，因有法律之明確規定始告確定。

　　又應注意者，此所謂之不利益變更禁止原則係針對第一審及第二審之判決而為相互之比較，如同係第二審判決即無此一原則之適用，如「刑事訴訟法第三百七十條所謂不利益變更之禁止，係指由被告上訴或為被告之利益而上訴者，第二審法院不得諭知較重於第一審判決之刑而言。第二審判決經本院依同法第三百九十七條、第四百零一條規定撤銷發回後，在撤銷之範圍內已不復存在，其判決結果對發回後之更審判決，並無任何拘束力，縱原第二審判決曾經宣告緩刑，而發回後之更審判決未為緩刑之宣告，自無違反不利益變更之禁止可言。」此有最高法院89年度台上字第4552號判決意旨可供參照，相同見解另有最高法院89年度台上字第2102號判決意旨可供參照；故如經最高法院發回更審之第二次審判判決量處之刑度較之發回更審之第一次審判所判決量處之刑度為重，並無違反此第370條第1項規定之不利益變更禁止原則之問題。

　　茲分別就不利益變更禁止之原則及例外論述如下：

1. 原則

　　不利益變更禁止係第二審法院審理案件之原則，此原則並非禁止第二審作出任何不利於被告之變更，而是僅止於禁止「原審判決之刑」之不利變更。從法條所規定之「諭知較重之刑」等字以觀之，應係指第一審判決主文諭知之事項與第二審判決主文諭知之事項相互比較之下，不得諭知較為不利之判決，而法條中之「刑」字，則應係指「科刑」及與「刑之執行有關」之事項而言。從而，此禁止不利益變更之法則其所謂不利益，除應從第一審及第二審判決所宣告主文之刑（刑名及刑度）形式上加以比較外，尚須總體綜合觀察，將第一審及第二審之判決對應比較，凡使被告之

　　合。為保護被告利益，使其得以安心行使上訴之權利，如無適用法條不當之情形，第二審於定執行刑時，自不得僅以原判決裁量失當為理由，諭知較重於第一審所定之執行刑。」

自由、財產、名譽等受較大損害者，即有實質上之不利益。此有最高法院83年度台上字第6887號判決、85年度台上字第6090號判決之意旨可供參照。至於具體情形之認定茲分別論述如下：

(1) 增加第一審判決所無之從刑或加重第一審判決之從刑

依實務之見解認為，所謂不利益變更禁止原則係指「刑」之部分而言，包括主刑及從刑在內，例如最高法院97年度台上字第3403號判決即謂：「由被告上訴或為被告之利益而上訴者，第二審法院不得諭知較重於原審（即第一審）判決之刑，但因原審（即第一審）判決適用法條不當而撤銷之者，不在此限，刑事訴訟法第三百七十條定有明文。而第二審判決所諭知之刑，是否較第一審判決所諭知者為重，並非以主刑為其唯一比較標準，倘第二審判決所諭知之從刑為第一審判決所無，或所諭知之從刑重於第一審判決所諭知者，均不失為較重之刑。」此外另有最高法院95年度台上字第620號、95年度台上字第620號、97年度台上字第3403號判決可供參照。

此外值得注意者，乃依目前實務之見解似有擴張不利益變更禁止原則適用範圍之傾向，認為如第二審認定之犯罪情節較原審為輕，則量刑亦應較原審為輕，如此始符合不利益變更禁止及罪刑相當之原則；例如最高法院108年度台上字第2274號判決即認為，由被告上訴或為被告之利益而上訴者，倘若第二審認定被告之犯罪情節較第一審為輕微時，基於「罪刑相當原則」的要求，第二審量刑亦應隨之減輕。是「不利益禁止變更原則」及「罪刑相當原則」雖分別出於保障程序上被告之上訴決定權或正確適用實體法的要求，兩者概念應有區別，惟在適用上彼此相互關聯。是若由被告上訴或為被告之利益而上訴第二審之案件，第二審所認定之犯罪情節，明顯輕於第一審者，若第二審之宣告刑猶等同於第一審，實際上無異諭知較重於第一審之宣告刑，即難謂與「不利益變更禁止原則」或「罪刑相當原則」無悖。最高法院即謂：「由被告上訴或為被告之利益而上訴第二審之案件，若非因第一審判決適用法條不當而撤銷，而其所認定之被告犯罪情節又顯較第一審所認定者為輕，如仍維持第一審所宣告之刑，實際上無異諭知較重於第一審判決之刑，自與不利益變更禁止原則之旨意有違。」與此相同之見解有最高法院90年度台上字第5172號、93年度台上字第3973號、94年度台上字第2275號、99年度台上字第4380號及99年度台上字第

5413號判決等之意旨可供參照。

(2) 增加第一審判決所無之緩刑或延長第一審判決諭知之緩刑期間

又實務上亦同時認為，緩刑之宣告係有利於被告之事項，有不利益變更禁止原則之適用，故將下級審緩刑之宣告撤銷，有違不利益變更禁止之原則，例如最高法院99年度台上字第4127號判決即謂：「緩刑之宣告，本質上無異恩赦，得消滅刑罰之效果，顯對被告有利，如無因原審判決適用法則不當之情形而將下級審緩刑之宣告撤銷，亦有違前揭不利益變更之禁止原則。」此外最高法院92年度台上字第5576號判決意旨亦採相同見解。

又將緩刑宣告之期間加以延長，原最高法院28年上字第331號判例認為尚非法所不許，惟該判例於民國95年8月22日經最高法院95年度第16次刑事庭會議決議不再援用，故依目前實務之見解，第二審法院諭知緩刑期間延長，亦屬違反不利益變更禁止原則。

(3) 增加第一審判決所無之保安處分

非屬於刑罰之保安處分是否亦有不利益變更禁止原則之適用，實務上似有不同之見解，有認為非屬於刑罰之保安處分無不利益變更禁止原則之適用，此有最高法院87年度台上字第3261號判決意旨可供參照；亦有認為保安處分雖與刑罰性質有別，但實際上仍屬拘束人身之自由，應認係一種不利益之處分，故諭知保安處分或延長保安處分之期間，均有不利益變更禁止原則之適用，此亦有最高法院87年度台上字第1463號判決意旨可資參照。

惟目前較新之實務見解則均傾向於認為第二審法院判決主文諭知第一審法院判決主文所無之「拘束身體自由之保安處分」有不利益變更禁止原則之適用。其理由為保安處分雖為對受處分人將來之危險性所為之處置，以達教化與治療之目的，為刑罰之補充制度。惟保安處分中之強制工作，係以剝奪受處分人之身體自由為內容，其所形成之社會隔離、拘束身體自由之性質，實與刑罰同，從而關於拘束身體自由之保安處分，仍有不利益變更禁止原則之適用；此有最高法院94年度台上字第1834號判決意旨可供參照。

(4) 事實認定變更致使犯罪情節較第一審判決為重

被告上訴後如第二審法院認定之犯罪事實較之第一審法院認定之犯罪

事實情節較為嚴重（例如第一審法院認定被告運輸第一級毒品海洛因之數量為1公斤，第二審法院認為被告運輸第一級毒品海洛因之數量應為1.5公斤），則此屬於犯罪事實認定變更致使犯罪情節較為嚴重之情形，此時第二審法院是否得以諭知較第一審法院為重之刑度，亦即此時是否有不利益變更禁止原則之適用，即有疑問。目前之實務見解傾向認為無不利益變更禁止原則之適用，認為：「所謂不利益變更之禁止，僅禁止其為較重之刑之宣告，不及於被告之不利益事實之認定與法律之適用。而法院對有罪之被告科刑，應符合罪刑相當之原則，使罰當其罪，以契合人民之法律感情，此所以刑法第57條明定科刑時應以行為人之責任為基礎，並審酌一切情狀，尤應注意該條所列各款事項，以為科刑輕重之標準。此項原則於刑事訴訟法第370條所定不利益變更禁止情形，自亦有其適用。」此有最高法院107年度台上字第4037號判決意旨可供參照，相同見解亦有最高法院109年度台上字第226號判決。亦即依目前實務之見解認為，不利益變更禁止原則不適用於被告之不利益事實之認定與法律之適用，在被告犯罪事實之認定已變更為較重之情節之下，科刑審酌之事項即量刑之因子即有變更，依刑法第57條之規定自得以變更其量刑。

2. 例外

(1) 非屬由被告上訴或為被告之利益而上訴之案件

不利益變更禁止原則並非絕對，其適用於由被告上訴或為被告之利益而上訴之案件，如非屬為被告利益而上訴之案件，例如檢察官或自訴人為被告之不利益而上訴之案件，即無此原則之適用。惟實務上對此似乎作限縮之解釋，認為「不利益變更禁止」之原則規定，對於檢察官為被告之不利益上訴，原則上雖無適用，然須以其上訴有理由為前提，倘檢察官之上訴第二審法院認為並無理由，仍有上開原則之適用，此有最高法院99年度台上字第4127號判決可供參照。

(2) 因原審判決適用法條不當而撤銷者

上訴第二審之案件，如係經第二審法院認為原審適用法條不當而撤銷，此時亦無不利益變更禁止原則之適用，而此所稱適用法條不當之情形，實務上認為包括第一審判決所引用之刑法法條有所變更均屬之，且並

非專指刑法分則上論罪之法條而言，此有最高法院32年上字第969號判例意旨可資參照。故如第一審法院誤認共同正犯之被告爲幫助犯者，或者原審引用刑法第47條之規定論被告累犯而加重其刑而第二審法院認爲其加重不當者，或第一審法院引用刑法第59條之規定酌減被告之刑而第二審法院認爲其減輕不當者，或第一審未引用刑法第59條而第二審法院認爲不當（亦即應引用刑法第59條減輕其刑）者，自均得撤銷原判決改論知被告較重之刑，而無不利益變更禁止原則之適用，此有最高法院44年台上字第320號判例意旨可供參照。

又宣告死刑、無期徒刑而依職權上訴之情形，是否有本條第1項但書之適用不免產生疑義，實務上有認爲，依職權上訴並非被告上訴，被告原係折服原判決，係法律強制規定而上訴，故在原審有適用法條不當之情形，似不宜宣告較原審爲重之刑罰，此有最高法院80年度台上字第4070號判決意旨可供參照。

（四）一造辯論判決

依刑事訴訟法第371條之規定：「被告經合法傳喚，無正當之理由不到庭者，得不待其陳述，逕行判決。」此爲有關一造辯論判決之規定，應注意者爲本條之適用，以被告業經合法傳喚爲前提，如傳喚不合法，例如未符合就審期間規定之傳喚即不在此限，此有最高法院29年上字第2094號判例、72年度台上字第5317號判決意旨可供參照。而所謂無正當理由，實務見解認爲，係指社會通常觀念上，認爲非正當之原因而不到庭者而言，包括由於傳聞原審於是日停止審理之故而未到庭，或因乘車誤點，均非屬於正當理由，此有最高法院30年上字第2020號、30年上字第3393號判例意旨可供參照。至於患病之人能否出庭，是否有不到庭之正當理由，應就具體情形，按實際狀況，視其病況是否達到無法到庭之程度而定，此有最高法院85年度台非字第96號判決意旨可供參照。

又實務見解認爲本條之規定屬任意規定，故受合法傳喚之被告，無正當理由而未於審判期日遵傳到庭者，其應否不待其陳述逕行判決，法院有自由斟酌之權，此亦有最高法院33年度上字第601號判例意旨可資參照。

（五）不經言詞辯論判決

依刑事訴訟法第372條之規定：「第三百六十七條之判決及對於原審論知管轄錯誤、免訴或不受理之判決上訴時，第二審法院認其為無理由而駁回上訴，或認為有理由而發回該案件之判決，得不經言詞辯論為之。」此規定為言詞審理原則之例外，其乃因上開判決並未涉及實體部分之審判，故得不經言詞辯論即得為之，以節省訴訟之資源。

四、第二審之判決

上訴經原審法院審查後如認為合法時，應將該案卷宗及證物送交第二審法院業如上述，第二審法院於移審後，則應視情形作如下之判決：

（一）不合法駁回

刑事訴訟法第367條前段規定：「第二審法院認為上訴書狀未敘述理由或上訴有第三百六十二條前段之情形者，應以判決駁回之。」因此第二審法院於收受上訴書狀及原審之卷證資料後，仍須就上訴是否合法再行審查，如有不合法之情形，須以判決駁回，此與原審認為上訴不合法係以裁定駁回有所不同。而所謂不合法，係指上訴書狀未敘述理由、上訴有第362條前段之情形者亦即不合法律上之程式（包括提出上訴理由但所提非屬具體理由者）、法律上不應准許或其上訴權已經喪失。又同條但書則規定：「但其情形可以補正而未經原審法院命其補正者，審判長應定期間先命補正。」因此如上訴不合法之情形係屬可補正，而未經原審命其補正時，第二審仍應命補正，不得直接判決駁回。

有應注意者，實務上認為上訴須有具體之理由，係屬第二審法院審查之範圍，且屬於不得補正之事項，故上訴無具體理由，第二審法院即可不命補正逕行判決駁回；其認為：「至於其理由是否具體，則屬第二審法院審查之範圍，亦不在命補正之列。亦即上訴書狀已記載理由，並有具體之敘述時，其上訴既屬合法，第二審法院固應就其理由之是否可取，為實體之審理及判斷；如認其上訴書狀雖記載理由，但並未具體敘述時，則無須再命補正，可逕認其上訴不合法，以判決駁回之。」此有最高法院97年度

台上字第3889號判決意旨可供參照，此外如最高法院97年度台上字第4475
號、98年度台上字第2002號判決意旨均同此見解可供參照。

（二）無理由駁回

又依刑事訴訟法第368條規定：「第二審法院認為上訴無理由者，應
以判決駁回之。」依此規定第二審法院於審查上訴是否合法後，如認為上
訴合法，或不合法惟已經補正時，即應就案件進行實體之審理，審理之結
果如認為上訴並無理由，即應以判決駁回上訴。而所謂上訴無理由，依
實務之見解認為係指第二審審理之結果，認為應與第一審為相同之判決而
言，例如最高法院47年度台上字第484號判例即謂：「刑事訴訟法第360條
（現行第368條）所謂第二審法院認為上訴無理由者，應以判決駁回之，
係指第一審判決與第二審審理結果所應為之判決相同者而言。」此外如最
高法院71年度台上字第1705號、72年度台上字第4123號判決均同此意旨可
資參照。

（三）撤銷原判自為判決

依刑事訴訟法第369條第1項前段之規定，第二審法院認為上訴有理
由，或上訴雖無理由，而原判不當或違法者，應將原審判決經上訴之部分
撤銷，就該案件自為判決。故第二審法院於審查上訴案件上訴合法之後，
即應進行上訴是否有理由之實體審理，如審理結果認為上訴所指摘違法之
處有理由，或雖無理由但原審有其他違法之處，則應撤銷原審之判決，而
自為判決，此即所謂之撤銷改判。

所謂上訴有無理由，實務上認為並非以上訴意旨所指摘者有無理由為
限，而應視第二審審理結果應為之判決是否與第一審相同，另為判斷之基
準，如認為：「所謂上訴有無理由，應視第一審判決與第二審審理結果所
應為之判決是否相同為斷，與上訴論旨之能否成立無關，縱令上訴論旨不
能成立，而原判決確係不當時，第二審仍應就上訴範圍內，認其上訴為有
理由，將原判決撤銷，依法糾正，蓋所謂上訴有理由者，係指原判決有可
為上訴之理由，而非謂上訴論旨之主張為有理由。」此有最高法院30年上
字第892號判例意旨可供參照，此外最高法院89年度台非字第210號判決亦

同此意旨可供參照。

又所謂原審之判決有不當之處，實務上認為包括事實認定及法律適用有誤均屬之，例如最高法院22年上字第4951號判例即謂：「第二審認上訴為無理由，而第一審判決確係不當者，亦應將第一審判決撤銷，更為判決，所謂不當，包括認定事實錯誤，或引用法律失當而言。」就事實認定錯誤而言，實務上認為係指犯罪構成要件之基本犯罪事實部分而言，例如最高法院71年台上字第2364號判例即謂：「所謂第二審認定犯罪之事實，與第一審所認定不同，應將第一審判決撤銷改判，係指與適用法律有關之犯罪構成要件之基本犯罪事實有所變更、擴大或減縮者而言。至若與基本犯罪事實無關之事項，縱有不同之記述，即不發生事實認定不同之問題。」此外尚有最高法院85年度台非字第294號、85年度台非字第76號、90年度台非字第222號判決亦同此意旨可資參照。另就法律適用有誤而言，則實務上亦認為限於與判決主旨有關者，例如最高法院23年上字第1492號判例即謂：「第一審用法錯誤，除與判決主旨無關者，得由第二審於判決理由內予以糾正，毋庸改判外，倘科刑所根據之法條有所誤引，即不得視為與判決主旨無關，不予撤銷改判。」

（四）撤銷原判發回原審法院

又依刑事訴訟法第369條第1項但書之規定，因原審判決諭知管轄錯誤、免訴、不受理係不當而撤銷之者，得以判決將該案件發回原審法院。故第一審之判決如係諭知管轄錯誤、免訴、不受理，而第二審法院經審理之結果認為不當，此時因第一審未經實體審理，為保障當事人之審級利益，自得發回原審，此即所謂之撤銷發回。惟條文係規定「得」發回原審法院，故第二審法院始認為無須發回，亦得自行審理後加以判決。

（五）撤銷原判自為第一審判決

又依刑事訴訟法第369條第2項之規定，第二審法院因原審判決未諭知管轄錯誤係不當而撤銷之者，如第二審法院有第一審管轄權，應為第一審之判決。故如係屬高等法院管轄第一審之案件（例如所犯為內亂罪或外患罪等情形），而檢察官誤向地方法院起訴，地方法院亦未注意而逕為判

決，則經合法上訴後，第二審法院自應撤銷原審之判決，此時應其屬於管轄第一審之法院，自應加以審理後逕為第一審之判決。

（六）自訴案件之特別判決

又關於自訴案件之第二審審判，實務上認為因現行之刑事訴訟法改採自訴強制律師代理制度，用以限制濫訴及提高自訴品質，為落實自訴強制律師代理制度，自訴代理人經合法通知，無正當理由不到庭時，法院應改期審理，再行通知自訴代理人，並同時告知自訴人，如自訴代理人無正當理由，仍不到庭者，可見其不重視自訴或濫行訴訟，法院自應諭知不受理之判決，以終結自訴程序，此有最高法院95年度台上字第1469號判決意旨可供參照。

五、判決書之製作

有關於第二審判決書之記載，得引用第一審之判決書以達到簡化裁判書類之目的，依刑事訴訟法第373條之規定，第二審判決書，得引用第一審判決書所記載之事實、證據及理由，對案情重要事項第一審未予論述，或於第二審提出有利於被告之證據或辯解不予採納者，應補充記載其理由。故原則上第二審之判決書得引用第一審之判決書有關事實、證據及理由之記載，惟對案情重要事項如第一審未予論述，或於第二審提出有利於被告之證據或辯解不予採納者，應補充記載其理由，以免因簡化書類而導致判決之理由有所疏漏。

又依刑事訴訟法第374條之規定，第二審判決，被告或自訴人得為上訴者，應併將提出上訴理由書之期間，記載於送達之判決正本。故如第二審判決之案件屬於尚得上訴第三審者，應於送達之判決書正本中記載提出上訴理由書之期間，使被告或自訴人瞭解以免遲誤期間。

第三節 第三審

一、第三審之管轄

依刑事訴訟法第375條第1項之規定，不服高等法院之第二審或第一審判決而上訴者，應向最高法院為之，故刑事訴訟之案件第三審之上訴，或高等法院管轄第一審案件之上訴，應向最高法院為之。又依同條第2項之規定，最高法院審判不服高等法院第一審判決之上訴，亦適用第三審程序，故如係高等法院管轄第一審之案件上訴至最高法院時，雖就案件而言係屬於第二次之審判，惟亦應適用第三審之程序規定。

二、上訴第三審之限制

刑事訴訟之第三審為事後審查制之法律審，故有必要就上訴之範圍加以一定之限制，以免案件情節輕微或無重大法律上違誤之案件，均得上訴至第三審之最高法院，增加最高法院案件之負荷量，並浪費有限之刑事訴訟資源。而依目前刑事訴訟法之規定，上訴第三審同時有案件類型之限制及上訴理由之限制[9]。

（一）案件類型之限制及例外

原刑事訴訟法第376條規定：「下列各罪之案件，經第二審判決者，不得上訴於第三審法院：一、最重本刑為三年以下有期徒刑、拘役或專

---

[9] 除刑事訴訟法規定有上訴第三審之限制外，刑事訴訟之特別法中亦有相關之規定，此規定見於刑事妥速審判法第8條及第9條；第8條屬於案件類型之限制，其規定：「案件自第一審繫屬日起已逾六年且經最高法院第三次以上發回後，第二審法院更審維持第一審所為無罪判決，或其所為無罪之更審判決，如於更審前曾經同審級法院為二次以上無罪判決者，不得上訴於最高法院。」至於第9條則屬於上訴理由之限制，其規定：「除前條情形外，第二審法院維持第一審所為無罪判決，提起上訴之理由，以下列事項為限：一、判決所適用之法令牴觸憲法。二、判決違背司法院解釋。三、判決違背判例。刑事訴訟法第三百七十七條至第三百七十九條、第三百九十三條第一款規定，於前項案件之審理，不適用之。」上開規定係限制檢察官對於無罪判決之第三審上訴權利，使檢察官與被告之上訴權處於不對等之地位，故又稱之為不對稱上訴（Asymmetric Appeal），乃美國刑事訴訟制度之立法。

科罰金之罪。二、刑法第三百二十條、第三百二十一條之竊盜罪。三、刑法第三百三十五條、第三百三十六條第二項之侵占罪。四、刑法第三百三十九條、第三百四十一條之詐欺罪。五、刑法第三百四十二條之背信罪。六、刑法第三百四十六條之恐嚇罪。七、刑法第三百四十九條第一項之贓物罪。」故屬於上述所列各罪之案件，上訴至第二審法院經審判終結後，當事人縱使不服判決之結果亦不得上訴至第三審法院。

　　此一規定係基於司法資源有限，如准許所有之刑事案件均得以上訴至第三審，則最高法院實難以負荷，故而限制上訴三審之案件類型，惟此限制有侵害憲法對人民訴訟權保障之疑慮，蓋如刑事案件之被告第一審經法院判決無罪，檢察官上訴，第二審法院撤銷原審無罪之判決並「自為有罪判決」，則對於被告而言如無法上訴第三審，則其有罪之判決並無救濟之機會，此顯然對於被告不公平，故司法院大法官會議於民國106年7月28日之釋字第752號解釋乃表示：「刑事訴訟法第376條第1款及第2款規定：『下列各罪之案件，經第二審判決者，不得上訴於第三審法院：一、最重本刑為三年以下有期徒刑、拘役或專科罰金之罪。二、刑法第320條、第321條之竊盜罪。』就經第一審判決有罪，而第二審駁回上訴或撤銷原審判決並自為有罪判決者，規定不得上訴於第三審法院部分，屬立法形成範圍，與憲法第16條保障人民訴訟權之意旨尚無違背。惟就第二審撤銷原審無罪判決並自為有罪判決者，被告不得上訴於第三審法院部分，未能提供至少一次上訴救濟之機會，與憲法第16條保障人民訴訟權之意旨有違，應自本解釋公布之日起失其效力。」

　　針對此議題，民國112年6月21日刑事訴訟法第376條乃修正規定為：「下列各罪之案件，經第二審判決者，不得上訴於第三審法院。但第一審法院所為無罪、免訴、不受理或管轄錯誤之判決，經第二審法院撤銷並諭知有罪之判決者，被告或得為被告利益上訴之人得提起上訴：一、最重本刑為三年以下有期徒刑、拘役或專科罰金之罪。二、刑法第二百七十七條第一項之傷害罪。三、刑法第三百二十條、第三百二十一條之竊盜罪。四、刑法第三百三十五條、第三百三十六條第二項之侵占罪。五、刑法第三百三十九條、第三百四十一條之詐欺罪。六、刑法第三百四十二條之背信罪。七、刑法第三百四十六條之恐嚇罪。八、刑法第三百四十九條第一項之贓物罪。九、毒品危害防制條例第十條第一項之施用第一級毒品罪、第十一條第四項之持有第二級毒品純質淨重二十公克以上罪（第1

項）。」「依前項但書規定上訴，經第三審法院撤銷並發回原審法院或發交其他第二審法院判決者，不得上訴於第三審法院（第2項）。」

依上開修正後之條文規定，上訴第三審之案件原則上有限制，必須非屬於刑事訴訟法第376條第1項所列之案件，惟例外之情形如上開案件，第一審法院所為無罪、免訴、不受理或管轄錯誤之判決，經第二審法院撤銷並諭知有罪之判決者，被告或得為被告利益上訴之人得提起上訴第三審法院，惟此種上訴至第三審法院之案件，如經第三審法院撤銷並發回原審法院或發交其他第二審法院判決者，則不得再行上訴於第三審法院。

又依上開條文之規定觀之可知，其第1款之規定係以刑為其認定之標準，與第2款以下係以罪名為其認定之標準不同，以下分別論述之：

1. 以刑為判斷之標準

如上所述，上開刑事訴訟法第376條第1款之規定，係指所定最重本刑為三年以下有期徒刑、拘役或專科罰金之罪之案件，此之刑係指法定刑而非宣告刑。惟有疑問者，乃如法定刑有加重之事由時，是否應以加重後之法定刑為準，對此目前實務之見解認為，如因刑法分則條文之加重，致其最重本刑超過三年有期徒刑時，即非屬該款所列之案件，而不受上訴第三審法院之限制，亦即得上訴第三審法院，惟如係屬於總則條文加重之情形，則仍以原法定刑為判斷之標準，此有最高法院42年台上字第616號、43年台上字第163號等判例之意旨可供參照[10]。例如普通傷害罪依刑法第277條第1項之規定係屬三年以下有期徒刑之案件，惟如傷害之對象為直系血親尊親屬，則依刑法第280條之規定，應加重其刑至二分之一，其法定刑即成為最重可處有期徒刑四年六個月，此時即非屬上開第1款所定之本刑為三年以下有期徒刑之案件。

2. 以罪為判斷之標準

如上所述，案件是否屬於刑事訴訟法第376條第2款至第9款係以罪名加以判斷，此包括「刑法第二百七十七條第一項之傷害罪、刑法

---

[10] 學者有認為刑事訴訟法第367條之條文並未限制最重本刑僅限於刑法分則之加重，不及於刑法總則之加重，因而以人民訴訟權之保障角度而言，所謂最重本刑之計算，應包括總則之加重及分則之加重，實務上之見解並不妥適。見黃朝義著，刑事訴訟法，頁652。

第三百二十條、第三百二十一條之竊盜罪、刑法第三百三十五條、第三百三十六條第二項之侵占罪、刑法第三百三十九條、第三百四十一條之詐欺罪、刑法第三百四十二條之背信罪、刑法第三百四十六條之恐嚇罪、刑法第三百四十九條第一項之贓物罪、毒品危害防制條例第十條第一項之施用第一級毒品罪、第十一條第四項之持有第二級毒品純質淨重二十公克以上罪」等罪，而其中刑法第320條之竊盜罪，依目前實務之見解係包含其第2項之竊占罪在內，此有最高法院84年度台上字第4422號判決可資參照。

　　惟有問題者，乃此所謂依罪名為判斷之標準，如果檢察官起訴之罪名與第二審法院判決之罪名不同時，究係以檢察官起訴之罪名為準，抑或以第二審法院判決所認定之罪名為準，恐產生疑義。依目前實務之見解認為，如檢察官在原審言詞辯論終結前，未就起訴法條有所爭執，而確認之事實又非顯然不屬於第376條第2款至第7款（現行法增列第8款、第9款）之案件者，即屬不得上訴於第三審法院之案件，此有最高法院48年台上字第1000號判例之意旨可供參照，依此判例之見解，案件是否屬於本條第2款至第7款（現行法增列第8款、第9款），應視當事人就起訴之法條有無爭執，及認定之事實是否有可能屬於第2款至第7款（現行法增列第8款、第9款）以外之罪名而斷。對此大法官會議釋字第60號解釋亦認為：「案件是否屬於刑法第六十一條所列各罪之範圍，尚有爭執者，應視當事人在第二審言詞辯論終結前是否業已提出，如當事人本已主張非刑法第六十一條所列各罪，第二審仍為認係該條各罪之判決者，始得上訴於第三審法院。」亦採取當事人是否有爭議為判斷之基準。惟基於刑事被告之上訴以受有不利益之判決，為求自己利益起見請求救濟者為限，故實務上亦認為，如原第二審法院認被告係犯上開第376條第2款至第7款（現行法增列第8款、第9款）之罪名時，被告不得爭執應適用較重之罪而認為得上訴於第三審法院，此亦有最高法院71年台上字第1423號判例可供參照。

（二）上訴理由之限制

　　如上所述，為節省有限之刑事訴訟資源對於上訴至第三審之案件應有嚴格之限制，除上開案件類型之限制外，就上訴之理由亦有其限制，依刑事訴訟法第377條之規定，上訴於第三審法院，非以判決違背法令為理

由，不得爲之。故案件上訴至第三審法院必須以原審即第二審法院之判決違背法令爲其上訴之理由，否則即不得上訴至第三審法院，而依實務之見解認爲，上訴第三審法院之案件是否以判決違背法令爲上訴理由，應就上訴理由書狀之內容加以審查，亦即係就上訴書狀作形式審查，此有最高法院71年台上字第7728號判例可供參照。此一限制上訴第三審之規定，目的在於合理使用訴訟資源，符合公共利益之考量，並不構成對於人民憲法上訴訟權之影響，此有司法院大法官會議釋字第302號解釋可供參照。另如刑罰之法律有廢止、變更或免除之情形，刑事訴訟法亦特別允許作爲提起第三審上訴之理由。故基本上上訴第三審之上訴理由限於判決違背法令或判決後刑罰之法律有廢止、變更或免除二種情形，以下分別論述之：

1. 判決違背法令

刑事訴訟法所謂判決違背法令應係指其第378條及第379條之規定，依此規定之內容觀之，可知所謂判決違背法令（即廣義判決違背法令），包括判決不適用法則或適用不當（即狹義判決違背法令）及訴訟程序違背法令二種情形。

(1) 判決不適用法則或適用不當

依刑事訴訟法第378條之規定，判決不適用法則或適用不當者，爲違背法令。所謂判決不適用法則指判決應適用之法則未予適用而言，而適用不當則係指適用法則不正確而言。至於所稱法則之範圍甚廣，應包括憲法、法律或命令在內，另外依司法院大法官會議釋字第154號解釋之理由書中亦謂，最高法院之判例在未變更前，有其拘束力，可爲各級法院裁判之依據，故判例亦屬此處所稱之法則應無疑義；另國際法或條約在我國法院亦有適用之可能，亦應屬此處所稱之法則，此有最高法院79年台非字第277號判例可供參照。

又判決不適用法則或適用不當者所稱之法則，包括實體法則及程序法則在內：

①實體法則

就實體法則而言，乃指判決不適用實體法則或適用不當；所謂不適用實體法則者，例如被告之行爲符合刑法第23條前段之正當防衛，惟原判決未依法不罰，仍處以刑罰，或被告使用槍枝擊斃死者之行爲，係依法令之

行為，應依刑法第21條之規定不罰，原判決未依此規定判決被告無罪等情形均屬之，此有最高法院73年台上字第4994號判例可供參照；又所謂適用實體法則不當之情形，例如被告所犯為刑法第330條第1項之加重強盜罪，而原判決適用刑法第328條第1項論以普通強盜罪，又如被告以一行為觸犯數罪名應依刑法第55條之想像競合犯從一重論處，而原判決係以數罪併合處罰等均屬之。

②程序法則

就程序法則而言，係指判決不適用程序法則或適用不當，此處之程序法則包括證據法則在內；所謂不適用程序法則者，例如法院對於案件並無管轄權，本應依刑事訴訟法第304條之規定諭知管轄錯誤之判決而竟為實體之判決，或告訴乃論之罪未經合法告訴，本應依刑事訴訟法第303條第3款為不受理之判決而竟為實體之判決均屬之；又所謂適用程序法則不當者，例如起訴之程序違背規定者，本應依刑事訴訟法第303條第1款之規定諭知不受理之判決，而竟依刑事訴訟法第302條為免訴之諭知，或如判決認定事實違背經驗法則或論理法則而違反刑事訴訟法第155條第1項但書之規定均屬之。

對於判決不適用法則或適用不當之判決違背法令之情形，實務上近年來似有限縮對於判決結果發生影響者為限之傾向，如認為：「關於犯罪時間、地點之認定，縱令與證據所顯示之情形不盡相符，惟如無礙於特定犯罪事實之同一性，而與犯罪構成要件、刑罰加減免除等項不生影響，則尚難認係認定犯罪事實與所採用證據顯不相符，足以影響原判決，而得據以為違法之指摘。」此有最高法院71年台非字第194號判例意旨可供參照；又如「有罪之判決書，其認定事實、所敘理由及援用科刑法條均無錯誤，僅主文論罪之用語欠周全，於全案情節與判決本旨並無影響，難謂有判決理由矛盾之違法。」此亦有最高法院84年台非字第190號判例意旨可供參照；此外如「現行實例，則於理由之後，另列據上論結或據上論斷一欄，以記載該判決所適用之法律。據上論結或據上論斷一欄，雖漏引該當法條，但其理由已敘及，而與科刑上並無出入者，應認為於全案情節與判決本旨並無影響，其漏引之條文非不得補正之，尚與判決不適用法則之違背法令有間。」此亦有最高法院97年度台上字第97號判決意旨可供參照。

(2) 訴訟程序違背法令

①絕對違背法令（當然違背法令）

依刑事訴訟法第379條之規定：「有左列情形之一者，其判決當然違背法令：一、法院之組織不合法者。二、依法律或裁判應迴避之法官參與審判者。三、禁止審判公開非依法律之規定者。四、法院所認管轄之有無係不當者。五、法院受理訴訟或不受理訴訟係不當者。六、除有特別規定外，被告未於審判期日到庭而逕行審判者。七、依本法應用辯護人之案件或已經指定辯護人之案件，辯護人未經到庭辯護而逕行審判者。八、除有特別規定外，未經檢察官或自訴人到庭陳述而為審判者。九、依本法應停止或更新審判而未經停止或更新者。十、依本法應於審判期日調查之證據而未予調查者。十一、未與被告以最後陳述之機會者。十二、除本法有特別規定外，已受請求之事項未予判決，或未受請求之事項予以判決者。十三、未經參與審理之法官參與判決者。十四、判決不載理由或所載理由矛盾者。」

上開所述之訴訟程序違背法令之情形，其中就第4款法院所認管轄之有無係不當者、第5款法院受理訴訟或不受理訴訟係不當者、第12款已受請求之事項未予判決，或未受請求之事項予以判決者，以及第14款判決不載理由或所載理由矛盾者等四種情形而言，本質上應屬於上開所述判決不適用或適用不當之情形，並非訴訟程序違背法令之情形，惟既屬刑事訴訟法之條文規定，本文仍將其等於此處加以探討，以下即針對上開十四款之規定分別論述之：

A.法院之組織不合法

本款所謂法院之組織不合法係指參與審判之人員，不依法律所定之人數組織者而言，此有最高法院30年上字第129號判例可供參照。而法律所規定之組織係指依法院組織法第3條之規定，依該條之規定，地方法院審判案件以法官一人獨任或三人合議行之，高等法院審判案件以法官三人合議行之，最高法院審判案件以法官五人合議行之，如違反上開規定之人數，則構成本款當然違背法令之事由。

B.依法律或裁判應迴避之法官參與審判

本款所謂法律或裁判應迴避之法官參與審判之情形，其中所指依法律應迴避之情形，係指參與案件審判之法官有刑事訴訟法第17條應自行迴避

之情形而言，所指依裁判應迴避之情形，係指經當事人依刑事訴訟法第18條第2款之規定聲請法官而經所屬法院依刑事訴訟法第21條第1項為應迴避之裁定而言，故有上開情形時如法官仍未迴避而參與案件之審判，則構成本款當然違背法令之事由。

C.禁止審判公開非依法律之規定

刑事訴訟程序原則上採取公開審理之原則，法院組織法第86條前段即明文規定，訴訟之辯論及裁判之宣示，應公開法庭行之，惟於例外之情形仍得加以限制而採取不公開審理之原則，此例外之情形包括法院組織法第86條但書所規定有妨害國家安全、公共秩序或善良風俗之虞等情形，另少年事件處理法第34條、第73條第1項亦規定，少年保護事件之調查及審理均不公開，少年刑事案件之審判得不公開，又性侵害犯罪防治法第27條第1項前段亦規定，性侵害犯罪之案件審判不得公開，故僅符合有上開法律規定之例外情形時，法院之審理始得不公開，法院審判時如未依上開法律之規定即禁止公開，違反公開審理原則，構成本款當然違背法令之事由。又禁止公開之理由，應於審判筆錄中記載，法庭禁止公開而未宣示理由並載明筆錄者，其訴訟程序即非合法，此有最高法院22年上字第1224號判例意旨可供參照。

D.法院所認管轄之有無係不當

本款所稱法院所認管轄之有無係不當者，包括法院無管轄權而誤認有管轄權並為實體上之判決，或有管轄權而誤認無管轄權諭知管轄錯誤之判決等情形，有上述之情形均構成本款當然違背法令之事由。惟此之管轄實務見解認為專指事務管轄而言，至於土地管轄不在此限，例如最高法院21年上字第1290號判例即謂：「關於法院之管轄得為第三審上訴理由者，以屬於事務管轄為限，至土地管轄權之有無，不得據為第三審之上訴理由，第三審法院亦不得依職權調查。」

E.法院受理訴訟或不受理訴訟係不當

本款所謂之受理訴訟或不受理訴訟係不當，係指起訴（含公訴及自訴）或上訴之訴訟要件不具備不應受理，而竟未諭知不受理或程序上駁回之判決，並為實體上之判決，或已具備起訴（含公訴及自訴）或上訴之要件，而誤為不具備，並為不受理或程序上駁回之判決而言。例如告訴乃論之罪未經合法告訴而經檢察官起訴，此時法院本應依刑事訴訟法第303條第3款之規定諭知不受理之判決，然法院竟為實體上有罪或無罪之判決屬

之，有上述之情形均構成本款當然違背法令之事由。

F. 除有特別規定外，被告未於審判期日到庭而逕行審判

刑事訴訟程序被告原則上應於審判期日到場，始符合直接審理之原則，故如被告未於審判期日到庭而逕行審判，則應構成本款當然違背法令之事由。惟如法律有特別規定得行一造辯論或得不經言詞辯論之案件，則不須被告到場即得審判，此時被告未到場而逕予審判即不構成本款違背法令之事由，如刑事訴訟法第305條、第306條有關一造辯論判決之規定，又如刑事訴訟法第307條得不經言詞辯論之判決等情形均屬之。

G. 依本法應用辯護人之案件或已經指定辯護人之案件，辯護人未經到庭辯護而逕行審判

本款所稱依本法應用辯護人之案件，係指刑事訴訟法第31條第1項前段之強制辯護案件而言，至於所稱已經指定辯護人之案件，則係指法院已經依刑事訴訟法第31條第1項後段或第31條第2項之規定指定辯護人之案件而言，此等案件既須指定辯護人或業經指定辯護人，則自應待辯護人到庭為被告進行辯護始得加以審判，如未經辯護人到場即逕予審判，則構成本款當然違背法令之事由。

又本款所謂未經辯護人到庭辯護，如係辯護人始終未到庭之情形自無問題，惟如辯護人於部分程序到場，則應如何判斷是否屬於未到庭辯護即有疑問，依目前實務之見解係認為，辯護人之到庭至少應包括審判長開始調查證據程序，以迄宣示辯論終結前，辯護人均應在庭行使辯護職務之情形，例如最高法院98年度台上字第7016號判決即謂：「刑事辯護制度係為保護被告之利益，藉由辯護人之專業介入，以充實被告防禦權及彌補被告法律知識之落差，使國家機關與被告實力差距得以適度調節，促成交互辯證之實體發現，期由法院公平審判，確保國家刑罰權之適當行使而設……（刑事訴訟法第三百七十九條第七款）所謂未經辯護人到庭辯護，依辯護制度之所由設，除指未經辯護人到庭者外，其所謂經辯護人到庭辯護自應包括至遲於審判長開始調查證據程序，以迄宣示辯論終結前，辯護人均應始終在庭行使職務之情形，俾使被告倚賴辯護人為其辯護之權利，得以充分行使其防禦權。是法院對於此項辯護權之實踐，不得恣意漠視，否則即不足以維護訴訟上之程序正義。」

此外，實務之見解亦認為所謂辯護應係有實質之辯護，如係屬形式上辯護人到場，惟未進行有效之實質辯護，仍等同於辯護人未經到庭辯護，

例如屬於刑事訴訟法第31條第1項的必要辯護案件，原審爲被告指定之辯護人於審判期日到場，根據審判筆錄，有關辯護人辯護的部分，辯護人一概以「詳如辯護書所載」回應，但卷宗當中並無法找到前述的辯護書，此情形與未經辯護無異，法院逕行判決，即有同法第379條第7款「依本法應用辯護人之案件或已經指定辯護人之案件，辯護人未經到庭辯護而逕行審判者」之情形，其判決當然違背法令，此有最高法院94年度台上字第6447號、95年度台上字第5140號、第3731號、96年度台上字第3922號等判決意旨可供參照。

又本款規定僅適用於須指定辯護人或業經指定辯護人之案件，如係選任辯護人之案件，辯護人未到場而逕行審判，則縱使未經合法通知所有違反刑事訴訟法之規定亦非屬本款之問題。而是否屬於須指定辯護人之案件，除原審判決而適用之條文外，實務上認爲亦應同時參考上訴之理由，例如最高法院47年台上字第1531號判例即謂：「第一審雖變更起訴法條，論上訴人以竊盜及傷害罪，但經檢察官以上訴人應構成刑法第三百二十九條、第三百三十條第一項之罪爲理由，提起上訴，該條之罪其最輕本刑爲五年以上有期徒刑，自屬應用辯護人之案件，既未經選任辯護人，原審亦未指定公設辯護人爲其辯護而逕行判決，按之刑事訴訟法第三百七十一條第七款之規定，其判決當然爲違背法令。」

H.除有特別規定外，未經檢察官或自訴人到庭陳述而爲審判

檢察官或自訴人分別相當於公訴程序及自訴程序之原告，故刑事審判之程序自應經檢察官或自訴人到庭陳述，進行對於被告犯罪之訴追程序，惟自訴人得委任代理人到場，故自訴案件如業經自訴代理人到庭陳述即與本款規定之情形不符，換言之，本款所稱未經自訴人到庭陳述而爲判決者，係指自訴人及其代理人均未於審判期日到庭陳述而爲判決者而言，此有最高法院86年度台上字第7104號判決可供參照。又所謂法律有特別規定，乃指刑事訴訟法第307條、第372條、第331條及第332條等得不經言詞辯論即逕行判決之情形而言。除有上開法律特別規定之情形外，如未經檢察官或自訴人到庭陳述即逕爲審判，則構成本款當然違背法令之事由。

I.依本法應停止或更新審判而未經停止或更新

本款所謂依本法應停止審判者，係指刑事訴訟法第294條所規定被告心神喪失、因疾病不能到庭應停止審判之情形；至於依本法應更新審判者，則係指刑事訴訟法第292條第1項規定參與審判之法官有更易，或第

293條規定未能於十五日內連續開庭,應更新審判程序之情形。又上開情形應停止或更新審判而未停止或更新者,即構成本款當然違背法令之事由。

J. 依本法應於審判期日調查之證據而未予調查

依刑事訴訟法第288條第1項之規定,審判長應於對於被告踐行告知義務後行調查證據之程序,且在直接審理之原則下,審判庭調查之證據始得作為判決之基礎。惟有關調查證據之範圍為何並未有明文規定,實務見解早期在職權主義制度下有認為「若於證明事實確有重要關係,而又非不易調查或不能調查者」,此有最高法院27年上字第2078號判例可供參照;亦有認為「指第二審審判中存在之證據,且與待證事實有重要關係,在客觀上認為應行調查者而言」,此有最高法院27年滬上字第96號判例可資參照;亦有認為「係指與待證事實有重要關係,在客觀上認為應行調查者而言」,此有最高法院72年台上字第7035號判例可供參照;亦有認為「指該證據在客觀上為法院認定事實及適用法律之基礎者而言」,此有最高法院78年台非字第90號判例可供參照。又實務上另有認為「當事人聲請調查之證據,縱係於辯論終結後始行提出,如其所聲請調查之證據,確有調查之必要,未經再開辯論予以調查者,仍係於審判期日應行調查之證據未予調查」,此亦有最高法院41年台上字第438號判例意旨可供參照。

惟刑事訴訟法於92年修正改採所謂改良式當事人進行主義,對於本款所謂依本法應於審判期日調查之證據而未予調查之情形,實務上之見解即有所修正,認為:「審理事實之法院,對於案內與認定事實、適用法律、罪名成立與否或於公平正義之維護或對被告之利益有重大關係之一切證據,除認為不必要者外,均應詳為調查,然後基於調查所得之心證以為判斷之基礎;苟與認定事實、適用法律有重要關係,或於公平正義之維護或對被告之利益,有重大關係之事項,在客觀上認為應行調查之證據,又非不易調查或不能調查,而未依法加以調查,率予判決者,即有刑事訴訟法第三百七十九條第十款規定所稱應於審判期日調查之證據未予調查之違法。」此有最高法院92年度台上字第344號、第464號、93年度台上字第185號、第5829號判決意旨可供參照。故而依目前實務之見解係認為與待證事實有重要關係且在客觀上顯有調查之必要之證據,始可謂屬於應於審判期日調查之證據,亦即:「刑事訴訟法所稱依法應於審判期日調查之證據,係指與待證事實具有重要關係,在客觀上顯有調查必要性及可能性之

證據而言。故其範圍並非漫無限制，必其證據與判斷待證事實之有無具有關聯性，並有調查之可能性者，始足當之。若僅係枝節性問題，或所證明之事項已臻明確，自均欠缺調查之必要性，法院因而未依聲請再爲無益之調查，並無違法之可言。」此亦有最高法院107年度台上字第2625號判決可供參照。

　　而實務見解亦有認爲：「當事人或其辯護人聲請調查之證據，如有不能調查或與待證事實無重要關係或待證事實已臻明瞭無再調查必要或同一證據再行聲請等情形者，事實審法院固可依刑事訴訟法第一百六十三條之二以裁定駁回，毋庸爲無益之調查，但於證明事實確有重要關係，而又無前述情形者，爲明瞭案情起見，自應盡職權能事踐行調查之程序，否則縱經原法院以裁定駁回其聲請，仍係審判期日應行調查之證據未予調查。」此有最高法院94年度台上字第5778號判決意旨可供參照。

　　又實務上爲統一見解，故最高法院100年度第4次刑事庭會議決議九即表示：「本法第三百七十九條第十款規定法院應於審判期日調查之證據，綜合實務見解，原則上指該證據具有與待證事實之關聯性、調查之可能性，客觀上並確爲法院認定事實適用法律之基礎，亦即具有通稱之有調查必要性者屬之，除依法無庸舉證外，並包括間接證據、有關證據憑信性之證據在內，但應擯除無證據能力之證據，且以踐行調查程序，經完足之調查爲必要，否則仍不失其爲本款調查未盡之違法，復不因其調查證據之發動，究竟出自當事人之聲請，抑或法院基於補充性之介入而有差異。惟檢察官如未盡實質之舉證責任，不得以法院未依本法第一百六十三條第二項前段規定未主動調查某項證據，而指摘有本條款規定之違法。」

　　又應注意者，實務上認爲調查證據與蒐集證據不同，例如最高法院78年度第3次刑事庭會議決議表示：「蒐集證據應爲準備審判程序中所爲之訴訟行爲，爲事實審受命推事之職責，刑事訴訟法第三百七十九條第十款之違背法令，既明定於審判期日應調查之證據未予調查，當然不及於準備審判程序中之蒐集證據。」

　　由於應於審判期日調查之證據而未予調查之違法，在上訴第三審之案件數常見之主張之一，故而最高法院爲免與第二審爲事實審之職權重疊及減少刑事案件發回更審計，認爲運作上自應採從嚴解釋，加以限制，乃於民國77年度第11次刑事庭會議茲歸納有關條文規定及其立法精神，特揭櫫以下各點作爲例示：「一、當事人聲請調查之證據，必須其有調查之必要

性，若依原判決所爲證據上之論斷，足認其證據調查之聲請，事實審法院縱曾予以調查，亦無從動搖原判決就犯罪事實之認定者，不得以其未予調查，指判決爲違法。二、上訴人在原審曾辯稱其在警局之自白，並非自由陳述，雖原審就上訴人此項抗辯，未先於其他事項而爲調查，然如除去上訴人在警局之自白，綜合案內其他證據，仍應爲同一事實之認定者，則原審此項違誤，並不影響於判決，即不得指有刑事訴訟法第379條第10款之違法。三、被告之自白，固不得作爲認定犯罪之唯一證據，而須以補強證據證明其確與事實相符。然補強自白之證據，非必以涉及於所自白之犯罪構成事實之全部爲必要，如能夠保障所自白事實之眞實性，即爲已足，不得以尚有其他補強證據未予調查，指爲違法。四、當事人、代理人、辯護人或輔佐人雖得聲請證據之調查，但如法院對該要證事項，依據其他證據已足證明其犯罪事實，縱未如其聲請調查證據，亦不能指未作此項調查爲違法。五、刑事訴訟法係採自由心證主義，對於證據之種類未設有限制，翻譯本內容如與外國文原本相同，非不得採爲認定犯罪事實之證據資料。設若原審已於審判期日將翻譯本向上訴人提示，並告以要旨，上訴人對於翻譯內容既未表示異議，則原審將該翻譯本採爲判決之證據資料，而未提示原本，自無未予調查證據之違法。六、作爲判決基礎之證據，譬如翻印之書籍，係由司法警察機關或檢察官當場起出，爲上訴人親身經歷之事，且上訴人於原審審判中對翻印該書被警查獲，業已自白不諱，是否利用提示之機會，以擔保其眞正，實無關重要，況此種情形，與提示證物之用意無殊，故即令未在審判期日予以提示，令其辨認，其調查證據之程序，仍難指爲不合。七、證明同一事實內容之證據，有二種以上，原審未將其中部分之證據踐行調查之程序（如未予提示辨認、宣讀、告以要旨），雖經上訴意旨之指摘，第三審亦毋庸以此而謂該遺漏之部分，有應調查未予調查之違法。八、原審判決所採用之某種證據，曾否經提示辯論，雖專以原審審判筆錄爲證，此項提示辯論，僅與事實之判斷資料有關，如當事人認爲此並非所應爭執之關鍵，而未於第三審上訴理由內加以指摘，第三審法院參考刑事訴訟法第393條前段、第380條之意旨，誠不必以原審審判筆錄並無關於該證據曾經提示辯論之記載，而認原判決有同法第379條第10款之違法撤銷原因。九、判斷文書之眞僞、異同，原非以鑑定爲必要之方法，而法院核對筆跡，本爲調查證據方法之一種，其有關通常之書據，若一經核對筆跡，即能明確辨別眞僞、異同者，法院本於核對之結果，依其

心證而爲判斷，雖不選任鑑定人實施鑑定，不得指有未予調查證據之違法。十、刑事訴訟法第379條第10款所謂應行調查之證據範圍，自係以第二審審判中案內所存在之一切證據爲限，案內所不存在之證據，自不得命原法院爲發見眞實，應依職權從各方面詳加調查，否則難謂無逾越本條款之規定範圍。十一、對第二審判決內已加說明所不採用之證據，此本爲事實審法院得自由裁量之事項，除有逾越權限等之違法原因外，第三審法院不將原判決撤銷發回。十二、當事人或辯護人所聲請調查之證據，如無證據能力，或非合法之證據，或無從調查之證據成法，原審未予調查，亦未認無調查之必要，以裁定駁回，或於判決理由內說明，縱有刑事訴訟法第380條之違誤，然不得認有同法第379條第10款之當然違背法令。十三、事實審法院調查之證據，其範圍並非毫無限制，即其證據必與判斷要證事實存在或不存在具有關聯性爲前提，此項具有關聯性之證據，始得命第二審調查之。十四、欠缺必要性之證據，不予調查，自可認於判決無影響，下列證據，爲欠缺必要性：（一）無證據能力之證據，既無爲證據之資格，即不應作爲證據加以調查。（二）無從調查之證據方法，譬如所在不明或逃匿國外無從傳訊之證人，或無從調取之證物之類是。（三）證據與待證事實是否有重要關係，應以該證據所證明者，能否推翻原審判決所確認之事實，而得據以爲不同之認定爲斷。若其係枝節性之問題，或屬被害經過細節，既非待證事實所關重要之點，即欠缺調查之必要性。（四）顯與已調查之證據相重複。（五）所證明之事項已臻明瞭，無再行調查必要之證據。（六）意在延滯訴訟，故爲無益之調查聲請。（七）同一證據，再行聲請調查。十五、以第二審尙有依法應於審判期日調查之證據而未予調查者，但此究屬何項證據，應加以具體指明，方與該條款之立法精神相符，第三審不得僅抽象指摘原審未盡職權調查之能事而爲撤銷發回，致第二審無從明瞭應行調查之所在。十六、事實審法院以調查證據爲主要職責。刑事訴訟法第379條第10款祗規定應於審判期日調查之證據而未予調查者爲違法，應不包括蒐集證據在內，故不得以原審在審判期日未蒐集證據，指爲違法，將原判決撤銷發回。十七、事實審法院得本於職權裁量之事項，如卷內證物未送鑑定，未命證人與證人對質，未履勘現場等，而綜合其他證據已可爲事實之判斷者，非可認係刑事訴訟法第379條第10款應於審判期日調查之證據而未予調查之違背法令。」

K.未與被告以最後陳述之機會

依刑事訴訟法第290條之規定，審判長於宣示言詞辯論終結前，最後應詢問被告有無陳述。此一規定，為被告於其案件最後陳述意見之訴訟上權利，審判程序如未踐行此一程序，即構成本款當然違背法令之事由。又本款所謂應予被告最後陳述之機會，解釋上自應限於一般行言詞辯論之案件，如係依法得行一造辯論或不經言詞辯論之案件則不在限。

L.除本法有特別規定外，已受請求之事項未予判決，或未受請求之事項予以判決

本款所稱已受請求之事項未予判決，係指法院對於起訴或上訴之事項未予以判決而言，凡屬於起訴或上訴之部分或為起訴或上訴效力所及範圍之事項，法院均應加以裁判，否則即屬於已受請求之事項未予判決。例如屬於想像競合犯之裁判上一罪之關係，如僅就一部分起訴，其效力及於其他部分，仍應一併加以裁判，如甲以一殺害之行為同時殺死乙、丙二人，則檢察官如僅就殺害乙部分起訴，法院仍應就殺害丙部分加以審理並裁判，否則即屬已受請求之事項未予判決。又在上訴之案件，已受請求之事項未予判決亦包括僅就部分之上訴人為判決之情形，如被告及檢察官均提起上訴，而第二審法院之判決，於理由欄內對於檢察官之上訴全未論及，顯係對於已受請求之事項未予判決，其判決自屬違背法令，此有最高法院69年台上字第1552號判例可供參照。

惟應注意者，如已受請求之事項係屬數罪併罰之關係，而法院僅就其中一罪判決，則其他部分本即可分別審理判決，故此屬漏未判決之問題，法院可補行判決，並非本款所稱之已受請求之事項未予判決，實務上亦同採此見解，此有最高法院28年上字第2079號判例可供參照。

又本款所稱未受請求之事項予以判決，乃指未經起訴或上訴，亦非起訴或上訴效力所及之事項而法院加以判決而言。基於不告不理及無訴即無裁判之原則，此種情形自然構成違背法令之事由。

M.未經參與審理之法官參與判決

如上所述，刑事訴訟程序以直接審理及言詞審理為原則，故參與判決之法官須以於審判期日始終出庭參與者為限，如未經出庭或僅參與部分審判期日之程序，均不得參與判決，否則即構成本款之當然違背法令事由。惟宣示判決僅係對外告知判決之結果，故不以參與審判之法官為限，此觀之刑事訴訟法第313條之規定即明。

N.判決不載理由或所載理由矛盾

判決書應分別記載裁判之主文及理由，有罪之判決書並應記載犯罪事實，此為刑事訴訟法第308條所明文規定，又主文係裁判之主旨，而理由則係據以產生主文之依據，故判決不載理由或所載理由矛盾者構成本款之當然違背法令事由。而本款所稱判決不載理由，依實務之見解認為係指「所謂判決不載理由，係指依法應記載於判決理由內之事項不予記載，或記載不完備者而言」，此有最高法院63年台上字第3220號判例可供參照。因而如係科刑之判決須將認定之犯罪事實詳記於事實欄，然後於理由內逐一說明其憑以認定之證據，使事實與理由兩相一致，方為合法，如事實欄敘及而理由內未加說明，或理由已說明，而事實欄無此記載，均屬理由不備，此有最高法院54年台上字第1980號判例意旨可資參照。

又依照實務見解認為，「有罪判決書對於被告有利之證據，如不加以採納，必須說明其不予採納之理由，否則即難謂非判決不備理由之違法」，此有上開最高法院63年台上字第3220號判例意旨可供參照；又實務見解亦認為，「被害人或其委任代理人既已到庭陳述意見，甚或提出其等自行選任專家作成的鑑定意見（或報告）供法院參酌，則究竟是否可採，審理事實的法院，自應於判決理由內詳加審認、說明，否則難昭折服，並嫌理由不備」，此亦有最高法院106年台上字第2093號判決意旨可供參照。

又所稱判決所載理由矛盾者，係謂判決所記載之理由內容之間或理由與事實、主文之間有所矛盾，實務上認為「科刑之判決書其宣示之主文，與所載之事實及理由必須互相適合，否則即屬理由矛盾」，此有最高法院64年台上字第893號判例可供參照，例如第二審法院認為原審判決有期徒刑三個月過輕而予以撤銷，惟竟改判拘役即屬此種情形是也。又如係「有罪判決書所憑之證據，以足以證明其所認定之犯罪事實為必要，若所憑之證據與待證事實不相符合，即屬證據上理由予盾之違法」，此亦有最高法院62年台上字第4700號判例意旨可供參照。

又由於判決理由不備及理由矛盾之違法，在上訴第三審之案件數常見之主張之一，故而最高法院認為運作上自應採從嚴解釋，加以限制，乃於民國77年度第11次刑事庭會議茲歸納有關條文規定及其立法精神，特揭櫫以下各點作為例示：「一、有罪之判決書既於理由內記載認定犯罪事實所憑之證據及認定之理由，對於被告否認犯罪所為有利之辯解，僅須將法律

上阻卻犯罪成立及應為刑之減免等原因事實之主張，予以論列即可，其他單純犯罪構成事實之否認，原審判決縱未逐一予以判斷，亦非理由不備。二、關於訴訟條件之事實，如告訴乃論之罪之告訴是否合法，犯罪行為是否重複起訴等訴訟條件欠缺之主張，即令原審判決未為判斷之說明，若依卷存資料，已足顯示並無此等主張事實之存在時，亦毋庸以理由不備之違法予以撤銷。三、犯罪之動機及時、地，原則上毋庸為證據之證明，但動機、時、地若為構成要件之要素時，則應加以調查予以證明。如動機、詳細之時、地，確已無從加以調查，不得發回仍命其調查，惟原判決應於理由內說明無從調查之原因。四、原審判決理由矛盾，雖屬當然違背法令；但除去矛盾部分，若仍不影響於判決之主旨者，應予撤銷原判決，自為相同之判決，毋庸發回更審。」

　　總而言之，依實務之見解認為，有罪判決書之犯罪事實欄，為判斷其適用法令當否之準據，法院應將依職權認定與論罪科刑有關之事實，詳實記載，然後於理由內說明其憑以認定之證據，並使事實與事實、事實與理由，以及理由與理由之間彼此互相適合，方為合法。若事實未有此記載，而理由加以說明，為理由失其依據，如事實有此記載，理由未予說明，則為理由不備，此均屬不載理由之情形。又科刑判決所認定之事實，必須與其所採用之證據內容相適合，否則即屬證據上之理由矛盾之情形。

　　②相對違背法令（非當然違背法令）

　　依刑事訴訟法第380條之規定，除上開十四款事由，訴訟程序雖係違背法令而顯然於判決無影響者，不得為上訴之理由。易言之，除上開十四款事由之外，其他任何訴訟程序違背法令之情形，以對於判決顯有影響為限始得作為上訴第三審之理由。

　　對於判決是否顯然有影響，應就具體個案加以判斷，就證據取捨是否顯然影響判決而言，實務之見解如最高法院100年度台上字第5504號判決即謂：「所謂於判決有無顯然影響，須就各該案件適法之證據與不適法之證據在比重（例）上為考量觀察，倘因綜合各項證據為取得心證之資料，而此不適法證據之不存在，顯然與判決所形成之心證有影響者，其判決當然違背法令，至若不適法之證據，在證明上僅作為其他適法證據之補強作用，或該等證據不過為判決採證時之一種參考，或雖非參證，然除去該違法之證據，依其他獨立證據，尚未達足以稀釋或動搖其心證確信之形成，仍應為同一事實之認定者，即不得遽指為於判決有影響，按之無害違誤審

查原則，自不得執爲上訴第三審之合法理由。」可供參考。

　　另依目前實務之見解，對於下列情形均認爲非屬對於判決顯有影響：如第一審未將其上訴書狀之繕本送達自訴人，此有最高法院28年上字第2302號判例意旨參照；又如原審未將應提出第三審上訴理由書之期間記載於送達之判決正本，此有最高法院28年上字第2840號判例意旨參照；又如訊問被告之筆錄，依未踐行合法程序，惟該筆錄並非判決根據，此有最高法院29年滬上字第13號判例意旨參照；又如審判期日之傳票未合就審期間之規定惟上訴人已到庭陳述，此有最高法院55年台上字第1915號判例意旨參照；又如未予調查之證據與待證事實無重要之關聯性，此有最高法院71年台上字第3606號判例意旨參照；又如上訴人在押，原審未通知看守所並簽發提票將上訴人提庭聆判，此亦有最高法院71年台上字第4936號判例意旨參照；又如原審未將檢察官之上訴書繕本送達上訴人，此有最高法院72年台上字第4542號判例意旨參照；又如罪名新增或變更未踐行告知之程序，惟就該犯罪事實已進行實質之調查證據及辯論之程序，則實質上形同已告知，此有最高法院89年度台上字第309號、91年度台上字第1692號及98年度台上字第1211號等判決意旨可供參照。

　　又刑事訴訟上所稱之訴訟行爲（包括法院、訴訟當事人、第三人）係指符合法定要件且足以發生訴訟上原有效果之行爲，當訴訟行爲發生瑕疵時，若其行爲能藉由如當事人未異議（如被告放棄就審期間）、對被告權益未生影響（如被告已獲判無罪）、原因除去（如補正上訴或抗告理由）或基於訴訟迅速或經濟之考量（如當事人已對案件有所聲明或陳述後，不得聲請法官迴避）等行爲取代瑕疵之訴訟行爲，即稱「瑕疵訴訟行爲之治癒」。故除法院恣意、濫用權利或嚴重違背程序（如被告有正當理由不到庭，仍行一造辯論判決、法院組織不合法等）外，若只是個別訴訟條件之欠缺，因第二審採覆審制並兼具事實審，僅須將第一審判決違法或不當部分撤銷，就該案自爲判決，原第一審存在之訴訟行爲瑕疵，經第二審撤銷判決後亦不復依存，本無治癒問題。又倘第一審訴訟行爲之瑕疵並非嚴重（如漏未諭知被告所犯所有罪名、漏未將證物提示當事人等辨認），如第二審已依法踐行應有程序或業經補正，基於法安定性與實體正義權衡之結果，縱未於判決內糾正第一審訴訟行爲之瑕疵，甚或仍維持第一審判決，亦應認第一審原有之訴訟行爲瑕疵業已治癒，不能據爲上訴第三審之理由。

2. 原審判決後刑罰之法律有廢止、變更或免除

第三審法院係就原第二審法院之判決有無違背法令加以事後之法律上審查，故原則上如第二審法院判決後，刑罰之法律有廢止、變更或免除之情形，原審之判決而適用之法律並無違誤，本不應認為判決不適法而允許上訴，惟考量刑罰之法律既已有所變更，為符合新法之立法目的，在原判決尚未確定前，使案件得以改依新法之立法意旨重為裁判似無不可，故刑事訴訟法第381條乃規定，原審判決後，刑罰有廢止、變更或免除者，得為上訴之理由[11]。惟應注意者，如刑罰法律係有所變更之情形，仍應依刑法第2條第1項之規定適用從舊從輕之原則。

三、上訴之程式

提起三審上訴之程式，依刑事訴訟法第382條第1項之規定：「上訴書狀應敘述上訴之理由；其未敘述者，得於提起上訴後二十日內補提理由書於原審法院；未補提者，毋庸命其補提。」依此規定，上訴第三審法院之上訴人應提出上訴書狀於原審法院，並同時敘明上訴之理由，以便法院審查是否合於上訴第三審理由之限制規定，惟可先提出上訴書狀，並於二十日內補提理由書，如未補提不須命其補正。

又依刑事訴訟法第382條第2項之規定：「第三百五十條第二項、第三百五十一條及第三百五十二條之規定，於前項理由書準用之。」故而刑事訴訟法第350條有關提起第二審上訴之程式之規定、第351條有關在監所被告之上訴第二審之規定，及第352條有關第二審上訴狀繕本送達之規定，於第三審上訴之理由書均準用之。

又刑事訴訟法第383條第1項規定：「他造當事人接受上訴書狀或補提理由書之送達後，得於十日內提出答辯書於原審法院。」同條第2項又規定：「如係檢察官為他造當事人者，應就上訴之理由提出答辯書。」因而檢察官對於公訴程序之被告所為之第三審上訴，有提出答辯書之義務。又依同條第3項之規定：「答辯書應提出繕本，由原審法院書記官送達於上

---

[11]　此一規定乃原判決雖無違背法令之情形，惟仍賦予違背法令之法律上效果，而特別允許得上訴至第三審法院，故亦有論者稱之為「準違背法令」。見朱石炎著，刑事訴訟法論，2007年9月，頁449。

訴人。」

四、原審法院之處理

（一）上訴不合法裁定駁回

　　第二審法院於接受上訴權人之上訴書狀後，依刑事訴訟法第384條之規定：「原審法院認爲上訴不合法律上之程式或法律上不應准許或其上訴權已經喪失者，應以裁定駁回之。但其不合法律上之程式可補正者，應定期間先命補正。」此一規定原則上與第一審判決上訴時原審法院之處理相同，惟如屬不得上訴第三審之案件，如被告對於第二審之判決提起第三審之上訴，即係法律不應准許，原審法院即應予以裁定駁回。惟較爲特別者，第三審上訴如未經提出上訴理由書狀，雖係不合法律上之程式，爲由於上開所述未提出者法院不須命其補正，且依刑事訴訟法第386條第1項之規定，上訴人在第三審法院未判決前尚得提出上訴理由書，故原審法院不得以此爲理由逕爲駁回上訴之裁定，此與對於第一審判決之上訴，原審法院之處理方式不同，應予注意。

（二）上訴合法移審

　　對於第二審法院之判決提起第二審上訴，如無上開所述不合法之情形，則依刑事訴訟法第385條第1項之規定：「除前條情形外，原審法院於接受答辯書或提出答辯書之期間已滿後，應速將該案卷宗及證物，送交第三審法院之檢察官。」又依同條第2項之規定：「第三審法院之檢察官接受卷宗及證物後，應於七日內添具意見書送交第三審法院。但於原審法院檢察官提出之上訴書或答辯書外無他意見者，毋庸添具意見書。」又同條第3項則又規定：「無檢察官爲當事人之上訴案件，原審法院應將卷宗及證物逕送交第三審法院。」故在無檢察官之自訴程序之案件經提起第三審上訴時，原審法院應將卷宗及證物逕爲移送第三審法院。

　　又依刑事訴訟法第386條第1項之規定：「上訴人及他造當事人，在第三審法院未判決前，得提出上訴理由書、答辯書、意見書或追加理由書於第三審法院。」故而上訴第三審法院之案件，上訴人在第三審法院尚未進

行判決前，均得提出上訴理由書、答辯書、意見書或追加理由書，第三審法院不得以上訴人未提出上訴理由書而認為上訴不合法而裁定駁回上訴；又同條第2項則規定：「前項書狀，應提出繕本，由第三審法院書記官送達於他造當事人。」故而上訴理由書、答辯書、意見書或追加理由書之提出，應提出繕本，俾由書記官送達於他造之當事人。

五、第三審程序之進行

（一）原則

第三審之審判，依刑事訴訟法第387條之規定：「第三審之審判，除本章有特別規定外，準用第一審審判之規定。」故而刑事訴訟第三審審判程序之進行，除有下列特別規定之情形外，原則上係準用上開所述第一審之審判程序。

（二）特別規定

有關第三審之審判程序有特別之規定部分，茲分述如下：

1. 強制辯護規定之排除

依刑事訴訟法第388條規定：「第三十一條之規定於第三審之審判不適用之。」故而刑事訴訟法第31條之規定（亦即有關強制辯護之規定）於第三審法院之審判不適用之，故強制辯護之案件，如被告未選任辯護人，第三審法院亦無須為被告指定辯護人加以辯護。

2. 言詞審理之例外

刑事訴訟法基本上係採取言詞審理之原則，故原則上在判決前應經言詞辯論之程序，惟依刑事訴訟法第389條第1項之規定：「第三審法院之判決，不經言詞辯論為之。但法院認為有必要者，得命辯論。」依此規定第三審法院對於其所審理之案件是否進行言詞辯論，有自由斟酌之權限，原則上第三審法院之審判程序係不經言詞辯論為之，此乃對於言詞審理原則

所爲之例外規定[12]，惟第三審法院如認爲有必要時，亦得行言詞辯論。

實務上第三審之最高法院對於其所審理之案件甚少進行言詞辯論之程序，惟因有鑑於死刑之案件係剝奪被告之生命權，影響被告基本權益甚鉅，且執行後將會無法補救，爲愼重起見，並使審判長可讓檢察官、被告及其辯護人就量刑相關事項互爲辯論，再由合議庭綜合全部辯論意旨，並斟酌被害人家屬意見，以達到罪刑相當之目的，故最高法院於民國101年11月間作出決議，決定從民國101年12月起，就刑事二審宣告死刑之案件，上訴至最高法院後，最高法院一律行言詞辯論之程序。因而依目前實務之見解認爲，二審宣告死刑之上訴案件，均屬有行言詞辯論之必要，最高法院應行言詞辯論之程序。

又刑事訴訟法第389條第2項規定：「前項辯論，非以律師充任之代理人或辯護人，不得行之。」此乃因第三審係法律審，言詞辯論係針對法律上之意見爲之，非對於法律嫻熟之人無法勝任，故特別限制參與言詞辯論者之資格，自訴代理人及辯護人均應以有律師資格之人充任之。

又第三審法院如決定案件行言詞辯論時，依刑事訴訟法第390條之規定：「第三審法院於命辯論之案件，得以庭員一人爲受命法官，調查上訴及答辯之要旨，制作報告書。」此一規定之用意在於使受命法官事前彙整相關訴訟資料，並整理上訴及答辯之要旨，分析法律上之爭點所在，使言詞辯論得以順暢進行。

又刑事訴訟法第391條第1項規定：「審判期日，受命法官應於辯論前，朗讀報告書。」同條第2項則規定：「檢察官或代理人、辯護人應先陳述上訴之意旨，再行辯論。」因此第三審法院行辯論之案件，應先後踐行受命法官朗讀報告書及檢察官或代理人、辯護人陳述上訴之意旨之程序後，再行辯論。

又第三審法院進行言詞辯論之程序，故依刑事訴訟法第392條之規定：「審判期日，被告或自訴人無代理人、辯護人到庭者，應由檢察官或他造當事人之代理人、辯護人陳述後，即行判決。被告及自訴人均無代理人、辯護人到庭者，得不行辯論。」蓋第三審法院所進行者爲法律審，辯

---

[12] 對於職司刑事案件第三審之最高法院以不開庭審理案件爲原則，學者多有批評，認爲此項做法違反法治國家之基本原則，最高法院即使係法律審亦應對於上訴之案件行言詞辯論之程序，以落實辯護權之實施。見林鈺雄著，最高法院巴萊，蘋果日報，2012年3月15日，A21。

論係就法律之適用而爲辯論，故而應由檢察官或自訴代理人、辯護人爲之始爲適當，如被告及自訴人均無代理人、辯護人到庭者，自得不行辯論而爲判決。

3. 第三審調查之範圍

　　刑事訴訟法第393條規定：「第三審法院之調查，以上訴理由所指摘之事項爲限。但左列事項，得依職權調查之：一、第三百七十九條各款所列之情形。二、免訴事由之有無。三、對於確定事實援用法令之當否。四、原審判決後刑罰之廢止、變更或免除。五、原審判決後之赦免或被告死亡。」依此規定，除上開所列五種情形，第三審法院得逕予依職權調查外，其他部分第三審法院之調查範圍僅限於上訴理由所指摘之事項，如非上訴理由所指摘之事項，則第三審法院並無調查之義務。

　　另就事實之調查部分，刑事訴訟法第394條第1項規定：「第三審法院應以第二審判決所確認之事實爲判決基礎。但關於訴訟程序及得依職權調查之事項，得調查事實。」依此規定，除非係關於訴訟程序及得依職權調查之事項（亦即上開刑事訴訟法第393條但書所列五種情形）得調查事實外，第三審法院原則上應以第二審判決所確認之事實爲判決之基礎，而不另行調查事實，因而於第三審上訴中，當事人亦不得主張新事實或提出新證據。又依同條第2項之規定：「前項調查，得以受命法官行之，並得囑託他法院之法官調查。」

　　又刑事訴訟法第394條第3項規定：「前二項調查之結果，認爲起訴程序違背規定者，第三審法院得命其補正；其法院無審判權而依原審判決後之法令有審判權者，不以無審判權論。」易言之，第三審法院調查後如認爲有起訴程序違背規定之情形，得命加以補正，不得逕予駁回，惟如係原普通法院對於案件無審判權，而後依法令之規定取得審判權之情形，則視爲已補正。

　　另實務上曾有爭議者乃檢察官以裁判上或實質上一罪起訴之案件，其一部於第一、二審均不另爲無罪之諭知，僅被告就得上訴第三審之有罪部分提起上訴，該不另爲無罪諭知部分，是否爲第三審審判範圍？對此最高法院刑事大法庭109年度台上大字第3426號刑事裁定即認爲：「檢察官以裁判上或實質上一罪起訴之案件，其一部於第一、二審均不另爲無罪之諭知，僅被告就得上訴第三審之有罪部分提起上訴，該不另爲無罪諭知部分

已確定,並非第三審審判範圍。」至此實務爭議乃告解決。

六、第三審法院之判決

(一)上訴不合法判決駁回

又刑事訴訟法第395條規定:「第三審法院認為上訴有第三百八十四條之情形者,應以判決駁回之;其以逾第三百八十二條第一項所定期間,而於第三審法院未判決前,仍未提出上訴理由書狀者亦同。」此規定所謂之第384條之情形,係指上訴不合法律上之程式或法律上不應准許或其上訴權已經喪失等情形而言,上訴第三審之案件有此等之情形者,第三審法院均應以上訴不合法而判決駁回之;另如上訴人於判決前遲未提出上訴理由書狀,亦得以上訴不合法判決駁回。

又所謂不合法律上之程式,實務上最高法院77年度第11次刑事庭會議決議之一即表示:「第三審應嚴格貫徹法律審,認為非以違背法令為上訴第三審之理由,而僅指摘原判決認定事實錯誤,取捨證據不當,法院裁量權行使欠妥,或單純理論之爭執,或所指摘與法定違法事由不相適合等事項為其上訴理由者,俱應認其上訴違背法律上之程式,逕予駁回。」

另實務上產生問題者有如被告於第二審審理中死亡,第二審誤為實體判決,檢察官以被告死亡應諭知不受理判決為由,提起第三審上訴時,第三審之最高法院應如何判決,對此實務上最高法院101年度第5次刑事庭會議決議就此認為,應以上訴不合法而判決駁回,其理由謂:「按刑事訴訟乃國家實行刑罰權所實施之訴訟程序,係以被告為訴訟之主體,如被告一旦死亡,其訴訟主體即失其存在,訴訟程序之效力不應發生。因之,被告死亡後,他造當事人提起上訴,應認為不合法予以駁回。」

(二)上訴無理由判決駁回

又刑事訴訟法第396條第1項規定:「第三審法院認為上訴無理由者,應以判決駁回之。」故對於合法上訴於第三審之案件,第三審法院即應就上訴之理由加以審查,如認為原審並無如上訴理由書所指摘之違背法令之情形時,即應以上訴無理由加以判決駁回。

又刑事訴訟法第396條第2項復規定：「前項情形，得同時諭知緩刑。」此規定賦予第三審法院得就上訴第三審之案件給予緩刑之權限，故而如第三審法院雖認為上訴無理由，惟如認為被告符合緩刑之條件且適宜宣告緩刑，而原審未諭知緩刑時，第三審法院以上訴無理由判決駁回時，得同時諭知緩刑。此規定在於賦予第三審法院在量刑上有裁量之空間，以糾正第二審法院未諭知緩刑之不當。

（三）上訴有理由之判決

依刑事訴訟法第397條之規定：「第三審法院認為上訴有理由者，應將原審判決中經上訴之部分撤銷。」故而第三審法院經審理之結果，認為上訴理由所指摘原審違背法令之部分有理由，或經依上開所述刑事訴訟法第393條但書、第394條第1項但書之規定依職權調查結果認為原判決另有違背法令且影響原判決之情形者，則應就原判決經上訴之部分予以撤銷。

原判決經撤銷後，第三審法院應分別情形以下列方式處理之：

1. 自為判決

依刑事訴訟法第398條之規定：「第三審法院因原審判決有左列情形之一而撤銷之者，應就該案件自為判決。但應為後二條之判決者，不在此限：一、雖係違背法令，而不影響於事實之確定，可據以為裁判者。二、應諭知免訴或不受理者。三、有第三百九十三條第四款或第五款之情形者。」依此規定，上訴第三審之案件，第三審法院除應另依刑事訴訟法第399條發回更審或依第400條發交審判者外，如因原審判決有下列所述之情形而加以撤銷之者，應就該案件自為判決：(1)雖係違背法令，而不影響於事實之確定，可據以為裁判者；(2)應諭知免訴或不受理者；(3)有第393條第4款（原審判決後刑罰之廢止、變更或免除）或第5款（原審判決後之赦免或被告死亡）之情形者。

又實務上就第三審法院可自行判決之範圍，有最高法院77年度第11次刑事庭會議決議之二可供參考，其內容謂：「第三審依訴訟卷宗內之證據資料，如認原判決有下列情形之重大違誤而撤銷之者，並應就該案件自為判決。（一）原判決對刑罰之量定，所為或未為裁判上酌減、免刑，裁量權之運用顯有違法者，第三審應自行量處適度之刑。（二）刑事訴

訟法第三百九十八條第一款所謂『不影響於事實之確定』，係指不影響
於重要事實之確定而言，下列事實應認為重要事實。(1)犯罪構成要件之
事實。(2)法定刑罰加重或減免之原因事實。(3)阻卻違法性事由之事實。
(4)阻卻責任性事由之事實。(5)特別經驗法則（專指具有特別知識或經驗
者始得知之事實）。(6)其他習慣、地方制定自治法規及外國法之類，依
法應予適用者亦屬要證事實，自應經事實審調查證明為必要。至於量定刑
罰之事實，裁判上刑罰加重、減免之原因事實，訴訟法上之事實，公眾週
知之事實及事實於法院已顯著或為其職務上所已知者等等，此或無庸舉
證，或為第三審得依職權調查，或屬各級法院所得自由裁量，解釋上應不
包括在內。（三）對原判決諭知緩刑之要件不合者，第三審應為撤銷之諭
知。（四）依原判決所確認之事實，其行為顯屬不罰者，第三審應逕為無
罪之諭知。（五）事實有記載理由內未記載加重之事由（如累犯）而其科
處之刑超過法定刑度，或未載明減輕事由（如未遂犯）而量處較法定最低
度刑為輕之刑，或已認定為累犯而未予加重，認定屬自首而未予減輕等。
（六）應宣告褫奪公權（如妨害兵役治罪條例第二十六條），而未予宣
告。或應諭知保護管束（如少年事件處理法第八十二條）而未予諭知者。
（七）應沒收（如違禁物，刑法第二百十九條等），竟未予沒收。（八）
連續行為之終了日期，在前犯之罪受有期徒刑之執行完畢或受無期徒刑或
有期徒刑一部之執行而赦免後五年以內，或於假釋期滿後五年以內再犯有
期徒刑以上之罪，未按累犯加重其刑。（九）裁判上一罪，一部分犯罪已
經因案發覺，竟因其於訊問中陳述另部分未發覺之犯罪行為，而依自首減
輕其刑。（十）由被告上訴或為被告之利益而上訴之案件，第一審判決適
用法條並無不當，第二審竟予撤銷改判，諭知較重之刑。（十一）從一
重處斷之重罪，不在減刑之列，竟因其輕罪部分得減刑，而對重罪誤予
減刑。（十二）認定事實無誤。如事實記載於某日下午三時侵入住宅行
竊，所憑之證據與認定之理由亦無誤，乃依夜間侵入住宅竊盜論罪科刑。
（十三）其他法律上之見解，與法律規定、解釋、判例之見解有違。」

2. 發回更審

　　依刑事訴訟法第399條之規定：「第三審法院因原審判決諭知管轄錯
誤、免訴或不受理係不當而撤銷之者，應以判決將該案件發回原審法院。
但有必要時，得逕行發回第一審法院。」因上開所述之情形均未經原審法

院爲實體上之判決，且多未經言詞辯論，就事實之調查均未實質進行，故
規定應於撤銷原判決後發回更審，又如有必要時亦得發回第一審法院，如
第一審誤爲管轄錯誤或不受理之判決，而第二審亦予以維持，此時未顧及
當事人之審級利益，自應發回第一審法院審理爲當。又依最高法院77年度
第11次刑事庭會議決議謂：「第三審就發回更審所爲法律上之判斷，固足
以拘束原審法院，但所作發回意旨之指示，不影響原審法院眞實發見主義
之要求，更審中對於當事人聲請調查，不以第三審發回所指者爲限。第二
審法院經審理結果，自得本於所得之心證而爲不同之判斷，據以重新爲事
實之認定。」可供參照。

3. 發交審判

依刑事訴訟法第400條前段之規定：「第三審法院因原審法院未諭知
管轄錯誤係不當而撤銷之者，應以判決將該案件發交該管第二審或第一審
法院。」蓋如第三審法院認爲原審並無管轄權而未諭知無管轄權予以撤
銷，則此時自不應再將案件發回原審法院審理，而應發回具有管轄權之法
院加以審理，惟此時條文使用發交一詞，以便與一般之發回原審法院審理
加以區隔。惟同條但書則規定：「但第四條所列之案件，經有管轄權之原
審法院爲第二審判決者，不以管轄錯誤論。」故而刑事訴訟法第4條所列
之案件（亦即內亂罪、外患罪及妨害國交罪等案件），經有管轄權之原審
法院爲第二審判決者，不以管轄錯誤論，因此時案件既已經有管轄權之第
二審法院審理，對於當事人之訴訟上利益並無影響，就訴訟經濟之考量，
自不須再以管轄錯誤爲由撤銷原判決。

4. 發回更審或發交審判

又刑事訴訟法第401條規定：「第三審法院因前三條以外之情形而撤
銷原審判決者，應以判決將該案件發回原審法院，或發交與原審法院同級
之他法院。」因此如原判決違背法令之情形致對於事實之認定有所影響，
或訴訟程序違背法令且對於原判決顯然發生影響等情形，第三審法院於撤
銷後，即應分別依情形發回或發交原審法院或同級法院，此所謂發交同級
法院乃指第二審法院之管轄區域有所變更，或原審法院事實上無法行使職
務等情形，則有必要發交與原審法院同級之法院加以審理。

七、第三審法院判決之特別效力

　　法院之判決原則上僅對於案件之當事人產生效力，惟依刑事訴訟法第
402條之規定：「為被告之利益而撤銷原審判決時，如於共同被告有共同
之撤銷理由者，其利益並及於共同被告。」故而此規定為判決對於人之效
力之特別規定，此所謂之共同被告，依實務之見解認為係指：「合法上訴
之共同被告未就該利益部分據為上訴理由，因上訴中之另一被告指摘該事
項，認有共同之撤銷理由，對於該共同被告為利益之裁判者而言，如共同
被告未經上訴或上訴不合法，則該共同被告部分之判決已經確定，即無適
用該條之餘地。」此有最高法院33年非字第5號判例意旨可供參照。

第六章
抗　告

如前所述，對於法院之判決如有不服時，得向上級法院提起上訴以尋求救濟，惟如係對於法院之裁定或法官、檢察官個別之處分不服，則係依抗告之程序請求救濟。依刑事訴訟法關於抗告一編之規定，所謂之抗告程序包括抗告、再抗告及準抗告等，以下即分別加以論述。

一、抗告

（一）意義

所謂抗告，係指對於未經確定之裁定聲明不服，在法定期間內，請求上級法院撤銷或變更以資救濟之程序。故如係法院非訴訟上意思表示，則性質上僅屬於一種通知，因其不屬於裁定，自不得對之提起抗告。

（二）管轄法院

刑事訴訟法第403條第1項規定：「當事人對於法院之裁定有不服者，除有特別規定外，得抗告於直接上級法院。」依此規定聲明抗告之管轄法院係為裁定之法院之直接上級法院，例如對於地方法院所為之裁定不服而提起抗告，則應由所屬之高等法院管轄，而對於高等法院之裁定不服而提起抗告，則應由最高法院管轄。

（三）抗告權人

1. 當事人

依上開刑事訴訟法第403條第1項之規定，當事人對於法院之裁定有不服者，得提起抗告於直接上級法院。惟此所謂之當事人依實務之見解並不以受裁定之當事人為限，其認為：「至當事人則因其與本案具有利害

關係，依照同條（現刑事訴訟法第403條）第一項，對於法院所為之裁定有所不服，苟無特別規定，即屬有權抗告，並不以其本身所受之裁定為限。」此有最高法院23年抗字第415號判例意旨可供參照。

2. 受裁定之非當事人

又依刑事訴訟法第403條第2項之規定，證人、鑑定人、通譯及其他非當事人受裁定者，亦得抗告。依此規定，雖非案件之當事人如證人、鑑定人、通譯等，惟其本身係受裁定者，為裁定之效力所及，對於裁定自有利害關係，故而亦得提起抗告。例如證人因無正當理由未到庭作證經法院以裁定裁處罰鍰，或具保人受沒入保證金之裁定時，證人或具保人雖非案件之當事人，亦得對於裁定提起抗告。

（四）抗告之限制

依上所述，有抗告權人對於法院之裁定不服時雖得提起抗告，惟此並非毫無限制，依據刑事訴訟法之規定，對於抗告之提起有二項限制，茲分述如下：

1. 判決前關於管轄或訴訟程序之裁定

依刑事訴訟法第404條第1項前段之規定：「對於判決前關於管轄或訴訟程序之裁定，不得抗告。」蓋在判決前有關管轄或訴訟程序之裁定，原則上對於當事人或受裁定之非當事人之訴訟上權利而言，其影響較小，為求訴訟程序之順利進行以免有不當之拖延，故對於此類之裁定原則上不允許提起抗告。所謂關於管轄之裁定，如法院依刑事訴訟法第9條第1項所為指定管轄之裁定，或依第10條所為移轉管轄之裁定等均屬之；又所謂關於訴訟程序之裁定，如法院所為再開辯論之裁定，或起訴或其他訴訟行為於法律上必備之程式有所欠缺而其情形可以補正者，法院定期間裁定命補正等情形均屬之。

惟關於管轄或訴訟程序之裁定有時對於當事人或受裁定之非當事人之訴訟上之權利影響非小，為保障其等之權利，故例外允許得對之提起抗告。此等例外之情形依照刑事訴訟法第404條第1項但書之規定為：「但下列裁定，不在此限：一、有得抗告之明文規定者。二、關於羈押、具保、

責付、限制住居、限制出境、限制出海、搜索、扣押或扣押物發還、變價、擔保金、身體檢查、通訊監察、因鑑定將被告送入醫院或其他處所之裁定及依第一百零五條第三項、第四項所為之禁止或扣押之裁定。三、對於限制辯護人與被告接見或互通書信之裁定。」其中關於有得抗告之明文者，例如依刑事訴訟法第23條之規定，並於聲請法官迴避經裁定駁回者得提起抗告之裁定，則上開裁定雖屬於判決前關於訴訟程序之裁定，惟仍提起抗告；另上開但書第2款、第3款之規定，則係由於該等裁定對於當事人或訴訟關係人之權利限制較大，例如羈押、具保、責付、限制住居之裁定，事關被告之人身自由是否受到限制，又如辯護人與被告接見或互通書信係行使辯護權之重要內容，故而均例外允許對此種裁定提起抗告以資救濟。

2. 不得上訴於第三審法院之案件，其第二審法院所為裁定

又刑事訴訟法第405條規定：「不得上訴於第三審法院之案件，其第二審法院所為裁定，不得抗告。」所謂不得上訴於第三審法院之案件，係指刑事訴訟法第376條第1項第1款至第9款所規定之案件，且所謂第二審法院所為之裁定，係指「第二審法院」之裁定而非「第二審」之裁定，如甲犯刑法第320條第1項之普通竊盜罪，經第一審之地方法院判決有罪後上訴於第二審之高等法院，經高等法院傳喚、拘提不到而通緝到案後，第二審之高等法院以被告有逃亡之虞裁定加以羈押，此時因該案件係屬第376條第1項第2款之案件，故被告即不得對於羈押之裁定提起抗告。又此項規定並未排除再審之裁定，故實務上認為關於再審程序之裁定亦有其適用，此有最高法院29年抗字第5號判例意旨可供參照。

實務上曾有爭議者乃刑事訴訟法第376條第1項但書案件，是否屬於同法第405條所稱「不得上訴於第三審法院之案件」？對此實務上最高法院曾有正反不同之見解，其後最高法院刑事大法庭110年度台抗大字第427號、第1493號刑事裁定則認為：「刑事訴訟法第376條第1項但書案件，係同法第405條不得上訴於第三審法院之案件之例外情形，其第二審法院所為裁定，得抗告於第三審法院一次。」至此實務見解乃告統一。

3. 第三審法院之裁定

第三審法院之裁定應屬於終審法院之裁定，故刑事訴訟法雖未規定得

否抗告，惟目前實務上多認爲不得抗告，如認爲「第三審法院爲終審法院，案經終審法院判決或裁定即告確定，無得爲上訴或抗告之餘地。」此有最高法院49年台抗字第54號判例意旨可供參照。

（五）抗告期間

除法律有特別規定外，抗告之期間爲十日，自送達裁定後起算，但裁定經宣示者，宣示後送達前之抗告，亦有效力，此刑事訴訟法第406條定有明文。實務上均認爲上開抗告期間之規定係屬法定之不變期間，如當事人以郵遞方式提起抗告書狀者，則應以書狀到達法院之日，爲其提出於法院之日，此有最高法院69年台抗字第236號判例可供參照。

（六）抗告之程式

依刑事訴訟法第407條規定：「提起抗告，應以抗告書狀，敍述抗告之理由，提出於原審法院爲之。」因此抗告之提起，應以書面爲之，並於書狀內敍明抗告之理由，不得以言詞之方式提起抗告，否則即不合法定之程式，而屬抗告不合法。

（七）原審法院對於抗告之處理

1. 抗告不合法裁定駁回

刑事訴訟法第408條第1項前段規定：「原審法院認爲抗告不合法律上之程式或法律上不應准許，或其抗告權已經喪失者，應以裁定駁回之。」故而原審法院於接受抗告之書狀後，如發現有上開所述抗告不合法律上之程式，或法律上不應准許，或其抗告權已經喪失等三種情形者，即應以抗告不合法裁定駁回之。其中所謂抗告不合法律上之程式，如抗告逾期、提起抗告未以書狀敍明理由，惟同項但書規定：「但其不合法律上之程式可補正者，應定期間先命補正。」故而如抗告不合法律上之程式屬於可以補正者，則應先命補正，不得逕予駁回；又所謂法律上不應准許者，則例如屬於法律規定不得抗告之裁定，如前述之判決前關於訴訟程序之裁定又無例外得抗告之情形即屬之；另所謂抗告權已經喪失則包括抗告權業經捨棄或撤回抗告等情形而言。

2. 抗告無理由送交抗告法院

又刑事訴訟法第408條第2項後段之規定：「（原審法院）認為全部或一部無理由者，應於接受抗告書狀後三日內，送交抗告法院，並得添具意見書。」故而原審法院如認為抗告全部或一部無理由者，應於接受抗告書狀後三日內，送交抗告法院，並得添具意見書作為抗告法院之參考依據。

3. 抗告有理由更正原裁定

依刑事訴訟法第408條第2項前段之規定：「原審法院認為抗告有理由者，應更正其裁定。」故而原審法院如收受抗告狀後認為抗告之提起係屬有理由，亦即原裁定確有不當之處，則無須再將案件送交上級法院加以救濟，而自為更正之裁定即可，以收迅速之效。

（八）抗告之效力及卷證之送交

依刑事訴訟法第409條第1項之規定，抗告無停止執行裁判之效力，但原審法院於抗告法院之裁定前，得以裁定停止執行。又依同條第2項之規定，抗告法院得以裁定停止裁判之執行。由於裁定通常並非終局之裁判，裁定後尚須進行相關訴訟程序，故如允許抗告之提起有停止執行裁判之效力，恐對於訴訟程序之順利進行有所影響，因而特別規定抗告無停止執行裁判之效力，惟視個別案之情況，如有必要時原審法院或抗告法院仍得以裁定停止裁判之進行，以待抗告程序進行之結果。

又裁定一般而言係就程序之事項為之，並非終局之裁判，故本案原來之訴訟程序尚在進行中，如因抗告即應將本案之卷證一併送交抗告法院，恐影響本案之順利進行，因而刑事訴訟法第410條第1項乃規定，原審法院認為有必要者，應將該案卷宗及證物送交抗告法院，故而原審法院於認為有必要時應將本案之卷宗及證物一併送交抗告法院，否則僅送交抗告書狀及意見書即可；又同條第2項又規定，抗告法院認為有必要者，得請原審法院送交該案卷宗及證物；另同條第3項又規定，抗告法院收到該案卷宗及證物後，應於十日內裁定，以使卷宗及證物得以儘速送還原審法院。

（九）抗告法院之處理

抗告法院對於抗告之案件其處理之方式如下：

1. 不合法駁回

刑事訴訟法第411條前段規定：「抗告法院認為抗告有第四百零八條第一項前段之情形者，應以裁定駁回之。」故而抗告法院認為抗告有上開第408條第1項前段規定之情形者（亦即有抗告不合法律上之程式、法律上不應准許、其抗告權已經喪失等情形），應以裁定駁回之；惟依同條但書之規定：「但其情形可以補正而未經原審法院命其補正者，審判長應定期間先命補正。」故而其不合法之情形可以補正而未經原審法院命其補正者，則審判長應定期間先命補正，不得逕予駁回。

2. 無理由駁回

刑事訴訟法第412條規定：「抗告法院認為抗告無理由者，應以裁定駁回之。」故而抗告法院認為抗告無理由時，其處理方式即應以裁定駁回之。

3. 有理由之裁定

又刑事訴訟法第413條規定：「抗告法院認為抗告有理由者，應以裁定將原裁定撤銷；於有必要時，並自為裁定。」因此抗告法院如審酌抗告之理由後，認為抗告係有理由，則將原裁定撤銷，其後得發回原審法院另為裁定，或在有必要之情況下得自行裁定。

另依刑事訴訟法第414條之規定，抗告法院之裁定，應速通知原審法院，使原審法院早日知悉抗告之結果，以便作出相對之因應措施，使訴訟程序得以順利進行。

二、再抗告

所謂再抗告，係指對於抗告法院所為之裁定不服時，向其上級法院聲明再為抗告之程序。對於原審法院之裁定應令其早日確定，以便本案之訴訟程序不至於因程序上之爭點而受影響，故刑事訴訟法第415條第1項前段

乃規定：「對於抗告法院之裁定，不得再行抗告。」因此原則上對於抗告法院之裁定，不得再行提起抗告以求救濟。

惟上開原則規定有例外之規定，依刑事訴訟法第415條第1項但書之規定：「但對於其就左列抗告所爲之裁定，得提起再抗告：一、對於駁回上訴之裁定抗告者。二、對於因上訴逾期聲請回復原狀之裁定抗告者。三、對於聲請再審之裁定抗告者。四、對於第四百七十七條定刑之裁定抗告者。五、對於第四百八十六條聲明疑義或異議之裁定抗告者。六、證人、鑑定人、通譯及其他非當事人對於所受之裁定抗告者。」蓋因部分之裁定事項對於抗告人或相對人有較爲重大之法律上利害關係之存在，如不許對於抗告之裁定再行提起抗告以資救濟，恐對於其等權利保障有所不足，故有此例外之規定。

惟此一例外之規定亦有例外之情形，即依刑事訴訟法第415條第2項規定：「前項但書之規定，於依第四百零五條不得抗告之裁定，不適用之。」故而上開例外得以再抗告之規定，如係依第405條之規定不得抗告之裁定者，亦即如係屬不得上訴於第三審法院之案件其第二審法院所爲裁定者，則仍不得提起再抗告，爲例外之例外規定，蓋因此等情形之裁定既依規定不得抗告，自無再予允許得提起再抗告之理。

三、準抗告

在刑事訴訟程序中，法官或檢察官本於其職權所爲之個別處分，與裁定相當，受處分人如有不服時，亦得請求救濟，此與抗告之性質相似，故稱之爲準抗告程序。例如案件屬合議審判案件，原則上須由法官三人所組成之合議庭始能代表法院，則由合議庭所爲之羈押決定，始爲法院之裁定，而審判長、受命法官或受託法官一人單獨所爲之羈押決定，即非屬法院之裁定，而爲羈押之處分，對處分不服則應聲請法院撤銷或變更之，此即爲準抗告，故準抗告係向爲處分之審判長、受命法官或受託法官所屬法院請求救濟之程序，此乃與抗告係向上級法院請求救濟者不同之處，應予注意。

（一）準抗告之範圍

　　刑事訴訟法第416條第1項規定：「對於審判長、受命法官、受託法官或檢察官所為下列處分有不服者，受處分人得聲請所屬法院撤銷或變更之。處分已執行終結，受處分人亦得聲請，法院不得以已執行終結而無實益為由駁回：一、關於羈押、具保、責付、限制住居、限制出境、限制出海、搜索、扣押或扣押物發還、變價、擔保金、因鑑定將被告送入醫院或其他處所之處分、身體檢查、通訊監察及第一百零五條第三項、第四項所為之禁止或扣押之處分。二、對於證人、鑑定人或通譯科罰鍰之處分。三、對於限制辯護人與被告接見或互通書信之處分。四、對於第三十四條第三項指定之處分。」

　　上開規定未將檢察官依刑事訴訟法第245條第2項但書規定所作出之處分列入其中，故而被告、犯罪嫌疑人或其辯護人於檢察官依刑事訴訟法第245條第2項但書規定禁止或限制辯護人於訊問時在場、筆記或陳述意見等權利時，未享有向法院聲明不服、請求救濟之機會，此為立法上之疏漏。對此我國憲法法庭於111年憲判字第7號判決中表示：此與有權利即有救濟之憲法原則不符，違反憲法第16條保障訴訟權之意旨，於完成修法前，被告、犯罪嫌疑人或其辯護人，得準用刑事訴訟法第416條所定程序，就檢察官依刑事訴訟法第245條第2項但書規定，所為限制或禁止辯護人於訊問被告或犯罪嫌疑人時在場、筆記或陳述意見之處分，聲請所屬法院撤銷之[1]。

（二）準抗告之程式

　　關於上開就處分聲請準抗告之期間為十日，自為處分之日起算，其為送達者，自送達後起算，此觀之刑事訴訟法第416條第3項之規定即明。又依同條第4項之規定，第409條至第414條之規定，包括抗告之效力、卷證之送交及抗告法院之處理等規定，於準抗告之程序準用之。又依同條第5項之規定，第21條第1項規定，於聲請撤銷或變更受託法官之裁定者準用

---

[1]　司法院大法官審理案件法原規定僅政黨違憲案件由全體大法官組成憲法法庭審理；其他案件仍以會議方式決議。嗣後於民國108年1月4日總統令公布之憲法訴訟法在民國111年1月4日實施，原大法官全體審查會與憲法法庭整合並機關化，大法官解釋改稱為「憲法法庭判決」，大法官會議則走入歷史。

之，亦即由受託法官所屬之法院以合議裁定之，其因不足法定人數不能合議者，由院長裁定之；如並不能由院長裁定者，由直接上級法院裁定之。

又準抗告聲請之程式依刑事訴訟法第417條之規定，應以書狀敘述不服之理由，提出於該管法院爲之，所謂該管法院指爲處分之法官所屬之法院，或爲處分之檢察官所屬檢察署相對應之法院而言。

（三）準抗告之救濟

依刑事訴訟法第418條第1項之規定，法院就第416條之聲請所爲裁定，不得抗告，但對於其就撤銷罰鍰之聲請而爲者，得提起抗告，故除對於撤銷罰鍰之聲請所爲之裁定外，原則上對於準抗告之裁定不得再行抗告。

（四）錯誤提起抗告或聲請準抗告

又依刑事訴訟法第418條第2項之規定，依本編規定得提起抗告，而誤爲撤銷或變更之聲請者，視爲已提抗告；其得爲撤銷或變更之聲請而誤爲抗告者，視爲已有聲請。蓋抗告權人或聲請權人皆有抗告或聲請撤銷變更處分之權，如因一時誤解法律之規定，而將抗告誤爲聲請或將聲請誤爲抗告，即喪失即權利，未免過於嚴苛，故特設此一規定。

四、上訴規定之準用

依刑事訴訟法第419條之規定，抗告，除本章有特別規定外，準用第三編第一章關於上訴之規定。蓋抗告之性質類似於上訴，故如在抗告一章未有特別規定之情形，自應準用關於上訴之相關規定。例如在監獄或看守所之被告於上訴期間內向監所長官提出上訴書狀者，視爲上訴期間內之上訴；監所長官接受上訴書狀後，應附記接受之年、月、日、時送交原審法院，此刑事訴訟法第351條第1項、第3項分別定有明文，而抗告程序對於此並無特別規定，該規定自應依同法第419條規定，爲抗告程序所準用之。

第七章
再審及非常上訴

第一節　概述

　　所謂再審及非常上訴均係針對已經確定之刑事判決所設計之救濟程序，故相對於一般之上訴係普通救濟程序，再審及非常上訴均屬於所謂之特別救濟程序。一般而言，案件既經判決確定，為法之安定性之考量及一事不再理原則之下，本不應再予以變更，惟刑事訴訟程序為確保實體之正義及刑罰權行使之正當性，對於事實或法律之適用有所錯誤之確定判決自難坐視不理，因而對於確定判決有關於事實之錯誤及法律之錯誤部分，分別訂定相關之特別訴訟程序加以救濟，此即所謂之再審及非常上訴程序，易言之，再審及非常上訴制度均為救濟已確定之刑事判決而設，再審係為原確定判決認定事實錯誤而設之救濟程序，非常上訴程序則在糾正原確定判決法律上之錯誤，如對於原確定判決認係以違背法令之理由聲明不服，應依非常上訴程序循求救濟。以下即分別就再審及非常上訴加以論述。

第二節　再審

　　再審係指對於刑事確定之判決，由特定之聲請權人，以法定之原因認事實認定不當，而聲請原審之法院重新加以審理，以撤銷或變更原判決之救濟程序。故再審制度之目的在於更正事實認定之錯誤，亦即以特別救濟之手段，對於事實認定之不當加以糾正。蓋刑事訴訟以透過正當程序發現事實真相，並正確適用法律，以實現司法公正為其目標。然法官對於事實之認定結果難以避免存有錯誤，因此在刑事訴訟制度中即須設置相對應之糾錯程序予以救濟，而再審程序即是特別救濟程序。

　　深入而言，刑事案件法院作出之裁判一旦確定之後，即不得任意加以變更，以保障訴訟當事人及社會公眾的期待，並有利於社會秩序之形成及

維護司法之權威，此即所謂「法安定性」之表現；另一方面致力於發現眞實，對於有罪之被告定罪給予適當之懲罰，對於無罪之被告確保其不被定罪，以保障訴訟當事人之權益及確立司法之威信，則爲所謂「法公平性」之表現。刑事再審制度即係在維護「法安定性」之下，同時達到追求「法公平性」之目的，調和二者間之衝突。是現代法治國家原則上承認確定之刑事裁判不容輕易加以推翻，惟在合乎嚴格要件之例外情形下，多容許再審之特殊救濟程序以排除刑事裁判之確定力。

在我國刑事訴訟法兼採允許有利於被告的再審及不利於被告的再審二種模式，分別於刑事訴訟法第420條、第421條規定爲受判決人利益聲請再審之理由，於第422條規定爲受判決人之不利益聲請再審之理由。

又我國刑事訴訟法之再審制度，既係就確定判決認定事實錯誤而設之救濟方法，故聲請再審者，以該判決係實體上之確定判決爲限，對於程序上之判決，自無聲請再審之可言，此有最高法院84年度台抗字第406號、90年度台抗字第385號、93年度台抗字第244號等裁定意旨可供參照。又聲請再審者，以確定判決爲限，裁定不得作爲聲請再審之對象，此亦有最高法院72年度台抗字第381號裁定意旨參照。

一、聲請之事由

聲請再審之事由依照刑事訴訟法之規定可分爲受判決人利益及爲受判決人不利益之情形，以下分別論述之。

（一）爲受判決人利益之情形

爲受判決人之利益，限於有罪之判決，始得聲請再審，其事由可分爲二種：

1. 得上訴第三審之案件

刑事訴訟法第420條第1項規定：「有罪之判決確定後，有下列情形之一者，爲受判決人之利益，得聲請再審：一、原判決所憑之證物已證明其爲僞造或變造者。二、原判決所憑之證言、鑑定或通譯已證明其爲虛僞者。三、受有罪判決之人，已證明其係被誣告者。四、原判決所憑之通常

法院或特別法院之裁判已經確定裁判變更者。五、參與原判決或前審判決或判決前所行調查之法官，或參與偵查或起訴之檢察官，或參與調查犯罪之檢察事務官、司法警察官或司法警察，因該案件犯職務上之罪已經證明者，或因該案件違法失職已受懲戒處分，足以影響原判決者。六、因發現新事實或新證據，單獨或與先前之證據綜合判斷，足認受有罪判決之人應受無罪、免訴、免刑或輕於原判決所認罪名之判決者。」此項係有關於得上訴第三審之案件聲請再審之事由之規定，茲分別論述之：

(1) 原判決所憑之證物已證明其為偽造或變造者

本款所謂原判決所憑之證物，實務見解認為係指原審法院曾將該偽造之證物認為真正，並憑以為事實之認定，而於判決後復已證明其確係偽造者而言，若原判決係以其他真實之證據以為認定之依據時，縱使另有證物之偽造，但既仍應為同一事實之認定，則不得以此為由聲請再審，此有最高法院74年度台抗字第520號判決意旨可供參照。又依同條第2項之規定，本款事由之證明，以經判決確定，或其刑事訴訟不能開始或續行非因證據不足者為限。

(2) 原判決所憑之證言、鑑定或通譯已證明其為虛偽者

關於本款之規定，實務上認為應係指原判決所憑之證言已證明其為虛偽者，除已經確定判決證明為虛偽者外，必須有相當證據足以證明其為虛偽，始屬相符，若僅以共同被告諭知無罪，而顯然不足以推翻原確定判決所憑之證據者，即非該款所規定之情形，此有最高法院46年台抗字第8號判例可供參照。又依同條第2項之規定，本款事由之證明，以經判決確定，或其刑事訴訟不能開始或續行非因證據不足者為限。

(3) 受有罪判決之人，已證明其係被誣告者

本款係指受有罪判決之人，其判決所認定有罪之事實係遭人誣告者，而依同條第2項之規定，本款事由之證明，亦以經判決確定，或其刑事訴訟不能開始或續行非因證據不足者為限，易言之，受有罪之判決之人，其原先開啟之刑事訴訟程序係屬被人誣告，而誣告之人其誣告之犯行，必須經法院判決有罪確定，或其刑事訴訟不能開始或續行非因證據不足，亦即有相當明確之證據足以證明確有誣告之犯行存在。又依同條第2項之規定，本款事由之證明，亦以經判決確定，或其刑事訴訟不能開始或續行非

因證據不足者爲限。

(4) 原判決所憑之通常法院或特別法院之裁判已經確定裁判變更者

本款係指原確定判決所據以爲判斷基礎之通常法院或特別法院之裁判，業經法定之程序以裁判加以變更且已確定者而言。應注意本款既規定原判決所憑，則應以原判決係以經變更之裁判作爲判決認定事實之基礎，否則即非屬本款適用之範圍，此有最高法院83年度台抗字第205號裁定可供參照。

(5) 參與原判決或前審判決或判決前所行調查之法官，或參與偵查或起訴之檢察官，因該案件犯職務上之罪已經證明者，或因該案件違法失職已受懲戒處分，足以影響原判決者

本款係指參與審判或調查之法官或參與偵查之檢察官，因該案件犯職務上之罪，如法官對於負責審理之案件犯刑法第124條之枉法裁判罪，此時對於原案件事實之認定是否正確即有可疑，自得作爲聲請再審之事由。又此犯職務上之罪，必須已經證明，而其證明依同條第2項之規定，亦以經判決確定，或其刑事訴訟不能開始或續行非因證據不足者爲限。

又本款規定除法官、檢察官於案件之審理或偵查時，有犯職務之罪經證明者之外，如其等於案件之處理時有違法失職之情形，惟僅受懲戒處分確定之情形，仍有可能就原判決事實之認定產生影響，故如違法失職之情節，足以影響原判決者，亦得作爲聲請再審之事由。

(6) 因發現確實之新證據，足認受有罪判決之人應受無罪、免訴、免刑或輕於原判決所認罪名之判決者

本款條文原規定：「因發現確實之新證據，足認受有罪判決之人應受無罪、免訴、免刑或輕於原判決所認罪名之判決者。」在此規定之下，實務見解受最高法院35年特抗字第21號判例、28年抗字第8號、50年台抗字第104號、49年台抗字第72號、41年台抗字第1號、40年台抗字第2號及32年抗字第113號判例之拘束，因而創設出所謂「新規性」及「確實性」之要件，而將原本款之規定解釋爲「原事實審法院判決當時已經存在，然法院於判決前未經發現而不及調查斟酌，至其後始發現者」，且必須使再審法院得到足以動搖原確定判決而爲有利受判決人之判決無合理可疑的確切

心證，始足當之。

　　因上開之見解增加被告聲請再審之限制不僅毫無合理性，亦無必要，更對人民受憲法保障依循再審途徑推翻錯誤定罪判決之基本權利，增加法律所無之限制，而違反法律保留原則。故而於民國104年2月4日本款之條文修正爲：「因發現新事實或新證據，單獨或與先前之證據綜合判斷，足認受有罪判決之人應受無罪、免訴、免刑或輕於原判決所認罪名之判決者。」復於同條第3項增訂：「第一項第六款之新事實或新證據，指判決確定前已存在或成立而未及調查斟酌，及判決確定後始存在或成立之事實、證據。」修正後所謂新事實及新證據之定義已經變更，亦使合理相信足使受有罪判決之人應受無罪、免訴、免刑或輕於原判決所認罪名之判決，有再審之機會，以避免冤獄。故而依照本款之規定，爲受判決人之利益，得以發現單獨或與先前之證據綜合判斷，足認受有罪判決者應受無罪、免訴、免刑或輕於原判決所認罪名判決之新事實或新證據爲由，聲請再審。惟爲受判決人利益聲請再審所憑之新事實或新證據，除須具有未經判斷之嶄新性（或稱新規性）外，尙須具備單獨或與先前之證據綜合判斷而足以動搖原確定判決所認定事實之確實性（或稱明確性、顯著性），二者均不可或缺，此有最高法院109年度台抗字第732號裁定可供參照。因而依照目前實務之見解，本款聲請再審仍須具備嶄新性（或稱新規性）及確實性（或稱明確性、顯著性）二要件。

　　又其中所謂足以動搖原確定判決所認定事實之確實性（或稱明確性、顯著性），雖不再以該事證於事實審法院判決前已存在爲限，縱於判決確定後始存在或成立之事實、證據，亦屬之，惟須就該事證單獨或結合先前已經存在卷內之各項證據資料，予以綜合判斷觀察，認爲足以動搖原有罪之確定判決，而爲受判決人無罪、免訴、免刑或輕於原判決所認罪名之判決者，始得聲請再審。申言之，各項新、舊證據綜合判斷結果，不以獲致原確定判決所認定之犯罪事實，應是不存在或較輕罪名之確實心證爲必要，而僅以基於合理、正當之理由，懷疑原已確認之犯罪事實並不實在，可能影響判決之結果或本旨爲已足。但反面言之，無論新、舊、單獨或結合其他卷存證據觀察，綜合判斷之評價結果，如客觀上尙難認爲足以動搖原確定判決所認定之事實者，即無准許再審之餘地。此一實務之最新見解有最高法院108年度台抗字第937號裁定意旨可供參照。

　　又本款規定所謂應受輕於原判決所認罪名之判決，依目前實務之見解

認為係指「應受較輕罪名之判決而言,至宣告刑之輕重,乃量刑問題,不在本款所謂罪名之內。」此有最高法院56年台抗字第102號判例意旨可供參照。

2. 不得上訴於第三審法院之案件

依刑事訴訟法第421條之規定:「不得上訴於第三審法院之案件,除前條規定外,其經第二審確定之有罪判決,如就足生影響於判決之重要證據漏未審酌者,亦得為受判決人之利益,聲請再審。」此係關於不得上訴第三審之案件之再審事由之規定,故而對於不得上訴第三審之案件,其經第二審確定之有罪判決,如就足生影響於判決之重要證據漏未審酌者,亦得為受判決人之利益,聲請再審。因此類案件既不得上訴於第三審,如第二審法院對於足生影響於判決之重要證據漏未審酌,即逕予判決,則判決後已無其他救濟之途,為受判決人利益起見,故特許其聲請再審,以資救濟。而此所謂足生影響於判決之重要證據漏未審酌,係指當事人於第二審法院判決前所提出之證物,足以影響、變更判決結果,而法院漏未審酌而言,如第二審判決前所提出之證據,經第二審法院依調查之結果,本於論理法則、經驗法則,取捨證據之後認定事實者,則不包括在內,亦即所謂有足以影響於判決之重要證據漏未審酌為理由者,必該證據已經提出卻漏未審酌,且該證據確為真實,而足以據以認定受判決人應受無罪、免訴或輕於原審所認定罪名而後可,否則如不足以推翻原確定判決所認之罪名,仍不能依本條之規定聲請再審。

(二) 為受判決人不利益之情形

除有罪判決確定後得為受判決人利益聲請再審外,另在有罪、無罪、免訴或不受理之判決確定後,亦得為受判決人之不利益而聲請再審。此種情況刑事訴訟法第422條規定:「有罪、無罪、免訴或不受理之判決確定後,有左列情形之一者,為受判決人之不利益,得聲請再審:一、有第四百二十條第一款、第二款、第四款或第五款之情形者。二、受無罪或輕於相當之刑之判決,而於訴訟上或訴訟外自白,或發見確實之新證據,足認其有應受有罪或重刑判決之犯罪事實者。三、受免訴或不受理之判決,而於訴訟上或訴訟外自述,或發見確實之新證據,足認其並無免訴或不受

理之原因者。」

　　上開條文第1款所謂有第420條第1項第1款、第2款、第4款或第5款之情形者，基本上與上述刑事訴訟法第420條之情形相同，惟此條文未規定是否同有刑事訴訟法第420條第2項規定之適用，就此實務見解認為，亦同有刑事訴訟法第420條第2項規定之適用；易言之，無罪之判決確定後，如原判決所憑之證物，已證明其為偽造或變造者，為受判決人之不利益，固得聲請再審，但刑事訴訟法第420條第2項所謂已證明其為偽造或變造，以經判確定或其刑事訴訟不能開始或續行，非因證據不足者為限之規定，應同樣有其適用，此有最高法院69年台抗字第176號判例意旨可供參照。

　　又上開第2款所規定之自白，實務見解認為係指在其他案件訴訟上之自白而言，若於前案訴訟上早經自白，而為原確定之無罪判決所不採者，自不得據為聲請再審之理由，此有最高法院30年上字第189號判例意旨可供參照。又所謂發現新證據之再審理由，並未隨上開刑事訴訟法第420條第6款加以修正，顯見立法者有意區別有利及不利於被告再審之理由，無意擴大不利於被告再審之範圍，故本款所謂之「發見確實之新證據」，仍指應具有上開所述之嶄新性（新規性）及顯著性（確實性）之證據，亦即指最後事實審法院判決當時已經存在或審判當時不及調查審酌之證據，至其後始發見者；且就證據本身形式上觀察，固不以絕對不須經過調查程序為條件，但必須顯然可認為足以動搖原無罪或輕於相當之刑的確定判決，而改為有罪或重刑的判決者而言。易言之，目前實務上並不將本款所謂「發見確實之新證據」之解釋類推適用上開刑事訴訟法修正後之第420條第1項第6款、第3項關於「發現新證據」之規定，認為如此有悖於上開再審條文修正後所展現之立法意旨，且有違現代國家對於不利於被告的再審要件應更嚴格之趨勢；此有最高法院105年度台抗字第796號裁定意旨可供參照。

　　另第3款所謂受判決人之自述，應係對於程序要件是否具備之陳述，而非對於犯罪事實本身之陳述，故不言自白所以自述稱之。另本款所謂發現新證據，解釋上亦同上開第2款之情形。

二、聲請再審之期間

　　聲請再審之期間原則上並無限制，縱使受判決人所受判決之刑罰已執

行完畢，或經大赦或其他法定情形而不須再執行，仍得依法聲請再審，此觀之刑事訴訟法第423條之規定即明。

　　惟有二種情形之聲請再審，刑事訴訟法特別規定有期間之限制，第一種情形為，依刑事訴訟法第424條之規定，如係依第421條規定因重要證據漏未審酌而聲請再審者，應於送達判決後二十日內為之，此一期間係屬法定之不變期間，故應扣除在途期間且有回復原狀規定之適用。第二種情形則係依刑事訴訟法第425條之規定，如係為受判決人之不利益聲請再審，於判決確定後，經過刑法第80條第1項期間二分之一者，不得為之，此用以保障受判決人之利益。

三、管轄法院

　　依刑事訴訟法第426條第1項之規定，聲請再審，由判決之原審法院管轄。而此所謂判決之原審法院，係指原判決最後事實審之法院而言；又實務見解認為，原審法院係指原審級之法院而言，並非僅指為判決之原法院，故第二審法院之管轄區域有變更時，對於第二審法院之確定判決聲請再審，自應由繼受該審級之法院管轄之，此有最高法院52年台抗字第152號判例可供參照。

　　又判決有可能一部未上訴而在第一審法院確定，另一部經上訴後在第二審法院確定，此時如就判決之全部聲請再審時，應如何處理即有問題，故刑事訴訟法第426條第2項乃特別規定，判決之一部曾經上訴，一部未經上訴，對於各該部分均聲請再審，而經第二審法院就其在上訴審確定之部分為開始再審之裁定者，其對於在第一審確定之部分聲請再審，亦應由第二審法院管轄之。

　　又依刑事訴訟法第426條第3項之規定，判決在第三審確定者，對於該判決聲請再審，除以第三審法院之法官有第420條第1項第5款情形為原因者外，應由第二審法院管轄之。例如最高法院21年聲字第34號判例即謂：「再審程序為就已確定之判決發現事實上錯誤或有錯誤之虞時所設之救濟方法，故提起再審，原則上應由審理事實之法院管轄，此觀於刑事訴訟法第四百四十五條之規定，至為明瞭，最高法院為第三審法院，對於上訴案件以糾正下級法院之違法裁判為職掌，雖高等法院受理之第一審案件，亦得上訴於最高法院，但最高法院之審判，仍應依第三審程序辦理，並不因

高等法院為第一審管轄之特別程序，而變更其職掌，則對於最高法院之確定判決提起再審，苟非參與原確定判決之推事有刑事訴訟法第四百四十一條第六款所載之情，自不屬於最高法院管轄。」

四、聲請權人

有權聲請再審之人可分為下列二種情形：

（一）為受判決人利益而聲請

依刑事訴訟法第427條之規定，為受判決人之利益聲請再審，得由下列各人為之：管轄法院之檢察官、受判決人、受判決人之法定代理人或配偶、受判決人已死亡者，其配偶、直系血親、三親等內之旁系血親、二親等內之姻親或家長、家屬。其中檢察官部分限於管轄法院檢察官，亦即管轄再審案件之法院所配置之檢察署檢察官，否則即無聲請權。

（二）為受判決人不利益而聲請

又依刑事訴訟法第428條第1項之規定，為受判決人之不利益聲請再審，得由管轄法院之檢察官及自訴人為之；但自訴人聲請再審者，以有第422條第1款規定之情形為限。故如係為受判決之不利益聲請再審，僅檢察官或自訴人始得為之，且如係自訴人提出限於以刑事訴訟法第422條第1款之事由（亦即第420條第1款、第2款、第4款或第5款之情形者）為限，排除同條第2款及第3款之事由。另依同條第2項之規定，如自訴人已喪失行為能力或死亡者，得由第319條第1項所列得為提起自訴之人，為前項之聲請，此係為自訴人聲請再審之利益所作之補充規定。

五、聲請再審之程式

依刑事訴訟法第429條之規定，聲請再審，應以再審書狀敘述理由，附具原判決之繕本及證據，提出於管轄法院為之。此係關於再審聲請程式之規定，故聲請再審限於書面之聲請，不得以言詞為之，且應於聲請時提

出再審之理由書並附具原判決之繕本及證據。

　　茲於實務上產生問題者，乃判決確定後被告如欲聲請再審，則事實上需要案件內之卷證資料以資參考，此時如有委任辯護人則辯護人得否請求抄錄卷內資料包括證物等，對此實務上向來採取肯定之態度，惟始係無辯護人之被告得否以聲請再審為理由，而預納費用請求付予卷內筆錄之影本，對此刑事訴訟法並無規定，惟目前實務上認為得類推適用刑事訴訟法第33條第2項之規定予以准許，以保障被告對於卷內資訊知之權利並符合便民之旨，此有最高法院101年度台抗字第277號裁定可供參照。

六、聲請再審之效力

　　判決確定後即應依法執行，再審係判決確定後特別之救濟程序，故依刑事訴訟法第430條前段之規定，聲請再審，無停止刑罰執行之效力。惟再審既係針對事實認定之錯誤所提出，如將來經再審之程序認為事實之認定確有錯誤，而受判決人已受刑罰之執行，則可能造成無法回復之損害，故同條但書乃特別規定，管轄法院之檢察官於再審之裁定前，得命停止。此所謂管轄法院之檢察官應係指管轄再審案件之法院而言，並非實際負責執行之檢察官，故實際負責執行之檢察官如非管轄法院之檢察官，並無停止執行之權限。

　　依刑事訴訟法第431條第1項之規定，再審之聲請，於再審判決前，得撤回之。故聲請再審後，縱使法院裁定開始再審，並進入再審之審理，於法院為判決之前，均得撤回再審之聲請。又依同條第2項之規定，撤回再審聲請之人，不得更以同一原因聲請再審。依此撤回再審後，同一聲請人不得再以同一再審之原因聲請再審，故如其他再審之聲請權人，或非以同一原因聲請再審均未在禁止之列。

　　又依刑事訴訟法第432條之規定，第358條及第360條之規定，於聲請再審及其撤回準用之，故有關捨棄或撤回上訴之程式，及捨棄或撤回上訴之通知於再審之撤回均有準用。

七、再審聲請之處理

（一）聲請不合法裁定駁回

刑事訴訟法第433條規定：「法院認為聲請再審之程序違背規定者，應以裁定駁回之。但其不合法律上之程式可以補正者，應定期間先命補正。」依此規定法院於受理再審之聲請時，應先審查再審之聲請是否符合法律規定之條件，若其聲請再審之程序違背規定時，即應以其聲請不合法予以裁定駁回之。所謂程序違背規定之情形包括不合法定程式、無聲請權、向非管轄法院聲請、聲請逾法定期間等等不一而足。

又關於再審之聲請不合法定程式等違背程序之情形，刑事訴訟法並無相關應命補正之規定，故再審之聲請不合法定程式如係屬於得補正之情形是否應先命補正，實務上原較傾向於認為聲請再審如不合法定程式即逕予駁回，無命補正之問題，如「聲請再審應以再審書狀，敘述理由，附具原判決之繕本及證據，提出於管轄法院為之，刑事訴訟法第四百二十九條定有明文，此為法定程式，如有違背者，法院自應依同法第四百三十三條規定，以裁定駁回其再審之聲請。又刑事訴訟法再審編並無準用同法第三編有關上訴之規定，自難謂此種訴訟程式之欠缺，法院應先命為補正。」此有最高法院88年度台抗字第416號裁定意旨可供參照。惟目前較新之實務見解似乎變更上開見解，認為聲請再審係屬於訴訟行為之一種，故有關於刑事訴訟法第273條第6項之規定亦應有其適用之餘地，如「聲請再審，其刑事聲請再審狀具狀人欄雖未經本人簽名，有違刑事訴訟法第五十三條規定，但此項程式上之欠缺並非不可補正，原審竟未定期間以裁定命其補正，率以其聲請再審之程式違背規定，予以駁回，自有未當。」此有最高法院101年度台抗字第921號裁定意旨可供參照。

（二）聲請無理由裁定駁回

再審之聲請如屬合法，則法院即應進而審究再審之聲請有無理由，如認為再審之聲請並無理由時，則依刑事訴訟法第434條第1項之規定，法院應以裁定駁回之。又依同條第3項之規定，經前項裁定後，不得更以同一原因聲請再審，故聲請再審經法院以無理由裁定駁回後，不得再以同一原

因聲請再審，惟此限於以無理由裁定駁回，如係上開所述之不合法裁定駁回則不在此限。

（三）聲請有理由之裁定

又法院受理再審之聲請，如認聲請合法，且審查後認為聲請有理由，則依刑事訴訟法第435條第1項之規定，法院即應為開始再審之裁定。又依同條第2項之規定，為開始再審之裁定後，法院亦得以裁定停止刑罰之執行。另依同條第3項之規定，對於開始再審之裁定，得於三日內抗告，故不適用一般十日之抗告期間，且此為法定不變期間，有在途期間及回復原狀規定之適用。

八、再審之審判

（一）審判之開始

開始再審之裁定確定後，法院即應依其審級之通常程序，更為審判，此為刑事訴訟法第436條所明文規定，故開始再審之裁定既經確定，原則上應由最後審理事實之法院依通常程序更為審判。例如經第三審判決確定之案件，除有刑事訴訟法第420條第1項第5款情形例外由第三審法院管轄外，原則上即回復前審不服第一審判決而提起第二審上訴時之程序，此時原有第二審判決及第三審確定判決均已因開始再審之裁定確定，當然失其效力而不存在，應由為再審之第二審法院再次加以審判。又應注意者，再審之審判並非就前審之第二審或第三審判決是否有當加以審理，而應就第二審上訴有無理由或第一審判決有無不當或違法加以審理。

（二）受判決人死亡之特別規定

1. 為受判決人利益聲請之再審

再審之審判應依通常審判之程序為之，故原則上應經言詞辯論，始符合言詞審理主義，惟依刑事訴訟法第437條第1項之規定，如受判決人已死亡者，則為其利益聲請再審之案件，應不行言詞辯論，由檢察官或自訴

人以書狀陳述意見後，即行判決，但如自訴人已喪失行為能力或死亡者，得由第332條規定得為承受訴訟之人於一個月內聲請法院承受訴訟，如無承受訴訟之人或逾期不為承受者，法院得逕行判決，或通知檢察官陳述意見，此為言詞審理之例外規定。

又依刑事訴訟法第437條第2項之規定，為受判決人之利益聲請再審之案件，受判決人於再審判決前死亡者，準用前項規定。依此規定，開始再審裁定後受判決人死亡，仍應依其審級之通常程序為實體上之審判，不得依刑事訴訟法第303條第5款規定，逕為不受理之判決，故本條第2項之規定為再審程序之特別規定，而排除第303條第5款之適用，此有最高法院80年台非字第536號判例意旨可供參照。另依刑事訴訟法第437條第3項之規定，依同條第1項及第2項之規定所為之判決，不得上訴。

2. 為受判決人之不利益聲請再審

依刑事訴訟法第438條之規定，為受判決人之不利益聲請再審之案件，受判決人於再審判決前死亡者，其再審之聲請及關於再審之裁定，失其效力。依此規定，如係為受判決人之不利益而聲請之再審，如受判決人於再審判決前死亡，此時即喪失再審之意義，故關於再審之聲請及關於再審之裁定，均失其效力。

（三）禁止不利益變更原則

又案件經裁定開始再審確定後，法院應依其審級之通常程序，更為審判已如上述，審判之結果，其認事用法自不受前審判決之拘束，惟為保障被告原先既受判決之利益，故刑事訴訟法第439條乃特別規定，為受判決人之利益聲請再審之案件，諭知有罪之判決者，不得重於原判決所諭知之刑，此稱之為禁止不利益變更原則。

（四）無罪判決之公示

依刑事訴訟法第440條之規定，為受判決人之利益聲請再審之案件，諭知無罪之判決者，應將該判決書刊登公報或其他報紙，此一規定在於補救原先對於受判決人不利之判決，而以將再審之判決加以公示之方式，以

回復受判決人之名譽，藉以保障基本人權。

第三節　非常上訴

非常上訴制度之設計目的主要在於統一解釋法令，惟其在特定情形，亦有保護被告權利之作用。一般而言，非常上訴係為糾正審判違背法令之確定判決，以求法令之適用得以確保其統一性，與再審係對於事實上之錯誤所為之救濟方法有別，易言之，非常上訴旨在糾正法律上之錯誤，並不涉及事實問題，其經非常上訴審認為有理由，依法應撤銷原確定判決另行改判，僅係代替原審，依據原所認定之事實，就其裁判時應適用之法律而為裁判，使違法者成為合法，核與再審係對確定判決之事實錯誤而為之救濟方法，迥不相侔，因之對於非常上訴判決殊無聲請再審之餘地，此有最高法院54年台抗字第263號判例之意旨可供參照。

一、提起權人及對象

（一）提起權人

刑事訴訟法第441條規定：「判決確定後，發見該案件之審判係違背法令者，最高法院檢察署檢察總長得向最高法院提起非常上訴。」此為刑事訴訟程序中有關非常上訴之規定，依此規定，有權提起非常上訴之人僅限於最高法院檢察署檢察總長，其餘之人縱係自訴人或被告等當事人亦無權提起非常上訴，易言之，非常上訴之提起係檢察總長專屬之權限，任何人均不得代為行之[1]。

又上開條文規定「得」提起非常上訴，而非「應」提起非常上訴，故非常上訴之提起係採取所謂之便宜主義，亦即是否提起非常上訴，應由檢察總長就個別案件之情節加以審酌後決定之，易言之，檢察總長對於案件

---

[1] 此外，向最高法院提起非常上訴法律另有特別之規定，依軍事審判法第226條之規定，判決確定後，發見該案件之審判係違背法令者，最高軍事法院檢察署檢察長得向最高法院提起非常上訴，但案件係由最高法院或高等法院判決確定者，仍由最高法院檢察署檢察總長提起之。

是否提起非常上訴有裁量之權限。

（二）提起之對象

又提起非常上訴依上開條文之規定，原則上係以確定之判決為其對象，對於尚未合法確定之案件尚無從提起非常上訴；例如最高法院66年度第2次刑庭庭推總會議決定（一）即謂：「依法得上訴之案件，其原審審判期日傳票及判決書之送達均不合法，經提起非常上訴者，本院應認為原判決尚未確定而將非常上訴駁回。並於理由內說明應由原審另為合法之送達。當事人如有不服，可循通常上訴程序辦理。」

除確定之判決外，目前實務上採取較為擴張之見解，認為如內容係關於實體之事項而以裁定行者，因與確定之實體判決具同等之效力，亦得為非常上訴之對象，此有最高法院90年度台非字第287號判決意旨可供參照。而所謂與實體判決具同等之效力之裁定，包括撤銷緩刑宣告之裁定，此有最高法院44年台非字第41號判例意旨參照；又如定應執行刑之裁定，此有68年台非字第50號判例、86年度台非字第232號判決可供參照；又如沒收及保安處分等裁定，此有79年台非字第146號判例可供參照；又如更定其刑之裁定，此有79年度台非字第192號判決可供參照；又如減刑之裁定，此有80年度台非字第489號判決可供參照；又如對於被告羈押之裁定，此有91年度台非字第193號判決可供參照；又如沒入保證金之裁定，此有90年度台非字第37號判決可供參照；又如毒品危害防制條例所規定之觀察、勒戒及強制戒治等事項所為之裁定，此有96年度台非字第32號判決可供參照；另如單獨宣告沒收之確定裁定，此有司法院32年院字第2507號解釋意旨可供參照。

另有應注意之問題者乃少年保護事件之確定裁定是否有非常上訴之適用，就此實務見解採取否定說，認為與一般刑事案件性質不同，依少年事件處理法之規定，由少年法院或少年法庭或其所屬法院之上級法院為之，並無檢察官參與，又少年事件處理法對於少年保護事件，並無規定準用刑事訴訟法非常上訴之規定，自不得對少年保護事件之確定裁定，提起非常上訴，此有最高法院61年台非字第207號判例可供參照。

二、提起之原因

　　依上所述，提起非常上訴係以案件之審判違背法令爲其原因，所謂案件之審判違背法令，依據傳統之實務見解認爲包括判決違背法令及訴訟程序違背法令二種情形，而後者係指判決本身以外之訴訟程序違背程序法之規定，此有最高法院91年台非字第152號判例意旨可供參照；又非常上訴審就個案之具體情形審查，如認其判決前之訴訟程序違背刑事訴訟法第379條第6款、第7款之規定，致有依法不應爲判決而爲判決之違誤，顯然於判決有影響者，該項確定判決，即屬判決違背法令，此亦有最高法院91年度第7次刑事庭會議決議之意旨可供參照。

　　惟最新之實務見解對此傳統之見解略加以修正，依最高法院97年度第4次刑事庭會議之決議認爲：「一、非常上訴，乃對於審判違背法令之確定判決所設之非常救濟程序，以統一法令之適用爲主要目的。必原判決不利於被告，經另行判決；或撤銷後由原審法院更爲審判者，其效力始及於被告。此與通常上訴程序旨在糾正錯誤之違法判決，使臻合法妥適，其目的係針對個案爲救濟者不同。兩者之間，應有明確之區隔。刑事訴訟法第四百四十一條對於非常上訴係採便宜主義，規定『得』提起，非『應』提起。故是否提起，自應依據非常上訴制度之本旨，衡酌人權之保障、判決違法之情形及訴訟制度之功能等因素，而爲正當合理之考量。除與統一適用法令有關；或該判決不利於被告，非予救濟，不足以保障人權者外，倘原判決尚非不利於被告，且不涉及統一適用法令；或縱屬不利於被告，但另有其他救濟之道，並無礙於被告之利益者，即無提起非常上訴之必要性。亦即，縱有在通常程序得上訴於第三審之判決違背法令情形，並非均得提起非常上訴。」依此新近之實務見解即認爲非常上訴所謂之審判違背法令應與第三審上訴理由之審判違背法令有所區隔，因而判決確定之審判違背法令，如係非不利於被告者，應以統一適用法令有關，具有原則上之重要性爲限；至於不利於被告，則應限於被告並無其他救濟之道，有礙於被告之利益，如非予救濟，不足以保障人權者，則始得依非常上訴程序加以救濟[2]。

2　對於最高法院此一決議有論者認爲，基於法律保留之原則，司法之補充解釋（包括最高法院判例及民事庭決議等）應不得在法律無明文授權之情況下，限制或剝奪人民之

　　又何謂與統一適用法令有關，依上開決議之內容則認為：「二、所謂與統一適用法令有關，係指涉及法律見解具有原則上之重要性者而言。詳言之，即所涉及之法律問題意義重大而有加以闡釋之必要，或對法之續造有重要意義者，始克相當。倘該違背法令情形，尚非不利於被告，且法律已有明確規定，向無疑義，因疏失致未遵守者（例如應沒收，漏未諭知沒收。應褫奪公權，漏未宣告褫奪公權。應付保安處分，漏未宣付保安處分等）；或司法院已有解釋可資依循，無再行闡釋之必要者（例如裁判確定後另犯他罪，不合數罪併罰之規定，誤為定執行刑。數罪併罰中，有得易科罰金之罪，有不得易科罰金之罪，於定執行刑時，誤為諭知易科罰金。對於與配偶共犯告訴乃論罪之人，誤認為不得提起自訴，而為不受理判決。顯係文字誤寫，不影響於全案情節與判決本旨，得以裁定更正等）；或其違背法令情形，業經本院著有判例、判決或作成決議、決定予以糾正在案，實務上並無爭議者（例如不合緩刑要件，誤為宣告緩刑。不合減刑或減輕其刑條件，誤為減刑或減輕其刑。合於累犯要件，未論以累犯。量刑或定執行刑，低於法定最低度刑。不得易科罰金之罪，誤為諭知易科罰金。裁判上一罪案件，已受請求之事項未予判決。應為實體判決，誤為不受理判決等）；或因『前提事實之誤認』，其過程並不涉及法令解釋錯誤之問題者（例如誤認有自首之事實，而減輕其刑。被害人或共犯為兒童或少年，誤認為非兒童、少年，或誤認被告未滿十八歲、已滿八十歲，致應加重未加重、不應減輕而減輕等）……諸情形，對於法律見解並無原則上之重要性或爭議，即不屬與統一適用法令有關之範圍，殊無反覆提起非常上訴之必要性。基於刑事訴訟法第四百四十一條係採便宜主義之法理，檢察總長既得不予提起，如予提起，本院自可不予准許。」

　　因而目前實務見解對於非常上訴之提起採取較為嚴格之態度，認為：「非常上訴乃對於審判違背法令之確定判決所設之非常救濟程序，以統一法令之適用為主要目的。此與通常上訴程序旨在糾正錯誤之違法判決，使臻合法妥適，目的係針對個案為救濟者有別。刑事訴訟法第四百四十一條對於非常上訴係採便宜主義，規定『得』提起，非『應』提起。故是否提起，自應依據非常上訴制度之本旨，衡酌人權之保障、判決違法之情形及

<hr>

基本權利，故此一決議就尚非不利於被告之審判違背法令之情形，限制其提起非常上訴之條件，恐產生法律上之爭議。見呂潮澤著，論新近裁判對非常上訴理由規定「審判係違背法令」之詮釋要旨，刑事法雜誌，第55卷第2期，頁38、46。

訴訟制度之功能等因素，而為正當合理之考量。除與統一適用法令有關；或該判決不利於被告，非予救濟，不足以保障人權者外，倘原判決尚非不利於被告，且不涉及統一適用法令，即無提起非常上訴之必要性。」此有最高法院111年度台非字第79號判決意旨可供參照。

另有應注意者，對於所謂無效之判決，上開決議則認為無效之確定判決，例如誤不合法之上訴為合法，上級法院誤予撤銷發回；或誤合法之上訴為不合法，從程序上予以駁回；或未受請求之事項予以判決（對未經起訴或上訴之事項，或起訴、上訴效力所不及之事項，為訴外裁判）等情形者，各該判決均屬重大違背法令，固不生效力，惟既具有判決之形式，仍應一律依傳統之見解，得提起非常上訴予以撤銷，不在本次決議之範圍內。

惟應注意者，有關協商程序之上訴事由，刑事訴訟法第455條之10第1項有特別規定，且協商程序並未準用通常審判程序第三審之規定（刑事訴訟法第455條之11第1項），則違背協商程序中強制辯護之規定者，是否得援引刑事訴訟法第379條第7款作為非常上訴理由，不無疑問。目前實務傾向於採取肯定之見解，有協商程序依法應指定辯護人而未指定，其所進行之訴訟程序，已剝奪被告對於辯護人之倚賴權，有違正當程序及公平正義之維護，並有依法不應判決而為判決之違誤，顯然於判決有影響，即屬判決違背法令，應構成非常上訴之理由；此有最高法院97年度台非字第129號、98年度台非字第83號判決意旨可供參照。

三、聲請及提起非常上訴之程式

（一）聲請提起非常上訴之程式

刑事訴訟法第442條規定：「檢察官發見有前條情形者，應具意見書將該案卷宗及證物送交最高法院檢察署檢察總長，聲請提起非常上訴。」故而檢察官於對於確定之判決執行時，如於閱卷時發現確定之判決有審判違背法令之情形時，自應本於職權將意見書及該案卷宗及證物送交最高法院檢察署檢察總長，以此方式聲請檢察總長提起非常上訴。

（二）提起非常上訴之程式

又刑事訴訟法第443條規定：「提起非常上訴，應以非常上訴書敘述理由，提出於最高法院為之。」因而檢察總長於受理檢察官上開之聲請後，即應審查是否具有非常上訴之理由，如認為確有聲請非常上訴之必要時，即得以非常上訴書敘述相關之理由後，提出於最高法院為之，亦即應以書面提出，此即為提起非常上訴之程式。

四、非常上訴之審理

非常上訴係針對審判違背法令所進行之特別救濟程序，其作用在於糾正原判決法律適用上之錯誤，故刑事訴訟法第444條規定：「非常上訴之判決，不經言詞辯論為之。」此為言詞審理原則之例外，且條文並無於必要時得行言詞辯論，故非常上訴採取嚴格之書面審理原則，並無進行言詞辯論之可能。

又刑事訴訟法第445條第1項規定：「最高法院之調查，以非常上訴理由所指摘之事項為限。」因此有關非常上訴之理由並未加以指摘之事項，縱有違背法令之情形，亦非屬於應於非常上訴程序中應予調查之事項。另同條第2項規定：「第三百九十四條之規定，於非常上訴準用之。」而稱準用者與適用有別，適用係完全依其規定而適用之謂，準用則僅就某事項所定之法規，於性質不相牴觸之範圍內，適用於其他事項之謂，即準用有其自然之限度，依此實務見解認為，非常上訴既應受原確定判決確認事實之拘束，則本條準用之結果，非常上訴應以原判決確認之事實為基礎，以判斷其適用法律有無違誤，因而非常上訴法院所得調查之事實，僅以關於訴訟程序、法院管轄，免訴事由及訴訟之受理者為限，此有最高法院68年台非字第181號判例意旨可供參照。

五、非常上訴之判決

（一）無理由駁回判決

刑事訴訟法第446條規定：「認為非常上訴無理由者，應以判決駁回之。」由此規定可知，最高法院如認為非常上訴無理由，即應以判決駁回

之。蓋非常上訴旨在糾正法律上之錯誤，並藉以統一法令之適用，不涉及事實認定，故非常上訴審應以原判決確定之事實爲基礎，以審核原判決所認定之犯罪事實，其適用法令有無違誤爲目的，如依原判決所確認之事實及卷內證據資料觀之，其適用法則並無違誤，即難指爲違法，此時應認非常上訴之提起爲無理由，此有最高法院96年度台非字第60號判決意旨可供參照；另最高法院67年度第11次刑事庭庭推總會議決議（一）內容亦謂：「非常上訴應以原判決所確認之事實爲基礎。累犯係法律加重事由之一，原判決所確認之事實，既未認定某甲有累犯情事，其未依累犯論處，自屬當然，尚難以事後調查之結果，與原判決認定之事實有異，而提起非常上訴。」

　　另刑事訴訟法並未就提起非常上訴不合法之情形加以規定，理論上仍可能成立非常上訴不合法之情形，例如對於尚未確定之刑事判決提起非常上訴，此時即非合法之非常上訴，則仍應以非常上訴無理由加以判決駁回。

（二）有理由之判決

　　刑事訴訟法第447條第1項規定：「認爲非常上訴有理由者，應分別爲左列之判決：一、原判決違背法令者，將其違背之部分撤銷。但原判決不利於被告者，應就該案件另行判決。二、訴訟程序違背法令者，撤銷其程序。」故而最高法院如認爲非常上訴爲有理由者，則應分別情形爲下列之判決：

1. 原判決違背法令者，將其違背之部分撤銷；但原判決不利於被告者，應就該案件另行判決

　　依上開刑事訴訟法第447條第1項第1款之規定，原判決審判違背法令之情形如屬於判決違背法令，法院於審理後認爲有理由者，則應將違背之部分加以撤銷。惟如原確定判決係不利於被告之情形，則應就該案件另行判決，所謂另行判決即代替原審之法院，依判決時應適用之法律另行爲適法之判決，故縱使法令有所變更亦不在判決時考量之範圍內。又依同條第2項之規定，前項第1款情形（即判決違背法令之情形），如係誤認爲無審判權而不受理，或其他有維持被告審級利益之必要者，得將原判決撤銷，

由原審法院依判決前之程序更為審判，但不得諭知較重於原確定判決之刑。例如不利益於被告之合法上訴，上訴法院誤為不合法所為駁回上訴之程序判決，係屬重大違背法令，本不發生實質上效力，該上訴法院本得再行原訴訟程序，只因其有判決之形式，故仍須先依非常上訴程序將原確定判決撤銷後，始得回復原訴訟程序，就合法之上訴進行審判。此項非常上訴判決只須將該違法駁回上訴之確定判決撤銷，並於理由內說明原所合法上訴後之訴訟程序隨之而回復即可，此有最高法院87年度台非字第234號判決意旨可供參照。

2. 訴訟程序違背法令者，撤銷其程序

另依上開刑事訴訟法第447條第1項第2款之規定，如原確定判決之違背法令之情形係屬於訴訟程序違背法令者，則應撤銷其程序即可。惟訴訟程序違背法令有時亦構成判決違背法令，此時應併予撤銷。實務見解認為：「第二審所踐行之訴訟程序違背同法第三百七十九條第七款、第二百八十四條之規定，固屬判決前之訴訟程序違背法令。但非常上訴審就個案之具體情形審查，如認判決前之訴訟程序違背被告防禦權之保障規定，致有依法不應為判決而為判決之違誤，顯然於判決有影響者，該確定判決，即屬判決違背法令。案經上訴第三審，非常上訴審就上開情形審查，如認其違法情形，第三審法院本應為撤銷原判決之判決，猶予維持，致有違誤，顯然影響於判決者，應認第三審判決為判決違背法令。」此有最高法院91年台非字第152號判例意旨可供參照。

六、非常上訴判決之效力

又刑事訴訟法第448條規定：「非常上訴之判決，除依前條第一項第一款但書及第二項規定者外，其效力不及於被告。」蓋非常上訴係判決確定後所提起之特別救濟程序，因而非常上訴之判決其效力是否及於被告即有疑義，故刑事訴訟法乃特別規定，非常上訴之判決，除非係撤銷原判決而另行判決及撤銷原判決發回原審法院後審之情形外，其判決之效力不及於被告，此乃係對於非常上訴判決效力之特別規定，易言之，非常上訴之判決有利於被告者，其效力始及於被告，否則即不及於被告，此應加以注意。

第八章
簡易程序

一、意義

　　刑事訴訟因在於追求社會正義之實現，同時亦須保障被告之基本人權，故其相關程序之規定較為慎重而繁雜，例如對於證人交互詰問之進行等，對於有限之刑事司法資源而言負荷非輕，為使上開刑事司法之資源能有效利用，故對於犯罪情節輕微且較無爭議性之案件，有必要以有別於一般通常審判程序之規定加以進行，故刑事訴訟法乃規定有所謂之刑事簡易程序。

二、簡易程序之開啟

（一）檢察官聲請簡易判決處刑

　　刑事訴訟法第449條第1項前段規定：「第一審法院依被告在偵查中之自白或其他現存之證據，已足認定其犯罪者，得因檢察官之聲請，不經通常審判程序，逕以簡易判決處刑。」此乃有關於刑事訴訟簡易判決處刑程序之規定，依此一規定，原則上簡易判決處刑之程序以檢察官聲請為主。

（二）法院轉換簡易程序

　　又為加強簡易程序之適用，使簡易程序之開啟不受限於檢察官之聲請與否，故刑事訴訟法第449條第2項乃又規定：「前項案件檢察官依通常程序起訴，經被告自白犯罪，法院認為宜以簡易判決處刑者，得不經通常審判程序，逕以簡易判決處刑。」依此規定，則檢察官以通常程序起訴之案件，如經被告自白其犯罪行為，而法院認為適宜者，亦得以簡易程序為之。此所稱之被告自白其犯罪，不以在法院訊問時自白為限，包括在司法警察（官）詢問或檢察官訊問時自白亦屬之。

三、簡易程序之審理

又法院組織法第10條規定:「地方法院得設簡易庭,其管轄事件依法律之規定。」而簡易案件因屬於犯罪情節輕微之刑事案件,故刑事訴訟法第449條之1乃規定:「簡易程序案件,得由簡易庭辦理之。」又依刑事訴訟法第284條之1之規定,簡易程序之案件得不行合議審判,而由法官一人獨任審判。

又簡易程序之案件法院得不進行審判程序即得逕行判決,惟依刑事訴訟法第449條第1項但書之規定,法院如認為有必要之情形時,亦應於處刑前訊問被告,故刑事簡易案件仍有可能傳喚被告到庭為訊問之程序。

四、簡易判決之限制

如前所述,簡易程序係針對犯罪情節較為輕微之案件所設計之程序,以節省刑事司法之資源,故簡易程序法院之判決有一定之限制,依刑事訴訟法第449條第3項之規定:「依前二項規定所科之刑以宣告緩刑、得易科罰金或得易服社會勞動之有期徒刑及拘役或罰金為限。」故法院依簡易程序判決之處刑,原則上應屬六個月以下得易科罰金,或屬各罪六個月以下得易科罰金,合併定應執行刑超過六個月惟仍得易科罰金之情形,如屬於單一犯罪宣告逾六個月以上之有期徒刑不得易科罰金之情形,則應同時宣告緩刑始可適用簡易程序判決處刑。

又依刑事訴訟法第450條第1項規定:「以簡易判決處刑時,得併科沒收或為其他必要之處分。」又依同條第2項規定:「第二百九十九條第一項但書之規定,於前項判決準用之。」故簡易判決之案件有法律上免除其刑之情形,法院亦得諭知免刑之判決,易言之,簡易案件之判決包括有罪判決之科刑判決及免刑判決在內。

應注意者,簡易程序適用之限制,刑事訴訟法僅規定限於所科之刑以宣告緩刑、得易科罰金或得易服社會勞動之有期徒刑及拘役或罰金,並無案件罪名之限制。因此實務見解認為:「簡易處刑之案件,依現行刑事訴訟法第四百四十九條之規定,不論檢察官聲請或法院認為宜以簡易判決處刑之通常程序案件,均限於所科之刑以宣告緩刑、得易科罰金或得易服社

會勞動之有期徒刑及拘役或罰金爲限。亦即簡易處刑之案件並不限於刑事訴訟法第三百七十六條之輕罪始得爲之,而係以判決結果論定適用簡易程序與否。」此有最高法院100年度台非字第143號判決意旨可供參照。

五、簡易判決之聲請

依刑事訴訟法第451條第1項規定:「檢察官審酌案件情節,認爲宜以簡易判決處刑者,應即以書面爲聲請。」故原則上簡易案件係由檢察官向法院爲聲請;又依同條第2項之規定,上開聲請準用第264條之規定,故檢察官聲請簡易判決處刑,應向管轄法院提出聲請書,並記載被告姓名、性別、年齡、籍貫、職業、住所或居所或其他足資辨別之特徵,以及犯罪事實及證據並所犯法條,且提出聲請時應將卷宗及證物一併送交法院。

又依刑事訴訟法第451條第3項之規定:「第一項聲請,與起訴有同一之效力。」故而上開檢察官之聲請即與起訴有同一之效力,即其效力視同檢察官提起公訴;又依同條第4項之規定:「被告於偵查中自白者,得請求檢察官爲第一項之聲請。」亦即被告如於偵查中自白者,亦得請求檢察官向法院爲簡易判決處刑之聲請,藉賦予被告聲請檢察官爲簡易判決處刑之聲請權以擴大簡易程序之適用。

六、簡易程序中檢察官之具體求刑

簡易程序之案件,檢察官得向法院爲具體求刑,刑事訴訟法第451條之1第1項乃規定:「前條第一項之案件,被告於偵查中自白者,得向檢察官表示願受科刑之範圍或願意接受緩刑之宣告,檢察官同意者,應記明筆錄,並即以被告之表示爲基礎,向法院求刑或爲緩刑宣告之請求。」此項規定雖係有關檢察官具體求刑之規定,惟事實上係基於被告之自白及願受科刑範圍或願受緩刑之宣告爲前提,並須經檢察官同意,故實質上屬於檢察官與被告間認罪協商之態樣。又依同條第2項之規定:「檢察官爲前項之求刑或請求前,得徵詢被害人之意見,並斟酌情形,經被害人同意,命被告爲左列各款事項:一、向被害人道歉。二、向被害人支付相當數額之賠償金。」

此外,刑事訴訟法第451條之1第3項規定:「被告自白犯罪未爲第一

項之表示者，在審判中得向法院爲之，檢察官亦得依被告之表示向法院求刑或請求爲緩刑之宣告。」故而簡易程序檢察官之具體求刑（具認罪協商之實質）得於聲請簡易判決處刑之程序時爲之，亦得於法院進行審判程序時再行爲之，惟此時如係被告提出是否需經檢察官同意，因條文中並未明確規定，恐有疑義，對此實務見解傾向於認爲應經檢察官之同意，如「對於簡易程序審判中，始進行協商，參酌認罪、求刑協商制度之法意，係藉由賦予被告表示願受刑罰範圍之機會，並使檢察官得衡酌案情決定是否予以同意及相應爲具體之求刑，而於法院依其所請科刑後限制其上訴權，以兼顧被告權益及公平正義，使輕微案件簡速審結確定，自應認爲於審判中始進行協商，仍應獲得檢察官之同意以及對被告之具體求刑。」此有最高法院95年度台非字第281號判決意旨可供參照。

又刑事訴訟法第451條之1第4項規定：「第一項及前項情形，法院應於檢察官求刑或緩刑宣告請求之範圍內爲判決。但有左列情形之一者，不在此限：一、被告所犯之罪不合第四百四十九條所定得以簡易判決處刑之案件者。二、法院認定之犯罪事實顯然與檢察官據以求處罪刑之事實不符，或於審判中發現其他裁判上一罪之犯罪事實，足認檢察官之求刑顯不適當者。三、法院於審理後，認應爲無罪、免訴、不受理或管轄錯誤判決之諭知者。四、檢察官之請求顯有不當或顯失公平者。」依此規定，檢察官聲請以簡易判決處刑之案件，經法院認爲有刑事訴訟法第451條之1第4項但書之情形者，即應適用通常程序審判之，依此，法院對於案情甚爲明確之輕微案件，固得因檢察官之聲請，逕以簡易程序判決處刑，惟仍應以被告在偵查中之自白或其他現存之證據，已足認定其犯罪者爲限。

七、轉換爲通常審判程序

刑事訴訟法第452條規定：「檢察官聲請以簡易判決處刑之案件，經法院認爲有第四百五十一條之一第四項但書之情形者，應適用通常程序審判之。」故如案件雖經檢察官聲請以簡易判決處刑，惟如法院認爲不符合刑事訴訟法第449條所定得以簡易判決處刑之案件者，或法院認定之犯罪事實顯然與檢察官據以求處罪刑之事實不符，或於審判中發現其他裁判上一罪之犯罪事實，足認檢察官之求刑顯不適當者，或法院於審理後，認應爲無罪、免訴、不受理或管轄錯誤判決之諭知者，抑或檢察官之請求顯有

不當或顯失公平者，法院均不得依檢察官之聲請逕行以簡易判決處刑，而應將案件改為適用通常程序審判之。例如甲以一行為分別觸犯A、B、C三項罪名，檢察官偵查中僅發現A罪之犯罪事實，即聲請法院為簡易判決處刑，嗣法院受理後發現甲同時有B、C二罪之犯罪事實，與A罪屬想像競合犯，為裁判上一罪之關係，而認為檢察官所求之刑過輕，此時法院即應改依通常程序進行審判，不得依檢察官之聲請逕以簡易判決處刑。

八、簡易程序之判決

（一）立即處分

刑事訴訟法第453條規定：「以簡易判決處刑案件，法院應立即處分。」蓋簡易程序之案件即重在程序進行之便捷，故要求法院應立即作出處分，以求案件早日確定，惟所謂立即並無明確之日期限制，故在實務運作上案件之進行仍視案件之個別情形而定。又應注意者，此雖規定為「處分」，惟實際上仍係屬於判決之形式，而非一般所謂之處分。

（二）簡易判決應載事項

刑事訴訟法第454條第1項規定：「簡易判決，應記載下列事項：一、第五十一條第一項之記載（即被告姓名、性別、出生年月日、身分證明文件編號、住、居所及檢察官、辯護人之姓名）。二、犯罪事實及證據名稱。三、應適用之法條。四、第三百零九條各款所列事項（即有罪判決之主文記載事項）。五、自簡易判決送達之日起二十日內，得提起上訴之曉示。但不得上訴者，不在此限。」

又既係適用簡易程序之案件，其犯罪之情節即屬較為輕微，故判決書之製作亦得較為簡略，減輕法官裁判書類之負擔，故依刑事訴訟法第454條第2項之規定：「前項判決書，得以簡略方式為之，如認定之犯罪事實、證據及應適用之法條，與檢察官聲請簡易判決處刑書或起訴書之記載相同者，得引用之。」

（三）正本之送達

又刑事訴訟法第455條規定：「書記官接受簡易判決原本後，應立即製作正本爲送達，並準用第三百十四條第二項之規定。」依此規定，書記官接受簡易判決原本後，應立即製作正本，並應送達於告訴人及告發人，以利告訴人於上訴期間內向檢察官陳述意見。

九、簡易程序之救濟

（一）上訴

刑事訴訟法第455條之1第1項規定：「對於簡易判決有不服者，得上訴於管轄之第二審地方法院合議庭。」依此規定，當事人對於簡易判決如有不服時，亦得上訴，惟其簡易程序第二審之管轄法院係地方法院之合議庭而非高等法院。又依同條第2項之規定：「依第四百五十一條之一之請求所爲之科刑判決，不得上訴。」此乃因此一請求實質上具有認罪協商之性質，故檢察官與被告均不得再行上訴。

又依刑事訴訟法第455條之1第3項之規定，對於簡易判決之上訴，準用第三編第一章及第二章除第361條外之規定。蓋依刑事訴訟法第361條之規定不服地方法院第一審判決提起上訴者，應向管轄第二審之高等法院爲之，且其上訴書狀應敘述具體理由，未敘述具體理由者，應於法定期間補提理由書，惟法院逕以簡易判決處刑之案件，原則上係向地方法院合議庭提起上訴，且簡易程序原則上不開庭，判決書之記載亦較爲簡略，故其上訴之程式宜較簡便，因而對於簡易判決提起上訴，即不宜準用上開第361條之規定。

又有問題者乃簡易程序之第一審判決經上訴後，如經管轄第二審之地方法院合議庭審理後認爲應爲被告無罪之判決，則此時無罪之判決得否上訴，其性質爲何。就此實務見解認爲此無罪之判決即屬通常程序之第一審判決，得上訴第二審之高等法院，如「地方法院簡易庭對被告爲簡易判決處刑後，經提起上訴，而地方法院合議庭認應爲無罪判決之諭知者，依同法第四百五十五條之一第三項準用第三百六十九條第二項之規定意旨，應由該地方法院合議庭撤銷簡易庭之判決，逕依通常程序審判。其所爲判

決，應屬於第一審判決，檢察官仍得依通常上訴程序上訴於管轄第二審之高等法院。」此有最高法院91年台非字第21號判例意旨可供參照。

　　又簡易程序可能發生之情形為犯罪行為人持用他人之身分證，冒名接受警詢未被發覺後函送檢察官偵查，檢察官並未實施偵查訊問，即依據函送資料所示姓名、性別、年齡、住所等人別資料，據以聲請簡易判決處刑，而法院依簡易判決程序未經傳喚逕以處刑，此時被冒名者對於該簡易判決不服，上訴於第二審地方法院合議庭，此時第二審法院應如何處理逐成問題，目前實務見解則認為，此種情形因檢察官並未為偵查之程序，其自僅得依聲請書所載者為審判對象，而第一審簡易判決純為書面審理，行為人未為實際之訴訟行為，亦無從認定其即為審判之對象，則該受請求確定刑罰權範圍之被告，應認係被冒名之人，而非真正之行為人，第二審法院自應即撤銷第一審之不當判決，改為被告無罪之諭知，不能任由檢察官當庭或事後以言詞或書面變更其所指之被告為真正之行為人，此有最高法院98年度台非字第67號判決意旨可供參照。

（二）抗告

　　依刑事訴訟法第455條之1第4項之規定：「對於適用簡易程序案件所為裁定有不服者，得抗告於管轄之第二審地方法院合議庭。」又同條第5項規定：「前項之抗告，準用第四編之規定。」

第九章
協商程序

一、意義

　　所謂協商程序，係指案件經檢察官依通常程序提起公訴或聲請簡易判決處刑後，當事人間經法院之同意，針對非屬於重罪之案件，於審判外進行認罪及量刑相關事宜之洽商，在達成合意之情形下，由檢察官聲請法院改依協商之內容為判決之程序，此稱之為「審判外協商」之程序，一般又稱之為「認罪協商」程序，惟為避免與上開簡易程序中檢察官具體求刑之規定混淆，本文將此一程序稱之為「協商程序」或「審判外協商程序」，而不以「認罪協商程序」稱之。

　　審判外協商程序之制度係於民國93年刑事訴訟法修正之時所增訂，主要乃係因應民國92年修法改採改良式當事人進行主義後，因交互詰問制度之實施，造成刑事案件審判程序開庭之時間過於冗長，耗費之刑事司法資源不小，為節省此等資源之運用，並達到訴訟經濟之目的，而特別參考美國刑事訴訟程序中有關認罪協商之制度，對於特定之案件類型適用審判外協商之程序，使法院之審判能集中於重大之刑事案件。

二、協商程序之要件

　　依刑事訴訟法第455條之2第1項之規定：「除所犯為死刑、無期徒刑、最輕本刑三年以上有期徒刑之罪或高等法院管轄第一審案件者外，案件經檢察官提起公訴或聲請簡易判決處刑，於第一審言詞辯論終結前或簡易判決處刑前，檢察官得於徵詢被害人之意見後，逕行或依被告或其代理人、辯護人之請求，經法院同意，就下列事項於審判外進行協商……」由上開規定之內容可知，審判外之協商程序應具備下列之要件：

（一）須非屬死刑、無期徒刑、最輕本刑三年以上有期徒刑之罪或高等法院管轄第一審案件

得行審判外協商之程序限於法定刑並非死刑、無期徒刑、最輕本刑三年以上有期徒刑之罪，故如屬於法定刑死刑、無期徒刑、最輕本刑三年以上有期徒刑之罪，即一般所稱之重罪，即不得行審判外協商之程序，另如係屬高等法院管轄第一審之案件，亦不得行審判外協商之程序。至於案件是否屬於上開重罪，究應以起訴之法條為準，或以法院之認定結果為準恐有疑義，有待實務統一見解。

（二）須於第一審言詞辯論終結前或簡易判決處刑前為之

審判外協商之程序本即在於避免進行通常程序之審判，耗費刑事訴訟之司法資源，故如案件已經經過言詞辯論終結，或業經簡易判決處刑，則已失協商之旨意，故協商之程序應於第一審言詞辯論終結前或簡易判決處刑前為之始屬合法。

（三）檢察官須徵詢被害人之意見後逕行或依被告或其代理人、辯護人之請求為之

為兼顧被害人之權益，案件如係有被害人時，檢察官在決定是否進行審判外協商之程序前，自應先行徵詢被害人之意見，其後檢察官得主動逕行或依被告或其代理人、辯護人之請求開始進行協商之程序均無不可。由此規定亦可知，審判外之協商程序僅限於公訴案件，對於自訴案件則無適用之餘地。

（四）須經法院之同意

檢察官啟動審判外之協商程序，應經法院之同意後始得為之，如法院不同意以進行審判外協商之程序，則檢察官即不得與被告進行協商，而法院應分別進行通常審判程序（包括以簡式審判程序進行）或逕以簡易判決處刑以終結案件。

三、協商之內容

依刑事訴訟法第455條之2第1項之規定，協商程序係就下列事項於審判外進行協商：（一）被告願受科刑及沒收之範圍或願意接受緩刑之宣告；（二）被告向被害人道歉；（三）被告支付相當數額之賠償金；（四）被告向公庫支付一定金額，並得由該管檢察署依規定提撥一定比率補助相關公益團體或地方自治團體。審判外協商之協商內容，主要係被告願意接受之科刑範圍，包括是否為緩刑之宣告，另可要求被告向被害人道歉或支付賠償金，亦可要求被告被告向公庫支付一定金額，並得由該管檢察署依規定提撥一定比率補助相關公益團體或地方自治團體，藉此以兼顧被害人權益或公益之維護[1]。

又依刑事訴訟法第455條之2第2項之規定，檢察官與被告就上開向被害人道歉及支付相當數額之賠償金之事項進行協商時，應得被害人之同意。

另審判外之協商程序重在節省司法資源，涉及訴訟經濟之考量，故應避免程序進行過久而有所延滯，故依刑事訴訟法第455條之2第3項之規定，進行審判外之協商，其期間不得逾三十日。惟此一般認為係屬訓示之規定，如有違反亦不產生任何之法律效果。

四、協商之聲請及撤銷

（一）協商之聲請

依刑事訴訟法第455條之2第1項之規定，檢察官經法院之同意與被告進行審判外之協商後，如經當事人雙方達成合意且被告認罪者，則由檢察官聲請法院改依協商程序而為判決，故聲請法院進行協商判決之權專屬於檢察官，被告及其辯護人與告訴人或被害人等均無此一權限。

---

[1] 我國刑事訴訟法規定之審判外協商程序制度，係參酌美國之認罪協商制度而來，惟美國之認罪協商制度其範圍較廣，原則上可以適用於所有案件，而其協商之內容則包含「罪名協商」（Charge Bargaining）、「罪數協商」（Count Bargaining）及「量刑協商」（Sentence Bargaining）等類型，惟實際之運作則聯邦及各州之狀況容有差異，與我國刑事訴訟法僅得就量刑部分協商尚有不同。

（二）協商之撤銷

又依刑事訴訟法第455條之3第1項之規定，法院應於接受前條之聲請後十日內，訊問被告並告以所認罪名、法定刑及所喪失之權利，故法院經檢察官聲請為協商判決後，應於十日之內，訊問被告以瞭解協商程序之進行過程，並告之被告以其所認罪名、法定刑及所喪失之權利，用以確認被告係出於自由之意願，而進行審判外之協商程序，並保障被告之權利。

又協商程序被告須放棄依通常程序進行審判之多項權利，故為保障被告刑事訴訟上之權利，刑事訴訟法第455條之3第2項前段乃規定，檢察官聲請法院為協商之判決後，在法院於上開訊問被告之程序終結之前，得隨時撤銷協商之合意，因而被告於進行協商後，在經法院訊問程序完成之前，得隨時以言詞或書面撤銷協商之合意，此時法院即不得再依協商程序進行判決，而應依通常程序或簡易判決處刑，被告此項撤銷合意之權利除上開所述之期間外，並無任何要件之限制。另同條項後段則規定，被告違反與檢察官協議之內容時，檢察官亦得於前項程序終結前，撤回協商程序之聲請，故於法院訊問被告之程序終結之前，檢察官於被告違反與檢察官協議之內容時，亦得以言詞或書面撤回其協商判決之聲請，與被告撤銷協商之合意不同者，檢察官撤回協商之聲請，須以被告違反與檢察官協議之內容為其要件，易言之，檢察官於向法院聲請協商判決後不得任意撤回之。例如檢察官與被告協商時達成合意，被告應於檢察官聲請法院為協商判決之同時或數日內，賠償被害人一定數額之金錢，被告於檢察官聲請法院為協商判決後遲未履行，此時檢察官即得以被告違反與檢察官協議之內容為由，向法院撤回協商之聲請。

五、協商之判決及限制

（一）不得為協商判決之情形

審判外之協商程序，經當事人雙方（即檢察官及被告）達成合意且被告認罪者，即可由檢察官聲請法院改依協商程序而為判決，此觀之刑事訴訟法第455條之2第1項之規定自明，惟法院於接受檢察官聲請為協商判決後，如有法定之情形則不得為協商之判決，此所謂法定之情形，依刑事訴

訟法第455條之4第1項之規定包括下列情形：1.有前條第2項之撤銷合意或撤回協商聲請者；2.被告協商之意思非出於自由意志者；3.協商之合意顯有不當或顯失公平者；4.被告所犯之罪非第455條之2第1項所定得以聲請協商判決者；5.法院認定之事實顯與協商合意之事實不符者；6.被告有其他較重之裁判上一罪之犯罪事實者；7.法院認應諭知免刑或免訴、不受理者。故法院於接受檢察官聲請爲協商判決後，仍應審查檢察官之聲請是否符合法定之要件，及協商判決是否符合公平正義之考量等，決定是否爲協商之判決。例如被告協商意思非出於自由意志，則顯已失協商程序之本質，又協商之合意內容顯不適當或有失公平正義時，亦已不宜進行協商判決，此時法院均不得爲協商之判決。

　　而依刑事訴訟法第455條之6第1項之規定，法院對於檢察官所爲協商判決之聲請，認爲有上開所述第455條之4第1項各款所定情形之一者，應以裁定駁回之，而分別視情形適用通常、簡式審判或簡易程序而繼續審判。又法院依前項之規定駁回檢察官協商聲請之裁定，即已終結協商之程序，故依同條第2項之規定，對此駁回之裁定不得加以抗告。

（二）協商之判決

　　又依刑事訴訟法第455條之4第2項之規定，除有上開所述不得爲協商判決之情形者外，法院應不經言詞辯論，於協商合意範圍內爲判決；又法院爲協商判決所科之刑，以宣告緩刑、二年以下有期徒刑、拘役或罰金爲限。惟如檢察官與被告就多罪進行協商，各罪協商之刑度均爲有期徒刑二年以下，惟合併定應執行刑時逾有期徒刑二年，此時可否進行協商判決，實務上傾向於肯定說，認爲如數罪分別起訴及協商，此後法院定應執行之刑時亦無應定爲二年以下有期徒刑之限制，如合併起訴、協商即加以限制顯不一致，故應認爲各罪協商刑度均爲有期徒刑二年以下而合併定應執行刑時逾有期徒刑二年，法院仍得進行協商判決，此有臺灣高等法院101年度法律座談會刑事類第41號提案內容可供參照。

　　又依刑事訴訟法第455條之4第3項之規定，法院爲協商之判決時，如當事人有上開第455條之2第1項第2款至第4款之合意，法院應記載於筆錄或判決書內，以求執行內容之明確。又依同條第4項之規定，法院依協商範圍爲判決時，第455條之2第1項第3款、第4款並得爲民事強制執行名

義，以求免除被害人於被告未履行合意內容時，須再進行民事訴訟取得執行名義之困擾。

　　實務上曾有爭議者乃第一審法院依協商程序所為之科刑判決，如當事人未提起上訴時應認為何時確定？對此最高法院刑事大法庭以111年度台非大字第15號刑事裁定認為：「第一審依協商程序所為之科刑判決，於宣示判決時確定。」其理由略謂：「（刑事訴訟法第455條之10第1項）已明定依協商程序所為之科刑判決不得上訴。蓋對於判決結果是否起上訴雖屬當事人訴訟上之處分權，然如允許當事人在協商判決後，又反覆上訴爭執，推翻先前之合意，將使前揭立法目的落空。惟……憲法第16條明文保障人民訴訟權……協商判決縱經當事人同意，亦難謂無違法或不當之救濟需求，為兼顧協商判決之正確、妥適及當事人之訴訟權益……協商判決於有同法第455條之4第1項第1款（撤銷合意或撤回協商聲請）、第2款（被告協商之意思非出於自由意志）、第4款（被告所犯之罪非依法得以聲請協商判決）、第6款（被告有其他較重之裁判上一罪之犯罪事實）、第7款（法院認應諭知免刑、免訴或不受理）情形之一，或違反同條第2項之科刑超過協商判決得科之刑者，得提起特別救濟……惟同法第455條之10第1項本文既已明定協商判決不得上訴，僅於有特別之情形始得依同條項但書規定為特別救濟，且係獨立規定於協商程序編，即屬上開同法第455條之11第1項所指『本編有特別規定』，並無上開同法第344條第1項、第361條第1項等通常程序上訴規定之適用。又判決係於不能聲明不服時確定，上開第455條之10第1項本文既明定協商判決本編有特別規定『不得上訴』，顯然於協商判決宣示時即告確定。」

（三）公設辯護人之指定

　　依刑事訴訟法第455條之5第1項之規定，協商之案件，被告表示所願受科之刑逾有期徒刑六個月，且未受緩刑宣告，其未選任辯護人者，法院應指定公設辯護人或律師為辯護人，協助進行協商。蓋被告如經判決超過六個月以上之有期徒刑，且未受緩刑之宣告時，於判決確定後即須入獄執行，對於其權利關係重大，而協商程序後未如通常審判程序一般嚴謹，故特別設有此一規定，藉由公設辯護人之協助，以保障被告刑事訴訟上之基本權利。又同條第2項則規定，辯護人於協商程序，得就協商事項陳述事

實上及法律上之意見，但不得與被告明示之協商意見相反。

六、證據使用之限制

　　依刑事訴訟法第455條之7之規定，法院未爲協商判決者，被告或其代理人、辯護人在協商過程中之陳述，不得於本案或其他案件採爲對被告或其他共犯不利之證據。蓋在審判外協商之程序中，所謂被告之認罪係被告同意就檢察官起訴之罪名爲有罪判決，而協商即係被告與檢察官間就所認之罪商量定其刑期，此程序係屬於被告直接對於發生刑事實體法效果之罪與刑所爲之意思表示，其進行之程序並不以事實作爲必要之基礎，故在協商程序中被告所爲之認罪表示，與被告對於自己犯罪事實之自白不同，因而從證據方面言，應認爲被告於審判外協商程序過程中之相關陳述，不得作爲判斷被告犯罪之基礎，因而排除其作爲認定事實之證據使用，並藉以加強被告與檢察官進行審判外協商程序之意願。

七、判決書製作送達

　　依刑事訴訟法第455條之8之規定，協商判決書之製作及送達，準用第454條、第455條之規定。故協商之判決應記載與簡易判決書相同之事項，並得以簡略方式爲之，如認定之犯罪事實、證據及應適用之法條，與檢察官聲請協商判決書之記載相同者，得引用之；又書記官接受協商判決原本後，應立即製作正本爲送達，並應送達於告訴人及告發人，告訴人於上訴期間內，得向檢察官陳述意見。

　　另依刑事訴訟法第455條之9第1項前段之規定，協商判決，得僅由書記官將主文、犯罪事實要旨及處罰條文記載於宣示判決筆錄，以代判決書，此乃因協商判決係依檢察官與被告之合意而爲判決，故爲簡化判決書之製作過程，得以宣示判決之筆錄代替判決書，惟依同條項但書之規定，於宣示判決之日起十日內，如當事人聲請法院交付判決書者，法院仍應爲判決書之製作。又依同條第2項之規定，前項筆錄正本或節本之送達，準用第455條之規定，亦即應立即製作正本爲送達，並應送達於告訴人及告發人，告訴人於上訴期間內，得向檢察官陳述意見，此項筆錄正本或節本之送達並與判決書之送達有同一之效力。

八、協商程序之上訴

（一）上訴之限制

依刑事訴訟法第455條之10第1項之規定，依協商程序所為之科刑判決，不得上訴，惟有第455條之4第1項第1款、第2款、第4款、第6款、第7款所定情形之一，或協商判決違反第455條之4第2項之規定者，不在此限。易言之，協商判決原則上不得上訴，除非有協商經被告合法撤銷其合意或經檢察官合法撤回其聲請，或被告協商之意思非出於自由意志，或被告所犯之罪非第455條之2第1項所定得以聲請協商判決，或被告有其他較重之裁判上一罪之犯罪事實，或案件法院認應諭知免刑或免訴、不受理，或法院未依協商之合意判決，或判決所科之刑，逾有期徒刑二年且未宣告緩刑等情形之一，始得對於協商判決提起上訴以求法律上之救濟。

（二）上訴審之審理

依刑事訴訟法第455條之10第2項之規定，對於協商判決之上訴，第二審法院之調查以上訴理由所指摘之事項為限，故協商判決上訴後之第二審法院，並不如通常程序之第二審法院進行實體事項之調查，而僅就上訴是否有理由進行調查。又依同條第3項之規定，如第二審法院認為上訴有理由者，應將原審判決撤銷，將案件發回第一審法院依判決前之程序更為審判，蓋協商判決第一審並未進行事實之調查而為實質之審理，第二審法院自亦無法自行調查證據後為事實之認定與法律之適用，而自為判決，故應將案件發回由第一審法院依判決前之程序繼續進行。

（三）上訴之準用

依刑事訴訟法第455條之11第1項之規定，協商判決之上訴，除協商程序編有特別之規定外，準用刑事訴訟法第三編第一章及第二章有關上訴之規定。

九、協商程序之特別規定

依刑事訴訟法第455條之11第2項之規定，第159條第1項有關於傳聞法則之規定，及第284條之1有關於第一審原則上應行合議審判之規定，於協商程序不適用之。故在協商程序之進行中，並無傳聞證據不得使用之問題，且得由法官一人獨任進行協商程序及為協商判決。

第十章
沒收特別程序

第一節　概述

　　民國105年6月22日修正公布之刑事訴訟法因應刑法有關沒收新制之規定[1]，除上開所述修正刑事訴訟法第309條有罪判決書之記載之規定、第310條有罪判決書理由之記載之規定，並新增第310條之3之規定外，另訂定沒收特別程序之專章，以作為沒收程序之適用，其條文規定自第455條之12至第455條之37，主要分為第三人參與沒收程序及單獨沒收程序二部分。而所謂沒收，依刑事訴訟法第3條之1之規定，包括沒收之替代手段。蓋沒收之替代手段與沒收均為國家剝奪人民財產之強制處分，自同受刑事訴訟法正當法律程序之規範，所稱沒收之替代手段，不限於刑法所規定之「追徵」，並及於其他法律所規定者。

---

[1] 刑法有關沒收之新制修正，於第38條規定：「違禁物，不問屬於犯罪行為人與否，沒收之（第1項）。供犯罪所用、犯罪預備之物或犯罪所生之物，屬於犯罪行為人者，得沒收之。但有特別規定者，依其規定（第2項）。前項之物屬於犯罪行為人以外之自然人、法人或非法人團體，而無正當理由提供或取得者，得沒收之。但有特別規定者，依其規定（第3項）。前二項之沒收，於全部或一部不能沒收或不宜執行沒收時，追徵其價額（第4項）。」另於第38條之1規定：「犯罪所得，屬於犯罪行為人者，沒收之。但有特別規定者，依其規定（第1項）。犯罪行為人以外之自然人、法人或非法人團體，因下列情形之一取得犯罪所得者，亦同：一、明知他人違法行為而取得。二、因他人違法行為而無償或以顯不相當之對價取得。三、犯罪行為人為他人實行違法行為，他人因而取得（第2項）。前二項之沒收，於全部或一部不能沒收或不宜執行沒收時，追徵其價額（第3項）。第一項及第二項之犯罪所得，包括違法行為所得、其變得之物或財產上利益及其孳息（第4項）。犯罪所得已實際合法發還被害人者，不予宣告沒收或追徵（第5項）。」由上開刑法新修正之規定可知，刑法之沒收已由原「從刑」之地位，轉換為「獨立法律效果」之規定。

第二節　第三人參與沒收程序

　　由於刑法沒收之新規定，犯罪行為人以外之第三人（包括自然人、法人或非法人團體）之財產亦可能遭法院判決沒收，此時因其並非犯罪行為人，故而未參與刑事審判之訴訟程序，於此情形之下，有必要規定第三人參與法院所進行之沒收程序，使第三人有機會主張自己之權利，以保障第三人法律上之利益。

一、程序之啓動

（一）第三人聲請參與

　　刑事訴訟法第455條之12第1項規定：「財產可能被沒收之第三人得於本案最後事實審言詞辯論終結前，向該管法院聲請參與沒收程序。」此所謂「財產可能被沒收之第三人」應包括本案被告以外之任何自然人、法人或非法人團體，縱使係屬本案被告之共同正犯、教唆犯及幫助犯等，只要未經檢察官一併起訴，非屬本案之被告，均得以作為此之第三人。

　　又刑事訴訟法第455條之12第2項規定：「前項聲請，應以書狀記載下列事項為之：一、本案案由及被告之姓名、性別、出生年月日、身分證明文件編號或其他足資辨別之特徵。二、參與沒收程序之理由。三、表明參與沒收程序之意旨。」此為第三人參與沒收程序之提起之程式，須以書面之方式為之，並載明上開之事項。

（二）法院依職權命第三人參與

　　另刑事訴訟法第455條之12第3項前段規定：「第三人未為第一項聲請，法院認有必要時，應依職權裁定命該第三人參與沒收程序。」此規定在於有「必要」之時，使第三人得以在沒收之程序中主張自己之權利，並用以確認可能沒收之財產之法律狀態，而所謂必要，法院須依照卷宗內所存在之資料，綜合一切客觀之情狀而為判斷。惟本項之但書亦規定：「但該第三人向法院或檢察官陳明對沒收其財產不提出異議者，不在此限。」因此如第三人已表示對於可能沒收之財產不主張任何法律上之權利，此時

即無必要再命其參與沒收之程序。

　　又實務上有爭議者乃檢察官未聲請沒收第三人財產，法院認為有必要，得否依刑事訴訟法第455條之12第3項前段規定，依職權裁定命該第三人參與沒收程序，而開啟第三人參與沒收程序，並為第三人財產沒收之宣告？對此最高法院刑事大法庭108年度台上大字第3594號刑事裁定認為：「法院依刑事訴訟法第455條之12第3項前段規定，裁定命第三人參與沒收程序，並依審理結果，諭知沒收與否之判決，不以經檢察官聲請為必要。」其理由則略以：「……於實體法上，倘法院依審理結果，認為第三人之財產符合刑法第38條第1項（違禁物）、第38條之1第2項（犯罪所得）法定要件之義務沒收，或第38條第3項（犯罪工具、犯罪產物）合目的性之裁量沒收，即有宣告沒收之義務。對應於此，在程序法上，本諸控訴原則，檢察官對特定之被告及犯罪事實提起公訴，其起訴之效力當涵括該犯罪事實相關之法律效果，故法院審判之範圍，除被告之犯罪事實外，自亦包括所科處之刑罰、保安處分及沒收等法律效果之相關事實。進一步言，沒收既係附隨於行為人違法行為之法律效果，則沒收之訴訟相關程序即應附麗於本案審理程序，無待檢察官聲請，而與控訴原則無違。至於法院開啟第三人參與沒收程序後，檢察官仍負有舉證責任，而法院則本於全辯論意旨所得之心證，為適法公正之裁判，並不當然即應為第三人財產沒收之宣告，是法院職權裁定命參與，與法院之中立性，尚不相違。……對第三人財產之沒收，乃刑法所明定，檢察官對特定被告及犯罪事實起訴之效力，涵括對被告及第三人沒收之法律效果，法院審理結果，認被告犯罪或有違法行為，且符合依法沒收之要件者，即有諭知沒收之義務，尚無待檢察官之聲請。從而，如涉及第三人財產之沒收，而檢察官未於起訴書記載應沒收第三人財產之意旨，審理中，第三人亦未聲請參與沒收程序，檢察官復未聲請者，法院為維護公平正義及保障第三人之聽審權，基於法治國訴訟照料義務之法理，認為有必要時，應依刑事訴訟法第455條之12第3項前段規定，本於職權，裁定命該第三人參與沒收程序，並依審理結果，而為沒收與否之判決。」

　　又刑事訴訟法第455條之12第4項規定：「前三項規定，於自訴程序、簡易程序及協商程序之案件準用之。」故而上開有關第三人聲請參與或依職權命第三人參與之規定，除通常程序外，於自訴程序、簡易程序及協商程序之案件亦準用之，故除通常程序外，如刑事案件係依自訴程序、簡易

程序及協商程序進行者，第三人亦得聲請參與沒收程序，法院認為有必要時亦應依職權命第三人參與沒收程序。

二、檢察官之通知及聲請

（一）檢察官之通知

　　依刑事訴訟法第455條之13第1項之規定：「檢察官有相當理由認應沒收第三人財產者，於提起公訴前應通知該第三人，予其陳述意見之機會。」此規定乃在用以保障對於可能沒收之財產得以主張法律上之利益之第三人，使其有機會向偵查之檢察官陳述其對於可能沒收之財產之意見，作為偵查之檢察官起訴時是否向法院為應沒收之表示。

（二）起訴書之記載

　　檢察官於偵查中通知第三人沒收財產並經第三人表示意見後，如認為第三人之財產有沒收之法律上原因，應加以沒收者，則依刑事訴訟法第455條之13第2項規定：「檢察官提起公訴時認應沒收第三人財產者，應於起訴書記載該意旨，並即通知該第三人下列事項：一、本案案由及其管轄法院。二、被告之姓名、性別、出生年月日、身分證明文件編號或其他足資辨別之特徵。三、應沒收財產之名稱、種類、數量及其他足以特定之事項。四、構成沒收理由之事實要旨及其證據。五、得向管轄法院聲請參與沒收程序之意旨。」因而起訴書上應記載有關應沒收第三人財產之意旨，並應通知該第三人上開之事項使其得知，以茲因應。

（三）檢察官之聲請沒收

　　又刑事訴訟法第455條之13第3項規定：「檢察官於審理中認應沒收第三人財產者，得以言詞或書面向法院聲請。」因此刑事案件經檢察官起訴後於法院審理之期間，如檢察官認為依據案件之卷證資料顯示有應沒收第三人財產之情形者，則檢察官得以言詞或書面向法院聲請沒收，此時法院如認為有必要依職權命第三人參與沒收之程序時，則應即命第三人參與，如認為無沒收時，則於本案之終局判決中加以說明。

三、法院之裁定及審理

（一）法院之審查

　　第三人參與沒收程序，依刑事訴訟法第455條之14之規定：「法院對於參與沒收程序之聲請，於裁定前應通知聲請人、本案當事人、代理人、辯護人或輔佐人，予其陳述意見之機會。」依此規定，法院如受理參與程序之聲請，未免本案之訴訟程序因而拖延，應立即加以審查及裁定，並於裁定前通知聲請人、本案當事人、代理人、辯護人或輔佐人等人，使其等一般以有陳述意見之機會，且通知書得告知得到庭以言詞或不到庭而以書面陳述。

（二）法院准駁之裁定

　　又刑事訴訟法第455條之16第1項規定：「法院認為聲請參與沒收程序不合法律上之程式或法律上不應准許或無理由者，應以裁定駁回之。但其不合法律上之程式可補正者，應定期間先命補正。」因而法院於聲請參與沒收程序之案件於進行審查後，如認為聲請參與沒收程序不合法律上之程式（如聲請書狀未記載應記載之事項或聲請人不適格）或法律上不應准許或無理由者，則應以裁定駁回之；惟如不合法律上之程式屬可以補正者，應先定期命為補正（如聲請書狀未記載應記載之事項），未依期限補正時，始得予以裁定駁回，不得逕予駁回。又同條第2項則規定：「法院認為聲請參與沒收程序有理由者，應為准許之裁定。」故而法院認為聲請參與沒收程序屬於有理由者，則應為准許之裁定。同條第3項規定：「前項裁定，不得抗告。」

（三）法院之免予沒收

　　依刑事訴訟法第455條之15第1項之規定，案件調查證據所需時間、費用與沒收之聲請顯不相當者，經檢察官或自訴代理人同意後，法院得免予沒收。蓋國家之司法資源有限，訴訟程序須有效率之使用此一有限之資源，故而在沒收之程序，法院應有免予沒收第三人財產之裁量權，此時法院應妥適衡酌程序耗費與免予沒收之結果，是否符合規範目的；所考量之

訴訟經濟因素，例如：訊問證人、鑑定或勘驗所需時間及費用，訴訟程序是否過於冗長、繁複，致與沒收第三人財產所欲達成之效果顯不相當等均屬之。法院如認為沒收程序不符經濟原則，經檢察官或自訴代理人同意後，法院得免予沒收，此時應將其意旨記載於筆錄內。又同條第2項則規定，檢察官或自訴代理人得於本案最後事實審言詞辯論終結前，撤回前項之同意；故檢察官或自訴代理人縱使於法院審理中表示同意免予沒收，仍得於本案最後事實審言詞辯論終結前，撤回同意之意思表示。

（四）法院裁定之記載

又刑事訴訟法第455條之17規定：「法院所為第三人參與沒收程序之裁定，應記載訴訟進行程度、參與之理由及得不待其到庭陳述逕行諭知沒收之旨。」因而法院依聲請或依職權所為准許或命第三人參與沒收程序之裁定，應記載第三人參與程序之理由、得為缺席判決之法律效果及對沒收該第三人財產事項具重要性之已進行及擬進行之訴訟程序；併同審判期日通知、相關之訴訟資料送達該參與之第三人，以利其進行訴訟上之防禦，俾保障其權益。

（五）程序之轉換

依刑事訴訟法第455條之18之規定：「行簡易程序、協商程序之案件，經法院裁定第三人參與沒收程序者，適用通常程序審判。」依此規定，原本行簡易、協商程序之刑事訴訟案件，如因有第三人參與沒收之程序，則須改行通常程序審判者，惟此時法院仍得裁定進行簡式審判程序，惟仍應保障參與之第三人訴訟上權利之行使，不受本案因被告就被訴事實已為有罪之陳述，調查證據之方式較為簡化等之影響。

（六）參與人之權利

又刑事訴訟法第455條之19規定：「參與人就沒收其財產之事項，除本編有特別規定外，準用被告訴訟上權利之規定。」依此一規定之內容，參與人於所參與之沒收程序，因準用被告訴訟上權利之相關規定，故就沒收其財產之事項，享有與被告相同之訴訟上權利，例如：有關聲請迴避、

選任輔佐人、請求交付卷內筆錄、聲請回復原狀、緘默權、調查證據聲請權、詰問權等，且並有刑事訴訟法總則有關證據一章相關規定之適用。惟應注意者，如參與人於法院調查被告本人之事項時，仍有作證之義務，於此情形下，自應適用證人之相關規定，此時自不得主張緘默權等被告之權利。

又依刑事訴訟法第455條之20規定：「法院應將審判期日通知參與人並送達關於沒收其財產事項之文書。」故法院於定期進行審判之日期，應通知參與沒收程序之第三人，且有關於沒收其財產事項之相關文書資料等，亦應一併加以送達，以維護參與沒收程序之第三人之權利。

（七）參與人之到場

依刑事訴訟法第455條之21第1項之規定：「參與人得委任代理人到場。但法院認為必要時，得命本人到場。」因此沒收程序參與之第三人得委任代理人到場，惟如法院認為其本人有到場陳述之必要時，亦得命本人到場。

又依刑事訴訟法第455條之21第2項規定：「第二十八條至第三十條、第三十二條、第三十三條第一項及第三十五條第二項之規定，於參與人之代理人準用之。」依此規定，參與沒收程序之第三人如委任代理人到場，則其代理人應依沒收程序之規定代理參與人為訴訟行為，此時代理人準用刑事訴訟法第28條至第30條、第32條、第33條第1項及第35條第2項等有關之規定。

另依刑事訴訟法第455條之21第3項之規定：「第一項情形，如有必要命參與人本人到場者，應傳喚之；其經合法傳喚，無正當理由不到場者，得拘提之。」因而法院就沒收參與人財產之事項，於參與人到庭陳述對其權利之維護係屬重要事項或為發現真實等必要之情形，得傳喚參與人之本人到場，此時應使用傳票，傳票上並應載明經合法傳喚無正當理由不到場者得命拘提之法律效果。又同條第4項則規定：「第七十一條、第七十二條至第七十四條、第七十七條至第八十三條及第八十九條至第九十一條之規定，於前項參與人之傳喚及拘提準用之。」故而，對於參與沒收程序之第三人進行傳喚及拘提，應準用上開相關之規定。

（八）對參與人之告知

刑事訴訟法第455條之22規定：「審判長應於審判期日向到場之參與人告知下列事項：一、構成沒收理由之事實要旨。二、訴訟進行程度。三、得委任代理人到場。四、得請求調查有利之證據。五、除本編另有規定外，就沒收其財產之事項，準用被告訴訟上權利之規定。」此為法院於審判期日對到場之參與之第三人，踐行告知義務之相關規定，其中有關於記載於參與沒收程序裁定之訴訟進行程度若有變動，應注意再行告知，且上開告知義務之踐行，應記明筆錄，以茲明確。

（九）參與沒收程序之證據調查

又刑事訴訟法第455條之23規定：「參與沒收程序之證據調查，不適用第一百六十六條第二項至第六項、第一百六十六條之一至第一百六十六條之六之規定。」因此法院於進行第三人參與沒收程序時，不適用刑事訴訟法有關詰問證人交互詰問之相關規定，因而沒收程序參與人就與沒收其財產有關之事項，所享有之詰問權，在避免延滯被告本案之訴訟程序情形之下，法院宜於當事人及其代理人、辯護人之詰問進行完畢後為之，至於為保障參與人反對詰問權之傳聞法則，則不在排除之列，故有關傳聞證據部分，縱對被告而言，已符合傳聞法則之例外規定而不受傳聞不得作為證據之限制，或依法本即毋庸再予調查傳喚（例如被告之本案部分經法院裁定行簡式審判程序）等情形，法院仍應依法提供參與人詰問證人之機會。

（十）參與沒收程序之言詞辯論

依刑事訴訟法第455條之24第1項規定：「參與人就沒收其財產事項之辯論，應於第二百八十九條程序完畢後，依同一次序行之。」依此規定，審判期日調查證據完畢後，應於檢察官、被告及辯護人就本案之事實及法律事項辯論及就科刑範圍表示意見後，再由檢察官、被告、辯護人、參與人或其代理人依序就沒收其財產之事項進行言詞辯論，至於被告及辯護人於沒收參與人財產事項辯論後，認有必要之時，自得依刑事訴訟法第289第2項之規定再為辯論。

另外刑事訴訟法第455條之24第2項規定：「參與人經合法傳喚或通知

而不到庭者，得不待其陳述逕行判決；其未受許可而退庭或拒絕陳述者，亦同。」此爲有關第三人參與沒收程序屬於得進行一造辯論判決（缺席判決）之規定。

（十一）參與沒收程序裁定准許後之撤銷

又刑事訴訟法第455條之25規定：「法院裁定第三人參與沒收程序後，認有不應參與之情形者，應撤銷原裁定。」因此如法院裁定准許第三人參與後發現裁定有誤，而有不應參與之情形者，原裁定法院應依其職權撤銷原裁定之規定。

四、法院之判決

又刑事訴訟法第455條之26第1項規定：「參與人財產經認定應沒收者，應對參與人諭知沒收該財產之判決；認不應沒收者，應諭知不予沒收之判決。」又同條第2項規定：「前項判決，應記載其裁判之主文、構成沒收之事實與理由。理由內應分別情形記載認定事實所憑之證據及其認定應否沒收之理由、對於參與人有利證據不採納之理由及應適用之法律。」又同條第3項則規定：「第一項沒收應與本案同時判決。但有必要時，得分別爲之。」

故而，關於沒收參與之第三人財產之裁判，應以參與人爲對象，於判決之主文中對其諭知，且參與沒收程序係以參與人爲特定對象，針對特定財產爲範圍，進行審理之程序，故判決結果無論該等財產應否沒收，均須逐一於主文內諭知，並於判決中說明認定所憑之證據與形成心證之理由。此與沒收被告財產之裁判，僅應諭知沒收之財產始需於判決主文中諭知，不予沒收部分僅於判決理由中說明即可之情形不同。又法院就刑事本案與沒收之裁判，原則上固應同時爲之，但於法院裁定參與沒收程序後，本案部分如有被告因病不能到庭而停止審判等情形，致無法賡續進行者，法院自得就參與沒收部分先爲判決。

五、上訴之範圍及效力

　　刑事訴訟法第455條之27第1項規定：「對於本案之判決提起上訴者，其效力及於相關之沒收判決；對於沒收之判決提起上訴者，其效力不及於本案判決。」依此規定，本案判決經當事人合法提起上訴者，相關之沒收判決縱未經參與人提起上訴，然因本案判決上訴效力所及，視為亦已上訴，故此部分沒收裁判之參與人亦取得於上訴審參與人之地位，法院仍應對其踐行相關之法定程序，此為就上訴範圍所為之特別規定。又參與人為關於沒收其財產裁判之受判決人，就其所受之沒收裁判，本得自行決定是否依刑事訴訟法一般上訴之規定提起上訴，如當事人就本案判決未上訴，僅參與人就其所受沒收判決提起上訴，因上訴效力不及於本案判決，本案判決即已確定，此時法院即應妥速檢卷送檢察官執行。

　　又刑事訴訟法第455條之27第2項規定：「參與人提起第二審上訴時，不得就原審認定犯罪事實與沒收其財產相關部分再行爭執。但有下列情形之一者，不在此限：一、非因過失，未於原審就犯罪事實與沒收其財產相關部分陳述意見或聲請調查證據。二、參與人以外得爭執犯罪事實之其他上訴權人，提起第二審上訴爭執犯罪事實與沒收參與人財產相關部分。三、原審有第四百二十條第一項第一款、第二款、第四款或第五款之情形。」此為有關參與人於上訴後對於案件爭點之限制規定。

六、準用之規定

　　又刑事訴訟法第455條之28規定：「參與沒收程序之審判、上訴及抗告，除本編有特別規定外，準用第二編第一章第三節、第三編及第四編之規定。」依此規定，第三人參與沒收程序之審判、上訴及抗告，除本編有特別規定外，均準用刑事訴訟法第二編第一章第三節、第三編及第四編之相關規定。

七、事後救濟之程序

（一）程序之啟動

又刑事訴訟法第455條之29第1項規定：「經法院判決沒收財產確定之第三人，非因過失，未參與沒收程序者，得於知悉沒收確定判決之日起三十日內，向諭知該判決之法院聲請撤銷。但自判決確定後已逾五年者，不得爲之。」此一規定乃關於經法院判決沒收財產確定之第三人事後救濟之程序規定，第三人須非因過失而未參與沒收之程序，始得於知悉沒收確定判決之日起三十日內，向諭知該判決之法院聲請撤銷，惟爲免法律關係長久處於不確定之狀態，故於但書規定自判決確定後已逾五年者，亦不得再行聲請撤銷。

又刑事訴訟法第455條之29第2項規定：「前項聲請，應以書面記載下列事項：一、本案案由。二、聲請撤銷宣告沒收判決之理由及其證據。三、遵守不變期間之證據。」此乃關於聲請撤銷之書狀應具備之格式之規定，如未依此格式而聲請，則其聲請爲不合法。

（二）聲請之效力

依刑事訴訟法第455條之30之規定，聲請撤銷沒收確定判決，無停止執行之效力；但管轄法院之檢察官於撤銷沒收確定判決之裁定前，得命停止。故而未參與沒收程序之第三人如向諭知該判決之法院聲請撤銷，對於原沒收判決之執行並不產生停止執行之法律效力，惟爲免執行後產生第三人之權利無法回復之情形，故特別於但書規定，管轄法院之檢察官於撤銷沒收確定判決之裁定前，得命停止，惟是否停止執行檢察官應視個案之狀況加以審酌後決定。

（三）法院之通知

依刑事訴訟法第455條之31之規定，法院對於撤銷沒收確定判決之聲請，應通知聲請人、檢察官及自訴代理人，予其陳述意見之機會。此爲法院之通知義務，除聲請人外，檢察官及自訴代理人亦有相當之利害關係，故均應加以通知，使其等有機會陳述意見，以保障其等之權利。

（四）法院之裁定及抗告

依刑事訴訟法第455條之32第1項之規定，法院認為撤銷沒收確定判決之聲請不合法律上之程式或法律上不應准許或無理由者，應以裁定駁回之，但其不合法律上之程式可以補正者，應定期間先命補正。故聲請有不合法律上之程式（如聲請書狀未記載應記載之事項）或法律上不應准許（如逾五年之期間）或無理由者，則應以裁定駁回之，惟如其不合法律上之程式可以補正者，應定期間先命補正，未依期限補正時始得裁定駁回。

又依刑事訴訟法第455條之32第2項之規定，法院認為聲請撤銷沒收確定判決有理由者，應以裁定將沒收確定判決中經聲請之部分撤銷。故如法院認為撤銷沒收確定判決之聲請有理由時，則應將原確定之沒收判決有關聲請之部分加以撤銷。

另依刑事訴訟法第455條之32第3項之規定，對於前開規定提起抗告時，對於抗告法院之裁定，得提起再抗告，此為得為再抗告之規定。

而依刑事訴訟法第455條之32第4項之規定，聲請撤銷沒收確定判決之抗告及再抗告，除本編有特別規定外，準用刑事訴訟法第四編相關之規定。

（五）裁定確定之效力

依刑事訴訟法第455條之33之規定，撤銷沒收確定判決之裁定確定後，法院應依判決前之程序，更為審判。應注意者，撤銷沒收確定裁判之程序，係對於沒收裁判前，因非可歸責於其本人之事由，未參與沒收程序之財產所有人，賦予其於判決確定後主張權利之機會，並非審查沒收裁判之妥當與否，故於撤銷沒收確定裁判後，應重新踐行合法之訴訟程序，而聲請人於回復原訴訟程序之後，即當然參與沒收之程序。

第三節　單獨沒收程序

一、管轄法院

　　刑事訴訟法第455條之34規定：「單獨宣告沒收由檢察官聲請違法行為地、沒收財產所在地或其財產所有人之住所、居所或所在地之法院裁定之。」此為單獨宣告沒收程序之管轄法院之規定，依此規定，單獨宣告沒收程序應由檢察官向法院提出聲請，管轄之法院則為違法行為地、沒收財產所在地或其財產所有人之住所、居所或所在地之法院。

二、聲請之格式

　　刑事訴訟法第455條之35規定：「前條聲請，檢察官應以書狀記載下列事項，提出於管轄法院為之：一、應沒收財產之財產所有人姓名、性別、出生年月日、住居所、身分證明文件編號或其他足資辨別之特徵。但財產所有人不明時，得不予記載。二、應沒收財產之名稱、種類、數量及其他足以特定沒收物或財產上利益之事項。三、應沒收財產所由來之違法事實及證據並所涉法條。四、構成單獨宣告沒收理由之事實及證據。」故而檢察官聲請法院單獨宣告沒收，應以書狀記載上開所列之各事項，提出於管轄法院為之。且依此規定，檢察官聲請單獨宣告沒收之案件，檢察官應就沒收之前提要件提出證據，其中與沒收財產事項有關之刑事違法事實存在部分，並應負說服之舉證責任。

三、法院之裁定

　　又刑事訴訟法第455條之36第1項規定：「法院認為單獨宣告沒收之聲請不合法律上之程式或法律上不應准許或無理由者，應以裁定駁回之。但其不合法律上之程式可以補正者，應定期間先命補正。」依此規定，法院對於檢察官單獨宣告沒收之聲請，如認為有不合法律上之程式（如聲請書狀未記載應記載之事項）或法律上不應准許或無理由者，則應以裁定駁回之，惟如其不合法律上之程式可以補正者，應定期間先命補正，未依期限

補正時始得裁定駁回。

又刑事訴訟法第455條之36第2項規定：「法院認為聲請單獨宣告沒收有理由者，應為准許之裁定。」同條第3項則規定：「對於前二項抗告法院之裁定，得提起再抗告。」

四、準用之規定

又依刑事訴訟法第455條之37之規定，本編關於第三人參與沒收程序之規定，於單獨宣告沒收程序準用之。故於單獨宣告沒收之程序係準用上開所述第三人參與沒收程序之相關規定，如有關參與沒收程序中，參與人享有之訴訟上權利及聲請撤銷沒收確定判決請求救濟之權利等規定均屬之。

第十一章
被害人訴訟參與

　　為提升犯罪之被害人於刑事訴訟程序中之地位，刑事訴訟法於民國108年12月10日完成立法院三讀之程序，於第七編之三增訂「被害人訴訟參與」之制度，使侵害生命、身體等特定類型之犯罪，其犯罪之被害人得以積極參與訴訟程序之進行，使其有一定獨立之訴訟地位，而不再只是附隨於公訴之檢察官下之一部分，本章即針對被害人訴訟參與制度之內容加以論述。

一、聲請訴訟參與之人

　　刑事訴訟法第455條之38第1項規定：「下列犯罪之被害人得於檢察官提起公訴後第二審言詞辯論終結前，向該管法院聲請參與本案訴訟：一、因故意、過失犯罪行為而致人於死或致重傷之罪。二、刑法第二百三十一條、第二百三十一條之一、第二百三十二條、第二百三十三條、第二百四十條、第二百四十一條、第二百四十二條、第二百四十三條、第二百七十一條第一項、第二項、第二百七十二條、第二百七十三條、第二百七十五條第一項至第三項、第二百七十八條第一項、第三項、第二百八十條、第二百八十六條第一項、第二項、第二百九十一條、第二百九十六條、第二百九十六條之一、第二百九十七條、第二百九十八條、第二百九十九條、第三百條、第三百二十八條第一項、第二項、第四項、第三百二十九條、第三百三十條、第三百三十二條第一項、第二項第一款、第三款、第四款、第三百三十三條第一項、第二項、第三百三十四條第一項、第二項第一款、第三款、第四款、第三百四十七條第一項、第三項、第三百四十八條第一項、第二項第二款之罪。三、性侵害犯罪防治法第二條第一項所定之罪。四、人口販運防制法第三十一條至第三十四條、第三十六條之罪。五、兒童及少年性剝削防制條例第三十二條至第三十五條、第三十六條第一項至第五項、第三十七條第一項之罪。」由上

開規定可知，並非任何犯罪之被害人均得在相關之刑事訴訟程序中為訴訟之參與，必須屬於上開所列各條之犯罪之被害人始得以為之，由於上開所列條文範圍甚為廣泛，故而犯罪之被害人參與訴訟程序之運用亦甚為普遍。

又刑事訴訟法第455條之38第2項規定：「前項各款犯罪之被害人無行為能力、限制行為能力、死亡或因其他不得已之事由而不能聲請者，得由其法定代理人、配偶、直系血親、三親等內之旁系血親、二親等內之姻親或家長、家屬為之。但被告具前述身分之一，而無其他前述身分之人聲請者，得由被害人戶籍所在地之直轄市、縣（市）政府或財團法人犯罪被害人保護協會為之。被害人戶籍所在地不明者，得由其住（居）所或所在地之直轄市、縣（市）政府或財團法人犯罪被害人保護協會為之。」此一規定在於考量犯罪之被害人可能係因有無行為能力、限制行為能力、死亡或其他不得已之事由而無法聲請訴訟參與，為使被害人一方之訴訟程序參與權利仍能獲得保障，故而特別規定在此情形之下，得由被害人之法定代理人、配偶、直系血親、三親等內之旁系血親、二親等內之姻親或家長、家屬為訴訟參與之聲請。惟本項之但書規定，如被告具前述身分之一，而無其他前述身分之人聲請訴訟參與者，得由被害人戶籍所在地之直轄市、縣（市）政府或財團法人犯罪被害人保護協會為之，被害人戶籍所在地不明者，得由其住（居）所或所在地之直轄市、縣（市）政府或財團法人犯罪被害人保護協會為之。

二、聲請訴訟參與之方式

刑事訴訟法第455條之39第1項規定：「聲請訴訟參與，應於每審級向法院提出聲請書狀。」依此規定，被害人或其家屬如欲在刑事訴訟程序中聲請訴訟參與，應以提出書面之方式為之，不得以言詞聲請，且必須每一審判之級別分別提出，亦即每一審級提出之參與書狀僅在當次之審級有效，如進入下一審級則應再行提出參與書狀。

刑事訴訟法第455條之39第2項規定：「訴訟參與聲請書狀，應記載下列事項：一、本案案由。二、被告之姓名、性別、出生年月日、身分證明文件編號或其他足資辨別之特徵。三、非被害人者，其與被害人之身分關係。四、表明參與本案訴訟程序之意旨及理由。」此為關於被害人或其家

屬聲請訴訟參與書狀應記載事項之規定，故提出訴訟參與之書狀，應遵行上開規定之事項加以記載，始合於法定之程式。

三、法院之決定

依刑事訴訟法第455條之40第1項規定：「法院對於前條之聲請，認為不合法律上之程式或法律上不應准許者，應以裁定駁回之。但其不合法律上之程式可補正者，應定期間先命補正。」因此法院對於訴訟參與之聲請應先審酌是否合於法律上之程式，例如是否以書面提出、是否記載依法應記載之事項等，及是否法律上得以允許，例如是否法律規定得聲請訴訟參與之犯罪之被害人等等，如有不合法律上之程式或法律上不應准許者，則法院應以裁定駁回聲請。但如不合法律上之程式可補正者，例如應記載之事項漏未記載，而並非不能補正，則應定期間先命其補正，如未依照期間補正再加以駁回。

又刑事訴訟法第455條之40第2項規定：「法院於徵詢檢察官、被告、辯護人及輔佐人之意見，並斟酌案件情節、聲請人與被告之關係、訴訟進行之程度及聲請人之利益，認為適當者，應為准許訴訟參與之裁定；認為不適當者，應以裁定駁回之。」訴訟參與之聲請如無不合法律上之程式或法律上不應准許之情形，則法院即應在徵詢檢察官、被告、辯護人及輔佐人之意見後，並同時斟酌案件相關情節、聲請人與被告之關係、訴訟進行之程度及聲請人之利益等因素，決定訴訟之參與是否適當，其認為訴訟參與適當者，即應為准許訴訟參與之裁定，如認為訴訟參與不適當者，則應以裁定駁回之。

又刑事訴訟法第455條之40第3項規定：「法院裁定准許訴訟參與後，認有不應准許之情形者，應撤銷原裁定。」故而如法院原裁定准許訴訟參與，其後如發現有不應准許之情形，得以裁定撤銷原准許訴訟參與之裁定。而所謂不應准許應包括聲請不合法律上之程式、法律上不應准許或訴訟參與不適當之情形。

又刑事訴訟法第455條之40第4項規定：「前三項裁定，不得抗告。」因而無論法院以不合法裁定駁回訴訟參與之聲請，或認為訴訟參與適當裁定准許，或認為訴訟參與不適當而裁定駁回之，或准許訴訟參與後認不應准許而撤銷原裁定，當事人均不得加以抗告，此項規定之目的在於避免因

是否准許訴訟參與有爭執而造成訴訟程序之延宕。

四、訴訟參與之代理

又依刑事訴訟法第455條之41第1項之規定，訴訟參與人得隨時選任代理人。故訴訟參與人不必親自出庭參與訴訟之程序，其可委任代理人代理其出庭參與訴訟程序。而同條第2項則規定，第28條至第30條、第32條之規定，於訴訟參與人之代理人準用之；第31條第1項第3款至第6款、第2項至第4項之規定，於訴訟參與人未經選任代理人者並準用之。故訴訟參與之代理人準用刑事訴訟法有關被告辯護人及指定辯護之相關規定。

又刑事訴訟法第455條之42第1項規定，代理人於審判中得檢閱卷宗及證物並得抄錄、重製或攝影。但代理人為非律師者，於審判中對於卷宗及證物不得檢閱、抄錄、重製或攝影。依本項之規定，訴訟參與之代理人於審判中有檢閱卷宗及證物並得抄錄、重製或攝影之權利，惟此權利僅限於具有律師身分之代理人，如代理人並非由律師充任，則代理人即無上開檢閱卷宗等權利。

又依照刑事訴訟法第455條之42第2項之規定，無代理人或代理人為非律師之訴訟參與人於審判中得預納費用請求付與卷宗及證物之影本。但卷宗及證物之內容與被告被訴事實無關或足以妨害另案之偵查，或涉及當事人或第三人之隱私或業務秘密者，法院得限制之。故而，如訴訟參與人並未委任代理人或委任之代理人非律師，則為保障其訴訟上之權利，乃規定其得預納費用請求付與卷宗及證物之影本，以使其得以順利進行其訴訟參與之程序；但卷宗及證物之內容如與被告被訴事實無關或足以妨害另案之偵查，或涉及當事人或第三人之隱私或業務秘密者，則或與訴訟參與之進行無關或有保密之必要，法院均得加以限制。又依照同條第3項之規定，對於此一但書之限制，得提起抗告，以資救濟。

五、訴訟參與人之程序參與

（一）準備程序之參與

刑事訴訟法第455條之43第1項規定：「準備程序期日，應通知訴訟參

與人及其代理人到場。但經合法通知無正當理由不到場或陳明不願到場者，不在此限。」又同條第2項則規定：「第二百七十三條第一項各款事項，法院應聽取訴訟參與人及其代理人之意見。」因而訴訟參與之聲請經准許後，法院於進行案件之準備程序期日，即應通知訴訟參與人及其代理人到場，但如已經合法通知無正當理由不到場或陳明不願到場者，自不在此限；且訴訟參與人及其代理人到場後，法院應聽取其等就法院處理有關刑事訴訟法第273條第1項所列各款準備程序應行處理之事項（如起訴效力所及之範圍與有無應變更檢察官所引應適用法條之情形等）之意見。

（二）審判程序之參與

　　刑事訴訟法第455條之44規定：「審判期日，應通知訴訟參與人及其代理人。但經合法通知無正當理由不到場或陳明不願到場者，不在此限。」因而訴訟參與之聲請經准許後，法院不僅於準備程序期日應通知訴訟參與人及其代理人到場，包括審判期日之進行亦應通知訴訟參與人及其代理人，惟經合法通知無正當理由不到場或陳明不願到場者，亦不在此限。

　　又刑事訴訟法第455條之45第1項規定，多數訴訟參與人得由其中選定一人或數人，代表全體或一部訴訟參與人參與訴訟。同條第2項則規定，未依前項規定選定代表人者，法院認為必要時，得限期命為選定，逾期未選定者，法院得依職權指定之。同條第3項則規定，前二項經選定或指定之代表人得更換、增減之。同條第4項則規定，本編所定訴訟參與之權利，由經選定或指定之代表人行使之。此乃因犯罪被害人之家屬有法定資格者並非單一，如同時有多數之人聲請參與訴訟，而法院亦均准許時，為避免參與訴訟之人數過多，各自意見不一易影響訴訟程序之順利進行，乃特別規定得由其中選定一人或數人，代表全體或一部訴訟參與人參與訴訟；而如訴訟參與人本身未選定訴訟參與之代表人，法院認為必要時，亦得限期命為選定，逾期未選定者，法院亦得依職權指定之；又經選定或指定之代表人亦得更換、增減之，並非一經選定或指定即不得變更。又經選定或指定之代表人，則當然代表全體之訴訟參與人行使本編所定訴訟參與之各項權利。

　　如上所述，審判期日應通知訴訟參與人及其代理人，故刑事訴訟法第

455條之46第1項乃規定，每調查一證據畢，審判長應詢問訴訟參與人及其代理人有無意見；同條第2項則規定，法院應予訴訟參與人及其代理人，以辯論證據證明力之適當機會。本條之規定係訴訟參與之核心之一，主要賦予訴訟參與人及其代理人在刑事審判之程序中，得以如同當事人之身分一般，對於個別之調查證據，審判長均應逐一於調查完畢後詢問訴訟參與人及其代理人有無意見，且對於證據之證明力亦應給予之適當機會加以辯論。

又依刑事訴訟法第455條之47之規定，審判長於行第289條關於科刑之程序前，應予訴訟參與人及其代理人、陪同人就科刑範圍表示意見之機會。如前所述，刑事訴訟法審判期日於進行言詞辯論後，即應就科刑範圍辯論之，此時如有訴訟參與之情形，則在進行科刑之辯論前，應予訴訟參與人及其代理人、陪同人就科刑範圍表示意見之機會。所謂予訴訟參與人及其代理人、陪同人等就科刑範圍表達意見，係由訴訟參與人及其代理人、陪同人向法院表達其希望法院對於被告為如何科刑之意見，其等科刑意見之形成，通常來自於犯罪被害人之感受，包括犯罪之遭遇、被害之事實，犯罪後之身心狀況等等，而在犯罪被害人死亡之情形，則有關其遺屬與死者之關係，被害人死亡對家屬之影響，也有被告犯罪後之態度或其他情事，故而應為法院量刑時之重要參考，否則即失去被害人訴訟參與制度設計之目的。

第十二章
執　行

第一節　概述

一、意義

　　刑事訴訟之目的在於確定國家具體之刑罰權，故刑事之裁判確定後即須以公權力強制實現其內容，此即刑事之執行。刑事之執行在刑事訴訟法中僅規定執行之一般原則，至於實際上執行刑罰之法律上之作為，尚有其他特別之立法加以規定，例如監獄行刑法、保安處分執行法、外役監條例等等法律均屬之。

二、執行之類型

　　刑事之執行係依據刑事確定之裁判而來，故刑事之執行內容可分為刑罰、沒收、保安處分及其他裁判之執行四大類。

（一）刑罰

　　刑罰之執行包括刑法第32條規定之主刑及從刑，主刑依刑法第33條之規定，有死刑、無期徒刑、有期徒刑、拘役、罰金等項目，至於從刑則為褫奪公權。

（二）沒收

　　沒收依修正前刑法第34條之規定原屬於從刑之一種，惟民國105年7月1日開始施行之修正後刑法刪除第34條之條文，並將沒收視為獨立之法律效果，而非屬於一般所稱刑罰之從刑。

（三）保安處分

保安處分依刑法之規定有監護處分、禁戒處分、強制工作處分、強制治療處分及驅逐出境處分等等。

（四）其他裁判

其他刑罰及保安處分之外之裁判，亦有予以執行之必要，如扣押物之處分、保證金之沒入及刑事訴訟法所規定科處之罰鍰，如對於證人科處之罰鍰等等。

三、執行之時期

刑事裁判之執行，依刑事訴訟法第456條之規定，除關於保安處分者外，於確定後執行之，但有特別規定者，不在此限。故原則上除關於保安處分之執行及法律有特別規定時，有關於上開所述之刑罰及其他裁判於確定時，即應加以執行，故如裁判有不待送達即告確定之情形，亦不須待裁判之正本送達後始得執行。

至於保安處分則視其性質依相關規定執行，如強制工作之保安處分，依刑法第90條第1項之規定於刑之執行前執行；另法律另有規定之情形，則依各該法律之規定；如一般而言裁定即時生效且可執行，雖依法提起抗告，依刑事訴訟法第409條第1項之規定無停止執行之效力；又如死刑之執行依刑事訴訟法第461條第1項前段之規定，應經司法行政最高機關令准後始得執行。

四、執行之指揮

指揮刑事裁判之執行，依法院組織法第60條第1款之規定係屬檢察官之法定職權之一，而依刑事訴訟法第457條第1項之規定，執行裁判由為裁判法院對應之檢察署檢察官指揮之。但其性質應由法院或審判長、受命法官、受託法官指揮，或有特別規定者，不在此限。

故原則上刑事裁判之執行由為刑事裁判內容之法院相對應之檢察署檢察官指揮執行，故如案件經地方法院判決有罪並科處刑罰而未經上訴確

定，則應由該地方法院相對應之檢察署檢察官指揮執行，又如案件經上級法院經上級法院撤銷改判其他刑罰，則由上級法院相對應之檢察署檢察官指揮執行該判決。惟有時性質上依照案件之性質，由法院之審判長或受命法官執行較爲適當，故刑事訴訟法第457條第1項但書乃規定，但其性質應由法院或審判長、受命法官、受託法官指揮，或有特別規定者，不在此限。例如，在審判中對於被告爲論知羈押之裁定，此時依刑事訴訟法第103條第1項之規定，則其執行應依審判長或受命法官之指揮爲之。

又依刑事訴訟法第457條第2項之規定，因駁回上訴抗告之裁判，或因撤回上訴、抗告而應執行下級法院之裁判者，由上級法院對應之檢察署檢察官指揮之。故而執行原則上「由爲裁判法院對應之檢察署檢察官指揮之」，然而如有撤回上訴抗告之裁判，或因撤回上訴、抗告等情形，其裁判之內容係下級法院所爲，故此時特別規定，仍由上級法院對應之檢察署檢察官指揮之。

又因執行裁判須有刑事案件裁判之卷宗爲據，且基於檢察一體之精神，故如卷宗在下級法院者，則依刑事訴訟法第457條第3項之規定，前二項情形，其卷宗在下級法院者，由下級法院對應之檢察署檢察官指揮執行。

檢察官指揮執行之方式，依刑事訴訟法第458條之規定，應以指揮書附具裁判書或筆錄之繕本或節本爲之，但如係執行刑罰或保安處分以外之指揮，且依規定毋庸製作指揮書者，即不在此限。

五、執行之順序

同一受刑人可能先後經判處刑罰確定而須執行，此時即產生何者先爲執行之問題，故刑事訴訟法第459條即規定，二以上主刑之執行，除罰金外，應先執行其重者，但有必要時，檢察官得命先執行他刑。故同一受刑人如經宣告有二個以上之主刑時，除罰金因係屬財產權之執行得隨時爲之外，其餘主刑則應先執行較重者；例如受刑人A因甲罪經判處有期徒刑十年確定，又因乙罪經判處有期徒刑五年確定，且二者之間無定應執行刑之問題時，則檢察官應指揮先執行甲罪後執行乙罪。惟此並非絕對之執行順序，檢察官仍需視情況，如有必要時亦得先執行較輕之主刑。

第二節　刑罰之執行

一、執行前之強制處分

　　受死刑、徒刑或拘役諭知之受刑人，如因在受羈押之強制處分之中，則其執行較無問題，惟如其未經羈押者，則須經強制處分之程序始得執行，故依刑事訴訟法第469條之規定，受死刑、徒刑或拘役之諭知，而未經羈押者，檢察官於執行時，應傳喚之，傳喚不到者，應行拘提；又此等因已判決確定待執行，故亦得依刑事訴訟法第76條第1款及第2款之規定逕行拘提其到案執行，及依刑事訴訟法第84條之規定通緝之；凡此均為檢察官為順利執行死刑、無期徒刑、有期徒刑或拘役依法所得為之強制處分手段。

二、死刑之執行

（一）執行之程序

　　死刑係剝奪被告之生命權，為刑罰中最為嚴苛之一種，且於執行後如發現錯誤亦無回復之可能，此為死刑之不可回復性，故死刑之執行應較其他刑罰更為慎重始是。因而刑事訴訟法第460條乃規定，諭知死刑之判決確定後，檢察官應速將該案卷宗送交司法行政最高機關亦即法務部，又依刑事訴訟法第461條之規定，死刑應經司法行政最高機關令准，於令到三日內執行之，但執行檢察官發見案情確有合於再審或非常上訴之理由者，得於三日內電請司法行政最高機關，再加審核。

　　又依刑事訴訟法第462條之規定，死刑應於監獄內執行之；而死刑之執行時，依刑事訴訟法第463條第1項之規定，應由檢察官親自蒞視，並命書記官在場；又依同條第2項之規定，執行死刑，除經檢察官或監獄長官之許可者外，不得入行刑場內。另為期慎重起見，刑事訴訟法第464條復規定，執行死刑，應由在場之書記官製作筆錄，且筆錄應由檢察官及監獄長官簽名。

（二）停止執行

受死刑宣告之受刑人，如有心神喪失之情形，或懷有身孕者，基於人道之考量，均不宜冒然執行死刑，故刑事訴訟法第465條第1項、第2項分別規定，受死刑之諭知者，如在心神喪失中，或受死刑諭知之婦女懷胎者於其生產前，均屬停止執行死刑之事由，並由司法行政最高機關以命令停止執行死刑。而因上開情形停止死刑之執行者，於其停止之事由消滅後，亦即心神喪失者痊癒或懷胎者生產後，則可執行死刑，惟依刑事訴訟法第465條第3項之規定，非有司法行政最高機關命令，不得執行，易言之，仍應由司法行政最高機關依一定之程序下死刑之執行命令始得執行，以求慎重。

三、自由刑之執行

（一）執行之方式

刑罰之主刑除死刑外，其餘如無期徒刑、有期徒刑及拘役均屬剝奪人身自由之自由刑，自由刑之執行，依刑事訴訟法第466條之規定，除法律別有規定外，於監獄內分別拘禁之，令服勞役，但得因其情節，免服勞役。故無期徒刑、有期徒刑及拘役者應在監獄內以拘禁身體之方式執行之，並應命服勞役，惟此可視情形免除之，如年齡老邁之受刑人無法負荷勞役，則可免除之。此項免服勞役之執行，依刑事訴訟法第478條之規定，應由指揮執行之檢察官以命令為之。監獄執行自由刑，其具體之實施方法依監獄行刑法之規定為之，不在刑事訴訟法規定之範圍內。

（二）停止執行

受徒刑或拘役諭知之受刑人，如有心神喪失、懷胎五月以上、生產未滿二月及現罹疾病恐因執行而不能保其生命等四種情形者，則基於人道之考量，刑事訴訟法第467條規定，應依檢察官之指揮，於其痊癒或該事故消滅前，停止執行。至於是否符合上開所列之四種事由，而應停止執行，則須依具體個案由負責指揮執行之檢察官依職權為之。例如受刑人身體生有重病，則檢察官應考量其病情之狀況，確認在監獄內是否有足夠之醫療

人員及設施，可確保其生命不至於無法維持，如監獄內之醫療人員及設施無法確保該受刑人得以繼續存活，則得依檢察官指揮停止自由刑之執行。

又依刑事訴訟法第468條之規定，受徒刑或拘役諭知之受刑人，如有上開情形而停止自由刑之執行時，檢察官得以命令將受刑人送入醫院或其他適當之處所，此措施之目的在於使受刑人得以接受適當之治療或照護，俾便於身體狀況之回復，所得繼續執行自由刑，故此段期間並不許算入執行自由刑之期間。

四、罰金之執行

罰金、罰鍰、沒收及沒入之裁判，其執行依刑事訴訟法第470條第1項前段之規定，應依檢察官之命令執行之；同項但書則規定，罰金、罰鍰於裁判宣示後，如經受裁判人同意而檢察官不在場者，得由法官當庭指揮執行。故有關罰金、罰鍰、沒收及沒入之裁判之執行，原則上應由檢察官以命令為之，而罰金及罰鍰之部分則亦得例外由法官當庭指揮執行之。又依同條第2項之規定，上開檢察官之執行命令與民事執行名義有同一之效力，亦即檢察官上開之執行命令可作為民事強制執行之執行名義而進行民事之強制執行程序。又依同條第3項之規定，其中罰金及沒收之部分，其執行之效力及於受刑人之遺產，故罰金及沒收得就受刑人之遺產執行。

又依刑事訴訟法第471條第1項之規定，上開有關罰金等之執行，準用執行民事裁判之規定，故此時原則上應依強制執行法之相關規定加以執行，例如強制執行法第122條第2項規定，對於第三人之債權，係維持債務人及其共同生活之親屬生活所必需者，不得為強制執行，因而如檢察官係對於監獄所保管在監受刑人之金錢執行罰金之裁判時，自應依上開強制執行法之規定，酌留在監受刑人生活所必需之金錢是也。又依同條第2項之規定，其執行檢察官於必要時，得囑託地方法院民事執行處為之；又依同條第3項之規定，檢察官之囑託執行，免徵執行費。

五、易科罰金、易服社會勞動或勞役之執行

所謂易科罰金、易服社會勞動或勞役，均屬易刑之處分，易言之，其原本之宣告刑係有期徒刑、拘役或罰金，因顧及執行之效果，故規定得以

其他方式代替執行。

依刑法第41條第1項前段之規定，犯最重本刑爲五年以下有期徒刑以下之刑之罪，而受六個月以下有期徒刑或拘役之宣告者，得以新臺幣一千元、二千元或三千元折算一日，易科罰金。目前實務上易科罰金之折算標準於法院刑事判決主文中諭知，檢察官依主文諭知之折算標準執行。惟依同條項但書之規定，易科罰金，難收矯正之效或難以維持法秩序者，不在此限，故如檢察官認爲有期徒刑如易科罰金執行，對於受刑人而言難收矯正之效或就個案情節難以維持法秩序者，得不准許易科罰金。

依刑法第41條第2項、第42條分別定有有期徒刑或拘役得易服社會勞動，或罰金得易服勞役之規定，又刑法第42條之1並定有罰金易服勞役之再易服社會勞動之規定。依刑事訴訟法第479條之規定，依上開刑法規定易服社會勞動或易服勞役者，由指揮執行之檢察官命令之，易服社會勞動，由指揮執行之檢察官命令向該管檢察署指定之政府機關、政府機構、行政法人、社區或其他符合公益目的之機構或團體提供勞動，並定履行期間。

另依刑事訴訟法第480條之規定，罰金易服勞役者，應與處徒刑或拘役之人犯，分別執行；又刑事訴訟法第467條及第469條有關停止執行及強制處分之規定，於易服勞役準用之；又刑事訴訟法第467條有關停止執行之規定，於易服社會勞動準用之。

六、易以訓誡之執行

刑事訴訟法第482條之規定，依刑法第43條易以訓誡者，由檢察官執行之。依刑法第43條之規定，受拘役或罰金之宣告，而犯罪動機在公益或道義上顯可宥恕者，得易以訓誡，如符合易以訓誡之規定者，依本條之規定，係由檢察官爲執行。

七、從刑之執行

（一）沒收物之執行

依刑事訴訟法第472條之規定，沒收物，由檢察官處分之。沒收物之

處分方式依個案而有所不同,有破毀、廢棄、移歸國庫或送交有關機關處理等等之方式;例如沒收之槍砲、彈藥,應依規定移送指定之軍方兵工廠庫處理,又如毒品如合於醫藥、研究或訓練用則送交衛生行政主管機關之行政院衛生福利部處理。

又沒收物或追徵之財產,如另有權利人出面主張權利時,則依刑事訴訟法第473條之規定,於裁判確定後一年內,由權利人聲請發還者,或因犯罪而得行使債權請求權之人已取得執行名義者聲請給付,則除應破毀或廢棄者外,檢察官應發還或給付之,其已變價者,應給與變價所得之價金。又同條第2項則規定,聲請人對前項關於發還、給付之執行不服者,準用第484條之規定。同條第3項則規定,上開第1項之變價、分配及給付,檢察官於必要時,得囑託法務部行政執行署所屬各分署為之。同條第4項則規定,上開第1項之請求權人、聲請發還或給付之範圍、方式、程序與檢察官得發還或給付之範圍及其他應遵行事項之執行辦法,由行政院定之。

又依刑事訴訟法第474條之規定,偽造或變造之物,檢察官於發還時,應將其偽造、變造之部分除去或加以標記。此乃因偽造或變造係屬犯罪之行為,故而其行為所造成之物體之狀態,應予以去除或加以標記,不得令其繼續以偽造或變造之形式存在。

至於在刑事訴訟程序中經為扣押處分之物,如在裁判中並未經宣告沒入,則應予以發還,又依刑事訴訟法第475條之規定,扣押物之應受發還人所在不明,或因其他事故不能發還者,檢察官應公告之;自公告之日起滿二年,無人聲請發還者,以其物歸屬國庫;又在公告之期間內,如係無價值之物得廢棄之;如係不便保管之物者,得命變價而保管其價金。

(二) 褫奪公權之執行

褫奪公權之執行刑事訴訟法並未規定,而依刑法第36條之規定,褫奪公權者,褫奪為公務員及為公職候選人之資格;又依刑法第37條第4項之規定,褫奪公權之宣告,自裁判確定時發生效力,又依同條第5項之規定,因宣告一年以上有期徒刑,依犯罪之性質認為有褫奪公權之必要而宣告一年以上十年以下褫奪公權者,其期間自主刑執行完畢或赦免之日起算,但同時宣告緩刑者,其期間自裁判確定時起算之。故褫奪公權之執行

不待檢察官之指揮為之，於裁判確定時即發生剝奪受刑人為公務員及為公職候選人資格之效力。

八、撤銷緩刑宣告及更定其刑之聲請

（一）撤銷緩刑宣告之聲請

　　被告經判決宣告緩刑確定後，如有刑法第75條規定之情形者應撤銷緩刑之宣告，如有第75條之1規定之情形者得撤銷緩刑之宣告，此時依刑事訴訟法第476條之規定，由受刑人所在地或其最後住所地之地方法院檢察官聲請該法院裁定之。

（二）更定其刑之聲請

　　又裁判確定後始發覺為累犯者，應依刑法第48條之規定更定其刑，又依刑法第53條及第54條有數罪執行時，應依刑法第51條第5款至第7款之規定定其應執行之刑者，此時均應依刑事訴訟法第477條第1項之規定，由該案犯罪事實最後判決之法院之檢察官，聲請該法院裁定之。又上開定應執行刑之聲請，為檢察官所專有之權限，受刑人或其他第三人依法不得逕自向法院聲請定其應執行之刑，惟依刑事訴訟法第477條第2項之規定，受刑人或其法定代理人、配偶，得請求檢察官聲請之。

　　惟有疑問者乃檢察官聲請法院定應執行刑之時，如法院發現尚有其他得合併定執行之刑罰時，得否依職權將其一併定執行刑。對此實務之見解認為，檢察官聲請定受刑人之執行刑者，法院僅能於檢察官聲請之範圍之內依法加以裁定，如受刑人尚有其他得以合併定應執行刑之罪刑者，仍應由該管檢察官另行聲請法院裁定之，此有最高法院101年度台抗字第392號裁定意旨可供參照。

第三節　保安處分之執行

保安處分於裁判確定時即發生執行之效力，惟其執行之時間則依其性質之不同，有於刑之執行完畢或赦免後爲之者，亦有於刑之執行前爲之者。保安處分之執行除刑事訴訟法之規定外，依保安處分執行法之相關規定爲之，另依毒品危害防制條例之規定經法院裁定觀察勒戒及強制戒治者，則另依毒品危害防制條例第29條之規定所制定之觀察勒戒處分執行條例及戒治處分執行條例等法律規定爲之。

一、類型及管轄

刑事訴訟法第481條第1項規定，下列刑法第一編第十二章保安處分事項，由檢察官聲請該案犯罪事實最後裁判之法院裁定之：（一）依刑法第87條第3項前段許可延長監護，第91條之1第1項施以強制治療，第92條第2項撤銷保護管束執行原處分，第99條許可拘束人身自由處分之執行，及其他拘束人身自由之保安處分者；（二）依刑法第86條第3項但書、第87條第3項但書、第88條第2項但書、第89條第2項但書或第98條第1項前段免其處分之執行，第91條之1第2項停止強制治療，第92條第1項以保護管束替代，第93條第2項付保護管束，第98條第1項後段、第2項、第3項免其刑之執行，第99條許可非拘束人身自由處分之執行，及其他非拘束人身自由之保安處分者。

由於保安處分之內容有拘束人身自由者，有非拘束人身自由者，基於正當法律程序之層級化保障，自應依是否拘束人身自由，而於法院審核時踐行不同之程序，故而本項分列第1款與第2款加以規定。至於管轄之法院則爲「該案犯罪事實最後裁判之法院」，亦即保安處分之受處分人其刑事案件最後之事實審法院。

而依刑法第18條第1項之規定，未滿十四歲人之行爲不罰，又依刑法第19條第1項之規定，行爲時因精神障礙或其他心智缺陷，致不能辨識其行爲違法或欠缺依其辨識而行爲之能力者不罰，此時檢察官應爲不起訴處分，惟依刑事訴訟法第481條第2項之規定，如認有宣告保安處分之必要，得聲請法院裁定之。此時法院如裁定被告應受保安處分，則檢察官自得依

上開規定執行之。

　　又依刑事訴訟法第481條第3項之規定，法院於裁判時如未併予宣告保安處分，而檢察官認爲有宣告之必要者，得於裁判後三個月內，聲請法院裁定之。蓋法院於宣告被告之刑事案件時，未必均併爲保安處分之宣告，此時如檢察官認爲有宣告保安處分之必要者，得於裁判後三個月內，聲請法院裁定之。而法院如依此裁定被告應受保安處分，則檢察官自得依上開之規定執行之。

二、聲請之格式及裁定

　　刑事訴訟法第481條之1第1項規定，檢察官聲請爲前條所列處分時，應以聲請書敍明理由及證據，並同時以聲請書繕本通知受處分人。蓋檢察官聲請執行保安處分之理由及有關證據，係法官裁准與否之依據，檢察官向法院聲請時，自應以聲請書敍明理由及證據向該管法院爲之，並同時以聲請書繕本通知受處分人，以即時保障其資訊獲知之權利。

　　又刑事訴訟法第481條之1第2項規定，法院認爲前條之聲請不合法律上之程序或法律上不應准許或無理由者，應以裁定駁回之。但其不合法律上之程序可補正者，應定期間先命補正。依此規定，法院受理第481條之聲請，如認爲聲請有不合法律上之程序或法律上不應准許之不合法情形，如非由檢察官聲請，或聲請書未敍明證據等等，或聲請並無理由者，均應以裁定駁回之。惟若不合法律上之程序可補正者，法院自應定期間先命補正，逾期不補正者，始以聲請之程序違背規定而以裁定駁回之，避免法院逕予駁回，致使檢察官又重新聲請而延滯，損及受處分人之權益。

　　又刑事訴訟法第481條之1第3項規定，法院認爲聲請有理由者，應以裁定准許之。故而檢察官之聲請如合法並有理由，則法院應爲准許之裁定，又法院爲裁定前，得依刑事訴訟法第222條第2項規定衡情爲必要之調查，如得通知適當專業人士到場協助解讀鑑定及評估報告等自不待言。

三、聲請之期間

　　刑事訴訟法第481條之2第1項規定，檢察官依刑法第一編第十二章聲請爲下列處分，除有正當事由者外，應於下列期限內提出於該管法院：

（一）依刑法第87條第3項前段許可延長監護，或許可延長其他拘束人身自由之保安處分，至遲於執行期間屆滿之二個月前；（二）依刑法第91條之1第1項第1款施以強制治療，至遲於徒刑執行期滿之二個月前；（三）依刑法第99條許可拘束人身自由處分之執行，至遲於該處分得執行期間屆滿之二個月前。保安處分之受處分人已執行刑法第一編第十二章監護或其他拘束人身自由之保安處分期間屆滿，或在監所內執行徒刑期滿前，或就未開始或繼續執行之處分於七年之可執行期間即將屆滿之情形，倘有即時聲請許可延長監護或其他拘束人身自由之保安處分、施以強制治療之必要或許可執行拘束人身自由處分等情形者，自應由檢察官妥速為之，使法院得以有充足之時間審酌後加以裁定。

　　刑事訴訟法第481條之2第2項規定，前項正當事由，檢察官應於聲請時釋明之。檢察官如未能依照上開規定之期間提出聲請者，應於聲請時釋明其正當事由，例如其逾期聲請係因監獄依監獄行刑法之規定於刑期屆滿前四個月，將受刑人應接受強制治療之鑑定、評估報告等相關資料，送請該管檢察署檢察官，然而因法院裁定受刑人應執行之刑致其刑期縮短等原因，而不及於徒刑執行期滿出監之二個月前提出聲請等情形，可認檢察官逾期聲請其有正當事由，惟應於聲請時釋明之。

四、強制辯護之準用

　　依刑事訴訟法第481條之3第1項之規定，上開第481條第1項第1款之聲請，有下列情形之一，且未經選任辯護人者，法院應指定公設辯護人或律師為其辯護，並準用第31條第2項及第4項之規定：（一）身心障礙，致無法為完全之陳述；（二）其他經法院認有必要。故保安處分之受處分人如因身心障礙致無法為完全陳述，或因其他事由有顯然不能為自己辯護之情形，法院認有必要者，應指定辯護人為其辯護，以保障其辯護倚賴權。又經受處分人選任之辯護人，無正當理由不到庭者，法院得指定公設辯護人或律師，而法院已指定辯護人後，受處分人選任律師為辯護人者，得將指定之辯護人撤銷，此刑事訴訟法第31條第2項及第4項之規定於此應有準用之必要。

　　又依刑事訴訟法第481條之3第2項之規定，第35條之規定，於前項情形準用之。故保安處分之受處分人如因身心障礙，致無法為完全之陳述，

或有其他經法院認有必要之情形者，第481條第1項第1款之聲請案件，準用刑事訴訟法第35條有關輔佐人之資格、權限及相關規定，以保障受處分人之權益。

五、檢閱卷證等相關權利

刑事訴訟法第481條之4第1項規定，辯護人於第481條第1項第1款之案件得檢閱卷宗及證物並得抄錄、重製或攝影。檢察官向法院為第481條第1項第1款之聲請之相關證據，係法官是否裁准而拘束受處分人人身自由之依據，自應許受處分人之辯護人檢閱，並得抄錄、重製或攝影，以便發揮辯護人之具體功能，保障受處分人之權益。

又刑事訴訟法第481條之4第2項規定，受處分人於第481條第1項第1款之案件得預納費用請求法院付與卷宗及證物之影本。但有下列情形之一，經檢察官另行分卷敘明理由及限制範圍，請求法院限制受處分人獲知者，法院得限制之：（一）有事實足認有危害他人生命、身體、隱私或業務秘密之虞；（二）有事實足認有妨害受處分人醫療之虞。基於正當法律程序之原則，受處分人對於拘束其人身自由聲請之相關卷宗及證物，自應享有卷證獲知權，惟受處分人如閱覽卷證，有事實足認有危害他人生命、身體、隱私或業務秘密之虞，或有妨害受處分人後續醫療之虞者，如影響受處分人與醫師等醫療人員間之信賴關係，為衡平受處分人之資訊獲知權及保障他人權益、維持後續醫療所需，檢察官自得將該部分卷證另行分卷後敘明理由，並將限制部分遮掩、封緘後，請求法院限制受處分人獲知，此時法院得限制受處分人獲知此部分之卷宗及證物。又刑事訴訟法第481條之4第3項規定，受處分人於第481條第1項第1款之案件經法院許可者，得在確保卷宗及證物安全之前提下檢閱之。但有前項但書情形，或非屬其有效行使防禦權之必要者，法院得限制之。如法院認為適當者，在確保卷證安全之前提下，自得許受處分人親自檢閱卷證，惟倘有上開所述第2項但書各款之情形，或檢閱卷證並非受處分人有效行使防禦權之必要方式者，法院自得予以限制。而法院於判斷檢閱卷證是否屬受處分人有效行使防禦權所必要時，應審酌其案件涉及之內容、有無替代程序、司法資源之有效運用等因素，綜合認定之，例如受處分人已取得影本而獲知相關卷證資訊，仍無正當理由要求直接接

觸、檢閱卷證，即非屬其有效行使防禦權之必要，此時自得加以限制。
又依刑事訴訟法第481條之4第4項之規定，對於依前二項但書所為之限
制，得提起抗告。故受處分人對於上開卷證獲知權之限制如有不服者，法
律亦賦予其救濟之程序，得依照本項之規定提起抗告，以周全保障其訴訟
上之防禦權。

　　又刑事訴訟法第481條之4第5項規定，持有第1項及第2項卷宗及證物
內容之人，不得就該內容為非正當目的之使用。依目前使用之電子卷證等
科技方式取得之卷證內容，具有便利複製、流通快速之特性，持有其內容
之人，包括辯護人、受處分人及任何輾轉取得卷證內容之第三人，如就該
內容為非正當目的之使用，已違反保障卷證獲知權之目的，且有損及他人
權益及司法公正之虞，故應加以禁止。

　　又刑事訴訟法第481條之4第6項規定，依第1項至第3項得檢閱卷宗及
證物或抄錄、重製或攝影者，除本條另有規定外，準用第38條之1規定之
閱卷規則。依上開第1項至第3項而得以檢閱卷宗及證物或抄錄、重製或攝
影者，其閱卷相關事宜應有具體之規範，故規定準用第38條之1由司法院
會同行政院定閱卷規則之規定。

六、法院之調查程序

　　刑事訴訟法第481條之5第1項規定，法院受理第481條第1項第1款所
列處分之聲請，除顯無必要者外，應指定期日傳喚受處分人，並通知檢
察官、辯護人、輔佐人。法院受理檢察官上開第481條第1項第1款之聲請
後，除顯無必要之情形（如聲請顯屬程序上不合法而無法補正或顯無理由
而應予駁回者），為保障受處分人之到場陳述意見權，應指定期日，傳喚
受處分人到庭，並通知檢察官、辯護人及輔佐人。

　　又依刑事訴訟法第481條之5第2項之規定，前項期日，檢察官得到
場陳述意見。但法院認有必要者，檢察官應到場陳述聲請理由或提出
必要之證據。檢察官係代表國家提出聲請，自「得」於法院指定之期
日到場陳述意見，但法院如認有必要者，例如聲請書所載之理由所引
用法條矛盾、證據缺漏等，則「應」到場陳述聲請理由或提出必要之
證據，以利受處分人及辯護人之防禦，並使法院得以妥適加以裁定。
又依刑事訴訟法第481條之5第3項規定，法院應給予到場受處分人、辯護

人、輔佐人陳述意見之機會。但經合法傳喚、通知無正當理由不到場，或陳明不願到場者，不在此限。依此規定，法院應給予到場受處分人、辯護人、輔佐人陳述意見之機會，惟如法院已合法傳喚、通知其等到場陳述意見，而其等無正當理由不到場，或陳明不願到場表示意見者，則不在此限。

七、準用之規定

　　刑事訴訟法第481條之6第1項規定，法院受理第481條第1項第2款所列處分之聲請，有下列情形之一，準用前三條之規定：（一）檢察官聲請依刑法第91條之1第2項之停止強制治療者；（二）其他經法院認有必要者。法院受理第481條第1項第2款所列處分，原係屬於非拘束人身自由之情形，故無上開第481條之3、之4、之5規定之適用，惟其中如屬於刑法第91條之1第2項之停止強制治療程序，及法院認為有必要者，仍應準用上開第481條之3、之4、之5規定之適用之規定以為周全。

　　又刑事訴訟法第481條之6第2項規定，除有前項所定情形之一者外，法院認為適當時，得於裁定前給予受處分人、辯護人以言詞或書面陳述意見之機會。蓋第481條第1項第2款之聲請案件係屬非拘束人身自由之情形，故規定法院認為適當時，亦得於裁定前給予受處分人、辯護人以言詞或書面陳述意見之機會，據以妥速審結，並保障受處分人權益，至於適當與否，自應由法院依具體個案審酌。

　　又依刑事訴訟法第481條之6第3項之規定，依刑法第91條之1第2項鑑定、評估認無繼續強制治療必要，而檢察官仍為繼續強制治療之執行指揮，經受處分人依第484條聲明異議，除顯無必要者外，準用前三條之規定。受處分人依刑法第91條之1第2項鑑定、評估認無繼續強制治療必要，而檢察官仍為繼續強制治療之執行指揮，此時受處分人得依第484條聲明異議，此情形除顯無必要者外，準用第481條之3、之4、之5之規定。又所謂顯無必要者，如受處分人以書面聲明異議後，經徵詢檢察官亦同意鑑定、評估結果而改認無繼續強制治療之必要，法院依卷內事證已可認定無維持原處分之必要者，此時即得以書面妥速審結。

　　又刑事訴訟法第481條之7規定，法院受理第481條第2項及第3項所列處分之聲請時，應分別準用下列規定辦理：（一）聲請宣告拘束人身自由

之保安處分者，準用第481條之3至第481條之5規定；（二）聲請宣告非拘束人身自由之保安處分者，準用前條第1項及第2項規定。限制人身自由基本權之程度不同，得踐行不同程度之正當法律程序，檢察官依第481條第2項或第3項聲請宣告保安處分，應依其性質而準用不同之程序規定，其如係拘束人身自由者，所踐行之正當法律程序，應較爲嚴謹，而應準用第481條之3至第481條之5之程序規定，反之，則準用第481條之6第1項及第2項規定已足。

第四節　聲明疑義及聲明異議

　　刑事訴訟程序在檢察官起訴後即形成法院、檢察官、被告之三角關係，惟在執行之階段與偵查中相同，並無上開三角關係之存在，而基本上係檢察官基於法定職權對於受刑人之指揮命令關係。惟在此一二面關係之中，亦可能產生法律適用上之爭議，故此時應准許由當事人、受刑人或其他利害關係人向法院提出聲請，以解決爭端，其中包括聲明疑義及聲明異議二種。

一、聲明疑義

　　所謂聲明疑義，係指當事人對於有罪裁判之文義有疑義時，向諭知該裁判之法院聲請加以進一步說明裁判之意義，以便執行之內容得以明確，依刑事訴訟法第483條之規定，當事人對於有罪裁判之文義有疑義者，得向諭知該裁判之法院聲明疑義。

　　所謂諭知該裁判之法院，實務見解認爲係指具體的宣示主刑、從刑之法院而言；例如最高法院27年度聲字第19號判例即謂：「刑事訴訟法第四百八十七條規定，當事人對於有罪裁判之解釋有疑義者，得向諭知該裁判之法院聲明疑義，所謂諭知該裁判之法院，係指諭知科刑判決，即具體的宣示主刑、從刑之法院而言。」又如最高法院80年度台抗字第323號裁定亦謂：「諭知該裁判之法院乃指對被告之有罪裁判，於主文內實際宣示其主刑、從刑之裁判而言。若裁判主文並未諭知主刑、從刑，係因被告不

服該裁判，向上級法院提起上訴或抗告，經上級法院維持原裁判，而諭知上訴或抗告駁回者，因其對原裁判之主刑、從刑未予更易，本身復未宣示如何之主刑、從刑，自非該條所指諭知該裁判之法院。」除此之外，另有最高法院82年度台聲字第9號裁定可供參照。

　　至於聲明疑義之對象，依實務之見解認為，係指科刑判決之主文而言，不及於判決之理由；例如最高法院27年度聲字第19號判例即謂：「所謂對於有罪裁判之解釋有疑義，係指對於科刑判決主文有疑義而言，至對於判決之理由，則不許聲明疑義，蓋科刑判決確定後，檢察官應依判決主文而為執行，倘主文之意義明瞭，僅該主文與理由之關係間發生疑義，並不影響於刑之執行，自無請求法院予以解釋之必要。」又如最高法院75年度台抗字第162號裁定亦謂：「所謂對於有罪裁判之文義有疑義，指原判決主文之意義不甚明顯，致生執行上之疑義者而言。」

　　又依刑事訴訟法第485條之規定，聲明疑義應以書狀為之，且於法院為裁判前得以書狀撤回之，在監所之受刑人疑義之聲明或撤回均準用第351條之規定。又法院收受聲明疑義之書狀後，應就疑義加以裁定，此刑事訴訟法第486條定有明文。

二、聲明異議

　　執行係由檢察官對於受刑人以命令指揮為之，如受刑人對於檢察官之指揮執行認為有不適當之處，應賦予法律救濟之途徑。故依刑事訴訟法第484條乃規定，受刑人或其法定代理人或配偶以檢察官執行之指揮為不當者，得向諭知該裁判之法院聲明異議；此項規定即係對檢察官之指揮執行，認有不當時，受刑人或其法定代理人或配偶尋求救濟之方法，聲請法院撤銷或變更該項不當之執行指揮。

　　此所謂諭知裁判之法院，依實務之見解認為，係指對於被告為有罪之判決並於主文內宣示刑罰之法院而言；例如最高法院79年台聲字第19號判例即謂：「諭知該裁判之法院乃指對被告之有罪判決，於主文內實際宣示其主刑、從刑之裁判而言，若判決主文並未諭知主刑、從刑，係因被告不服該裁判，向上級法院提起上訴，而上級法院以原審判決並無違誤，上訴無理由，因而維持原判決諭知上訴駁回者，縱屬確定之有罪判決，但因對原判決之主刑、從刑未予更易，其本身復未宣示如何之主刑、從刑，自非

該條所指諭知該裁判之法院。」

　　至於所謂檢察官執行之指揮不當，依實務之見解認為，係指就刑之執行或其方法違背法令，或雖非違法而因處置失當，致受刑人蒙受重大不利益者而言，故檢察官之執行指揮不合法及雖未違反法律之相關規定，惟認為有不適當之處，均屬得據以聲明異議之理由。又是否屬於檢察官執行之指揮，而得為聲明異議之標的，應從檢察官所為之實質內容觀察，不應侷限於已核發執行指揮書之情形，例如：「檢察官就得易科罰金或得易服社會勞動之有期徒刑或拘役執行之案件，若於傳喚受刑人之傳票上註明該受刑人不得易科罰金或不得易服社會勞動之旨，應認檢察官實質上已為否定該受刑人得受易刑處分利益之指揮命令，該部分之記載，自得為聲明異議之標的，不受檢察官尚未製作執行指揮書之影響。」此有最高法院107年台抗字第209號裁定意旨可資參照。

　　依上所述，檢察官關於應否准予易科罰金之執行指揮，受刑人或其法定代理人或配偶得依刑事訴訟法第484條之規定向法院聲明異議之聲明，且法院若認其為不當時，得撤銷或變更之，此有大法官會議釋字第245號解釋及最高法院77年度台非字第158號、97年度台非字第349號判決可資參照。因而關於得易科罰金之案件，法院裁判所諭知者，僅易科罰金折算之標準，至是否不准易科罰金，係由執行檢察官依刑法第41條第1項但書規定，審酌受刑人是否有因易科罰金，難收矯正之效或難以維持法秩序之例外情形而為決定，而所謂「難收矯正之效」及「難以維持法秩序」，乃指執行檢察官依具體個案，經考量犯罪特性、情節及受刑人個人特殊事由等事項後，綜合評價、權衡之結果。此一評價、權衡結果，固屬檢察官裁量權之範疇，惟仍須以其裁量權行使之程序無明顯瑕疵為前提。是就受刑人對於檢察官否准易科罰金之相關命令聲明異議案件，法院應先審查檢察官所踐行之否准程序有無明顯瑕疵，而後始有審查檢察官所審酌之事項有無錯誤，有無與刑法第41條第1項但書所定之裁量要件欠缺合理關聯性之情事，所為之裁量有無超越法律授權範圍等實體事項之問題；此有上開最高法院107年台抗字第209號裁定意旨可資參照。就程序方面而言，檢察官對於受刑人犯罪之特性、情節等事項，固得事先依確定之卷內資料予以審查，惟受刑人個人特殊事由等事項，則須在給予受刑人有向執行檢察官表示（包括言詞或書面）其個人特殊事由之機會之情況下（包含在檢察官未傳喚受刑人，或已傳喚受刑人但受刑人尚未到案前，受刑人先行提出易

科罰金聲請之情形），檢察官始能對受刑人是否有個人之特殊事由及其事由為何，一併予以衡酌；若檢察官未給予受刑人表示有無個人特殊事由之機會，即逕為不准易科罰金之執行命令，其所為否准之程序，自有明顯瑕疵，即屬執行之指揮不當。而執行檢察官如於給予受刑人表示其個人特殊事由之機會，經審酌上述包括受刑人個人特殊事由在內之事項，並綜合評價、權衡後，仍認受刑人有刑法第41條第1項但書所定之情形，而為否准受刑人易科罰金之執行命令，始為檢察官裁量權之行使，惟實務之見解認為，此時檢察官仍應詳酌執行有期徒刑或拘役是否顯有困難，妥為考量後為適法之執行指揮，否則，其自由裁量權之行使即難謂適當。

另實務之見解亦認為，假釋中受保護管束人違反保護管束規則，情節重大，撤銷假釋執行殘刑仍屬刑事裁判執行之一環，為廣義之司法行政處分，受保護管束人對於檢察官所指揮執行撤銷假釋之原因事實，如有不服，非不得依刑事訴訟法第484條之規定，俟檢察官指揮執行該假釋撤銷後之殘刑時，由受刑人或其法定代理人或配偶向當初諭知該刑事裁判之法院，聲明異議以求救濟，此時法院自得就受保護管束人是否遵守保護管束之規則，如有違反，其情節是否重大加以審查，以決定是否維持或撤銷、變更其處分，以達救濟之目的，此有最高法院94年度台抗字第8號裁定意旨可供參照。

又實務上曾有爭議者，乃法院依刑事訴訟法第484條之規定，就聲明異議所為之裁定，有無一事不再理原則之適用？對此最高法院110年度台抗大字第1314號刑事裁定認為：「法院依刑事訴訟法第484條、第486條之規定，就聲明異議所為之裁定，無一事不再理原則之適用。」其理由略以：「故聲明異議限於受刑人或其法定代理人或配偶始得提起，且其審查標的為檢察官執行之指揮有無不當，既無陷受刑人處於更不利地位之危險及負擔，復無置受刑人於重複審問處罰的危險或磨耗之中，自與一事不再理原則之核心價值與目的有別。」

又依刑事訴訟法第485條之規定，聲明異議應以書狀為之，且於法院為裁判前得以書狀撤回之，在監所之受刑人異議之聲明或撤回均準用第351條之規定。又法院收受聲明異議之書狀後，應就其異議之事項加以裁定，此刑事訴訟法第486條亦定有明文。

第十三章
附帶民事訴訟

一、意義

　　刑事案件之犯罪事實常牽涉侵權行爲而有民事上損害賠償責任之問題，故爲便利當事人民事及刑事訴訟能一併進行，並用以求事實認定之一致及節省相關之訴訟資源，故而允許在刑事案件之訴訟程序中附帶提起民事訴訟以請求損害賠償，此即所謂之刑事附帶民事訴訟[1]。

　　刑事附帶民事訴訟之請求以犯罪事實所造成之損害爲限，亦即損害與犯罪之不法行爲間須具有因果關係；如認爲：「因犯罪而受損害之人，於刑事訴訟程序固得附帶提起民事訴訟，對於被告請求回復其損害，但其請求回復之損害，以被訴犯罪事實所生之損害爲限，否則縱令得依其他事由，提起民事訴訟，亦不得於刑事訴訟程序附帶爲此請求。」此有最高法院60年度台上字第633號判例意旨可供參照，又如：「附帶民事訴訟，係因犯罪而受損害之人，爲請求回復其損害，於刑事訴訟程序附帶提起之民事訴訟，故提起是項訴訟，須限於加害人之犯罪事實侵害個人私權，致生

---

[1]　有關刑事附帶民事訴訟於智慧財產案件審理法有特別之規定，智慧財產案件審理法第63條第1項規定：「審理第五十四條第一項及第二項案件之附帶民事訴訟，其刑事訴訟經依刑事訴訟法第一百六十一條第二項裁定駁回起訴者，應以裁定駁回原告之訴，並準用刑事訴訟法第五百零三條第一項至第三項規定。」同條第2項規定：「審理第五十四條第一項及第二項案件之附帶民事訴訟，除最高法院依刑事訴訟法第五百零八條至第五百十一條規定裁判者外，應自爲裁判，不適用刑事訴訟法第五百零四條第一項、第五百十一條第一項本文規定。但依刑事訴訟法第四百八十九條第二項規定諭知管轄錯誤及移送者，不在此限。」又智慧財產案件審理法第64條第1項規定：「不服地方法院關於第五十四條第一項案件或第一審智慧財產法庭受理之案件，依通常、簡式審判或協商程序之附帶民事訴訟所爲裁判，提起上訴或抗告者，應向第二審智慧財產法庭爲之。」第2項則規定：「不服第一審智慧財產法庭關於第五十四條第二項第一款案件依簡易程序之附帶民事訴訟所爲裁判，提起上訴或抗告者，應向該智慧財產法庭之合議庭爲之。」第3項則規定：「不服第二審智慧財產法庭受理之案件，依通常、簡式審判或協商程序之附帶民事訴訟所爲裁判，提起上訴或抗告者，應依刑事訴訟法規定，向最高法院爲之。」此爲有關智慧財產案件附帶民事訴訟之相關規定，自應優先於刑事訴訟法附帶民事訴訟之規定適用。

損害者，始得爲之，其損害之發生，與加害人之不法行爲須有因果關係，應爲當然之解釋。」此亦有最高法院79年度台上字第1728號判決意旨可供參照。故如甲趁乙不在家中侵入乙之住宅竊取財物，得手後欲離開之際，適乙返家見甲在家中一時驚嚇所致心臟病發作送醫後不治死亡，於此情形之下，則乙死亡之損害並非甲竊盜之犯罪事實所造成，易言之，二者之間並無因果關係存在，則不得於乙經起訴之竊盜刑事案件，對於乙之死亡部分之損害提起刑事附帶民事訴訟。

又實務上認爲得提起附帶民事訴訟之犯罪事實，並不以被告侵害之犯罪事實所觸犯之罪名，是否經獨立論處罪刑爲必要；如認爲：「雖於刑事法上所犯之罪，由於牽連關係（指舊刑法之牽連犯）不另單獨宣告其刑，抗告人仍非不得於刑事訴訟程序附帶提起民事訴訟，對該相對人及其他依民法應負賠償責任之人請求賠償其損害。」此有最高法院70年度台抗字第406號判例意旨可供參照。

二、附帶民事訴訟之當事人

刑事附帶民事訴訟本質上亦屬於民事訴訟，故有原告及被告兩造之存在：

（一）原告

刑事訴訟法第487條第1項規定：「因犯罪而受損害之人，於刑事訴訟程序得附帶提起民事訴訟，對於被告及依民法負賠償責任之人，請求回復其損害。」依此規定，附帶民事訴訟之原告以因犯罪而受有損害者爲限，所謂因犯罪而受有損害者，係指因刑事被告之犯罪行爲而受有損害者而言，即受損害原因之事實，即係被告之犯罪事實，包括直接受有損害及間接受有損害在內。換言之，因刑事被告之犯罪行爲致其身體、自由、名譽或財產等個人私法上之權利受有損害者，均得爲附帶民事訴訟之原告；例如，被害人死亡者，則被害人對其負有扶養義務之第三人是。故而附帶民事訴訟之是否成立，應注意其所受損害，是否因犯罪行爲所生，至其損害之爲直接間接，在所不問。至於附帶民事訴訟得以請求之範圍，依同條第2項規定：「前項請求之範圍，依民法之規定。」惟仍應與犯罪行爲有

關者為限，例如，在道路交通事故（即車禍）之案件中，刑事部分為過失傷害，因而原告在附帶民事之求償部分，僅得請求其因交通事故而受傷所產生之醫療費用或營業損失，如係有關車輛之毀損之損失等，則與受傷無關，自不在其內。

（二）被告

附帶民事訴訟之被告除刑事訴訟程序之被告外，尚包括依民法之規定應負賠償責任之人在內，例如某甲受僱於某乙公司擔任送貨之營業大貨車司機，如甲於駕駛營業大貨車載運貨物中，因過失造成交通事故導致被害人死亡，則在甲被訴過失致死之刑事案件中，其僱用人乙公司依民法第188條第1項，應連帶負損害賠償之責任，則乙公司即得為附帶民事訴訟之被告。

三、附帶民事訴訟之提起

（一）提起之期間

刑事附帶民事訴訟之提起有時間之限制，刑事訴訟法第488條規定：「提起附帶民事訴訟，應於刑事訴訟起訴後第二審辯論終結前為之。但在第一審辯論終結後提起上訴前，不得提起。」因而提起附帶民事訴訟須於刑事案件繫屬於第一審之法院後，即檢察官提出起訴書並將卷宗及證物一併移送法院之時點或之後，惟縱在第一審法院審理之期間未提出附帶民事訴訟，仍得於第二審法院辯論終結前提出，然而因第一審辯論終結後未提起上訴前，因是否上訴尚不得而知，故此期間不得提出附帶民事訴訟。

至於在檢察官聲請簡易判決處刑之案件，因第一審法院得不經言詞辯論逕為簡易判決處刑，故而提起附帶民事訴訟之時點，須在案件移送第一審法院之時點或之後，且在法院作出處刑判決之前，如法院已作出處刑之判決，則案件已經終結，繫屬關係已不存在，此時即不得再提起附帶民事訴訟。

（二）管轄之法院

附帶民事訴訟之設計既係為與刑事案件一併審理節省訴訟資源，並求事實認定之一致，故原則上其管轄法院應與刑事案件相同，故刑事訴訟法第489條第1項乃規定：「法院就刑事訴訟為第六條第二項、第八條至第十條之裁定者，視為就附帶民事訴訟有同一之裁定。」因而刑事案件部分如因具有相牽連之關係而裁定移送其他法院管轄，或因管轄競合、指定管轄或移轉管轄，而由上級法院裁定移轉其他法院管轄，則上開就刑事案件移轉管轄之裁定，視為就附帶民事訴訟部分有同一之裁定，亦即認為裁定之效力及於附帶民事之部分。此外，如刑事案件部分因原受理之法院無管轄權，而諭知管轄錯誤及移送該案件於其他有管轄權之法院者，則刑事訴訟法第489條第2項即規定：「就刑事訴訟諭知管轄錯誤及移送該案件者，應併就附帶民事訴訟為同一之諭知。」即應併就附帶民事訴訟部分為同一之移送管轄之諭知。

（三）提起之程式

刑事附帶民事訴訟之提起，可分為書面及言詞二種方式。以書面提起者，依刑事訴訟法第492條之規定，應以訴狀提出於法院為之，且訴狀準用民事訴訟法關於訴狀之規定。另依刑事訴訟法第493條之規定，訴狀及各當事人準備訴訟之書狀，應按他造人數提出繕本，由法院送達於他造。至於以言詞提起者，依刑事訴訟法第495條之規定，得由原告於審判期日到庭時，以言詞提起之，此時應陳述訴狀所應表明之事項，記載於筆錄，且準用刑事訴訟法第41條第2項至第4項之規定，亦即前項筆錄應向受訊問人朗讀或令其閱覽，詢以記載有無錯誤，受訊問人請求將記載增、刪、變更者，應將其陳述附記於筆錄，筆錄應命受訊問人緊接其記載之末行簽名、蓋章或按指印；又原告以言詞起訴時如他造不在場，或雖在場而請求送達筆錄者，法院應將筆錄送達於他造。

四、附帶民事訴訟之審理

附帶民事訴訟之審理程序原則上係準用關於刑事訴訟之規定，但經移

送或發回、發交於民事庭後，應適用民事訴訟法，此刑事訴訟法第490條定有明文規定。蓋附帶民事訴訟既係依附刑事案件而存在，其進行自然應依刑事訴訟之相關規定為之，以免程序上發生牴觸，惟既經移送或發回、發交於民事庭後，其與刑事案件之審理即已分離，自然應依其民事事件之本質而適用民事訴訟法之規定進行。

惟刑事訴訟法就附帶民事訴訟之審理如有特別規定，即應適用其規定，而無上開原則之適用。所謂之特別規定包括下列各項：

（一）民事訴訟之準用

附帶民事訴訟雖係依附刑事案件存在，惟其本質上仍係屬民事之事件，故有關於民事訴訟法之相關規定，自有在附帶民事訴訟程序中準用之必要，因而刑事訴訟法第491條即規定：「民事訴訟法關於左列事項之規定，於附帶民事訴訟準用之：一、當事人能力及訴訟能力。二、共同訴訟。三、訴訟參加。四、訴訟代理人及輔佐人。五、訴訟程序之停止。六、當事人本人之到場。七、和解。八、本於捨棄之判決。九、訴及上訴或抗告之撤回。十、假扣押、假處分及假執行。」上開之規定均屬民事訴訟之基本原則規定，故於附帶民事訴訟有加以準用之必要。

（二）當事人及關係人之傳喚

依刑事訴訟法第494條之規定，刑事訴訟之審判期日，得傳喚附帶民事訴訟當事人及關係人，此乃使法院得以在刑事案件中一併審理附帶民事訴訟之部分，以求訴訟之經濟。

（三）審理之時期

又刑事訴訟法第496條規定：「附帶民事訴訟之審理，應於審理刑事訴訟後行之。但審判長如認為適當者，亦得同時調查。」依此規定，附帶民事訴訟之審理，應於審理刑事訴訟後為之，惟審判長如認為適當者，亦得同時調查，蓋如審理之事實或證據互有關聯，自無須分別於刑事訴訟程序及附帶民事訴訟程序為之，以俾節省審理之時間；故而附帶民事訴訟原則上係緊接於刑事訴訟程序之後進行，亦即先進行本案之刑事訴訟部分，

再進行附帶民事訴訟部分，惟為免調查證據之程序重複而浪費司法資源及當事人之時間，審判長得視情況於適當時，同時進行刑事訴訟及附帶民事訴訟之調查。

（四）證據之調查

又刑事訴訟法第499條第1項規定：「就刑事訴訟所調查之證據，視為就附帶民事訴訟亦經調查。」此規定之目的在於達到附帶民事訴訟訴訟經濟之主要目的，惟同條第2項復規定：「前項之調查，附帶民事訴訟當事人或代理人得陳述意見。」以資兼顧其等之權利。

（五）得不待陳述而為判決

刑事訴訟法第498條規定：「當事人經合法傳喚，無正當之理由不到庭或到庭不為辯論者，得不待其陳述而為判決；其未受許可而退庭者亦同。」此即所謂之一造辯論判決或缺席判決。

（六）檢察官參與之排除

依刑事訴訟法第497條規定：「檢察官於附帶民事訴訟之審判，毋庸參與。」蓋檢察官係基於刑事訴訟程序中追訴者之地位，而於刑事案件之審判程序到場執行公訴職務，故對於附帶民事訴訟之部分其自不須參與，條文特別加以明定以杜爭議。

（七）事實之認定

刑事訴訟法第500條規定：「附帶民事訴訟之判決，應以刑事訴訟判決所認定之事實為據。但本於捨棄而為判決者，不在此限。」蓋附帶民事訴訟係依附刑事訴訟而進行，以達訴訟經濟之目的，理論上仍係不同之案件，惟如果允許在附帶民事訴訟部分，作出與刑事訴訟部分不同之事實認定，則其謬誤不言可論，故有上開之特別規定，惟如民事部分係捨棄而為之判決，則無限制事實認定同一之必要，故不在此限。惟應注意者，此所謂以刑事訴訟判決所認定之事實為據，係指在刑事判決時同時為附帶民事

訴訟之判決而言，如附帶民事訴訟業經送於民事庭，則其已成為獨立之民事訴訟，其裁判自不受刑事判決認定事實之拘束，此有最高法院48年度台上字第713號判例意旨可供參照。

（八）判決期間

刑事訴訟法第501條規定：「附帶民事訴訟，應與刑事訴訟同時判決。」此乃在於附帶民事訴訟既係依附刑事訴訟案件存在，自然有必要一併判決，以省訴訟程序，並避免當事人之等待。惟此一規定依目前實務之見解不過為一種訓示規定，非謂附帶民事訴訟於刑事訴訟判決後，其訴訟繫屬即歸消滅，換言之，即不能謂對附帶民事訴訟已不得再行裁判，此有最高法院86年度台抗字第98號裁定意旨可供參照。

五、附帶民事訴訟之裁判

附帶民事訴訟之裁判種類可分為以下幾種情形：

（一）法院認為原告之訴不合法或無理由者

刑事訴訟法第502條第1項規定：「法院認為原告之訴不合法或無理由者，應以判決駁回之。」依此規定，法院審理附帶民事訴訟應先審酌案件是否合法再審酌有無理由，如有不合法或無理由之情形，則應以判決駁回之。此所謂不合法者，包括提起之程式不合法律之規定，或提起之期間不合法律之規定，例如刑事訴訟部分尚未經提起公訴或自訴而不存在、第二審法院已辯論終結或第一審法院辯論終結後上訴之前，此時均不得提起附帶民事訴訟，如經提起即屬不合法，均應依上開規定予以判決駁回，此有最高法院73年度台上字第2187號、75年度台附字第59號判決意旨可資參照。又所謂無理由者，一般係指依民法上之法律關係，原告對於被告之請求並無依據而言，亦即原告對於被告欠缺民事法律關係上請求被告賠償之法律依據。

實務上有問題者，乃非因犯罪所受有損害之人提起附帶民事訴訟，應係屬不合法或無理由？對此實務曾有不同之見解；早期之實務見解傾向

於認為係屬無理由，如認為：「於刑事訴訟程序提起附帶民事訴訟，只須原告主張其係因被告犯罪而受損害之人，即得為之。至於原告是否因被告犯罪而受有損害，乃屬其訴有無理由之問題。」此有最高法院67年度台抗字第48號裁定意旨可供參照；惟晚近之見解則傾向係屬不合法，如認為：「非因刑事犯罪而直接受損害之人提起附帶民事訴訟，依刑事訴訟法第487條第1項規定，其訴為不合法。」此有最高法院96年度台抗字第46號裁定意旨可供參照，另87年臺灣高等法院暨所屬法院法律座談會之見解同此可供參照。

（二）認為原告之訴有理由者

又刑事訴訟法第502條第2項規定：「認為原告之訴有理由者，應依其關於請求之聲明，為被告敗訴之判決。」所謂原告之訴有理由者，應係指原告之請求在民事之法律關係上有理由，亦即其請求有民事法律關係上之依據而言。

（三）刑事訴訟諭知無罪、免訴或不受理之判決

又刑事訴訟法第503條第1項前段規定：「刑事訴訟諭知無罪、免訴或不受理之判決者，應以判決駁回原告之訴。」就此實務見解一般認為上開無罪、免訴或不受理判決之諭知不以在判決主文中所顯示者為限，如係於理由中交待亦屬之，如「檢察官以被告連續數行為而犯同一之罪名提起公訴者，法院如僅認其中一行為成立犯罪，固無須就犯罪不能證明部分，特於主文中諭知無罪，惟刑事訴訟法第五百零七條（即現行第503條）第一項所謂刑事訴訟諭知無罪，按諸立法本旨，自係包含此種情形在內，故關於上述犯罪不能證明部分之附帶民事訴訟，亦應依同條項之規定，以判決駁回之。」此有最高法院29年上字第48號判例意旨可供參照。

惟刑事訴訟與民事訴訟本係不同之訴訟關係，應基於訴訟經濟而允許民事訴訟部分附帶起訴，如原告對於刑事訴訟部分進行之結果不服時，自應賦予其權利，得聲請將附帶民事訴訟移送管轄法院之民事庭，為此刑事訴訟法第503條第1項但書乃規定：「但經原告聲請時，應將附帶民事訴訟移送管轄法院之民事庭。」上開情形經原告聲請時，應將附帶民事訴訟

移送管轄法院之民事庭。然應注意者，原告聲請移送之時點應在判決駁回前，如附帶民事訴訟部分業經法院判決駁回，此時其訴訟關係已經終結，即不得再爲移送之聲請，縱有提出聲請亦應予以駁回。又此所稱之管轄法院，實務上認爲應依民事訴訟法管轄權之相關規定定之，如「（刑事訴訟法第503條第1項）所謂管轄法院，係指依民事訴訟法第一條至第二十條所定就該受移送之民事訴訟事件有管轄權之法院而言。」此有最高法院86年度台抗字第129號裁定意旨可供參照。

　　另附帶民事訴訟經裁定移送管轄法院之民事庭後，則此時附帶民事訴訟即已非依附於刑事訴訟部分，而與一般單獨提起民事訴訟相同，故刑事訴訟法第503條第3項乃規定：「第一項但書移送案件，應繳納訴訟費用。」

　　又刑事訴訟法第503條第1項但書、第3項規定者係指刑事訴訟諭知無罪、免訴或不受理之判決之情形者，而如係刑事訴訟部分諭知有罪之判決，惟原告所提之附帶民事訴訟與同法第487條第1項規定要件不符時，如何處理刑事訴訟法並未規定，依照目前實務之見解係認爲，此時基於同一理由，應類推適用刑事訴訟法第503條第1項但書、第3項之規定，以維當事人之訴訟權益。

　　又自訴之案件，有依法裁定駁回自訴之情形，如依刑事訴訟法第326條第3項之規定，經訊問及調查後認爲案件有刑事訴訟法第252條所規定絕對不起訴處分之情形，得以裁定駁回自訴，此情形與諭知不受理之判決相同，故刑事訴訟法第503條第4項乃規定：「自訴案件經裁定駁回自訴者，應以裁定駁回原告之訴，並準用前三項之規定。[2]」

（四）附帶民事訴訟確係繁雜，非經長久時日不能終結其審判

　　依刑事訴訟法第504條第1項之規定，附帶民事訴訟部分如法院認確係繁雜，非經長久時日不能終結其審判者，得以合議裁定移送該法院之民事庭；其因不足法定人數不能合議者，由院長裁定之。此乃因附帶民事訴訟有時牽涉之法律關係較刑事訴訟部分複雜，無法在短期內審理終結，如不

---

[2]　有學者認爲在公訴程序中，法院依刑事訴訟法第161條第2項規定裁定駁回檢察官之起訴之情形，亦有類推適用上開刑事訴訟法第503條第4項規定之必要。見朱石炎著，刑事訴訟法論，2009年8月，頁574。

移送民事庭審理，恐影響到刑事訴訟部分之終結，故特設此規定，惟此項裁定不論刑事訴訟部分係獨任審判或合議審判之案件，均應以合議之形式爲之，如不足法定人數則由法院之院長裁定之。

又應注意者，依刑事訴訟法第504條第1項規定之移送法院係「該法院之民事庭」而非「管轄法院之民事庭」，此與第503條第1項但書之規定不同，故應由審理刑事訴訟部分之法院之民事庭取得管轄之權限，因此如在第二審之刑事訴訟程序始提出附帶民事訴訟，依上開規定係由刑事庭將附帶民事訴訟事件移送同法院民事庭，而由該法院之民事庭進行附帶民事訴訟事件第一審之審判。可見起訴合法之附帶民事訴訟事件，因刑事訴訟部分已在刑事法院合法起訴而使同法院之民事庭取得管轄權，此可視爲有關管轄權之特別規定。

另因案件繁雜而移送民事庭者，係依法律規定強制將附帶民事訴訟與刑事訴訟分開處理，故此情形下，刑事訴訟法第504條第2項特別規定，免納裁判費。又附帶民事訴訟由刑事庭之法官或民事庭之法官審理，理論上並無差異，對於當事人之權利不生影響，故上開移送之裁定依刑事訴訟法第504條第3項之規定，不得抗告，以免訴訟無謂之延宕。

六、附帶民事訴訟之上訴

附帶民事訴訟之審理程序原則上係準用關於刑事訴訟之規定，但經移送或發回、發交於民事庭後，應適用民事訴訟法，此刑事訴訟法第490條定有明文規定，惟刑事訴訟法就附帶民事訴訟之審理如有特別規定，即應適用其規定，所謂特別規定就附帶民事訴訟之上訴言，包括下列各項：

（一）上訴之一般限制

附帶民事訴訟如刑事訴訟部分經法院諭知無罪、免訴或不受理之判決，則原則上附帶民事訴訟部分應一併駁回，此時就附帶民事訴訟部分如欲上訴，自應對於刑事訴訟之判決有上訴時，始得爲之，否則不得上訴，此刑事訴訟法第503條第2項定有明文，此乃因附帶民事訴訟本即係附隨於刑事訴訟，刑事訴訟部分既經認定應諭知無罪、免訴或不受理之判決，爲免將來民刑事訴訟之判決互相歧異，此時自不宜單獨就附帶民事訴訟部分

提出上訴，而應將刑事訴訟及民事訴訟一併提起上訴。

（二）上訴第三審之限制

依刑事訴訟法第506條第1項規定：「刑事訴訟之第二審判決不得上訴於第三審法院者，對於其附帶民事訴訟之第二審判決，得上訴於第三審法院。但應受民事訴訟法第四百六十六條之限制。」蓋因刑事訴訟與附帶民事訴訟本即不同之訴訟，故縱使刑事訴訟依規定不得上訴第三審，附帶民事訴訟部分仍應視其利益之大小是否逾民事訴訟法第466條所規定之法定金額而定其是否得上訴；譬如依民事訴訟法466條之規定得上訴，則因已無刑事訴訟案件附麗，故此項上訴，不受刑事訴訟之第二審判決不得上訴之影響。又因此項上訴附帶民事訴訟已脫離刑事訴訟程序，故而刑事訴訟法第506條第2項規定：「前項上訴，由民事庭審理之。」

惟應注意者，此項上訴之規定並不及於刑事訴訟諭知無罪、免訴或不受理之第二審判決之情形，易言之，此時仍受刑事訴訟法第503條第2項之限制，實務見解即認為：「刑事訴訟諭知無罪、免訴或不受理之第二審判決，如係不得上訴於第三審之案件，依刑事訴訟法第五百零三條第二項規定，對於本件附帶民事訴訟之第二審判決，自亦不得上訴於本院。無適用同法第五百零六條規定，而僅對附帶民事訴訟之第二審判決提起第三審上訴之餘地。」此有最高法院69年台上字第1232號判例意旨可供參照，此外另有最高法院75年度台上字第2273號、91年度台上字第918號判決意旨亦可資參照。

（三）附帶民事訴訟上訴三審理由之省略

民事訴訟上訴第三審本應於上訴書狀記載上訴理由（民事訴訟法第470條第2項），惟刑事訴訟之第二審判決，經上訴於第三審法院時，對於其附帶民事訴訟之判決所提起之上訴，已有刑事上訴書狀之理由可資引用者，得不敘述上訴之理由，此刑事訴訟法第507條定有明文規定，以茲避免訴訟當事人就上訴理由重複敘述，便利訴訟當事人之訴訟行為之進行。

（四）第三審法院之判決

1. 刑事部分無理由駁回

　　依刑事訴訟法第508條之規定，第三審法院如認爲刑事訴訟之上訴無理由而判決駁回，則就附帶民事訴訟之上訴，爲分別情形之處理：

(1)如附帶民事訴訟之原審判決無可爲上訴理由之違背法令者，應駁回其上訴。

(2)附帶民事訴訟之原審判決有可爲上訴理由之違背法令者，應將其判決撤銷，就該案件自爲判決，但有審理事實之必要時，應將該案件發回原審法院之民事庭，或發交與原審法院同級之他法院民事庭。

2. 刑事部分上訴有理由而自爲判決

　　依刑事訴訟法第509條之規定，第三審法院認爲刑事訴訟之上訴有理由，將原審判決撤銷而就該案件自爲判決者，應就附帶民事訴訟之上訴，分別情形處理：

(1)如刑事訴訟判決之變更，其影響及於附帶民事訴訟，或附帶民事訴訟之原審判決有可爲上訴理由之違背法令者，應將原審判決撤銷，就該案件自爲判決，但有審理事實之必要時，應將該案件發回原審法院之民事庭，或發交與原審法院同級之他法院民事庭。

(2)刑事訴訟判決之變更，於附帶民事訴訟無影響，且附帶民事訴訟之原審判決無可爲上訴理由之違背法令者，應將上訴駁回。

3. 刑事部分上訴有理由而發回更審、發交審判

　　依刑事訴訟法第510條之規定，第三審法院認爲刑事訴訟之上訴有理由，撤銷原審判決，而將該案件發回或發交原審法院或他法院者，應併就附帶民事訴訟之上訴，爲同一之判決。

4. 移送民事庭

　　依刑事訴訟法第511條第1項之規定，法院如僅應就附帶民事訴訟爲審判者，應以裁定將該案件移送該法院之民事庭，但附帶民事訴訟之上訴不

合法者，不在此限。此所謂就附帶民事訴訟為審判，實務見解認為係指實體上之審判而言，且須以合法上訴為前提；如謂「法院如僅應就附帶民事訴訟為審判者，除該附帶民事訴訟之上訴為不合法者外，應以裁定將該案件移送該法院之民事庭，固為刑事訴訟法第五百十一條第一項所明定。惟此法條所稱之審判，係指法院僅應就合法之附帶民事訴訟為實體上之審判者而言。」此有最高法院91年度台附字第39號判決意旨可供參照；又指出「法院如僅應就附帶民事訴訟為審判者，應以裁定將該案件移送該法院之民事庭，固為刑事訴訟法第五百十一條第一項前段所明定。惟此所謂審判係專指實體上之審判而言，若所提起之附帶民事訴訟經法院認為不合法予以駁回，雖經合法上訴，上級法院亦無從為實體之審判，縱予以移送民事庭，仍應認上訴為不合法而裁定駁回，毫無實益可言，故於此情形，仍應由上訴法院刑事庭認上訴為無理由，逕以判決駁回，無刑事訴訟法第五百十一條第一項前段之適用。」此亦有最高法院88年度台附字第23號判決意旨可供參照。

又對於上開之移送民事庭之裁定，不得抗告，刑事訴訟法第511條第2項亦定有明文。至於移送民事庭後是否須繳納裁判費用，刑事訴訟法並無明文規定，依實務之見解係認為毋庸繳納，此有最高法院76年度第6次民事庭會議決議可供參照。

七、附帶民事訴訟之再審

附帶民事訴訟經判決確定後，即不再與刑事案件存在依附之關係，故對於附帶民事訴訟之判決聲請再審，依刑事訴訟法第512條之規定，應依民事訴訟法向原判決法院之民事庭提起再審之訴，不再適用刑事訴訟法相關規定。此時民事訴訟法所規定之關於再審之相關限制如不變期間之規定亦有其適用；如「當事人對民事確定判決，提起再審之訴，應於三十日之不變期間內為之。又該期間自判決確定時起算，為民事訴訟法第五百條第一項、第二項所明定。其對於附帶民事訴訟確定判決，依刑事訴訟法第五百十二條規定向民事法院提起再審之訴者，自亦相同。」此有最高法院72年台上字第533號判例意旨可供參照。

參考文獻

一、中文部分

（一）書籍

1. 王兆鵬著，刑事訴訟講義，2008年9月。
2. 朱石炎著，刑事訴訟法論，2009年8月。
3. 朱富美著，科學鑑定與刑事偵查，2004年1月初版。
4. 林山田著，刑事程序法，2004年9月。
5. 林永謀著，刑事訴訟法釋論（上冊），2007年2月。
6. 林永謀著，刑事訴訟法釋論（中冊），2007年2月。
7. 林鈺雄著，刑事訴訟法（上冊），2007年9月。
8. 林鈺雄著，刑事訴訟法（下冊），2007年9月。
9. 黃東熊著，刑事訴訟法論，1999年3月。
10. 黃朝義著，刑事訴訟法，2006年9月。
11. 陳樸生著，刑事證據法，1995年4月。
12. 陳樸生著，刑事訴訟法實務，1993年10月。

（二）期刊論文

1. 石宜琳著，測謊證據能力重新評價與定位，法學叢刊，第57卷第2期。
2. 呂潮澤著，論新近裁判對非常上訴理由規定「審判係違背法令」之詮釋要旨，刑事法雜誌，第55卷第2期。

3. 林山田著，別迷失在主義之叢林中——爲職權原則與調查原則申冤，台灣法學，第1期。

4. 林裕順著，專家證人VS.鑑定人——概括選任鑑定之誤用與評析，月旦法學雜誌，第189期。

5. 林俊益著，2003年1月修正刑事訴訟法簡介（下），月旦法學教室，第6期。

6. 林鈺雄著，交付審判之起訴審查與撤回公訴，臺灣本土法學雜誌，第34期。

7. 林鈺雄著，新刑法總則與新同一案件，月旦法學雜誌，第122期。

8. 柯耀程著，刑事審判權，月旦法學教室，第5期。

9. 陳運財著，刑事訴訟之舉證責任與推定，收錄於刑事法則之新發展——黃東熊教授七秩祝壽論文餘，2003年6月。

10. 黃朝義著，刑事上訴審構造問題，東吳法律學報，第13卷第1期。

11. 黃朝義著，修法後準備程序運作之剖析與展望，月旦法學雜誌，第113期。

12. 張麗卿著，刑事訴訟法百年回顧與前瞻，月旦法學雜誌，第75期。

13. 張熙懷著，從實務角度評上訴審之改造，檢察新論，第9期。

14. 楊雲驊著，新法下檢察官的舉證責任及法院之調查義務，月旦法學雜誌，第89期。

二、英文部分

1. John N. Ferdico, Henry F. Fradlella & Christopher D. Totten, Criminal Procedure for the Criminal Justice Professional, 2009.

2. Yale Kamisar, Wayne R. Lafave, Jerold H. Israel & Nancy King, Modern Criminal Procedure, 1999.

3. John N. Ferdico, Henry F. Fradella & Christopher D. Totten, Criminal Procedure, 2009.

4. David Beatty, The Ultimate Rule of law, 2004.

5. Charles P. Nemeth, Law & Eivdence, 2001.

6. George F. Cole & Christropher E. Smith, Criminal Justice in America, 2005.

國家圖書館出版品預行編目資料

刑事訴訟法－基礎理論與實務運用 / 林俊寬
著. -- 三版. -- 臺北市：五南圖書出版股
份有限公司, 2023.09
面 ； 公分

ISBN 978-626-366-460-9(平裝)

1.CST: 刑事訴訟法

586.2   112013128

1T48

刑事訴訟法——基礎理論與實務運用

作　　者 ― 林俊寬(120.4)

發 行 人 ― 楊榮川

總 經 理 ― 楊士清

總 編 輯 ― 楊秀麗

副總編輯 ― 劉靜芬

責任編輯 ― 呂伊真

封面設計 ― 陳亭瑋、斐類設計工作室

出 版 者 ― 五南圖書出版股份有限公司

地　　址：106台北市大安區和平東路二段339號4樓

電　　話：(02)2705-5066　　傳　　真：(02)2706-6100

網　　址：https://www.wunan.com.tw

電子郵件：wunan@wunan.com.tw

劃撥帳號：01068953

戶　　名：五南圖書出版股份有限公司

法律顧問　林勝安律師

出版日期　2013年7月初版一刷
　　　　　2019年1月二版一刷
　　　　　2022年10月二版二刷
　　　　　2023年9月三版一刷

定　　價　新臺幣680元

經典永恆・名著常在

◈

五十週年的獻禮——經典名著文庫

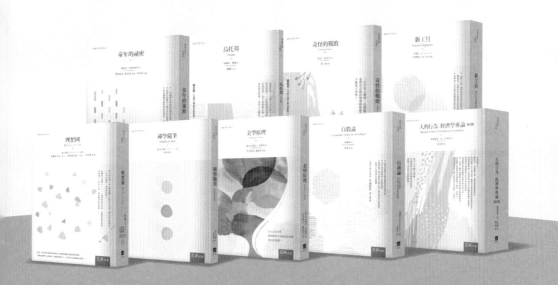

五南，五十年了，半個世紀，人生旅程的一大半，走過來了。

思索著，邁向百年的未來歷程，能為知識界、文化學術界作些什麼？

在速食文化的生態下，有什麼值得讓人雋永品味的？

歷代經典・當今名著，經過時間的洗禮，千錘百鍊，流傳至今，光芒耀人；

不僅使我們能領悟前人的智慧，同時也增深加廣我們思考的深度與視野。

我們決心投入巨資，有計畫的系統梳選，成立「經典名著文庫」，

希望收入古今中外思想性的、充滿睿智與獨見的經典、名著。

這是一項理想性的、永續性的巨大出版工程。

不在意讀者的眾寡，只考慮它的學術價值，力求完整展現先哲思想的軌跡；

為知識界開啟一片智慧之窗，營造一座百花綻放的世界文明公園，

任君遨遊、取菁吸蜜、嘉惠學子！